# 합격까지 박문각
# 합격 노하우가 다르다!

# 유정수
# 노동법

## 2차 | 주요판례정리 150선

유정수 편저

제5판

박문각

# 박문각 공인노무사

노동법은 역사적으로 볼 때 역동적인 노사관계 속에서 변화하고 발전하는 학문이다. 이와 같은 노동법을 더욱 풍부하고 알차게 만드는 것이 바로 노동판례라고 할 수 있는바, 따라서 노동법을 공부하고자 한다면, 노동판례의 주요 내용 등에 대해 반드시 공부를 해야 한다. 최근 각종 노동법 주관식 시험의 출제 경향도 판례 위주의 문제를 중심으로 이를 재구성하여 출제하고 있는바, 판례 공부는 필수적이라고 할 수 있다. 노동판례 공부에 있어 가장 중요한 것은 판결문에 대한 정확한 이해를 통한 체계적인 판례분석의 틀을 확립하는 것인데, 수많은 노동판례와 방대한 판결문을 정확히 이해하고 체계적으로 판례를 분석하기란 현실적으로 어려운 일이다. 따라서 각종 고시를 준비하면서 노동판례를 공부하는 모든 수험생들에게 보다 효과적인 도움을 드리고자 개정판(제5판)을 출간하게 되었다.

『노동법 주요판례정리 150선』을 출간하면서 중점을 둔 부분은 다음과 같다.

첫째, 각종 시험에 출제되는 사례형(Case) 문제에 대한 해결능력을 제고시키기 위하여 학계 및 실무 등에서 주목하는 최근 노동판례를 중심으로 총 150개를 선정하고, 최근 대법원 판례뿐만 아니라 헌법재판소 판례도 수록하여 최근 노동판례의 전체적인 흐름을 파악할 수 있도록 하였다.

둘째, 본 책의 구성을 크게 노동법 총론, 개별적 근로관계법 및 집단적 노사관계법으로 구분하고, 다시 세부적으로 주제별로 구성하여 체계적인 노동판례 학습을 할 수 있도록 하였다.

셋째, 각 주제별로 판례의 사실관계 및 주요쟁점 등을 각종 시험의 출제경향에 맞춰 답안지에 현출할 수 있도록 일목요연하게 정리하였다.

이 책이 출간되기까지 많은 분들의 도움이 있었다. 이 책을 출판하는데 많은 도움을 주신 박문간출판 관계자분들께 깊은 감사를 드리며, 또한 아직도 늘 자식 걱정하시는 사랑하는 부모님께 지면을 통해 감사의 마음을 전한다.

그리고 책 집필 등에 있어 늘 격려를 아끼지 않는 Cine와 Ellena에게도 고마움을 전하며, 늘 건강과 행복이 가득하길 바란다.

편저자 유정수 노무사 드림

# CONTENTS
이 책의 차례

# CONTENTS
이 책의 차례

# CONTENTS
이 책의 차례

## PART 03  집단적 노사관계법

### Chapter 01  노동조합

### Chapter 02  단체교섭

# CONTENTS
이 책의 차례

## 부록   노동관계법

# 제1편
# 노동법 총론

# 제1장 총론

## 주요 판례 01

### [노동관행] 노동관행과 근로계약의 해석
(대판 2002.4.23. 2000다50701)

**사실관계** **한국전력공사 사건**

원고들이 피고 공사에 입사하여 근무하다가 1997.1.17.부터 같은 해 11.16.까지 사이에 퇴직한 사실, 피고는 1961년 창사 이래 원고들이 퇴직하기 직전 연도인 1996년까지 노사 간에 해당 연도의 특정일에 임금인상을 내용으로 하는 단체협약을 체결하고 이에 따라 피고의 취업규칙인 보수규정을 개정하면서, 재직 직원들에게 해당 연도의 직전 년 12.16.부터 해당 연의 단체협약 체결일 전일까지 그 직전 연도의 보수규정에 따라 지급된 임금과 같은 기간 동안 개정된 보수규정에 따라 지급되었을 임금과의 차액(임금인상분 차액)을 소급 정산하여 추가 지급하였으며, 같은 기간 동안에 피고 공사로부터 퇴직한 직원들에게도 임금인상분 차액 및 이러한 차액을 원래의 지급기일에 지급받았더라면 이를 기초로 산정되었을 퇴직금액과의 차액(퇴직금인상분 차액)을 추가로 지급하여 왔는데, 위 1996년까지 이러한 조치에 대하여 노사 쌍방으로부터 아무런 이의도 제기되지 아니하였다. 피고는 1997.11.19. 단체협약을 체결하고 이에 따라 보수규정을 개정한 후 위 단체협약 체결일 당시에 재직 중인 직원들에게 1996.12.16.부터 위 단체협약 체결일 전일까지 발생한 임금인상분 차액을 소급 정산하여 1997.12.12. 지급하였으나, 같은 기간 동안에 퇴직한 원고들에게는 같은 기간 동안 발생한 임금인상분 차액과 이에 기초한 퇴직금인상분 차액을 지급하지 아니하였다.

**판시사항**

[1] 근로조건 결정기준을 소급적으로 근로자에게 유리하게 변경하는 내용의 단체협약을 체결한 경우, 단체협약 체결 이전에 이미 퇴직한 근로자에게도 그 효력이 미치는지 여부(소극)

[2] 기업의 내부에 존재하는 특정의 관행이 근로계약의 내용을 이루고 있다고 인정하기 위한 요건

[3] 사용자가 이미 퇴직한 근로자들에게 퇴직 이후에 체결된 단체협약에 의한 임금인상분 및 퇴직금인상분 차액을 추가 지급한 관행이 있었으나 그것은 노동조합 또는 근로자집단과 사용자 사이의 규범의식이 있는 노사관행으로는 볼 수 없다고 한 사례

### I 단체협약 체결 이전에 이미 퇴직한 근로자에게도 그 효력이 미치는지 여부

원래 단체협약이란 노동조합이 사용자 또는 사용자단체와 근로조건 기타 노사관계에서 발생하는 사항에 관하여 체결하는 협정으로서, 노동조합이 사용자 측과 기존의 임금·근로시간·퇴직금 등 근로조건을 결정하는 기준에 관하여 소급적으로 동의하거나 이를 승인하는 내용의 단체협약을 체결한 경우에 그 동의나 승인의 효력은 단체협약이 시행된 이후에 그 사업체에 종사하면서 그 협약의 적용을 받게 될 노동조합원이나 근로자들에 대해서만 생기고 단체협약 체결 이전에 이미 퇴직한 근로자에게는 위와 같은 효력이 생길 여지가 없으며, 근로조건이 근로자에게 유리하게 변경된 경우라 하더라도 다를 바 없다.

### II 노동관행의 인정요건

기업의 내부에 존재하는 특정의 관행이 근로계약의 내용을 이루고 있다고 하기 위해서는 그러한 관행이 기업 사회에서 일반적으로 근로관계를 규율하는 규범적인 사실로서 명확히 승인되거나 기업의 구성원에 의하여 일반적으로 아무도 이의를 제기하지 아니한 채 당연한 것으로 받아들여져서 기업 내에서 사실상의 제도로서 확립되어 있다고 할 수 있을 정도의 규범의식에 의하여 지지되고 있어야 한다.

### III 사안의 적용

위 제반사정 등을 종합적으로 고려할 때, 피고가 재직 근로자들에게 임금인상분 차액을 소급하여 지급한 사실을 말하는 것이라면, 이는 노사 간에 체결된 단체협약 및 이에 따라 개정된 보수규정에 따른 것임이 분명하므로, 거기에 무슨 노사관행이 성립할 여지가 없다. 또한 원심이 내세우는 노사관행이 피고가 이미 퇴직한 근로자들에게까지 임의로 임금인상분 및 퇴직금인상분 차액을 추가 지급하여 준 사실을 말하는 것이라면, 그것은 노동조합 또는 근로자 집단과 사용자 사이에 있었던 사실이 아니라, 이미 퇴직한 근로자들과 사용자였던 피고 공사 사이에 있었던 외부적 사정에 불과하므로, 그로써 노동조합 또는 근로자 집단과 사용자 사이의 노사관행이 성립할 수도 없는 것이다.

또한 단체협약이 그 본래적인 성질에 있어서 협약 당사자인 구성원에게만 그 효력이 미치는 점, 이미 퇴직한 근로자는 원칙적으로 노동조합과 사용자 사이의 단체교섭에 간여하거나 이를 조종·선동할 수 없는 점(노조법 제40조) 등에 비추어 보면, 위와 같은 내용의 노사관행은 그 성립요건인 규범의식 자체가 인정될 수 없다고 할 것이다.

## 주요 판례 02

### [근로조건 결정의 원칙 1] 취업규칙과 근로계약 간의 효력관계 [1][1)
(대판 2019.11.14. 2018다200709)

---

**사실관계**  **문경레저타운 사건**

가. 피고 회사는 공공기관과 지방자치단체가 출자하여 설립된 체육시설업, 휴양콘도미니엄업 등을 목적으로 하고 있다. 원고는 2003.3.11.부터 피고회사에서 근무하였다. 1급 직급 근로자인 원고는 2014.4.3. 피고 회사와 기본연봉 70,900,000원(월로 환산하면 월 기본급 5,908,330원)으로 정한 연봉계약을 체결하였다. 피고 회사는 2014.5.19. 원고를 면직하였다.

나. 피고 회사는 2014.6.25. 피고 소속근로자의 과반수로 조직된 노동조합의 동의를 받아 '임금피크제 운영세칙'(이하 '이 사건 취업규칙'이라 함)을 제정·공고하였다. 이 사건 취업규칙은 연봉계약이 정하는 기존연봉에 복리후생비를 더한 총 연봉을 '임금피크 기준연봉'으로 정하고, 정년이 2년 미만 남아 있는 근로자에게는 '임금피크 기준연봉'의 60%, 정년이 1년 미만 남아 있는 근로자에게는 임금피크 기준연봉의 40%를 지급하도록 규정하고 있다.

다. 원고는 경북지방노동위원회로부터 부당해고 판정을 받고, 2014.8.28. 피고 회사에 '복직'하였다. 피고 회사는 원고의 복직 후, 원고에게 이 사건 취업규칙이 정하는 바에 따라(다만, '임금피크 기준연봉'이 아니라 연봉계약의 '기준연봉'을 기준으로 하였다), 2014.10.1.~2015.6.30. 정년이 2년 미만 남아 있다는 이유로 월 기본급을 3,545,000원(= 5,908,330원 × 0.6)으로, 2015.7.1.부터 2016.6.30.(원고의 정년 퇴직일)까지는 정년이 1년 미만 남아 있다는 이유로 월 기본급을 2,363,330원(= 5,908,330원 × 0.4)으로 계산하고, 정직처분에 따른 감액 등을 고려하여 임금을 지급하기로 하였다.

라. 피고 회사는 2014.9.23. 임금피크제 적용에 따른 임금 내역을 통지하자, 원고는 피고 회사에게 '임금피크제의 적용에 동의하지 아니한다.'는 의사를 표시하였다. 이 사건 취업규칙의 적용을 전후하여 원고의 업무 내용이 변경된 것으로 보이지는 않는데, 원고는 2016.6.30. 퇴직하였다.

마. 그 후 원고는 2016.10.12. 피고회사에게 연봉계약에 따른 미지급 임금 및 지연손해금 지급을 구하는 소를 제기하였다.

---

**판시사항**

[1] 근로기준법 제94조에서 정한 집단적 동의를 받아 근로자에게 불리한 내용으로 취업규칙이 변경된 경우, 변경된 취업규칙의 기준에 따라 그보다 유리한 근로조건을 정한 기존의 개별 근로계약의 내용이 변경되는지 여부(소극) 및 이때 근로자의 개별적 동의가 없는 한 취업규칙보다 유리한 근로계약의 내용이 우선하여 적용되는지 여부(적극)

[2] 근로자인 원고와 사용자인 피고회사가 기본연봉을 정한 연봉계약으로 근로계약을 체결한 후 피고회사가 소속 근로자의 과반수로 조직된 노동조합의 동의를 받아 취업규칙인 임금피크제 운용세칙(이 사건 취업규칙)을 제정·공고하였는데, 위 취업규칙은 연봉계약이 정하는 기본연봉에 복리후생비를 더한 총연봉을

---

1) 편저자 주 : 근로자집단의 동의를 얻어 취업규칙을 불리하게 변경한 경우라도, 근로자의 개별적 동의가 없는 한 취업규칙보다 유리한 근로계약이 우선하여 적용된다는 대법원 판결이다.

임금피크 기준연봉으로 정하고, 정년이 2년 미만 남아 있는 근로자에게는 임금피크 기준연봉의 60%, 정년이 1년 미만 남아 있는 근로자에게는 임금피크 기준연봉의 40%를 지급하도록 규정하였고, 이에 대해 근로자인 원고가 임금피크제의 적용에 동의하지 아니한다는 의사를 표시하였으나 피고회사가 원고에게 취업규칙에 따라 삭감된 임금을 지급한 사안에서, 취업규칙에 대하여 과반수 노동조합의 동의를 받았더라도 기존의 근로계약은 유효하게 존속하고, 취업규칙에 따라 기존의 근로계약에서 정한 연봉액을 삭감할 수 없는데도, 이와 달리 본 원심판단에 법리오해의 잘못이 있다고 한 사례

Ⅰ **근로기준법 제94조에서 정한 집단적 동의를 받아 근로자에게 불리한 내용으로 취업규칙이 변경된 경우, 변경된 취업규칙의 기준에 따라 그보다 유리한 근로조건을 정한 기존의 개별 근로계약의 내용이 변경되는지 여부**

근로기준법 제97조는 "취업규칙에서 정한 기준에 미달하는 근로조건을 정한 근로계약은 그 부분에 관하여는 무효로 한다. 이 경우 무효로 된 부분은 취업규칙에 정한 기준에 따른다."라고 정하고 있다. 위 규정은, 근로계약에서 정한 근로조건이 취업규칙에서 정한 기준에 미달하는 경우 취업규칙에 최저기준으로서의 강행적·보충적 효력을 부여하여 근로계약 중 취업규칙에 미달하는 부분을 무효로 하고, 이 부분을 취업규칙에서 정한 기준에 따르게 함으로써, 개별적 노사 간의 합의라는 형식을 빌려 근로자로 하여금 취업규칙이 정한 기준에 미달하는 근로조건을 감수하도록 하는 것을 막아 종속적 지위에 있는 근로자를 보호하기 위한 규정이다. 이러한 규정 내용과 입법 취지를 고려하여 근로기준법 제97조를 반대해석하면, 취업규칙에서 정한 기준보다 유리한 근로조건을 정한 개별 근로계약 부분은 유효하고 취업규칙에서 정한 기준에 우선하여 적용된다. 한편 근로기준법 제94조는 "사용자는 취업규칙의 작성 또는 변경에 관하여 해당 사업 또는 사업장에 근로자의 과반수로 조직된 노동조합이 있는 경우에는 노동조합, 근로자의 과반수로 조직된 노동조합이 없는 경우에는 근로자의 과반수의 의견을 들어야 한다. 다만 취업규칙을 근로자에게 불리하게 변경하는 경우에는 그 동의를 받아야 한다."라고 정하고 있다. 위 규정은 사용자가 일방적으로 정하는 취업규칙을 근로자에게 불리하게 변경하려고 할 경우 근로자를 보호하기 위하여 위와 같은 집단적 동의를 받을 것을 요건으로 정한 것이다. 그리고 근로기준법 제4조는 "근로조건은 근로자와 사용자가 동등한 지위에서 자유의사에 따라 결정하여야 한다."라고 정하고 있다. 위 규정은 사용자가 일방적으로 근로조건을 결정하여서는 아니 되고, 근로조건은 근로관계 당사자 사이에서 자유로운 합의에 따라 정해져야 하는 사항임을 분명히 함으로써 근로자를 보호하고자 하는 것이 주된 취지이다. 이러한 각 규정 내용과 그 취지를 고려하면, 근로기준법 제94조가 정하는 집단적 동의는 취업규칙의 유효한 변경을 위한 요건에 불과하므로, 취업규칙이 집단적 동의를 받아 근로자에게 불리하게 변경된 경우에도 근로기준법 제4조가 정하는 근로조건 자유결정의 원칙은 여전히 지켜져야 한다.

Ⅱ 이때 근로자의 개별적 동의가 없는 한 취업규칙보다 유리한 근로계약의 내용이 우선하여 적용되는지 여부

한편 근로기준법 제94조는 "사용자는 취업규칙의 작성 또는 변경에 관하여 해당 사업 또는 사업장에 근로자의 과반수로 조직된 노동조합이 있는 경우에는 노동조합, 근로자의 과반수로 조직된 노동조합이 없는 경우에는 근로자의 과반수의 의견을 들어야 한다. 다만, 취업규칙을 근로자에게 불리하게 변경하는 경우에는 그 동의를 받아야 한다."라고 정하고 있다. 위 규정은 사용자가 일방적으로 정하는 취업규칙을 근로자에게 불리하게 변경하려고 할 경우 근로자를 보호하기 위하여 위와 같은 집단적 동의를 받을 것을 요건으로 정한 것이다. 그리고 근로기준법 제4조는 "근로조건은 근로자와 사용자가 동등한 지위에서 자유의사에 따라 결정하여야 한다."라고 정하고 있다. 위 규정은 사용자가 일방적으로 근로조건을 결정하여서는 아니 되고, 근로조건은 근로관계 당사자 사이에서 자유로운 합의에 따라 정해져야 하는 사항임을 분명히 함으로써 근로자를 보호하고자 하는 것이 주된 취지이다. 이러한 각 규정 내용과 그 취지를 고려하면, 근로기준법 제94조가 정하는 집단적 동의는 취업규칙의 유효한 변경을 위한 요건에 불과하므로, 취업규칙이 집단적 동의를 받아 근로자에게 불리하게 변경된 경우에도 근로기준법 제4조가 정하는 근로조건 자유결정의 원칙은 여전히 지켜져야 한다.

따라서 근로자에게 불리한 내용으로 변경된 취업규칙은 집단적 동의를 받았다고 하더라도 그보다 유리한 근로조건을 정한 기존의 개별 근로계약 부분에 우선하는 효력을 갖는다고 할 수 없다. 이 경우에도 근로계약의 내용은 유효하게 존속하고, 변경된 취업규칙의 기준에 의하여 유리한 근로계약의 내용을 변경할 수 없으며, 근로자의 개별적 동의가 없는 한 취업규칙보다 유리한 근로계약의 내용이 우선하여 적용된다.

Ⅲ 대상판결의 의의[2]

대상판결은 규범 간 우선 적용 관계에서 '취업규칙과 근로계약 사이에 유리조건 우선원칙'에 대하여 임금피크제를 취업규칙으로 도입했고, 취업규칙과 근로계약 사이에 '유리조건 우선의 원칙'을 적용해 근로자의 동의 없이는 임금피크제를 적용할 수 없다고 판단한 점에서는 선례적인 판례로서 의미가 있다고 볼 수 있다.

---

2) 이승길 아주대학교 법학전문대학원 교수, 포커스

**주요 판례 03**

## [근로조건 결정의 원칙 2] 취업규칙과 단체협약 간의 효력관계 [2]
### (대판 2002.12.27. 2002두9063)

**사실관계 / 합자회사 제일택시 사건**

가. 피고 보조참가인(이하 '참가인 회사'라고 함)의 취업규칙 제98조 (라)항 제14호와 1998.1.21. 개정되기 전의 단체협약 제21조 제1항 제4호는 무단결근으로 인한 면직기준을 월 7일 이상인 경우로 규정하고 있었는데, 참가인 회사의 노사는 1997.10.30. 무단결근이 경영상 큰 장애가 됨을 인식하고 그 방지를 위하여 상습적인 무단결근자를 엄중히 징계하기로 합의한 다음, 이에 따라 단체협약 중 무단결근자의 면직기준 일수를 월 7일에서 월 5일로 단축하기로 합의하여 위 단체협약의 규정을 1998.1.21. 그와 같은 내용으로 개정한 후 시행하였으나, 위 취업규칙의 규정은 변경하지 아니한 채 종전 그대로 두었다.

나. 참가인 회사 단체협약 제31조에서는 교통사고로 인한 부상, 질병, 예비군훈련 등 결근의 정당한 사유를 규정하고 있고, 취업규칙 제22조에서는 질병 또는 부득이한 사유로 인하여 출근하지 못할 경우에는 시업 24시간 전에 진단서 등을 첨부한 결근계를 제출하여 참가인 회사의 허가를 받아야 하고, 급작스런 질병 등의 사유로 출근하지 못할 경우에는 시업시간 전까지 서면 및 기타의 방법으로 결근계를 제출하되 사후에라도 진단서 및 사유서를 제출하도록 규정하고 있다.

다. 그러나 이와 같은 단체협약 및 취업규칙의 규정에도 불구하고 조합원 甲은 회사에 사전에 전화로 결근을 한다는 사실만을 통보하고 5일간 결근하였는바, 회사는 단체협약 등의 규정을 근거로 조합원 甲을 해고 하였다.

**판시사항**

[1] 면직기준에 관하여 단체협약이 취업규칙보다 근로자에게 더 불리하게 개정된 경우, 취업규칙의 적용이 배제되는지 여부(적극)

[2] 근로자가 근로제공의무를 이행하지 못하게 된 경우, 근로자의 일방적 통지에 의하여 근로제공의무의 불이행이 정당화되는지 여부(소극)

## I 면직기준에 관하여 단체협약이 취업규칙보다 근로자에게 더 불리하게 개정된 경우, 취업규칙의 적용이 배제되는지 여부

### 1. 단체협약의 불이익 변경

협약자치의 원칙상 노동조합은 사용자와 사이에 근로조건을 유리하게 변경하는 내용의 단체협약 뿐만 아니라 근로조건을 불리하게 변경하는 내용의 단체협약도 체결할 수 있으므로, 근로조건을 불리하게 변경하는 내용의 단체협약이 현저히 합리성을 결하여 노동조합의 목적을 벗어난 것으로 볼 수 있는 것과 같은 특별한 사정이 없는 한 그러한 노사 간의 합의를 무효라고 볼 수는 없다.

## 2. 종전의 취업규칙과 변경된 단체협약과의 효력 관계

단체협약의 개정에도 불구하고 종전의 단체협약과 동일한 내용의 취업규칙이 그대로 적용된다면 단체협약의 개정은 그 목적을 달성할 수 없으므로 개정된 단체협약에는 당연히 취업규칙상의 유리한 조건의 적용을 배제하고 개정된 단체협약이 우선적으로 적용된다는 내용의 합의가 포함된 것이라고 봄이 당사자의 의사에 합치한다고 할 것이고, 따라서 개정된 후의 단체협약에 의하여 취업규칙상의 면직기준에 관한 규정의 적용은 배제된다고 보아야 할 것이다.

## Ⅱ 근로자가 근로제공의무를 이행하지 못하게 된 경우, 근로자의 일방적 통지에 의하여 근로제공의무의 불이행이 정당화되는지 여부

근로자가 근로계약에 의하여 사용자에게 부담하는 근로제공의무를 이행하지 못하게 된 경우 이를 정당화하기 위해서는 사용자의 사전 또는 사후의 승인을 요하고, 근로자의 일방적 통지에 의하여 근로제공의무의 불이행이 정당화될 수는 없다.

## Ⅲ 징계해고의 정당성 및 형평성 여부

### 1. 징계해고의 정당성 여부

단체협약 및 취업규칙 등에 징계해고에 관한 규정이 있는 경우에 그것이 근로기준법 제27조 제1항의 규정에 위배되어 무효가 아닌 이상 그에 따른 해고는 정당한 이유가 있는 해고라고 할 것이고, 다만 단체협약 등의 징계해고사유에 해당하는 경우 이에 따라 이루어진 해고처분이 당연히 정당한 것으로 되는 것이 아니라 사회통념상 고용관계를 계속할 수 없을 정도로 근로자에게 책임 있는 사유가 있는 경우에 행하여져야 정당성이 인정된다.

### 2. 징계해고의 정당성 판단기준

사회통념상 당해 근로자와의 고용관계를 계속할 수 없을 정도인지는 당해 사용자의 사업의 목적과 성격, 사업장의 여건, 당해 근로자의 지위 및 담당 직무의 내용, 비위 행위의 동기와 경위, 이로 인하여 기업의 위계질서가 문란하게 될 위험성 등 기업질서에 미칠 영향, 과거의 근무태도 등 여러 가지 사정을 종합적으로 검토하여 판단하여야 할 것이다(대판 1998.11.10. 97누18189 등 참조).

### 3. 사안의 적용

위 제반사정 등에 비추어볼 때, 참가인 회사가 월 5일 이상 무단결근한 조합원 甲에 대하여 결근일수에 상응하는 임금을 공제하는 대신 징계해고를 선택하였다고 하더라도 그 징계 양정이 과중하거나 비노조원과의 형평에 반하여 징계권을 남용한 것이라고 볼 수 없다고 할 것이다.

## 제2장 노동기본권

### 주요 판례 01

#### [근로3권] 특수경비원의 쟁의행위를 금지하는 경비업법 조항의 위헌 여부
(헌재 2009.10.29. 2007헌마1359)

**사실관계**

가. 청구인은 인천국제공항 내의 경비업체인 ○○코리아 소속 특수경비원들로 구성된 노동조합인 '인천공항
  보안검색 노동조합'의 조합원이자 위 ○○코리아에 고용되어 인천공항에서 근무하는 특수경비원이다.

나. 그런데 경비업법은 제15조 제3항에서 "특수경비원은 파업·태업 그 밖에 경비업무의 정상적인 운영을
  저해하는 일체의 쟁의행위를 하여서는 아니 된다."고 규정하고, 제28조 제4항 제2호에서는 이를 위반한
  경우 1년 이하의 징역 또는 1천만원 이하의 벌금에 처하도록 규정하고 있다.

다. 이에 청구인은 위 법률조항들이 청구인의 행복추구권, 평등권, 집회결사의 자유 및 단체행동권을 침해하
  여 헌법에 위반된다고 주장하면서 2007.11.29. 이 사건 헌법소원심판을 청구하였다.

**판시사항**

[1] 행위금지조항만의 위헌성을 다투는 경우 벌칙조항으로 인한 기본권 침해의 직접성을 부인한 사례

[2] 공항·항만 등 국가중요시설의 경비업무를 담당하는 특수경비원에게 경비업무의 정상적인 운영을 저해
  하는 일체의 쟁의행위를 금지하는 경비업법 제15조 제3항(이하 '이 사건 법률조항'이라 함)이 특수경비원
  의 단체행동권을 박탈하여 헌법 제33조 제1항에 위배되는지 여부(소극)

[3] 이 사건 법률조항이 과잉금지원칙을 위반하여 특수경비원의 단체행동권을 침해하는지 여부(소극)

### Ⅰ 행위금지조항만의 위헌성을 다투는 경우 벌칙조항으로 인한 기본권 침해의 직접성을 부인한 사례

경비업법 제28조 제4항 제2호는 그 전제인 행위금지조항(제15조 제3항)이 따로 있고 이를 위반하
는 경우에 형벌을 부과하는 벌칙조항인데 청구인은 위 벌칙조항의 법정형이 체계정당성에 어긋
난다거나 과다하다는 등 그 자체의 고유한 위헌성을 다투는 것이 아니라 전제되는 행위금지조항
이 위헌이어서 그 제재조항도 당연히 위헌이라는 취지로 주장하는 것이므로 행위금지조항과 별
도로 규정된 위 벌칙조항은 기본권 침해의 직접성이 인정되지 아니한다.

Ⅱ 공항·항만 등 국가중요시설의 경비업무를 담당하는 특수경비원에게 경비업무의 정상적인 운영을 저해하는 일체의 쟁의행위를 금지하는 경비업법 제15조 제3항(이하 '이 사건 법률조항' 이라 함)이 특수경비원의 단체행동권을 박탈하여 헌법 제33조 제1항에 위배되는지 여부

헌법 제33조 제1항에서는 근로자의 단결권·단체교섭권 및 단체행동권을 보장하고 있는바, 현행 헌법에서 공무원 및 법률이 정하는 주요방위산업체에 종사하는 근로자와는 달리 특수경비원에 대해서는 단체행동권 등 근로3권의 제한에 관한 개별적 제한규정을 두고 있지 않다고 하더라도, 헌법 제37조 제2항의 일반유보조항에 따른 기본권제한의 원칙에 의하여 특수경비원의 근로3권 중 하나인 단체행동권을 제한할 수 있다.

Ⅲ 이 사건 법률조항이 과잉금지원칙을 위반하여 특수경비원의 단체행동권을 침해하는지 여부

이 사건 법률조항은 특수경비원들이 관리하는 국가 중요시설의 안전을 도모하고 방호혼란을 방지하려고 하는 것이므로 그 목적의 정당성을 인정할 수 있고, 특수경비원의 쟁의행위를 금지함으로써 위와 같은 입법목적에 기여할 수 있다 할 것이므로 수단의 적합성도 인정할 수 있다. 특수경비원 업무의 강한 공공성과 특히 특수경비원은 소총과 권총 등 무기를 휴대한 상태로 근무할 수 있는 특수성 등을 감안할 때, 특수경비원의 신분이 공무원이 아닌 일반근로자라는 점에만 치중하여 특수경비원에게 근로3권 즉 단결권, 단체교섭권, 단체행동권 모두를 인정하여야 한다고 보기는 어렵고, 적어도 특수경비원에 대하여 단결권, 단체교섭권에 대한 제한은 전혀 두지 아니하면서 단체행동권 중 '경비업무의 정상적인 운영을 저해하는 일체의 쟁의행위'만을 금지하는 것은 입법목적 달성에 필요불가결한 최소한의 수단이라고 할 것이어서 침해의 최소성 원칙에 위배되지 아니한다.

이 사건 법률조항으로 인하여 특수경비원의 단체행동권이 제한되는 불이익을 받게 되는 것을 부정할 수는 없으나 국가나 사회의 중추를 이루는 중요시설 운영에 안정을 기함으로써 얻게 되는 국가안전보장, 질서유지, 공공복리 등의 공익이 매우 크다고 할 것이므로, 이 사건 법률조항에 의한 기본권제한은 법익의 균형성 원칙에 위배되지 아니한다. 따라서 이 사건 법률조항은 과잉금지원칙에 위배되지 아니하므로 헌법에 위반되지 아니한다.

# 제3장 노동법 권리 · 의무의 주체

**주요 판례**

## [근로기준법상 근로자 1] 대입 재수종합반 강사의 근로기준법상 근로자 여부
### (대판 2006.12.7. 2004다29736)

### 사실관계

가. 원고들은 1985년 내지 1991년부터 1999.12.경 내지 2001.2.경까지 피고가 운영하는 학원의 종합반 강사로서 수강생을 대상으로 강의해 왔고, 원고들 중 원고 2, 원고 3, 원고 4는 그 기간 중 한 두 해 내지 5년가량을 제외하고는 학급 담임을 맡아 왔다.

나. 원고들은 매년 2월 중순부터 대입 수학능력시험일이 있는 11월까지 아침 9시부터 저녁 7시까지 이어지는 10교시의 강의시간 중 하루에 4~5교시, 1개월에 100시간~110시간의 강의를 하고 시간당 28,000원 내지 30,000원으로 계산된 월 300만원 정도의 강사료를 받았고, 수학능력시험이 끝난 후 다음 해 2월의 개강 전까지는 강의를 하지 않고 강사료도 받지 않았으며, 다만 국어 강의를 맡은 원고 4는 11월 20일부터 12월 말까지 대학별 논술 시험에 대비한 논술 강의를 하고 이에 따른 강사료를 받았다.

다. 위 학원의 일과는 대략 08:30에 열리는 교직원 조례부터 시작되는데, 원고들 중 학급 담임을 맡은 강사는 08:00까지 학원에 나와 수강생들의 아침 자습과 방송 수업을 감독하다 08:30 교직원 조례에 참석하고 담임을 맡지 않은 강사는 그날 자신이 할 첫 강의 시작 전까지 학원에 나와 맡은 강의의 마지막 시간인 오후 5시 내지 7시까지 강의를 하고 퇴근하였고, 담임을 맡은 원고들은 순번을 정하여 한 달에 몇 차례 수강생들의 저녁 자습을 감독한 후 퇴근하였다.

라. 원고들은 강의가 없는 자유시간에는 대부분 다음 강의에 대비한 휴식이나 교재 연구 등에 시간을 쓰게 되므로 학원을 떠나 다른 곳에 강의를 나간다는 것은 사실상 불가능하였고, 다만 특정 요일 오전이나 오후에 강의가 없도록 조정하는 것은 가능하였다.

마. 피고 학원에서 강의할 교재는 강사들이 복수의 교재를 학원 측에 추천하면 학원 측이 그중 하나를 선택하여 사용하도록 하였다.

바. 담임을 맡은 강사들의 경우, 자신들이 맡은 강의 외에 아침 교직원 조례 등에서 전달받은 단순 사무와 행정적인 일로서 아침 자습과 방송 수업 감독, 저녁 자습 감독, 수강생 조례 주재, 전달 사항 통보, 등록금 통지서·모의고사 성적표 배부, 수강생들의 외출증·조퇴증의 작성·발급, 결석·지각·조퇴·외출 학생 학부모 통보, 개별 상담, 모의고사 시험 감독, 수능 시험 후 대학 지원 상황 파악·보고, 합격자 현황 파악·보고 등 그때그때 학원 측에서 필요하다고 인정하여 담임 강사들에게 맡긴 업무를 처리하였고, 이와 같은 담임 업무 수행에 대한 대가로 월 30만원의 담임 수당을 지급받았다. 그리고 담임을 맡지 않은 강사(원고 1)라도 필요에 따라 모의고사 시험 감독 등의 업무가 부과되었다.

사. 원고들은 위 학원에서 처음 강사로 일할 때에는 특별히 문서로 된 계약서를 작성하지 않았고 근로소득세를 납부하였으며 위 학원이 사업장으로 된 직장의료보험에 가입하였는데, 1994년 초부터 학원 측은 방침을 바꾸어 매년 강사들과 강의용역제공계약이라는 이름의 계약서를 작성하였고, 강사들로 하여금 부가가치세법상 사업자등록을 하게 한 다음 직장의료보험 대신 지역의료보험에 가입하게 하였으며, 강사들의 보수에 대하여 근로소득세 대신 사업소득세를 원천징수하였다.

**판시사항**

[1] 근로기준법상 근로자에 해당하는지 여부의 판단기준

[2] 대학입시학원 종합반 강사가 근로기준법상 근로자에 해당한다고 한 사례

[3] 근로계약이 만료하면서 근로계약기간을 갱신하거나 동일한 조건의 근로계약을 반복하여 체결한 경우 계속근로연수의 계산 방법 및 갱신 또는 반복 체결한 근로계약 사이의 공백기간 중에도 근로관계의 계속성이 유지되는 경우

[4] 대학입시학원 종합반 강사들이 매년 계약기간을 2월 중순경부터 그 해 11월경까지로 정한 근로계약을 반복하여 체결한 경우에 계약기간이 아닌 기간에도 근로관계가 계속되었다고 본 사례

[5] 대학입시학원 종합반 강사들이 매년 근로계약을 체결하는 형식을 갖추었더라도 실질적으로 기간의 정함이 없는 근로자의 지위에 있었다고 보아 사용자의 근로계약 갱신 거절이 해고에 해당한다고 한 사례

## I 근로기준법상 근로자인지 여부

### 1. 근로기준법상 근로자의 판단기준

근로기준법상의 근로자에 해당하는지 여부는 계약의 형식이 고용계약인지 도급계약인지보다 그 실질에 있어 근로자가 사업 또는 사업장에 임금을 목적으로 종속적인 관계에서 사용자에게 근로를 제공하였는지 여부에 따라 판단하여야 하고, 위에서 말하는 종속적인 관계가 있는지 여부는 업무 내용을 사용자가 정하고 취업규칙 또는 복무(인사)규정 등의 적용을 받으며 업무 수행 과정에서 사용자가 상당한 지휘·감독을 하는지, 사용자가 근무시간과 근무장소를 지정하고 근로자가 이에 구속을 받는지, 노무제공자가 스스로 비품·원자재나 작업도구 등을 소유하거나 제3자를 고용하여 업무를 대행케 하는 등 독립하여 자신의 계산으로 사업을 영위할 수 있는지, 노무 제공을 통한 이윤의 창출과 손실의 초래 등 위험을 스스로 안고 있는지와 보수의 성격이 근로 자체의 대상적 성격인지, 기본급이나 고정급이 정하여졌는지 및 근로소득세의 원천징수 여부 등 보수에 관한 사항, 근로 제공 관계의 계속성과 사용자에 대한 전속성의 유무와 그 정도, 사회보장제도에 관한 법령에서 근로자로서 지위를 인정받는지 등의 경제적·사회적 여러 조건을 종합하여 판단하여야 한다(대판 1994.12.9. 94다22859 등 참조). 다만, 기본급이나 고정급이 정하여졌는지, 근로소득세를 원천징수하였는지, 사회보장제도에 관하여 근로자로 인정받는지 등의 사정은 사용자가 경제적으로 우월한 지위를 이용하여 임의로 정할 여지가 크다는 점에서 그러한 점들이 인정되지 않는다는 것만으로 근로자성을 쉽게 부정하여서는 안 된다.

### 2. 사안의 적용

위 제반사정 등을 종합적으로 고려할 때, 위에서 본 출근시간과 강의시간 및 강의장소의 지정, 사실상 다른 사업장에 대한 노무 제공 가능성의 제한, 강의 외 부수 업무 수행 등의 사정에다가, 시간당 일정액에 정해진 강의시간수를 곱한 금액을 보수로 지급받았을 뿐 수강생수와 이에 따른 학원의 수입 증감이 보수에 영향을 미치지 아니한 사정 등을 종합하여 보면, 원고들은 임금을 목적으로 종속적인 관계에서 피고에게 근로를 제공한 근로자에 해당한다고 봄이 상당하다고 할 것이다. 그리고 비록 기록상 알 수 있는 다음과 같은 사정들, 즉 원·피고 사이에 매년 '강의용역제공계

약서'라는 이름의 계약서가 작성되었고, 그 계약서에는 수강생 인원이 10명 미만인 경우 강의용역 제공을 거부할 수 있고 다른 학원에 강의를 나가더라도 학원 측이 이의를 제기하지 못하도록 되어 있으며, 일반 직원들에게 적용되는 취업규칙·복무(인사)규정·징계 규정 등의 적용을 받지 않았고 보수에 고정급이 없으며 부가가치세법상 사업자등록을 하고 근로소득세가 아닌 사업소득세를 원천징수 당하였으며 직장의료보험이 아닌 지역의료보험에 가입한 사정이 있다 하더라도, 이러한 사정들은 실질적인 노무 제공 실태와 부합하지 않는 계약서 문언에 불과하거나 사용자인 피고가 경제적으로 우월한 지위에서 사실상 임의로 정할 수 있는 사정에 불과하여 원고들의 근로자성을 뒤집는 사정이라고 보기에는 부족하다고 할 것이다.

## Ⅱ 계속근로 여부의 판단기준

근로계약기간이 만료되면서 다시 근로계약을 맺어 그 근로계약기간을 갱신하거나 동일한 조건의 근로계약을 반복하여 체결한 경우에는 갱신 또는 반복된 계약기간을 합산하여 계속 근로 여부와 계속 근로 연수를 판단하여야 하고(대판 1995.7.11. 93다26168 전합 등 참조), 갱신되거나 반복 체결된 근로계약 사이에 일부 공백 기간이 있다 하더라도 그 기간이 전체 근로계약기간에 비하여 길지 아니하고, 계절적 요인이나 방학 기간 등 당해 업무의 성격에 기인하거나 대기 기간·재충전을 위한 휴식 기간 등의 사정이 있어 그 기간 중 근로를 제공하지 않거나 임금을 지급하지 않을 상당한 이유가 있다고 인정되는 경우에는 근로관계의 계속성은 그 기간 중에도 유지된다고 봄이 상당하다.

## Ⅲ 대학입시학원 종합반 강사들이 매년 근로계약을 체결하는 형식을 갖추었더라도 실질적으로 기간의 정함이 없는 근로자의 지위에 있었다고 보아 사용자의 근로계약 갱신 거절이 해고에 해당하는지 여부

대학입시학원 종합반 강사들이 짧게는 10년, 길게는 15년 동안 계속하여 강사로 근무하였고, 1994.전까지는 기간의 정함이 없이 근로를 제공하였으며, 그 후로는 계약의 형식이 '용역계약'으로 바뀌었으나 실제 근무형태는 종전과 달라진 것이 없이 매년 2월에 계약을 갱신하였고, 그와 같이 반복 체결된 계약이 6-7회에 이르며, 사용자가 계약 갱신을 거절한 것도 강사들이 60세에 도달하였기 때문일 뿐 근무성적이나 업무 성과 등 근로계약의 갱신 시 고려할 다른 사정 때문이 아니라는 등의 이유로, 위 강사들이 매년 근로계약을 체결하는 형식을 갖추었더라도 실질적으로 기간의 정함이 없는 근로자의 지위에 있었다고 보아 사용자의 근로계약 갱신 거절이 해고에 해당한다.

## Ⅳ 사안의 적용

위 제반사정 등을 종합적으로 고려할 때, ① 원고들은 1985년 내지 1991년부터 1999년 12월 내지 2001년 2월까지 피고가 운영하는 학원의 종합반 강사로서 수강생을 대상으로 강의해 왔고, 원고들 중 원고 2, 원고 3, 원고 4는 그 기간 중 한 두 해 내지 5년가량을 제외하고는 학급 담임을 맡은 점, ② 원고들은 매년 2월 중순부터 대입 수학능력시험일이 있는 11월까지 아침 9시부터 저녁 7시까지 이어지는 10교시의 강의시간 중 하루에 4~5교시, 1개월에 100시간~110시간의 강의를 하고 시간당 28,000원 내지 30,000원으로 계산된 월 300만원 정도의 강사료를 받았고,

수학능력시험이 끝난 후 다음 해 2월의 개강 전까지는 강의를 하지 않고 강사료도 받지 않았으며, 다만 국어 강의를 맡은 원고 4는 11월 20일경부터 12월 말까지 대학별 논술 시험에 대비한 논술 강의를 하고 이에 따른 강사료를 받은 점, ③ 위 학원의 일과는 대략 08:30에 열리는 교직원 조례부터 시작되는데, 원고들 중 학급 담임을 맡은 강사는 08:00까지 학원에 나와 수강생들의 아침 자습과 방송 수업을 감독하다 08:30 교직원 조례에 참석하고 담임을 맡지 않은 강사는 그날 자신이 할 첫 강의 시작 전까지 학원에 나와 맡은 강의의 마지막 시간인 오후 5시 내지 7시까지 강의를 하고 퇴근하였고, 담임을 맡은 원고들은 순번을 정하여 한 달에 몇 차례 수강생들의 저녁 자습을 감독한 후 퇴근한 점, ④ 원고들은 강의가 없는 자유시간에는 대부분 다음 강의에 대비한 휴식이나 교재 연구 등에 시간을 쓰게 되므로 학원을 떠나 다른 곳에 강의를 나간다는 것은 사실상 불가능하였고, 다만 특정 요일 오전이나 오후에 강의가 없도록 조정하는 것은 가능한 점, ⑤ 피고 학원에서 강의할 교재는, 강사들이 복수의 교재를 학원 측에 추천하면 학원 측이 그중 하나를 선택하여 사용하도록 한 점, ⑥ 담임을 맡은 강사들의 경우, 자신들이 맡은 강의 외에 아침 교직원 조례 등에서 전달받은 단순 사무와 행정적인 일로서 아침 자습과 방송 수업 감독, 저녁 자습 감독, 수강생 조례 주재, 전달 사항 통보, 등록금 통지서·모의고사 성적표 배부, 수강생들의 외출증·조퇴증의 작성·발급, 결석·지각·조퇴·외출 학생 학부모 통보, 개별 상담, 모의고사 시험 감독, 수능 시험 후 대학 지원 상황 파악·보고, 합격자 현황 파악·보고 등 그때그때 학원 측에서 필요하다고 인정하여 담임 강사들에게 맡긴 업무를 처리하였고, 이와 같은 담임 업무 수행에 대한 대가로 월 30만원의 담임 수당을 지급받았다. 그리고 담임을 맡지 않은 강사(원고 1)라도 필요에 따라 모의고사 시험 감독 등의 업무가 부과된 점, ⑦ 원고들은 위 학원에서 처음 강사로 일할 때에는 특별히 문서로 된 계약서를 작성하지 않았고 근로소득세를 납부하였으며 위 학원이 사업장으로 된 직장의료보험에 가입하였는데, 1994년 초부터 학원 측은 방침을 바꾸어 매년 강사들과 강의용역제공계약이라는 이름의 계약서를 작성하였고, 강사들로 하여금 부가가치세법상 사업자등록을 취득하게 하고 직장의료보험 대신 지역의료보험에 가입하게 하였으며, 강사들의 보수에 대하여 근로소득세 대신 사업소득세를 원천징수 한 점 등을 종합적으로 고려할 때, 위에서 본 출근시간과 강의시간 및 강의장소의 지정, 사실상 다른 사업장에 대한 노무 제공 가능성의 제한, 강의 외 부수 업무 수행 등의 사정에다가, 시간당 일정액에 정해진 강의시간수를 곱한 금액을 보수로 지급받았을 뿐 수강생수와 이에 따른 학원의 수입 증감이 보수에 영향을 미치지 아니한 사정 등을 종합하여 보면, 원고들은 임금을 목적으로 종속적인 관계에서 피고에게 근로를 제공한 근로자에 해당한다고 봄이 상당하다고 할 것이다.

그리고 비록 기록상 알 수 있는 다음과 같은 사정들, 즉 원·피고 사이에 매년 '강의용역제공계약서'라는 이름의 계약서가 작성되었고, 그 계약서에는 수강생 인원이 10명 미만인 경우 강의용역 제공을 거부할 수 있고 다른 학원에 강의를 나가더라도 학원 측이 이의를 제기하지 못하도록 되어 있으며, 일반 직원들에게 적용되는 취업규칙·복무(인사)규정·징계 규정 등의 적용을 받지 않았고 보수에 고정급이 없으며 부가가치세법상 사업자등록을 하고 근로소득세가 아닌 사업소득세를 원천징수 당하였으며 직장의료보험이 아닌 지역의료보험에 가입한 사정이 있다 하더라도, 이러한 사정들은 실질적인 노무 제공 실태와 부합하지 않는 계약서 문언에 불과하거나 사용자인 피고가 경제적으로 우월한 지위에서 사실상 임의로 정할 수 있는 사정에 불과하여 원고들의 근로자성을 뒤집는 사정이라고 보기에는 부족하다고 할 것이다.

## 주요 판례 ②

### [근로기준법상 근로자 2] 지자체의 주민자치센터 시설관리 운영을 위한 자원봉사자의 근로기준법상 근로자 여부

(대판 2019.5.30. 2017두2235)

**사실관계**  **성남시 주민자치센터 사건**

가. 원고는 주민의 편의와 복리증진을 위한 자치사무 등을 행하는 지방자치단체이다. 원고는 주민자치기능을 강화하기 위하여 지방자치법에 따른 구(舊)「성남시 주민자치센터 설치 및 운영 조례」(2016.12.21. 경기도 성남시 조례 제3050호로 개정되기 전의 것, 이하 '이 사건 조례'라고 함)에 근거하여 '주민자치센터'를 설치하고, 주민자치센터의 운영에 관한 사항을 심의·결정하기 위하여 '주민자치위원회'를 두었다.

나. 이 사건 조례 등은 주민자치센터의 업무를 지역주민들에게 시설을 대여하고 관리하는 업무와 지역주민들을 위한 프로그램 운영업무로 구분하여 프로그램 운영업무는 주민자치위원회가 전담하도록 하였다. 다만, 이 사건 조례 등에서는 주민자치위원회는 시장이 규칙으로 정하는 기준과 범위 내에서 동장과 협의를 거쳐 프로그램 수강료를 합리적으로 정하여 징수하고, 징수된 수강료는 동장과 협의하여 주민자치센터의 운영에 필요한 경비로 사용해야 하며, 그 수입·지출내역을 반기별로 주민에게 공개해야 하는 등 주민자치위원회의 수강료 징수·운용 등에 관한 상당한 제한을 두고 있다.

다. 성남시 수정구 ○○○동장은 2008.12.18. ○○○동 주민자치센터(이하 '이 사건 주민센터'라고 함) 시설관리 운영을 위한 자원봉사자 모집공고를 하였다. 위 모집공고에서는 신청자격을 '봉사정신이 투철한 자' 등으로, 역할을 '시설물 청결관리, 프로그램 운영에 관한 전반적인 보조지원'으로, 채용기간은 '2009년 주민자치센터 프로그램 운영기간'으로, 근무시간은 '월~금요일(09:00~19:00) (2교대)'로, 지원사항은 '20,000원/1일(실비보상금)'으로 각각 명시하였다. 참가인은 2009.1.3. 자원봉사자로 위촉되어 시설물 관리, 프로그램 운영에 관한 보조지원 등의 업무를 수행하였고, 이후에도 자원봉사자에서 해촉되지 않고 계속 근무하였다.

라. 원고 측이 2012.11.경에 한 이 사건 주민센터 자원봉사자 모집공고에서는 근무일시를 주간 오전(2명), 주간 오후(2명), 야간 및 주말(1명)로 나누었고, 담당 업무에 '수강생모집 및 강사(자원봉사자)관리 보조, 프로그램 안내상담'을 추가하였다. 참가인은 이에 지원하여 2013.1.2. 자원봉사자로 재위촉되었다.

마. 참가인은 재위촉 이후에 원고 측에서 자원봉사자들의 업무 연속성과 총괄을 위한 총괄관리자 지정을 요청함에 따라 자원봉사자들 사이의 의논 결과 참가인이 총괄관리자로 선정되어 전일제(09:00~18:00)로 근무하기 시작하였다. 이를 계기로 참가인은 2013.2.경부터 이 사건 주민센터 회계책임자 업무를 수행하기 시작하였다. 참가인은 총괄관리자 및 회계책임자로서 다른 자원봉사자들의 근태를 확인하고 이들에 대한 수당 집행 업무, 이 사건 주민센터의 예산 집행 및 자금 관리 업무를 수행하였다.

바. 참가인은 이 사건 주민센터 사무실에서 근무하였다. 참가인은 총괄관리자로서 전일제 근무를 시작한 이후에는 매일 근무일지를 작성하여 ○○○동 총무주무관으로부터 매일 또는 1주일마다 확인을 받았고, 근무상황부를 작성하였다. 참가인은 ○○○동 총무주무관의 요구로 2014년과 2015년 이 사건 주민센터의 수입·지출 결산내역, 행정감사자료 등을 작성하여 제출하기도 하였다.

사. 참가인은 자원봉사자로 위촉된 이래 모집공고 기재와 같이 1일당 20,000원을 봉사실비 명목으로 받았다. 그 외에도 참가인은 업무수행과 관련하여 2009.2.경부터 매달 또는 간헐적으로 120,000원 내지 220,000원을 추가로 받았고, 2013.2.경부터는 총괄관리자로서의 업무수행에 대하여 매달 550,000원 내지 600,000

원을, 회계책임자로서의 업무수행에 대하여 매달 100,000원 내지 200,000원을 추가로 받았다. 참가인에게 지급된 봉사실비 이외의 돈은 자원봉사자와 강사에 대한 지원금 지급을 규정한 ○○○동 주민자치센터 운영세칙(이하 '운영세칙'이라고 함)에 따라 ○○○동 주민자치위원회(이하 '이 사건 주민자치위원회'라고 함)가 주민자치센터의 프로그램 수강료 등을 통해 마련한 재원에서 지급된 것이었다.

아. 원고는 2015.12.31. 참가인에 대한 2016년 시설자원봉사자 재위촉을 거부하였다.

**판시사항**

[1] 근로기준법상 근로자에 해당하는지 판단하는 기준

[2] 참가인이 성남시 지방자치단체의 주민자치센터 시설관리 운영을 위한 자원봉사자로 위촉되어 1일당 2만원을 봉사실비 명목으로 받으며 시설물 관리, 프로그램 운영에 관한 보조지원 등의 업무를 수행하다가 3년 뒤 재위촉된 후에는 자치단체의 요청에 따라 전일제로 자원봉사자들을 총괄하는 업무와 주민센터 운영에 관한 회계업무를 추가로 수행하면서 55만원에서 80만원을 지원금 명목으로 받으며 근무하였는데, 다시 3년 뒤 성남시 자치단체가 참가인에 대한 시설자원봉사자 재위촉을 거부하자 참가인이 부당해고 구제신청을 한 사안에서, 참가인이 재위촉 거부 당시 임금을 목적으로 종속적인 관계에서 성남시 자치단체에 근로를 제공한 근로기준법상 근로자에 해당한다고 한 사례

## Ⅰ 근로기준법상 근로자에 해당하는지 판단하는 기준

### 1. 구체적 판단기준

근로기준법상 근로자에 해당하는지 아닌지는 계약의 형식이 고용계약인지보다 실질적으로 근로자가 사업 또는 사업장에 임금을 목적으로 종속적인 관계에서 사용자에게 근로를 제공하였는지에 따라 판단하여야 한다. 여기에서 종속적인 관계가 있는지는, 업무 내용을 사용자가 정하고 취업규칙 또는 복무(인사)규정 등의 적용을 받으며 업무 수행 과정에서 사용자가 상당한 지휘·감독을 하는지, 사용자가 근무시간과 근무 장소를 지정하고 근로자가 이에 구속을 당하는지, 노무 제공자가 스스로 비품·원자재나 작업 도구 등을 소유하거나 제3자를 고용하여 업무를 대행하게 하는 등 독립하여 자신의 계산으로 사업을 영위할 수 있는지, 노무 제공을 통한 이윤의 창출과 손실의 초래 등 위험을 스스로 안고 있는지와, 보수의 성격이 근로 자체의 대상적 성격인지, 기본급이나 고정급이 정하여졌는지 및 근로소득세를 원천징수하는지 등의 보수에 관한 사항, 근로 제공 관계의 계속성과 사용자에 대한 전속성의 유무와 정도, 사회보장제도에 관한 법령에서의 근로자 지위 인정 여부 등의 경제적·사회적 여러 조건을 종합하여 판단하여야 한다. 다만 기본급이나 고정급이 정하여졌는지, 근로소득세를 원천징수하였는지, 사회보장제도에 관하여 근로자로 인정받는지 등의 사정은 사용자가 경제적으로 우월한 지위를 이용하여 마음대로 정할 여지가 크다는 점에서, 그러한 점들이 인정되지 않는다는 것만으로 근로자성을 쉽게 부정하여서는 안 된다.

### 2. 사안의 적용

위 제반사정 등을 종합적으로 고려할 때, 사안의 적용은 아래와 같다.

1) 2013.2.경 이후 참가인이 추가 업무를 수행하게 된 경위와 추가 업무 내용, 이와 관련하여 지급받은 돈의 명목과 액수, 대가성에 대한 당사자들의 인식과 의사 등을 고려하면, 참가인이 이 사건 재위촉 거부 무렵에는 「자원봉사활동 기본법」 등에 따른 자원봉사활동으로 이 사건 주민센터에서 시설관리 등 업무를 수행하였다고 보기 어렵고, 참가인 자신이 제공하는 근로에 대한 대가로 임금을 지급받았다고 봄이 타당하다고 할 것이다.

① 참가인은 원고 측의 요구로 이 사건 주민센터에서 일하는 자원봉사자들을 총괄하는 업무와 이들에 대한 수당 지급 업무, 이 사건 주민센터 운영에 관한 회계업무를 추가로 수행하였으며, 또한 참가인은 이러한 업무수행을 위하여 전일제로 다른 자원봉사자들보다 더 많은 시간 일하였으며, 이에 대하여 매달 적게는 약 550,000원, 많게는 약 800,000원에 달하는 상당한 돈을 지원금의 명목으로 지급받은 점

② 위와 같이 참가인이 추가로 지급받은 돈을 봉사실비 명목으로 지급된 돈과 모두 합산한 액수는 최저임금법상의 월 최저임금액과 유사하거나 이를 상회하는 점

③ 추가된 업무에 따른 총근무시간과 참가인이 지급받은 전체 금액 등을 고려하면, 참가인으로서는 봉사실비와 지원금을 자신이 제공하는 근로의 대가로 인식하였던 것으로 보이고, 원고 측으로서도 참가인의 근로 제공이 무보수의 자원봉사활동의 범위를 벗어났다는 것을 인식하고 있었다고 보는 것이 합리적인 점

2) 원고 측은 참가인의 근무장소와 근무시간을 지정하였고, 참가인으로 하여금 근무일지와 근무상황부를 작성하도록 하였다. 참가인은 이 사건 운영세칙에서 정한 업무를 수행하고 그 밖에 원고 소속 지방공무원인 ○○○동 총무주무관으로부터 지시를 받아 각종 업무자료를 작성 및 제출하였으며, 근무일지를 확인받기도 하는 등 원고로부터 업무 수행에 관한 상당한 지휘·감독을 받았던 것으로 보인다.

3) 한편 참가인이 위와 같이 추가 업무와 관련하여 지급받은 돈은 원고 소관 자치사무를 수행하는데 대한 대가이고, 이 사건 조례 등을 통하여 원고 내부 행정기관의 지위에 있는 이 사건 주민자치위원회의 수강료 징수·운용 등에 대해 일정한 규율이 이루어지고 있다는 점을 고려하면, 이러한 돈이 이 사건 주민자치위원회가 수강료를 재원으로 하여 별도로 관리·집행하는 예산에서 지급되었다는 사정을 들어 참가인이 원고에 대한 관계에서 근로를 제공한 것이 아니라고 할 수 없다고 할 것이다.

4) 앞서 든 사정들 및 원고가 소속 구청에 근로복지공단과 협의 후 시설관리 자원봉사자의 4대 보험 가입대상 여부를 판단하여 그 가입을 추진하고, 자원봉사자의 현황을 보고할 것을 요구하는 공문을 보내기도 한 점을 아울러 고려하면, 참가인이 원고를 사업주로 한 4대 보험에 가입되어 있지 않다는 점을 들어 원고의 근로자가 아니라고 할 수는 없다고 할 것이다.

**Ⅱ 결론**

참가인이 재위촉 거부 당시 임금을 목적으로 종속적인 관계에서 성남시 자치단체에 근로를 제공한 근로기준법상 근로자에 해당한다고 할 것이다.

## 주요 판례 ③

### [근로기준법상 근로자 3] 주식회사 등기이사의 근로기준법상 근로자 여부
(대판 2015.4.23. 2013다215225)

**사실관계**  **주식회사 베스텍컴 사건**

가. 피고 회사는 전자상거래와 온라인정보 제공사업 등을 주된 목적사업으로 하는 회사로 2012.2.경 기준 자본총액이 약 16억 7,000만원이고, 경영지원부, 영업부, 서비스사업부, 기술연구소, 해외산업본부로 나뉘어 있다.

나. 원고는 2002.3.18. 피고 회사에 영업부 부장으로 입사하여 근무하던 중 주주총회에서 이사로 선임되어 2006.4.24. 피고 회사의 법인등기부에 이사로 등기되었고, 그 후 상무이사로 승진하여 근무하다가 2012.4.18. 퇴사하였다.

다. 피고 회사의 정관 제36조는 대표이사는 회사를 대표하고 업무를 총괄하며, 부사장, 전무이사, 상무이사와 이사는 대표이사를 보좌하고 이사회에서 정하는 바에 따라 피고 회사의 업무를 분장·집행한다고 규정하고 있고, 피고 회사는 이에 근거하여 대표이사 2명과 이사 2명을 두고 있다.

라. 원고는 피고 회사에 부장으로 재직 시 '지급결제 솔루션 영업업무'와 '프로젝트 관련 개발업무'를 담당하였고, 등기이사로 취임한 이후에는 글로벌구매카드 업무의 총괄프로젝트매니저로서 업무를 수행하는 등 업무 범위가 확장되었다.

마. 피고 회사 정관 제43조는 이사와 감사의 보수를 이사회 결의로 정하고, 퇴직금은 이사회의 결의를 거친 임원퇴직금 지급규정에 의하도록 규정하고 있다. 이에 따라 피고 회사는 이사회 결의로 원고의 보수를 연봉 형태로 지급해 왔다.

바. 원고는 출근과 퇴근 시간이 비교적 자유로웠고, 외근에 관한 보고를 하는 경우가 거의 없었다.

사. 피고 회사는 등기이사와 별도의 위임계약서를 작성하지 않고 일반근로자와 동일한 연봉근로계약서를 작성하였다.

아. 원고는 피고 회사의 이사로서 회사의 중요사항을 결정하는 이사회에 참석하여 업무집행에 관한 의사결정을 하는 등 이사로서 위임받은 업무를 실제로 수행하였다(원고는 2011.3.7. 이사회에서 '현재 등기임원의 퇴직급여를 지급하는 규정이 없는 관계로 근로기준법에서 근로자에게 정한 기준과 동일한 금액에 따라 현재 등기임원의 등기일부터 소급하여 적용하는 내용의 임원 퇴직금을 신설하자'고 제안하였으나 부결된 사실이 있다).

자. 원고는 2011.12.5.과 같은 달 20. 각 개최된 단체교섭에서 이사로서 '회사 측 참석자'로 참석하여 노조 측 참석자들과 교섭을 진행하고 의사록에 서명하였다.

차. 피고 회사는 원고뿐 아니라 대표이사를 포함한 모든 임원으로부터 근로소득세를 원천징수하여 왔다.

**판시사항**

주식회사의 이사가 근로기준법상 근로자에 해당하는지 판단하는 기준

## I 주식회사의 이사가 근로기준법상 근로자에 해당하는지 여부의 구체적 판단기준

근로기준법 제2조 제1호에서 규정하는 근로자는 직업의 종류와 관계없이 임금을 목적으로 사업이나 사업장에 근로를 제공하는 자를 말하며, 이에 해당하는지는 계약의 형식과 관계없이 실질적으로 임금을 목적으로 종속적인 관계에서 사용자에게 근로를 제공하였는지에 따라 판단한다. 한편 주식회사의 이사는 주주총회에서 선임하고 그 등기를 하여야 한다. 이러한 절차에 따라 선임된 이사는 이사회의 구성원으로서 회사 업무집행의 의사결정에 참여하는 등 상법에서 정한 권한을 행사할 수 있고, 또한 회사로부터 위임을 받아 일정한 사무를 처리할 수 있다. 따라서 이사가 상법상 정하여진 이사로서의 업무를 실질적으로 수행하는 한편 회사의 경영을 위한 업무를 함께 담당하는 경우에, 그 담당하고 있는 전체 사무의 실질이 사용자의 지휘·감독 아래 일정한 근로를 제공하는 것에 그치는 것이 아니라면, 그 이사는 회사로부터 위임받은 사무를 처리하는 것으로 볼 수 있다.

그리고 주식회사의 이사가 정관이나 주주총회의 결의에서 정한 바에 따라 지급받는 보수는 원칙적으로 상법 제388조의 규정에 근거한 것으로 보아야 하고, 또한 회사의 규정에 의하여 퇴직금을 지급받는 경우에도 그 퇴직금은 원칙적으로 재직 중의 위임 사무 집행에 대한 대가로 지급되는 보수의 일종이라고 할 수 있으므로, 보수와 퇴직금을 지급받았다고 하여 그 이사가 반드시 근로자의 지위를 가지게 된다고 볼 것은 아니다.

## II 사안의 적용

위 제반사정 등을 종합적으로 고려할 때, 위 사실관계에서 알 수 있는 피고 회사의 규모와 조직, 원고가 피고 회사 이사로 선임된 경위, 이사회 활동과 회사의 의사결정·경영에 대한 참여 정도, 이사로서 구체적인 업무의 내용, 보수와 처우 등에 관한 사정을 종합하여 보면, 원고는 피고 회사의 상법상 이사로서 이사회 등을 통하여 회사의 업무집행에 관한 주요 의사결정에 참가하는 한편 일정한 범위의 사업경영에 관한 업무를 위임받아 처리하여 왔으며, 정관에서 정한 대로 이사회 결의에 기초한 이사로서의 보수를 받는 등 근로자인 일반 사원과는 확연하게 차별화된 처우를 받았다고 할 수 있고, 비록 원고가 업무를 담당하는 과정에서 대표이사로부터 지시를 받는 경우가 있었다고 하더라도 원고의 등기 이사로서의 명칭이나 직위가 형식적·명목적인 것에 불과하다거나 원고가 담당한 전체 업무의 실질이 위임사무를 처리하는 것이 아니라 임금을 목적으로 종속적인 관계에서 일정한 근로를 제공함에 그친다고 할 수 없다고 할 것이다.

## 주요 판례 04

### [근로기준법상 근로자 4] 야쿠르트 위탁판매원의 근로기준법상 근로자 여부
(대판 2016.8.24. 2015다253986)

---

**사실관계** | **(주)한국야쿠르트 사건**

가. 甲은 A회사와 야쿠르트와 같은 유제품을 고객에게 배달하고 그 대금을 수령하여 A회사에 전달하는 등의 용역을 제공하고 A회사로부터 그 매출실적에 따라 수수료를 지급받기로 하는 내용의 위탁판매계약을 체결한 후, 2002.2.1.부터 2014.2.28.까지 관리점에서 계약에 따른 용역을 제공하였다.

나. 甲에게 정해진 출퇴근시간은 없으나, 오전 8시 이전에 관리점에 출근하여 당일 배달 또는 판매할 제품을 전동카트에 싣고서 오전 중에 고정고객에 대한 제품배달을 마치고, 오후 16시경까지 남은 제품을 행인 등 일반 고객에게 판매하였는데, 일반 고객에 대한 판매활동의 종료시간은 일정하지 않았으며, A회사가 甲의 판매활동시간을 관리하거나 통제하지는 않았다.

다. 甲이 위탁판매계약을 체결할 당시에 판매구역을 지정하였는데, A회사는 특별히 甲의 일반 판매활동지역을 통제하지는 않았다. 또한 甲은 매일 관리점에 다음날 배달 또는 판매할 제품의 종류 및 수량을 신청하여 해당 제품을 수령할 뿐, A회사가 甲에게 일정한 제품의 판매를 할당하지는 않았다.

라. 甲은 고객으로부터 수금한 제품대금을 모두 A회사에 전달하고, A회사로부터 위탁판매계약에 따른 각종 수수료를 지급받았는데, 기본수수료는 매월 제품판매금액의 일정비율로 산정되어 수수료 합계액이 매월 약 수십만원 정도 차이가 났다. 甲은 A회사로부터 제품의 운반을 위한 전동카트를 제공받았는데, 그 임차비용 명목으로 수수료에서 10,000원이 공제되었고, 전동카트의 유지·관리비를 모두 甲이 부담하였다. 그리고 A회사가 매월 甲에게 지급하는 수수료는 근로소득세가 아닌 사업소득세가 원천징수되었고, A회사는 국민연금, 건강보험, 고용보험, 산업재해보상보험법 등 사회보험료를 부담하지 않았으나, 활동수수료, 고객 DB관리 등의 명목으로 甲에게 적립형 보험의 보험료 및 상조회비를 일부 지원하였다.

마. A회사는 매월 2회 정도 甲과 같은 위탁판매원을 상대로 한 교육을 실시하였는데, 그 교육내용은 신제품의 출시 및 그 효능에 대한 안내 또는 A회사가 실시하는 구체적인 판촉프로그램의 내용에 대한 설명 등으로 구성되어 있고, 위탁판매원들이 위 교육에 참석하지 않는다고 하여 어떠한 불이익을 받지 않았다. 위탁판매원들은 A회사의 직원에게 적용되는 취업규칙, 복무(인사)규정 등의 적용을 받지 않고, 위탁판매원들이 계약상의 의무를 위반한 경우에도 A회사는 계약 위반을 이유로 위탁판매계약을 해지하는 것을 별론으로 하고 위탁판매원들에게 징계책임을 물을 수 없었다.

바. 그런데 甲은 위탁판매계약을 종료하면서 A회사를 상대로 자신은 근로기준법상 근로자에 해당하는바, 근무기간 동안의 연차유급휴가수당과 근속연수에 따른 퇴직금 지급을 요구하며, 관할 법원에 소를 제기하였다.

---

**판시사항**

甲이 근로기준법상 근로자에 해당하는지 여부(소극)

# I 근로기준법상 근로자에 해당하는지 여부의 판단기준

## 1. 근로기준법상 근로자성 판단의 원칙

근로기준법상의 근로자에 해당하는지 여부를 판단함에 있어서는 그 계약이 민법상의 고용계약이든 또는 도급계약이든 그 계약의 형식에 관계없이 그 실질에 있어 근로자가 사업 또는 사업장에 임금을 목적으로 종속적인 관계에서 사용자에게 근로를 제공하였는지 여부에 따라 판단하여야 한다.

## 2. 종속적 관계의 판단기준

### 1) 원칙

여기서 종속적인 관계가 있는 여부를 판단함에 있어서는 업무의 내용이 사용자에 의하여 정하여지고 취업규칙 · 복무규정 · 인사규정 등의 적용을 받으며 업무수행 과정에 있어서도 사용자로부터 구체적이고 직접적인 지휘 · 감독을 받는지 여부, 사용자에 의하여 근무시간과 근무장소가 지정되고 이에 구속을 받는지 여부, 근로자 스스로가 제3자를 고용하여 업무를 다행케 하는 등 업무의 대체성 유무, 비품 · 원자재 · 작업도구 등의 소유관계, 보수가 근로 자체의 대상적 성격을 갖고 있는지 여부와 기본급이나 고정급이 정하여져 있는지 여부 및 근로소득세의 원천징수 여부 등 보수에 관한 사항, 근로제공관계의 계속성과 사용자에의 전속성의 유무와 정도, 사회보장제도에 관한 법령 등 다른 법령에 의하여 근로자로서의 지위를 인정받는지 여부, 양 당사자의 경제 · 사회적 조건 등을 종합적으로 고려하여 판단하여야 한다.

### 2) 부차적 요소

근로를 제공하는 자가 기계, 기구 등을 소유하고 있다고 하여, 곧바로 독립하여 자신의 계산으로 사업을 영위하고 노무제공을 통한 이윤의 창출과 손실의 초래 등 위험을 안는 사업자라고 단정할 것은 아니다. 다만, 기본급이나 고정급이 정하여졌는지, 근로소득세를 원천징수하였는지, 사회보장제도에 관하여 근로자로 인정받는지 등의 사정은 사용자가 경제적으로 우월한 지위를 이용하여 임의로 정할 여지가 크다는 점에서 그러한 점들이 인정되지 않는다는 것만으로 근로자성을 쉽게 부정하여서는 안 된다.

# II 사안의 적용

위 내용 및 사실관계 등을 종합적으로 고려할 때, 사안의 적용은 아래와 같다.

1) 甲과 같은 위탁판매원들이 A회사로부터 지급받는 각종 수수료의 금액은 기본적으로 각 위탁판매원의 판매실적에 연동되어 결정되는 것으로서, 위탁판매원들이 제공하는 용역의 내용이나 시간과 반드시 비례적 관련성을 가진다고 볼 수 없다.

2) A회사가 甲에게 근무복을 제공하고 적립형 보험의 보험료 및 상조회비를 일부 지원하였다고 하더라도, 이는 A회사의 판매활동을 장려하기 위한 배려 차원에서 이루어진 것일 뿐, 이를 두고 甲이 A회사로부터 근무상의 어떠한 지시나 통제를 받은 것으로 평가할 수는 없다.

3) A회사가 甲과 같은 위탁판매원들을 상대로 하여 실시한 매월 2회 정도의 교육은 위탁판매원들의 판매활동을 위하여 A회사가 위탁자의 지위에서 행하는 최소한의 업무 안내 및 판촉활동에 대한 독려에 불과할 뿐, 이로써 위탁판매원들이 A회사로부터 위탁판매계약에 따른 용역제공 과정에서 구체적인 지휘·감독을 받았다고 볼 수는 없다.

4) 설령 A회사가 관리점 내에 일정표를 게시하고 위탁판매원들에 대한 구체적인 업무지시와 감독에 관한 것이라고 볼 만한 아무런 사정을 찾을 수 없고, 오히려 이는 위탁판매계약상의 의무를 주지시키는 것에 불과하다고 보인다.

5) 위탁판매원들에 대하여는 A회사의 일반 직원들에게 적용되는 취업규칙 등의 복무규정이 적용되지 않아서 위탁판매원들의 어떠한 의무 위반에 대하여 A회사로서는 위탁판매계약의 해지에 따른 불이익만을 위탁판매원들에게 줄 수 있을 뿐, 복무규정에 따른 각종 제재를 부과할 수는 없다.

6) 위탁판매원들은 세법 및 사회보장제도에 관한 법령에서 근로자로서의 지위를 인정받지 못하고 있다.

따라서 위와 같은 제반사정 등에 비추어볼 때, 甲과 같은 야쿠르트 위탁판매원들이 업무수행 과정에서 A회사로부터 구체적인 지휘·감독을 받았다고 볼 수 없고, A회사가 위탁판매원들에게 근무복을 제공하거나 적립형 보험의 보험료 및 상조회사 중 일부를 지원하였다 하더라도 이는 판매활동을 장려하기 위한 배려 차원에서 이루어진 것일 뿐이므로 근무상의 어떠한 지시나 통제를 받은 것으로 볼 수 없으므로, 야쿠르트 위탁판매원은 종속적인 관계에서 임금을 목적으로 A회사에게 근로를 제공한 것이라고 볼 수 없어 근로기준법상의 근로자에 해당하지 않는다고 할 것이다. 따라서 甲의 청구는 타당하지 않다고 할 것이다.

## 주요 판례 05

## [근로기준법상 근로자 5] 재택위탁집배원의 근로기준법상 근로자 여부[3)](대판 2019.4.23. 2016다277538)

### 사실관계

가. 피고는 우편, 택배 등 우정사업을 영위하기 위하여 우정사업본부 산하에 지방우정청과 우체국을 두고, 국가공무원인 집배원의 일부 업무를 민간에 위탁하는 위탁집배원제도를 도입하여 상시위탁집배원, 특수지위탁집배원, 재택위탁집배원을 모집하였다. 원고들은 각각 소속 우체국장과 우편집배 재택위탁계약(이하 '이 사건 위탁계약'이라고 함)을 체결하고 재택위탁집배원으로 근무하였다.

나. 원고들은 매일 이 사건 위탁계약에서 정해진 시간과 장소에서 담당집배원(국가공무원인 집배원 또는 상시위탁집배원)으로부터 배달할 우편물을 건네받아 이 사건 위탁계약에서 정해진 담당구역에서 배달업무를 처리하고, 배달하지 못한 우편물을 담당집배원에게 반환하였다.

다. 재택위탁집배원의 출·퇴근시간은 배달물량 등에 따라 달랐으나, 피고는 일정 기간 동안 재택위탁집배원 우편물 인계인수부를 마련하여 날짜별 우편물의 양, 수수시간, 반환시간 등을 기재하거나 결재를 받도록 하였고, '재택집배원 근무상황부'를 통해 출근, 결근, 휴가 등을 관리하였으며, 휴대용 단말기(PDA)를 제공하여 등기우편물의 배달 결과를 실시간으로 입력하도록 해왔다.

라. 재택위탁집배원은 이 사건 위탁계약에서 정한 담당 집배구를 임의로 변경할 수 없었고, 매일 피고로부터 배달물량을 할당받았으며 업무를 수행하는 동안 우정사업본부 소속이 표시된 집배피복, 집배모, 집배화 등을 착용하고 집배가방, PDA 등 집배장비를 사용하였으며, 피고가 발급한 신분증을 달아야 했다.

마. 피고는 우편업무의 처리 과정 및 주의사항, 민원 사례 등을 정리한 우편업무편람을 모든 집배원에게 지키게 하였고, 재택위탁집배원에게 문자메시지로 '선거 관련 우편물을 반드시 오늘 중으로 배달 완료할 것', '국세청이 발송한 등기우편물을 철저히 배달할 것', '반송할 것', '배달 결과 등록처리할 것' 등의 지시를 하였으며, '지침 변경으로 인한 배달방법' 등을 공지하였다. 피고는 공문이나 이메일을 통해 '반송함 미수거에 따른 민원 조치사항', '배달방법 개선 전후 비교' 등을 공지하였다.

바. 피고는 재택위탁집배원을 상대로 '직무교육 및 간담회', '국회의원 선거 특별소통교육'과 같은 교육을 실시하였고, 반드시 교육에 참석할 것을 지시하였다. 피고는 우편물 배달방법과 절차, 주의사항 등을 자세히 교육하였다.

사. 피고는 재택위탁집배원 등에 대한 현지점검과 우편물 송달측정 평가를 시행하여 우편물의 배달 및 관리에 관한 사항을 확인하고 시정·개선할 사항을 구체적으로 공지하였다.

아. 재택위탁집배원은 시간당 일정 금액에 이 사건 위탁계약에서 정한 근무시간과 실제 근무일수를 곱한 위탁수수료를 매월 말일 받았고, 연장 및 휴일근로수당 등을 지급받았으며, 2014.2.경부터는 세대수를 기준으로 산정한 수수료와 등기우편물 배달수수료 등을 받았다. 피고는 2013.4.경부터 재택위탁집배원에게 사업소득세를 부과하였다.

---

3) 편저자 주 : 이 판결은 재택위탁집배원의 근로자성을 인정한 제1심과 원심의 일치된 판단을 수긍하고, 근로기준법상 근로자인지 여부는 계약의 형식이 무엇인지가 아니라 그 실질에 있어 임금을 목적으로 종속적인 관계에서 사용자에게 근로를 제공했는지에 따라 판단해야 한다는 기존의 법리를 재확인한 사례.

[1] 근로기준법상 근로자에 해당하는지 판단하는 기준

[2] 우정사업본부 산하 우체국장과 우편집배 재택위탁계약을 체결하고 재택위탁집배원으로 근무한 재택위탁집배원 등이 국가를 상대로 근로자지위확인 등을 구한 사안에서, 재택위탁집배원 등이 종속적인 관계에서 국가 산하 우정사업본부의 지휘·감독 아래 노무를 제공하는 근로자라고 본 원심판단을 수긍한 사례

## Ⅰ 근로기준법상 근로자에 해당하는지 여부의 판단기준

### 1. 근로기준법상 근로자성 판단의 원칙

근로기준법상의 근로자에 해당하는지 여부를 판단함에 있어서는 그 계약이 민법상의 고용계약이든 또는 도급계약이든 그 계약의 형식에 관계없이 그 실질에 있어 근로자가 사업 또는 사업장에 임금을 목적으로 종속적인 관계에서 사용자에게 근로를 제공하였는지 여부에 따라 판단하여야 한다.

### 2. 종속적 관계의 판단기준

#### 1) 원칙

여기서 종속적인 관계가 있는 여부를 판단함에 있어서는 업무의 내용이 사용자에 의하여 정하여지고 취업규칙·복무규정·인사규정 등의 적용을 받으며 업무수행 과정에 있어서도 사용자로부터 구체적이고 직접적인 지휘·감독을 받는지 여부, 사용자에 의하여 근무시간과 근무장소가 지정되고 이에 구속을 받는지 여부, 근로자 스스로가 제3자를 고용하여 업무를 다행케 하는 등 업무의 대체성 유무, 비품·원자재·작업도구 등의 소유관계, 보수가 근로 자체의 대상적 성격을 갖고 있는지 여부와 기본급이나 고정급이 정하여져 있는지 여부 및 근로소득세의 원천징수 여부 등 보수에 관한 사항, 근로제공관계의 계속성과 사용자에의 전속성의 유무와 정도, 사회보장제도에 관한 법령 등 다른 법령에 의하여 근로자로서의 지위를 인정받는지 여부, 양 당사자의 경제·사회적 조건 등을 종합적으로 고려하여 판단하여야 한다.

#### 2) 부차적 요소

근로를 제공하는 자가 기계, 기구 등을 소유하고 있다고 하여, 곧바로 독립하여 자신의 계산으로 사업을 영위하고 노무제공을 통한 이윤의 창출과 손실의 초래 등 위험을 안는 사업자라고 단정할 것은 아니다. 다만, 기본급이나 고정급이 정하여졌는지, 근로소득세를 원천징수하였는지, 사회보장제도에 관하여 근로자로 인정받는지 등의 사정은 사용자가 경제적으로 우월한 지위를 이용하여 임의로 정할 여지가 크다는 점에서 그러한 점들이 인정되지 않는다는 것만으로 근로자성을 쉽게 부정하여서는 안 된다.

## Ⅱ 사안의 적용

위 사안의 사실관계 등을 종합적으로 고려할 때, ① 피고는 이 사건 위탁계약 등에 따라 재택위탁집배원의 업무 내용과 범위, 처리 방식, 매일 처리할 우편물의 종류와 양을 정한 점, ② 피고는 우편업무편람, 각종 공문, 휴대전화 메시지를 통하여 구체적인 업무처리 방식 등을 지시하였는데, 이는 우편배달업무 관련 정보를 알리는 정도를 넘은 점, ③ 피고는 획일적인 업무 수행을 위하여 재택위탁집배원에게 정해진 복장을 입고, 관련 법령 등에서 정해진 절차에 따라 배달하도록 하였으며, 정기적 또는 비정기적으로 교육을 시행한 점, ④ 피고는 현지점검 등을 통하여 재택위탁집배원의 업무처리 과정이나 결과를 지속적으로 관리·감독을 한 점, ⑤ 피고는 원고들로 하여금 정해진 장소에서 우편배달업무를 처리하도록 하였고, 일정 기간 근무상황부, 인계인수부 등을 마련하여 재택위탁집배원의 근태를 관리하였으며, PDA에 입력되는 배달 정보를 통하여 재택위탁집배원의 업무처리 상황을 확인할 수 있는 점, ⑥ 우편물 배달업무의 중요성과 업무 수행에 따르는 책임, 피고가 재택위탁집배원들에게 근무복과 용품을 무상 대여한 취지 등을 고려하면 재택위탁집배원이 제3자로 하여금 배달업무를 대신하게 하거나 다른 일을 겸업하는 것은 사실상 어려운 점, ⑦ 이 사건 위탁계약서에는 우편물 배달업무 관련 각종 주의사항과 계약해지사유 등이 자세히 기재되어 있는 점, ⑧ 원고들이 근무시간에 비례하여 받은 수수료는 피고를 위하여 제공하는 근로의 양과 질에 대한 대가에 해당한다는 점, 원고들이 일정 시점부터 사업소득세를 냈다는 사정만으로 원고들의 근로자성을 쉽게 부정하여서는 아니 되는 점, ⑨ 원고들이 수행한 우편배달업무는 피고가 체계적 조직을 갖추어 전 국민에게 제공해 온 본연의 업무로, 관련 법령에서 취급자격과 업무처리 방식, 위반 시 민·형사상 제재에 관하여 엄격한 규율을 하고 있으며, 또한 원고들은 우편배달업무를 수행하는 피고의 다른 근로자인 상시위탁집배원·특수지위탁집배원과 본질적으로 같은 업무를 동일한 방식으로 처리하고 있는 점을 종합적으로 고려할 때, 재택위탁집배원은 종속적인 관계에서 우정사업본부 산하 우체국장의 지휘·감독 아래 노무를 제공하는 근로자에 해당한다고 할 것이다.

## Ⅲ 결론

따라서 위 재택위탁집배원은 종속적인 관계에서 우정사업본부 산하 우체국장의 지휘·감독 아래 노무를 제공하는 근로자라고 판단된다.

## 주요 판례 06

# [근로기준법상 근로자 6] 타다 드라이버의 근로기준법상 근로자 여부

(대판 2024.7.25. 2024두32973)

---

**사실관계** (주)쏘카 사건

가. 원고(쏘카)는 자회사인 VCNC에서 개발·운영하는 앱을 이용하여 고객들에게 자기가 소유한 차량을 대여함과 동시에 운전기사를 제공하는 서비스를 하는 플랫폼 기업이다.

나. 원고는 자회사인 VCNC로 하여금 앱 및 관련 서비스를 운영업무를 수행하게 하며, 이 자회사와 인력공급계약을 체결한 업체로부터 서비스 운영에 필요한 프리랜서 드라이버(피고보조참가인)를 공급받았다.

다. 피고보조참가인인 드라이버(이하 '타다 드라이버'라 함)는 2019.7.15. 협력업체로부터 원고의 차량 대수 조정 등에 따라 인원감축 대상임을 통보받자, 자회사인 VCNC를 피신청인으로 하여 서울지방노동위원회에 부당해고 구제신청을 제기하였다. 이에 대해 초심은 타다 드라이버는 근로기준법상 근로자가 아니라는 이유로 각하판정을 했다.

라. 그러자 이에 불복한 타다 드라이버는 중앙노동위원회에 재심신청을 하였는데, 재심에서는 타다 드라이버에 대한 근로기준법상 근로자성을 인정하고 부당해고에 해당하므로 초심을 취소하는 판정을 하였다.

마. 이에 원고는 2020.7.13. 재심판정의 취소를 구하는 소를 제기하였는데, 제1심은 플랫폼 노동 종사를 다양한 형태의 '사적 계약관계'로 규정하고 플랫폼 노동 종사자에 대한 계약관계의 일방적 종료 등에 대한 규제는 입법을 통하여 규율하거나 근로기준법 개정을 통하여 규율하는 것이 타당하다는 점 등을 이유로 근로기준법상 근로자성을 부정하였다.

바. 그러나 제2심은 2023.12.21. 타다 드라이버의 경우 근무 수락 여부, 근무시간 등과 관련하여 자유로운 선택권이 없었고, 업무 관련 사항 대부분에 있어 구체적인 지휘·감독을 받았으며, 타다 앱에서 정해진 틀을 벗어나 자신의 업무 내용을 스스로 정할 수 없다는 점 등을 이유로 근로기준법상 근로자성을 인정했다.

사. 이에 원고는 대법원에 상고하였다.

---

**판시사항**

[1] 근로기준법상 근로자에 해당하는지 여부의 판단기준 및 이때 종속적인 관계인지 판단하는 방법과 온라인 플랫폼을 매개로 근로를 제공하는 플랫폼 종사자가 근로자인지를 판단하는 방법 및 어떤 근로자에 대하여 누가 임금 등의 지급의무를 부담하는 사용자인지 판단하는 기준과 이때 고려할 사항

[2] 자동차대여사업인 甲회사가 자회사인 乙회사에서 개발·운영하는 모바일 애플리케이션을 기반으로 그 앱의 이용자에게 甲회사의 차량을 대여함과 동시에 인력공급업 등을 영위하는 丙주식회사로부터 공급받은 차량 운전기사를 제공하는 '기사 알선 포함 차량 대여서비스'를 운영하였는데, 丙회사가 드라이버 프리랜서 계약을 체결한 운전기사들 단체 대화방에 인원을 감축한다는 내용의 메시지와 함께 향후 배차될 운전기사의 명단을 공지하자, 그 명단에서 배제된 丁이 위 인원 감축 통보가 부당해고에 해당한다며 부당해고 구제신청을 한 사안에서, 丁은 근로기준법상 근로자에 해당하고 사용자는 甲회사라고 한 사례

## Ⅰ 근로기준법상 근로자에 해당하는지 여부의 판단기준 및 이때 종속적인 관계인지 판단하는 방법

근로기준법상 근로자에 해당하는지는 계약의 형식이 고용계약, 도급계약 또는 위임계약인지보다 근로제공관계의 실질이 사업 또는 사업장에 임금을 목적으로 종속적인 관계에서 근로를 제공한 것인지 여부에 따라 판단해야 한다. 여기에서 종속적인 관계인지는, 업무 내용을 사용자가 정하고 취업규칙 또는 복무(인사)규정 등의 적용을 받으며 업무수행과정에서 사용자가 상당한 지휘·감독을 하는지, 사용자가 근무시간과 근무장소를 지정하고 근로자가 이에 구속을 받는지, 노무제공자가 스스로 비품·원자재나 작업도구 등을 소유하거나 제3자를 고용하여 업무를 대행하게 하는 등 독립하여 자신의 계산으로 사업을 영위할 수 있는지, 노무제공을 통한 이윤 창출과 손실 초래 등 위험을 스스로 안고 있는지와 보수의 성격이 근로 자체의 대상적 성격인지, 기본급이나 고정급이 정하여졌는지 및 근로소득세의 원천징수 여부 등 보수에 관한 사항, 근로제공관계의 계속성과 사용자에 대한 전속성의 유무와 정도, 사회보장제도에 관한 법령에서 근로자로서 지위를 인정받는지 등의 경제적·사회적 여러 조건을 종합하여 판단해야 한다. 다만 기본급이나 고정급이 정하여졌는지, 근로소득세를 원천징수하였는지, 사회보장제도에 관하여 근로자로 인정받는지 등의 사정은 사용자가 경제적으로 우월한 지위를 이용하여 임의로 정할 여지가 크다는 점에서 그러한 점들이 인정되지 않는다는 것만으로 근로자성을 쉽게 부정해서는 안 된다.

온라인 플랫폼(노무제공과 관련하여 둘 이상의 이용자 간 상호작용을 위한 전자적 정보처리시스템을 말한다)을 매개로 근로를 제공하는 플랫폼 종사자가 근로자인지를 판단하는 경우에는 노무제공자와 노무이용자 등이 온라인 플랫폼을 통해 연결됨에 따라 직접적으로 개별적인 근로계약을 맺을 필요성이 적은 사업구조, 일의 배분과 수행 방식 결정에 온라인 플랫폼의 알고리즘이나 복수의 사업참여자가 관여하는 노무관리의 특성을 고려하여 위 요소들을 적정하게 적용해야 한다.

## Ⅱ 어떤 근로자에 대하여 누가 임금 등의 지급의무를 부담하는 사용자인지 판단하는 기준과 이때 고려할 사항

어떤 근로자에 대하여 누가 임금 등의 지급의무를 부담하는 사용자인가를 판단할 때에도 계약의 형식이나 관련 법규의 내용에 관계없이 실질적인 근로관계를 기준으로 해야 하고, 근로기준법상 근로자인지를 판단할 때에 고려했던 여러 요소들을 종합적으로 고려해야 한다.

## Ⅲ 사안의 적용

다음과 같은 사정을 앞서 본 법리에 비추어 살펴보면, ◇◇◇ 주식회사(이하 '소외 2 회사'라 함)가 운전기사로 공급한 참가인이 원고가 운영하는 △△ 서비스를 위해 그 지휘·명령을 받아 원고의 △△ 차량 운전업무를 수행하였으므로, 참가인은 종속적인 관계에서 원고에게 근로를 제공하였다고 볼 수 있다. 따라서 참가인은 근로기준법상 근로자에 해당하고 그 사용자는 원고이다.

## 1. △△ 서비스의 사업 구조와 원고, 소외 1 회사, 소외 2 회사의 역할 여부

1) △△ 서비스는 자동차대여사업자인 원고가 소외 1 회사가 개발·운영하는 △△ 앱을 기반으로 하여 그 앱의 이용자에게 원고 소유의 △△ 차량을 대여함과 동시에 차량 운전기사를 제공하는 서비스이다.

2) 원고는 소외 1 회사를 100% 자회사로 인수하고 소외 1 회사와 '예약중개계약'을 체결하여 소외 1 회사로 하여금 △△ 앱 및 그와 연관된 △△ 서비스 운영 업무를 수행하게 하였다. 원고는 소외 2 회사 등 협력업체와 운전용역 제공 계약을 체결하여 △△ 서비스 운영에 필요한 프리랜서 드라이버를 공급받았는데, 프리랜서 드라이버의 임금, 업무 내용은 원고가 결정하였다. 원고는 △△ 서비스 이용금액 중 10%의 수수료를 소외 1 회사에, 시간 단위로 정한 운전용역대금을 협력업체에 각 지급하고 남은 수입을 보유하여 이윤을 창출하였으며, △△ 차량을 소유하고 필요한 부대비용 일체를 부담하였다.

3) 한편 소외 1 회사는 원고와 체결한 예약중개계약에 따라 △△ 앱 개발·운영, 이용자 모집, 서비스 이용대금의 결제 및 수령 대행 업무를 수행하였다. 그 외에도 협력업체에 '△△ 드라이버 교육 가이드', '△△ 드라이버에 대한 배차거부(계약해지) 표준 가이드라인' 등(이하 '교육자료 등'이라 함)을 제작하여 배포하고, △△ 드라이버의 운행 내역을 수집하여 작성한 근태관리 리포트를 협력업체에 보내면서 교육 등 조치를 취하여 회신할 것을 요청하는 등으로 협력업체 관리와 △△ 드라이버의 지휘·감독 업무를 수행하였다. 이는 모두 예약중개계약에서 소외 1 회사가 수행하기로 약정한 업무 중 '△△ 서비스의 활성화를 위하여 원고와 소외 1 회사가 합의하는 제반 업무'에 속한 것으로 보인다. 이러한 △△ 서비스의 구조, 원고와 소외 1 회사의 역할과 두 회사의 관계 등에 비추어 보면, 소외 1 회사는 △△ 서비스의 일부 업무를 독립하여 수행하였다기보다 △△ 서비스 운영자인 원고를 위해 위 업무를 대행하였다고 평가할 수 있다.

4) 소외 2 회사는 근로자파견사업 허가를 받은 업체로서 원고와 체결한 운전용역 제공 계약에 따라 △△ 차량을 운전할 프리랜서 드라이버를 모집하여 원고에게 공급하고, 소외 1 회사로부터 운전용역대금을 지급받아 프리랜서 드라이버에게 보수를 전달하였으며, 그 차액을 수수료로 받았다. 프리랜서 드라이버를 교육하고 별도의 근무규정을 마련하여 제재하였으나 소외 1 회사로부터 제공받은 교육자료 등을 거의 그대로 사용하였고, 그 외에는 프리랜서 드라이버의 구체적인 업무내용을 별도로 결정하거나 프리랜서 드라이버의 업무 수행을 독자적으로 관리·감독할 자료나 수단을 보유하지 않았다.

## 2. 업무 내용의 결정, 상당한 지휘·감독 여부

1) 원고가 운영하는 △△ 서비스의 핵심적인 부분은 △△ 드라이버가 수행하는 운전업무이다. 원고는 △△ 서비스를 균질화하고 표준화할 필요에 따라 소외 1 회사로 하여금 운전업무의 수행 절차와 방법 및 위반 횟수별 제재조치에 관한 교육자료 등과 근태관리 자료를 제작하여 협력업체에 배포하도록 하고, 소외 1 회사는 협력업체로 하여금 교육과 제재조치의 실행을 담당하게 하였다. 이처럼 △△ 드라이버에 대한 교육과 제재가 원고가 아닌 협력업체를 통해

이루어진 것은, 운전업무의 성격상 구체적인 노무 제공 방법을 사전에 결정할 수 있고 △△ 앱을 통하여 운행 내역을 확보할 수 있어 협력업체로 하여금 미리 정해진 내용에 따른 교육과 제재를 수행하게 하는 것만으로도 충분히 표준화된 △△ 서비스를 유지·운영할 수 있고, 다수의 협력업체로부터 △△ 드라이버를 공급받는 원고로서는 이러한 방법이 더 효율적이라고 판단하였기 때문으로 보인다.

2) 참가인에게 적용될 별도의 취업규칙이나 복무규정은 없었으나 소외 1 회사가 협력업체에 배포한 교육자료 등과 △△ 앱을 통하여 운전업무 수행의 절차와 방법, 위반에 따른 제재조치가 안내되었다. 소외 1 회사가 제작한 교육자료 등에는 운전업무를 원활히 수행하기 위한 내용 외에도 운행 전 차량 상태 확인, 주유, 요소수 보충 등 차량 관리에 관한 내용이 포함되었고, 운전업무 수행의 각 단계에서 이행할 사항과 금지된 사항이 구체적으로 기재되어 있다. 이는 사실상 참가인이 운전업무를 수행할 때 준수하여야 하는 복무규정으로 기능하였다.

3) 참가인은 원고, 소외 1 회사가 사전에 결정하고 협력업체를 통해 안내된 운전업무 제공 방법에 따라 업무를 수행하였고, 이용자의 정보를 제한적으로 제공받은 채 호출 수락 여부를 결정했으며, 운전업무 수행 방법이나 합당한 보수를 따로 결정할 수 없었다. 요금 징수, 업무평가, 불만사항 처리 등은 모두 원고나 소외 1 회사가 수행하였다.

4) 참가인 등 △△ 드라이버의 출근, 호출 수락 여부, 이동 경로, 휴식, 퇴근 등의 운행 내역은 △△ 앱을 통하여 자동으로 기록·관리되었다. 소외 1 회사는 위 운행 내역을 기초로 매달 근태관리 리포트를 작성하여 협력업체에 전달하고, 거짓출근 등 규정 위반이 의심되는 △△ 드라이버에 대하여 위반사유 확인과 면담·교육 등 조치를 이행한 후 그 내용을 회신하도록 요청하였다. 또한 소외 1 회사는 2019.4.~ 5.경 이용자들의 서비스 불만 사례가 급증하자 차고지를 직접 방문하여 드라이버 보수 교육을 실시하고, 2019.7.경 성희롱 사건이 발생하자 전체 드라이버를 대상으로 성 인지 교육을 실시하였다. 소외 1 회사는 원고를 대신하여 이와 같이 △△ 드라이버의 근태를 관리·감독하였다.

## 3. 근무시간 · 장소의 지정 및 구속 여부

1) 소외 1 회사는 차고지와 운행시간 등이 기재된 배차표를 매주 협력업체에 배부하였고, 협력업체는 △△ 드라이버로부터 배차 희망을 신청받아 소외 1 회사에 전달하였다. 소외 1 회사는 이를 매칭하여 매칭된 △△ 드라이버에게 △△ 앱을 통해 스마트키를 전송함으로써 배차를 완료하였다. 참가인은 원하지 않는 날에 배차신청을 하지 않고 운행을 희망하는 요일, 시간대, 차고지 등을 선택하여 배차를 신청할 선택권이 있었으나(따라서 참가인은 주중에는 다른 직업에 종사하고 토요일과 일요일에만 △△ 드라이버로 근무할 수 있었다), 소외 1 회사가 배차신청을 수락하여 △△ 차량을 배차해야만 운전업무를 수행할 수 있는 점을 고려하면 운전업무를 수행할 근무시간, 근무장소(차고지)는 원고를 대행한 소외 1 회사가 최종적으로 결정하였다고 봄이 타당하다. 소외 2 회사는 배정된 차량 대수보다 운행을 신청한 드라이버 수가 많을 경우 자체적인 배차 우선순위 기준에 따라 드라이버를 선별하였으나, 독자적인 배차권한을 가진 것으로 볼 수 없다.

2) 참가인은 일단 배차가 완료되면 정해진 근무일과 출근시간에 차고지에 도착하고 배차 받은 차량에 탑승하여 '출근하기' 버튼을 누른 후 운전업무를 수행하여야 할 뿐, 임의의 시간과 장소에서 근무할 수 없었다.

3) 참가인은 △△ 앱이 지정한 대기장소로 이동하여 호출을 대기하다가 △△ 앱이 배정한 운전업무를 사전에 지정된 방식에 따라 수행하였다. 참가인은 목적지 등 운전업무의 내용을 가늠할 수 있는 정보를 제공받지 못하였으므로 이용자를 선택할 수 있었다고 보기 어렵고, 이용자도 △△ 드라이버를 임의로 선택할 수 없었다. 이는 온라인 플랫폼이 일을 수행할 작업자를 선택하고 일감을 배분하며 노무 수행 방법을 지정·통제하는 것이므로 참가인에게 온전한 선택권이 부여되었다고 볼 수 없다.

4) 참가인은 호출 수락 여부와 휴식을 선택할 수 있었고, 원하는 시간에 업무를 종료할 수 있었다. 그러나 소외 2 회사는 '△△에서 내려온 지시사항'이라고 공지하면서 배차(호출) 미수락에 따른 교육 제재를 고지하였고, 미수락 건수 등 실적에 따라 제재 조치를 예정하였다. △△ 드라이버 업무 매뉴얼 등 교육자료에는 '배차(호출) 거절 및 미수락 발생 시 페널티', '미수락 건은 월별 총미수락 건에 반영되어 인사상 불이익이 발생할 수 있다.'는 내용이 기재되었고, 초기 △△ 앱 화면에서 '배차(호출) 미수락은 인사평가에 불리하게 적용된다.'는 내용이 고지되기도 하였다. 또한 소외 1 회사는 2019.2.경부터 드라이버 레벨제를 시행하여 레벨에 따른 특별수수료를 차등적으로 지급하였는데, 그 평가항목에는 운행건수, 운행거리, 출근일수, 배차(호출) 미수락 및 취소건수, 대기지역 이탈 건수 등이 포함되었다. △△ 앱을 통해 운행 내역이 기록되고, 이를 토대로 위와 같은 제재조치나 특별수수료 지급 기회 상실이 예정되었던 이상 참가인이 호출 수락 여부, 휴식, 업무 종료를 자유롭게 선택할 수 있었다고 보기 어렵다.

## 4. 사업자적 징표의 존부 여부

1) 참가인은 제3자로 하여금 운전업무를 대신 수행하게 할 수 없었고, △△ 앱에 따른 업무를 수행하면서 동시에 다른 업무를 수행하거나 △△ 앱이 지정한 이용자 외에 다른 승객을 승차시킬 수 없는 등 추가적인 이윤 창출을 할 수 없었다.

2) 참가인이 운전업무에 사용한 △△ 차량과 비품은 모두 원고의 소유였고, 세차비, 주유비 등 부대비용 일체를 원고가 부담하였다. 반면 참가인은 손실을 초래할 위험을 부담하지 않았다.

## 5. 소외 2 회사의 독립성 및 독자성 여부

소외 2 회사는 독자적인 기업조직과 설비를 갖추고 있었으나 △△ 서비스 운전업무에 관하여는 독자적인 장비나 물적 시설을 갖추지 못하였다. 소외 2 회사가 참가인에게 임금을 대신 지급해주고 출근과 복장 등을 감독한 것은 △△ 서비스 운영에 필요한 운전기사를 공급하는 업무를 수행하기 위한 조치에 불과하고, △△ 드라이버의 운전업무에 관한 독립적인 결정 권한을 가졌다고 볼 수 없다.

## 6. 보수의 근로대상성 등 여부

1) 참가인이 기본급이나 고정급을 지급받지 않았고, 근로소득세를 원천징수당하지 않았다는 사정은 온라인 플랫폼을 매개로 한 노무제공의 특성 때문이므로 이에 큰 의미를 두기 어려운 데다가, 참가인은 업무 수행의 질과 관계없이 근무시간에 비례한 보수를 지급받았으므로 참가인의 보수는 근로 자체의 대가라고 볼 수 있다.

2) 참가인은 운행시간 외에서 겸업이 가능하였을 뿐, 배차 받은 운행시간 내에서는 △△ 서비스의 운전업무만 수행할 수 있었다. 참가인은 근로시간이 짧았을 뿐이지, 원고에 대한 전속성이 낮았다고 보기는 어렵다.

## Ⅳ 대상판결의 의의[4)]

최근 들어 서비스산업의 확대와 정보통신기술의 발전 등으로 취업형태 및 근무방식이 다양화됨에 따라 특수고용종사자나 플랫폼종사자와 같이 전통적 종속고용을 전제로 하지 않는 노무형태가 증가하는 추세에 있다. 특히 종전의 노무방식이 디지털화됨에 따라 기업의 기능적 분업과 다층적 계약관계망을 통해 재화와 서비스를 제공하는 비즈니스가 번창하면서 플랫폼에 기반하여 노무를 제공하는 자에 대한 근로자성 및 운영주체의 사용자성에 대한 판단이 문제가 되고 있다. 대상판결은 플랫폼 종사자의 근로자성 및 플랫폼 운영자의 사용자성을 인정한 첫 대법원 판결이라는 점에서 의의가 있으며, 변화하는 노동시장 상황에 맞춰 근로자성의 판단에 있어 사정거리를 확대한 것으로 평가할 수 있겠다. 다만, 향후의 노무제공방식이 점점 디지털화 및 다양화되고 있는 상황 등을 고려할 때, 대상판결이 제시한 법리가 향후 유사한 사안에서도 그대로 유지될 수 있을지 여부에 대해서는 좀 더 그 추이를 지켜볼 필요가 있다.

memo

---

4) 이정 한국외국어대학교 법학전문대학원 교수, 포커스

## 주요 판례 07

### [노조법상 근로자 2] 취업자격 없는 외국인 근로자의 노조법상 근로자 여부5)
(대판 2015.6.25. 2007두4995 [전합])

---

**사실관계**  **서울경기인천이주노동조합 사건**

가. 2005.5.3. 원고 노동조합은 피고인 서울지방고용노동청에 노동조합 설립신고서를 제출하였다.

나. 2005.5.경 피고인 서울지방고용노동청은 원고 노동조합에 조합원 소속 사업장별 명칭과 조합원 수 및 대표자의 성명 제출, 소속 조합원의 취업자격 유무 확인을 위한 조합원명부 제출 등의 보완을 요구하였다.

다. 2006.6.3. 서울지방고용노동청은 보완서류 미제출 및 노조의 주된 구성원이 노동조합 가입자격이 없는 불법체류외국인이라는 이유로 원고 노동조합의 설립신고서를 반려하였다.

---

**판시사항**

[1] 노동조합의 설립을 신고하려는 자가 설립신고서에 첨부하여 제출할 서류에 관한 구(舊) 「노동조합 및 노동관계조정법 시행규칙」 제2조 제4호가 법규명령으로서의 효력이 있는지 여부(소극) / 구(舊) 「노동조합 및 노동관계조정법 시행규칙」 제2조 제4호가 정한 사항에 관한 보완이 이루어지지 않았다는 사유를 들어 설립신고서를 반려할 수 있는지 여부(소극)

[2] 출입국관리 법령에 따라 취업활동을 할 수 있는 체류자격을 받지 않은 외국인이 타인과의 사용종속관계 하에서 근로를 제공하고 그 대가로 임금 등을 받아 생활하는 경우, 노동조합 및 노동관계조정법상 근로자의 범위에 포함되는지 여부(적극)

---

☐ **노동조합의 설립을 신고하려는 자가 설립신고서에 첨부하여 제출할 서류에 관한 구(舊) 「노동조합 및 노동관계조정법 시행규칙」 제2조 제4호가 법규명령으로서의 효력이 있는지 여부 및 구(舊) 「노동조합 및 노동관계조정법 시행규칙」 제2조 제4호가 정한 사항에 관한 보완이 이루어지지 않았다는 사유를 들어 설립신고서를 반려할 수 있는지 여부**

「노동조합 및 노동관계조정법」 제10조 제1항, 제12조 제2항, 제3항 제2호, 구(舊) 노동조합 및 노동관계조정법 시행규칙(2007.12.26. 노동부령 제286호로 개정되기 전의 것, 이하 '구(舊) 노동조합법 시행규칙'이라 함) 제2조의 내용이나 체계, 취지 등을 종합하면, 구(舊) 「노동조합법 시행규칙」이 제2조 제4호(2010.8.9. 고용노동부령 제2호로 삭제되었다)에서 설립신고의 대상이 되는 노동조합이 '2 이상의 사업 또는 사업장의 근로자로 구성된 단위노동조합인 경우 사업 또는 사업장별 명칭, 조합원 수, 대표자의 성명'에 관한 서류를 설립신고서에 첨부하여 제출하도록 규정한 것은 상위

---

5) 편저자 주 : 외국인 근로자의 「노동조합 및 노동관계조정법」상 근로자성을 인정한 판결로, 「노동조합 및 노동관계조정법」상 근로자성이 인정되는 한 그러한 근로자가 외국인인지 여부나 취업자격의 유무에 따라 「노동조합 및 노동관계조정법」상 근로자의 범위에 포함되지 아니한다고 볼 수는 없다고 판단한 판결이다.

법령의 위임 없이 규정한 것이어서, 일반 국민에 대하여 구속력을 가지는 법규명령으로서의 효력은 없다. 따라서 행정관청은 구(舊) 노동조합법 시행규칙 제2조 제4호가 정한 사항에 관한 보완이 이루어지지 아니하였다는 사유를 들어 설립신고서를 반려할 수는 없다.

## Ⅱ 출입국관리 법령에 따라 취업활동을 할 수 있는 체류자격을 받지 않은 외국인이 타인과의 사용종속관계 하에서 근로를 제공하고 그 대가로 임금 등을 받아 생활하는 경우, 「노동조합 및 노동관계조정법」상 근로자의 범위에 포함되는지 여부

「노동조합 및 노동관계조정법」(이하 '노동조합법'이라 함) 제2조 제1호, 제5조, 제9조, 구(舊) 「출입국관리법」(2010.5.14. 법률 제10282호로 개정되기 전의 것)의 내용이나 체계, 취지 등을 종합하면, 노동조합법상 근로자란 타인과의 사용종속관계 하에서 근로를 제공하고 그 대가로 임금 등을 받아 생활하는 사람을 의미하며, 특정한 사용자에게 고용되어 현실적으로 취업하고 있는 사람뿐만 아니라 일시적으로 실업 상태에 있는 사람이나 구직 중인 사람을 포함하여 노동3권을 보장할 필요성이 있는 사람도 여기에 포함되는 것으로 보아야 한다. 그리고 출입국관리법령에서 외국인 고용제한규정을 두고 있는 것은 취업활동을 할 수 있는 체류자격(이하 '취업자격'이라 함) 없는 외국인의 고용이라는 사실적 행위 자체를 금지하고자 하는 것뿐이지, 나아가 취업자격 없는 외국인이 사실상 제공한 근로에 따른 권리나 이미 형성된 근로관계에서 근로자로서의 신분에 따른 노동관계법상의 제반 권리 등의 법률효과까지 금지하려는 것으로 보기는 어렵다.

따라서 타인과의 사용종속관계 하에서 근로를 제공하고 그 대가로 임금 등을 받아 생활하는 사람은 노동조합법상 근로자에 해당하고, 노동조합법상의 근로자성이 인정되는 한, 그러한 근로자가 외국인인지 여부나 취업자격의 유무에 따라 노동조합법상 근로자의 범위에 포함되지 아니한다고 볼 수는 없다.

## Ⅲ 대상판결의 의의[6)]

본 사안은 취업자격 없는 외국인 근로자의 노동조합법상 지위 인정여부가 쟁점이 된 것이다. 이 사건 설립신고서 반려처분의 적법성에 관한 1심(원고 패소 판결)과 원심(원고 승소 판결)의 판단이 달랐기 때문에 대법원이 내릴 결론에 대한 사회적 관심이 지대했었다. 대상판결은 원심판결 후 8년이 지나 선고된 만시지탄의 사례지만, 출입국관리법령에 따라 취업활동을 할 수 있는 체류자격을 받지 않은 외국인 근로자도 노동조합법상의 근로자에 포함되어 근로3권의 주체가 된다는 점을 확인한 판결로서 그 의의가 크다.

대상판결은 노동조합법상의 근로자 해당 여부에 관한 판단기준을 제시한 판례와 출입국관리법령상의 외국인고용제한규정의 취지와 성격을 제한적으로 해석한 판례 등에 근거하여, 노동조합법상의 근로자성이 인정되는 한, 취업자격 없는 외국인도 노동조합법상 근로자의 범위에 포함됨을 밝히고 있다. 따라서 노동조합설립신고업무를 담당하는 관할 행정관청은 외국인 근로자의 취업자격 유무를 확인하기 위한 서류의 제출을 요구할 수 없고, 취업자격 없음을 이유로 노동조합설립신고서를 반려할 수도 없게 되었다. 하지만 대상판결이 지적하고 있듯이, 취업자격 없는 외국인 근로자의 노동조합법상 지위가 인정된다고 해서 그 사람의 출입국관리상 지위가 합법화되는 것은 아니다.

---

6) 조용만, 김홍영 로스쿨 노동법

## 주요 판례 08

### [노조법상 근로자 3] 학습지교사의 노조법상 근로자 여부
(대판 2018.6.15. 2014두12598 · 12604)

**사실관계** **주식회사 재능교육 사건**

가. 학습지 개발 및 교육 등의 사업을 하는 피고보조참가인(이하 '참가인'이라 함)은 원고 전국학습지산업노동조합(이하 '원고 조합'이라 함) 소속 조합원이면서 학습지교사들인 나머지 원고들(이하 '원고 학습지교사들'이라 함)과 학습지회원에 대한 관리, 모집, 교육을 내용으로 하는 위탁사업계약을 체결하였다.[7]

나. 원고 학습지 교사들이 제공한 노무의 내용은 학습지회원에 대한 관리 및 교육, 기존 회원의 유지 및 회원 모집이 주요 업무인데, 업무의 내용과 준비 및 업무수행에 필요한 시간 등에 비추어 겸업이 현실적으로 불가능하였으며, 참가인은 원고 학습지교사들에게 신규 학습지교사들을 상대로 입사실무교육 실시하고 특정 단위조직에 배치한 후 관리회원을 배정하였으며, 업무처리지침 등이 존재하고 학습지도서의 제작·배부 및 표준필수업무를 시달하였다.

다. 또한 참가인들은 회원관리카드 및 관리현황을 보유하면서 때때로 원고 학습지교사들에게 지시하였으며, 주 3회 오전에 원고 학습지교사들을 참여시켜 지국장 주재 조회와 능력향상과정을 진행하였는데, 참가인은 2007년 원고 조합과의 단체협약을 일방적으로 해지하였다.

라. 원고 조합은 참가인의 행위에 반발해 파업에 돌입하였으나, 참가인은 원고 학습지교사들과의 위탁사업계약을 해지하였다.

마. 원고 학습지교사들은 참가인이 위탁사업계약을 해지한 것이 부당해고 및 부당노동행위에 해당한다는 이유로 서울지방노동위원회에 구제명령을 신청하였으나, 근로자 또는 노동조합이 아니어서 당사자적격이 없다는 이유로 각하되었다. 그 후 중앙노동위원회도 원고들의 재심신청을 기각하였다.

**판시사항**

[1] 「노동조합 및 노동관계조정법」(이하 '노동조합법'이라 함)상 근로자에 해당하는지 판단하는 기준과 방법 / 노동조합법상의 근로자는 반드시 근로기준법상의 근로자에 한정되는지 여부(소극)

[2] 학습지 개발 및 교육 등의 사업을 하는 참가인이 전국학습지산업노동조합 소속 조합원이면서 원고 학습지교사들과 학습지회원에 대한 관리, 모집, 교육을 내용으로 하는 위탁사업계약을 체결하였다가 그 후 이를 해지하자 원고 학습지 교사 등이 부당해고 및 부당노동행위에 해당한다는 이유로 구제명령을 신청한 사안에서, 원고 학습지교사 등은 노동조합법상의 근로자에 해당하고, 원고 조합(전국학습지산업노동조합)도 노동조합법 제2조 제4호 본문에서 정한 노동조합에 해당한다고 한 사례

[3] 사용자의 행위가 노동조합법에서 정한 부당노동행위에 해당하는지 판단하는 방법 및 부당노동행위에 대한 증명책임의 소재(= 근로자 또는 노동조합) / 사용자가 근로자에게 한 징계나 해고 등 기타 불이익한 처분에 관하여 심리한 결과 처분을 할 만한 정당한 사유가 있는 것으로 밝혀진 경우, 사용자의 불이익한 처분이 부당노동행위 의사에 기인하여 이루어진 것으로 단정할 수 있는지 여부(소극)

---

7) 1년 단위 위탁사업계약을 체결하였다.

Ⅰ **노동조합법상 근로자에 해당하는지 판단하는 기준과 방법 및 노동조합법상의 근로자는 반드시 근로기준법상의 근로자에 한정되는지 여부**

노동조합법상 근로자는 타인과의 사용종속관계 하에서 노무에 종사하고 대가로 임금 기타 수입을 받아 생활하는 자를 말한다. 구체적으로 노동조합법상 근로자에 해당하는지는, 노무제공자의 소득이 특정 사업자에게 주로 의존하고 있는지, 노무를 제공받는 특정 사업자가 보수를 비롯하여 노무제공자와 체결하는 계약 내용을 일방적으로 결정하는지, 노무제공자가 특정 사업자의 사업 수행에 필수적인 노무를 제공함으로써 특정 사업자의 사업을 통해서 시장에 접근하는지, 노무제공자와 특정 사업자의 법률관계가 상당한 정도로 지속적·전속적인지, 사용자와 노무제공자 사이에 어느 정도 지휘·감독관계가 존재하는지, 노무제공자가 특정 사업자로부터 받는 임금·급료 등 수입이 노무 제공의 대가인지 등을 종합적으로 고려하여 판단하여야 한다.

노동조합법은 개별적 근로관계를 규율하기 위해 제정된 근로기준법과 달리, 헌법에 의한 근로자의 노동3권 보장을 통해 근로조건의 유지·개선과 근로자의 경제적·사회적 지위 향상 등을 목적으로 제정되었다. 이러한 노동조합법의 입법 목적과 근로자에 대한 정의 규정 등을 고려하면, 노동조합법상 근로자에 해당하는지는 노무제공관계의 실질에 비추어 노동3권을 보장할 필요성이 있는지의 관점에서 판단하여야 하고, 반드시 근로기준법상 근로자에 한정된다고 할 것은 아니다.

Ⅱ **사용자의 행위가 노동조합법에서 정한 부당노동행위에 해당하는지 판단하는 방법 및 부당노동행위에 대한 증명책임의 소재, 그리고 사용자가 근로자에게 한 징계나 해고 등 기타 불이익한 처분에 관하여 심리한 결과 처분을 할 만한 정당한 사유가 있는 것으로 밝혀진 경우, 사용자의 불이익한 처분이 부당노동행위 의사에 기인하여 이루어진 것으로 단정할 수 있는지 여부**

사용자의 행위가 노동조합법에서 정한 부당노동행위에 해당하는지는 사용자의 부당노동행위 의사의 존재 여부를 추정할 수 있는 모든 사정을 전체적으로 심리 검토하여 종합적으로 판단하여야 하고, 부당노동행위에 대한 증명책임은 이를 주장하는 근로자 또는 노동조합에 있다. 그러므로 필요한 심리를 다하였어도 사용자에게 부당노동행위 의사가 존재하였는지 여부가 분명하지 아니하여 그 존재 여부를 확정할 수 없는 경우에는 그로 인한 위험이나 불이익은 그것을 주장한 근로자 또는 노동조합이 부담할 수밖에 없다. 이와 관련하여 사용자가 근로자에게 징계나 해고 등 기타 불이익한 처분을 하였지만 그에 관하여 심리한 결과 그 처분을 할 만한 정당한 사유가 있는 것으로 밝혀졌다면, 사용자의 그와 같은 불이익한 처분이 부당노동행위 의사에 기인하여 이루어진 것이라고 섣불리 단정할 수 없다.

## Ⅲ 대상판결의 의의[8]

대상판결에서 대법원은 일반적으로 근로기준법상의 근로자성이 부정되는 특수형태근로종사자에 속하는 학습지교사가 노동조합법상 근로자에 해당한다고 판단하였다. 입법의 목적과 근로자의 정의 규정 관련 근로기준법과 노동조합법의 차이에도 불구하고 대상판결 이전에 대법원은 근로기준법과 노동조합법상 근로자 여부의 판단기준과 방법이 어떻게 다른지에 대하여 명확한 입장을 밝히지 않았는데, 대상판결을 통해 노동조합법상 근로자 해당 여부에 관한 판단기준과 방법을 구체적으로 밝혀 근로기준법과 노동조합법의 차이를 분명히 한 점에서 의미가 있다.

대상판결은 근로기준법상 '인적 종속관계'와 구별되는 노동조합법상 '경제적·조직적 종속관계' 판단의 제요소를 구체화하고 있을 뿐만 아니라 노동조합법상 근로자성 판단의 기본 관점으로 노동3권 보장의 필요성을 제시하면서 노동조합법상 근로자가 반드시 근로기준법상 근로자에 한정되지 않음을 명확히 한 점에서 유의미하다.

memo

---

8) 조용만, 김홍영 로스쿨 노동법 해설

## 주요 판례 ⑨

## [노조법상 근로자 4] 카마스터의 노조법상 근로자 여부⁹⁾
### (대판 2019.6.13. 2019두33712)

### 사실관계

가. 甲은 2000.12.20. ○○자동차 주식회사 ○○대리점을 설립하여 현재까지 자동차 판매업을 영위하고 있다. ○○대리점에서 카마스터(Car Master, 이하 '乙'이라 함)로 근무하던 乙들은 甲과 자동차 판매용역계약을 체결하고 ○○자동차 차량을 판매해왔다.

나. 甲과 판매용역계약을 한 乙들은 기본급이 정해져 있지 않고, 개인사업자 등록을 하여 사업소득세를 납부하였는데, 甲이 乙들에게 판매수수료를 지급하면, 판매용역계약에 따라 판매수수료의 일정액을 판매수당으로 지급받는다. 乙들은 출·퇴근 시간이 자유롭고, 독자적인 영업활동을 하였으나, 甲은 특별한 사유가 있는 경우 긴급회의라는 명목으로 乙들을 소집하기도 하며, 당직을 서는 경우도 있었다.

다. 전국자동차판매노동자연대노동조합(이하 '丙노동조합'이라 함)은 이 사건 乙들을 비롯하여 전국의 자동차 판매대리점에서 근무하는 乙들을 조직대상으로 한 전국단위 노동조합으로서 2015.9.18. 노동조합 설립신고증을 교부받았다가 나중에 그 조직형태를 丙노동조합 지부로 변경하였다.

라. 甲은 2016.6.경부터 같은 해 7.경까지 사이에 이 사건 乙들과 체결하였던 자동차 판매용역계약을 해지하였다. 이에 乙들은 甲을 상대로 전북지방노동위원회에 부당노동행위 구제신청을 제기하였다.

### 판시사항

[1] 노동조합 및 노동관계조정법상 근로자에 해당하는지 판단하는 기준과 방법

[2] 자동차 판매대리점주 甲이 자신의 대리점에서 카마스터(Car Master, 자동차 판매원)로 근무하던 乙 등과 자동차 판매용역계약을 해지하자, 乙 등 카마스터들과 乙 등이 속한 丙노동조합이 甲의 계약 해지와 노동조합 탈퇴 종용행위가 부당노동행위에 해당한다는 이유로 노동위원회에 구제신청을 한 사안에서, 丙노동조합 소속 조합원인 乙 등 카마스터들은 노동조합 및 노동관계조정법상 근로자에 해당한다고 본 원심판단이 정당하다고 한 사례

---

9) 편저자 주 : 판매대리점주와 판매용역계약을 체결한 카마스터는 노동조합 및 노동관계조정법상 근로자에 해당한다는 판결로, 노동조합 및 노동관계조정법상 근로자성의 주요 판단기준 가운데 하나인 '경제적·조직적 종속관계'를 강조한 판결이다.

### I 「노동조합 및 노동관계조정법」상 근로자에 해당하는지 판단하는 기준과 방법

「노동조합 및 노동관계조정법」(이하 '노동조합법'이라 함)은 근로자가 노동조합의 주체라고 명시하고(노동조합법 제2조 제4호 본문), 근로자에 관하여 직업의 종류를 묻지 않고 임금·급료 그 밖에 이에 준하는 수입으로 생활하는 사람이라고 정의하고 있다(노동조합법 제2조 제1호). 노동조합법상 근로자는 사용자와 사용종속관계에 있으면서 노무에 종사하고 대가로 임금, 그 밖의 수입을 받아 생활하는 사람을 말하고, 사용자와 사용종속관계가 있는 한 노무제공계약이 고용, 도급, 위임, 무명계약 등 어느 형태이든 상관없다. 구체적으로 노동조합법상 근로자에 해당하는지는 노무제공자의 소득이 주로 특정 사업자에게 의존하고 있는지, 노무를 제공받는 특정 사업자가 보수를 비롯하여 노무제공자와 체결하는 계약 내용을 일방적으로 결정하는지, 노무제공자가 특정 사업자의 사업 수행에 필수적인 노무를 제공함으로써 특정 사업자의 사업을 통해서 시장에 접근하는지, 노무제공자와 특정 사업자의 법률관계가 상당한 정도로 지속적·전속적인지, 사용자와 노무제공자 사이에 어느 정도 지휘·감독관계가 존재하는지, 노무제공자가 특정 사업자로부터 받는 임금·급료 등 수입이 노무 제공의 대가인지 등을 종합적으로 고려하여 판단하여야 한다. 노동조합법은 헌법에 의한 근로자의 노동3권을 보장하여 근로조건의 유지·개선과 근로자의 경제적·사회적 지위 향상을 도모하는 것 등을 목적으로 제정된 것으로(제1조), 개별적 근로관계를 규율하기 위해 제정된 근로기준법과는 목적과 규율 내용이 다르다. 이러한 노동조합법의 입법 목적과 근로자에 대한 정의 규정 등을 고려하면, 노동조합법상 근로자에 해당하는지는 노무제공 관계의 실질에 비추어 노동3권을 보장할 필요성이 있는지의 관점에서 판단하여야 하고, 반드시 근로기준법상 근로자에 한정되는 것은 아니다.

### II 사안의 적용

위 사실관계 등에 비추어볼 때, 자동차 판매대리점주 甲이 자신의 대리점에서 카마스터(Car Master, 자동차 판매원)로 근무하던 乙 등과 자동차 판매용역계약을 해지하자, 乙 등 카마스터들과 乙 등이 속한 丙 노동조합이 甲의 계약 해지와 노동조합 탈퇴 종용행위가 부당노동행위에 해당한다는 이유로 노동위원회에 구제신청을 한 사안에서, ① 카마스터들의 주된 소득원은 甲에게서 받은 판매수당과 인센티브 등인 점, ② 甲이 미리 마련한 정형화된 형식의 자동차 판매용역계약서를 이용하여 카마스터들과 자동차 판매용역계약을 체결한 점, ③ 카마스터들이 제공하는 노무는 甲의 자동차 판매대리점을 운영하는데 필수적인 것인 점, ④ 카마스터들은 여러 해에 걸쳐서 甲과 전속적·지속적으로 자동차 판매용역계약을 체결해 온 점, ⑤ 카마스터들에 대한 직급체계와 근태관리, 표준업무지침 하달, 판매목표 설정, 영업 관련 지시나 교육 등이 이루어진 사정을 종합하면 甲이 카마스터들을 지휘·감독해 왔다고 평가할 수 있는 점, ⑥ 카마스터들이 甲에게서 받은 판매수당이나 인센티브는 카마스터들이 甲에게 제공한 노무인 차량 판매행위의 대가라고 볼 수 있는 점, ⑦ 카마스터들이 다른 회사 자동차도 판매하는 등 독립사업자의 성격을 가지고 있더라도, 甲과 경제적·조직적 종속관계가 있는 이상, 카마스터들에게 대등한 지위에서 노무제공계약의 내용을 결정할 수 있도록 노동3권을 보장할 필요가 있는 점 등을 종합하면, 丙노동조합 소속 조합원인 乙 등 카마스터들은 노동조합법상 근로자에 해당한다고 할 것이다.

**주요 판례 10**

## [노조법상 근로자 5] 독립사업자의 노조법상 근로자성 판단기준
(대판 2019.2.14. 2016두41361)

**사실관계**　**코레일관광개발 주식회사 사건**

가. 甲관광개발회사는 상시 근로자 약 1,000명을 사용하여 철도연계 관광사업 및 상품 판매업을 하는 공공기
　관이고, 피고보조참가인(이하 '참가인'이라 함) 乙노동조합은 철도 관련 산업 및 관련 부대업체에 종사하
　는 근로자를 대상으로 설립된 노동조합으로, 甲관광개발지부를 설치하여 甲관광개발회사 소속의 근로자
　약 300여명이 가입하여 활동하고 있다.

나. 2015.4.21. 참가인 乙노동조합이 甲관광개발회사를 상대로 단체교섭 및 2015년 임금교섭을 요구하였으
　나, 甲관광개발회사는 이를 공고하지 않았다. 이에 乙노동조합은 서울지방노동위원회에 시정신청을 하였
　고, 서울지방노동위원회는 이를 받아들였다. 甲관광개발회사는 이에 불복하여 중앙노동위원회에 재심신
　청을 하였으나, 중앙노동위원회 역시 참가인은 노동조합 및 노동관계조정법상 교섭을 요구할 수 있는 적
　법한 노동조합임을 이유로 甲관광개발회사의 재심신청을 기각하였다.

다. 그러자 甲관광개발회사는 참가인 乙노동조합은 독립사업자인 매점운영자들이 조합원으로 가입되어 있고,
　기업별 노동조합의 성격을 가지는데 해고자가 조합원에 포함되어 있으므로 노동조합 및 노동관계조정법
　상 규정된 노동조합이 아니라는 이유로 교섭요구사실공고에 대한 재심결정 취소의 소를 제기하였다.

라. 노동조합의 조합원인 매점운영자들이 甲관광개발회사의 매점을 운영하는 상황을 보면, 매점운영자들은
　관할 세무서에 사업자등록을 하여야 했고, 甲관광개발회사가 물품을 전적으로 공급하며, 판매대금은 모두
　甲관광개발회사의 계좌로 입금된 후 그중 일부를 용역비로 지급받았다. 매점의 운영시간은 甲관광개발회
　사와 협의를 통해 결정하였고, 매점운영자들이 휴점하려면 甲관광개발회사의 허가를 받아야 했다.

마. 그리고 매점 운영과 관련하여 발생하는 구내 영업료와 영업용품비는 甲회사가 부담하였으나 그 외 영업
　활동에 직접 소요되지 않는 비용은 매점운영자들이 납부하였다. 만일 매점운영자들이 판매보조원을 고용
　할 경우에는 甲회사에 사전 통보를 해야 했다. 또한 甲관광개발회사는 각 매점에 자신의 비용으로 웹카메
　라를 설치·운영하였으며, 매점운영자들을 상대로 정기 또는 수시로 영업지도를 하였으며, 영업실적이
　저조할 경우 甲관광개발회사는 매점운영자와의 판매위임계약을 해지할 수 있었다. 단, 매점운영자들은
　甲관광개발회사의 취업규칙·복무규정·인사규정을 적용받지는 않았다.

**판시사항**

「노동조합 및 노동관계조정법」상 근로자의 의미 / 특정 노무제공자가 「노동조합 및 노동관계조정법」상 근로
자에 해당하는지 판단하는 기준과 방법 / 「노동조합 및 노동관계조정법」상의 근로자는 반드시 근로기준법상
의 근로자에 한정되는지 여부(소극)

보기 I 「노동조합 및 노동관계조정법」상 근로자의 의미와 특정 노무제공자가 노동조합 및 노동
관계조정법상 근로자에 해당하는지 판단하는 기준과 방법

「노동조합 및 노동관계조정법」(이하 '노동조합법'이라고 함)상 근로자는 직업의 종류를 불문하고 타
인과의 사용종속관계 속에서 노무에 종사하고 대가로 임금·급료 기타 이에 준하는 수입을 받아
생활하는 자를 말하고, 타인과 사용종속관계가 있는 한 당해 노무공급계약의 형태가 고용, 도급,
위임, 무명계약 등 어느 형태이든 상관없다. 구체적으로 특정 노무제공자가 노동조합법상 근로
자에 해당하는지는, 노무제공자의 소득이 특정 사업자에게 주로 의존하고 있는지, 노무를 제공
받는 특정 사업자가 보수를 비롯하여 노무제공자와 체결하는 계약 내용을 일방적으로 결정하는
지, 노무제공자가 특정 사업자의 사업 수행에 필수적인 노무를 제공함으로써 특정 사업자의 사
업을 통해서 시장에 접근하는지, 노무제공자와 특정 사업자의 법률관계가 상당한 정도로 지속적·
전속적인지, 특정 사업자와 노무제공자 사이에 어느 정도 지휘·감독관계가 존재하는지, 노무제
공자가 특정 사업자로부터 받는 임금·급료 등 수입이 노무 제공의 대가인지 등을 종합적으로
고려하여 판단하여야 한다.

보기 II 노동조합법상의 근로자는 반드시 근로기준법상의 근로자에 한정되는지 여부

노동조합법은 개별적 근로관계를 규율하기 위해 제정된 근로기준법과 달리, 헌법에 의한 근로자
의 노동3권 보장을 통해 근로조건의 유지·개선과 근로자의 경제적·사회적 지위 향상 등을 목
적으로 제정되었다. 그러므로 이러한 노동조합법의 입법 목적과 근로자에 대한 정의 규정 등을
감안하면, 노동조합법상 근로자에 해당하는지는 노무제공관계의 실질에 비추어 노동3권을 보장
할 필요성이 있는지의 관점에서 판단하여야 하고, 반드시 근로기준법상 근로자에 한정된다고 할
것은 아니다(대판 2018.6.15. 2014두12598·12604 참조).

보기 III 사안의 적용

위 제반사정 등에 비추어보면, ① 甲관광개발회사는 미리 마련한 정형화된 형식의 표준 용역계
약서에 의해 매점운영자들과 용역계약을 체결하면서 보수를 비롯한 용역계약의 주요 내용을 대
부분 일방적으로 결정한 것으로 보이는 점, ② 매점운영자들이 제공한 노무는 甲관광개발회사
의 사업 수행에 필수적인 것이었고, 매점운영자들은 甲관광개발회사의 사업을 통해 상품 판매
시장에 접근한 점, ③ 매점운영자들은 甲관광개발회사와 2년 이상의 기간 동안 용역계약을 체결
하고 일정한 경우 재계약하는 등 용역계약관계가 지속적이었고, 甲관광개발회사에 상당한 정도
로 전속되어 있었던 것으로 보이는 점, ④ 매점운영자들의 기본적인 업무는 용역계약에서 정한
특정 매점에서 물품을 판매하는 것으로, 용역계약에 의해 업무내용과 업무시간이 결정되었으며,
매점운영자들은 甲관광개발회사가 공급하는 상품을 甲관광개발회사가 정한 가격에 판매해야 하
는 점, 판매현황을 실시간으로 포스(POS) 단말기에 등록하도록 되어 있었으며, 용역계약에 따라

휴점은 월 2일까지만 가능한데, 휴점을 하려면 별도로 신청을 하여 허가를 받도록 되어 있었던 점, 매점운영자들은 甲관광개발회사가 실시하는 교육 및 연수를 받아야 하고, 甲관광개발회사가 소집하는 회의에 정당한 사유가 없는 한 참석해야 했으며, 甲관광개발회사는 자신의 비용으로 매장 내에 웹카메라를 설치·운용하였고, 매점운영자들을 상대로 정기 또는 수시로 영업지도 및 재고조사 등을 한 점, 또한 甲관광개발회사는 매점운영자들이 용역계약을 위반하거나 매점의 운영에 문제를 발생시킨 경우 등에는 경고를 하거나 계약을 해지할 수 있었던 점 등 이러한 사정에 비추어 보면, 매점운영자들은 어느 정도는 甲관광개발회사의 지휘·감독을 받았던 것으로 평가할 수 있으며, ⑤ 매점운영자들은 甲관광개발회사가 제공한 물품을 판매한 대금 전액을 매일 甲관광개발회사 명의의 계좌에 입금하고, 매월 甲관광개발회사로부터 보조금과 판매대금의 일정 비율로 산정된 용역비를 지급받았는데, 이는 매점운영자들이 제공한 노무인 매점 관리와 물품판매 등에 대한 대가로서 지급된 것으로 봄이 타당한 점, ⑥ 특정 사업자에 대한 소속을 전제로 하지 않을 뿐만 아니라 '고용 이외의 계약 유형'에 의한 노무제공자까지도 포함할 수 있도록 규정한 노동조합법의 근로자 정의 규정과 대등한 교섭력의 확보를 통해 근로자를 보호하고자 하는 노동조합법의 입법 취지 등을 고려하면, 甲관광개발회사의 사업에 필수적인 노무를 제공함으로써 甲관광개발회사와 경제적·조직적 종속관계를 이루고 있는 매점운영자들을 노동조합법상 근로자로 인정할 필요성이 있다고 할 것이다.

memo

## 주요 판례 11

### [근로기준법상 사용자 1] 사내 하청업체 근로자 관련 원청회사의 사업주 여부
#### (대판 2008.7.10. 2005다75088)

---

**사실관계** | **주식회사 현대미포조선 사건**

가. 원고들이 소속된 용인기업은 약 25년간 오직 피고 회사로부터 선박엔진 열교환기, 시 밸브(Sea Valve), 세이프티 밸브(Safety Valve)의 검사·수리 등의 업무를 수급인 자격으로 수행하여 왔는데, 피고 회사는 용인기업이 모집해 온 근로자에 대하여 피고 회사가 요구하는 기능시험을 실시한 다음, 그 채용 여부를 결정하였고, 그 시험 합격자에게만 피고 회사가 직접 지급하는 수당을 수령할 자격을 부여하였으며, 용인기업 소속의 근로자들에 대하여 징계를 요구하거나, 승진대상자 명단을 통보하는 등, 용인기업 소속 근로자들의 채용, 승진, 징계에 관하여 실질적인 권한을 행사하였다.

나. 뿐만 아니라, 피고 회사는 원고들의 출근, 조퇴, 휴가, 연장근무, 근로시간, 근무태도 등을 점검하고, 원고들이 수행할 작업량과 작업 방법, 작업 순서, 업무 협력 방안을 결정하여 원고들을 직접 지휘하거나 또는 용인기업 소속 책임자를 통하여 원고들에게 구체적인 작업 지시를 하였으며, 용인기업이 당초 수급한 업무 외에도 원고들로 하여금 피고 회사 소속 부서의 업무를 수행하게 하거나, 용인기업의 작업물량이 없을 때에는 교육, 사업장 정리, 타 부서 업무지원 등의 명목으로 원고들에게 매월 일정 수준 이상의 소득을 보장하는 등, 직접적으로 원고들에 대한 지휘감독권을 행사하였다.

다. 더 나아가, 용인기업은 원칙적으로 수급한 물량에 대하여 시간단위의 작업량 단가로 산정된 금액을 피고 회사로부터 수령하였지만, 피고 회사는 용인기업 소속 근로자들이 선박 수리와 직접적인 관련이 없는 피고 회사의 다른 부서 업무지원, 안전교육 및 직무교육 등에 종사하는 경우 이에 대한 보수도 산정하여 그 지급액을 결정하였을 뿐만 아니라, 원고들에게 상여금, 퇴직금 등의 수당을 직접 지급하였다. 한편, 용인기업에 대한 작업량 단가는 피고 회사 소속 근로자(이른바 '직영근로자')로 조직된 현대미포조선 노동조합과 피고 회사 사이에 체결된 임금협약 결과에 따라 결정되었으며, 원고들의 퇴직금이나 건강보험 등 사회보험료 역시 피고 회사가 기성 대금과 함께 지급하는 등, 피고 회사가 원고들의 임금 등 제반 근로조건에 대하여 실질적인 영향력을 행사하였다.

라. 마지막으로, 용인기업은 사업자등록 명의를 가지고 소속 근로자들에 대한 근로소득세 원천징수, 소득신고, 회계장부 기장 등의 사무를 처리하였으나, 이러한 사무는 피고 회사가 제공하는 사무실에서 이루어졌을 뿐만 아니라, 용인기업은 독자적인 장비를 보유하지 않았으며, 소속 근로자의 교육 및 훈련 등에 필요한 사업경영상 독립적인 물적 시설을 갖추지 못하였다.

---

**판시사항**

[1] 원고용주에 고용되어 제3자의 사업장에서 제3자의 업무에 종사하는 자를 제3자의 근로자로 인정하기 위한 요건

[2] 외형상으로는 사내도급의 형태를 띠고 있지만, 실질적으로는 그 수급인의 근로자와 도급인 사이에 묵시적으로 직접적인 근로관계가 있는 것으로 평가한 사례

### Ⅰ 원고용주에 고용되어 제3자의 사업장에서 제3자의 업무에 종사하는 자를 제3자의 근로 자로 인정하기 위한 요건

원고용주에게 고용되어 제3자의 사업장에서 제3자의 업무에 종사하는 자를 제3자의 근로자라고 할 수 있으려면, 원고용주는 사업주로서의 독자성이 없거나 독립성을 결하여 제3자의 노무대행 기관과 동일시할 수 있는 등 그 존재가 형식적, 명목적인 것에 지나지 아니하고, 사실상 당해 피고용인은 제3자와 종속적인 관계에 있으며, 실질적으로 임금을 지급하는 자도 제3자이고, 또 근로제공의 상대방도 제3자이어서 당해 피고용인과 제3자 간에 묵시적 근로계약관계가 성립되어 있다고 평가될 수 있어야 한다(대판 1979.7.10. 78다1530; 대판 1999.11.12. 97누19946; 대판 2003.9.23. 2003두3420 외 다수 판결).

### Ⅱ 사안의 적용

위 제반사정 등에 비추어볼 때, 용인기업은 형식적으로는 피고 회사와 도급계약을 체결하고 소속 근로자들인 원고들로부터 노무를 제공받아 자신의 사업을 수행한 것과 같은 외관을 갖추었다고 하더라도, 실질적으로는 업무수행의 독자성이나 사업경영의 독립성을 갖추지 못한 채, 피고 회사의 일개 사업부서로서 기능하거나 노무대행기관의 역할을 수행하였을 뿐이고, 오히려 피고 회사가 원고들로부터 종속적인 관계에서 근로를 제공받고, 임금을 포함한 제반 근로조건을 정하였다고 봄이 상당하므로, 원고들과 피고 회사 사이에는 직접 피고 회사가 원고들을 채용한 것과 같은 묵시적인 근로계약관계가 성립되어 있었다고 보는 것이 옳다고 할 것이다.10)

memo

---

10) 원심(부산고법 2005.11.9. 2004나9787)은 판시와 같은 사정을 들어 원고들과 피고 회사 사이에 직접 근로계약관계가 성립된 것으로 볼 수 없다고 판결하였다.

## 주요 판례 12

# [근로기준법상 사용자 2] 법인격 부인의 법리
### (대판 2003.9.23. 2003두3420)

---

**사실관계** SK · (주)인사이트 코리아 사건

가. SK는 1997.8.경부터 (주)인사이트코리아와 업무도급계약을 체결한 이래 그 도급계약을 갱신체결하면서, 甲 등을 비롯한 140여명의 (주)인사이트코리아 소속 근로자들을 전국에 소재한 SK의 11개 물류센터에서 근무하게 되었다.

나. (주)인사이트코리아는 SK의 자회사인 (주)인플러스가 그 주식의 100%를 소유하고 있는 회사로서 형식상으로는 독립법인으로 운영되어 왔으나, 역대 대표이사는 SK의 전임 임원이 선임되었고 거의 전적으로 SK의 업무만을 도급받아 오는 등 실질적으로는 SK의 한 부서와 같이 사실상 경영에 관한 결정권을 SK가 행사하여 왔다.

다. SK가 물류센터에서 근로할 인원이 필요한 때에는 채용광고 등의 방법으로 대상자를 모집한 뒤 그 면접과정에서부터 SK의 물류센터 소장과 관리과장 등이 (주)인사이트코리아의 이사와 함께 참석한 가운데 실시하였고, 甲 등을 비롯한 (주)인사이트코리아가 보낸 근로자들에 대하여 SK의 정식 직원과 구별하지 않고 업무지시, 직무교육실시, 표창, 휴가사용 승인 등 제반 인사관리를 SK가 직접 시행하고, 조직도나 안전환경 점검팀 구성표 등의 편성과 경조회의 운영에 있어서 아무런 차이를 두지 아니하였으며, 甲 등의 업무수행 능력을 SK가 직접 평가하고 임금인상 수준도 SK의 정식 직원들에 대한 임금인상과 연동하여 결정하였다.

라. SK는 2000.11.1. 甲 등에게 계약직 근로자의 형식으로 신규 채용하겠다고 제의하였으나, 甲 등이 동의하지 아니하자 SK는 甲 등의 근로제공의 수령을 거부하였다.

---

**판시사항**

모회사인 사업주가 업무도급의 형식으로 자회사의 근로자들을 사용하였으나, 실질적으로는 위장도급으로서 사업주와 근로자들 사이에 직접 근로계약관계가 존재한다고 판단한 사례

## Ⅰ 위장도급이라도 근로자를 직접 채용한 것과 마찬가지인 경우, 근로제공의 수령을 거부한 것이 부당해고인지 여부

위장도급의 형식으로 근로자를 사용하기 위하여 ㈜인사이트코리아라는 법인격을 이용한 것에 불과하고, 실질적으로는 참가인이 원고들을 비롯한 근로자들을 직접 채용한 것과 마찬가지로서 참가인과 원고들 사이에 근로계약관계가 존재한다고 보아야 할 것이다. 그렇다면 참가인이 원고들을 계약직 근로자의 형식으로 신규채용하겠다고 제의한 데 대하여 원고들이 동의하지 아니한다는 이유로 참가인이 원고들의 근로제공을 수령하기를 거부한 것은 부당해고에 해당한다 할 것이다.

## Ⅱ 사안의 적용

위 내용 및 사실관계 등을 종합적으로 고려할 때, 1997.8.경부터 ㈜인사이트코리아(이하 '인사이트코리아'라고 함)와 업무도급계약을 체결한 이래 그 도급계약을 갱신체결하면서, 원고들을 비롯한 140여 명의 인사이트코리아 소속 근로자들을 전국에 소재한 참가인의 11개 물류센터에서 근무하게 하였는데, 위 업무도급계약상 인사이트코리아는 자신이 고용하는 종업원을 관리하고 직접 지휘·감독하기 위하여 현장대리인을 선임하여야 하고, 참가인은 계약의 이행에 관한 지시를 현장대리인이 아닌 종업원에게는 직접 행하지 아니하도록 되어 있음에도 불구하고, 참가인은 원고들을 포함한 인사이트코리아 소속 근로자에 대하여 현장대리인을 경유하지 아니하고 업무지시, 직무교육실시, 표창, 휴가사용승인 등 제반 인사관리를 직접 행하여 온 사실, 인사이트코리아는 참가인의 자회사인 주식회사 인플러스가 그 주식의 100%를 소유하고 있는 회사로서, 역대 대표이사는 참가인의 전임 임원이 선임되었고 거의 전적으로 참가인의 업무만을 도급받아 오는 등 형식상으로는 독립 법인으로 운영되어 왔지만 실질적으로는 모자회사의 관계로서 사실상의 결정권을 참가인이 행사해 온 사실을 인정한 다음, 참가인과 인사이트코리아 사이에 체결된 업무도급계약은 진정한 의미의 업무도급이 아닌 '위장도급'에 해당한다고 판단된다고 할 것이다. 인사이트코리아는 참가인의 자회사로서 형식상으로는 독립된 법인으로 운영되어 왔으나 실질적으로는 참가인 회사의 한 부서와 같이 사실상 경영에 관한 결정권을 참가인이 행사하여 왔고, 참가인이 물류센터에서 근로할 인원이 필요한 때에는 채용광고 등의 방법으로 대상자를 모집한 뒤 그 면접과정에서부터 참가인의 물류센터 소장과 관리과장 등이 인사이트코리아의 이사와 함께 참석한 가운데 실시하였으며, 원고들을 비롯한 인사이트코리아가 보낸 근로자들에 대하여 참가인의 정식 직원과 구별하지 않고 업무지시, 직무교육실시, 표창, 휴가사용 승인 등 제반 인사관리를 참가인이 직접 시행하고, 조직도나 안전환경 점검팀 구성표 등의 편성과 경조회의 운영에 있어서 아무런 차이를 두지 아니하였으며, 그 근로자들의 업무수행능력을 참가인이 직접 평가하고 임금인상 수준도 참가인의 정식 직원들에 대한 임금인상과 연동하여 결정하였음을 알 수 있는바, 이러한 사정을 종합하여 보면 참가인은 '위장도급'의 형식으로 근로자를 사용하기 위하여 인사이트코리아라는 법인격을 이용한 것에 불과하고, 실질적으로는 참가인이 원고들을 비롯한 근로자들을 직접 채용한 것과 마찬가지로서 참가인과 원고들 사이에 근로계약관계가 존재한다고 보아야 할 것이다.

## 주요 판례 13

### [노조법상 사용자] 노동조합 가입이 제한되는 사용자 또는 사용자의 이익대표자의 범위[11] (대판 2011.9.8. 2008두13873)

---

**사실관계**   **한국외국어대학교 사건**

가. 전국대학노동조합은 고등교육기관의 근로자를 조직대상으로 하는 노동조합으로서 학교법인 동원육영회가 운영하는 한국외국어대학교에 한국외국어대학교 지부가 설치되어 있다.

나. 한국외국어대학교의 사무직 직원들은 처장, 부처장, 과장, 주임, 담당 등으로 구분되어 있었는데, 학교법인 동원육영회는 한국외국어대학교 지부와의 단체교섭 과정에서 지부의 조합원 중 과장급 직원, 인사·노무·예산·경리 등의 업무를 담당하는 직원, 총장의 비서 내지 전속 운전기사, 수위 등 주임급 이하 직원 48명에 대하여 노조법 제2조 제4호 단서 (가)목에 해당하는 자임을 이유로 지부 탈퇴를 내용으로 하는 시정조치를 한국외국어대학교 지부에서 탈퇴하지 않을 경우 인사조치하겠다는 내용의 시정조치 및 경고문을 수차례 발송하였다.

다. 전국대학노동조합은 이러한 발송행위가 노동조합의 조직·운영에 대한 지배·개입에 해당하는 행위라며 부당노동행위 구제신청을 하였으나, 중앙노동위원회가 이를 기각하는 재심판정을 하였는바, 전국대학노동조합은 중앙노동위원회 위원장을 상대로 행정소송을 제기하였다.

---

**판시사항**

[1] 「노동조합 및 노동관계조정법」 제2조 제2호, 제4호 단서 (가)목에 따라 노동조합 참가가 금지되는 '그 사업의 근로자에 관한 사항에 대하여 사업주를 위하여 행동하는 자' 및 '항상 사용자의 이익을 대표하여 행동하는 자'의 의미와 근로자가 여기에 해당하는지 판단하는 방법

[2] 사립대학교를 설치·운영하는 학교법인이 직책상 노동조합에 참가할 수 없는 자라며 소속 직원 48명에게 전국대학노동조합 지부 탈퇴를 요구한 행위에 대하여, 전국대학노동조합이 부당노동행위 구제신청을 하였으나 중앙노동위원회가 이를 기각하는 재심판정을 한 사안에서, 직원 중 주임급 이하 직원 전부 또는 대부분이 조합원 자격이 없는 '항상 사용자의 이익을 대표하여 행동하는 자'에 해당한다며 이들에게 노동조합 탈퇴를 요구한 행위가 부당노동행위에 해당하지 않는다고 본 원심판결에 법리오해 등 위법이 있다고 한 사례

---

11) 편저자 주 : '사업주를 위하여 행동하는 자'와 '항상 사용자의 이익을 대표하여 행동하는 자'를 구분하여 설명한 판결이다.

## Ⅰ 노동조합 설립의 소극적 요건

### 1. 취지

「노동조합 및 노동관계조정법」(이하 '노동조합법'이라 함) 제2조 제2호 제4호 단서 (가)목에 의하면, 노동조합법상 사용자에 해당하는 사업주, 사업의 경영담당자 또는 그 사업의 근로자에 관한 사항에 대하여 사업주를 위하여 행동하는 자와 항상 사용자의 이익을 대표하여 행동하는 자는 노동조합에의 참가가 금지되는데, 그 취지는 노동조합의 자주성을 확보하려는 데 있다.

### 2. 근로자에 관한 사항에 대하여 사업주를 위하여 행동하는 자

'그 사업의 근로자에 관한 사항에 대하여 사업주를 위하여 행동하는 자'라 함은 근로자의 인사, 급여, 후생, 노무관리 등 근로조건의 결정 또는 업무상의 명령이나 지휘감독을 하는 등의 사항에 대하여 사업주로부터 일정한 권한과 책임을 부여받은 자를 말한다(대판 1989.11.14. 88누6924 등).

### 3. 항상 사용자의 이익을 대표하여 행동하는 자

'항상 사용자의 이익을 대표하여 행동하는 자'라 함은 근로자에 대한 인사, 급여, 징계, 감사, 노무관리 등 근로관계 결정에 직접 참여하거나 사용자의 근로관계에 대한 계획과 방침에 관한 기밀사항 업무를 취급할 권한이 있는 등과 같이 그 직무상의 의무와 책임이 조합원으로서의 의무와 책임에 직접적으로 저촉되는 위치에 있는 자를 의미하므로, 이러한 자에 해당하는지 여부는 일정한 직급이나 직책 등에 의하여 일률적으로 결정되어서는 아니 되며, 그 업무의 내용이 단순히 보조적·조언적인 것에 불과하여 그 업무의 수행과 조합원으로서의 활동 사이에 실질적인 충돌이 발생할 여지가 없는 자도 이에 해당하지 않는다고 할 것이다.

## Ⅱ 사안의 적용

위 사실관계 등을 종합적으로 고려할 때, 탈퇴를 요구한 이 사건 직원들 중 과장급 이상의 직원들은 소속 직원의 업무분장·근태관리 등에 관하여 전결권을 부여받은 자들로서 '근로자에 관한 사항에 대하여 사업주를 위하여 행동하는 자'에 해당한다.

그러나 주임급 이하의 직원들은 인사, 노무, 예산, 경리 또는 기획조정 업무를 담당하는 사무직 직원이거나 총장의 비서 내지 전속 운전기사, 수위 등으로서 그 전부 또는 대부분이 직무상 '항상 사용자의 이익을 대표하여 행동하는 자'에 해당한다고 할 수 없으므로, 이들이 실제 담당하는 업무내용 및 직무권한 등을 확인하여 '항상 이익을 대표하여 행동하는 자'에 해당하는지를 심리해야 하고, 또한 조합원 가입자격 유무에 따라 부당노동행위의사가 있었는지를 판단할 것이 아니라 그 밖에 이를 추정할 수 있는 사정이 있는지 더 심리한 후 부당노동행위 해당 여부를 판단해야 할 것이다.

공인노무사 2차
# 노동법 주요판례정리 150선

# 제2편
# 개별적 근로관계법

# 제1장 근로기준법 총론

## 주요 판례 ①

### [균등처우 1] 차별금지에서의 비교집단
(대판 2015.10.29. 2013다1051)

---

**사실관계** | **한국산업인력공단 사건**

공기업인 한국산업인력공단의 보수규정에 따르면, 공개채용을 통하여 입사한 정규직인 일반직 근로자의 초임 연봉을 정할 때에 공기업 근무경력 등을 100% 인정하도록 정하고 있다. 그런데 부칙조항에서는 정부종합대책 발표에 따라 비정규직인 계약직에서 일반직으로 전환되는 근로자의 초임 기본연봉을 취업규칙 조항에도 불구하고 비정규직 근로자로 근무 시에 받은 보수를 기준으로 산출한 등급의 금액으로 하도록 정하고 있다. 계약직에서 정규직으로 전환된 근로자 甲은 한국산업인력공단의 보수규정 부칙규정이 기간제법과 근로기준법상 차별적 처우 금지규정에 위반된다고 주장하며, 관할 법원에 소를 제기하였다.

---

**판시사항**

[1] 근로기준법에서 금지하는 차별적 처우에 해당하기 위해서는 차별을 받았다고 주장하는 사람과 그가 비교 대상자로 지목하는 사람이 본질적으로 동일한 비교집단에 속해 있어야 하는지 여부(적극)

[2] 한국산업인력공단의 취업규칙에 정규직인 일반직 근로자의 초임연봉을 정할 때 공기업 근무경력 등을 100% 인정하도록 정하고 있었는데, 그 후 비정규직인 계약직에서 일반직으로 전환되는 근로자의 초임기본연봉을 비정규직 근로자로 근무 시에 받은 보수를 기준으로 산출한 등급의 금액으로 하도록 정한 부칙 조항을 신설하여, 근로자 甲 등이 비정규직인 계약직에서 일반직으로 전환되면서 계약직 근로자로 근무한 기간이 산입된 초임연봉등급을 받지 못한 사안에서, 부칙조항이 근로기준법 제6조의 차별금지 조항에 위배되지 않는다고 한 사례

## I 기간제법상 차별적 처우 금지규정의 위반 여부

기간제법 제8조 제1항은 비정규직 근로자임을 이유로 차별적 처우를 하지 못하도록 규정한 것인데, 이 사건에서 기간제 근로자인 원고들은 기간의 정함이 없는 근로계약을 체결한 근로자로 전환된 다음에 비로소 이 사건 부칙조항의 적용을 받아 초임연봉이 정해졌고 이때에는 원고들이 더 이상 기간제 근로자의 신분이 아니었으므로, 이 사건 부칙조항에 의하여 원고들이 기간제 근로자임을 이유로 차별 대우를 받았다고 할 수 없어, 기간제법 제8조 제1항에 위배되지 않는다.

## II 근로기준법상 차별적 처우 금지규정의 위반 여부

근로기준법에서 말하는 차별적 처우란 본질적으로 같은 것을 다르게, 다른 것을 같게 취급하는 것을 말하며, 본질적으로 같지 않은 것을 다르게 취급하는 경우에는 차별 자체가 존재한다고 할 수 없다. 따라서 근로기준법에서 금지하는 차별적 처우에 해당하기 위해서는 우선 그 전제로서 차별을 받았다고 주장하는 사람과 그가 비교대상자로 지목하는 사람이 본질적으로 동일한 비교집단에 속해 있어야 한다(헌재 2010.3.25. 2009헌마538 전원재판부 결정; 헌재 2010.6.24. 2010헌마167 전원재판부 결정 등 참조).

## III 사안의 적용

상기의 내용 및 사실관계 등을 종합적으로 고려할 때, ① 정부종합대책에 따라 비정규직인 계약직에서 일반직으로 전환되는 근로자 甲들과 공개경쟁시험을 통해 일반직으로 임용되거나 정규직 내의 직렬 통합에 따라 일반직으로 자동 전환된 근로자들 사이에는 임용경로에 차이가 있고, ② 한국산업인력공단이 비정규직 근로자를 차별할 의도로 형식적으로만 임용경로를 구분해 놓은 것이라고 보이지 않을 뿐 아니라, 대상자에 따라 일반직 임용경로가 다르게 적용된 것에는 합리적 이유가 있다고 인정되며, ③ 이와 같은 임용경로의 차이에서 호봉의 차이가 발생한 것이므로, 근로자 甲들과 공개경쟁시험을 통해 일반직으로 임용된 근로자들 또는 정규직인 업무직에서 일반직으로 자동 전환된 근로자들이 본질적으로 동일한 비교집단에 속한다고 볼 수 없다고 할 것이다.

**주요 판례 02**

## [균등처우 2] 여성근로자들이 전부 또는 다수를 차지하는 분야의 정년을 다른 분야의 정년보다 낮게 정할 수 있는지 여부 (대판 2019.10.31. 2013두20011)

---

**사실관계** **국가정보원 사건**

가. 원고 1은 1986.8.21. 원고 2는 1986.9.22. 국가정보원에 기능 10급의 국가공무원으로 각 공채되어 출판물의 편집 등을 담당하는 '행정보조 직군', '입력작업 직렬' 업무를 수행하였다.

나. 이후 행정보조 직군에 '전산사식 직렬'이 신설되어 원고들은 1993.12.31.부터는 전산사식 직렬 소속으로 출판물의 편집 등을 담당하였다.

다. 1999.3.31. 국가정보원직원법 시행령 [별표 2]가 개정되어 기능직 직렬 중 전산사식, 입력작업, 전화교환, 안내, 영선, 원예의 6개 직렬이 폐지되었다(이하 '이 사건 직렬 폐지'라고 함). 이에 따라 원고들은 1999.4.30. 의원면직이 되었다가 1999.5.1. 계약직(전임계약직) 직원으로 다시 채용되어 정보업무지원분야 중 전산사식 분야에서 같은 업무를 수행하였다.

라. 원고들은 주로 1년 단위로 계약을 갱신하며 계속하여 근무하던 중 원고 1은 2008.12.10. 원고 2는 2008. 3.29. '국가정보원 계약직직원규정'에서 정한 전산사식의 근무상한연령인 만 43세에 도달하였다. 그러나 위 규정의 부칙(1999.5.1.) 제2조에 따라 국가정보원장이 별도로 정한 후속처리지침에 따라, 원고들은 그로부터 각 2년을 더 연장하여 근무하다가, 원고 1은 2010.12.31. 원고 2는 2010.6.30. 각 퇴직하였다.

마. 원고들은 퇴직 당시 특수경력직공무원 중 계약직공무원(국가정보원직원법 시행령 제2조의3에 의한 계약직 직원)에 속하였다.

바. 원고들은 국가정보원 전산사식 분야 직원으로서 만 45세까지만 근무하게 하고 퇴직시킨 조치의 근거가 된 국가정보원 내부 규정 등이 남녀고용평등과 일·가정 양립 지원에 관한 법률 제11조 제1항을 위반한다고 주장하며, 관할 법원에 소를 제기하였다.

---

**판시사항**

[1] 「남녀고용평등과 일·가정 양립 지원에 관한 법률」 제11조 제1항, 근로기준법 제6조에서 말하는 '남녀의 차별'의 의미 및 사업주나 사용자가 근로자를 합리적인 이유 없이 성별을 이유로 부당하게 차별대우를 하도록 정한 규정의 효력(무효)

[2] 국가기관과 공무원 간의 공법상 근무관계에도 고용관계에서 양성평등을 규정한 남녀고용평등과 일·가정 양립 지원에 관한 법률 제11조 제1항과 근로기준법 제6조가 적용되는지 여부(원칙적 적극)

[3] 여성 근로자들이 전부 또는 다수를 차지하는 분야의 정년을 다른 분야의 정년보다 낮게 정한 것이 여성에 대한 불합리한 차별에 해당하는지 판단하는 방법

Ⅰ 「남녀고용평등과 일·가정 양립 지원에 관한 법률」 제11조 제1항, 근로기준법 제6조에서 말하는 '남녀의 차별'의 의미 및 사업주나 사용자가 근로자를 합리적인 이유 없이 성별을 이유로 부당하게 차별대우를 하도록 정한 규정의 효력여부

남녀고용평등과 일·가정 양립 지원에 관한 법률(이하 '남녀고용평등법'이라 함) 제11조 제1항, 근로기준법 제6조에서 말하는 '남녀의 차별'은 합리적인 이유 없이 남성 또는 여성이라는 이유만으로 부당하게 차별대우하는 것을 의미한다. 사업주나 사용자가 근로자를 합리적인 이유 없이 성별을 이유로 부당하게 차별대우를 하도록 정한 규정은, 규정의 형식을 불문하고 강행규정인 남녀고용평등법 제11조 제1항과 근로기준법 제6조에 위반되어 무효라고 보아야 한다.

Ⅱ 국가기관과 공무원 간의 공법상 근무관계에도 고용관계에서 양성평등을 규정한 「남녀고용평등과 일·가정 양립 지원에 관한 법률」 제11조 제1항과 「근로기준법」 제6조가 적용되는지 여부

국가나 국가기관 또는 국가조직의 일부는 기본권의 수범자로서 국민의 기본권을 보호하고 실현해야 할 책임과 의무를 지니고 있는 점, 공무원도 임금을 목적으로 근로를 제공하는 근로기준법상의 근로자인 점 등을 고려하면, 공무원 관련 법률에 특별한 규정이 없는 한, 고용관계에서 양성평등을 규정한 남녀고용평등과 일·가정 양립 지원에 관한 법률 제11조 제1항과 근로기준법 제6조는 국가기관과 공무원 간의 공법상 근무관계에도 적용된다.

Ⅲ 여성 근로자들이 전부 또는 다수를 차지하는 분야의 정년을 다른 분야의 정년보다 낮게 정한 것이 여성에 대한 불합리한 차별에 해당하는지 판단하는 방법

여성 근로자들이 전부 또는 다수를 차지하는 분야의 정년을 다른 분야의 정년보다 낮게 정한 것이 여성에 대한 불합리한 차별에 해당하는지는, 헌법 제11조 제1항에서 규정한 평등의 원칙 외에도 헌법 제32조 제4항에서 규정한 '여성근로에 대한 부당한 차별 금지'라는 헌법적 가치를 염두에 두고, 해당 분야 근로자의 근로 내용, 그들이 갖추어야 하는 능력, 근로시간, 해당 분야에서 특별한 복무규율이 필요한지 여부나 인력수급사정 등 여러 사정들을 종합적으로 고려하여 판단하여야 한다(대판 1988.12.27. 85다카657 참조).

Ⅳ 사안의 적용

상기의 내용 및 사실관계 등에 비추어볼 때, 1999.3.31. 대통령령 제16211호 개정으로 이루어진 이 사건 직렬 폐지 이전의 구(舊) 국가안전기획부직원법 시행령 [별표 2]에서도 전산사식, 입력작업, 안내 등의 직렬의 정년을 만 43세로 규정하고 있었는데, 구(舊) 시행령의 제정자가 전산사식 직렬을 차별하여 정년을 그와 같이 낮게 정한 합리적인 이유가 증명되지 못한다면 구(舊) 시행령의 전산사식 직렬의 정년 규정도 상위규범에 위반되어 무효라고 보아야 한다. 구(舊) 시행령에 전산사식 분야를 차별하는 마찬가지의 규정이 있었다는 연혁이 원고들에게 적용된 이 사건 연령 규정이 여성에 대한 합리적인 이유 없는 부당한 차별이 아니라는 충분한 근거는 될 수 없다고 할 것이다.

국가정보원은 이 사건 직렬 폐지 이후 영선, 원예 분야의 계약직직원 채용공고를 하면서 관련 자격증을 소지한 사람에게 응시자격을 부여한 것으로 보인다. 그러나 이 사건 직렬 폐지 이후 작성된 '계약직 정원관리 방안 하달'에 의하면, 국가정보원장은 전산사식, 입력작업, 전화교환, 안내, 영선, 원예 6개 분야를 단순기능분야 계약직으로 분류한 점이 인정된다. 따라서 단순기능 분야인 영선, 원예 분야에서 자격증 소지 여부는 채용단계에서 직원을 선발하는 기준의 하나로 고려된 것일 뿐이고, 단순기능분야 내에서 남녀의 근무상한연령에 현저한 차등을 두는 것을 정당화하는 사유로 보기는 어렵다고 할 것이다.

memo

## 주요 판례 ⓷

### [균등처우 3] 임금피크제가 연령을 이유로 임금분야에서 차별하는 경우, 그 차별에 합리적인 이유가 있는지 여부[12] (대판 2022.5.26. 2017다292343)

**사실관계**  **한국전자기술연구원**(변경 전 '전자부품연구원') **사건**

가. 피고는 2008.6.10. 전국공공연구노동조합 전자부품연구원지부(이하 '이 사건 노동조합'이라 함)와 신인사제도를 시행하기로 합의하였다(이하 '이 사건 합의'라 함). 신인사제도의 내용은 승진·승급 방식을 변경하고 성과연급제를 도입하며 명예퇴직제를 시행한다는 것이었다. 피고는 이 사건 합의에 따라 2008년 6월 무렵 '성과연급제 운영요령'을 만들어 2009.1.1.부터 시행하였고, 2009.1.1. 인사평가 기준에 관한 성과연급제 운영기준을 만들어 같은 날부터 시행하였다. 피고는 2013.1.1. '성과연급제 운영요령'을 '임금피크제 운영요령'으로 대체하였다(이하 피고의 성과연급제와 임금피크제를 '이 사건 성과연급제'라 함).

나. 피고 정규직 직원들의 직급은 원, 전임, 선임, 책임 및 수석의 5단계로 나누어지고, 각 직급별로 역량등급이 세분화되어 선임 직급은 1에서 21등급, 책임 직급은 1에서 23등급, 수석 직급은 1에서 33등급으로 구분되어 있다. 직원들은 직급별 역량등급에 따라 정해지는 기준연급과 평가 결과 등에 따라 정해지는 변동연급을 지급받게 된다.

다. 이 사건 성과연급제는 피고의 만 55세 이상 정규직 직원들에게만 적용되는 것으로서, 그 핵심적인 내용은 직원들이 만 55세 이상이 되면 그 이전까지의 직급과 역량등급과 무관하게 2009년부터는 선임 14 역량등급, 2013년부터는 책임 2 역량등급을 적용하여 기준연급을 지급하도록 하는 것이다. 그 밖에 성과 평가 결과에 따른 변동연급의 비율이 기존과 비교해 일부 조정되었다.

라. 원고는 이 사건 성과연급제가 구(舊)「고용상 연령차별금지 및 고령자고용촉진에 관한 법률」(2020.5.26. 법률 제17326호로 개정되기 전의 것. 이하 '구(舊) 고령자고용법'이라 함)에 위반되어 무효라고 주장하면서, 이 사건 성과연급제가 시행되지 않은 경우 원고가 받을 수 있었던 임금 등과 이미 지급받은 임금 등의 차액을 구하는 소를 제기하였다.

**판시사항**

[1] 구(舊) 고령자고용법 제4조의4 제1항 제2호의 규정이 강행규정인지 여부(적극)

[2] 이 사건 성과연급제가 구(舊) 고령자고용법 제4조의4 제1항 제2호에서 금지하고 있는 연령을 이유로 한 합리적인 이유 없는 차별에 해당하는지 여부(적극)

---

12) 편저자 주 : 대법원이 임금피크제 효력에 관한 판단 기준을 제시한 것으로 평가받는 판결이다. 대법원은 임금이나 복리후생 분야에서 합리적 이유 없이 연령을 이유로 노동자를 차별하지 못하게 한 구(舊) 고령자고용법 제4조의4에 대하여 강행규정에 해당한다고 보아 단순히 나이만으로 적용한 임금피크제는 위법이며, 연령 차별에 해당하는지 여부를 판단하는 기준으로, 첫째 도입목적이 타당해야 하고, 둘째 불이익이 너무 심하지 않아야 하며, 셋째 불이익에 상응하는 적절한 조치(근로시간 감소 등)를 취해야 하고, 넷째 임금피크제로 감액된 재원이 본래 목적대로 사용되어야 한다는 등의 요건을 제시하였다.

## Ⅰ 구(舊) 고령자고용법 제4조의4 제1항 제2호의 규정이 강행규정인지 여부

2008.3.21. 법률 제8962호로 개정된 구(舊) 고령자고용법은 제4조의4를 신설하여 제1항에서 "사업주는 모집·채용(제1호), 임금, 임금 외의 금품 지급 및 복리후생(제2호), 교육·훈련(제3호), 배치·전보·승진(제4호), 퇴직·해고(제5호) 분야에서 합리적인 이유 없이 연령을 이유로 근로자 또는 근로자가 되려는 자를 차별하여서는 아니 된다."라고 규정하고, 제2항에서 "제1항을 적용할 때 합리적인 이유 없이 연령 외의 기준을 적용하여 특정 연령집단에 특히 불리한 결과를 초래하는 경우에는 연령차별로 본다."라고 규정하고 있다.

연령차별을 당한 사람은 국가인권위원회법 제30조에 따라 국가인권위원회에 그 내용을 진정할 수 있다(제4조의6 제1항). 국가인권위원회로부터 구제조치 등의 권고를 받은 사업주가 정당한 사유 없이 권고를 이행하지 아니하는 등 일정한 경우에 고용노동부장관은 해당 사업주에게 시정명령을 할 수 있고(제4조의7 제1항), 시정명령을 정당한 사유 없이 이행하지 아니하는 자에게는 3천만원 이하의 과태료를 부과한다(제24조 제1항). 한편 모집·채용에서 합리적인 이유 없이 연령을 이유로 차별한 사업주는 500만원 이하의 벌금에 처한다(제23조의3 제2항).

이와 같은 규정들의 내용과 고용의 영역에서 나이를 이유로 한 차별을 금지하여 헌법상 평등권을 실질적으로 구현하려는 구(舊) 고령자고용법상 차별 금지 조항의 입법 취지를 고려하면, 구(舊) 고령자고용법 제4조의4 제1항은 강행규정에 해당한다. 따라서 단체협약, 취업규칙 또는 근로계약에서 이에 반하는 내용을 정한 조항은 무효이다.

## Ⅱ 이 사건 성과연급제가 구(舊) 고령자고용법 제4조의4 제1항 제2호에서 금지하고 있는 연령을 이유로 한 합리적인 이유 없는 차별에 해당하는지 여부

연령을 이유로 한 차별을 금지하고 있는 구(舊) 고령자고용법 제4조의4 제1항에서 말하는 '합리적인 이유가 없는' 경우란 연령에 따라 근로자를 다르게 처우할 필요성이 인정되지 아니하거나 달리 처우하는 경우에도 그 방법·정도 등이 적정하지 아니한 경우를 말한다. 사업주가 근로자의 정년을 그대로 유지하면서 임금을 정년 전까지 일정기간 삭감하는 형태의 이른바 '임금피크제'를 시행하는 경우 연령을 이유로 한 차별에 합리적인 이유가 없어 그 조치가 무효인지 여부는 임금피크제 도입 목적의 타당성, 대상 근로자들이 입는 불이익의 정도, 임금 삭감에 대한 대상 조치의 도입 여부 및 그 적정성, 임금피크제로 감액된 재원이 임금피크제 도입의 본래 목적을 위하여 사용되었는지 등 여러 사정을 종합적으로 고려하여 판단하여야 한다.

## Ⅲ 사안의 적용

위 내용 및 다음과 같은 사정들을 종합하여 보면, 이 사건 성과연급제는 연령을 이유로 임금 분야에서 원고를 차별하는 것으로 그 차별에 합리적인 이유가 있다고 볼 수 없다고 할 것이다.

1) 이 사건 성과연급제는 피고의 인건비 부담을 완화하고 실적 달성률을 높이기 위한 목적으로 도입된 것으로 보인다. 피고의 주장에 따르더라도 51세 이상 55세 미만 정규직 직원들의 수주 목표 대비 실적 달성률이 55세 이상 정규직 직원들에 비하여 떨어진다는 것이어서, 위와 같은 목적을 55세 이상 정규직 직원들만을 대상으로 한 임금삭감 조치를 정당화할 만한 사유로 보기 어렵다.

2) 이 사건 성과연급제로 인하여 원고는 임금이 일시에 대폭 하락하는 불이익을 입었고, 그 불이익에 대한 대상조치가 강구되지 않았다. 피고가 대상조치라고 주장하는 명예퇴직제도는 근로자의 조기 퇴직을 장려하는 것으로서 근로를 계속하는 근로자에 대하여는 불이익을 보전하는 대상조치로 볼 수도 없다.

3) 이 사건 성과연급제를 전후하여 원고에게 부여된 목표 수준이나 업무의 내용에 차이가 있었다고 보이지 아니한다.

memo

## 주요 판례 04

### [근로기준법의 적용범위] 4인 이하 사업에 대한 부당해고규정 적용 제외의 위헌성 여부(헌재 2019.4.11. 2013헌바112)

---

**사실관계**

가. 청구인은 2010.5.17. 근로자 4명 이하 사업장인 변호사 사무실의 사무장으로 채용된 지 일주일 후 변호사로부터 고용계약 해지를 통고받았고, 그와 동시에 100만원을 지급받았다. 이에 청구인은 미지급임금 및 부당해고로 인한 위자료 지급을 구하는 소송을 제기하였고, 일부승소판결이 2011.7.28. 확정되었다.

나. 그 후 청구인은 사용자가 근로기준법 제23조 제1항을 위반하여 부당해고를 하였다고 주장하며 해고무효확인의 소를 제기하였다가, 청구취지를 변경하여 1년간의 근로계약에 따른 임금 상당의 손해배상금 및 위자료의 지급을 청구하였다. 청구인은 청구기각 판결을 받았고, 항소심을 거쳐 대법원에 상고하였다.

다. 청구인은 상고심 계속 중 근로기준법 제11조 제2항이 상시 4명 이하의 근로자를 사용하는 사업 또는 사업장에 대하여 대통령령으로 정하는 바에 따라 근로기준법의 일부 규정을 적용할 수 있도록 포괄위임한 것이 헌법에 위반된다고 주장하며 위헌법률심판제청신청을 하였다가 2013.2.28. 기각되자, 2013.4.18. 헌법재판소법 제68조 제2항에 의한 헌법소원심판을 청구하였다.

---

**판시사항**

[1] 상시 4명 이하의 근로자를 사용하는 사업 또는 사업장에 대하여 대통령령으로 정하는 바에 따라 근로기준법의 일부 규정을 적용할 수 있도록 위임한 근로기준법(2007.4.1. 법률 제8372호로 전부개정된 것) 제11조 제2항(이하 '심판대상조항'이라 함)이 법률유보원칙에 위배되는지 여부(소극)

[2] 심판대상조항이 포괄위임금지원칙에 위배되는지 여부(소극)

Ⅰ 상시 4명 이하의 근로자를 사용하는 사업 또는 사업장에 대하여 대통령령으로 정하는 바에 따라 근로기준법의 일부 규정을 적용할 수 있도록 위임한 근로기준법 제11조 제2항(이하 '심판대상조항'이라 함)이 법률유보원칙에 위배되는지 여부

심판대상조항은 4인 이하 사업장에 대하여 근로기준법 중 어느 조항이 적용될지는 법률 아닌 대통령령으로 정하도록 하고 있다. 그러나 근로기준법 제11조 제1항에서 근로기준법을 전부 적용하는 범위를 근로자 5명 이상 사용 사업장으로 한정하였고, 4인 이하 사업장에 근로기준법을 일부만 적용할 수 있도록 한 것이 심판대상조항에 의하여 법률로 명시적으로 규정되어 있는 이상, 구체적인 개별 근로기준법 조항의 적용 여부까지 입법자가 반드시 법률로써 규율하여야 하는 사항이라고 볼 수 없다.

따라서 심판대상조항이 일부적용 대상 사업장에 대해 적용될 구체적인 근로기준법 조항을 결정하는 문제를 대통령령으로 규율하도록 위임한 것이 헌법 제75조에서 금지하는 포괄위임의 한계를 준수하는 한, 법률유보원칙에 위배되지는 아니한다.

Ⅱ 심판대상조항이 포괄위임금지원칙에 위배되는지 여부

심판대상조항이 근로기준법의 어떤 규정을 4인 이하 사업장에 적용할지에 관한 기준을 명시적으로 두고 있지 않은 것은 사실이나, 심판대상조항의 포괄위임금지원칙 위배 여부를 판단할 때에는 근로기준법이 제정된 이래로 근로기준법의 법규범성을 실질적으로 관철하기 위하여 5인 이상 사용 사업장까지 근로기준법 전부 적용 사업장의 범위를 확대하고, 종전에는 근로기준법을 전혀 적용하지 않던 4인 이하 사업장에 대하여 근로기준법을 일부나마 적용하는 것으로 범위를 점차 확대해 나간 근로기준법 시행령의 연혁 및 심판대상조항의 입법취지와, 근로기준법 조항의 적용 여부를 둘러싼 근로자보호의 필요성과 사용자의 법 준수능력 간의 조화 등을 종합적으로 고려하여야 한다.

심판대상조항은 사용자의 부담이 그다지 문제되지 않으면서 동시에 근로자의 보호필요성의 측면에서 우선적으로 적용될 수 있는 근로기준법의 범위를 선별하여 적용할 것을 대통령령에 위임한 것으로 볼 수 있고, 그러한 근로기준법 조항들이 4인 이하 사업장에 적용되리라 예측할 수 있다.

따라서 심판대상조항은 포괄위임금지원칙에 위배되지 아니한다.

# 제2장 근로관계 규율의 기초

## [근로계약 1] 근로자의 경력사칭을 이유로 한 근로계약 취소의 효력
### (대판 2017.12.22. 2013다25194)

**사실관계** (주)지에스트렌드 사건

가. (주)지에스트렌드(반소원고, 이하 '피고'라고 함)는 의류 도소매업 등을 영위하는 회사로 백화점에서 의류 판매점을 운영하던 중 2010.6.25. 근로자 甲(반소피고, 이하 '원고'라고 함)으로부터 백화점 의류 판매점 매니저로 근무한 경력이 포함된 이력서를 제출받아 그 경력을 보고 2010.7.2.부터 원고로 하여금 피고가 운영하는 백화점 매장에서 판매 매니저로 근무하게 함으로써 이 사건 근로계약을 체결하였다.

나. 그런데 위 이력서의 기재와 달리 원고의 일부 백화점 근무 경력은 허위이고, 실제 근무한 경력 역시 근무 기간은 1개월에 불과함에도 그 기간을 과장한 것이었다.

다. 피고는 위 사실을 알게 된 후 2010.9.17. 원고에게 2010.9.30.까지만 근무할 것을 통보하였다. 이에 원고 는 서울지방노동위원회에 부당해고 구제신청을 하였고 위 통보가 부당해고임이 인정되어 원직복직 및 해고 기간 동안의 임금 지급을 내용으로 하는 구제명령을 받았다. 피고는 중앙노동위원회의 재심판정 역 시 같은 결론에 이르자 서울행정법원에 재심판정의 취소를 구하는 행정소송을 제기하였고, 그에 관한 항 소 및 상고를 거쳐 결국 피고의 청구를 기각한 항소심판결이 확정되었다.

라. 원고는 위와 같은 부당해고 구제명령이 확정됨에 따라 피고를 상대로 마지막으로 출근한 다음 날인 2010.10.1.부터 퇴사한 2011.4.29.까지 기간 동안의 임금 지급을 구하는 이 사건 소송을 제기하였다.

마. 이에 피고는 이 사건 제1심 소송계속 중 이 사건 근로계약이 원고가 이력서를 허위 기재함으로써 피고를 기망하여 체결된 것이라는 이유로 이를 취소한다는 의사표시가 기재된 반소장을 제출하여 위 반소장이 원고에게 송달되었다.

**판시사항**

[1] 근로계약 체결에 관한 당사자들의 의사표시에 무효 또는 취소의 사유가 있음을 이유로 근로계약의 무효 또는 취소를 주장할 수 있는지 여부(적극) 및 이때 근로계약 취소의 소급효가 인정되는지 여부(소극)

[2] 피고가 원고에게 백화점 의류 판매점 매니저로 근무한 경력이 포함된 이력서를 제출받아 그 경력을 보고 피고가 운영하는 백화점 매장에서 원고를 판매 매니저로 근무하는 내용의 근로계약을 체결하였으나, 이 력서의 기재와 달리 원고의 일부 백화점 근무 경력은 허위이고, 실제 근무한 경력 역시 근무기간은 1개월 에 불과함에도 그 기간을 과장한 것이었으며, 이에 피고가 위 근로계약은 원고가 이력서를 허위 기재함으 로써 피고를 기망하여 체결된 것이라는 이유로 이를 취소한다는 의사표시를 한 사안에서, 원고의 기망으 로 체결된 위 근로계약은 피고의 취소의 의사표시로써 적법하게 취소되었고, 다만 취소의 소급효가 제한 되어 위 근로계약은 취소의 의사표시 이후의 장래에 관하여만 효력이 소멸할 뿐 이전의 법률관계는 여전 히 유효하다고 한 사례

Ⅰ 근로계약 체결에 관한 당사자들의 의사표시에 무효 또는 취소의 사유가 있음을 이유로 근로계약의 무효 또는 취소를 주장할 수 있는지 여부 및 이때 근로계약 취소의 소급효가 인정되는지 여부

근로계약은 근로자가 사용자에게 근로를 제공하고 사용자는 이에 대하여 임금을 지급하는 것을 목적으로 체결된 계약으로서(근로기준법 제2조 제1항 제4호 참조), 기본적으로 그 법적 성질이 사법상 계약이므로 계약 체결에 관한 당사자들의 의사표시에 무효 또는 취소의 사유가 있으면 그 상대방은 이를 이유로 근로계약의 무효 또는 취소를 주장하여 그에 따른 법률효과의 발생을 부정하거나 소멸시킬 수 있다(대판 1996.7.30. 95다11689 등 참조).

다만, 그와 같이 근로계약의 무효 또는 취소를 주장할 수 있다 하더라도 근로계약에 따라 그동안 행하여진 근로자의 노무 제공의 효과를 소급하여 부정하는 것은 타당하지 않으므로 이미 제공된 근로자의 노무를 기초로 형성된 취소 이전의 법률관계까지 효력을 잃는다고 보아서는 아니 되고, 취소의 의사표시 이후 장래에 관하여만 근로계약의 효력이 소멸된다고 보아야 한다.

Ⅱ 사안의 적용

위 내용 및 사실관계 등을 종합적으로 고려할 때, 백화점에서 의류 판매점을 운영하면서 그 매장의 매니저를 고용하려는 피고로서는 고용하고자 하는 근로자의 백화점 매장 매니저 근무경력이 노사 간의 신뢰관계를 설정하거나 피고 회사의 내부질서를 유지하는데 직접적인 영향을 미치는 중요한 부분에 해당하므로, 사전에 원고의 경력이 허위임을 알았더라면 원고를 고용하지 않았거나 적어도 같은 조건으로 계약을 체결하지 아니하였을 것이라고 봄이 타당하다고 할 것이다. 그렇다면 원고의 기망으로 체결된 이 사건 근로계약은 그 하자의 정도나 원고의 근무기간 등에 비추어 하자가 치유되었거나 계약의 취소가 부당하다고 볼 만한 특별한 사정이 없는 한 회사의 취소의 의사표시가 담긴 반소장 부본의 송달로써 적법하게 취소되었다고 봄이 상당하나, 그 취소의 소급효가 제한되어 이 사건 근로계약은 취소의 의사표시가 담긴 반소장 부본 송달 이후의 장래에 관하여만 그 효력이 소멸할 뿐 위 반소장 부본이 원고에게 송달되기 이전의 법률관계는 여전히 유효하다고 보아야 할 것이다.

## 주요 판례 02

### [근로계약 2] 별도 합의가 없는 경우, 근로계약서상 계약기간 자동연장조항의 해석 여부 (대판 2022.2.10. 2020다279951)

**사실관계** **글로리아항공 주식회사 사건**

가. 피고는 항공기를 이용한 산불 진압 등을 영업으로 하는 회사로서, 헬기사업팀을 신설하면서 소외 1을 헬기사업팀 팀장으로 영입하고 위 소외 1의 추천을 받아 원고를 조종사로 채용하기로 하였는데, 근로계약 체결 당시(2017.5.1.) 원고의 나이는 만 62세로서 피고의 취업규칙상 정년을 도과한 상태였던바, 근로계약기간을 1년(2017.5.1.부터 2018.4.30.까지)으로 정하되, 계약기간 만료 시까지 별도의 합의가 없으면 계약기간 만료일에 근로계약이 자동연장 되는 것으로 정하였다(근로계약 제1조, 이하 '이 사건 조항'이라고 함).

나. 피고는 2017.7.21. 항공기사용사업 등록을 마치고, 원고를 포함한 조종사들로 하여금 운항자격 심사에 필요한 자격을 취득하도록 하기 위하여 이들을 호주의 교육기관으로 파견하여 보유 중인 헬리콥터 기종에 대한 교육훈련을 실시하였다. 그런데, 원고는 2017.8.경 호주에서 이루어진 교육훈련에서 훈련교관으로부터 '배우는데 아무런 진전이 없다. S76이 능력 밖이라 생각 된다.', '부족한 조종기술과 집중력이 없다. 실력이 퇴보되었다. S76의 기장으로서 수준미달이다.', '훈련기간 동안 보아온 많은 위험한 상황들을 내가 주변에 없어서 멈추게 하지 못한다면 무슨 일이 일어날지 모르겠다.'라는 등 역량미달의 평가를 받았다.

다. 이에 피고는 운항자격심사 신청이 불가능하자 2017.11.경 호주의 훈련교관을 국내로 초빙하여 원고에 대한 재교육을 실시하였다. 그러나 원고는 재훈련에서도 '지난 훈련 이후 아무런 진전이 없다. 멀티 테스크에 어려움을 보이고, 어떠한 형식의 시스템 지식도 습득하지 못했거나 비행에 대한 기본 헬리콥터 기초가 없음이 분명하며 수준미달이다.', '가장 단순하고 기초적인 임무도 할 수 없어 훈련을 할 수 없고, 상당하고 지속적인 관리가 수반되지 않으면 사고를 낼 것이다.'라는 평가를 받았다.

라. 또한 호주의 훈련교관은 출국 전날 피고의 사업본부장 소외 2에게 '써티(certi)는 줄 수 있으나, 이 사람들(원고 포함)로 비행을 하게 되면 큰 문제가 생길 것이다.'라고 경고하기도 하였다.

마. 한편, 피고는 2017.9.15. 서울지방항공청장에게 새로 도입한 헬기 1대[모델명 S-76C(HL9636)]에 대하여 표준감항증명 등을 신청하였으나, 2017.11.1. 최종 불합격 통보를 받았다.

바. 헬기사업팀 팀장 소외 1은 2017.12. 초순경 피고의 사업본부장 소외 2에게 표준감항증명이 이루어지지 않은 데에 대한 책임을 지는 차원에서 사직할 뜻을 밝혔다. 소외 2는 소외 1에게 소외 1의 사직에 더하여 소외 1이 채용에 관여한 조종사와 정비사 전원의 사직원을 받아올 것을 요구하였고, 이를 전달받은 원고와 나머지 조종사, 정비사들은 이를 수용하고 피고에게 사직원을 제출하였다. 피고는 2017.12.21. 원고를 비롯한 헬기사업팀 팀원 전원에게 '사직원이 수리되어 2017.12.31. 근로계약관계가 종료한다.'고 통보(이하 '이 사건 통보'라고 함)하였다.

사. 원고는 위 사직서 제출 이후인 2017.12.26. 피고의 대표이사에게 이메일을 발송하였는데, 이에 따르면 ' … 중략 … 사직서를 19일에 제출하였다가 20일 소외 1 팀장께 확인하니, 개별 통보한다 하여, 인사팀과 소외 2 본부장께 운항팀의 사직서를 취소 통보하였으나, 전원 사직처리 되었다는 문자를 받았습니다. … 중략 … 제게 한번만 기회를 주시기를 간청합니다. 내년 4월 말이 1년 되는데, 그 기간까지 기종자

격을 활용하여 향후 헬기운항에 조금이나마 보답하고자 합니다. 그 후에는 회사의 처분에 따르겠습니다.
… 후략 …'이라고 되어 있다.

아. 원고는 이 사건 통보 당일 지방노동위원회에 구제신청을 하였고, 이 사건 통보는 부당해고에 해당한다는 판정을 받았다. 피고는 이에 불복하여 중앙노동위원회에 재심판정을 구하였으나 기각되었고, 법원에 위 재심판정의 취소를 구하였으나 모두 기각되었다.

자. 피고는 2018.4.2. 원고에게 '이 사건 통보가 부당해고에 해당한다고 할지라도, 이미 원고와의 근로계약 기간이 2018.4.30.자로 만료될 예정이고, 산불방제 헬기조종사로서 필요한 직무상 역량미달로 근로계약 갱신이 불가하다.'는 내용증명을 발송하였다.

차. 피고는 2020.5.11. 원고에게 이 사건 통보 이후인 2018.1.1.부터 근로계약기간 만료일인 2018.4.30.까지 의 4개월분 임금 19,333,332원을 지급하였다.

### 판시사항

[1] 처분문서상 문언의 의미가 명확하게 드러나지 않는 경우, 계약 내용을 해석하는 방법 및 특히 문언의 객관적인 의미와 다르게 해석함으로써 당사자 사이의 법률관계에 중대한 영향을 초래하는 경우, 문언의 내용을 더욱 엄격하게 해석하여야 하는지 여부(적극)

[2] 甲회사가 乙을 헬기조종사로 채용하면서 근로계약서에 근로계약기간을 1년으로 하되 '계약기간 만료 시까지 별도 합의가 없으면 기간만료일에 자동 연장한다.'는 조항을 두었는데, 甲회사가 계약기간 만료일 전 乙에게 근로계약기간이 만료될 예정이고 헬기조종사로서 필요한 직무상 역량미달로 근로계약 갱신이 불가능하다고 통보한 사안에서, 근로계약이 기간만료일 이후에 자동으로 연장되지 않았다고 본 원심판단에 법리오해의 잘못이 있다고 한 사례

## I 처분문서상 문언의 의미가 명확하게 드러나지 않는 경우, 계약 내용을 해석하는 방법 및 특히 문언의 객관적인 의미와 다르게 해석함으로써 당사자 사이의 법률관계에 중대한 영향을 초래하는 경우, 문언의 내용을 더욱 엄격하게 해석하여야 하는지 여부

계약당사자 사이에 어떠한 계약 내용을 처분문서인 서면으로 작성한 경우에 문언의 의미가 명확하다면, 특별한 사정이 없는 한 문언대로 의사표시의 존재와 내용을 인정해야 한다. 그러나 문언의 의미가 명확하게 드러나지 않는 경우에는 문언의 내용, 계약이 이루어지게 된 동기와 경위, 당사자가 계약으로 달성하려고 하는 목적과 진정한 의사, 거래의 관행 등을 종합적으로 고찰하여 논리와 경험의 법칙, 그리고 사회일반의 상식과 거래의 통념에 따라 계약 내용을 합리적으로 해석해야 한다. 특히 문언의 객관적인 의미와 다르게 해석함으로써 당사자 사이의 법률관계에 중대한 영향을 초래하는 경우에는 문언의 내용을 더욱 엄격하게 해석해야 한다.

## II 사안의 적용

위 사실관계 등을 종합적으로 고려할 때, 이 사건 조항은 그 자체로 '원고와 피고가 이 사건 근로계약의 기간이 만료하는 2018.4.30.까지 별도로 합의하지 않는 한 이 사건 근로계약은 자동으로

연장된다.'는 의미임이 명확하다. 이와 달리 '원고가 근로계약기간 동안 항공종사자 자격을 유지함으로써 근로계약상 정해진 근로를 정상적으로 제공할 수 있다는 전제에서만 이 사건 조항이 적용된다.'는 기재는 없다. 따라서 이 사건 근로계약서에 적혀 있지 않은 내용을 추가하는 것은 처분문서인 이 사건 근로계약서 문언의 객관적인 의미에 반한다고 할 것이다.

또한 이 사건 근로계약의 기간 중에 원고가 정상적으로 근로를 제공할 수 없는 상황이 되면, 피고로서는 그러한 사정이 사회통념상 고용관계를 계속할 수 없을 정도라고 인정되는 한 원고를 정당하게 해고할 수 있는바, 이 사건 조항을 별도의 합의가 없는 한 이 사건 근로계약이 자동으로 연장된다는 의미라고 해석하더라도 근로계약 체결 당시의 당사자 의사에 부합하지 않는다고 단정할 수 없다고 할 것이다.

## Ⅲ 대상판결의 의의[13]

이 사건의 쟁점은 '계약기간 만료 시까지 별도 합의가 없으면 기간만료일에 자동연장한다.'는 근로계약서의 내용을 어떻게 해석하느냐 여부이다. 제1심과 제2심은 이 사건 계약 조항을 문언 그대로 해석하면 무기계약과 다름없이 된다는 점에서 촉탁직 계약의 목적에 맞게 해석해야 한다고 본 반면, 대법원은 근로계약서에 적혀 있지 않은 내용을 추가하는 것은 처분문서인 이 사건 근로계약서 문언의 객관적인 의미에 반한다는 점에서 문언 그대로 해석하는 것이 옳다는 입장이다. 유감스럽게도 계약서의 문언에만 충실하게 해석한 이 사건 대법원 판결은 정년이 도과한 원고를 계약 상대방으로 한 촉탁직 계약의 목적을 간과한 판단으로서 "법률행위의 내용, 그러한 법률행위가 이루어진 동기와 경위, 법률행위에 의하여 달성하려는 목적, 당사자의 진정한 의사 등을 종합적으로 고찰하여 논리와 경험칙에 따라 합리적으로 해석하여야 한다."는 기존 판례의 입장에 정면 배치된다고 밖에 할 수 없다.

memo

---

13) 조성혜 동국대학교 법과대학 교수, 포커스

## 주요 판례 03

# [경업금지의무 1] 경업금지약정의 유효성 판단기준
## (대판 2010.3.11. 2009다82244)

### 사실관계

가. 원고(이하 '甲회사'라 함)는 손톱깎이 등 철금속 제품의 제조판매 및 가공업과 각종 물품의 수출입업 및 수출입 대행업을 주요 업무로 하는 회사이고, 피고(이하 '乙'이라 함)는 1986.1.5. 甲회사에 입사하여 1999.9.6.부터 甲회사의 무역부장으로 근무하면서 甲회사의 주요 납품업체인 미국의 배셋사와의 구매 및 수출판매, 하청업체 선정 및 납품요청, 무역상담 등의 업무를 담당하다가 2004.2.28. 퇴사한 사람이다.

나. 근로자 乙은 2002.9.30. 甲회사와 사이에 "근로자 乙은 甲회사를 퇴직 후 2년 이내에는 甲회사와 경쟁관계에 있는 회사에 취업하거나 직·간접 영향을 미쳐서는 안 된다."는 내용이 포함된 연봉·근로계약(이하 '이 사건 경업금지약정'이라 함)을 체결하였다.

다. 근로자 乙은 2004.2.28. 甲회사를 퇴직한 후 2004.4.30.경 '○○○○'라는 중개무역회사를 설립, 운영하면서 중국 업체에 도급을 주어 甲회사가 미국의 배셋사에 납품한 바 있는 손톱깎이 세트, 손톱미용 세트 등과 일부 유사한 제품을 배셋사에 납품하였다.

라. 이에 따라 甲회사는 경업금지약정 위반을 이유로 관할법원에 소를 제기하였다.

### 판시사항

[1] 사용자와 근로자 사이의 경업금지약정의 유효성에 관한 판단기준 및 여기에서 말하는 '보호할 가치 있는 사용자의 이익'의 의미

[2] 근로자 乙이 甲회사를 퇴사한 후 그와 경쟁관계에 있는 중개무역회사를 설립·운영하자 甲회사 측이 경업금지약정 위반을 이유로 하여 근로자 乙을 상대로 손해배상을 청구한 사안에서, 근로자 乙이 고용기간 중에 습득한 정보나 甲회사의 거래처와의 신뢰관계는 경업금지약정에 의해 보호할 가치가 있다고 보기 어렵고, 경업금지약정이 근로자 乙의 이러한 영업행위까지 금지하는 것으로 해석된다면 민법 제103조에 정한 선량한 풍속 기타 사회질서에 반하는 법률행위로서 무효라고 할 것이므로, 위 손해배상청구는 이유 없다고 한 사례

[3] 업무상배임죄의 성립요건으로서 '그 임무에 위배하는 행위'의 의미

[4] 근로자 乙이 甲회사를 퇴사한 후 그와 경쟁관계에 있는 중개무역회사를 설립하고 고용기간 중에 습득한 기술상 또는 경영상의 정보 등을 사용하여 영업을 한 부분이 업무상 배임에 해당하는지 여부가 문제된 사안에서, 근로자 乙의 영업행위가 甲회사에 대한 업무상 배임에 해당하여 불법행위를 구성한다고 보기는 어렵다고 한 사례

Ⅰ 사용자와 근로자 사이의 경업금지약정의 유효성에 관한 판단 기준 및 여기에서 말하는 '보호할 가치 있는 사용자의 이익'의 의미[14]

사용자와 근로자 사이에 경업금지약정이 존재한다고 하더라도, 그와 같은 약정이 헌법상 보장된 근로자의 직업선택의 자유와 근로권 등을 과도하게 제한하거나 자유로운 경쟁을 지나치게 제한하는 경우에는 민법 제103조에 정한 선량한 풍속 기타 사회질서에 반하는 법률행위로서 무효라고 보아야 하며, 이와 같은 경업금지약정의 유효성에 관한 판단은 보호할 가치 있는 사용자의 이익, 근로자의 퇴직 전 지위, 경업 제한의 기간·지역 및 대상 직종, 근로자에 대한 대가의 제공 유무, 근로자의 퇴직 경위, 공공의 이익 및 기타 사정 등을 종합적으로 고려하여야 하고, 여기에서 말하는 '보호할 가치 있는 사용자의 이익'이라 함은 부정경쟁방지 및 영업비밀보호에 관한 법률 제2조 제2호에 정한 '영업비밀'뿐만 아니라 그 정도에 이르지 아니하였더라도 당해 사용자만이 가지고 있는 지식 또는 정보로서 근로자와 이를 제3자에게 누설하지 않기로 약정한 것이거나 고객관계나 영업상의 신용의 유지도 이에 해당한다.

Ⅱ Ⅰ에 대한 사안의 적용

위 내용 및 사실관계 등을 종합적으로 고려할 때, 이 사건의 각 정보는 이미 동종업계 전반에 어느 정도 알려져 있었던 것으로, 설령 일부 구체적인 내용이 알려지지 않은 정보가 있었다고 하더라도 이를 입수하는데 그다지 많은 비용과 노력을 요하지는 않았던 것으로 보이므로, 이 사건 경업금지약정에 의해 보호할 가치가 있는 이익에 해당한다고 보기 어렵거나 그 보호가치가 상대적으로 적은 경우에 해당한다고 할 것이고, 또한 甲회사가 주장하는 바와 같은 甲회사의 주요 거래처인 미국 배셋사의 바이어나 중국의 무역업자인 존 울리(John Woolley), 종지봉 등과의 신뢰관계의 경우, 미국 배셋사는 종래부터 제품별로 국내외 여러 업체에 사양을 제시하고 가격과 품질 면에서 경쟁력이 있는 조건을 제시하는 업체로부터 납품을 받았고, 중국 무역업자 역시 독립적으로 국내 여러 업체들로부터 주문을 받아 중국 제품을 공급하는 영업을 하고 있었으므로, 비록 甲회사가 이들과 거래관계를 맺고 있었다고 하더라도 다른 업체의 진입을 막고 거래를

---

14) 근로자 乙이 甲회사를 퇴사한 후 그와 경쟁관계에 있는 중개무역회사를 설립·운영하자 甲회사 측이 경업금지약정 위반을 이유로 하여 근로자 乙을 상대로 손해배상을 청구한 사안에서, 근로자 乙이 고용기간 중에 습득한 기술상 또는 경영상의 정보 등을 사용하여 영업을 하였다고 하더라도 그 정보는 이미 동종업계 전반에 어느 정도 알려져 있었던 것으로, 설령 일부 구체적인 내용이 알려지지 않은 정보가 있었다고 하더라도 이를 입수하는데 그다지 많은 비용과 노력을 요하지는 않았던 것으로 보이고, 甲회사가 다른 업체의 진입을 막고 거래를 독점할 권리가 있었던 것은 아니며 그러한 거래처와의 신뢰관계는 무역 업무를 수행하는 과정에서 자연스럽게 습득되는 측면이 강하므로 경업금지약정에 의해 보호할 가치가 있는 이익에 해당한다고 보기 어렵거나 그 보호가치가 상대적으로 적은 경우에 해당한다고 할 것이고, 경업금지약정이 근로자 乙의 이러한 영업행위까지 금지하는 것으로 해석된다면 근로자인 乙의 직업선택의 자유와 근로권 등을 과도하게 제한하거나 자유로운 경쟁을 지나치게 제한하는 경우에 해당되어 민법 제103조에 정한 선량한 풍속 기타 사회질서에 반하는 법률행위로서 무효라고 할 것이므로, 경업금지약정이 유효함을 전제로 하는 손해배상청구는 이유 없다고 한 사례

독점할 권리가 있었던 것은 아니며, 그러한 거래처와의 신뢰관계는 무역 업무를 수행하는 과정에서 자연스럽게 습득되는 측면이 강하므로, 이 역시 이 사건 경업금지약정에 의해 보호할 가치가 있는 이익에 해당한다고 보기 어렵거나 그 보호가치가 상대적으로 적은 경우에 해당한다고 할 것이다.

또한 근로자 乙이 이 사건 경업금지약정의 체결로 인해 특별한 대가를 수령한 것으로는 보이지 않는데도 퇴직 후 2년이라는 긴 시간 동안 경업이 금지되어 있는 점, 근로자 乙은 1986.1.5. 원고에 입사하여 1999.9.6.부터 2004.2.28.까지 甲회사의 무역부장으로 근무하였는데, 甲회사에서 무역 업무를 통하여 습득한 일반적인 지식과 경험을 이용하는 업무에 종사할 수 없다면 직장을 옮기는 것이 용이하지 않고, 甲회사를 그만둘 경우 생계에 상당한 위협을 받을 수 있는 점, 근로자 乙이 甲회사를 퇴직하고 같은 업종의 회사를 설립하여 원고가 거래하던 배셋사에 납품할 수 있었던 것이 오로지 근로자 乙이 배셋사의 바이어 등과 신뢰관계가 있었기 때문이었다기보다는 해외 구매업체들이 중국 쪽으로 구매처를 옮기는 추세에서 주로 국내 하청업체들로부터 제품을 공급받아 오던 甲회사와는 달리 근로자 乙이 전적으로 중국의 하청업체들로부터 공급받은 제품을 납품함으로써 가격 경쟁력을 갖출 수 있었던 데에 기인한 것으로 보이는 점, 비록 근로자 乙이 회사를 설립하여 甲회사와 동종 사업을 영위하고자 甲회사를 그만 두었고, 퇴직일에 임박하여 미리 그 사업을 준비하는 행위를 하였다고 하더라도 그 배신성이 크다고 보기는 어려운 점 등을 종합하여 앞서 본 법리에 비추어 살펴보면, 이 사건 경업금지약정이 근로자 乙의 위와 같은 영업행위까지 금지하는 것으로 해석된다면 근로자인 乙의 직업선택의 자유와 근로권 등을 과도하게 제한하거나 자유로운 경쟁을 지나치게 제한하는 경우에 해당되어 민법 제103조에 정한 선량한 풍속 기타 사회질서에 반하는 법률행위로서 무효라고 할 것이고, 따라서 이 사건 경업금지약정이 유효함을 전제로 하는 위 약정 위반으로 인한 손해배상청구는 이유 없다 할 것이다.

## Ⅲ 업무상배임죄의 성립요건으로서 '그 임무에 위배하는 행위'의 의미

업무상배임죄는 타인의 사무를 처리하는 자가 그 임무에 위배하는 행위로써 재산상 이익을 취득하거나 제3자로 하여금 이를 취득하게 하여 본인에게 손해를 가함으로써 성립하는데, 여기에서 '그 임무에 위배하는 행위'란 사무의 내용, 성질 등 구체적 상황에 비추어 법률의 규정, 계약의 내용 혹은 신의칙상 당연히 할 것으로 기대되는 행위를 하지 않거나 당연히 하지 않아야 할 것으로 기대되는 행위를 함으로써 본인과 사이의 신임관계를 저버리는 일체의 행위를 말한다.

## Ⅳ Ⅲ에 대한 사안의 적용

위 내용 및 사실관계 등을 종합적으로 고려할 때, 이 사건의 각 정보는 이미 공지되었거나 다른 경쟁업체가 상당한 비용이나 노력을 들이지 않고도 쉽게 얻을 수 있는 것으로서 甲회사의 영업비밀이라 할 수 없고, 甲회사만이 가지고 있는 보호할 가치 있는 정보 내지 甲회사의 영업상 중요한 자산인 자료에 해당한다고 보기 어려우며, 그 밖에 근로자 乙이 甲회사에서 업무상 지득하게 된 지식, 경험이나 미국의 배셋사 또는 중국 하청업체 관계자와의 신뢰관계 등은 甲회사의 보호할 가치 있는 이익에 해당된다고 보기 어려울 뿐만 아니라, 설령 이 사건 각 정보나 그 밖에 근로자 乙이 업무상 지득한 지식, 경험, 미국의 배셋사 또는 중국 하청업체 관계자와의 신뢰관계를 甲회사의 정당한 보호 이익으로 본다고 하더라도 그 보호의 필요성이 상대적으로 경미하여 결과적으로 이 사건 경업금지약정의 효력이 인정되지 않는 이상, 근로자 乙이 甲회사를 퇴직한 후 자신의 중개 무역업을 영위함에 있어 甲회사의 이익을 위하여 위와 같은 정보나 거래처와의 신뢰관계 등을 이용하지 아니할 임무가 있다고 보기는 어려운 점, 근로자 乙이 납품한 제품이 甲회사의 제품과 동일하거나 이를 모방한 제품이라고 단정할 수 없고, 甲회사가 독점적인 권리를 가지고 있는 것이라고 보기도 어려운 점, 근로자 乙이 2004.3.15. 미국의 배셋사로부터 손톱깎이 등의 샘플 검사결과 통지를 받은 사실은 있으나 그와 같은 사실만으로 근로자 乙이 甲회사에서 퇴직하기 전에 미국 배셋사에 샘플검사를 의뢰하였다고 단정하기 어려울 뿐만 아니라, 설령 근로자 乙이 퇴직 전에 미국 배셋사 관계자와 접촉하여 그와 같은 샘플검사를 의뢰한 것이라고 하더라도 그 당시는 이미 근로자 乙이 퇴직의사를 밝힌 뒤 퇴사가 임박한 시기였을 것으로 보이는 점 등을 알 수 있으므로, 이러한 사정을 앞서 본 법리에 비추어 보면, 근로자 乙의 이 사건 영업행위가 甲회사에 대한 업무상 배임에 해당하여 불법행위를 구성한다고 보기는 어렵다고 할 것이다.

## 주요 판례 04

### [경업금지의무 2] 학원강사와 학원 사이에 체결한 경업금지약정
(대판 2016.10.27. 2015다221903(본소), 2015다221910(반소))

**사실관계**

가. 甲학원과 乙은 2012.12.경 계약기간을 1년으로 정하여 강의계약을 체결하면서 '계약일로부터 2년 이내에 본인 또는 타인의 명의를 이용하여 매탄동, 인계동, 권선동, 세류동에서 일체의 학원설립 및 강사활동을 할 수 없고, 이를 위반할 경우 甲학원에게 손해를 배상한다.'는 내용이 포함된 강의계약서를 작성하였다.

나. 乙은 甲학원으로부터 매월 일정액의 강사료를 지급받는 대신 자신이 담당하는 단과강의의 월 수강료 매출액 중 중학생은 35%, 고등학생은 50%를 배분받기로 하였고, 甲학원과 별도로 사업자등록을 하고 사업소득세를 납부하였다. 乙은 원래 다른 강사들과 함께 甲학원과 같은 건물의 위층에서 학원을 운영하다가 폐업하고 甲학원과 사이에 위 강의계약을 체결하고 甲학원에서 강의를 하게 되었다.

다. 乙은 2012.12.경부터 2013.5.31.까지 5개월 남짓 甲학원에서 강의를 하다가 甲학원이 강의료를 지체하고 약정된 강의 수수료율을 제대로 준수하지 않는다는 등의 이유로 갈등이 생겨 甲학원을 그만두게 되었다. 그 후 乙은 甲학원으로부터 150m 정도 떨어진 곳에 새로운 학원을 개설하였고, 甲학원에서 乙의 강의를 수강하던 학생 상당수가 乙을 따라 학원을 옮겼는데, 학생 대부분은 乙이 甲학원으로 올 때 따라왔던 학생들이고, 甲학원에서 옮겨 간 학생 중에는 2명만이 甲학원에서 새로 乙의 강좌에 등록한 수강생이다.

라. 이에 甲학원은 乙을 상대로 경업금지약정 위반 등을 이유로 손해배상을 청구하였다.

**판시사항**

[1] 乙학원강사와 甲학원 사이에 체결한 경업금지약정의 유효성 판단기준
[2] 그 유효성 인정을 위한 제반 사정에 관한 주장·입증책임의 소재

## I 경업금지약정의 유효성 판단기준

직업선택의 자유와 근로의 권리는 국민의 기본권에 속하므로, 근로자가 사용자와 사이의 근로관계 종료 후 사용자의 영업부류에 속한 거래를 하거나 동종의 업무에 종사하지 아니하기로 하는 등 경업금지약정을 한 경우에, 그 약정은 사용자의 영업비밀이나 노하우, 고객관계 등 경업금지에 의하여 보호할 가치 있는 사용자의 이익이 존재하고, 경업 제한의 기간과 지역 및 대상 직종, 근로자에 대한 대가의 제공 여부, 근로자의 퇴직 전 지위 및 퇴직 경위, 그 밖에 공공의 이익 등 관련 사정을 종합하여 근로자의 자유와 권리에 대한 합리적인 제한으로 인정되는 범위 내에서만 유효한 것으로 인정된다.

## Ⅱ 경업금지약정의 유효성 입증책임의 소재

경업금지약정의 유효성을 인정할 수 있는 위와 같은 제반 사정은 '사용자'가 주장·증명할 책임이 있다.

## Ⅲ 사안의 적용

위 내용 및 사실관계 등을 종합적으로 고려할 때, ① 乙과 甲학원의 강의계약은 계약기간이 1년에 불과함에도 그 계약기간을 모두 마치고 퇴직하더라도, 이 사건 경업금지약정에 따라 그 후 1년 동안은 경업금지의무를 부담하게 되는데, 이는 위 계약기간과 대비하여 볼 때 다른 특별한 사정이 없는 한 근로자의 부담이 과도하고, ② 위 乙에 대한 보수구조가 사용자에 종속된 근로자 관계에서 급여를 지급받는 것이 아니라 강사의 강의능력 등에 따른 성과에 연동하여 지급되는 이익배분적 성격을 가지는 것으로 되어 있고, 그 수익의 창출에 甲학원 고유의 고객관계나 신용 등이 크게 기여하는 것으로 볼 만한 사정도 뚜렷하지 않으며, ③ 위 乙에 대한 보수지급 약정이 경업금지약정을 하지 아니한 경우의 통상적인 보수 조건보다 상당히 유리한 점이 있어 거기에 경업금지약정에 대한 특별한 대가가 포함되어 있다고 볼 만한 사정이 나타난 것도 없고, ④ 위 乙의 사직 사유가 전적으로 위 乙의 일방적인 계약파기로 인한 것이라고 보기도 어려운 사유가 있는 것으로 보이며, ⑤ 위 乙가 새로 개설한 학원으로 옮겨간 수강생들 대부분은 위 乙을 따라왔다가 다시 이동해 간 점 등에 비추어, 甲학원의 운영상 노하우 등이 수강생들의 선택에 그다지 큰 영향을 미쳤다고는 보이지 않고, ⑥ 그 밖에 위 乙이 甲학원 인근에 동종의 학원을 개설·운영함으로써 수강생들의 학습권 보장이나 관련 업계의 영업질서 등과 관련한 공공의 이익이 침해된다고 볼 사정도 찾아 볼 수 없다고 할 것이다.

위와 같이 乙과 甲학원 사이에 체결된 근로계약에 이 사건 경업금지약정이 포함되어 있기는 하지만 그 유효성이 인정되기 위한 제반 사정, 특히 그 약정에 따라 경업금지를 강제함으로써 보호할 가치가 있는 甲학원의 이익이 존재하고, 위 乙이 경업금지의무를 부담하는 데 대하여 적정한 대가가 지급되었으며, 위 乙에 대하여 일정 기간 특정지역에서 경업을 금지하지 아니하면 공공의 이익이 침해될 수 있다는 점 등이 인정되지 아니하는 이상, 이 사건 경업금지약정은 효력이 없다고 할 것이다. 그리고 그와 같이 약정 자체의 효력을 인정하기 어려운 이상, 경업금지의 기간 등에 대한 합리적인 제한의 범위가 어느 정도인지는 더 나아가 판단할 필요가 없다고 할 것이다.

## 주요 판례 05

# [위약예정 금지 1] 사이닝 보너스
(대판 2015.6.11. 2012다55518)

---

**사실관계**  **삼지전자 사건**

가. 甲회사(이하 '원고'라 함)는 납부자본금 63억원, 2009년도 매출 195억원, 영업이익 6억원, 2010년도 매출 430억원, 영업이익 14억원(각 1억원 이하 반올림)인 코스닥 상장기업이다.

나. 원고는 로보닥(ROBODOC) 제조 및 충방전기 사업을 신규로 추진하기 위해 2009.1.13. 연료전지 분야 유경험자로서 삼성에스디아이에 근무하고 있던 근로자 乙(이하 '피고'라 함)을 채용하였다.

다. 피고는 2009.2.경 회사 사업부장으로 스카웃되면서 원고로부터 사이닝 보너스 1억원을 지급하되, 원고는 반환약정 없이 7년간 고용을 보장한다는 계약을 체결하였으나, 2010.4.경 개인사유로 퇴사한 후, 피고는 2010.10.경부터 같은 해 12.경까지 ○○○○○기술연구원에 근무했고, 이후 ○○○○○기술평가원으로 옮겨 현재까지 근무하고 있다.

라. 원고는 피고를 상대로 관할 법원에 위 사이닝 보너스의 반환을 구하는 소를 제기하였다.

---

**판시사항**

기업이 근로계약 등을 체결하면서 일회성의 인센티브 명목으로 지급하는 이른바 사이닝 보너스가 이직에 따른 보상이나 근로계약 등의 체결에 대한 대가로서의 성격만 가지는지, 나아가 의무근무기간 동안의 이직금지 내지 전속근무 약속에 대한 대가 및 임금 선급으로서의 성격도 함께 가지는지 판단하는 기준 / 사이닝 보너스가 이직에 따른 보상이나 근로계약 등의 체결에 대한 대가로서의 성격에 그치는 경우, 근로계약 등의 체결로 사이닝 보너스의 반대급부가 이행된 것인지 여부(적극)

## Ⅰ 사이닝 보너스의 법적 성격

기업이 경력 있는 전문 인력을 채용하기 위한 방법으로 근로계약 등을 체결하면서 일회성의 인센티브 명목으로 지급하는 이른바 사이닝 보너스가 이직에 따른 보상이나 근로계약 등의 체결에 대한 대가로서의 성격만 가지는지, 더 나아가 의무근무기간 동안의 이직금지 내지 전속근무 약속에 대한 대가 및 임금 선급으로서의 성격도 함께 가지는지는 해당 계약이 체결된 동기 및 경위, 당사자가 계약에 의하여 달성하려고 하는 목적과 진정한 의사, 계약서에 특정 기간 동안의 전속근무를 조건으로 사이닝 보너스를 지급한다거나 그 기간의 중간에 퇴직하거나 이직할 경우 이를 반환한다는 등의 문언이 기재되어 있는지 및 거래의 관행 등을 종합적으로 고려하여 판단하여야 할 것이다.

## Ⅱ 근무기간약정 위반에 따른 사이닝 보너스 반환의무 인정 여부

만약 해당 사이닝 보너스가 이직에 따른 보상이나 근로계약 등의 체결에 대한 대가로서의 성격에 그칠 뿐이라면 계약당사자 사이에 근로계약 등이 실제로 체결된 이상 근로자 등이 약정근무기간을 준수하지 아니하였더라도 사이닝 보너스가 예정하는 대가적 관계에 있는 반대급부는 이행된 것으로 볼 수 있을 것이다.

## Ⅲ 사안의 적용

상기의 내용 및 사실관계 등을 종합적으로 고려할 때, ① 이 사건 채용합의서에는 7년간의 전속근무를 조건으로 사이닝 보너스를 지급한다거나 피고가 약정근무기간 7년을 채우지 못하였을 경우 이를 반환하여야 한다는 등의 내용은 기재되어 있지 아니한 점, ② 이 사건 채용합의서만으로는 원고와 피고가 약정근무기간과 고용보장기간을 각 7년으로 약정한 특별한 이유나 동기를 찾기 어려운 점, ③ 원고는 신규사업을 추진하는 과정에서 로봇 관련 박사급 엔지니어가 필요하게 되자 삼성에스디아이 주식회사에서 근무하던 피고를 급하게 스카우트한 것으로서, 이 사건 약정 체결 과정에서 피고에게 장기간 근무의 필요성이나 근무기간이 7년이어야 하는 구체적인 이유는 설명하지 아니한 것으로 보이는 점, ④ 원고로서는 신규사업의 원활한 수행을 위하여 피고의 계속적인 근무가 중요하다고 판단하였을 수는 있으나, 그렇다고 하여 이 사건 약정 당시 피고에게 약정근무기간을 채우지 못할 경우 사이닝 보너스를 반환하여야 한다는 사실은 고지하여 주지도 아니하였고, 피고로서도 근무기간 7년이 사이닝 보너스의 반환과 결부된 의무근무기간이라고는 예상하기 힘들었을 것으로 보이는 점 등의 사정이 나타나 있고, 거기에 이 사건 약정의 체결 동기 및 구체적 내용, 약정 임금 액수, 사이닝 보너스의 지급 경위와 지급 방식 및 액수, 피고의 종전 근로조건과 임금 액수 등 여러 사정을 종합하여 보면, 이 사건 사이닝 보너스가 7년간의 전속근무 등을 조건으로 하여 지급되었다거나 7년간의 근무에 대한 임금의 선급 명목으로 지급되었다고 보기는 어렵다고 할 것이다.

## 주요 판례 ⑥

# [위약예정 금지 2] 근로기준법 제20조 위반 여부
### (대판 2022.3.11. 2017다202272)

### 사실관계

가. 원고의 종전 상호는 '△△토탈 주식회사'였으며, △△종합화학 주식회사(이하 '△△종합화학'이라고 함)가 원고 발행 주식의 50%를 보유하고 있었다.

나. △△그룹은 '△△토탈 주식회사' 등 일련의 화학계열사 주식을 한화그룹에 매각하기로 하였고, 2014.11.경 이러한 주식 매각 사실이 언론을 통해 알려지자 소속기업집단의 변경에 대해 반대하는 직원들이 '△△토탈 주식회사 매각대응비상대책위원회'(이하 '비상대책위원회'라고 함)를 결성하여 주식 매각에 반대하고 나섰다.

다. 조속한 거래를 원하는 △△ 측과 달리 한화 측은 주식 인수 전 노조 문제를 먼저 해결하라고 요구하여 수개월간 주식 매매가 이루어지지 않았고, 이에 원고는 비상대책위원회와 협상을 진행한 끝에 2015.4.29. 비상대책위원회 위원장과 ① 원고가 2015.4.30. 직원들(주식 매각이 발표된 2014.11.26. 이전에 입사 시험에 합격하여 2015년도에 입사한 직원을 비롯하여 2014.11.26. 당시의 근무자 중 지급일 현재 한화 측으로 고용이 승계되는 직원들을 의미하고, 임원 및 고문이나 자문, 2015년도 입사자, 정년퇴직 후 계약직 및 2년 이하 단기계약직은 제외하였다)에게 매각위로금으로 '4,000만원 + 상여기초 6개월분(평균 6,000만원)'을 지급하고, ② 매각위로금을 받은 직원이 2015.12.31. 이전에 퇴사할 경우 이미 지급받은 매각위로금을 월할 계산하여 반납한다는 내용의 약정(이하 '이 사건 약정'이라고 함)을 하였다. 그 후 비상대책위원회는 주식 매각을 반대하지 않았다.

라. 원고는 '매각위로금 지급 안내'라는 문서에서 위로금 지급 배경에 관하여 '주주변경에 따라 그간 헌신해 온 임직원들의 노고와 열정에 대해 감사를 표하고, 새로운 출발을 위한 도약의 의지를 다지고 격려코자 함'이라고 안내하였고, 세금에 관하여는 '위로금은 주주가 지급하는 금액으로 세법상 근로소득이 아닌 기타소득으로 분류되어 지급 시 22%의 세금이 공제됨'이라고 안내하였다.

마. 원고는 2015.4.30. 피고에게 위로금 63,700,000원에서 22%의 세금을 원천징수한 나머지 49,686,000원을 지급하였다.

바. 그 무렵 주식 매각에 따른 대주주의 변경으로 원고는 한화그룹에 속하게 되었고, 상호가 '○○토탈 주식회사'로 변경되었다.

사. 피고는 2015.5.12. 일신상의 사정을 이유로 원고에게 퇴직 의사를 밝힌 다음, 2015.6.4. 퇴직하였다.

### 판시사항

사용자가 근로자에게 일정한 금전을 지급하면서 의무근로기간을 설정하고 이를 지키지 못하면 그 전부 또는 일부를 반환받기로 약정한 경우, 근로기준법 제20조에 위반되는지 여부(소극)

Ⅰ **사용자가 근로자에게 일정한 금전을 지급하면서 의무근로기간을 설정하고 이를 지키지 못하면 그 전부 또는 일부를 반환받기로 약정한 경우, 근로기준법 제20조에 위반되는지 여부**

근로기준법 제20조는 "사용자는 근로계약 불이행에 대한 위약금 또는 손해배상액을 예정하는 계약을 체결하지 못한다."라고 규정하고 있다. 근로자가 근로계약을 불이행한 경우 반대급부인 임금을 지급받지 못한 것에서 더 나아가 위약금이나 손해배상금을 지급하여야 한다면 근로자로서는 비록 불리한 근로계약을 체결하였다 하더라도 그 근로계약의 구속에서 쉽사리 벗어날 수 없을 것이므로, 위와 같은 위약금이나 손해배상액 예정의 약정을 금지함으로써 근로자가 퇴직의 자유를 제한받아 부당하게 근로의 계속을 강요당하는 것을 방지하고, 근로자의 직장선택의 자유를 보장하며 불리한 근로계약을 해지할 수 있도록 보호하려는 데에 위 규정의 취지가 있다(대판 2004.4.28. 2001다53875 참조). 사용자가 근로자에게 일정한 금전을 지급하면서 의무근로기간을 설정하고 이를 지키지 못하면 그 전부 또는 일부를 반환받기로 약정한 경우, 의무근로기간의 설정 양상, 반환 대상인 금전의 법적 성격 및 규모·액수, 반환 약정을 체결한 목적이나 경위 등을 종합할 때 그러한 반환 약정이 해당 금전을 지급받은 근로자의 퇴직의 자유를 제한하거나 그 의사에 반하는 근로의 계속을 부당하게 강요하는 것이라고 볼 수 없다면, 이는 근로기준법 제20조가 금지하는 약정이라고 보기 어렵다.

Ⅱ **사안의 적용**

위 내용 및 사실관계 등을 종합적으로 고려할 때, 사안의 적용은 아래와 같다.
1) 이 사건 약정은 원고가 피고 등 근로자들에게 소속 기업집단의 변경에 따른 매각위로금을 지급하되 그 지급일로부터 8개월 안에 퇴사하는 경우 이를 월할 계산하여 반환하기로 하는 내용일 뿐, 근로자들이 근로계약상 정해진 근로기간 약정을 위반할 경우 원고에게 위약금이나 손해배상으로서 일정 금액을 원고에게 지급하기로 하는 내용으로는 보이지 않는다.
2) 원심이 인정한 바에 따르더라도 이 사건 약정에 따라 지급된 매각위로금은 원고의 본래 대주주였던 △△종합화학의 주식매각 필요와 이익 또는 사용자인 원고의 경영상 필요 때문에 △△종합화학의 주식매각대금을 재원으로 하여 지급된 것으로 보이며, 원고는 직원들에게 위 매각위로금이 세법상 근로소득이 아닌 기타소득으로 분류된다고 안내하였다. 이 점에서, 이 사건 약정 중 위로금 반환 부분이 미리 정한 근무기간 이전에 퇴직하였다는 이유로 마땅히 근로자에게 지급하여야 할 임금을 반환하기로 하는 취지의 약정이라고 보기도 어렵다.
3) 원고가 임원 및 고문이나 자문, 2015년도 입사자, 정년퇴직 후 계약직 및 2년 이하 단기계약직 등 주식 매각 사실을 이미 알고 입사한 사람이나 상대적으로 이탈 방지의 필요성이 크지 않은 사람들을 매각위로금의 지급대상에서 제외한 점에 비추어 보면, 원고는 주식 매각에 대한 기존 근로자들의 반대를 무마하고 일정 기간의 계속근로를 유도함으로써 주식 매각 이후에도 사업을 차질 없이 운영하려는 일회적이고 특별한 경영상의 목적에서 이 사건 약정을 하고 근로자들에게 매각위로금을 지급한 것으로 보인다.
4) 위와 같은 사정과 함께 의무근로기간 설정 양상, 반환 대상인 금전의 규모나 액수 등을 종합하면, 피고 등 매각위로금을 지급받은 근로자들이 이 사건 약정으로 퇴직의 자유를 제한받는다거나 그 의사에 반하는 근로의 계속을 부당하게 강요받는다고 볼 수 없으므로, 이 사건 약정 중 위로금 반환 부분이 근로기준법 제20조에 위반된다고 단정하기 어렵다.

## 주요 판례 07

## [시용 1] 시용계약 해지의 정당성
### (대판 2006.2.24. 2002다62432)

**사실관계**  **한국씨티은행 사건**

가. 한국씨티은행은 경기은행을 인수하는 과정에서 경기은행 직원 중 甲 등을 포함한 총 1,017명의 직원을 신규채용하면서, 1998.10.1. 기간을 1개월로 정한 계약직 근로계약을 체결하였다가, 1998.11.2. 이들과 '근로자는 취업에 앞서 6개월의 범위 내에서 사용자가 정하는 시용기간을 거쳐야 하며, 한국씨티은행은 위 기간 중과 종료 시에 근로자를 해고할 수 있다.'는 내용의 근로계약을 체결하였다.

나. 한국씨티은행은 신규채용자들에 대하여 시용기간 중의 근무성적을 평가하면서 각 지점별로 C 또는 D의 평정 등급 해당자 수를 할당하였다. 한국씨티은행은 근무성적 평정표가 작성·제출된 후, 본사에서 할당한 숫자에 미달하는 일부 지점에 대하여 재작성을 요구하였다.

다. 이에 따라 일부 지점장들은 평정자 및 확인자를 달리하도록 정한 한국씨티은행의 근무성적평정요령을 위반하여 확인절차 없이 근무성적평정표를 재작성하였다. 또한 한국씨티은행의 시용기간 중의 근무성적 평정표는 구체적인 평가항목이나 평가기준이 결여된 채 단순히 A, B, C, D 등급으로 구성되었으며, 근무성적평정자 및 확인자들 중 상당수는 평정대상직원들을 당해 지점 또는 부서 내 다른 직원들과 비교하여 평가하였다.

라. 甲 등을 포함한 86명은 C 또는 D의 평정등급을 받아 고용계약 해지 대상자로 선정되었고, 한국씨티은행은 1999.4.30. C등급과 D등급을 받은 甲 등과 근로계약을 해지하였는바, 甲 등은 지방노동위원회에 부당해고 구제신청을 제기하였다.

**판시사항**

[1] 시용기간 중의 근로자를 해고하거나 시용기간 만료 시 본계약의 체결을 거부하기 위한 요건

[2] 사용자인 은행이 시용기간 중의 근로자를 대상으로 실시한 근무성적평정의 방법 등 제반 사정에 비추어 볼 때, 위 은행이 시용근로계약을 해지한 데에 정당한 이유가 있다고 보기 어렵다고 한 사례

[3] 당사자가 서증을 제출하며 그 입증 취지를 진술함으로써 서증에 기재된 사실을 주장하거나 당사자의 변론을 전체적으로 관찰하여 볼 때 주요사실에 관한 간접적 진술이 있는 경우, 주요사실의 주장이 있는 것으로 보아야 하는지 여부(적극)

## Ⅰ 시용기간 중의 근로자를 해고하거나 시용기간 만료 시 본계약의 체결을 거부하기 위한 요건

시용기간 중에 있는 근로자를 해고하거나 시용기간 만료 시 본계약의 체결을 거부하는 것은 사용자에게 유보된 해약권의 행사로서, 당해 근로자의 업무능력, 자질, 인품, 성실성 등 업무적격성을 관찰·판단하려는 시용제도의 취지·목적에 비추어 볼 때 보통의 해고보다는 넓게 인정되나, 이 경우에도 객관적으로 합리적인 이유가 존재하여 사회통념상 상당하다고 인정되어야 할 것이다(대판 2003.7.22. 2003다5955 등 참조).

## Ⅱ 당사자가 서증을 제출하며 그 입증 취지를 진술함으로써 서증에 기재된 사실을 주장하거나 당사자의 변론을 전체적으로 관찰하여 볼 때 주요사실에 관한 간접적 진술이 있는 경우, 주요사실의 주장이 있는 것으로 보아야 하는지 여부

법률상의 요건사실에 해당하는 주요사실에 대하여 당사자가 주장하지도 아니한 사실을 인정하여 판단하는 것은 변론주의에 위배된다고 할 것이나, 당사자의 주요사실에 대한 주장은 직접적으로 명백히 한 경우뿐만 아니라 당사자가 법원에 서증을 제출하며 그 입증 취지를 진술함으로써 서증에 기재된 사실을 주장하거나 당사자의 변론을 전체적으로 관찰하여 간접적으로 주장한 것으로 볼 수 있는 경우에도 주요사실의 주장이 있는 것으로 보아야 한다.

## Ⅲ 사안의 적용

위 내용 및 사실관계 등을 종합적으로 고려할 때, ① 한국씨티은행이 각 지점별로 C 또는 D의 평정등급 해당자 수를 할당한 점, ② 한국씨티은행이 근무성적평정표가 작성·제출된 후 일부 지점장들에게 재작성을 요구하였고, 이에 따라 일부 지점장들이 평정자 및 확인자를 달리하도록 정한 한국씨티은행의 근무성적평정요령에 어긋나게 혼자서 근무성적평정표를 재작성하기도 한 점, ③ 평정대상자마다 평정자가 상이한 점, ④ 시용조건부 근로계약 해지의 성격상 당해 근로자의 업무적격성 등을 절대적으로 평가하여야 함에도 상당수의 평정자가 다른 직원들과의 비교를 통하여 상대적으로 평가한 점, ⑤ 甲 등에 대한 근무성적평정표 및 평정의견서만으로 원고들의 업무수행능력이 어느 정도, 어떻게 부족하였는지 또 그로 인하여 업무수행에 어떠한 차질이 있었는지를 알 수 없는 점 등에 비추어 보면, 한국씨티은행이 甲 등과의 이 사건 근로계약을 해지한 데에는 정당한 이유가 있다고 보기 어렵고 달리 이를 인정할 증거가 없으므로, 결국 한국씨티은행이 이 사건 근로계약에서 유보된 해지권을 행사하여 甲 등을 해고한 것은 무효라고 할 것이다.

## 주요 판례 ⑧

# [시용 2] 본채용 거부 통지방법
## (대판 2015.11.27. 2015두48136)

**사실관계** **(주)우림맨테크 사건**

가. (주)우림맨테크는 2013.12.30. 근로자 甲과 근로계약을 체결하면서 근로계약기간을 2013.12.30.부터 2014.1.29.까지로 하고, "1개월의 시용기간 동안 근무평정 후 큰 하자가 없을 때에는 정규직 근로계약을 체결한다."라는 내용을 작성하였다. 그러나 (주)우림맨테크는 2014.1.28. 근로자 甲에게 구두로 '시용기간의 만료로 2014.1.29.자로 근로자 甲을 해고한다.'는 취지로 통보받고, 그 날로 근로계약을 종료하였다.

나. 이에 근로자 甲은 (주)우림맨테크를 상대로 서울지방노동위원회에 부당해고 구제신청을 제기하였다.

**판시사항**

근로기준법 제27조에서 사용자가 근로자를 해고하려면 해고사유와 해고시기를 서면으로 통지하여야 효력이 있다고 규정한 취지 및 서면에 해고사유를 기재하는 방법 / 사용자가 시용기간 만료 시 본 근로계약 체결을 거부하기 위한 요건 및 이때 구체적·실질적인 거부사유를 서면으로 통지하여야 하는지 여부(적극)

---

## I 해고의 서면통지

### 1. 의의

근로기준법 제27조에서는 사용자가 근로자를 해고하려면 해고사유와 해고시기를 서면으로 통지하여야 그 효력이 있다고 규정하고 있다.

### 2. 취지

이는 해고사유 등의 서면통지를 통하여 사용자로 하여금 근로자를 해고하는데 신중을 기하게 함과 아울러, 해고의 존부 및 시기와 그 사유를 명확하게 하여 사후에 이를 둘러싼 분쟁이 적정하고 용이하게 해결될 수 있도록 하고, 근로자에게도 해고에 적절히 대응할 수 있게 하기 위한 것이다.

### 3. 서면통지의 내용

사용자가 해고사유 등을 서면으로 통지할 때에는 근로자의 처지에서 그 해고사유가 무엇인지를 구체적으로 알 수 있어야 한다.

## Ⅱ 시용기간 만료 시 근로계약 체결 거부

### 1. 시용기간 만료 시 근로계약 체결 거부의 정당성

해당 근로자의 직업적 능력, 자질, 인품, 성실성 등 업무적격성을 관찰·판단하고 평가하려는 시용제도의 취지·목적에 비추어 볼 때, 사용자가 시용기간 만료 시 본 근로계약 체결을 거부하는 것은 일반적인 해고보다 넓게 인정될 수 있으나, 그 경우에도 객관적으로 합리적인 이유가 존재하여 사회통념상 상당성이 있어야 할 것이다(대판 2006.2.24. 2002다62432 등 참조).

### 2. 시용기간 만료 시 근로계약 체결 거부의 절차적 정당성

근로기준법 규정의 내용과 취지, 시용기간 만료 시 본 근로계약 체결 거부의 정당성 요건 등을 종합해보면, 시용근로관계에서 사용자가 본 근로계약 체결을 거부하는 경우에는 해당 근로자로 하여금 그 거부사유를 파악하여 대처할 수 있도록 구체적·실질적인 거부사유를 서면으로 통지하여야 한다고 봄이 타당하다.

## Ⅲ 사안의 적용

위 내용 및 사실관계 등을 종합적으로 고려할 때, (주)우림맨테크가 2013.12.30. 근로자 甲과 사이에 계약기간을 2013.12.30.부터 2014.1.29.까지로 하여 근로계약을 체결하면서 "1개월의 시용기간 동안 근무평정 후 큰 하자가 없을 때에는 정규근로계약을 체결한다."고 약정한 사실은 앞서 인정한 바와 같으므로, (주)우림맨테크가 근로자 甲에 대한 본계약 체결을 거부함에 있어서는 근로기준법 제27조, 취업규칙 제17조 제4항, 단체협약 제23조 제3항에 따라 근로자 甲에게 실질적인 본계약 체결 거부사유를 서면으로 통지하여야 한다고 할 것이다. 따라서 이와 다른 전제에서 하는 (주)우림맨테크의 위 주장은 이유 없다고 할 것이다((주)우림맨테크는 당심 변론종결일 이후에 제출한 2015.6.9.자 참고서면에서, 시용계약의 특성상 시용근로자를 해고하는 경우에는 해고사유를 구체적으로 기재할 필요가 없고, (주)우림맨테크가 근로자 甲에게 구두로 해고사유를 통지하고, 해고예고통지서에 "1개월의 시용기간이 만료됨에 따라 2014.1.29.자로 원고를 해고한다."라고 기재함으로써 근로기준법 제27조에서 정한 서면통지 의무를 준수하였다는 취지로 주장하나, 시용기간 중인 근로자에 대해 본계약 체결을 거부하는 경우에도 근로기준법 제27조에 따라 거부사유의 서면통지에 관한 절차를 갖추어 실질적인 거부사유를 서면으로 통지하여야 함은 앞서 본 바와 같고, 이러한 근로기준법의 규정에 반하여 본계약 체결 거부사유의 서면통지를 구두 통지로 갈음할 수는 없는 것이므로 (주)우림맨테크의 이 부분 주장은 받아들일 수 없다).

## Ⅳ 결론

시용기간 중인 근로자에 대하여 본 근로계약 체결을 거부하는 경우 근로기준법 제27조 규정이 정한 바에 따라 실질적인 거부사유를 서면으로 통지하여야 함에도, (주)우림맨테크가 근로자 甲에게 단순히 '시용기간의 만료로 해고한다.'는 취지로만 통지한 것은 근로기준법 제27조 규정을 위반한 절차상 하자가 있어 효력이 없다고 할 것인바, 따라서 부당해고라고 할 것이다.

# 제3장 취업규칙

주요 판례 01

## [취업규칙 1] 불이익 변경 해당 여부
### (대판 1993.5.14. 93다1893)

### 사실관계  대한지적공사 사건

가. 대한지적공사는 급여규정의 퇴직금 조항에 따라 퇴직 당시의 월봉급에 지급률을 곱하는 방식으로 산출된 금원을 퇴직금으로 지급하여 왔다. 대한지적공사는 1981.4.1. 퇴직금 지급률을 하향조정하고 퇴직금 산정의 기초가 되는 월봉금액을 증액하는 방식으로 급여규정을 개정하였다. 퇴직금 지급률이 하향조정됨에 따라 장기근속을 희망하는 사람에게는 불리하게 되었으나, 퇴직금 산정의 다른 기초가 되는 월봉금액이 증액되고 1967.7.1.부터 1968.12.31.까지의 재직기간에 대한 퇴직금 산정방식이 개선되어 결과적으로 장기근속을 희망하지 아니하는 사람에게는 오히려 유리하게 되었다.

나. 대한지적공사는 위 급여규정의 개정 시 근로자집단의 동의를 받은 바 없다. 그러나 위 급여규정의 개정은 이미 재직한 기간에 대하여는 개정 전 규정을 적용하도록 함으로써 기득권을 보호하고 있고, 개정의 동기가 정부투자기관의 경영합리화를 이루려는 정부의 방침에 따른 것으로 공익을 위한 것이며, 개정 후에도 일반공무원보다 훨씬 높은 수준의 퇴직금이 유지되고 있고, 소속직원이나 노동조합으로부터 약 10년간 별다른 이의가 없다.

다. 대한지적공사는 퇴직근로자인 甲에 대해 개정된 급여규정에 따라 퇴직금을 계산하여 지급하였으나, 甲은 1981.4.1. 개정 이전의 급여규정에 따라 퇴직금을 계산해 퇴직금 차액을 청구하는 소를 제기하였다.

### 판시사항

취업규칙의 일부를 이루는 급여규정의 변경이 일부의 근로자에게는 유리하고 일부의 근로자에게는 불리한 경우 근로자집단의 동의를 요하는지 여부(적극)

## Ⅰ 불이익 변경 해당 여부

### 1. 일부 근로자에게 유리하고 일부근로자에게 불리하게 변경된 경우

취업규칙의 일부를 이루는 급여규정의 변경이 일부의 근로자에게는 유리하고 일부의 근로자에게는 불리한 경우 그러한 변경에 근로자집단의 동의를 요하는지를 판단하는 것은 근로자 전체에 대하여 획일적으로 결정되어야 할 것이고, 또 이러한 경우 취업규칙의 변경이 근로자에게 전체적으로 유리한지 불리한지를 객관적으로 평가하기가 어려우며, 같은 개정에 의하여 근로자 상호간의 유·불리에 따른 이익이 충돌되는 경우에는 그러한 개정은 근로자에게 불이익한 것으로 취급하여 근로자들 전체의 의사에 따라 결정하게 하는 것이 타당하다.

### 2. 사안의 적용

따라서 위 제반사정 등을 종합적으로 고려할 때, 본 사안에서 퇴직금 규정의 변경은 근속기간에 따라 유·불리를 달리하게 된 근로자집단의 규모를 비교할 것 없이 불이익한 변경으로서 근로자집단의 동의를 요한다고 할 것이고, 그러한 절차를 밟지 않고 이루어진 이 사건 급여규정의 개정은 무효라 할 것이다.

## Ⅱ 사회통념상 합리성이 있는지 여부

보수규정의 개정이 당시 정부 산하의 투자기관 소속 임직원들의 급여 수준이 너무 높은 탓으로 인한 정부투자기관의 경영과 수익활동에 대한 재정압박과 일반공무원과의 형평 등을 이유로 정부의 조정방침에 따라 이루어졌다 하더라도 그것만으로는 근로자집단의 동의를 받지 않아도 될 만한 사회통념상의 합리성이 있다고 볼 수 없다.

memo

**주요 판례 02**

## [취업규칙 2] 호봉제에서 연봉제로의 변경
### (대판 2012.6.28. 2010다17468)

---

**사실관계** | **학교법인 영신학원 사건**

가. 甲법인이 보수체계를 호봉제에서 연봉제로 변경함에 따라 일부 근로자들의 경우 근로조건이 유리하지만, 일부 근로자들의 경우에는 업적평가에 의해 보수가 삭감될 가능성이 생겼고, 실제로 근로자 乙들은 보수가 삭감되었다.

나. 甲법인에는 소속 근로자 과반수로 구성된 노동조합이 없었으며, 甲법인은 보수체계를 변경함에 있어 1999.2.25. 연수회를 개최하여 연봉제 시행에 대해 설명하고, 1999.3.경 근로자들로부터 개별적으로 연봉제 적용 동의서를 제출받았다.

다. 한편, 근로자 乙들은 보수에 관한 규정이 성과급 연봉제로 변경된 후에 신규 임용되면서 위 연봉제 급여 지급규정에 동의하고 甲법인과 연봉계약을 체결하였다.

---

**판시사항**

[1] 취업규칙에서 정한 근로조건을 일부 근로자에게는 유리하지만 다른 일부 근로자들에게는 불리하게 변경하는 경우, 근로자 전체의 집단적 의사결정 방법에 의한 동의를 받아야 하는지 여부(적극)

[2] 취업규칙 변경에 근로자의 동의가 필요한데 노동조합이 없는 경우, 근로자의 동의를 받는 방법

[3] 취업규칙 변경이 근로자의 동의를 얻지 못하여 기존 근로자에 대한 관계에서 효력이 없더라도, 그 후 변경된 취업규칙에 따른 근로조건을 수용하고 근로관계를 갖게 된 근로자에 대한 관계에서는 변경된 취업규칙이 적용되는지 여부(적극)

---

## I  취업규칙 불이익 변경 해당 여부

### 1. 일부근로자에게 유리하고 일부근로자에게 불리하게 변경된 경우

사용자가 취업규칙의 변경에 의하여 기존의 근로조건을 근로자에게 불리하게 변경하려면 종전 근로조건 또는 취업규칙의 적용을 받고 있던 근로자의 집단적 의사결정방법에 의한 동의를 받아야 한다(근로기준법 제94조 제1항 단서). 여기서 근로자에게 불리한 변경에 해당하는지 여부는 근로자 전체에 대하여 획일적으로 결정되어야 할 것이고, 그 변경이 일부 근로자에게는 유리하지만 다른 일부 근로자에게는 불리할 수 있어서 근로자에게 전체적으로 유리한지 불리한지를 단정적으로 평가하기가 어려운 경우에는 근로자에게 불이익한 것으로 취급하여 근로자들 전체의 의사에 따라 결정하게 하는 것이 타당하다.

## 2. 사안의 적용

위 내용 및 사실관계 등에 비추어볼 때, 호봉제에서 연봉제로 보수체계가 변경되면서 일부 교원들의 경우에는 업적 평가에 의해 보수가 삭감될 가능성이 생겼고, 실제로 원고 및 선정자들의 보수가 삭감되는 상황이 발생한 이상, 급여규정이 연봉제로 변경된 것은 근로자에게 불리한 취업규칙 변경이라고 할 것이다.

## Ⅱ 근로자 과반수로 조직된 노동조합이 없는 경우 동의 방법

### 1. 회의방식에 의한 과반수 동의

취업규칙의 변경에 근로자의 동의가 필요한 경우에 노동조합이 없으면, 사용자 측의 개입이나 간섭이 배제된 상태에서 사업장 전체 또는 기구별·단위 부서별로 근로자 간에 의견을 교환하여 찬반의 의사를 모으는 회의방식 기타 집단적 의사결정 방식에 의하여 근로자 과반수의 동의를 받아야 한다.

### 2. 사안의 적용

위 내용 및 사실관계 등에 비추어볼 때, 甲법인이 1999.2.25. 개최된 교원연수회에서 연봉제 시행에 대한 설명을 한 다음 1999.3.경 교원들로부터 개별적으로 연봉제 적용 동의서를 제출받은 것은 교원들이 집단적인 의사결정을 거쳐 동의한 것이라고 볼 수 없다고 할 것이다.

## Ⅲ 변경된 취업규칙에 따른 근로조건을 수용하고 근로관계를 갖게 된 근로자에 대한 관계에서는 변경된 취업규칙이 적용되는지 여부

### 1. 취업규칙 불이익 변경 후 입사한 근로자에 대한 효력

사용자가 취업규칙에서 정한 근로조건을 근로자에게 불리하게 변경하면서 근로자의 동의를 얻지 않은 경우에 그 변경으로 이익이 침해되는 기존의 근로자에 대한 관계에서는 변경의 효력이 미치지 않아 종전 취업규칙의 효력이 그대로 유지되지만, 변경 후에 변경된 취업규칙에 따른 근로조건을 수용하고 근로관계를 갖게 된 근로자에 대한 관계에서는 당연히 변경된 취업규칙이 적용된다(대판 2011.6.24. 2009다58364 등 참조).

### 2. 사안의 적용

위 내용 및 사실관계 등에 비추어볼 때, 근로자 乙들은 보수에 관한 규정이 성과급 연봉제로 변경된 뒤에 신규 임용되면서 위 연봉제 급여 지급 규정에 동의하고 피고와 연봉계약을 체결한 이상, 위 선정자들에게는 변경된 취업규칙에 따라 성과급 연봉제가 적용되어야 한다고 할 것이다.

## 주요 판례 03

### [취업규칙 3] 변경된 취업규칙상 소정근로시간 단축 조항이 탈법행위로 무효인지 여부[15] (대판 2019.4.18. 2016다2451 [전합])

**사실관계**  **거성운수 사건**

가. 거성운수는 일반택시운송사업을 영위하는 합자회사이고, 근로자 甲 등은 거성운수에 고용되어 격일제로 근무하는 택시운전근로자들이다.

나. 근로자 甲 등은 '정액사납금제 형태의 임금'을 지급받고 있었다. 이는 운송수입금 중 일정액만 사납금으로 거성운수에게 납부하고, 이를 제외한 나머지 운송수입금을 자신이 차지하며, 거성운수로부터 일정한 고정급을 지급받는 방식의 임금형태이다.

다. 거성운수는 2010.7.1.부터 '최저임금에 산입되는 임금'의 범위에서 '생산고에 따른 임금'을 제외하는 내용의 최저임금법 제6조 제5항(이하 '특례조항'이라 함)이 거성운수가 소재한 경기도 파주지역에 시행되자 실제 근무형태나 운행시간의 변경이 없음에도 소정근로시간만을 단축하는 내용으로 취업규칙 조항을 변경하였다. 그 결과 소정근로시간은 월 209시간에서 격일제의 경우 월 115시간으로 단축되었다.

라. 근로자 甲 등은 이와 같이 실근로시간의 변경 없이 소정근로시간만을 줄이는 내용으로 변경된 취업규칙 조항이 특례조항 등 최저임금법을 잠탈하기 위한 탈법행위에 해당하여 무효라고 주장하며, 관할 법원에 종전 취업규칙상 소정근로시간을 기준으로 산정한 최저임금액에 미달한 임금의 지급을 구하는 소를 제기하였다.

**판시사항**

2008.3.21. 법률 제8964호로 개정된 최저임금법 제6조 제5항의 시행에 따라 정액사납금제하에서 생산고에 따른 임금을 제외한 고정급이 최저임금에 미달하는 것을 회피할 의도로 사용자가 소정근로시간을 기준으로 산정되는 시간당 고정급의 외형상 액수를 증가시키기 위해 택시운전근로자 노동조합과 사이에 실제 근무형태나 운행시간의 변경 없이 소정근로시간만을 단축하기로 한 합의의 효력(**무효**) 및 이러한 법리는 사용자가 택시운전근로자의 과반수로 조직된 노동조합 또는 근로자 과반수의 동의를 얻어 소정근로시간을 단축하는 내용으로 취업규칙을 변경하는 경우에도 마찬가지로 적용되는지 여부(**적극**)

---

15) 편저자 주 : 실제 근무형태나 실근로시간의 변경 없이 소정근로시간만을 단축하기로 합의한 경우, 이러한 합의는 강행법규인 최저임금법을 회피하기 위한 탈법행위라고 보아 근로자 과반수의 동의를 얻었다 할지라도 무효로 본 판결이다.

Ⅰ 생산고에 따른 임금을 제외한 고정급이 최저임금에 미달하는 것을 회피할 의도로 사용자가 소정근로시간을 기준으로 산정되는 시간당 고정급의 외형상 액수를 증가시키기 위해 택시운전근로자 노동조합과 사이에 실제 근무형태나 운행시간의 변경 없이 소정근로시간만을 단축하기로 한 합의의 효력

근로자는 합의한 소정근로시간 동안 근로의무를 부담하고, 사용자는 근로의무이행에 대하여 임금을 지급하게 되는데, 사용자와 근로자는 기준근로시간을 초과하지 않는 한 원칙적으로 자유로운 의사에 따라 소정근로시간에 관하여 합의할 수 있다. 다만 소정근로시간의 정함이 단지 형식에 불과하다고 평가할 수 있는 정도에 이르거나, 노동관계법령 등 강행법규를 잠탈할 의도로 소정근로시간을 정하였다는 등의 특별한 사정이 있는 경우에는 소정근로시간에 관한 합의로서의 효력을 부정하여야 한다.

Ⅱ 이러한 법리는 사용자가 택시운전근로자의 과반수로 조직된 노동조합 또는 근로자 과반수의 동의를 얻어 소정근로시간을 단축하는 내용으로 취업규칙을 변경하는 경우에도 마찬가지로 적용되는지 여부

최저임금법 관련 규정 내용과 체계, 2008.3.21. 법률 제8964호로 개정된 최저임금법 제6조 제5항(이하 '특례조항'이라 함)의 입법 취지와 입법 경과, 여객자동차 운수사업법의 규정 취지 및 일반택시운송사업의 공공성, 소정근로시간을 단축하는 합의 관련 전후 사정 등을 종합적으로 고려하면, 정액사납금제하에서 생산고에 따른 임금을 제외한 고정급이 최저임금에 미달하는 것을 회피할 의도로 사용자가 소정근로시간을 기준으로 산정되는 시간당 고정급의 외형상 액수를 증가시키기 위해 택시운전근로자 노동조합과 사이에 실제 근무형태나 운행시간의 변경 없이 소정근로시간만을 단축하기로 합의한 경우, 이러한 합의는 강행법규인 최저임금법상 특례조항 등의 적용을 잠탈하기 위한 탈법행위로서 무효라고 보아야 한다. 이러한 법리는 사용자가 택시운전근로자의 과반수로 조직된 노동조합 또는 근로자 과반수의 동의를 얻어 소정근로시간을 단축하는 내용으로 취업규칙을 변경하는 경우에도 마찬가지로 적용된다.

Ⅲ 이 사건의 주요쟁점 및 대상판결의 의의[16]

이 사건의 쟁점은 택시운전근로자와 관련해 이 사건 특례조항이 시행되면서 사용자가 정액사납금제에서 생산고에 따른 임금이 아닌 고정급이 최저임금에 미달하는 것을 회피할 의도로 소정근로시간을 기준으로 산정되는 시간당 고정급을 외형상 증액시키기 위해 변경한 것으로 택시운전근로자 측의 동의를 얻어 실제 근무형태나 운행시간의 변경이 없음에도 소정근로시간만 단축하는 내용으로 변경한 취업규칙 조항이 유효한지 여부가 문제된다.

위와 같은 쟁점의 경우 현행 헌법 및 최저임금법 관련 규정 내용과 체계, 2008.3.21. 법률 제

---

16) 이승길 아주대학교 법학전문대학원 교수, 포커스

8964호로 개정된 최저임금법 제6조 제5항(이하 '특례조항'이라 함)의 입법 취지와 입법 경과, 여객자동차 운수사업법의 규정 취지 및 일반택시운송사업의 공공성, 소정근로시간을 단축하는 합의 관련 전후 사정 등을 종합적으로 고려하면, 정액사납금제하에서 생산고에 따른 임금을 제외한 고정급이 최저임금에 미달하는 것을 회피할 의도로 사용자가 소정근로시간을 기준으로 산정되는 시간당 고정급의 외형상 액수를 증가시키기 위해 택시운전근로자 노동조합과 사이에 실제 근무형태나 운행시간의 변경 없이 소정근로시간만을 단축하기로 합의한 경우, 이러한 합의는 강행법규인 최저임금법상 특례조항 등의 적용을 잠탈하기 위한 탈법행위로서 무효라고 보아야 할 것이다.

왜냐하면 최저임금법 규정의 입법취지는 헌법상 국가의 의무로 규정된 최저임금제를 구체화하여 택시운전사의 안정된 생활을 적극적으로 보장하기 위해 마련된 '강행규정'이기 때문이다. 이러한 법리는 사용자가 택시운전근로자의 과반수로 조직된 노동조합 또는 근로자 과반수의 동의를 얻어 소정근로시간을 단축하는 내용으로 취업규칙을 변경하는 경우에도 마찬가지로 적용된다. 강행법규가 보호하는 이익을 보호의 대상자가 스스로 포기하기로 하였다고 하여 강행법규의 취지와 규범으로서의 효력이 부정될 수는 없기 때문이다.

memo

주요 판례 04

## [취업규칙 4] 취업규칙의 불이익 변경과 동의권 남용 여부
### (대판 2023.5.11. 2017다35588·35595 [전합])

---

**사실관계** 현대자동차 주식회사 사건

가. 피고는 자동차를 제조·판매하는 회사로서 전체 직원에게 적용되는 취업규칙이 있었으나, 2003.9.15. 근로기준법의 개정으로 법정근로시간이 주 44시간에서 주 40시간으로 단축됨에 따라 주 5일 근무제를 도입하면서 과장급 이상의 간부사원에게만 취업규칙을 별도로 제정하였다.

나. 피고는 간부사원 취업규칙을 제정하면서 전체 근로자 과반수가 가입한 노동조합의 동의를 받지 않았으나, 그 대신 지역본부별 및 부서별로 간부사원들을 모아 전체 간부사원 6,683명 중 약 89%에 해당하는 5,958명으로부터 동의서를 받았다. 참고로, 간부사원 취업규칙은 종전의 취업규칙과 달리 월 개근자에게 1일씩 부여하던 월차휴가제도를 폐지하고, 총 인정일수에 상한이 없던 연차휴가에 25일의 상한을 신설하는 내용이 포함되어 있었다.

다. 원고는 피고회사에 입사하여 과장급 이상의 직위에 근무하던 근로자들로써 제1심에서 간부사원 취업규칙 중 월차휴가와 관련된 부분은 무효라고 주장하며, 2004년부터 지급받지 못한 연·월차휴가수당 상당액에 대해 부당이득 반환 청구를 하였다. 이에 본 사건 1심은 청구원인 주장 자체에 의하더라도 원고 등이 피고를 상대로 미지급 연·월차휴가수당을 직접 청구할 수 있으므로 부당이득이 성립하지 않는다는 취지로 원고 등의 청구를 기각하는 판결을 선고하였다.

라. 이에 원고들은 항소하였는데, 원심은 간부사원 취업규칙 중 연·월차휴가 관련 부분은 취업규칙의 불이익 변경에 해당하며, 근로자의 집단적 동의를 받지 않았고 사회통념상 합리성도 인정되지 않으므로 무효라고 판단하는 한편, 원고들의 미지급 연·월차휴가수당의 지급청구를 일부 인용하였다.

---

**판시사항**

사용자가 취업규칙을 근로자에게 불리하게 변경하면서 근로자의 집단적 의사결정방법에 따른 동의를 받지 못한 경우, 해당 취업규칙의 작성 또는 변경에 사회통념상 합리성이 있다는 이유만으로 유효성을 인정할 수 있는지 여부(원칙적 소극) / 노동조합이나 근로자들이 집단적 동의권을 남용하였다고 볼 만한 특별한 사정이 있는 경우에는 그 동의가 없더라도 취업규칙의 불이익변경을 유효하다고 볼 수 있는지 여부(적극) 및 '노동조합이나 근로자들이 집단적 동의권을 남용한 경우'의 의미 / 집단적 동의권 남용에 해당하는지에 대하여 법원이 직권으로 판단할 수 있는지 여부(적극)

**I** 사용자가 취업규칙을 근로자에게 불리하게 변경하면서 근로자의 집단적 의사결정방법에 따른 동의를 받지 못한 경우, 해당 취업규칙의 작성 또는 변경에 사회통념상 합리성이 있다는 이유만으로 유효성을 인정할 수 있는지 여부

사용자가 취업규칙을 근로자에게 불리하게 변경하면서 근로자의 집단적 의사결정방법에 따른 동의를 받지 못한 경우, 노동조합이나 근로자들이 집단적 동의권을 남용하였다고 볼 만한 특별한 사정이 없는 한 해당 취업규칙의 작성 또는 변경에 사회통념상 합리성이 있다는 이유만으로 그 유효성을 인정할 수는 없다. 그 이유는 다음과 같다.

① 헌법 제32조 제3항, 근로기준법 제4조, 제94조 제1항의 취지와 관계에 비추어 보면, 취업규칙의 불리한 변경에 대하여 근로자가 가지는 집단적 동의권은 사용자의 일방적 취업규칙의 변경 권한에 한계를 설정하고 헌법 제32조 제3항의 취지와 근로기준법 제4조에서 정한 근로조건의 노사대등결정 원칙을 실현하는 데에 중요한 의미를 갖는 절차적 권리로서, 변경되는 취업규칙의 내용이 갖는 타당성이나 합리성으로 대체될 수 있는 것이라고 볼 수 없다.

② 대법원은 1989.3.29. 법률 제4099호로 개정된 근로기준법(이하 '1989년 근로기준법'이라 한다)이 집단적 동의 요건을 명문화하기 전부터 이미 취업규칙의 불리한 변경에 대하여 근로자의 집단적 동의를 요한다는 법리를 확립하였다. 근로자의 집단적 동의권은 명문의 규정이 없더라도 근로조건의 노사대등결정 원칙과 근로자의 권익 보장에 관한 근로기준법의 근본정신, 기득권 보호의 원칙으로부터 도출된다. 이러한 집단적 동의는 단순히 요식적으로 거쳐야 하는 절차 이상의 중요성을 갖는 유효요건이다. 나아가 현재와 같이 근로기준법이 명문으로 집단적 동의절차를 규정하고 있음에도 취업규칙의 내용에 사회통념상 합리성이 있다는 이유만으로 근로자의 집단적 동의를 받지 않아도 된다고 보는 것은 취업규칙의 본질적 기능과 불이익변경 과정에서 필수적으로 확보되어야 하는 절차적 정당성의 요청을 도외시하는 것이다.

③ 근로조건의 유연한 조정은 사용자에 의한 일방적 취업규칙 변경을 승인함으로써가 아니라, 단체교섭이나 근로자의 이해를 구하는 사용자의 설득과 노력을 통하여 이루어져야 한다. 또한 노동조합이나 근로자들이 집단적 동의권을 남용하였다고 볼 만한 특별한 사정이 있는 경우에는 취업규칙의 불이익변경의 유효성을 인정할 여지가 있으므로, 근로자의 집단적 동의가 없다고 하여 취업규칙의 불리한 변경이 항상 불가능한 것도 아니다.

④ 단체협약은 법률보다 하위의 규범임에도 대법원은 단체협약에 의하여 발생한 노동조합의 동의권을 침해하여 행해진 인사처분을 무효라고 보았고, 다만 지나치게 경직되게 해석할 경우 발생할 문제점을 유연하게 해결하기 위하여 동의권 남용 법리를 통해 구체적 타당성을 확보하였다. 취업규칙의 불이익변경에 대하여는 단체협약보다 상위 규범인 법률에서 근로자의 집단적 동의권을 부여하고 있으므로, 취업규칙을 근로자에게 불리하게 변경하면서 근로자의 집단적 동의를 받지 않았다면 이를 원칙적으로 무효로 보되, 다만 노동조합이나 근로자들이 집단적 동의권을 남용한 경우에 한하여 유효성을 인정하는 것이 단체협약에 의한 노동조합의 동의권에 관한 대법원 판례의 태도와 일관되고 법규범 체계에 부합하는 해석이다.

⑤ 사회통념상 합리성이라는 개념 자체가 매우 불확정적이어서 어느 정도에 이르러야 법적 규범성을 시인할 수 있는지 노동관계 당사자가 쉽게 알기 어려울 뿐만 아니라, 개별 사건에서 다툼의 대상이 되었을 때 그 인정 여부의 기준으로 대법원이 제시한 요소들을 종합적으로 고려한 법원의 판단 역시 사후적 평가일 수밖에 없는 한계가 있다. 이에 취업규칙 변경의 효력을 둘러싼 분쟁이 끊이지 않고 있고, 유효성이 확정되지 않은 취업규칙의 적용에 따른 법적 불안정성이 사용자나 근로자에게 끼치는 폐해 역시 적지 않았다.

⑥ 종전 판례의 해석은 근로자의 집단적 동의가 없더라도 일정한 경우 사용자에 의한 일방적인 취업규칙의 작성 또는 변경으로 기존 근로조건을 낮추는 것을 인정하는 것이어서 강행규정인 근로기준법 제94조 제1항 단서의 명문 규정에 반하는 해석일 뿐만 아니라, 근로기준법이 예정한 범위를 넘어 사용자에게 근로조건의 일방적인 변경 권한을 부여하는 것이나 마찬가지여서 헌법 정신과 근로자의 권익 보장에 관한 근로기준법의 근본 취지, 근로조건의 노사대등결정 원칙에 위배된다.

Ⅱ **노동조합이나 근로자들이 집단적 동의권을 남용하였다고 볼 만한 특별한 사정이 있는 경우에는 그 동의가 없더라도 취업규칙의 불이익변경을 유효하다고 볼 수 있는지 여부 및 '노동조합이나 근로자들이 집단적 동의권을 남용한 경우'의 의미와 집단적 동의권 남용에 해당하는지에 대하여 법원이 직권으로 판단할 수 있는지 여부**

근로기준법상 취업규칙의 불이익변경 과정에서 노동조합이나 근로자들이 집단적 동의권을 행사할 때도 신의성실의 원칙과 권리남용금지 원칙이 적용되어야 한다. 따라서 노동조합이나 근로자들이 집단적 동의권을 남용하였다고 볼 만한 특별한 사정이 있는 경우에는 그 동의가 없더라도 취업규칙의 불이익변경을 유효하다고 볼 수 있다. 여기에서 '노동조합이나 근로자들이 집단적 동의권을 남용한 경우'란 관계 법령이나 근로관계를 둘러싼 사회 환경의 변화로 취업규칙을 변경할 필요성이 객관적으로 명백히 인정되고, 나아가 근로자의 집단적 동의를 구하고자 하는 사용자의 진지한 설득과 노력이 있었음에도 불구하고 노동조합이나 근로자들이 합리적 근거나 이유 제시 없이 취업규칙의 변경에 반대하였다는 등의 사정이 있는 경우를 말한다. 다만 취업규칙을 근로자에게 불리하게 변경하는 경우에 근로자의 집단적 동의를 받도록 한 근로기준법 제94조 제1항 단서의 입법 취지와 절차적 권리로서 동의권이 갖는 중요성을 고려할 때, 노동조합이나 근로자들이 집단적 동의권을 남용하였는지는 엄격하게 판단할 필요가 있다.

한편 신의성실 또는 권리남용금지 원칙의 적용은 강행규정에 관한 것으로서 당사자의 주장이 없더라도 법원이 그 위반 여부를 직권으로 판단할 수 있으므로, 집단적 동의권의 남용에 해당하는지에 대하여도 법원은 직권으로 판단할 수 있다.

## Ⅲ 이 사건의 주요쟁점 및 대상판결의 의의[17]

본 사건에서는 취업규칙 불이익 변경과 관련하여 사회통념상 합리성 판단 부분에 대한 종전의 판례를 그대로 유지할 것인지, 아니면 판례를 변경하여 사회통념상 합리성 유무와 관계없이 근로자의 집단적 동의를 받지 않은 취업규칙의 불이익 변경을 무효로 볼 것인지 여부가 쟁점이 되었는데, 대법원 전원합의체는 취업규칙 불이익 변경에 근로자들의 집단적 동의가 결여된 경우에는 근로기준법 제94조 제1항 단서에 위반되며, 근로자 측이 집단적 동의권을 남용하였다고 볼 만한 특별한 사정이 없는 한 효력이 없다고 한 다음, 취업규칙의 변경에 사회통념상 합리성이 있다는 이유만으로 유효하다고 볼 수 없다고 하여 종전 대법원의 판단 법리를 모두 변경하였다. 참고로, 종전의 대법원은 사용자가 취업규칙을 근로자에게 불리하게 변경하면서 근로자의 집단적 동의를 받지 못한 경우에도 그 변경에 사회통념상 합리성이 있다고 인정되는 경우에는 유효하다고 판단해 왔다. 다만, 1989년 근로기준법 제94조 제1항의 강행규정이 도입된 이후에는 사회통념상 합리성 법리를 매우 엄격하게 적용해야 한다는 원칙 아래 극히 예외적으로 인정해 왔는데, 이번 판결에서는 강행규정으로 된 집단적 동의를 사회통념상 합리성으로 대체할 수 없음을 명확하게 제시했다는 점에 주목할 필요가 있다.

memo

---

17) 이정 한국외국어대학교 법학전문대학원 교수, 포커스

**제4장** **임금**

## [통상임금 1] 정기상여금의 통상임금 여부
### (대판 2013.12.18. 2012다89399 [전합])

**사실관계** **갑을오토텍(주) 사건**

가. 갑을오토텍(주)은 상여금 지급규칙에 따라 짝수 달에 상여금을 지급하되 지급 월의 전월과 당월을 대상기간으로 하면서, 근속기간이 2개월을 초과한 근로자에게는 전액을, 2개월을 초과하지 않는 신규입사자나 2개월 이상 장기휴직 후 복직한 자의 경우 대상기간 동안의 근무일에 따라 각 100%에서 30%까지의 상여적용률을 설정하였고, 휴직자 역시 대상기간 중 휴직기간에 따라 100%에서 50%까지의 지급기준을 두었다. 다만, 대상기간 2개월을 휴직하면 상여금을 지급하지 않고, 상여금 지급 대상기간 중에 퇴직한 근로자에 대해서는 근무일수에 따라 일할계산하여 지급하였다.

나. 한편, 갑을오토텍(주)과 甲노동조합은 2008.10.8. 체결한 단체협약을 통해 위 상여금이 근로기준법 소정의 통상임금에 해당하지 않는다는 전제 하에 통상임금에 산입될 임금의 범위에서 제외하였고, 이를 전제로 임금수준을 정하였다.

다. 갑을오토텍(주)에서 관리직으로 근무하다가 퇴직한 乙은 위 합의의 무효를 주장하며 상여금을 통상임금에 포함하여 계산하였다면 받을 수 있었던 임금(연차휴가 미사용수당 및 퇴직금)과 갑을오토텍(주)으로부터 실제 지급받은 임금과의 차액분의 지급을 청구하였다.

**판시사항**

[1] 어떠한 임금이 통상임금에 속하는지 판단하는 기준 및 근로기준법상 통상임금에 속하는 임금을 통상임금에서 제외하기로 하는 노사합의의 효력(무효)

[2] 갑을오토텍(주)이 상여금지급규칙에 따라 상여금을 근속기간이 2개월을 초과한 근로자에게는 전액을, 2개월을 초과하지 않는 신규입사자나 2개월 이상 장기 휴직 후 복직한 자, 휴직자에게는 상여금 지급 대상기간 중 해당 구간에 따라 미리 정해 놓은 비율을 적용하여 산정한 금액을 각 지급하고, 상여금 지급 대상기간 중에 퇴직한 근로자에게는 근무일수에 따라 일할계산하여 지급한 사안에서, 위 상여금은 통상임금에 해당한다고 한 사례

[3] 노사가 정기상여금을 통상임금에서 제외하기로 합의하고 이를 전제로 임금수준을 정한 경우, 근로자가 노사합의의 무효를 주장하며 정기상여금을 통상임금에 포함하여 산정한 추가 법정수당을 청구하는 것이 신의성실의 원칙에 위배되는지 여부

[4] 갑을오토텍(주)이 일정 기간 한시적으로 관리직 직원에게 상여금을 매월 지급하였던 것을 제외하고는 상여금지급규칙에 따라 관리직과 생산직 직원 모두에 대하여 동일한 지급률과 지급 기준을 적용하여 상여

금을 지급하였고, 甲노동조합과 체결한 단체협약에서 상여금을 통상임금 산입에서 제외하였는데, 甲노동조합원이 아닌 관리직 직원 乙에 대해서도 단체협약을 적용하여 상여금이 제외된 통상임금을 기초로 법정수당을 산정·지급한 사안에서, 제반 사정들에 대하여 제대로 심리하지 아니한 채 미사용 연차휴가수당 등의 지급을 구하는 乙의 청구가 신의칙에 위배되지 않는다고 본 원심판결에 법리오해 등의 위법이 있다고 한 사례

## I 통상임금

### 1. 의의

근로기준법 시행령 제6조 제1항은 "법과 이 영에서 통상임금이란 근로자에게 정기적이고 일률적으로 소정근로 또는 총 근로에 대하여 지급하기로 정한 시간급 금액, 일급 금액, 주급 금액, 월급 금액 또는 도급 금액을 말한다."고 규정하고 있다. 임금 중에서 근로자가 소정근로시간에 통상적으로 제공하는 근로의 가치를 평가한 것으로서 사전에 미리 확정할 수 있는 것이라면 그 명칭과 관계없이 모두 통상임금에 해당하는 것으로 보아야 할 것이다.

### 2. 통상임금 판단기준

#### 1) 원칙

어떠한 임금이 통상임금에 속하는지 여부는 그 임금이 소정근로의 대가로 근로자에게 지급되는 금품으로서 정기적·일률적·고정적으로 지급되는 것인지를 기준으로 그 객관적인 성질에 따라 판단하여야 하고, 임금의 명칭이나 그 지급주기의 장단 등 형식적 기준에 의해 정할 것이 아니다.

#### 2) 소정근로의 대가

여기서 소정근로의 대가라 함은 근로자가 소정근로시간에 통상적으로 제공하기로 정한 근로에 관하여 사용자와 근로자가 지급하기로 약정한 금품을 말한다. 근로자가 소정근로시간을 초과하여 근로를 제공하거나 근로계약에서 제공하기로 정한 근로 외의 근로를 특별히 제공함으로써 사용자로부터 추가로 지급받는 임금이나 소정근로시간의 근로와는 관련 없이 지급받는 임금은 소정근로의 대가라 할 수 없으므로 통상임금에 속하지 아니한다.

#### 3) 통상임금의 개념적 징표인 정기성·일률성·고정성의 의미

##### (1) 정기성

어떤 임금이 통상임금에 속하기 위해서 정기성을 갖추어야 한다는 것은 그 임금이 일정한 간격을 두고 계속적으로 지급되어야 함을 의미한다.

통상임금에 속하기 위한 성질을 갖춘 임금이 1개월을 넘는 기간마다 정기적으로 지급되는 경우, 이는 노사 간의 합의 등에 따라 근로자가 소정근로시간에 통상적으로 제공하는 근로의 대가가 1개월을 넘는 기간마다 분할 지급되고 있는 것일 뿐, 그러한 사정 때문에 갑자

기 그 임금이 소정근로의 대가로서의 성질을 상실하거나 정기성을 상실하게 되는 것이 아님은 분명하다. 따라서 정기상여금과 같이 일정한 주기로 지급되는 임금의 경우 단지 그 지급주기가 1개월을 넘는다는 사정만으로 그 임금이 통상임금에서 제외된다고 할 수는 없다.

### (2) 일률성

어떤 임금이 통상임금에 속하기 위해서는 그것이 일률적으로 지급되는 성질을 갖추어야 한다. '일률적'으로 지급되는 것에는 '모든 근로자'에게 지급되는 것뿐만 아니라 '일정한 조건 또는 기준에 달한 모든 근로자'에게 지급되는 것도 포함된다. 여기서 '일정한 조건'이란 고정적이고 평균적인 임금을 산출하려는 통상임금의 개념에 비추어 볼 때 고정적인 조건이어야 한다(대판 1993.5.27. 92다20316; 대판 2012.7.26. 2011다6106 등 참조).

단체협약이나 취업규칙 등에 휴직자나 복직자 또는 징계대상자 등에 대하여 특정 임금에 대한 지급 제한사유를 규정하고 있다 하더라도, 이는 해당 근로자의 개인적인 특수성을 고려하여 그 임금 지급을 제한하고 있는 것에 불과하므로, 그러한 사정을 들어 정상적인 근로관계를 유지하는 근로자에 대하여 그 임금 지급의 일률성을 부정할 것은 아니다.

한편 일정 범위의 모든 근로자에게 지급된 임금이 일률성을 갖추고 있는지 판단하는 잣대인 '일정한 조건 또는 기준'은 통상임금이 소정근로의 가치를 평가한 개념이라는 점을 고려할 때, 작업 내용이나 기술, 경력 등과 같이 소정근로의 가치 평가와 관련된 조건이라야 한다. 따라서 부양가족이 있는 근로자에게만 지급되는 가족수당과 같이 소정근로의 가치 평가와 무관한 사항을 조건으로 하여 지급되는 임금은 그것이 그 조건에 해당하는 모든 근로자에게 지급되었다 하더라도 여기서 말하는 '일정한 조건 또는 기준'에 따른 것이라 할 수 없어 '일률성'을 인정할 수 없으므로, 통상임금에 속한다고 볼 수 없다(대판 2000.12.22. 99다10806; 대판 2003.12.26. 2003다56588 등 참조).

그러나 모든 근로자에게 기본금액을 가족수당 명목으로 지급하면서 실제 부양가족이 있는 근로자에게는 일정액을 추가적으로 지급하는 경우 그 기본금액은 소정근로에 대한 대가에 다름 아니므로 통상임금에 속한다(대판 1992.7.14. 91다5501 등 참조).

### (3) 고정성

고정성이라 함은 '근로자가 제공한 근로에 대하여 그 업적, 성과 기타의 추가적인 조건과 관계없이 당연히 지급될 것이 확정되어 있는 성질'을 말하고, '고정적인 임금'은 '임금의 명칭 여하를 불문하고 임의의 날에 소정근로시간을 근무한 근로자가 그 다음 날 퇴직한다 하더라도 그 하루의 근로에 대한 대가로 당연하고도 확정적으로 지급받게 되는 최소한의 임금'이라고 정의할 수 있다.

고정성을 갖춘 임금은 근로자가 임의의 날에 소정근로를 제공하면 추가적인 조건의 충족 여부와 관계없이 당연히 지급될 것이 예정된 임금이므로, 그 지급 여부나 지급액이 사전에 확정된 것이라 할 수 있다. 이와 달리 근로자가 소정근로를 제공하더라도 추가적인 조건을 충족하여야 지급되는 임금이나 그 조건 충족 여부에 따라 지급액이 변동되는 임금 부분은 고정성을 갖춘 것이라고 할 수 없다.

대법원은 근로자의 실제 근무성적에 따라 지급 여부 및 지급액이 달라지는 항목의 임금을 통상임금에서 제외하여 왔는데, 그러한 임금은 고정성을 갖추지 못하였기 때문이다(대판 1996.2.9. 94다19501; 대판 2012.3.15. 2011다106426 등 참조).

## 3. 다양한 유형의 임금이 통상임금에 속하는지에 관한 구체적 판단 기준

### 1) 근속기간에 연동하는 임금

어떠한 임금이 일정 근속기간 이상을 재직할 것을 지급조건으로 하거나, 또는 일정 근속기간을 기준으로 하여 임금의 계산방법을 달리하거나 근속기간별로 지급액을 달리하는 경우와 같이 지급 여부나 지급액이 근속기간에 연동하는 임금 유형이 있다.

근속기간은 근로자의 숙련도와 밀접한 관계가 있으므로 소정근로의 가치 평가와 관련이 있는 '일정한 조건 또는 기준'으로 볼 수 있고, 일정한 근속기간 이상을 재직한 모든 근로자에게 그에 대응하는 임금을 지급한다는 점에서 일률성을 갖추고 있다고 할 수 있다. 또한 근속기간은 근로자가 임의의 날에 연장·야간·휴일 근로를 제공하는 시점에서는 그 성취 여부가 불확실한 조건이 아니라 그 근속기간이 얼마인지가 확정되어 있는 기왕의 사실이므로, 일정 근속기간에 이른 근로자는 임의의 날에 근로를 제공하면 다른 추가적인 조건의 성취 여부와 관계없이 근속기간에 연동하는 임금을 확정적으로 지급받을 수 있어 고정성이 인정된다. 따라서 임금의 지급 여부나 지급액이 근속기간에 연동한다는 사정은 그 임금이 통상임금에 속한다고 보는 데 장애가 되지 않는다.

### 2) 근무일수에 연동하는 임금

매 근무일마다 일정액의 임금을 지급하기로 정함으로써 근무일수에 따라 일할계산하여 임금이 지급되는 경우에는 실제 근무일수에 따라 그 지급액이 달라지기는 하지만, 근로자가 임의의 날에 소정근로를 제공하기만 하면 그에 대하여 일정액을 지급받을 것이 확정되어 있으므로, 이러한 임금은 고정적 임금에 해당한다.

그러나 일정 근무일수를 충족하여야만 지급되는 임금은 소정근로를 제공하는 외에 일정 근무일수의 충족이라는 추가적인 조건을 성취하여야 비로소 지급되는 것이고, 이러한 조건의 성취 여부는 임의의 날에 연장·야간·휴일 근로를 제공하는 시점에서 확정할 수 없는 불확실한 조건이므로 고정성을 갖춘 것이라 할 수 없다.

한편 일정 근무일수를 기준으로 계산방법 또는 지급액이 달라지는 경우에도 소정근로를 제공하면 적어도 일정액 이상의 임금이 지급될 것이 확정되어 있다면 그와 같이 최소한도로 확정되어 있는 범위에서는 고정성을 인정할 수 있다. 예를 들어 근무일수가 15일 이상이면 특정 명목의 급여를 전액 지급하고, 15일 미만이면 근무일수에 따라 그 급여를 일할계산하여 지급하는 경우, 소정근로를 제공하기만 하면 최소한 일할계산되는 금액의 지급은 확정적이므로, 그 한도에서 고정성이 인정된다. 다른 한편, 근무일수를 기준으로 계산방법을 달리 정하지 않고, 단순히 근무일수에 따라 일할계산하여 지급하는 경우도 앞서 본 매 근무일마다 지급하는 경우와 실질적인 차이가 없어 고정성을 인정할 수 있다.

### 3) 특정 시점에 재직 중인 근로자에게만 지급하는 임금

근로자가 소정근로를 했는지 여부와는 관계없이 지급일 기타 특정 시점에 재직 중인 근로자에게만 지급하기로 정해져 있는 임금은 그 특정 시점에 재직 중일 것이 임금을 지급받을 수 있는 자격요건이 된다. 그러한 임금은 기왕에 근로를 제공했던 사람이라도 특정 시점에 재직하지 않는 사람에게는 지급하지 아니하는 반면, 그 특정 시점에 재직하는 사람에게는 기왕의 근로 제공 내용을 묻지 아니하고 모두 이를 지급하는 것이 일반적이다. 그와 같은 조건으로 지급되는 임금이라면, 그 임금은 이른바 '소정근로'에 대한 대가의 성질을 가지는 것이라고 보기 어려울 뿐 아니라 근로자가 임의의 날에 근로를 제공하더라도 그 특정 시점이 도래하기 전에 퇴직하면 당해 임금을 전혀 지급받지 못하여 근로자가 임의의 날에 연장·야간·휴일 근로를 제공하는 시점에서 그 지급조건이 성취될지 여부는 불확실하므로, 고정성도 결여한 것으로 보아야 한다.

그러나 근로자가 특정 시점 전에 퇴직하더라도 그 근무일수에 비례한 만큼의 임금이 지급되는 경우에는 앞서 본 매 근무일마다 지급되는 임금과 실질적인 차이가 없으므로, 근무일수에 비례하여 지급되는 한도에서는 고정성이 부정되지 않는다.

### 4) 특수한 기술, 경력 등을 조건으로 하는 임금

특수한 기술의 보유나 특정한 경력의 구비 등이 임금 지급의 조건으로 부가되어 있는 경우, 근로자가 임의의 날에 연장·야간·휴일 근로를 제공하는 시점에서 특수한 기술의 보유나 특정한 경력의 구비 여부는 그 성취 여부가 불확실한 조건이 아니라 기왕에 확정된 사실이므로, 그와 같은 지급조건은 고정성 인정에 장애가 되지 않는다.

### 5) 근무실적에 연동하는 임금

지급 대상기간에 이루어진 근로자의 근무실적을 평가하여 이를 토대로 지급 여부나 지급액이 정해지는 임금은 일반적으로 고정성이 부정된다고 볼 수 있다. 그러나 근무실적에 관하여 최하 등급을 받더라도 일정액을 지급하는 경우와 같이 최소한도의 지급이 확정되어 있다면, 그 최소한도의 임금은 고정적 임금이라고 할 수 있다.

근로자의 전년도 근무실적에 따라 당해 연도에 특정 임금의 지급 여부나 지급액을 정하는 경우, 당해 연도에는 그 임금의 지급 여부나 지급액이 확정적이므로 당해 연도에 있어 그 임금은 고정적인 임금에 해당하는 것으로 보아야 한다. 그러나 보통 전년도에 지급할 것을 그 지급 시기만 늦춘 것에 불과하다고 볼 만한 특별한 사정이 있는 경우에는 고정성을 인정할 수 없다. 다만 이러한 경우에도 근무실적에 관하여 최하 등급을 받더라도 일정액을 최소한도로 보장하여 지급하기로 한 경우에는 그 한도 내에서 고정적인 임금으로 볼 수 있다.

## 4. 사안의 적용

상기의 내용 및 사실관계 등을 종합적으로 고려할 때, 갑을오토텍㈜이 상여금지급규칙에 따라 상여금을 근속기간이 2개월을 초과한 근로자에게는 전액을, 2개월을 초과하지 않는 신규입사자나 2개월 이상 장기 휴직 후 복직한 자, 휴직자에게는 상여금 지급대상기간 중 해당 구간에 따라 미리 정해놓은 비율을 적용하여 산정한 금액을 각 지급하고, 상여금 지급대상기간 중에 퇴직한 근로자에게는 근무일수에 따라 일할계산하여 지급한 경우, 위 상여금은 근속기간에 따라 지급액이 달라지기는 하나 일정근속기간에 이른 근로자에게는 일정액의 상여금이 확정적으로 지급되는 것이므로, 위 상여금은 소정근로를 제공하기만 하면 지급이 확정된 것이라고 볼 수 있어 정기적·일률적으로 지급되는 고정적인 임금인 통상임금에 해당한다고 할 것이다.

## Ⅱ 통상임금 제외 합의의 효력 등

### 1. 통상임금 제외 합의의 효력

근로기준법에서 정하는 근로조건은 최저기준이므로(근로기준법 제3조), 그 기준에 미치지 못하는 근로조건을 정한 근로계약은 그 부분에 한하여 무효로 되며, 이에 따라 무효로 된 부분은 근로기준법에서 정한 기준에 따른다(근로기준법 제15조). 통상임금은 위 근로조건의 기준을 마련하기 위하여 법이 정한 도구개념이므로, 사용자와 근로자가 통상임금의 의미나 범위 등에 관하여 단체협약 등에 의해 따로 합의할 수 있는 성질의 것이 아니다.

따라서 앞에서 밝힌 기준에 따라 성질상 근로기준법상의 통상임금에 속하는 임금을 통상임금에서 제외하기로 노사 간에 합의하였다 하더라도 그 합의는 효력이 없다. 연장·야간·휴일 근로에 대하여 통상임금의 50% 이상을 가산하여 지급하도록 한 근로기준법의 규정은 각 해당 근로에 대한 임금산정의 최저기준을 정한 것이므로, 통상임금의 성질을 가지는 임금을 일부 제외한 채 연장·야간·휴일 근로에 대한 가산임금을 산정하도록 노사 간에 합의한 경우 그 노사합의에 따라 계산한 금액이 근로기준법에서 정한 위 기준에 미달할 때에는 그 미달하는 범위 내에서 노사합의는 무효라 할 것이고(대판 1993.5.11. 93다4816; 대판 2009.12.10. 2008다45101 등 참조), 그 무효로 된 부분은 근로기준법이 정하는 기준에 따라야 할 것이다.

### 2. 강행법규 위반을 이유로 한 노사합의의 무효를 주장하는 것이 신의칙에 위배되는지 여부

#### 1) 원칙

단체협약 등 노사합의의 내용이 근로기준법의 강행규정을 위반하여 무효인 경우에, 그 무효를 주장하는 것이 신의칙에 위배되는 권리의 행사라는 이유로 이를 배척한다면 강행규정으로 정한 입법 취지를 몰각시키는 결과가 될 것이므로, 그러한 주장이 신의칙에 위배된다고 볼 수 없음이 원칙이다.

#### 2) 예외

그러나 노사합의의 내용이 근로기준법의 강행규정을 위반한다고 하여 그 노사합의의 무효 주장에 대하여 예외 없이 신의칙의 적용이 배제되는 것은 아니다(대판 2001.5.29. 2001다15422·15439 참조). 위에서 본 신의칙을 적용하기 위한 일반적인 요건을 갖춤은 물론 근로기준법의 강행규정성에도 불구하고 신의칙을 우선하여 적용하는 것을 수긍할 만한 특별한 사정이 있는 예외적인 경우에 한하여 그 노사합의의 무효를 주장하는 것은 신의칙에 위배되어 허용될 수 없다.

## 3. 사안의 적용

상기의 내용 및 사실관계 등을 종합적으로 고려할 때, 노사합의에서 정기상여금은 그 자체로 통상임금에 해당하지 아니한다고 오인한 나머지 정기상여금을 통상임금 산정 기준에서 제외하기로 합의하고 이를 전제로 임금수준을 정한 경우, 근로자 측이 앞서 본 임금협상의 방법과 경위, 실질적인 목표와 결과 등은 도외시한 채 임금협상 당시 전혀 생각하지 못한 사유를 들어 정기상여금을 통상임금에 가산하고 이를 토대로 추가적인 법정수당의 지급을 구함으로써, 노사가 합의한 임금수준을 훨씬 초과하는 예상외의 이익을 추구하고 그로 말미암아 사용자에게 예측하지 못한 새로운 재정적 부담을 지워 중대한 경영상의 어려움을 초래하거나 기업의 존립을 위태롭게 한다면, 이는 종국적으로 근로자 측에까지 그 피해가 미치게 되어 노사 어느 쪽에도 도움이 되지 않는 결과를 가져오므로 정의와 형평 관념에 비추어 신의에 현저히 반하고 도저히 용인될 수 없음이 분명하다. 그러므로 이와 같은 경우 근로자 측의 추가 법정수당 청구는 신의칙에 위배되어 받아들일 수 없다고 할 것이다.

memo

## 주요 판례 02

# [통상임금 2] 하기휴가비의 통상임금 해당 여부
### (대판 2014.2.13. 2011다86287)

**사실관계** | **주식회사 케이이씨 사건**

가. 甲회사는 乙노동조합과 체결한 단체협약에는 '지급기준일인 그 해 7.15. 현재 재직 중인 근로자에 한하여 연 1회 하기휴가비를 지급하되, 지급기준일 현재 휴직 중인 근로자에게는 하기휴가비를 지급하지 않는다.' 라고 규정하고 있다. 그러나 지급기준일 현재 파업 중인 근로자에 대하여 하기휴가비를 지급하지 않는다는 규정을 따로 두고 있지는 않으며, 또한 단체협약에는 설·추석상여금도 현재 재직 중인 근로자에게만 지급하도록 규정되어 있다.

나. 한편 乙노동조합은 2010년 하기휴가비의 지급기준일인 2010.7.15.을 포함하여 같은 해 6월부터 8월까지 파업을 하였고, 근로자 丙도 위 파업에 참가하였다.

다. 그리고 근로자 丙은 2010년 하기휴가비의 대상기간 중 파업 기간을 제외한 나머지 기간의 일수에 비례한 만큼의 하기휴가비 지급을 청구하는 한편, 하기휴가비 및 설·추석상여금이 통상임금에 해당함을 전제로 연장·야간·휴일 근로수당 등 법정수당의 차액을 청구하였다.

**판시사항**

[1] 단체협약 규정의 해석 방법

[2] 甲회사가 노동조합과 체결한 단체협약에서 '지급기준일 현재 재직 중인 근로자에 한하여 하기휴가비를 지급하되, 지급기준일 현재 휴직 중인 근로자에게는 하기휴가비를 지급하지 않는다.'라고 정하고 있는데, 근로자 丙이 하기휴가비 지급기준일에 파업에 참가한 사안에서, 근로자 丙이 하기휴가비 지급대상인 '지급기준일 현재 재직 중인 근로자'에 해당한다고 한 사례

[3] 甲회사가 노동조합과 체결한 단체협약에서 지급기준일 현재 재직 중인 근로자에게만 하기휴가비 및 설·추석상여금을 지급하도록 규정하고 있는 사안에서, 위 하기휴가비 등은 통상임금의 징표로서 고정성이 결여되었다고 한 사례

## I 하기휴가비의 지급청구 인용 여부

### 1. 단체협약 규정의 해석방법

단체협약서와 같은 처분문서는 특별한 사정이 없는 한 그 기재 내용에 의하여 그 문서에 표시된 의사표시의 존재 및 내용을 인정하여야 하고, 한편 단체협약은 근로자의 근로조건을 유지 개선하고 복지를 증진하여 근로자의 경제적, 사회적 지위를 향상할 목적으로 근로자의 자주적 단체인 노동조합이 사용자와 사이에 근로조건에 관하여 단체교섭을 통하여 체결하는 것이므로 그 명문의 규정을 근로자에게 불리하게 해석할 수는 없다(대판 1996.9.20. 95다20454; 대판 2005.9.9. 2003두896 등 참조). 그리고 파업 등 쟁의행위는 헌법과 법률에 따라 보장된 근로자의 권리행사로서 정당한 쟁의행위를 이유로 근로자를 부당하거나 불리하게 처우하는 것은 법률상 금지되어 있다(노동조합 및 노동관계조정법 제3조, 제4조, 제81조 제5호 등).

### 2. 사안의 적용

위 제반사정 등을 종합적으로 고려할 때, 근로자 丙은 이 사건 파업으로 말미암아 단지 甲회사와의 근로관계가 일시 정지되었을 뿐 그 근로관계 자체가 종료되었다고 할 수는 없으므로 이 사건 단체협약에서 하기휴가비의 지급 대상으로 정한 '지급기준일 현재 재직 중인 근로자'에 해당하고, 한편 파업과 휴직은 근로관계가 일시 정지되어 그 기간에 상응하는 만큼 근로자의 임금청구권이 발생하지 않는다는 측면에서 일부 공통점이 있을 뿐 그 취지와 목적, 근거 등에서 엄연히 구별되는 별개의 개념이므로, 근로자 丙이 하기휴가비의 지급기준일에 파업에 참가하였다고 하여 이 사건 단체협약상 하기휴가비의 지급 대상에서 제외되는 '지급기준일 현재 휴직 중인 근로자'에 해당한다고 볼 수는 없다고 본다. 따라서 2010년도 하기휴가비의 대상기간 중 파업기간을 제외한 나머지 기간의 일수에 비례한 만큼의 하기휴가비 지급청구는 타당하다고 할 것이다.[18]

## II 법정수당 차액청구의 인용 여부

### 1. 통상임금의 의의 및 임금의 고정성 판단기준

근로기준법이 연장·야간·휴일 근로에 대한 가산임금, 해고예고수당, 연차휴가수당 등의 산정기준 및 평균임금의 최저한으로 규정하고 있는 통상임금은 근로자가 소정근로시간에 통상적으로 제공하는 근로인 소정근로(도급근로자의 경우에는 총 근로)의 대가로 지급하기로 약정한 금품으로서 정기적·일률적·고정적으로 지급되는 임금을 말한다. 1개월을 초과하는 기간마다 지급되는 임금도 그것이 정기적·일률적·고정적으로 지급되는 것이면 통상임금에 포함될 수 있다.

그리고 고정적인 임금이라 함은 '임금의 명칭 여하를 불문하고 임의의 날에 소정근로시간을 근무

---

18) 원심에서는 파업과 휴직이 법률효과 측면에서 가지는 일부 공통점만을 들어 근로자 丙이 이 사건 단체협약상 하기휴가비의 지급 대상에서 제외되는 '지급기준일 현재 휴직 중인 근로자'에 해당한다고 단정한 나머지, 2010년도 하기휴가비의 대상 기간 중 파업 기간을 제외한 나머지 기간의 일수에 비례한 만큼의 하기휴가비 지급을 구하는 근로자 丙의 청구를 배척하였다.

한 근로자가 그 다음 날 퇴직한다 하더라도 그 하루의 근로에 대한 대가로 당연하고도 확정적으로 지급받게 되는 최소한의 임금'을 말하므로, 근로자가 임의의 날에 소정근로를 제공하면 추가적인 조건의 충족 여부와 관계없이 당연히 지급될 것이 예정되어 지급 여부나 지급액이 사전에 확정된 임금은 고정성을 갖춘 것으로 볼 수 있다.

여기서 말하는 조건은 근로자가 임의의 날에 연장·야간·휴일 근로를 제공하는 시점에 그 성취 여부가 아직 확정되어 있지 않은 조건을 말하므로, 특정 경력을 구비하거나 일정 근속기간에 이를 것 등과 같이 위 시점에 그 성취 여부가 이미 확정되어 있는 기왕의 사실관계를 조건으로 부가하고 있는 경우에는 고정성 인정에 장애가 되지 않지만, 근로자가 소정근로를 했는지 여부와는 관계없이 지급일 기타 특정시점에 재직 중인 근로자에게만 지급하기로 정해져 있는 임금은 그 특정시점에 재직 중일 것이 임금을 지급받을 수 있는 자격요건이 된다. 그러한 임금은 기왕에 근로를 제공했던 사람이라도 특정시점에 재직하지 않는 사람에게는 지급하지 아니하는 반면, 그 특정시점에 재직하는 사람에게는 기왕의 근로 제공 내용을 묻지 아니하고 모두 이를 지급하는 것이 일반적이다. 그와 같은 조건으로 지급되는 임금이라면, 그 임금은 이른바 '소정근로'에 대한 대가의 성질을 가지는 것이라고 보기 어려울 뿐 아니라 근로자가 임의의 날에 근로를 제공하더라도 그 특정시점이 도래하기 전에 퇴직하면 당해 임금을 전혀 지급받지 못하여 근로자가 임의의 날에 연장·야간·휴일 근로를 제공하는 시점에서 그 지급조건이 성취될지 여부는 불확실하므로, 고정성도 결여한 것으로 보아야 한다(대판 2013.12.18. 2012다89399 전합; 대판 2013.12.18. 2012다94643 전합 등 참조).

## 2. 사안의 적용

위 제반사정 등을 종합적으로 고려할 때, 이 사건 단체협약에서 지급기준일 현재 재직 중인 근로자에게만 하기휴가비 및 설·추석상여금을 지급하도록 규정하고 있고, 이에 따라 피고는 지급기준일 전에 퇴사한 근로자에 대하여는 지급기준일 전에 근로를 제공하였다고 하더라도 하기휴가비 또는 설·추석상여금을 전혀 지급하지 아니하였음을 알 수 있고, 기록상 이러한 피고의 조치에 대하여 노동조합이나 근로자들이 특별히 이의를 제기하였다고 인정할 자료는 없다.

위와 같은 사정을 앞에서 본 법리에 비추어 살펴보면, 이 사건 하기휴가비 및 설·추석상여금은 단체협약에 의하여 근로자가 소정근로를 했는지 여부와는 관계없이 그 지급기준일에 재직 중인 근로자에게만 지급하기로 정해져 있는 임금으로서, 위와 같은 불확실한 조건이 그 지급의 자격요건이 되는 것이므로 통상임금의 징표로서의 고정성이 결여되었다고 할 것이다.

따라서 하기휴가비 및 설·추석상여금은 고정성 등을 결여하여 통상임금에 해당하지 않으므로, 이에 따라 위 각 임금이 통상임금에 해당함을 전제로 연장·야간·휴일 근로수당 등 법정수당의 차액을 구하는 근로자 丙의 청구는 인용되지 않는다고 할 것이다.

## 주요 판례 03

### [통상임금 3] 복지포인트가 근로기준법상 임금 및 통상임금에 해당하는지 여부[19]
(대판 2019.8.22. 2016다48785 [전합])

**사실관계** **서울의료원 사건**

가. 피고는 서울특별시가 진료사업 등을 목적으로 설립한 특수법인이다. 원고들은 피고에 고용되어 간호사, 물리치료사, 방사선사, 임상병리사 등의 업무에 종사하고 있는 근로자들이다.

나. 피고는 원고들을 비롯한 소속 임직원이 각자에게 배정된 복지포인트 한도 내에서 사전에 설계된 다양한 복리후생 항목 중 개인이 원하는 복지항목 및 수혜수준을 선택하여 누릴 수 있도록 하는 제도(이하 '이 사건 선택적 복지제도'라 함)를 '선택적 복지제도 운영지침'에 따라 실시하면서, 원고들에게 일정한 복지포인트(이하 '이 사건 복지포인트'라 함)를 매년 부여하여 왔다.

피고는 재직자에 대하여 전년도 말일을 기준으로 당해 연도 1.1.에 전 직원에게 일률적으로 부여하는 공통포인트와 근속연수에 따라 차등 부여하는 근속포인트를 배정하여 1월(상반기)과 7월(하반기)에 균등 분할 지급하였다. 휴직자, 중도 퇴직자에 대하여는 당해 연도 근무기간에 따라 일할 계산하여 배정·지급하였다. 신규 입사자에 대하여는 2012년까지 상반기 입사자는 7월에 배정액 반액을 지급하고, 하반기 입사자는 익년 1월에 지급하였으며, 2013년부터는 12월 입사자를 제외하고는 근무기간을 일할 계산하여 배정·지급하였다.

원고들은 피고 직원 전용 온라인 쇼핑사이트인 인터넷복리후생관에서 물품 등을 구매하면서 배정받은 복지포인트를 바로 사용하거나, 또는 복지카드를 이용하여 인터넷복리후생관·복지가맹업체 등에서 물품 등을 우선 구매한 후 복지포인트 사용 신청을 함으로써 그 복지포인트 상당액의 돈을 환급받고 있다.

한편 이 사건 복지포인트는 매년 12.20.까지 사용하지 못한 경우 소멸하고, 사용 항목 역시 제한되어 있다.

다. 피고는 이 사건 복지포인트가 통상임금에서 제외됨을 전제로 연장근로수당 등을 계산하여 원고들에게 지급하여 왔다.

라. 원고들은 이 사건 복지포인트 등이 통상임금에 해당한다고 주장하며, 피고를 상대로 이 사건 복지포인트 등을 통상임금에 포함하여 다시 계산한 연장근로수당 등과 기지급 연장근로수당 등의 차액을 청구하는 이 사건 소를 제기하였다.

**판시사항**

사용자가 선택적 복지제도를 시행하면서 단체협약, 취업규칙 등에 근거하여 근로자들에게 계속적·정기적으로 배정한 복지포인트가 근로기준법에서 정한 임금 및 통상임금에 해당하는지 여부(소극)

---

19) 편저자 주 : 다수의 공공기관과 공기업 등에서 운용되고 있는 복지포인트가 근로기준법에서 말하는 임금 및 통상임금에 해당하는지 여부와 관련하여 하급심에서 판단이 엇갈려 왔었는데, 대법원은 복지포인트의 근로기준법상 임금성 및 통상임금성을 부정한 판결로, 대상판결은 위 쟁점에 관한 최초의 대법원 판결이다.

## Ⅰ 이 사건 복지포인트의 임금 및 통상임금 해당 여부

사용자가 근로자에게 지급하는 금품이 임금에 해당하려면 먼저 그 금품이 근로의 대상으로 지급되는 것이어야 하므로 비록 그 금품이 계속적·정기적으로 지급된 것이라 하더라도 그것이 근로의 대상으로 지급된 것으로 볼 수 없다면 임금에 해당한다고 할 수 없다. 여기서 어떤 금품이 근로의 대상으로 지급된 것이냐를 판단함에 있어서는 그 금품지급의무의 발생이 근로제공과 직접적으로 관련되거나 그것과 밀접하게 관련된 것으로 볼 수 있어야 한다(대판 1995.5.12. 94다55934; 대판 2011.7.14. 2011다23149 등 참조).

사용자가 선택적 복지제도를 시행하면서 이 사건과 같이 직원 전용 온라인 쇼핑사이트에서 물품을 구매하는 방식 등으로 사용할 수 있는 복지포인트를 단체협약, 취업규칙 등에 근거하여 근로자들에게 계속적·정기적으로 배정한 경우라고 하더라도, 이러한 복지포인트는 근로기준법에서 말하는 임금에 해당하지 않고, 그 결과 통상임금에도 해당하지 않는다.

## Ⅱ 이 사건 쟁점에 대한 구체적 판단

**1.** 선택적 복지제도의 근거 법령에 비추어 복지포인트를 임금으로 볼 수 없다.

복지포인트의 전제가 되는 선택적 복지제도는 근로복지기본법에서 정한 제도이다. 근로복지기본법은 제3장 '기업근로복지' 중 제3절에서 선택적 복지제도를 규율하고 있다. 그런데 근로복지기본법은 제1조에서 "근로복지정책의 수립 및 복지사업의 수행에 필요한 사항을 규정함으로써 근로자의 삶의 질을 향상시키고 국민경제의 균형 있는 발전에 이바지함을 목적으로 한다."라고 규정하고, 특히 제3조 제1항은 "근로복지(임금·근로시간 등 기본적인 근로조건은 제외한다. 이하 같다)정책은 근로자의 경제·사회활동의 참여기회 확대…"라고 규정하여 근로복지의 개념에서 임금을 명시적으로 제외하고 있다. 결국 근로복지기본법상 기업근로복지를 구성하는 선택적 복지제도에 기초한 복지포인트는 임금과 같은 근로조건에서 제외된다고 보는 것이 타당한 규범 해석이다.

물론 근로기준법의 관점에서 복지포인트가 임금인지 여부가 판단되어야 한다는 논의는 타당하다. 하지만 복지포인트의 임금성 여부를 판단할 때 관련 법률의 규정 역시 충분히 고려하여 규범 조화적으로 판단함이 타당하다. 위와 같은 근로복지기본법의 규정 내용에서 알 수 있는 선택적 복지제도에 대한 입법자의 기본적인 규율 내용은 복지포인트가 임금이 아니라는 점에 기초하고 있음은 분명하고, 이는 임금성을 긍정하기 어려운 중요한 사정이다.

**2.** 선택적 복지제도의 연혁과 그 도입 경위에 비추어도 복지포인트를 임금이라고 하기 어렵다.

1) 미국에서 최초로 시작된 선택적 복지제도는 전통적인 기업복지 또는 기업복리후생제도를 변화시킨 새로운 제도이다. 과거의 전통적인 복리후생제도가 평균적인 표준형 근로자를 상정하여 그러한 근로자가 필요할 것이라고 판단되는 제도를 설계하고, 근로자 개인이 그러한 제도가 규정하고 있는 상황이 발생하면 혜택을 제공받는 방식이었다면, 선택적 복지제도는 근로자 개인의 선택에 기초하여 복리후생제도의 내용이나 수혜 수준을 달리한다는 점에서 차이점이 있고, 또한 새로운 것이다. 우리 법제와 기업실무가 도입한 선택적 복지제도는 근로자의 임금 상승이나 임금 보전을 위해 시작된 것이 전혀 아니고, 기업 내 임금 아닌 복리후생제도와 관련하여

근로자의 욕구를 반영한 새로운 기업복지체계를 구축한 것이다. 결국 이러한 연혁에 비추어 보면, 사후적으로 선택적 복지제도의 복지포인트를 임금이라고 해석하는 것은 타당하지 않다.

2) 우리 노사관계 실무상 종래 기업복지제도가 각종 복지수당 항목을 만들어 근로자들에 일률적으로 돈을 지급하는 방식으로 운용되어 온 결과 근로자 개개인에게 지급되는 근로의 대가인 임금과 법적 성격에서 차이를 가질 수 없었음을 부인하기 어렵다. 그런데 선택적 복지제도는 복지포인트 사용처를 복지에 맞게 한정하고, 근로자 자신의 선호와 필요에 따라 복지 효과를 누릴 수 있도록 근로자의 지출 후에 정산될 수 있는 가능성 등을 부여하는 방식으로 기업복지제도를 새로이 바꾼 것이다. 즉, 종래 임금성을 가진 복지수당 위주에서 벗어나 비임금성 기업복지제도로서의 실질을 갖추기 위해 그 형식과 내용을 변화시킨 것이다. 결국 선택적 복지제도의 이와 같은 구체적 도입 경위를 고려하더라도 복지포인트를 임금이라고 해석하는 것은 바람직하지 않다.

3. 아래와 같은 사정들을 종합해 보더라도 복지포인트를 근로제공의 대가라고 볼 수 없다.

1) 선택적 복지제도의 취지와 도입 경위의 특수성으로 인해 복지포인트는 여행, 건강관리, 문화생활, 자기계발 등으로 사용 용도가 제한되어 있고, 통상적으로 1년 내 사용하지 않으면 이월되지 않고 소멸하게 되며, 양도 가능성도 없다. 이처럼 복지포인트는 근로자가 근로를 제공한 대가로 사용자로부터 지급받아 생계의 기초로 삼는 임금이라고 평가하기에는 적절하지 않은 특성을 다수 가지고 있다.

2) 게다가 통상적으로 복지포인트는 근로자의 근로제공과 무관하게 매년 초에 일괄하여 배정된다. 우리 노사 현실에서 이러한 형태의 임금은 쉽사리 찾아보기 어렵다. 복지포인트의 단순한 특성이라고 이해해서는 안 되고, 근로의 대가가 아니라는 적극적인 징표로 이해할 수 있는 사정이다.

3) 그리고 선택적 복지제도를 도입한 개별 사업장에서 복지포인트에 대하여는 단체협약이나 취업규칙 등에서 '보수'나 '임금'으로 명시하지 않고 있는 경우가 대부분이다. 복지포인트가 근로의 대가가 아님을 근로관계 당사자도 인식하고 있다고 할 수 있다. 고용노동부가 매년 조사하여 공표해 오고 있는 노사의 협약임금인상률에 복지포인트를 반영하지 않는 것을 보면, 정부도 복지포인트를 임금으로 인식하고 있지 않음을 간접적으로나마 추론할 수 있다.

## Ⅲ 대상판결의 의의[20]

이번 대법원 전원합의체 판결의 의의는 다수의 공공기관과 공기업 등에서 운영하고 있는 선택적 복지제도에 기초하여 지급되는 '복지포인트(회사가 임직원에게 문화생활 등에 사용할 수 있도록 지급하는 금액)'가 근로기준법에서 말하는 '임금 및 통상임금'에 해당하는지에 관하여 하급심에서 판단이 엇갈리고 있었는데, 이번 전원합의체 판결은 위 쟁점에 관한 최초의 대법원 판결로서 "단체협약·취업규칙 등에 근거하여 근로자들에게 계속적·정기적으로 배정한 경우라고 하더라도 이러한 복지포인트는 근로기준법에서 말하는 임금 및 통상임금에 해당하지 않는다."고 판단하였는바, 이로써 대법원은 하급심에서 판단이 엇갈려 왔던 복지포인트의 임금성 및 통상임금성을 부정하는 방향으로 논란을 정리하였다.

20) 이승길 아주대학교 법학전문대학원 교수, 포커스

## 주요 판례 04

# [통상임금 4] 정기상여금을 통상임금에 포함해 재산정한 법정
# 제수당(연장·야간·휴일근로수당)의 차액 청구가 신의칙에 위배되는지 여부

(대판 2020.8.20. 2019다14110(본소), 2019다14127(병합), 2019다14134(병합), 2019다14141(병합))

---

**사실관계** **기아자동차 사건**

가. 甲회사의 근로자 乙외 3,531명은 2011.10.경에 2008.8.경부터 2011.10.경까지 지급된 정기상여금을 통상임금에 포함하여 재산정한 연장·야간·휴일근로수당 등 법정 제수당의 차액을 청구하였다.

나. 근로자 乙외 3,531명은 2011년 정기상여금과 영업직에 지급된 일비, 중식비 등을 통상임금에 포함해 연장이나 야간, 휴일근로수당 및 연차유급휴가수당 미지급분 등을 정해야 한다고 주장하며, 甲회사를 상대로 소송을 제기했다.

다. 근로자 乙외 3,531명은 못 받은 돈을 달라는 것이며 정당한 권리이므로 신의칙21) 위반이 아니라고 주장하는 반면, 甲회사는 소송에서 패할 경우 甲회사가 막대한 비용을 부담해야 하는 상황으로 경영에 무리가 온다고 주장하고 있다.

라. 이 과정에서 통상임금 판단기준에 대한 대법원 전원합의체 판결(대판 2013.12.18. 2012다89399 [전합])이 나옴에 따라 원고인 근로자 측에서는 당초 통상임금에 해당하는 것으로 주장하지 않은 항목을 소송 중에 추가하였다.

마. 이에 甲회사는 당초 통상임금에 해당하는 것으로 주장하지 않은 항목은 임금채권 소멸시효 3년이 도과한 것이라고 주장하였다.

---

**판시사항**

[1] 어떠한 임금이 통상임금에 속하는지 판단하는 기준

[2] 근로계약에서 정한 휴식시간이나 수면시간이 근로시간에 속하는지 휴게시간에 속하는지 판단하는 기준

[3] 구(舊) 근로기준법 제56조에 따라 휴일근로수당을 지급하여야 하는 휴일근로에 단체협약이나 취업규칙 등에 의하여 휴일로 정하여진 날의 근로가 포함되는지 여부(적극) 및 휴일로 정하였는지 판단하는 기준

[4] 근로자가 소 제기 당시 통상임금이 잘못 산정되었음을 전제로 근로기준법상 통상임금을 기준으로 지급하여야 하는 법정수당의 일부를 청구하면서 장차 청구금액을 확장할 뜻을 표시하였고, 이후 통상임금에 포함되는 급여 항목을 변경 또는 추가하여 법정수당 청구금액을 확장한 경우, 소멸시효 중단의 효력발생 범위

[5] 노사가 정기상여금을 통상임금에서 제외하기로 합의하고 이를 전제로 임금수준을 정한 경우, 근로자가 정기상여금을 통상임금에 포함하여 산정한 추가 법정수당을 청구하는 것이 신의성실의 원칙에 위반되는지 여부 및 근로자의 추가 법정수당 청구가 사용자에게 중대한 경영상의 어려움을 초래하거나 기업의 존립을 위태롭게 하여 신의성실의 원칙에 위반되는지는 신중하고 엄격하게 판단하여야 하는지 여부(적극)

[6] 「소송촉진 등에 관한 특례법」 제3조 제2항에서 정한 '채무자가 그 이행의무의 존재 여부나 범위에 관하

---

21) 여기서 '신의칙'이란 근로자가 회사에 요구하는 지급액이 과다해 회사의 경영상 어려움이 발생하거나 회사 존속 자체에 위기를 초래할 경우 지급의무를 제한할 수 있는 요건이다.

여 항쟁하는 것이 타당하다고 인정되는 경우'의 의미 및 제1심이 인용한 청구액을 항소심이 그대로 유지한 경우, 피고가 항소심 절차에서 위 인용금액에 대하여 이행의무의 존부와 범위를 다툰 것이 이에 해당하는지 여부(원칙적 소극)

## Ⅰ 어떠한 임금이 통상임금에 속하는지 판단하는 기준

어떠한 임금이 통상임금에 속하는지는 그 임금이 소정근로의 대가로 근로자에게 지급되는 금품으로서 정기적·일률적·고정적으로 지급되는 것인지를 기준으로 객관적인 성질에 따라 판단하여야 한다.

## Ⅱ 근로계약에서 정한 휴식시간이나 수면시간이 근로시간에 속하는지 휴게시간에 속하는지 판단하는 기준

근로계약에서 정한 휴식시간이나 수면시간이 근로시간에 속하는지 휴게시간에 속하는지는 특정 업종이나 업무의 종류에 따라 일률적으로 판단할 것이 아니다. 이는 근로계약의 내용이나 해당 사업장에 적용되는 취업규칙과 단체협약의 규정, 근로자가 제공하는 업무의 내용과 해당 사업장에서의 구체적 업무 방식, 휴게 중인 근로자에 대한 사용자의 간섭이나 감독 여부, 자유롭게 이용할 수 있는 휴게 장소의 구비 여부, 그 밖에 근로자의 실질적 휴식을 방해하거나 사용자의 지휘·감독을 인정할 만한 사정이 있는지와 그 정도 등 여러 사정을 종합하여 개별 사안에 따라 구체적으로 판단하여야 한다.

## Ⅲ 구(舊) 근로기준법 제56조에 따라 휴일근로수당을 지급하여야 하는 휴일근로에 단체협약이나 취업규칙 등에 의하여 휴일로 정하여진 날의 근로가 포함되는지 여부 및 휴일로 정하였는지 여부를 판단하는 기준

구(舊) 근로기준법(2018.3.20. 법률 제15513호로 개정되기 전의 것) 제56조에 따라 휴일근로수당으로 통상임금의 100분의 50 이상을 가산하여 지급하여야 하는 휴일근로에는 같은 법 제55조 소정의 주휴일 근로뿐만 아니라 단체협약이나 취업규칙 등에 의하여 휴일로 정하여진 날의 근로도 포함된다. 그리고 휴일로 정하였는지는 단체협약이나 취업규칙 등에 있는 휴일 관련 규정의 문언과 그러한 규정을 두게 된 경위, 해당 사업장과 동종 업계의 근로시간에 관한 규율 체계와 관행, 근로제공이 이루어진 경우 실제로 지급된 임금의 명목과 지급금액, 지급액의 산정 방식 등을 종합적으로 고려하여 판단하여야 한다.

Ⅳ 통상임금에 포함되는 급여 항목을 변경 또는 추가하여 법정수당 청구금액을 확장한 경우, 소멸시효 중단의 효력발생 범위

하나의 채권 중 일부에 관하여만 판결을 구한다는 취지를 명백히 하여 소송을 제기한 경우에는 소제기에 의한 소멸시효 중단의 효력이 그 일부에 관하여만 발생하고, 나머지 부분에는 발생하지 아니하나, 소장에서 청구의 대상으로 삼은 채권 중 일부만을 청구하면서 소송의 진행경과에 따라 장차 청구금액을 확장할 뜻을 표시하고 당해 소송이 종료될 때까지 실제로 청구금액을 확장한 경우에는 소제기 당시부터 채권 전부에 관하여 판결을 구한 것으로 해석되므로, 이러한 경우에는 소제기 당시부터 채권의 동일성의 범위 내에서 그 전부에 관하여 재판상 청구로 인한 시효중단의 효력이 발생한다.

근로자가 소제기 당시 통상임금이 잘못 산정되었음을 전제로 근로기준법상 통상임금을 기준으로 지급하여야 하는 법정수당의 일부를 청구하면서 장차 청구금액을 확장할 뜻을 표시하였고, 이후 소송의 진행경과에 따라 통상임금에 포함되는 급여 항목을 변경 또는 추가하여 법정수당 청구금액을 확장한 경우, 소제기 당시부터 청구한 법정수당 전부에 관하여 시효중단의 효력이 발생한다.

Ⅴ 노사가 정기상여금을 통상임금에서 제외하기로 합의하고 이를 전제로 임금수준을 정한 경우, 근로자가 정기상여금을 통상임금에 포함하여 산정한 추가 법정수당을 청구하는 것이 신의성실의 원칙에 위반되는지 여부 및 근로자의 추가 법정수당 청구가 사용자에게 중대한 경영상의 어려움을 초래하거나 기업의 존립을 위태롭게 하여 신의성실의 원칙에 위반되는지는 신중하고 엄격하게 판단하여야 하는지 여부

노사 합의에서 정기상여금은 그 자체로 통상임금에 해당하지 아니한다는 전제로, 정기상여금을 통상임금 산정기준에서 제외하기로 합의하고 이를 전제로 임금수준을 정한 경우, 근로자 측이 정기상여금을 통상임금에 가산하고 이를 토대로 추가적인 법정수당의 지급을 구함으로써, 사용자에게 새로운 재정적 부담을 지워 중대한 경영상의 어려움을 초래하거나 기업의 존립을 위태롭게 하는 것은 정의와 형평 관념에 비추어 신의에 현저히 반할 수 있다.

다만, 근로관계를 규율하는 강행규정보다 신의칙을 우선하여 적용할 것인지를 판단할 때에는 근로조건의 최저기준을 정하여 근로자의 기본적 생활을 보장·향상하고자 하는 근로기준법 등의 입법 취지를 충분히 고려할 필요가 있다. 또한 기업을 경영하는 주체는 사용자이고, 기업의 경영상황은 기업 내·외부의 여러 경제적·사회적 사정에 따라 수시로 변할 수 있으므로, 통상임금 재산정에 따른 근로자의 추가 법정수당 청구를 중대한 경영상의 어려움을 초래하거나 기업 존립을 위태롭게 한다는 이유로 배척한다면, 기업 경영에 따른 위험을 사실상 근로자에게 전가하는 결과가 초래될 수 있다. 따라서 근로자의 추가 법정수당 청구가 사용자에게 중대한 경영상의 어려움을 초래하거나 기업의 존립을 위태롭게 하여 신의칙에 위반되는지는 신중하고 엄격하게 판단하여야 한다.

## Ⅵ 대상판결의 의의[22)]

이번 대법원 판결은 '정기상여금'의 '통상임금성' 및 '통상임금 신의칙' 항변의 인용여부를 신중하고 엄격하게 판단해야 한다고 판시함으로 종래의 대법원의 판례흐름을 재확인 한 점에서 그 의의가 있다. 이는 2019.2. 〈시영운수 사건〉을 시작으로 한진중공업, 한국공작기계 사건 등에서도 신의칙을 배척하였다. 다만, 2013.12. 〈갑을오토텍 사건〉에서 정기상여금을 통상임금에 가산하고 이를 토대로 추가 법정수당의 지급을 구하는 사건에서 추가 법정수당 청구가 신의칙에 위배되어 받아들일 수 없다고 판시한 이후, 최근 드물게 완성차 업계 전반에 장기간 경영난이 심각해지면서 〈한국지엠 사건〉[23)]과 〈쌍용자동차 사건〉[24)]에서 두 회사의 존립자체가 위태롭다는 점에서 신의칙을 인정한 판결이 있었다.[25)]

또한 이번 대법원 판결은 ⅰ) 생산직 근로자의 근무시간 중 10~15분의 휴게시간이 그 명목에도 불구하고 근로시간에 해당할 수 있다는 점, ⅱ) 구(舊) 근로기준법상 휴일근로수당을 지급하여야 하는 휴일에 토요일과 같이 단체협약상 휴일로 정한 날의 근로도 포함된다는 점, ⅲ) 통상임금에 포함되는 개별 급여 항목에 관한 주장을 변경하더라도 '법정수당 청구의 소멸시효 중단효'는 소제기 당시 청구를 예정하고 있는 법정수당 전부에 미친다는 점을 분명히 하였다는 점에서 의미가 있다.

memo

---

22) 이승길 아주대학교 법학전문대학원 교수, 포커스
23) 대판 2020.7.9. 2015다71917
24) 대판 2020.7.9. 2017다7170
25) 이승길 아주대학교 법학전문대학원 교수, "쌍용자동차 및 한국지엠의 통상임금 신의칙 사건"

## 주요 판례 05

### [통상임금 5] 업적연봉, 조사연구수당·조직관리수당, 가족수당 중 본인분이 통상임금에 포함되는지 여부 (대판 2021.6.10. 2017다52712)

---

**사실관계** | **한국지엠 사건**

가. 피고회사의 전·현직 직원들인 원고(사무직 1,482명)들은 2007년에 업적연봉, 조사연구수당·조직관리수당, 가족수당 중 본인분 등을 통상임금에서 제외한 것은 근로기준법에 위반된다고 주장하였다. 그러면서 위 각 수당을 포함하여 계산한 시간외 근로수당, 연월차수당과 기지급금 사이의 차액 지급을 청구한 재상고심 사건이다.

나. 참고로, 피고회사는 2000년에서 2002년 사이 연봉제를 도입하면서 일률적으로 지급해 온 상여금을 인사평가에 따라 금액이 달라지는 업적연봉 형태로 전환했다. 근로자들은 월 기본급의 700%를 다음 해에 12개월로 나눠서 업적연봉 형태로 받게 됐는데, 이 금액을 포함해 조사연구수당 등이 통상임금에서 제외되자, 2007년 소송을 제기하였다. 피고회사는 근로자의 임금체계를 개편하면서 성과연봉제를 도입하였는데, 직급에 따라 조사연구수당·조직관리수당, 가족수당도 지급하였다. 업적연봉은 사무직 근로자를 대상으로 한 연봉제의 시행과 함께 도입되었는데, 업적연봉을 포함한 연봉제의 시행방법 등과 관련하여 피고회사는 사무직 근로자의 개별적 동의를 받는 방식으로 진행되었으며, 업적연봉은 월 기본급의 700% 및 전년도 인사평가 등급에 따라 결정된 인상분을 합한 금액으로 정하고, 12개월로 나누어 매월 지급하였다. 업적연봉 중 월 기본급의 700%는 전년도 인사평가 결과와 관계없이 고정적으로 지급하되, 전년도 인사평가 등급에 따라 A등급 100%, B등급 75%, C등급 50%, D등급 25%, E등급은 0%를 인상분으로 추가 지급받는 형식이다. 피고회사는 신규 입사 근로자에게도 월 기본급의 700%인 업적 연봉을 지급해왔다.

---

**판시사항**

[1] 업적연봉, 조사연구수당·조직관리수당, 가족수당 중 본인분이 통상임금에 포함되는지 여부(적극)

[2] 통상임금에서 제외하기로 하는 노사합의가 없는 임금('업적연봉')에 대해서 근로자가 이를 통상임금에 가산하고 이를 토대로 추가적인 법정수당의 지급을 청구하는 것이 신의칙에 반한다고 볼 수 있는지 여부(소극)

## Ⅰ 업적연봉, 조사연구수당 · 조직관리수당, 가족수당 중 본인분이 통상임금에 포함되는지 여부

### 1. 업적연봉의 통상임금 포함 여부

업적연봉은 비록 전년도 인사평가 결과에 따라 그 인상분이 달라질 수 있기는 하지만, 일단 전년도 인사평가 결과를 바탕으로 한 인상분이 정해질 경우 월 기본급의 700%에 그 인상분을 더한 금액이 해당 연도의 근무실적과는 관계없이 해당 연도 근로의 대가로 액수 변동 없이 지급되는 것으로서, 근로자가 소정근로를 제공하기만 하면 그 지급이 확정된 것이라고 볼 수 있어, 모두 정기적 · 일률적으로 지급되는 고정적인 임금인 통상임금에 해당한다. 그리고 업무 외의 상병으로 인한 휴직자에게는 업적연봉이 지급되지 아니하나, 이는 해당 근로자의 개인적인 특수성을 고려하여 지급 여부에 차등을 둔 것에 불과하므로, 그러한 사정만을 들어 업적연봉의 통상임금 성을 부정할 것은 아니다. 그리고 피고회사에서 시간외근로수당을 별도로 지급하고 있는 이상, 업적연봉에 시간외근로에 대한 대가가 이미 포함되었다고 볼 수는 없다.

### 2. 조사연구수당 · 조직관리수당의 통상임금 포함 여부

조사연구수당이나 조직관리수당과는 별개로 해당 근로자가 조사, 연구, 세미나 참석 등에 필요한 경비를 외근대장에 기재하는 방식으로 청구하면 피고회사가 이를 지급한 사실이 인정되므로, 조사연구수당, 조직관리수당을 실비 변상적인 금품으로 볼 수는 없다. 더구나 조사연구수당과 조직관리수당은 매년 연봉이 정해질 때 1년 치 금액이 함께 확정되는 것으로서, 근로자들이 실제로 지출한 금액을 피고회사가 보전해주는 것이 아니다.

### 3. 가족수당 중 본인분의 통상임금 포함 여부

가족수당은 회사에게 그 지급의무가 있는 것이고, 일정한 요건에 해당하는 근로자에게 일률적으로 지급되어 왔다면, 이는 임의적 · 은혜적인 급여가 아니라 근로에 대한 대가의 성질을 가지는 것으로서 임금에 해당한다. 피고회사의 가족수당 중 본인분은 일정한 요건에 해당하는 근로자에게 정기적 · 일률적으로 지급되어 왔으므로 근로의 대가 또는 근로의 제공과 밀접하게 관련된 급여로서 통상임금이고, 피고회사의 주장과 같이 이를 복리 후생적 차원에서 지급되는 금품으로 볼 수 없다.

## Ⅱ 통상임금에서 제외하기로 하는 노사합의가 없는 임금('업적연봉')에 대해서 근로자가 이를 통상임금에 가산하고 이를 토대로 추가적인 법정수당의 지급을 청구하는 것이 신의칙에 반한다고 볼 수 있는지 여부

단체협약 등 노사합의의 내용이 근로기준법의 강행규정을 위반하여 무효인 경우에, 그 무효를 주장하는 것이 신의칙에 위배되는 권리의 행사라는 이유로 이를 배척한다면 강행규정으로 정한 입법 취지를 몰각시키는 결과가 될 것이므로, 그러한 주장은 신의칙에 위배된다고 볼 수 없음이 원칙이다. 다만, 신의칙을 적용하기 위한 일반적인 요건을 갖추고 근로기준법의 강행규정성에도 불구하고 신의칙을 우선하여 적용할 만한 특별한 사정이 있는 예외적인 경우에 한하여 그 노사합의의 무효를 주장하는 것은 신의칙에 위배되어 허용될 수 없다는 것이 판례의 태도이다. 노사가 협의하여 정기상여금은 통상임금에 해당하지 않는다는 것을 전제로 정기상여금을 통상임금 산정 기준에서 제외하기로 합의하고 이에 기초하여 임금수준을 정한 경우, 근로자가 정기상여금을 통상임금에 가산하고 이를 토대로 추가적인 법정수당의 지급을 청구함으로써 사용자에게 과도한 재정적 부담을 지워 중대한 경영상 어려움을 초래하거나 기업의 존립을 위태롭게 하는 것은 신의칙에 반할 수 있다. 그러나 통상임금에서 제외하기로 하는 노사합의가 없는 임금에 대해서는 근로자가 이를 통상임금에 가산하고 이를 토대로 추가적인 법정수당의 지급을 청구하더라도 신의칙에 반한다고 볼 수 없다. 업적연봉은 기존의 정기상여금에서 유래한 것이기는 하나, 피고회사의 임금체계, 지급액 결정 구조, 지급 방법 등을 고려하면, 이를 정기상여금과 동일한 것으로 보기 어렵고, 이는 사무직 근로자를 대상으로 한 연봉제의 시행과 함께 도입되었는데, 업적연봉을 포함한 연봉제의 시행은 사무직 근로자의 개별적 동의를 받는 방식으로 진행되었을 뿐 이와 관련한 노사 간 협의가 존재하지 않았고, 당시 원고들을 포함한 사무직 근로자들은 노동조합에 가입되어 있지도 않았던 사정 등에 비추어 보면, 업적연봉을 통상임금에서 제외하는 노사합의가 존재한다고 볼 수 없으며, 업적연봉을 통상임금에서 제외하는 노사관행이나 묵시적 합의가 있는 것으로 볼 수도 없다는 이유로 업적연봉을 통상임금에 포함시켜 추가 법정수당을 구하는 원고들의 청구가 신의칙에 반한다는 피고의 주장을 배척한 원심판결에 통상임금과 신의칙에 관한 법리를 오해한 잘못이 없다.

## Ⅲ 대상판결의 의의[26]

이번 대상판결인 '한국지엠 사건'에서 업적연봉 등이 통상임금에 해당되는지, 업적연봉을 통상임금에 포함하여 계산한 추가 법정수당의 지급청구가 신의칙에 반하는지 여부가 쟁점이 되었다. 결론은 인사평가에 따라 근로자마다 다르게 지급되는 업적연봉도 매월 정기적으로 지급되기 때문에 통상임금이다. 전년도 근무성적에 따라 12개월에 나눠 받는 업적연봉을 통상임금으로 판단한 것이다. 또한 통상임금에서 제외하기로 하는 노사합의가 없는 임금('업적연봉')에 대해서는 근로자가 이를 통상임금에 가산하고 이를 토대로 추가적인 법정수당의 지급을 청구하더라도 신의칙에 반한다고 볼 수 없다고 판시하고 있다. 대법원이 업적연봉의 통상임금 신의칙의 항변을 인용하는지 여부를 신중하고 엄격하게 판단해야 함을 재확인했다는 점에서 의미를 부여할 수 있다. 종전 대법원 판례의 추세도 2019년 2월 시영운수 사건을 시작으로 한진중공업, 한국공작기계 사건 등에서 신의칙을 배척하였고, 대법원의 엄격한 기준 적용에 하급심에서도 신의칙의 적용에 소극적이었다. 다만, 이번 대상판결과 관련해 종전 한국지엠의 근로자들이 회사 측을 상대로 낸 임금청구 소송 사건에서 정기상여금에 대해 회사 측의 이른바 신의칙의 항변을 첫 번째로 받아들였던 것과 상이한 판결이 내려진 셈이다. 당시 대법원 판결은 정기상여금 부분과 관련해 당시 완성차 업계 전반에 걸쳐 장기간 경영난이 심각한 회사의 존립 자체가 위태롭다는 점에서 신의칙을 인정한 판결이 다른 기업의 사례에 영향을 미칠지는 미지수라고 지적했었다.[27]

---

26) 이승길 아주대학교 법학전문대학원 교수, 포커스
27) 대판 2020.6.25. 2015다61415

## 주요 판례 06

### [통상임금 6] 명절상여금이 통상임금에 포함되는지 여부[28]

(대판 2021.12.16. 2016다7975)

---

**사실관계** **주식회사 현대중공업 사건**

가. 피고 회사(현대중공업)는 울산에 근로자 수가 3만 8,000명인 조선업을 하고 있다. 여기에 피고의 근로자인 원고들(10명)은 피고 회사를 상대로 2012년 명절상여금을 통상임금에 포함해 재산정한 법정수당(연장·야간·휴일근로수당)과 퇴직금 등의 차액을 청구하였다.

나. 피고 회사는 원고들을 비롯한 소속 근로자에게 상여금을 지급해 왔다. 피고 회사의 단체협약에서는 피고 회사가 조합원에게 상여금을 지급한다고 정하고, 지급률과 지급시기 등 세부사항은 따로 정하도록 하였다. 피고 회사의 2012년 급여세칙은 상여금에 관하여 다음과 같이 정하고 있다. 상여금의 연간 지급률은 800%로 하되, 2월, 4월, 6월, 8월, 10월, 12월 말에 100%씩 합계 600%의 기간상여금을, 설날과 추석에 각각 50%의 명절상여금을, 12월 말에 100%의 연간상여금을 지급한다. 상여금 적용일수는 기간상여금이 지급월 전월 2개월, 연간상여금이 전년도 12월부터 당해연도 11월까지, 명절상여금은 이전 명절상여금 지급일 이후부터 다음 지급일까지이다. 퇴직자에 대한 상여금은 적용대상 기간 동안 근무분에 대해서 일할 계산하여 지급한다.

다. 급여세칙이 정하는 명절상여금은 2011년부터 신설되어 지급되기 시작한 것으로서, 그 이전까지 상여금은 명절상여금을 제외한 700%였다.

라. 피고 회사는 원고들에게 이 사건 상여금이 통상임금에 포함되지 않는 것으로 보고, 이를 제외하고 계산한 연장·야간·휴일근로수당 등 법정수당을 지급하였다.

---

**판시사항**

임금명절상여금이 통상임금에 해당하는지 여부(적극) 및 원고들의 청구가 신의칙에 위배되는지 여부(소극)

---

[28] 편저자 주 : 통상임금 사건에서 사실상 신의성실의 원칙을 적용할 수 없도록 한 2013년 대법원 전원합의체 판단을 수정했다는 평가를 받는 판결이다.

## ☐ 명절상여금이 통상임금에 해당하는지 여부

특정 임금 항목이 근로자가 소정근로를 했는지 여부와 상관없이 특정 시점에 재직 중인 근로자에게만 지급하는 임금인지를 판단할 때에는, 그에 관한 근로계약이나 단체협약 또는 취업규칙 등 규정의 내용, 사업장 내 임금 지급 실태나 관행, 노사의 인식 등을 종합적으로 고려해서 판단해야 한다(대판 2013.12.18. 2012다94643 전합; 대판 2020.4.29. 2018다303417 참조). 그리고 특정 시점이 되기 전에 퇴직한 근로자에게 특정 임금 항목을 지급하지 않는 관행이 있더라도, 단체협약이나 취업규칙 등이 그러한 관행과 다른 내용을 명시적으로 정하고 있으면 그러한 관행을 이유로 해당 임금 항목의 통상임금성을 배척함에는 특히 신중해야 한다.

원심판결 이유와 기록에서 알 수 있는 다음과 같은 사정을 위 법리에 비추어 살펴보면, 명절상여를 소정근로 여부와 상관없이 특정 시점에 재직 중인 근로자에게만 지급하는 임금이라고 볼 수 없다. 피고는 1994년경부터 중도퇴직자에게 상여금을 일할 계산해서 지급하기 시작하였고, 피고의 2012년 급여세칙은 명절상여를 포함해서 이 사건 상여금을 지급일 이전 퇴직자에게도 근무일수에 비례하여 일할 지급한다는 것을 명시하고 있다. 피고 사업장에서 근로자 개인 또는 노동조합이 지급일 그 밖의 특정 시점 이전에 퇴사함으로써 명절상여를 받지 못한 근로자에게도 근무일수에 상응하는 명절상여를 지급할 것을 요구하거나 이의를 제기하지 않았다는 사정만으로 급여세칙 등 취업규칙이 정한 명절상여의 퇴직자 일할 지급 규정이 효력을 상실하였다거나 다른 내용으로 변경되었다고 단정할 수 없다. 피고가 노동조합과 묵시적 합의 또는 관행에 따라 퇴직한 근로자에게는 명절상여를 지급하지 않았다는 근거로 내세우는 자료는 모두 품의서, 지급안 등과 같이 피고 내부적으로 작성한 자료에 불과하다. 피고가 퇴직한 근로자에게 명절상여를 지급하지 않는다는 사정을 공지하거나 근로자가 이러한 사정을 분명하게 인식하고 있었다고 볼 자료도 없다. 설령 피고 사업장에서 퇴직자에게 명절상여를 지급하지 않는 관행이 있었다고 하더라도, 그와 같은 일시적 관행이 있었다는 사정만으로 그것이 개별 근로자의 근로계약 내용이 되거나 근로관계를 규율하는 규범으로 확립되어 있었다고 보기 어렵다.

그런데도 원심은 명절상여가 소정근로 여부와 상관없이 특정 시점에 재직 중인 근로자에게만 지급하는 임금으로서 통상임금에 해당하지 않는다고 판단하였다. 원심판결에는 통상임금에 관한 법리를 오해하여 판결에 영향을 미친 잘못이 있다. 이를 지적하는 상고이유 주장은 정당하다.

## ☐ 원고들의 청구가 신의칙에 위배되는지 여부

민법 제2조 제1항은 신의칙에 관하여 "권리의 행사와 의무의 이행은 신의에 좇아 성실히 하여야 한다."라고 정하고 있다. 신의칙은 법률관계의 당사자가 상대방의 이익을 배려하여 형평에 어긋나거나 신의를 저버리는 내용 또는 방법으로 권리를 행사하거나 의무를 이행해서는 안 된다는 추상적 규범으로서 법질서 전체를 관통하는 일반원칙으로 작용하고 있다. 신의칙에 반한다는 이유로 권리의 행사를 부정하기 위해서는 상대방에게 신뢰를 제공하였다거나 객관적으로 보아 상대방이 신뢰를 하는 데 정당한 상태에 있어야 하고, 이러한 상대방의 신뢰에 반하여 권리를 행사하는 것이 정의관념에 비추어 용인될 수 없는 정도의 상태에 이르러야 한다(대판 2003.4.22. 2003 다2390·2406; 대판 2021.6.10. 2017다52712 참조).

단체협약 등 노사합의의 내용이 근로기준법의 강행규정을 위반하여 무효인 경우에 그 무효를 주장하는 것이 신의칙에 위배되는 권리의 행사라는 이유로 이를 배척한다면, 강행규정으로 정한 입법 취지를 몰각시키는 결과가 되므로, 그러한 주장은 신의칙에 위배된다고 볼 수 없음이 원칙이다. 그러나 노사합의의 내용이 근로기준법의 강행규정을 위반한다는 이유로 노사합의의 무효 주장에 대하여 예외 없이 신의칙의 적용이 배제되는 것은 아니다. 위에서 본 신의칙을 적용하기 위한 일반적인 요건을 갖춤은 물론 근로기준법의 강행규정성에도 불구하고 신의칙을 우선하여 적용할 만한 특별한 사정이 있는 예외적인 경우에 한하여 그 노사합의의 무효를 주장하는 것이 신의칙에 위배되어 허용될 수 없다.

노사합의에서 정기상여금은 그 자체로 통상임금에 해당하지 않는다는 전제에서 정기상여금을 통상임금 산정 기준에서 제외하기로 합의하고 이를 기초로 임금수준을 정한 경우, 근로자 측이 정기상여금을 통상임금에 가산하고 이를 토대로 추가적인 법정수당의 지급을 구함으로써 사용자에게 예측하지 못한 새로운 재정적 부담을 지워 중대한 경영상의 어려움을 초래하거나 기업의 존립을 위태롭게 하는 것은 정의와 형평 관념에 비추어 신의에 현저히 반할 수 있다(대판 2013.12.18. 2012다89399 전합 참조).

다만, 근로관계를 규율하는 강행규정보다 신의칙을 우선하여 적용할 것인지를 판단할 때에는 근로조건의 최저기준을 정하여 근로자의 기본적 생활을 보장·향상시키고자 하는 근로기준법 등의 입법 취지를 충분히 고려할 필요가 있다. 기업을 경영하는 주체는 사용자이고 기업의 경영상황은 기업 내·외부의 여러 경제적·사회적 사정에 따라 수시로 변할 수 있다. 통상임금 재산정에 따른 근로자의 추가 법정수당 청구를 중대한 경영상의 어려움을 초래하거나 기업 존립을 위태롭게 한다는 이유로 배척한다면, 기업경영에 따른 위험을 사실상 근로자에게 전가하는 결과가 초래될 수 있다. 따라서 근로자의 추가 법정수당 청구가 사용자에게 중대한 경영상의 어려움을 초래하거나 기업의 존립을 위태롭게 하여 신의칙에 위배되는지는 신중하고 엄격하게 판단해야 한다(대판 2019.2.14. 2015다217287 참조).

통상임금 재산정에 따른 근로자의 추가 법정수당 청구가 기업에 중대한 경영상의 어려움을 초래하거나 기업 존립을 위태롭게 하는지는 추가 법정수당의 규모, 추가 법정수당 지급으로 인한 실질임금 인상률, 통상임금 상승률, 기업의 당기순이익과 그 변동추이, 동원 가능한 자금의 규모, 인건비 총액, 매출액, 기업의 계속성·수익성, 기업이 속한 산업계의 전체적인 동향 등 기업운영을 둘러싼 여러 사정을 종합적으로 고려해서 판단해야 한다. 기업이 일시적으로 경영상의 어려움에 처하더라도 사용자가 합리적이고 객관적으로 경영 예측을 하였다면 그러한 경영상태의 악화를 충분히 예견할 수 있었고 향후 경영상의 어려움을 극복할 가능성이 있는 경우에는 신의칙을 들어 근로자의 추가 법정수당 청구를 쉽게 배척해서는 안 된다.

## Ⅲ Ⅱ에 대한 사안의 적용

원심판결 이유와 기록에서 알 수 있는 다음과 같은 사정 등을 위 법리에 비추어 살펴보면, 원고들의 이 사건 청구가 신의칙에 위배된다고 볼 수 없다고 할 것이다.

피고의 매출액, 영업이익, 당기순이익 등 경영 지표는 2010년 이전부터 2013년경까지 전반적으로 양호하였다. 같은 기간 피고의 매출총이익률, 영업이익률, 당기순이익률은 2007년 이후 피고의 주된 제조분야인 선박 가격의 지속적 하락 등의 영향으로 감소 추세를 보였으나, 피고의 경영상태가 열악한 수준이었다고 보기 어렵다. 피고의 매출과 손익 등 경영상태는 2014년과 2015년 무렵 악화되었다. 그 원인은 2012년경부터 주요 수출처인 유럽의 경기 침체에 따른 수출량 감소, 중국 기업의 급속한 성장세에 따른 수출 점유율 하락, 동종업계의 경쟁 심화에 따른 수주 실적의 감소, 지속적인 유가 하락, 기존 선박 건조 계약의 취소 등으로 볼 수 있다.

그러나 이러한 경영상태의 악화는 피고가 예견할 수 없었던 사정이라고 보기 어렵다. 국내외 경제상황의 변동에 따른 위험과 불이익은 피고와 같이 오랫동안 대규모 사업을 영위해 온 기업이 예견할 수 있거나 부담해야 할 범위에 있고, 피고의 기업 규모 등에 비추어 극복할 가능성이 있는 일시적 어려움이라고 볼 수 있다. 실제로 피고는 2014년도 3분기 자체 경영실적 분석 자료에서 피고의 주된 영업부문인 조선, 해양, 플랜트의 향후 장기적인 수요가 증가할 것으로 전망하였고, 금융기관 역시 피고의 영업실적이 점차 나아질 것으로 전망하였다.

사실심 변론종결 당시를 기준으로 보면 통상임금 재산정에 따른 추가 법정수당 지급으로 피고에게 경영상 어려움이 가중될 여지가 있다. 통상임금 재산정 결과 피고 소속 근로자의 통상임금 상승률과 실질임금 인상률도 상당할 것으로 보인다. 그러나 피고가 부담할 것으로 예상되는 추가 법정수당액이 피고에게 중대한 경영상의 어려움을 초래하는지 여부는 사실심 변론종결 시라는 특정 시점에 국한한 피고의 경영상태만을 기준으로 볼 것이 아니라 기업운영을 둘러싼 여러 사정을 종합적으로 고려해서 판단해야 하는데, 추가 법정수당의 규모(소멸시효가 완성한 부분을 제외하고 휴일근로수당 중복할증을 하지 않은 것을 전제로 한다), 추가 법정수당의 연도별 총 인건비와 당기순이익 대비 비율, 피고의 사업 규모와 그동안의 매출, 영업이익, 당기순이익 등 손익의 추이 또는 경영성과의 누적 상태 등에 비추어 보면, 추가 법정수당의 지급으로 피고에게 중대한 경영상 위기가 초래된다거나 기업의 존립 자체가 위태롭게 된다고 인정하기 어렵다.

피고의 경영상태가 급격히 악화된 2014년은 원고들이 이 사건 소를 제기한 때부터 1년 이상 지난 다음이다. 원심으로서는 변론종결 당시 피고의 일시적인 경영악화만이 아니라, 기업의 계속성이나 수익성, 경영상 어려움을 예견하거나 극복할 가능성이 있는지도 고려해서 추가 법정수당 청구의 인용 여부를 판단했어야 한다.

그런데도 원심은, 피고가 추가로 부담하게 될 법정수당 총액이 4년 6개월간 약 6,300억원에 이른다는 등의 사정을 들어, 원고들의 청구가 신의칙에 위배되어 허용될 수 없다고 판단하였다. 원심판결에는 신의칙에 관한 법리를 오해하는 등으로 판결에 영향을 미친 잘못이 있다.

## Ⅳ 대상판결의 의의[29]

이번 대법원 판결은 지난 3월 '금호타이어 사건'의 대법원 판결과 마찬가지로 '일시적인 경영악화'를 이유로 추가 법정수당 청구를 쉽게 배척해서는 안 된다고 판결했다. 대법원은 신의칙 위반 여부를 판단할 때 일시적인 경영악화, 기업의 계속성과 수익성, 경영상 어려움을 예견하거나 극복할 가능성이 있는지를 따져야 한다는 4가지 근거를 제시했다. 이번 판결로 신의칙에 대한 구체적인 판단기준이 세워졌다고 할 것이다.

이번 대법원 판결은 구체적으로 피고 회사(현대중공업)의 근로자인 원고들의 상여금 등(명절상여금)을 통한 사건이었다. 이 사건에서 통상임금 재산정에 따른 근로자의 추가 법정수당 청구가 기업에 중대한 경영상의 어려움을 초래하거나 기업 존립을 위태롭게 하는지는 추가 법정수당의 규모, 추가 법정수당 지급으로 인한 실질임금 인상률, 통상임금 상승률, 기업의 당기순이익과 그 변동 추이, 동원 가능한 자금의 규모, 인건비 총액, 매출액, 기업의 계속성·수익성, 기업이 속한 산업계의 전체적인 동향 등 기업운영을 둘러싼 여러 사정을 종합적으로 고려해 판단해야 한다고 제시했다.

그런데 기업이 일시적으로 경영상의 어려움에 처하더라도 사용자가 합리적이고 객관적으로 경영 예측을 하였다면 그러한 경영상태의 악화를 충분히 예견할 수 있었고 향후 경영상의 어려움을 극복할 가능성이 있는 경우에는 신의칙을 들어 근로자의 추가 법정수당 청구를 쉽게 배척해서는 안 된다고 보았다. 이와 달리 원고들의 청구가 신의칙에 위배되어 허용될 수 없다고 판단한 원심판결을 파기환송하였다.

memo

---

29) 이승길 아주대학교 법학전문대학원 교수, 포커스

## 주요 판례 07

### [평균임금 1] 수습기간 종료 전 평균임금 산정방법
(대판 2014.9.4. 2013두1232)

**사실관계** **근로복지공단 사건**

가. 乙은 1987.5.13. 甲공사에 기관차운전공으로 입사하여 甲공사 나전광업소에서 수습공으로 근무하던 중 1987.8.2. 탈선차량 복구작업을 하다가 양쪽 하반신이 마비되는 장해를 입었고, 1992.6.30. 치료를 종결하고 산재법상 장해등급 1급 8호로 결정되어 현재까지 장해보상연금을 지급받아 오고 있다.

나. 근로복지공단은 수습기간 중 乙에 대하여 지급된 임금의 총액을 기초로 산정한 평균임금 5,228원이 사고 당시 나전광업소 소속 근로자의 통상임금 6,010원보다 적자 위 통상임금액을 乙의 최초 평균임금으로 산정하였고, 그 이후부터 위 평균임금을 기초로 하여 동종근로자의 평균임금 증감률에 따라 또는 매월노동통계조사보고서를 기준으로 증감한 금액을 평균임금으로 적용하여 현재까지 보험급여를 지급하고 있다.

다. 乙은 2011.1.경 근로복지공단에 '乙이 수습기간 중에 산업재해를 당하여 위와 같이 산정된 평균임금이 불합리하므로 乙과 같은 시기에 입사하여 수습기간을 마친 후 정규직으로 전환된 근로자들의 임금을 적용하는 방법으로 최초 평균임금을 정정해 달라'는 취지의 평균임금 정정신청 및 보험급여 차액청구를 하였으나, 근로복지공단은 2011.2.16. 현재 관계법령의 규정에 부합하지 않는다는 이유로 이를 불승인 및 부지급하는 처분을 하였다.

**판시사항**

근로기준법 시행령 제2조 제1항 제1호의 입법 취지와 적용범위 / 근로자가 수습을 받기로 하고 채용되어 근무하다가 수습기간이 끝나기 전에 평균임금 산정사유가 발생한 경우, 평균임금을 산정하는 기준 임금

## Ⅰ 수습기간 종료 전 평균임금 산정방법

### 1. 근로기준법 시행령 제2조 제1항 제1호의 취지

'수습기간과 그 기간 중에 지급된 임금은 평균임금 산정기준이 되는 기간과 임금의 총액에서 공제한다.'는 내용의 근로기준법 시행령 제2조 제1항 제1호는, 그 기간을 제외하지 않으면 평균임금이 부당하게 낮아짐으로써 결국 통상의 생활임금을 사실대로 반영함을 기본원리로 하는 평균임금 제도에 반하는 결과를 피하고자 하는 데 입법 취지가 있다.

### 2. 적용범위

그 적용범위는 평균임금 산정사유 발생일을 기준으로 그 전 3개월 동안 정상적으로 급여를 받은 기간뿐만 아니라 수습기간이 함께 포함되어 있는 경우에 한한다.

### 3. 수습기간 종료 전 평균임금 산정방법

근로자가 수습을 받기로 하고 채용되어 근무하다가 수습기간이 끝나기 전에 평균임금 산정사유가 발생한 경우에는 위 시행령과 무관하게 평균임금 산정사유 발생 당시의 임금, 즉 수습사원으로서 받는 임금을 기준으로 평균임금을 산정하는 것이 평균임금 제도의 취지 등에 비추어 타당하다.

## Ⅱ 사안의 적용

위 제반사정 등을 종합적으로 고려할 때, 구(舊) 근로기준법 시행령(1987.12.31. 대통령령 제12359호로 일부 개정되기 전의 것) 제2조 제3호는 평균임금을 산정하여야 할 사유가 발생하기 전 3개월 동안에 일부 수습기간이 포함되어 있는 경우에 적용되고, 乙과 같이 수습기간 중에 평균임금의 산정사유가 발생한 경우에는 평균임금 산정의 기본원리인 근로자의 통상 생활임금을 사실대로 반영하는 방법으로 평균임금을 산정할 수밖에 없을 것이다. 근로복지공단이 수습기간 중 乙에게 지급한 임금 총액을 기초로 산정한 평균임금은 5,228.65원인데 그 금액이 이 사건 사고 당시 乙이 근무한 甲공사 소속 근로자의 통상임금 6,010원에 못 미쳐 乙을 보호하기 위해 위 통상임금액을 乙의 최초 평균임금으로 결정한 것은 적법하다고 할 것이다.

## 주요 판례 ⑧

# [평균임금 2] 사납금 초과 수입금의 평균임금 산정기초액 포함 여부
### (대판 2007.7.12. 2005다25113)

### 사실관계

가. 甲택시회사는 도급제(일당도급제)를 채택하고 있었는데, 정부가 택시운송사업과 관련하여 사납금제를 폐지하고 운송수입금 전액을 택시회사에 납부하도록 하는 내용의 택시운송수입금 전액관리제를 시행하자, 甲택시회사는 1999.6.21. 甲택시회사의 노동조합과 임금협정을 맺었다.

나. 위 임금협정에 의하면, 근로자는 택시요금 미터기상의 운송수입금 전액을 甲택시회사에 입금하여야 하며, 甲택시회사는 근로시간 7시간 20분을 기준으로 한 사납금(기준 운송수입금)을 넘는 초과 수입금은 전액 근로자의 몫으로 하여 지급하기로 하되, 그와는 별도로 월 임금을 지급하기로 약정하였다.

다. 甲택시회사와 乙노동조합은 사납금 초과 수입금을 퇴직금 산정의 기초가 되는 평균임금에 포함시키지 아니한다는 임금협정을 하였으나 위 임금협정을 적용하여 산정한 퇴직금액이 근로자퇴직급여보장법 제8조 제1항이 보장한 하한에 미달하였다.

라. 甲택시회사는 소속 택시기사 丙이 퇴직하자, 위 임금협정에 따라 기준운송수입금 초과 수입금분을 평균임금에 포함시키지 아니한 채 산정한 퇴직금을 丙에게 지급하였다. 이에 丙은 기준운송수입금 초과금까지 평균임금에 포함시켜 산정된 퇴직금액과 지급받은 퇴직금액과의 차액을 甲택시회사에 청구하였다.

### 판시사항

[1] 운송회사의 운전사들이 운송수입금 중 사납금을 공제한 잔액을 운전사 개인의 수입으로 하여 온 경우, 그 사납금 초과 수입금이 임금에 해당하는지 여부(적극) 및 퇴직금 산정의 기초가 되는 평균임금에 포함되는지 여부(적극)

[2] 퇴직금 산정의 기초가 되는 평균임금은 근로자가 얻는 총수입 중 사용자가 관리 가능하거나 지배 가능한 부분에 한정되는지 여부(적극) 및 운송회사의 운전사들이 사납금 초과 수입금을 개인 수입으로 자신에게 직접 귀속시킨 경우 그 사납금 초과 수입금이 퇴직금 산정의 기초가 되는 평균임금에 포함되는지 여부(소극)

[3] 운송회사의 운전사들이 운송수입금 중 사납금을 초과하는 부분을 운송회사에 납부하였다가 다시 운송회사로부터 지급받은 경우, 그 사납금 초과 수입금이 퇴직금 산정의 기초가 되는 평균임금에 포함되는지 여부(적극)

[4] 평균임금에 포함될 수 있는 급여를 퇴직금 산정의 기초로 하지 아니하기로 하는 노사 간 합의에 따라 산정한 퇴직금액이 근로기준법이 보장한 하한에 미달하는 경우, 위 합의의 효력(무효)

제 02 편

**Ⅰ 사납금 초과 수입금이 임금에 해당하는지 여부 및 퇴직금 산정의 기초가 되는 평균임금에 포함되는지 여부**

운송회사가 그 소속 운전사들에게 매월 실제 근로일수에 따른 일정액을 지급하는 이외에 그 근로형태의 특수성과 계산의 편의 등을 고려하여 하루의 운송수입금 중 회사에 납입하는 일정액의 사납금을 공제한 잔액을 그 운전사 개인의 수입으로 하여 자유로운 처분에 맡겨 왔다면 위와 같은 운전사 개인의 수입으로 되는 부분 또한 그 성격으로 보아 근로의 대가인 임금에 해당한다 할 것이므로, 사납금 초과 수입금은 특별한 사정이 없는 한 퇴직금 산정의 기초가 되는 평균임금에 포함된다.

**Ⅱ 사납금 초과 수입금이 퇴직금 산정의 기초가 되는 평균임금에 포함되는지 여부**

평균임금 산정기간 내에 지급된 임금이라 하더라도, 퇴직금 산정의 기초가 되는 평균임금을 산출함에 있어서는, 사용자의 퇴직금 출연에 예측가능성을 기할 수 있게 하기 위하여 사용자가 관리 가능하거나 지배 가능한 부분이 아니면 그 범위에서 제외하여야 하므로 근로자들이 사납금 초과 수입금을 개인 수입으로 자신에게 직접 귀속시킨 경우, 그 개인 수입 부분의 발생 여부나 그 금액 범위 또한 일정하지 않으므로 운송회사로서는 근로자들의 개인 수입 부분이 얼마가 되는지 알 수도 없고, 이에 대한 관리가능성이나 지배가능성도 없다고 할 것이어서 근로자들의 개인 수입 부분은 퇴직금 산정의 기초인 평균임금에 포함되지 않는다.

**Ⅲ 총 운송수입금을 전부 회사에 납부하는 경우**

근로자들이 총운송수입금을 전부 운송회사에 납부하는 경우에는 근로자들이 사납금 초과 수입금을 개인 자신에게 직접 귀속시킨 경우와 달리, 운송회사로서는 사납금 초과 수입금의 발생 여부와 금액 범위를 명확히 확인·특정할 수 있어 사납금 초과 수입금을 관리하고 지배할 수 있다고 보아야 할 것이고, 운송회사가 추후에 근로자들로부터 납부 받은 사납금 초과 수입금 상당의 금원을 근로자들에게 지급하였다고 하여 달리 볼 것이 아니라 할 것이므로, 운송회사가 근로자들로부터 납부 받은 사납금 초과 수입금은 퇴직금 산정의 기초가 되는 평균임금에 포함되는 것으로 보아야 한다.

## Ⅳ 평균임금에 포함될 수 있는 급여를 퇴직금 산정의 기초로 하지 아니하기로 하는 노사 간 합의에 따라 산정한 퇴직금액이 근로기준법이 보장한 하한에 미달하는 경우, 위 합의의 효력

퇴직금에 관한 근로기준법의 규정은 사용자가 퇴직하는 근로자에게 지급하여야 할 퇴직금액의 하한을 규정한 것이므로, 노사 간에 급여의 성질상 근로기준법이 정하는 평균임금에 포함될 수 있는 급여를 퇴직금 산정의 기초로 하지 아니하기로 하는 별도의 합의가 있는 경우에 그 합의에 따라 산정한 퇴직금액이 근로기준법이 보장한 하한을 상회하는 금액이라면 그 합의가 구(舊) 근로기준법(2005.1.27. 법률 제7379호로 개정되기 전의 것) 제34조에 위반되어 무효라고 할 수는 없다. 그러나 만약 그 합의에 따라 산정한 퇴직금액이 근로기준법이 보장한 하한에 미달하는 금액이라면, 그 합의는 구(舊) 근로기준법 제34조에 위반되어 무효이다.

## Ⅴ 사안의 적용

위 제반사정 등을 종합적으로 고려할 때, 피고 회사는 원래 도급제(일당도급제)를 취하고 있었는데, 정부가 택시운송사업과 관련하여 사납금제를 폐지하고 운송수입금 전액을 택시회사에 납부하도록 하는 내용의 택시운송수입금 전액관리제를 시행하자, 피고 회사는 1999.6.21. 피고 회사의 노동조합과 임금협정을 맺은 사실, 위 임금협정에 의하면, 근로자는 택시요금 미터기상의 운송수입금 전액을 피고 회사에 입금하여야 하며, 피고 회사는 근로시간 7시간 20분을 기준으로 한 사납금(기준운송수입금)을 넘는 초과 수입금은 전액 근로자의 몫으로 하여 지급하기로 하되, 그와는 별도로 월 임금을 지급하기로 약정한 사실, 피고 회사와 노동조합은 사납금 초과 수입금을 퇴직금 산정의 기초가 되는 평균임금에 포함시키지 아니한다는 임금협정을 하였으나 위 임금협정을 적용하여 산정한 퇴직금액이 구(舊) 근로기준법 제34조 제1항이 보장한 하한에 미달하는 사실을 인정하고, 위 임금협정 중 사납금 초과 수입금의 퇴직금 불산입에 관한 부분은 무효라고 할 것이다.

## 주요 판례 ⑨

### [평균임금 3] 평균임금을 높이기 위한 의도적인 행위를 한 경우 평균임금 산정 방법
(대판 2009.10.15. 2007다72519)

**사실관계**

가. 피고 회사(이하 '甲택시회사'라 함)는 택시여객 자동차 운송사업 등을 목적으로 설립된 회사이고, 원고는 1980.11.10. 甲택시회사에 입사하여 2002.4.30.까지 피고 회사 소속 택시기사(이하 '乙이라 함)로 근무하다가 2002.5.1. 퇴직하였다.

나. 甲택시회사 소속 기사인 乙은 2002.4.10. 개인택시면허를 신청하여 2002.8.20. 개인택시면허를 취득하였는데, 乙이 甲택시회사에서 2002.5.1. 퇴직하기 직전인 2001.12.경부터 2002.4.경까지 납부한 월평균 사납금 초과 수입금의 액수는 그 이전인 2001.1.경부터 2001.11.경까지 납부한 월평균 사납금 초과 수입금 액수의 약 1.76배에 이르는 반면 甲택시회사에서 乙과 마찬가지로 사납금 초과 수입금을 甲택시회사에 납부한 노조원 중 乙과 근무조건이나 근무성과 면에서 비슷한 지위에 있던 다른 택시 운전기사들 4명이 2001.12.경부터 2002.4.경까지 납부한 월평균 사납금 초과 수입금의 액수는 그 이전인 2001.1.경부터 2001.11.경까지 납부한 월평균 사납금 초과 수입금 액수의 약 1.39배에 불과하였다.

다. 한편, 乙이 甲택시회사로부터 지급받은 임금항목은 기본급, 각종 수당, 상여금 등 부분과 사납금 초과 수입금 부분으로 구분되어 있었다.

**판시사항**

[1] 근로자에게 지급된 임금이 여러 항목으로 구성되어 있고 그러한 임금항목들 중 일부 항목이 근로자의 의도적인 행위로 퇴직에 즈음하여 통상의 경우보다 현저하게 많이 지급된 경우, 평균임금의 산정 방법

[2] 택시기사인 근로자가 퇴직금을 더 많이 받기 위하여 의도적으로 퇴직 직전 5개월 동안 평소보다 많은 사납금 초과 수입금을 납부한 사안에서, 근로자가 지급받은 임금의 항목들 중 사납금 초과 수입금 부분에 대하여는 의도적인 행위를 하기 직전 3개월 동안의 임금을 기준으로 평균임금을 산정하되 '의도적인 행위를 한 기간 동안의 동종 근로자들의 평균적인 사납금 초과 수입금의 증가율'을 곱하여 산출하고, 이를 제외한 나머지 임금 항목들에 대하여는 퇴직 전 3개월 동안 지급받은 임금총액을 기준으로 평균임금을 산정함이 적절하다고 한 사례

I 근로자에게 지급된 임금이 여러 항목으로 구성되어 있고 그러한 임금항목들 중 일부 항목이 근로자의 의도적인 행위로 퇴직에 즈음하여 통상의 경우보다 현저하게 많이 지급된 경우, 평균임금의 산정 방법

퇴직금제도는 근로자의 통상의 생활을 종전과 같이 보장하기 위한 것이므로 퇴직금 지급 사유가 발생하였을 때 그 지급하여야 할 금액의 산출 기초가 되는 '그 사유가 발생한 날 이전 3개월 동안에 그 근로자에 대하여 지급된 임금'이 특별한 사유로 인하여 통상의 경우보다 현저하게 많을 경우에도 이를 그대로 평균임금 산정의 기초로 삼는다면 이는 근로자의 통상의 생활을 종전과 같이 보장하려는 제도의 근본 취지에 어긋난다고 하지 않을 수 없고(대판 1995.2.28. 94다8631; 대판 1998.1.20. 97다18936 등 참조), 이러한 경우에는 퇴직 당시 근로자의 통상적인 생활임금을 사실대로 반영할 수 있는 합리적이고 타당한 다른 방법으로 그 평균임금을 따로 산정하여야 할 것이다.

근로자가 의도적으로 현저하게 평균임금을 높이기 위한 행위를 함으로써 근로기준법에 의하여 그 평균임금을 산정하는 것이 부적당한 경우에 해당하게 된 때에는 근로자가 그러한 의도적인 행위를 하지 않았더라면 산정될 수 있는 평균임금 상당액을 기준으로 하여 퇴직금을 산정하여야 할 것이고, 이러한 경우 평균임금은 특별한 사정이 없는 한 근로자가 의도적으로 평균임금을 높이기 위한 행위를 하기 직전 3개월 동안의 임금을 기준으로 하여 근로기준법 등이 정하는 방식에 따라 산정한 금액 상당이 된다 할 것이다(대판 1995.2.28. 94다8631; 대판 1998.1.20. 97다18936 등 참조).

그러므로 근로자에게 지급된 임금이 여러 항목으로 구성되어 있고 그러한 임금항목들 가운데 근로자의 의도적인 행위로 현저하게 많이 지급된 것과 그와 관계없이 지급된 임금항목이 혼재되어 있다면, 그중 근로자의 의도적인 행위로 현저하게 많이 지급된 임금 항목에 대해서는 그러한 의도적인 행위를 하기 직전 3개월 동안의 임금을 기준으로 하여 근로기준법이 정하는 방식에 따라 평균임금을 산정하여야 할 것이지만, 그와 무관한 임금항목에 대해서는 근로기준법에 정한 원칙적인 산정방식에 따라 퇴직 이전 3개월 동안의 임금을 기준으로 평균임금을 산정하여야 할 것이고, 나아가 근로자의 의도적인 행위로 현저하게 많이 지급된 임금항목에 대하여 위와 같이 그러한 의도적인 행위를 하기 직전 3개월 동안의 임금을 기준으로 하더라도, 만약 근로자가 이처럼 퇴직 직전까지 의도적인 행위를 한 기간 동안에 동일한 임금항목에 관하여 근로자가 소속한 사업 또는 사업장에서 동일한 직종의 근로자에게 지급된 임금수준이 변동되었다고 인정할 수 있는 경우에는 적어도 그러한 임금항목의 평균적인 변동수준 정도는 근로자의 의도적인 행위와 무관하게 이루어진 것으로 봄이 상당하므로 특별한 사정이 없는 한 이를 평균임금의 산정에 반영하는 것이 근로자의 퇴직 당시 통상의 생활임금을 사실대로 반영할 수 있는 보다 합리적이고 타당한 방법이 될 것이다.

## Ⅱ 사안의 적용

위 내용 및 사실관계 등을 종합적으로 고려할 때, 택시기사인 乙이 퇴직금을 더 많이 받기 위하여 의도적으로 퇴직 직전 5개월 동안 평소보다 많은 사납금 초과 수입금을 납부한 경우, 乙이 지급받은 임금의 항목들 중 평균임금을 높이기 위한 행위로 통상의 경우보다 현저하게 많아진 것은 사납금 초과 수입금 부분에 그치므로, 그 부분에 대하여는 의도적인 행위를 하기 직전 3개월 동안의 임금을 기준으로 평균임금을 산정하되 의도적인 행위를 한 기간 동안의 동종 근로자들의 평균적인 사납금 초과 수입금의 증가율을 곱하여 산출하고, 이를 제외한 나머지 임금 항목들에 대하여는 퇴직 전 3개월 동안 지급받은 임금총액을 기준으로 평균임금을 산정함이 적절하다고 할 것이다.

memo

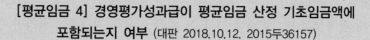

## 주요 판례 10

### [평균임금 4] 경영평가성과급이 평균임금 산정 기초임금액에 포함되는지 여부 (대판 2018.10.12. 2015두36157)

---

**사실관계** **한국감정원 사건**

가. 甲회사의 보수규정 제32조 제2항에서는 "성과상여금 중 150%는 2월 첫 영업일에 지급하며, 잔여 성과상여금은 정부산하기관 관리기본법 제11조의 규정에 의한 경영평가 결과가 공표된 날로부터 30일 이내에 전년도 성과에 따라 차등 지급한다."고 규정하고 있으며, 또한 보수규정 제33조 제3항에서는 "잔여 성과상여금의 지급대상 및 기준 등 구체적 사항은 경영계획 및 평가규정 제19조의 규정에 의한 내부경영평가편람에 따른다."라고 정하고 있다. 이와 같은 성과상여금과 관련하여 甲회사의 내부경영평가편람(2008년)에서는 잔여 성과상여금의 적용대상, 지급시기, 정부가 정한 성과급 지급률을 기초로 차등지급률을 산정하는 방법, 지급대상과 기준 등을 구체적으로 정하고 있다.

나. 구(舊) 정부산하기관 관리기본법 제11조 제1항은 일정한 요건에 해당하는 정부산하기관에 대해 주무기관의 장이 경영실적을 평가하도록 정하고 있었는데, 위 법률이 폐지되면서 제정 및 시행된 공공기관 운영법 제48조 제1항은 기획예산처 장관(現. 기획재정부 장관)이 공기업 및 준정부기관의 경영실적을 평가하도록 정하였다. 정부는 甲회사가 정부산하기관에 해당하는 기간 동안에는 구(舊) 정부산하기관 관리기본법에 의한 경영실적 평가결과에 따라, 공공기관 운영법 시행 이후에는 공공기관 운영법에 의한 경영실적 평가결과에 따라 甲회사에 적용되는 성과급 지급률을 정하였다.

다. 甲회사는 매년 정부가 정한 성과급 지급률을 기초로 보수규정과 내부경영평가편람에서 정한 기준과 계산방식에 따라 잔여 성과상여금을 산정하여 소속 직원들에게 지급하였는데, 甲회사는 2008년에도 정부가 정한 성과급 지급률을 기초로 보수규정과 내부경영평가편람에 따라 乙에게 2008.2.1. 성과상여금 2,068,500원을, 2008.7.16. 잔여 성과상여금 2,931,000원을 지급하였고, 乙이 사망한 이후 퇴직금을 지급할 때에도 위와 같이 지급한 성과상여금을 모두 포함하여 평균임금을 산정하였다.

라. 乙이 2008.11.8. 업무상 재해로 사망하자, 근로복지공단은 성과상여금을 제외하고 평균임금을 산정하여 乙의 아버지인 丙에게 유족급여 및 장의비를 지급하였는데, 丙은 근로복지공단을 상대로 평균임금 정정 및 보험급여차액 지급을 청구하였다.

---

**판시사항**

[1] 경영평가성과급이 계속적·정기적으로 지급되고 지급대상, 지급조건 등이 확정되어 있어 사용자에게 지급의무가 있는 경우, 평균임금 산정의 기초가 되는 임금에 포함되는지 여부(적극) 및 이때 경영실적 평가결과에 따라 그 지급 여부나 지급률이 달라질 수 있다는 이유만으로 근로의 대가로 지급된 것이 아니라고 볼 수 있는지 여부(소극)

[2] 乙이 甲회사에 입사하여 근무하던 중 업무상 재해로 사망하여 근로복지공단이 乙의 유족인 丙에게 유족급여 및 장의비를 지급하였는데, 丙이 근로복지공단을 상대로 평균임금을 산정할 때 성과상여금 등을 누락하였다면서 평균임금 정정 및 보험급여차액 지급을 청구한 사안에서, 甲회사가 정부가 정한 성과급 지급률을 기초로 보수규정과 내부경영평가편람에 따라 乙에게 지급한 잔여 성과상여금이 평균임금 산정의 기초가 되는 임금 총액에 포함된다고 본 원심판단이 정당하다고 한 사례

Ⅰ 경영평가성과급이 계속적·정기적으로 지급되고 지급대상, 지급조건 등이 확정되어 있어 사용자에게 지급의무가 있는 경우, 평균임금 산정의 기초가 되는 임금에 포함되는지 여부 및 이때 경영실적 평가결과에 따라 그 지급 여부나 지급률이 달라질 수 있다는 이유만으로 근로의 대가로 지급된 것이 아니라고 볼 수 있는지 여부

평균임금 산정의 기초가 되는 임금은 사용자가 근로의 대가로 근로자에게 지급하는 금품으로서, 근로자에게 계속적·정기적으로 지급되고 단체협약, 취업규칙, 급여규정, 근로계약, 노동관행 등에 의하여 사용자에게 그 지급의무가 지워져 있는 것을 말한다(대판 2001.10.23. 2001다53950 등 참조).

경영평가성과급이 계속적·정기적으로 지급되고 지급대상, 지급조건 등이 확정되어 있어 사용자에게 지급의무가 있다면, 이는 근로의 대가로 지급되는 임금의 성질을 가지므로 평균임금 산정의 기초가 되는 임금에 포함된다고 보아야 한다. 경영실적 평가결과에 따라 그 지급 여부나 지급률이 달라질 수 있다고 하더라도 그러한 이유만으로 경영평가성과급이 근로의 대가로 지급된 것이 아니라고 볼 수 없다.

Ⅱ 사안의 적용

위 내용 및 사실관계 등을 종합적으로 고려할 때, 망인에게 지급된 2008.2.1.자 성과상여금은 소외 회사의 보수규정에 그 지급시기, 지급액이 명확히 규정되어 있고, 2008.7.16.자 잔여 성과상여금도 보수규정에 지급대상과 지급시기, 지급액 확정조건이 명확히 규정되어 있으며, 실제 소외 회사는 위 규정에 따라 평가대상 기간에 근무한 근로자들에게 정기적, 계속적으로 성과상여금을 지급해 온 점 등을 종합하여 위 법리에 비추어 보면, 위 성과상여금은 모두 망인의 평균임금 산정의 대상이 되는 임금에 해당한다고 할 것이다.

또한 나아가 망인에 대한 평균임금은 위 법 규정대로 이를 산정하여야 할 사유가 발생한 날 이전 3개월 동안에 그 근로자에게 지급된 임금의 총액을 그 기간의 총일수로 나누어 산정하여야 하므로, 1년 단위로 2회 지급되는 위 성과상여금에 대하여는 망인의 사망 이전 1년 동안 실제 지급된 4,999,500원(2008.2.1.자 2,068,500원 + 2008.7.16.자 2,931,000원) 중 3개월 치(3/12)를 위 규정상 '3개월 동안 지급된 임금'으로 보아야 할 것이다.

Ⅲ 결론

따라서 甲회사가 2008년 무렵까지 乙에게 지급한 이 사건 잔여 성과상여금은 계속적·정기적으로 지급되고, 지급대상과 지급조건 등이 확정되어 있어 사용자에게 지급의무가 지워져 있으므로 근로의 대가로 지급되는 임금의 성질을 가진다고 보아야 하는바, 잔여 성과상여금이 평균임금 산정의 기초가 되는 임금 총액에 포함된다고 본다.

## 주요 판례 11

## [임금 1] 사무장병원의 운영과 관련하여 근로기준법상 임금 등의 지급 주체 여부
(대판 2020.4.29. 2018다263519)

### 사실관계

가. 원고(선정당사자) 및 선정자들은 별지 '선정당사자 및 선정자별 체불임금 내역'표 '입사일'란 기재 각 해당 일자부터 충남 서천군에 있는 ○○병원(이하 '○○병원'이라고 함)에서 근무하다가 같은 표 '퇴사일'란 기재 각 해당 일자에 퇴직하였으나, 같은 표 '2015.4. 임금', '2015.6. 임금', '2015.7. 임금', '2015.8. 임금'란 기재 각 해당 임금 합계인 같은 표 '합계'란 기재 각 해당 금액의 임금을 지급받지 못하였다.

나. 피고는 ○○병원의 실경영자로서 가항 기재와 같이 위 사업장에서 근로한 원고(선정당사자) 및 선정자들의 임금을 체불하였다는 근로기준법 위반 범죄사실로 2017.7.19. 징역 6월에 집행유예 2년의 유죄판결을 선고받았고, 이는 2017.7.27. 확정되었다.

다. 한편, 피고는 의사인 소외 3, 소외 1과, 의사가 아닌 피고가 소외 3과 소외 1을 고용하고 소외 1 명의로 의료기관을 개설하기로 공모하여, 2014.9.27. 무렵부터 소외 1 명의로 ○○병원의 의료기관 개설허가를 받아 그때부터 2015.8.28. 무렵까지 ○○병원을 운영하였다는 의료법위반 등 범죄사실로 2016.6.2. 징역 3년의 유죄판결을 선고받았고, 이에 양형부당을 이유로 항소하여 2016.10.4. 징역 3년에 집행유예 4년의 유죄판결을 선고받았으며, 이는 2016.10.12. 확정되었다.

라. 소외 1은 ○○병원에서 근무하다가 퇴직한 다른 근로자들의 2015년 4월분, 2014년 5월분, 2014년 6월분 임금을 체불하였다는 근로기준법위반의 범죄사실로 기소되었다.

### 판시사항

의료인이 아닌 사람이 의료인을 고용하여 그 명의를 이용하여 의료기관을 개설한 경우, 의료인 명의로 근로자와 근로계약이 체결되었더라도 의료인 아닌 사람과 근로자 사이에 실질적인 근로관계가 성립하면 의료인 아닌 사람이 근로자에 대하여 임금 및 퇴직금의 지급의무를 부담하는지 여부(적극) 및 이는 위와 같은 의료기관의 운영 및 손익 등이 의료인 아닌 사람에게 귀속되도록 하는 내용의 약정이 의료법 제33조 제2항 위반으로 무효인 경우에도 마찬가지인지 여부(적극)

Ⅰ 의료인이 아닌 사람이 의료인을 고용하여 그 명의를 이용하여 의료기관을 개설한 경우, 의료인 명의로 근로자와 근로계약이 체결되었더라도 의료인 아닌 사람과 근로자 사이에 실질적인 근로관계가 성립하면 의료인 아닌 사람이 근로자에 대하여 임금 및 퇴직금의 지급의무를 부담하는지 여부

근로기준법상 근로자에 해당하는지 여부는 계약의 형식과는 관계없이 실질에 있어서 임금을 목적으로 종속적인 관계에서 사용자에게 근로를 제공하였는지 여부에 따라 판단하여야 하고, 반대로 어떤 근로자에 대하여 누가 임금 및 퇴직금의 지급의무를 부담하는 사용자인가를 판단함에 있어서도 계약의 형식이나 관련 법규의 내용에 관계없이 실질적인 근로관계를 기준으로 하여야 한다(대판 1999.2.9. 97다56235; 대판 2012.5.24. 2010다107071·107088 등 참조).
의료인이 아닌 사람이 월급을 지급하기로 하고 의료인을 고용해 그 명의를 이용하여 개설한 의료기관인 이른바 '사무장 병원'에 있어서 비록 의료인 명의로 근로자와 근로계약이 체결되었더라도 의료인 아닌 사람과 근로자 사이에 실질적인 근로관계가 성립할 경우에는 의료인 아닌 사람이 근로자에 대하여 임금 및 퇴직금의 지급의무를 부담한다고 보아야 한다.

Ⅱ 위와 같은 의료기관의 운영 및 손익 등이 의료인 아닌 사람에게 귀속되도록 하는 내용의 약정이 의료법 제33조 제2항 위반으로 무효인 경우에도 마찬가지인지 여부

이는 이른바 사무장 병원의 운영 및 손익 등이 의료인 아닌 사람에게 귀속되도록 하는 내용의 의료인과 의료인 아닌 사람 사이의 약정이 강행법규인 의료법 제33조 제2항 위반으로 무효가 된다고 하여 달리 볼 것은 아니다.

Ⅲ 사안의 적용[30)]

위와 같은 사실관계를 앞서 본 법리에 비추어 살펴보면, ○○병원은 의료인이 아닌 피고가 의사인 소외 1의 명의를 빌려 개설한 이른바 사무장 병원에 해당하고, 원고 등은 형식적으로는 소외 1과 근로계약을 체결하였지만, 피고가 ○○병원을 실질적으로 운영하면서 원고 등을 직접 채용하고, 업무와 관련하여 원고 등을 구체적이고 직접적으로 지휘·감독하면서 직접 급여를 지급한 사정을 감안하면, 원고 등과 피고 사이에 실질적인 근로관계가 성립되었다고 봄이 타당한바, 따라서 피고가 원고 등에 대하여 임금 및 퇴직금 지급의무를 부담할 것이다.
이와 같이 원고 등과의 근로계약에 따른 임금 및 퇴직금 지급의무는 처음부터 피고에게 귀속되는 것이지 ○○병원의 운영과 손익을 피고에게 귀속시키기로 하는 소외 1과 피고 사이의 약정에 따른 것은 아니므로, 위 약정이 강행법규인 의료법 제33조 제2항에 위반되어 무효가 된다고 하더라도 피고가 원고 등에 대하여 임금 및 퇴직금 지급의무를 부담하는 데는 아무런 영향이 없다고 할 것이다.

---

30) 원심은 판시와 같은 이유로 피고는 원고 등에 대하여 근로계약에 따른 임금 및 퇴직금 지급의무를 부담하지 않는다고 보아 원고 등의 피고에 대한 임금 등 지급청구를 배척하였다(전주지법 2018.8.16. 2017나13482).

## 주요 판례 12

### [임금 2] 임금지급에 갈음한 채권양도
(대판 2012.3.29. 2001다101308)

---

**사실관계** / **주식회사 명신 사건**

가. 근로자 甲은 乙회사에 1995.11.6. 입사하여 2009.10.26. 퇴사하면서 퇴사 당시 乙회사로부터 임금 및 퇴직금 총 약 6,300만원을 지급받지 못하였다. 乙회사는 부도가 난 2009.10.28. 근로자 甲을 포함한 乙회사 소속 근로자 16명에게 乙회사의 위 근로자들에 대한 미지급 임금 및 퇴직금 채무와 관련하여 乙회사의 엔젤리너스 통영점 외 8개 점포에 대한 공사대금채권 총 약 290만원을 양도하였는데, 당시 근로자 甲이 근로자들을 대표하여 乙회사와 위 계약을 체결하였다.

나. 근로자 甲은 양도받은 채권 일부를 추심하여 미수령 임금 및 퇴직금 일부에 충당하였는데, 그 후 다시 乙회사를 상대로 미수령 임금 및 퇴직금 중 아직 변제받지 못한 부분의 지급을 구하였다.

---

**판시사항**

[1] 임금 지급에 갈음하여 사용자가 제3자에 대한 채권을 근로자에게 양도하는 약정의 효력(= 원칙적 무효) 및 위 약정이 '임금 지급을 위한 것'으로서 효력을 갖기 위한 요건

[2] 甲이 乙회사와 퇴사 당시 지급받지 못한 임금 및 퇴직금의 지급에 갈음하여 乙회사의 제3자에 대한 채권을 양도받기로 합의한 다음 양도받은 채권 일부를 추심하여 미수령 임금 및 퇴직금 일부에 충당하였는데, 그 후 다시 乙회사를 상대로 미수령 임금 및 퇴직금 중 아직 변제받지 못한 부분의 지급을 구한 사안에서, 위 채권양도 합의로 甲의 乙회사에 대한 임금 및 퇴직금청구채권이 소멸되었다고 본 원심판결에 법리오해의 위법이 있다고 한 사례

**I 임금 지급에 갈음하여 사용자가 제3자에 대한 채권을 근로자에게 양도하는 약정의 효력 및 위 약정이 '임금 지급을 위한 것'으로서 효력을 갖기 위한 요건**

임금은 법령 또는 단체협약에 특별한 규정이 있는 경우를 제외하고는 통화로 직접 근로자에게 그 전액을 지급하여야 한다(근로기준법 제43조 제1항). 따라서 사용자가 근로자의 임금 지급에 갈음하여 사용자가 제3자에 대하여 가지는 채권을 근로자에게 양도하기로 하는 약정은 그 전부가 무효임이 원칙이다. 다만 당사자 쌍방이 위와 같은 무효를 알았더라면 임금의 지급에 갈음하는 것이 아니라 그 지급을 위하여 채권을 양도하는 것을 의욕하였으리라고 인정될 때에는 무효행위 전환의 법리(민법 제138조)에 따라 그 채권양도 약정은 임금의 지급을 위하여 한 것으로서 효력을 가질 수 있다.

**II 사안의 적용**

위와 같은 사실관계를 앞서 본 법리에 비추어 살펴보면, 채권양도합의는 법령 또는 단체협약의 규정에 따른 것이라는 점이 밝혀지지 않는 한 그 전부가 무효임이 원칙이고, 다만 무효행위의 전환의 법리에 따라 위 채권양도가 근로자 甲의 임금 및 퇴직금의 지급을 위한 것으로서 인정될 수 있을 뿐이며, 위 채권양도 합의가 전부 무효라면 당연히, 그리고 무효행위 전환의 법리에 따라 임금 및 퇴직금의 지급을 위한 것으로 보는 경우에는 그 법리에 따라, 근로자 甲은 원래의 미수령 임금 및 퇴직금 중 아직 변제받지 못한 부분의 지급을 乙회사에 청구할 수 있다고 할 것이다.

memo

## 주요 판례 13

### [임금 3] 포괄임금제 하에서 근로기준법에 따른 연장근로수당, 휴일근로수당 산정방법 (대판 2019.8.14. 2018다244631)

**사실관계** **(주)한진 사건**

가. 甲회사는 乙노동조합과 사이에 실제 근로시간과 상관없이 연장근로수당은 월 110시간분을, 휴일근로수당은 월 20시간분을 고정적으로 지급하기로 약정하였다.

나. 그런데 상여금 등을 포함하여 재산정한 통상시급을 기초로 甲회사가 근로자 丙들에게 근로기준법에 따라 지급하여야 할 연장근로수당과 휴일근로수당을 산정하면서, 실제 근로시간과 관계없이 포괄임금제 약정에 따라 연장근로시간은 월 110시간을, 휴일근로시간은 실제 휴일근로시간이 월 20시간에 미달하는 경우라면 월 20시간을 기준으로 하여 산정하였다.

**판시사항**

[1] 근로기준법상 통상임금에 속하는 임금을 통상임금에서 제외하기로 하는 노사 간 합의의 효력(= **근로기준법의 기준에 미치지 못하는 범위에서 무효**)

[2] 노사 간에 실제 연장근로시간 또는 휴일근로시간과 관계없이 일정 시간을 연장근로시간 또는 휴일근로시간으로 간주하기로 합의한 경우, 실제 연장근로시간 또는 휴일근로시간이 합의한 시간에 미달하더라도 합의한 시간을 기준으로 연장근로수당 또는 휴일근로수당을 산정하여야 하는지 여부(**적극**)

[3] 甲회사가 乙노동조합과 실제 근로시간과 상관없이 연장근로수당은 월 110시간분을, 휴일근로수당은 월 20시간분을 고정적으로 지급하기로 하는 '보장시간제 약정'을 한 사안에서, 실제 근로시간과 보장된 약정 근로시간 중 어느 것을 기준으로 법정수당을 산정할 것인지에 관한 당사자의 주장은 법적 판단이나 평가에 해당하는 것이어서 자백의 대상이 되는 사실에 관한 진술이라 할 수 없으며, 상여금 등을 포함하여 재산정한 통상시급을 기초로 甲회사가 근로자인 丙 등에게 근로기준법에 따라 지급하여야 할 연장근로수당과 휴일근로수당은 보장시간제 약정에 따른 근로시간을 기준으로 산정하여야 한다고 본 원심판단을 수긍한 사례

Ⅰ 근로기준법상 통상임금에 속하는 임금을 통상임금에서 제외하기로 하는 노사 간 합의의 효력

근로기준법상 통상임금에 속하는 임금을 통상임금에서 제외하기로 하는 노사 간의 합의는 근로기준법의 기준에 미치지 못하는 범위에서 무효이다.

Ⅱ 노사 간에 실제 연장근로시간 또는 휴일근로시간과 관계없이 일정 시간을 연장근로시간 또는 휴일근로시간으로 간주하기로 합의한 경우, 실제 연장근로시간 또는 휴일근로시간이 합의한 시간에 미달하더라도 합의한 시간을 기준으로 연장근로수당 또는 휴일근로수당을 산정하여야 하는지 여부

근무형태나 근무환경의 특성 등을 감안하여 노사 간에 실제의 연장근로시간 또는 휴일근로시간과 관계없이 일정 시간을 연장근로시간 또는 휴일근로시간으로 간주하기로 합의하였다면 사용자로서는 근로자의 실제 연장근로시간 또는 휴일근로시간이 위 합의한 시간에 미달함을 이유로 근로시간을 다투는 것이 허용되지 않는다. 따라서 이러한 합의가 있는 경우 근로기준법상 통상임금을 기초로 구(舊) 근로기준법(2018.3.20. 법률 제15513호로 개정되기 전의 것) 제56조가 정한 기준에 따라 연장근로수당 또는 휴일근로수당을 산정할 때에는 실제의 연장근로시간 또는 휴일근로시간이 위 합의한 시간에 미달하더라도 합의한 시간을 기준으로 삼아야 한다(대판 2007.11.29. 2006다81523; 대판 2016.8.29. 2011다37858 등 참조).

Ⅲ 결론

따라서 상여금 등을 포함하여 재산정한 통상시급을 기초로 甲회사가 근로자 丙들에게 근로기준법에 따라 지급하여야 할 연장근로수당과 휴일근로수당을 산정하면서, 보장시간제 약정이 존재하던 기간 동안에는 ① 연장근로시간은 보장시간제 약정에 따라 월 110시간을, ② 휴일근로시간은 실제 휴일근로시간이 보장시간제 약정에 따른 월 20시간에 미달하는 경우라면 월 20시간을 각 기준으로 하여 산정한 연장근로수당과 휴일근로수당에 관한 법리를 오해한 위법이 없다고 판단된다.

## 주요 판례 14

### [임금 4] 사용자가 사용자 지위를 취득하기 전에 설정한 담보권과 최우선변제권
(대판 2011.12.8. 2011다68777)

**사실관계** **근로복지공단 사건**

丙은 자신의 부동산에 근저당권을 설정하고 甲협동조합으로부터 대출을 받았다. 丙은 乙회사를 설립하여 운영하다가 경영악화로 폐업하게 되었다. 乙회사의 근로자 丁은 근로복지공단으로부터 체당금(現 대지급금)으로 최종 3개월분의 임금을 지급받았다. 이후 丙의 부동산에 대하여 경매절차가 진행되자 근로복지공단이 근로자 丁에게 지급한 최종 3개월분의 임금채권에 대하여 대위행사를 주장하였다.

**판시사항**

최종 3개월분의 임금 채권이 사용자의 총재산에 대하여 사용자가 사용자 지위를 취득하기 전에 설정한 질권 또는 저당권에 따라 담보된 채권에도 우선하여 변제되어야 하는지 여부(적극)

---

Ⅰ **최종 3개월분의 임금 채권이 사용자의 총재산에 대하여 사용자가 사용자 지위를 취득하기 전에 설정한 질권 또는 저당권에 따라 담보된 채권에도 우선하여 변제되어야 하는지 여부**

근로기준법 제38조 제2항은 근로자의 최저생활을 보장하고자 하는 공익적 요청에서 일반 담보물권의 효력을 일부 제한하고 최종 3개월분의 임금과 재해보상금에 해당하는 채권의 우선변제권을 규정한 것이므로, 합리적 이유나 근거 없이 적용 대상을 축소하거나 제한하는 것은 허용되지 않는다. 그런데 근로기준법 제38조 제2항은 최종 3개월분의 임금 채권이 같은 조 제1항에도 불구하고 사용자의 총재산에 대하여 질권 또는 저당권에 따라 담보된 채권에 우선하여 변제되어야 한다고 규정하고 있을 뿐, 사용자가 사용자 지위를 취득하기 전에 설정한 질권 또는 저당권에 따라 담보된 채권에는 우선하여 변제받을 수 없는 것으로 규정하고 있지 않으므로, 최종 3개월분의 임금 채권은 사용자의 총재산에 대하여 사용자가 사용자 지위를 취득하기 전에 설정한 질권 또는 저당권에 따라 담보된 채권에도 우선하여 변제되어야 한다.

## Ⅲ 사안의 적용

위 내용 및 사실관계 등을 종합적으로 고려할 때, 기존 판례는 사용자가 재산을 특정승계 취득하기 전에 설정된 담보권에 대하여는 최종 3개월분의 임금 채권의 우선변제권을 인정할 수 없다는 견해를 취하고 있으나(대판 1994.1.11. 93다30938; 대판 2004.5.27. 2002다65905 등 참조), 이는 담보권자가 담보권설정자가 아닌 담보목적물 양수인이 지는 부담에 의하여 담보권을 침해당할 수 없음에 근거한 것이므로, 담보권이 설정된 재산이 이전되지 아니하고 단지 사용자 지위의 취득 시기가 담보권 설정 후인 이 사건에 위 판례가 원용될 수는 없다고 할 것이다.

따라서 이와 달리 사용자가 재산을 특정승계 취득하기 전에 설정된 담보권에 관한 위 판례 등을 근거로 근로복지공단이 대위행사하는 최종 3개월분의 임금 채권은 소외인이 乙회사의 사용자가 되기 전에 설정한 이 사건 근저당권에 따라 담보된 채권에 대하여 우선변제권을 가질 수 없다고 판단한 원심판결에는 근로기준법 제38조 제2항의 우선변제권에 관한 법리를 오해한 위법이 있다고 할 것이다.

memo

# 제5장 근로시간과 휴식

## 주요 판례 01

### [근로시간 1] 버스운전기사의 대기시간이 근로시간인지 여부
(대판 2018.6.28. 2013다28926)

### 사실관계  흥안운수 주식회사 사건

가. 甲회사 등이 소속된 서울 버스운송사업조합과 乙들이 소속된 전국자동차노조 서울시버스노조는 매년 임금협정을 체결, 근로시간과 연장근로수당에 관하여 '주간 5일은 기본근로 8시간, 연장근로 1시간을 포함한 9시간으로 하고 근무시간 중에 휴식시간을 준다.'고 약정하였다.

나. 乙들은 버스운행시간 외에 1일 20분씩의 운행준비 및 정리시간 20분과 가스충전 및 교육시간, 대기시간 등도 근로시간에 포함해야 하고(그러나 실제 대기시간 중 소속 승무사원들은 휴식을 취하거나 식사를 하는 등 대기시간 대부분을 자유롭게 사용함), 이 경우 2008.1.경부터 2010.12.경까지 실근로시간이 임금협정에서 정한 약정근로시간 9시간을 초과하게 되므로, 초과한 근로시간에 대하여 약정시간급의 150%에 해당하는 연장근로수당을 지급해야 한다며 甲회사를 상대로 소송을 제기하였다.

### 판시사항

[1] 근로계약에서 정한 휴식시간이나 대기시간이 근로시간에 속하는지 휴게시간에 속하는지 판단하는 기준

[2] 여객자동차 운송사업 등을 영위하는 甲회사 등에 소속된 버스운전기사인 乙 등이 버스운행을 마친 후 다음 운행 전까지 대기하는 시간이 근로시간에 해당하는지 문제 된 사안에서, 제반 사정에 비추어 乙 등의 대기시간에 근로시간에 해당하지 않는 시간이 포함되어 있다고 보아야 하는데도, 乙 등의 대기시간이 일정하지 않다는 등의 사정만으로 대기시간 전부가 근로시간에 해당한다고 본 원심판단에 법리오해 등의 잘못이 있다고 한 사례

## Ⅰ 근로계약에서 정한 휴식시간이나 대기시간이 근로시간에 속하는지 휴게시간에 속하는지 판단하는 기준

근로시간이란 근로자가 사용자의 지휘·감독을 받으면서 근로계약에 따른 근로를 제공하는 시간을 말하고, 휴게시간이란 근로시간 도중에 사용자의 지휘·감독으로부터 해방되어 근로자가 자유로이 이용할 수 있는 시간을 말한다. 따라서 근로자가 작업시간 도중에 실제로 작업에 종사하지 않는 휴식시간이나 대기시간이라 하더라도 근로자의 자유로운 이용이 보장되지 않고 실질적으로 사용자의 지휘·감독을 받는 시간은 근로시간에 포함된다고 보아야 한다. 근로계약에서 정한 휴식시간이나 대기시간이 근로시간에 속하는지 휴게시간에 속하는지는 특정 업종이나 업무의 종류에 따라 일률적으로 판단할 것이 아니다. 이는 근로계약의 내용이나 해당 사업장에 적용되는 취업규칙과 단체협약의 규정, 근로자가 제공하는 업무 내용과 해당 사업장의 구체적 업무 방식, 휴게 중인 근로자에 대한 사용자의 간섭이나 감독 여부, 자유롭게 이용할 수 있는 휴게장소의 구비 여부, 그 밖에 근로자의 실질적 휴식이 방해되었다거나 사용자의 지휘·감독을 인정할 만한 사정이 있는지와 그 정도 등 여러 사정을 종합하여 개별 사안에 따라 구체적으로 판단하여야 한다.

## Ⅱ 사안의 적용

위 제반사정 등을 종합적으로 고려할 때, ① 甲회사 등이 소속된 버스운송사업조합과 乙 등이 소속된 노동조합이 임금협정을 체결하면서 1일 근로시간을 기본근로 8시간에 연장근로 1시간을 더한 9시간으로 합의하였는데, 이는 당시 1일 단위 평균 버스운행시간 8시간 외에 대기시간 중 1시간 정도가 근로시간에 해당할 수 있다는 점을 고려한 것으로 보이는 점, ② 乙 등이 대기시간 동안 임금협정을 통해 근로시간에 이미 반영된 1시간을 초과하여 청소, 차량점검 및 검사 등의 업무를 하였다고 볼 만한 자료가 없는 점, ③ 甲회사 등이 대기시간 중에 乙 등에게 업무에 관한 지시를 하는 등 구체적으로 乙 등을 지휘·감독하였다고 볼 만한 자료가 없는 점, ④ 甲회사 등이 소속 버스운전기사들의 대기시간 활용에 대하여 간섭하거나 감독할 업무상 필요성도 크지 않았던 것으로 보이는 점, ⑤ 실제로 甲회사 등의 소속 버스운전기사들은 휴게실에서 휴식을 취하거나 식사를 하는 등 대기시간 대부분을 자유롭게 활용한 것으로 보이는 점 등에 비추어 乙 등의 대기시간에 근로시간에 해당하지 않는 시간이 포함되어 있다고 보아야 하는데도, 乙 등의 대기시간이 일정하지 않다는 등의 사정만으로 대기시간 전부가 근로시간에 해당하지 않는다고 할 것이다.

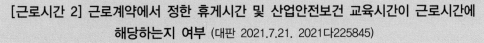

## 주요 판례 02

### [근로시간 2] 근로계약에서 정한 휴게시간 및 산업안전보건 교육시간이 근로시간에 해당하는지 여부 (대판 2021.7.21. 2021다225845)

**사실관계** | **압구정 현대아파트 입주자대표회의 사건**

가. 피고는 '아파트 입주자대표회의'이고, 원고들은 피고와 사이에 촉탁직 근로계약을 체결하여 아파트에서 경비원 업무를 수행하다 퇴직한 자들(34명)이다. 원고들의 근무방식은 격일제 교대근무 방식(24시간, 오전 9시∼익일 9시 근무 후 24시간 쉼)이다.

나. 단체협약 및 근로계약 체결경과로서, 피고와 노동조합(원고들 등 경비원이 구성원임) 사이에 체결된 종래 단체협약에는 휴게시간의 총량(總量)만 정해져 있었고, 휴게시간이 구체적으로 정해지지 않았다. 피고와 노동조합은 2017.10.26. 체결된 단체협약에서 '점심시간 10시 30분∼11시 30분, 저녁시간 16시 30분∼17시 30분, 야간 휴게시간 24시∼04시'로 특정하고 있다. 피고는 계쟁기간(2015.1.∼2018.2.)동안 원고들과 근로계약기간을 1년 단위로 갱신하였는데, 휴게시간(6시간)의 구체적인 시기와 종기를 특정하지 않은 채로 근로계약서를 작성하였다.

다. 경비원 배치 현황 및 업무내용과 관련해 이 사건 아파트는 원칙적으로 한 개의 초소가 1개의 동을 관할하고 있고, 외곽에 10개의 경비초소가 있다. 경비원(경비반장, 조장 제외)은 각 초소에 1명씩 배치되어 근무했다. 원고들은 동별 경비초소에 배치되어 단지 안팎 순찰, 입주민 민원 관리사무소 접수, 주차관리 및 대행, 택배보관 및 인계, 동주변 청소, 재활용품 분리수거 등 업무를 통상적으로 수행해왔다.

라. 휴게시간 실태와 관련하여 원고들은 보통 오전 10시 30분경 점심도시락을, 오후 4시 30분경 저녁도시락을 배달받아 경비초소 내에서 식사하고, 야간에는 경비초소 내 의자에 앉은 채로 잠깐씩 수면을 취했다. 경비일지 및 경비감독일지에는 휴게시간과 근무시간의 구분 없이 근무내역이 기록되어 있다. 이 사건 아파트는 주차공간이 협소(지하주차장이 없음)하여 단지 내 통로에 이중주차, 단지 밖 불법주차가 많았다. 입주민이 밤늦게 귀가해 주차공간이 없을 경우 주변도로에 불법주차를 한 다음 초소 경비원에게 차량 열쇠를 맡기고, 단지 내에 빈 주차 공간이 생기면 차량 주차를 대행해 줄 것을 요청했다. 이 사건 아파트 내에 정상 주차차량은 이중 주차차량들을 이동시키고서야 출차가 가능한 일이 빈번하였는데, 경비원들은 이중 주차된 차량 소유주로부터 차량열쇠를 맡아둔 다음 대신 차량을 이동시켜주기도 하였다. 피고는 경비감독일지를 통하여 교대 경비원들간 인수인계사항으로 '차량관리·주차요령'을 포함하거나, 공고문 및 안내문에서도 입주민들의 주차대행·관리업무를 이 사건 아파트 경비원의 당연한 업무로 인식하고 이를 관리·감독해왔다.

마. 경비초소의 환경과 관련하여 경비초소는 각 동마다 균일하게 가로 1.6m, 세로 2m, 내부면적 약 3.2㎡여서 별도로 휴게시설을 설치할만한 공간이 없었다. 피고는 이 사건 아파트 일부 동 지하에 경비원들이 이용할 수 있는 간이 화장실(샤워시설 없음)을 설치해 놓았을 뿐, 동별 경비초소에 부속된 수도·탕비시설, 화장실, 에어컨, 냉장고 등이 설치되어 있지 않았다. 동별 경비초소에는 각 세대로 연결된 인터폰이 없어서 입주민들은 민원이 발생할 때마다 시간 불문하고 경비초소로 직접 방문하거나 경비원의 개인 휴대전화로 연락하는 방법을 취하였다. 이 사건 아파트에는 동별로 택배보관 장소가 따로 없어서 원고들은 도난·분실, 우천 시 택배 손상 우려로 협소한 경비실 내에 택배를 보관하였고, 입주민들이 이를 찾으러 올 때마다 직접 전달하였다. 피고는 노동조합의 요구에 따라 2014.10.경 처음으로 3단 접이식 간이침대 50

개를 각 경비초소에 공급하였고, 2017.9.13. 경비원들의 휴게 목적을 위하여 1개동 지하실에 휴게실을 설치했다.

바. 피고의 지휘·감독 형태 및 휴게시간(6시간)과 관련하여 피고는 매월 실시되는 산업안전보건 교육시간(매달 2시간), 신입경비원 교육시간에 '경비원이 근무시간에 준수하여야 할 사항'을 정하여 지시했다. 피고는 경비원들의 노동청 진정이 이루어진 이후인 2017.4.18. 경비원들의 휴게시간에 관하여 "점심시간 12시~13시, 저녁시간 18시~19시, 야간 24시~4시, 상기 시간은 근무자들의 휴게시간이므로 주민 여러분의 많은 양해 부탁드립니다."라는 안내문을 각 경비초소 창문 우상단에 부착하도록 했다. 피고는 원고들의 요구로 2017.9.26. 각 동 엘리베이터 내부 등에 "점심시간 10시 30분~11시 30분, 저녁시간 16시 30분~17시 30분, 야간시간 밤 12시~익일 새벽 4시, 경비원의 휴게시간은 6시간으로 정하고 휴게시간에는 근무자가 초소나 기타공간에서 자유로운 휴게시간을 보장하기로 하고, 임금은 지급하지 않기로 합의하였습니다. 휴게시간이 이행될 수 있도록 주민여러분의 많은 협조 부탁드립니다."라는 안내문을 부착하였다. 피고는 2017.10.26. 노동조합과 경비원의 휴게시간의 시기와 종기를 위와 같이 특정하여 단체협약을 체결하였다.

사. 위와 관련하여 2018.3.10. 아파트 경비원들(원고)은 입주자대표회의(피고)를 상대로 휴게시간(6시간) 및 산업안전보건 교육시간(매달 2시간)에 대한 임금을 지급하라는 소송을 제기하였다.

---

**판시사항**

[1] 아파트 경비원의 근로계약상 휴게시간(1일 6시간) 및 산업안전보건 교육시간(매달 2시간)은 근로시간인지 여부

[2] 근로기준법상 지연이자의 적용제외 사유에 해당하는지 여부

---

## Ⅰ 아파트 경비원의 근로계약상 휴게시간 및 산업안전보건 교육시간은 근로시간인지 여부

근로시간이란 근로자가 사용자의 지휘·감독을 받으면서 근로계약에 따른 근로를 제공하는 시간을 말하고, 휴게시간이란 근로시간 도중에 사용자의 지휘·감독으로부터 해방되어 근로자가 자유로이 이용할 수 있는 시간을 말한다. 따라서 근로자가 작업시간 도중에 실제로 작업에 종사하지 않은 대기시간이나 휴식·수면시간이라 하더라도 근로자에게 자유로운 이용이 보장된 것이 아니라 실질적으로 사용자의 지휘·감독을 받고 있는 시간이라면 근로시간에 포함된다고 보아야 한다(대판 2006.11.23. 2006다41990 등 참조). 근로계약에서 정한 휴식시간이나 수면시간이 근로시간에 속하는지 휴게시간에 속하는지는 특정 업종이나 업무의 종류에 따라 일률적으로 판단할 것이 아니다. 이는 근로계약의 내용이나 해당 사업장에 적용되는 취업규칙과 단체협약의 규정, 근로자가 제공하는 업무의 내용과 해당 사업장에서의 구체적 업무 방식, 휴게 중인 근로자에 대한 사용자의 간섭이나 감독 여부, 자유롭게 이용할 수 있는 휴게 장소의 구비 여부, 그 밖에 근로자의 실질적 휴식을 방해하거나 사용자의 지휘·감독을 인정할 만한 사정이 있는지와 그 정도 등 여러 사정을 종합하여 개별 사안에 따라 구체적으로 판단하여야 한다.

## Ⅱ 근로기준법상 지연이자의 적용제외 사유에 해당하는지 여부

근로기준법 제37조 제1항, 제2항, 근로기준법 시행령 제17조, 제18조 제3호의 각 규정에 의하면, 사용자는 임금 및 퇴직금의 전부 또는 일부를 그 지급사유가 발생한 날부터 14일 이내에 지급하지 아니한 경우 그 다음날부터 지급하는 날까지의 지연일수에 대하여 연 100분의 20의 이율에 따른 지연이자를 지급하여야 하는 것이 원칙이지만, 그 지급이 지연되고 있는 임금 및 퇴직금의 전부 또는 일부의 존부를 법원이나 노동위원회에서 다투는 것이 적절하다고 인정되는 경우에는 그 사유가 존속하는 기간에 대하여는 위와 같은 이율에 따른 지연이자를 지급할 필요가 없다.

## Ⅲ 사안의 적용

위 내용 및 사실관계 등을 종합적으로 고려할 때, 위와 같은 원심의 판단에 상고이유 주장과 같이 필요한 심리를 다하지 아니한 채 논리와 경험의 법칙을 위반하여 자유심증주의의 한계를 벗어나 사실을 잘못 인정하거나 근로시간과 휴게시간의 구분, 교육시간의 근로시간 산정에 관한 법리를 오해하는 등으로 판결에 영향을 미친 잘못이 없다고 할 것이다. 그리고 원심에서 추가 인용된 금원은 제1심에서 원고들의 청구가 배척된 부분이었고, 제1심 및 원심을 합하여 보아도 원고들의 청구금액 중 일부만 인용된 이상, 피고로서는 원고들의 퇴직일로부터 14일이 경과한 날 이후로서 원고들이 구하는 2018.3.10.부터 원심판결 선고일인 2021.3.26.까지는 미지급 임금 및 퇴직금의 전부 또는 일부의 존부를 다투는 것이 적절하였다고 봄이 타당하고, 결국 그 기간에 대하여는 근로기준법에서 정한 지연이율을 적용할 수 없다고 보아야 할 것이다. 그럼에도 이와 달리 위 기간에 대하여도 근로기준법에서 정한 지연이율에 따른 지연손해금을 지급할 의무가 있다고 판단한 원심판결에는 근로기준법상 지연손해금에 관한 법리를 오해하여 판결에 영향을 미친 잘못이 있다. 이를 지적하는 이 부분 상고이유 주장은 이유 있다고 할 것이다.

## Ⅳ 대상판결의 의의[31]

이번 대상판결에서는 아파트 경비원들의 열악한 근무환경이 사회적인 문제가 되었는바, 이들의 근로계약에서 정한 휴게시간 및 산업안전보건 교육시간이 근로시간에 속하는지 여부가 쟁점이었다. 대상판결의 원심판결에서 예견된 바는 있었지만, 대법원은 원심판결을 인정하면서 아파트 경비원들의 휴게시간 등이 실질적으로 보장이 되지 않고 항상 입주자들의 호출에 대기해야 하는 상황이었다면 해당 휴게시간 등은 실질적으로 사용자(입주자대표회의)의 지휘·감독을 받았다는 전제로 이를 근로시간에 해당한다고 판단하였다. 이에 따라 아파트 경비원들의 연장근로수당 및 야간근로수당에 해당하는 임금을 지급해야 한다고 판단하였다. 대상판결은 아파트 경비원들의 불명확한 휴게시간 및 산업안전보건 교육시간을 근로시간으로 본 종래의 대법원 판결을 재확인했다는 점에서 의미가 있다.[32]

---

31) 이승길 아주대학교 법학전문대학원 교수, 포커스
32) 대판 2017.12.13. 2016다243078

## 주요 판례 03

### [근로시간 3] 주52시간제와 연장근로시간의 산정기준 여부
(대판 2023.12.7. 2020도15393)

**사실관계**

가. 본 사건은 상시 500명의 근로자를 사용하는 청소업체의 대표이사가 근로자(공소외인, 이하 '근로자'라 함)에 대해 2013년에서 2016년에 걸쳐 총 130회(2014년 48회, 2015년 46회, 2016년 36회)에 걸쳐 1주간 12시간을 초과하여 연장근로를 시키고 퇴직금과 연장근로수당을 제때 지급하지 않았다는 이유로 기소된 사건이다.

나. 이 사건의 쟁점은 근로자의 경우 1주간의 근무형태를 살펴보면, 3일 근무한 다음 하루 휴식하는 형식으로 일했다. 다시 말해서 1주일에 보통 5일을 근무했으나, 어떤 주는 3~4일, 또는 6일씩 근무하기도 했다. 주 52시간제가 실시되기 이전이었으나 휴일에는 일하지 않았으므로, 법적인 근로시간의 한도는 최대 52시간이었다.

다. 이 사건의 원심은 취업규칙 및 근로계약서상의 시업시각과 업무일지상의 업무종료시각 사이의 시간 중 휴게시간 1시간을 제외한 나머지 시간이 모두 실근로시간에 해당한다고 전제한 후, 근로자의 1주간의 근로시간 중 근로일마다 '1일 8시간을 초과하는 근로시간'을 합산하여 해당 주의 위 합산 기간이 12시간을 초과하면, 1주간 연장근로시간의 한도를 12시간으로 정한 근로기준법 제53조 제1항을 위반하였다고 보아, 이 사건 공소사실 중 2014년 34회, 2015년 43회, 2016년 32회에 대하여 유죄로 인정하여 제1심 판단을 유지하였다.

라. 이에 대해 대법원은 "1주간의 연장근로가 12시간을 초과했는지는 근로시간이 1일 8시간을 초과했는지를 고려하지 않고 1주간의 근로시간 중 40시간을 초과하는 근로시간을 기준으로 판단해야 한다."고 판시한 다음, 원심판결을 파기하고 본 사건을 서울남부지방법원에 환송했다.

**판시사항**

[1] 구(舊) 근로기준법상 '1주간의 연장근로가 12시간을 초과하였는지'는 근로시간이 1일 8시간을 초과하였는지를 고려하지 않고 1주간의 근로시간 중 40시간을 초과하는 근로시간을 기준으로 판단하여야 하는지 여부(적극)

[2] 구(舊) 근로기준법상 사용자가 1일 8시간을 초과하여 4시간의 연장근로를 하게 할 때에는 연장근로시간 도중에 30분 이상의 휴게시간을 부여하여야 하는지 여부(적극)

**I** 구(舊) 근로기준법상 '1주간의 연장근로가 12시간을 초과하였는지'는 근로시간이 1일 8시간을 초과하였는지를 고려하지 않고 1주간의 근로시간 중 40시간을 초과하는 근로시간을 기준으로 판단하여야 하는지 여부

구(舊) 근로기준법(2017.11.28. 법률 제15108호로 개정되기 전의 것, 이하 같다) 제50조는 1주간의 근로시간은 휴게시간을 제외하고 40시간을 초과할 수 없고(제1항), 1일의 근로시간은 휴게시간을 제외하고 8시간을 초과할 수 없다(제2항)고 규정하고, 제53조 제1항은 당사자 간에 합의하면 1주간 12시간을 한도로 제50조의 근로시간을 연장할 수 있다고 규정하고 있다. 구(舊) 근로기준법 제53조 제1항은 연장근로시간의 한도를 1주간을 기준으로 설정하고 있을 뿐이고 1일을 기준으로 삼고 있지 아니하므로, 1주간의 연장근로가 12시간을 초과하였는지는 근로시간이 1일 8시간을 초과하였는지를 고려하지 않고 1주간의 근로시간 중 40시간을 초과하는 근로시간을 기준으로 판단하여야 한다. 그 이유는 다음과 같다.

(가) 구(舊) 근로기준법 제53조 제1항은 1주 단위로 12시간의 연장근로 한도를 설정하고 있으므로, 여기서 말하는 연장근로란 같은 법 제50조 제1항의 '1주간'의 기준근로시간을 초과하는 근로를 의미한다고 해석하는 것이 자연스럽다. 구(舊) 근로기준법 제53조 제1항이 '제50조의 근로시간'을 연장할 수 있다고 규정하여 제50조 제2항의 근로시간을 규율대상에 포함한 것은 당사자 간에 합의하면 1일 8시간을 초과하는 연장근로가 가능하다는 의미이지, 1일 연장근로의 한도까지 별도로 규제한다는 의미가 아니다.

(나) 구(舊) 근로기준법은 '1주간 12시간'을 1주간의 연장근로시간을 제한하는 기준으로 삼는 규정을 탄력적 근로시간제나 선택적 근로시간제 등에서 두고 있으나(제53조 제2항, 제51조, 제52조), 1일 8시간을 초과하는 연장근로시간의 1주간 합계에 관하여 정하고 있는 규정은 없다.

(다) 1일 8시간을 초과하거나 1주간 40시간을 초과하는 연장근로에 대해서는 통상임금의 50% 이상을 가산한 임금을 지급하도록 정하고 있는데(구(舊) 근로기준법 제56조), 연장근로에 대하여 가산임금을 지급하도록 한 규정은 사용자에게 금전적 부담을 가함으로써 연장근로를 억제하는 한편, 연장근로는 근로자에게 더 큰 피로와 긴장을 주고 근로자가 누릴 수 있는 생활상의 자유시간을 제한하므로 이에 상응하는 금전적 보상을 해 주려는 데에 그 취지가 있는 것으로서, 연장근로 그 자체를 금지하기 위한 목적의 규정은 아니다. 이와 달리 구(舊) 근로기준법 제53조 제1항은 당사자가 합의하더라도 원칙적으로 1주간 12시간을 초과하는 연장근로를 하게 할 수 없고, 이를 위반한 자를 형사처벌(제110조 제1호) 하는 등 1주간 12시간을 초과하는 연장근로 그 자체를 금지하기 위한 것이다. 따라서 가산임금 지급 대상이 되는 연장근로와 1주간 12시간을 초과하는 연장근로의 판단 기준이 동일해야 하는 것은 아니다.

Ⅱ 구(舊) 근로기준법상 사용자가 1일 8시간을 초과하여 4시간의 연장근로를 하게 할 때에는 연장근로시간 도중에 30분 이상의 휴게시간을 부여하여야 하는지 여부

사용자는 근로시간이 4시간인 경우에는 30분 이상, 8시간인 경우에는 1시간 이상의 휴게시간을 근로시간 도중에 주어야 하는데[구(舊) 근로기준법(2017.11.28. 법률 제15108호로 개정되기 전의 것) 제54조 제1항], 연장근로에 대해서도 이와 동일한 휴게시간이 부여되어야 하므로 1일 8시간을 초과하여 4시간의 연장근로를 하게 할 때에는 연장근로시간 도중에 30분 이상의 휴게시간을 부여하여야 한다.

Ⅲ 사안의 적용

위 제반사정 등을 종합적으로 고려할 때, 사안의 적용은 아래와 같다.

1) 원심은 1일 기준근로시간인 8시간에 대하여 1시간의 휴게시간이 부여되었다고 보았을 뿐, 4시간 이상의 연장근로에 대해서는 별도의 휴게시간이 부여되지 않았음을 전제로 근로자의 실근로시간을 산정하였다. 그러나 기록에 의하면, 이 사건 회사와 노동조합은 2013년과 2015년에 '회사는 단체협약에 표시된 휴게시간 외에 연장근무 시 추가적인 휴게시간인 30분을 제공하며, 이 휴게시간은 연장비용으로 인정한다.'는 내용의 노사합의를 한 사실을 알 수 있는데, 이에 의하면 근로자가 4시간 이상 연장근로를 한 날의 경우, 원심이 전부가 실근로시간이라고 본 연장근로시간에는 30분의 휴게시간이 포함되었을 여지가 커 보인다.

2) 원심은 1주간 연장근로가 12시간을 초과하였는지를 판단할 때 1주간의 실근로시간 중 40시간을 초과한 연장근로시간을 기준으로 한 것이 아니라 각 근로일마다 1일 8시간을 초과한 연장근로시간을 합산하였는데 이는 앞서 본 법리에 위배된다.

3) 기록에 의하면, 근로자는 3일 근무 후 1일 휴무를 기본으로 대체로 주 5일을 근무하였고, 일부 주는 3일, 4일 혹은 6일을 근무하였다. 그리고 근무일에는 전부 8시간 이상을 근무한 것으로 보인다. 그런데 아래에서 보듯이 4일을 근무한 일부 주의 경우, 그 주의 총실근로시간이 52시간을 넘지 않아 연장근로가 12시간을 초과하지 않았는데도, 1일 8시간을 초과하는 근로시간을 합산하는 방법으로 연장근로시간을 산정함에 따라 이 부분까지 유죄로 판단하고 말았다.

① 2014.4.14.(월요일)부터 2014.4.20.(일요일)까지 1주간(휴일을 제외한다. 이하 같다)의 근로자의 총실근로시간은 4시간 이상의 연장근로에 대한 휴게시간을 고려하지 않을 경우, 49시간 30분(= 4.15. 12시간 + 4.16. 11시간 30분 + 4.17. 14시간 30분 + 4.20. 11시간 30분)이 되고, 총연장근로시간은 9시간 30분이 되어 1주간 연장근로시간의 한도인 12시간을 초과하지 않는다. 게다가 4시간 이상 연장근로를 한 4.15.과 4.17.에 연장근로에 대한 휴게시간 각 30분이 부여되었다면, 1주간의 총실근로시간은 48시간 30분, 총연장근로시간은 8시간 30분으로 더 줄어든다.

② 2014.2.17.(월요일)부터 2014.2.23.(일요일)까지의 1주간도 이와 같은 방법으로 계산하면 1주간 연장근로시간이 12시간을 초과하지 않는다. 1일 4시간 이상의 연장근로에 대하여 30분 이상의 휴게시간이 부여되었다면 2016.8.29.(월요일)부터 2016.9.4.(일요일)의 1주 간도 마찬가지이다.

4) 그렇다면 위 ①, ②에 해당하는 2014.4. 셋째 주 등 3주의 경우에는 피고인이 연장근로제한 에 관한 구(舊) 근로기준법 규정을 위반하였다고 단정할 수 없는데도, 원심은 그 판시와 같은 이유로 이 부분 공소사실까지 모두 유죄로 판단하였는바, 이러한 원심의 판단에는 휴게시간 부여 및 1주간 12시간을 한도로 하는 연장근로 제한에 관한 법리를 오해하여 판결에 영향을 미친 잘못이 있다. 이를 지적하는 상고이유는 이유 있다. 한편 휴일근로는 구(舊) 근로기준법 제53조 제1항의 '1주간 연장근로시간 12시간'에 포함되지 않으나, 휴일근로를 하지 않은 근로 자(원심은 변호인의 주장 등에 기초하여 근로자가 휴일근로를 하지 않았다고 보았다)의 1주 간 최대 근로시간은 68시간이 아니라 여전히 52시간이 되므로, 같은 취지의 원심판단은 수긍 할 수 있다.

## Ⅳ 대상판결의 의의[33)

현행 근로기준법은 근로시간은 1일 8시간, 1주 40시간을 초과할 수 없도록 규정하고 있다. 다만, 당사자 간 합의가 있으면 '1주 12시간'을 한도로 근로시간을 연장할 수 있다. 이것이 이른바 '주 52시간 근로제'인데, 이를 초과하여 근무하게 한 사업자는 형사처벌의 대상이 된다.

이에 대해 근로시간 주무부처인 고용노동부의 경우 1일 8시간을 초과하는 연장근로시간의 합이 12시간을 초과할 경우와 1주일 40시간을 초과하는 연장근로가 12시간이 넘는 경우를 모두 근로 기준법 위반 기준으로 취급해 왔다. 예를 들어 근로자가 월, 수, 금 15시간씩 일할 경우, 1주 근로시간은 45시간으로 52시간 이내지만, 1일 8시간을 넘긴 연장근로시간이 1일 7시간씩 주 21 시간이기 때문에 근로기준법 위반으로 판단해온 것이다.

한편 대법원은 그간 고용노동부 행정해석으로만 규율되어 오던 연장근로의 한도 계산을 1일 단 위가 아니라 '1주 단위'로 계산해야 한다는 판단기준을 처음으로 제시함으로써 연장근로시간 산 정방식을 둘러싼 논쟁에 종지부를 찍었다는 점에서 그 의의가 있다고 판단된다.

---

33) 이정 한국외국어대학교 법학전문대학원 교수, 포커스

## 주요 판례 04

### [포괄임금제 1] 묵시적 합의에 의한 포괄임금약정 성립 여부
(대판 2016.10.13. 2016도1060)

---

**사실관계**

가. 피고인은 김해시에 있는 주식회사 대표이사로서 상시 15명의 근로자를 사용하여 건설업을 경영하는 사용자(이하 '甲회사'라 함)이다. 乙은 건설근로자로서 甲회사와 1일 근로시간을 9시간으로, 계약기간을 단기간으로 정하면서, 반복적으로 근로계약을 작성하여 2012.11.5.부터 2014.7.31.까지 1년이 넘는 기간 동안 계속적으로 건설현장에서 일해 왔다.

나. 乙의 일당은 다른 사람보다 다소 높았으나, 乙은 용접공으로서의 기술을 가지고 있었다. 한편 乙이 甲회사와 체결한 근로계약서에는 근로시간과 일당만이 기재되어 있었고, 수당 등을 포함한다는 취지의 내용은 전혀 기재되어 있지 않았으며, '본 계약서에 명시되지 않은 사항은 근로기준법 등 관계법령에 따른다.'고 작성되어 있었다.

다. 또한 乙의 근로형태와 업무는 그 성질상 근로시간이 불규칙하거나 감시·단속적이거나 또는 교대제·격일제 등의 형태여서 실제 근로시간의 산출이 어렵거나 당연히 연장·야간·휴일근로가 예상되는 경우라고 보이지는 않았다.

라. 甲회사는 乙의 연장근로 등에 대하여 포괄임금계약이 체결되었음을 이유로 별도의 연장근로수당을 지급하지 않았고, 乙이 퇴직할 때 해당 연장근로수당을 평균임금액에 포함시키지 않고 퇴직금을 산정하여 지급하였다. 이에 乙은 미지급된 연장근로수당 및 이를 포함시켜 산정된 평균임금액을 기초로 한 퇴직금과의 차액을 청구하였으나, 甲회사가 이를 지급하지 않자, 검사는 근로기준법 위반으로 공소를 제기하였다.

---

**판시사항**

포괄임금제에 관한 약정이 성립하였는지 판단하는 기준 및 묵시적 합의에 의한 포괄임금약정이 성립하였다고 인정하기 위한 요건

---

## Ⅰ 포괄임금제에 관한 약정이 성립하였는지 판단하는 기준 및 묵시적 합의에 의한 포괄임금약정이 성립하였다고 인정하기 위한 요건

### 1. 포괄임금제에 관한 약정이 성립하였는지 판단하는 기준

기본임금을 미리 산정하지 아니한 채 제수당을 합한 금액을 월급여액이나 일당임금으로 정하거나 매월 일정액을 제 수당으로 지급하는 내용의 포괄임금제에 관한 약정이 성립하였는지는 근로시간, 근로형태와 업무의 성질, 임금 산정의 단위, 단체협약과 취업규칙의 내용, 동종 사업장의 실태 등 여러 사정을 전체적·종합적으로 고려하여 구체적으로 판단하여야 한다.

## 2. 묵시적 합의에 의한 포괄임금약정이 성립하였다고 인정하기 위한 요건

단체협약이나 취업규칙 및 근로계약서에 포괄임금이라는 취지를 명시하지 않았음에도 묵시적 합의에 의한 포괄임금약정이 성립하였다고 인정하기 위해서는, 근로형태의 특수성으로 인하여 실제 근로시간을 정확하게 산정하는 것이 곤란하거나 일정한 연장·야간·휴일근로가 예상되는 경우 등 실질적인 필요성이 인정될 뿐 아니라, 근로시간, 정하여진 임금의 형태나 수준 등 제반 사정에 비추어 사용자와 근로자 사이에 정액의 월급여액이나 일당임금 외에 추가로 어떠한 수당도 지급하지 않기로 하거나 특정한 수당을 지급하지 않기로 하는 합의가 있었다고 객관적으로 인정되는 경우이어야 한다.

## Ⅲ 사안의 적용

위 내용 및 사실관계 등을 종합적으로 고려할 때, ① 근로계약서에 근로시간과 일당만이 기재되어 있고 수당 등을 포함한다는 취지의 기재는 전혀 없으며, '본 계약서에 명시되지 않은 사항은 근로기준법 등 관계법규에 따른다.'고 기재되어 있는 점, ② 이 사건 근로형태와 업무의 성질상 그 근로관계가 근로시간이 불규칙하거나 감시·단속적이거나 또는 교대제·격일제 등의 형태여서 실제 근로시간의 산출이 어렵거나 당연히 연장·야간·휴일근로가 예상되는 경우라고는 보이지 아니하는 점 등을 종합하여 보면, 피고인과 공소외인 사이에 위 근로계약과 별도로 포괄임금계약이 체결되었다고 보기 어렵고, 따라서 피고인이 공소사실 기재 임금 및 퇴직금을 지급하지 않은 사실 및 임금체불의 고의가 인정된다고 할 것이다.

memo

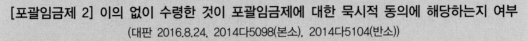

## 주요 판례 05

### [포괄임금제 2] 이의 없이 수령한 것이 포괄임금제에 대한 묵시적 동의에 해당하는지 여부
(대판 2016.8.24, 2014다5098(본소), 2014다5104(반소))

**사실관계**  **서울시 버스노동조합 사건**

가. 乙이 조합원으로 소속된 A노동조합(전국자동차노동조합연맹 서울시버스노동조합)과 甲회사(주식회사 ○○여객)가 소속된 사용자 단체인 서울특별시 버스운송사업조합이 乙에 대한 임금지급에 관하여 기본급과는 별도로 연장근로수당 및 야간근로수당 등을 세부항목으로 명백히 나누어 지급하도록 하는 내용으로 단체협약과 임금협정을 체결하였다.

나. 임금협정과 이에 부속된 운전자 임금산정표가 정한 임금산정방식에 따르면, 월 기본급은 시급을 기준으로 근로자가 기본 근로시간 8시간씩 22일을 근로한다고 가정할 때 월 176시간을 근로한 근로자에게 지급하였다.

다. 乙은 출발지점에 차고지가 없어 부득이 차고지에서 버스를 출고한 뒤 30분가량 운전하여 출발지점으로 가서 노선운행을 시작하였고, 운행을 마친 뒤에는 다시 차고지에 버스를 입고하여 1시간가량 공차운행을 하였다. 乙의 근로시간은 교대제 근무로써 공차운행 시간을 빼더라도 하루 평균 18시간이고, 운행시간 사이에 대기시간이 있더라도 이러한 대기시간 역시 사용자의 지휘·감독하에 놓여있었으며, 승무직 근로자는 출발 시각 전에 운행할 버스를 점검하고 운행을 마치면 인수·인계를 하여야 하는데, 이러한 시간까지 모두 고려하면 乙 등의 실제 근로시간은 격일제 근무일에 18시간을 초과하였다.

라. 한편 乙은 甲회사에 입사할 때, '종일 근무로 인한 추가 연장근로수당 없음.'이라는 문구가 인쇄된 동의서에 서명·날인하였고, 여러 해 동안 甲회사로부터 연장근로수당이 가산되지 않은 급여를 받았지만 아무런 이의를 제기하지 않았다.

마. 乙은 공차운행시간을 포함하여 지급받지 못한 연장근로수당의 지급을 청구하였다. 이에 甲회사는 乙과 포괄임금제 방식에 의한 임금지급에 관하여 합의하였으므로 격일제 근무에 대하여 추가로 연장근로수당을 지급할 의무가 없다고 주장하고 있다. 또한 甲회사는 乙이 공차운행이나 근로시간 연장에 따른 불이익을 모두 감수할 것을 전제로 격일제 근무를 요청하고도 이제 와서 연장근로수당 등을 청구하는 행위는 신의성실의 원칙에 반하여 허용될 수 없다고 주장하고 있다.

**판시사항**

[1] 포괄임금제의 성립 여부

[2] 乙이 여러 해 동안 이의 없이 甲회사로부터 연장근로수당이 가산되지 않은 급여를 받아왔는데, 연장근로수당 등을 청구하는 행위가 신의성실의 원칙에 위반되는지 여부

[3] 공차운행에 따른 연장근로수당 문제

[4] 연장근로수당 청구권 포기 문제

## I 포괄임금제의 성립 여부

### 1. 포괄임금제의 의의 및 유효성 여부

사용자와 근로자가 근로계약을 체결함에 있어서는 기본임금을 정하고 이를 기초로 각종 수당을 가산하여 지급하는 것이 원칙이다. 그러나 기본임금을 정하지 아니한 채 각종 수당을 합한 금액을 월 급여액이나 일당임금으로 정하거나 기본임금을 정하고 매월 일정액을 각종 수당으로 지급하는 내용의 이른바 포괄임금제에 의한 임금지급계약 또는 단체협약을 체결하였다고 하더라도 그것이 근로자에게 불이익하지 않으면 유효하다.

### 2. 포괄임금제에 관한 약정이 성립하였는지 여부에 대한 판단기준

포괄임금제에 관한 약정이 성립하였는지 여부는 근로시간, 근로형태와 업무의 성질, 임금 산정의 단위, 단체협약과 취업규칙의 내용, 동종 사업장의 실태 등 여러 사정을 종합적으로 고려하여 판단하여야 한다. 근로형태나 업무의 성격상 연장·야간·휴일근로가 당연히 예상되는 경우라도, 기본급과는 별도로 연장·야간·휴일근로수당 등을 세부항목으로 나누어 지급하도록 단체협약이나 취업규칙, 급여규정 등에 명백히 규정되어 있는 경우에는 포괄임금제에 관한 약정이 성립되었다고 볼 수 없다(대판 2009.12.10. 2008다57852 등 참조).

### 3. 사안의 적용

위 제반사정 등을 종합적으로 고려할 때, 乙이 조합원으로 소속된 전국자동차노동조합연맹 서울시버스노동조합과 甲회사가 소속된 사용자 단체인 서울특별시 버스운송사업조합이 乙들에 대한 임금지급에 관하여 기본급과는 별도로 연장·야간근로수당 등을 세부항목으로 명백히 나누어 지급하도록 하는 내용으로 단체협약과 임금협정을 체결하였을 뿐, 포괄임금제에 관하여 명시적으로 합의하였다고 인정할 증거가 없고, 乙들이 여러 해 동안 이의 없이 甲회사로부터 연장근로수당이 가산되지 않은 급여를 받아온 사정 등만으로는 乙들과 甲회사가 묵시적으로 포괄임금제에 의한 임금 약정을 하였다고 볼 수 없다고 할 것이다.

## II 乙이 여러 해 동안 이의 없이 甲회사로부터 연장근로수당이 가산되지 않은 급여를 받아 왔는데, 연장근로수당 등을 청구하는 행위가 신의성실의 원칙 위반 여부

### 1. 신의성실 원칙의 의의

신의성실의 원칙은 법률관계의 당사자는 상대방의 이익을 배려하여 형평에 어긋나거나 신뢰를 저버리는 내용이나 그러한 방법으로 권리를 행사하거나 의무를 이행하여서는 아니 된다는 추상적 규범을 말한다.

### 2. 권리행사가 신의성실의 원칙에 위배되는 경우

신의성실의 원칙에 위배된다는 이유로 그 권리의 행사를 부정하기 위해서는 상대방에게 신의를 공여하였다거나 객관적으로 보아 상대방이 신의를 갖는 것이 정당한 상태에 있어야 하고, 이러한 상대방의 신의에 반하여 권리를 행사하는 것이 정의관념에 비추어 용인될 수 없는 정도에 이르러야 한다.

### 3. 사안의 적용

위 제반사정 등을 종합적으로 고려할 때, 乙들이 공차운행이나 근로시간 연장에 따른 불이익을 모두 감수할 것을 전제로 격일제 근무를 요청하고도 이제 와서 연장근로수당 등을 청구하더라도, 그와 같은 사정으로는 乙들의 이 사건 청구가 신의성실의 원칙에 반하여 허용될 수 없는 경우라고 보기 어렵다고 할 것이다.

## Ⅲ 공차운행에 따른 연장근로수당 문제

### 1. 근로시간의 의의

근로기준법상의 '근로시간'은 근로자가 사용자의 지휘·감독 아래 근로계약상의 근로를 제공하는 시간을 말한다. 근로자가 실제 작업에 종사하지 않는 대기시간이나 휴식시간이라도 그 시간을 근로자가 자유롭게 이용할 수 없고 실질적으로 사용자의 지휘·감독 하에 놓여있다면 이는 근로시간에 포함된다.

### 2. 사안의 적용

위 제반사정 등을 종합적으로 고려할 때, 乙은 출발 지점에 차고지가 없어 부득이 차고지에서 버스를 출고한 뒤 30분가량 운전하여 출발 지점으로 가서 노선운행을 시작하였고 운행을 마친 뒤에는 다시 차고지에 버스를 입고하였는데, 이러한 공차운행은 버스 운행 개시에 필수불가결한 업무 관련 행위로서 이에 들어간 시간은 근로시간에 해당하므로, 甲회사는 위 乙들에게 공차 운행시간에 시급의 1.5를 곱하여 계산한 연장근로수당을 지급할 의무가 있다고 판단된다.

나아가 乙들이 정규 근로시간 안에 공차운행을 하였다는 甲회사의 주장에 대하여, 乙들의 근로시간은 공차 운행 시간을 빼더라도 하루 평균 18시간이고, 운행 시간 사이에 대기시간이 있더라도 이러한 대기시간 역시 사용자의 지휘·감독 하에 놓여있었으며, 승무직 근로자는 출발시각 전에 운행할 버스를 점검하고 운행을 마치면 인수·인계를 하여야 하는데 이러한 시간까지 모두 고려하면 乙들의 실제 근로시간은 격일제 근무일에 18시간을 초과하였는바, 위와 같은 甲회사의 주장은 타당하지 않다고 본다.

## Ⅳ 연장근로수당 청구권의 포기 문제

근로자와 사용자가 장래의 연장근로수당 등 법정 수당청구권을 포기하기로 합의한 것은 강행법 규인 근로기준법을 위반한 것으로서 무효이고, '종일 근무로 인한 추가연장근로수당 없음.'이라는 문구가 인쇄된 동의서에 서명·날인한 것만으로는 乙이 이미 발생한 연장근로수당 청구권을 포기하였다고 인정하기에 부족하다.

## 주요 판례 06

# [연차유급휴가 1] 부당해고 기간의 연차유급휴가일수 산정
### (대판 2014.3.13. 2011다95519)

**사실관계** **부국개발 주식회사 사건**

가. ○○○식물원을 운영하는 甲회사는 2008.2.18. 근로자 乙 등을 경영상 해고하였으나, 법원의 부당해고 판결에 따라 2010.8.8. 乙 등을 복직시키고, 해고일부터 복직일 전날까지 지급하지 못한 기본급, 근속수당, 식비, 직무수당, 조정수당, 판매수당, 가계안정비 등을 지급하였다.

나. 甲회사는 2010.9.12. 근로기준법 제61조에 따라 2009년에 발생한 연차유급휴가를 2010년 이내에 의무적으로 사용하도록 하는 내용에 관한 공지를 하였고, 민주노총 공공운수연맹 전국공공서비스노동조합 제주지부 ○○○식물원 분회는 2010.10.18. 乙 등이 해고기간 연차유급휴가를 사용하지 못하였으므로 연차휴가 발생일수를 통보해달라고 요청하였으나, 甲회사는 같은 달 20일 乙 등의 2009년 근무일수가 전혀 없으므로 연차휴가가 발생하지 않는다는 취지로 회신하였다.

다. 2008.1.1.부터 해고 직전인 2.17.까지 근로자 乙들 중에서 무단결근을 제일 많이 한 자의 결근일수는 2일이었다. 乙 등은 위 부당해고기간이 포함된 연도(2008년, 2009년)에 발생한 연차휴가를 기초로 하여 甲회사에 2008년 연차발생 미사용분(2009년 지급분) 및 2009년 연차발생 미사용분(2010년 지급분) 연차수당(연차미사용수당)의 지급을 청구하였다.

라. 한편 甲회사의 직원관리규정과 단체협약에서는 기본급, 근속수당, 식대에 대해서만 통상임금으로 규정하고 있었을 뿐, 나머지 수당에 대해서는 이를 통상임금으로 인정하고 있지 않았다. 다만, 직무수당은 5급 사원에게 매월 3만원씩 매월 지급하였고, 조정수당은 호봉에 따라 매월 차등 지급하였으며, 판매수당은 5급 이하 여성직원에게 매월 4만원을 지급하였다. 또한 가계안정비는 남성직원에게 매월 7만5천원, 여성직원에게는 매월 10만5천원을 지급하였다.

**판시사항**

근로자가 부당해고로 지급받지 못한 연차휴가수당을 산정할 때 사용자의 부당해고로 근로자가 출근하지 못한 기간을 연간 소정근로일수 및 출근일수에 모두 산입하여야 하는지 여부(적극) 및 부당해고기간이 연간 총근로일수 전부를 차지하고 있는 경우에도 마찬가지인지 여부(적극)

Ⅰ 근로자가 부당해고로 지급받지 못한 연차휴가수당을 산정할 때 사용자의 부당해고로 근로자가 출근하지 못한 기간을 연간 소정근로일수 및 출근일수에 모두 산입하여야 하는지 여부 및 부당해고기간이 연간 총근로일수 전부를 차지하고 있는 경우에도 마찬가지인지 여부

## 1. 부당해고의 효과

사용자가 근로자를 해고하였으나 해고에 정당한 이유가 없어 무효인 경우에 근로자는 부당해고기간 동안에 정상적으로 일을 계속하였더라면 받을 수 있었던 임금을 모두 지급받을 수 있다. 해고 근로자가 해고기간 동안 근무를 하지는 않았다고 하더라도 해고가 무효인 이상 그동안 사용자와의 근로관계는 계속되고 있는 것이고, 근로자가 해고기간 동안 근무를 하지 못한 것은 근로자를 부당하게 해고한 사용자에게 책임 있는 사유로 인한 것이기 때문이다.

## 2. 연차유급휴가 출근율 산정방법

### 1) 원칙

여기서 근로자가 1년간 8할 이상 출근하였는지 여부는 1년간의 총 역일(曆日)에서 법령, 단체협약, 취업규칙 등에 의하여 근로의무가 없는 날로 정하여진 날을 제외한 나머지 일수, 즉 연간 근로의무가 있는 일수(이하 '연간 소정근로일수'라 함)를 기준으로 그중 근로자가 현실적으로 근로를 제공한 날이 얼마인지 따져 그 비율로 판단하여야 하고, 연간 소정근로일수는 본래 사용자와 근로자 사이에 평상적인 근로관계, 즉 근로자가 사용자에게 근로를 제공하여 왔고 또한 계속적인 근로제공이 예정되어 있는 상태를 전제로 한 것이다(대판 2013.12.26. 2011다4629 참조).

### 2) 부당해고 기간의 경우

근로자가 부당해고로 인하여 지급받지 못한 임금이 연차휴가수당인 경우에도 해당 근로자의 연간 소정근로일수와 출근일수를 고려하여 근로기준법 제60조 제1항의 요건을 충족하면 연차유급휴가가 부여되는 것을 전제로 연차휴가수당을 지급하여야 하고, 이를 산정하기 위한 연간 소정근로일수와 출근일수를 계산함에 있어서 사용자의 부당해고로 인하여 근로자가 출근하지 못한 기간을 근로자에 대하여 불리하게 고려할 수는 없으므로 그 기간은 연간 소정근로일수 및 출근일수에 모두 산입되는 것으로 보는 것이 타당하며, 설령 부당해고기간이 연간 총 근로일수 전부를 차지하고 있는 경우에도 달리 볼 수는 없다.

## 3. 사안의 적용

위 내용 및 사실관계 등을 종합적으로 고려할 때, 근로자 乙 등이 부당해고로 인하여 지급받지 못한 임금이 연차휴가수당인 경우에도 해당 근로자의 연간 소정근로일수와 출근일수를 고려하여 근로기준법 제60조 제1항의 요건을 충족하면 甲회사는 연차유급휴가가 부여되는 것을 전제로 연차휴가수당을 지급하여야 할 의무가 있다고 할 것이다.

## II 통상임금 해당 여부

### 1. 통상임금 제외 합의의 효력

통상임금은 근로조건의 기준을 마련하기 위하여 근로기준법이 정한 것이므로, 사용자와 근로자가 통상임금의 의미나 범위 등에 관하여 단체협약 등에 의하여 따로 합의할 수 있는 성질의 것이 아니다. 따라서 성질상 근로기준법상의 통상임금에 속하는 임금을 통상임금에서 제외하기로 노사 간에 합의하였다고 하더라도 그 합의는 효력이 없다. 연장·야간·휴일 근로에 대하여 통상임금의 50% 이상을 가산하여 지급하도록 한 근로기준법의 규정은 각 해당 근로에 대한 임금산정의 최저기준을 정한 것이므로, 통상임금의 성질을 가지는 임금을 일부 제외한 채 연장·야간·휴일 근로에 대한 가산임금을 산정하도록 노사 간에 합의한 경우 그 노사합의에 따라 계산한 금액이 근로기준법에서 정한 위 기준에 미달할 때에는 그 미달하는 범위 내에서 노사합의는 무효이고, 무효로 된 부분은 근로기준법이 정하는 기준에 따라야 한다(대판 2013.12.18. 2012다89399 전합 등 참조).

### 2. 사안의 적용

위 내용 및 사실관계 등을 종합적으로 고려할 때, 연차유급휴가수당 및 생활안정수당을 산정함에 있어 그 산정의 기초가 되는 통상임금에서 조정수당, 판매수당, 가계안정비 등을 제외하기로 한 단체협약은 근로기준법에 위반하는바, 따라서 무효라고 할 것이다.

memo

주요 판례 07

## [연차유급휴가 2] 정직기간의 연차유급휴가 산정 여부
(대판 2008.10.9. 2008다41666)

---

**사실관계**  **서울시 도시철도공사 사건**

가. 甲회사는 2004.7.경 그 소속의 근로자인 乙 등이 불법파업한 사실을 징계사유로 하여 정직 내지 직위해제 처분을 하였고, 2004년도 연차유급휴가근로수당 지급과 관련하여 취업규칙 제22조 제7항 단서에 근거하여 정직 내지 직위해제기간을 결근으로 처리함으로써 乙 등에게 연차유급휴가근로수당을 지급하지 아니하였다.

나. 이 취업규칙에서 정한 휴일 및 휴가기간은 제6항의 계산기간에서 출근한 것으로 보되, 다만 계산기간 중 유계·무계결근, 직위해제, 휴직(업무상 부상 또는 질병으로 인한 휴직 제외) 또는 정직 등이 없는 경우를 개근이라 하며 계산기간 중 위의 사유로 총 근로일수의 8할 이상을 출근한 경우를 8할 이상 출근으로 하여 계산한다.

다. 그러나 乙 등은 2005.4.11. 서울동부지방노동사무소에 징계기간을 근로일수에서 제외하고 그 나머지 근로일수를 기준으로 연차유급휴가근로수당을 지급하여야 함에도 甲회사가 이를 간과한 채 해당 연차유급휴가근로수당을 지급하지 아니함으로써 근로기준법 제60조를 위반하였다는 취지의 진정을 제기하였으나 받아들여지지 않자, 甲회사의 위 취업규칙은 무효라고 주장하면서 연차유급휴가근로수당의 지급을 구하는 소를 제기하였다.

---

**판시사항**

구(舊) 근로기준법 제59조에 의한 연차유급휴가 부여의 취지 및 근로자의 정직 또는 직위해제 기간을 연차유급휴가 부여에 필요한 출근일수에 포함하지 않는 것으로 정한 취업규칙의 규정이 위 조항에 반하여 근로자에게 불리한 것인지 여부(소극)

## I 연차유급휴가의 의의

연차유급휴가는 근로자에게 일정기간 근로의무를 면제함으로써 정신적·육체적 휴양의 기회를 제공하고 문화적 생활의 향상을 기하려는 데에 그 의의가 있다(대판 1996.6.11. 95누6649 등 참조).

## II 근로자의 정직 또는 직위해제 기간을 연차유급휴가 부여에 필요한 출근일수에 포함하지 않는 것으로 정한 취업규칙의 규정의 효력

정직이나 직위해제 등의 징계를 받은 근로자는 징계기간 중 근로자의 신분을 보유하면서도 근로 의무가 면제되므로, 사용자는 취업규칙에서 근로자의 정직 또는 직위해제 기간을 소정 근로일수에 포함시키되 그 기간 중 근로의무가 면제되었다는 점을 참작하여 연차유급휴가 부여에 필요한 출근일수에는 포함하지 않는 것으로 규정할 수 있고, 이러한 취업규칙의 규정이 구(舊) 근로기준법 제59조에 반하여 근로자에게 불리한 것이라고 보기는 어렵다.[34]

## III 사안의 적용

위 제반사정 등을 종합적으로 고려할 때, 근로기준법에서 정하는 근로조건은 최저기준으로서 근로관계당사자는 이 기준을 이유로 근로조건을 저하시킬 수 없고, 취업규칙은 법령에 위반되는 경우 그 효력을 발생할 수 없는 것은 물론이나, 연차유급휴가에 관한 근로기준법(2003.9.15. 법률 제6974호로 개정되기 전의 구(舊) 근로기준법도 마찬가지임.) 제59조는 '개근' 또는 '9할 이상 출근한 자'에 대하여 아무런 규정을 두고 있지 않고 있는 점, 징계를 받은 근로자로서는 사용자의 징계권이 부당하게 행사되었다고 판단되면 이를 이유로 징계무효확인의 소제기를 포함한 다양하고 적법한 권리구제절차를 통하여 위법한 징계를 얼마든지 취소 또는 무효화할 수 있는 권리가 부여되어 있을진대(이를 통하여 미지급된 임금 등을 소급하여 지급받을 수 있음은 물론이다.), 그러한 권리구제노력 없이 징계를 당하여 근로를 제공하지 아니한 것을 두고 막연히 자신의 귀책사유와 무관하게 사용자의 징계로 인하여 근로를 제공하지 못한 것이라고 볼 수는 없는 점, 원고 주장의 노동부 질의회신은 법률상 아무런 효력을 발생할 수 없어 법원을 기속하지 못할 뿐 아니라 위와 같은 판단에도 배치되는 것으로서 수용할 수 없는 점, 일반사업장과는 반드시 동일하다고 볼 수는 없겠으나 국가공무원 복무규정에서도 휴직기간·정직기간 및 직위해제기간은 재직기간에 산입하지 아니하고(제15조), 정직 및 직위해제기간은 연가일수에서도 공제하고 있는 점(제17조), 이 사건 취업규칙은 1994.10.18. 피고 소속 근로자 94%의 찬성으로 제정된 이래 현재까지 5차례 개정 및 관계기관에의 신고를 거치면서 피고 사업장에서 근로자들로부터 아무런 이의제기 없이 유효하게 통용되어 온 점 등에 비추어 볼 때, 이 사건 취업규칙이 근로기준법에 정하여진 기준보다 불리하게 규정되어 있다고 볼 수 없을 뿐만 아니라, 이 사건 징계가 적법, 유효하게 이루어진 이상 피고가 이 사건 징계에 따라 원고 등을 결근처리한 것은 부당한 것으로 볼 수 없다고 할 것이다.

---

34) 즉, 판례에서는 정직기간을 결근과 동일한 의미로 보고 있다.

## Ⅳ 결론

따라서 연차유급휴가기간을 산정함에 있어 정직 및 직위해제 기간을 소정 근로일수에 포함시키되 출근일수에서 제외하도록 규정한 피고 공사의 취업규칙 제22조 제7항이 근로기준법에 정하여진 기준보다 근로자에게 불리하게 규정한 것이라고 볼 수 없고, 피고가 원고(선정당사자) 및 선정자들에 대한 연차유급휴가기간을 산정함에 있어 위 취업규칙의 규정에 따라 정직 및 직위해제 기간을 출근일수에 산입하지 아니한 것은 부당하지 아니하다고 본다.

memo

# 제6장 인사 및 징계

## 주요 판례 01

### [배치전환(전직) 1] 배치전환(전직)의 정당성 판단기준
(대판 1995.10.13. 94다52928)

---

**사실관계** **중화실업 사건**

근로자 乙은 甲회사 춘천지사에서 변전실 담당업무를 하고 있었는데, 甲회사는 춘천지사 변전실에 잉여인력이 발생하자, 다른 근로자에 비해 변전실 근무경력이 적고, 경상북도 구미에 있는 가족과 떨어져 혼자 춘천에서 생활하던 근로자 乙을 甲회사의 서울 본사의 서무과 자재담당 주임으로 승진발령을 하였는데, 근로자 乙은 위 甲회사의 인사발령에 대해 부당하다는 이유로 거부하였으나, 甲회사는 인사발령 거부를 이유로 근로자 乙을 해고하였다.

---

**판시사항**

[1] 사용자의 근로자에 대한 전보나 전직처분에 관한 재량권 및 전보처분이 권리남용에 해당하는지 여부에 대한 판단기준
[2] 근로자 본인과 협의절차를 거치지 아니한 전보처분이 권리남용에 해당하는지 여부
[3] 근로자에 대한 전보처분에 따른 생활상의 불이익이 통상 감수하여야 할 범위 내의 것이라는 이유로, 그 전보처분이 권리남용에 해당하지 않는다고 한 사례

---

## I  사용자의 근로자에 대한 전보나 전직처분에 관한 재량권 및 전보처분이 권리남용에 해당하는지 여부에 대한 판단기준

근로자에 대한 전보나 전직은 원칙적으로 인사권자인 사용자의 권한에 속하므로 업무상 필요한 범위 내에서는 사용자는 상당한 재량을 가지며, 그것이 근로기준법에 위반되거나 권리남용에 해당되는 등의 특별한 사정이 없는 한 유효하고, 전보처분 등이 권리남용에 해당하는지 여부는 전보처분 등의 업무상의 필요성과 전보 등에 따른 근로자의 생활상의 불이익을 비교·교량하여 결정되어야 하고, 업무상의 필요에 의한 전보 등에 따른 생활상의 불이익이 근로자가 통상 감수하여야 할 정도를 현저하게 벗어난 것이 아니라면, 이는 정당한 인사권의 범위 내에 속하는 것으로서 권리남용에 해당하지 않는다.

## Ⅱ 근로자 본인과 협의절차를 거치지 아니한 전보처분이 권리남용에 해당하는지 여부

전보처분 등을 함에 있어서 근로자 본인과 성실한 협의절차를 거쳤는지 여부는 정당한 인사권의 행사인지 여부를 판단하는 하나의 요소라고는 할 수 있으나, 그러한 절차를 거치지 아니하였다는 사정만으로 전보처분 등이 권리남용에 해당하여 당연히 무효가 된다고는 할 수 없다.

## Ⅲ 사안의 적용

위 내용 및 사실관계 등을 종합적으로 고려할 때, 전보처분 등이 권리남용에 해당하는지 여부는 전보처분 등의 업무상의 필요성과 전보 등에 따른 근로자의 생활상의 불이익을 비교·교량하여 결정되어야 할 것이고, 업무상의 필요에 의한 전보 등에 따른 생활상의 불이익이 근로자가 통상 감수하여야 할 정도를 현저하게 벗어난 것이 아니라면 이는 정당한 인사권의 범위 내에 속하는 것으로서 권리남용에 해당하지 않는다 할 것이다.

이 경우 전보처분 등을 함에 있어서 근로자 본인과 성실한 협의절차를 거쳤는지 여부는 정당한 인사권의 행사인지 여부를 판단하는 하나의 요소라고는 할 수 있으나 그러한 절차를 거치지 아니하였다는 사정만으로 전보처분 등이 권리남용에 해당하여 당연히 무효가 된다고는 할 수 없으며, 근로자 甲이 경상북도 구미에서 춘천으로 이사·정착(전세, 주택분양 신청 준비)을 하였으나, 춘천에 주택을 소유하거나 근로복지주택을 분양받지는 않았고, 서울 본사에서 단신 부임하거나 가족을 대동하여 이사를 해야 하는 불이익은 근로자 甲이 전직에 따라 통상 감수해야 할 범위 내의 불이익에 불과하다고 할 것이다.

memo

## 주요 판례 02

### [배치전환(전직) 2] 육아휴직 후 복직 시 인사발령의 적법성 판단여부[35)]
(대판 2022.6.30. 2017두76005)

**사실관계** **롯데쇼핑 주식회사 사건**

가. 원고는 종합유통업을 영위하는 회사로 산하에 백화점사업본부, 슈퍼사업본부, 시네마사업본부, 마트사업본부(이하 '이 사건 사업본부'라 함) 등을 두고 있다. 이 사건 사업본부는 상시 약 13,500명의 근로자를 사용하여 전국에 롯데마트 ☆☆점(이하 '이 사건 지점'이라 함) 등 119개의 점포를 운영하고 있다. 피고보조참가인(이하 '참가인'이라 함)은 1999.9.18. 원고에 입사하였고, 2013.10.3. 이 사건 사업본부의 발탁매니저 운영세칙에 규정된 '발탁매니저'로서 이 사건 지점의 생활문화매니저로 인사발령을 받아 근무하던 사람이다.

나. 참가인은 2015.6.13. 휴직기간 1년(2015.6.29.부터 2016.6.28.까지)의 육아휴직을 신청하였고, 원고는 이를 승인하였다.

다. 참가인은 육아휴직 기간 중인 2016.1.6. 이 사건 지점의 점장 소외 9에게 육아활동을 계속하기 어렵다는 이유로 복직신청을 하였고, 소외 9는 2016.1.14. 참가인에게 '대체근무자가 이미 이 사건 지점의 생활문화매니저로 인사발령을 받아 근무하고 있기 때문에 참가인의 복직신청을 승인할 수 없다'고 내용증명우편으로 회신하였다. 그러자 참가인은 2016.2.1. 소외 9와 롯데마트 글로벌인사팀장인 소외 10에게 '2016.1.28. 현재 육아휴직 대상 자녀와 더 이상 동거하고 있지 않으므로 남녀고용평등과 일·가정 양립 지원에 관한 법률 시행령(이하 '남녀고용평등법 시행령'이라 함) 제14조 제1항의 육아휴직 종료사유가 발생하였다'고 주장하며 다시 내용증명우편으로 복직신청을 하였다. 소외 9는 2016.2.3. 참가인에게 구체적인 소명자료를 제출하라는 취지의 내용증명우편을 발송하였고, 참가인은 2016.2.11. 소외 9에게 내용증명우편으로 소명자료를 제출하였다.

라. 원고 소속 직원은 2016.2.19. 참가인에게 2016.3.1.자로 이 사건 지점으로 복직하라는 취지의 문자메시지를 발송하였다. 참가인은 2016.3.1. 이 사건 지점으로 복직하였는데, 원고는 같은 날 '대체근무자가 이미 이 사건 지점의 생활문화매니저로 인사발령을 받아 근무하고 있다'는 이유로 참가인을 생활문화매니저가 아닌 식품담당 가공일상파트 냉장냉동영업담당으로 인사발령 하였다(이하 '이 사건 전직'이라 함).

마. 참가인과 참가인이 속한 민주롯데마트노동조합은 2016.5.27. 경기지방노동위원회에 이 사건 전직이 부당전직과 부당노동행위에 해당한다고 주장하며 구제신청을 하였다[경기2016부해 776/부노43(병합)]. 위 위원회는 2016.7.25. 참가인의 부당전직 구제신청은 인용하였으나, 참가인과 민주롯데마트노동조합의 부당노동행위 구제신청은 기각하였다.

바. 원고와 참가인 및 민주롯데마트노동조합은 이에 불복하여 2016.9.2. 중앙노동위원회에 각 재심신청을 하였다[중앙2016부해995/부노179(병합)]. 그러나 중앙노동위원회도 2016.12.14. '이 사건 전직의 업무상 필요성을 부인하기는 어려우나, ① 발탁매니저와 영업담당은 업무 성격이나 권한, 임금에서 차이가 있으므로 남녀고용평등과 일·가정 양립 지원에 관한 법률(이하 '남녀고용평등법'이라 함.) 제19조 제4항의 같

---

35) 편저자 주 : 본 사건은 원고 회사가 육아휴직을 사용한 참가인을 복직시키면서 기존의 '발탁매니저'가 아닌 '영업담당'으로 인사발령 한 것에 대해 중앙노동위원회를 상대로 제기한 부당전직 구제 재심판정 취소소송의 대법원 판결로, 육아휴직 후 전직처분에서 차별이 있는지 여부에 대한 구체적 판단기준을 제시한 판결이다.

은 업무 또는 같은 수준의 임금을 지급하는 직무에 해당한다고 보기 어려운 점, ② 참가인과 마찬가지로 발탁매니저로 근무하다 육아휴직을 사용한 다른 자들의 경우 대부분 복직 후 1 내지 4개월 안에 다시 발탁매니저로 인사발령을 받았는데 유독 참가인만 10개월이 지나도록 발탁매니저로 인사발령을 받지 못한 점, ③ 원고가 이 사건 전직에 관하여 참가인과 어떠한 협의도 하지 않은 점, ④ 원고가 재심판정 당시까지도 참가인을 발탁매니저로 인사발령하지 않는 등 참가인을 발탁매니저로 복직시키기 위한 어떠한 노력도 하지 않고 있는 점 등을 고려하면, 이 사건 전직은 남녀고용평등법 제19조 제4항에 위반되는 부당 전직에 해당한다. 다만 부당노동행위에는 해당하지 않는다.'는 이유로 위 각 재심신청을 모두 기각하였다 (이하 '이 사건 재심판정'이라 함).

이에 원고는 중앙노동위원회의 재심판정에 불복하여 소를 제기하였다.

**판시사항**

남녀고용평등과 일·가정 양립 지원에 관한 법률 제19조 제3항의 '불리한 처우'의 의미 / 사업주가 남녀고용평등법 제19조 제4항에 따라 육아휴직을 마친 근로자를 복귀시키면서 부여한 업무가 휴직 전과 '같은 업무'에 해당하는지 판단하는 기준 및 휴직기간 중 발생한 조직체계나 근로환경의 변화 등을 이유로 사업주가 '같은 업무'로 복귀시키는 대신 '같은 수준의 임금을 지급하는 다른 직무'로 복귀시키는 경우, 사업주가 복귀하는 근로자에게 실질적인 불이익을 주지 않기 위한 책무를 다하였는지 판단하는 방법

## Ⅰ 남녀고용평등과 일·가정 양립 지원에 관한 법률 제19조 제3항의 '불리한 처우'의 의미

남녀고용평등법 제19조 제3항의 '불리한 처우'란 육아휴직 중 또는 육아휴직을 전후하여 임금 그 밖의 근로조건 등에서 육아휴직으로 말미암아 육아휴직 사용 근로자에게 발생하는 불이익 전반을 의미하므로, 사업주는 육아휴직 사용 근로자에게 육아휴직을 이유로 업무상 또는 경제상의 불이익을 주지 않아야 하고, 복귀 후 맡게 될 업무나 직무가 육아휴직 이전과 현저히 달라짐에 따른 생경함, 두려움 등으로 육아휴직의 신청이나 종료 후 복귀 그 자체를 꺼리게 만드는 등 근로자로 하여금 심리적으로 안정된 상태에서 육아휴직을 신청·사용함에 지장을 초래하지 않아야 한다.

## Ⅱ 사업주가 남녀고용평등법 제19조 제4항에 따라 육아휴직을 마친 근로자를 복귀시키면서 부여한 업무가 휴직 전과 '같은 업무'에 해당하는지 판단하는 기준 및 휴직기간 중 발생한 조직체계나 근로환경의 변화 등을 이유로 사업주가 '같은 업무'로 복귀시키는 대신 '같은 수준의 임금을 지급하는 다른 직무'로 복귀시키는 경우, 사업주가 복귀하는 근로자에게 실질적인 불이익을 주지 않기 위한 책무를 다하였는지 판단하는 방법

사업주가 남녀고용평등법 제19조 제4항에 따라 육아휴직을 마친 근로자를 복귀시키면서 부여한 업무가 휴직 전과 '같은 업무'에 해당한다고 보려면, 취업규칙이나 근로계약 등에 명시된 업무내용뿐만 아니라 실제 수행하여 온 업무도 아울러 고려하여, 휴직 전 담당 업무와 복귀 후의 담당 업무를 비교할 때 그 직책이나 직위의 성격과 내용·범위 및 권한·책임 등에서 사회통념상 차이가 없어야 한다. 만약 휴직기간 중 발생한 조직체계나 근로환경의 변화 등을 이유로 사업주가 '같은 업무'로 복귀시키는 대신 '같은 수준의 임금을 지급하는 다른 직무'로 복귀시키는 경우에도 복귀하는 근로자에게 실질적인 불이익이 있어서는 아니 된다. 사업주가 위와 같은 책무를 다하였는지 여부는 근로환경의 변화나 조직의 재편 등으로 인하여 다른 직무를 부여해야 할 필요성 여부 및 정도, 임금을 포함한 근로조건이 전체적으로 낮은 수준인지, 업무의 성격과 내용·범위 및 권한·책임 등에 불이익이 있는지 여부 및 정도, 대체 직무를 수행하게 됨에 따라 기존에 누리던 업무상·생활상 이익이 박탈되는지 여부 및 정도, 동등하거나 더 유사한 직무를 부여하기 위하여 휴직 또는 복직 전에 사전 협의 기타 필요한 노력을 하였는지 여부 등을 종합적으로 고려하여 판단하여야 한다.

## Ⅲ 사안의 적용

위 제반사정 등을 종합적으로 고려할 때, 사안의 적용은 아래와 같다.

1) 먼저 참가인의 육아휴직 후 복귀 업무가 휴직 전 업무와 '같은 업무'에 해당하기 위해서는 휴직 전 담당 업무와 복귀 후 담당 업무가 그 업무의 성격과 내용·범위 및 권한·책임 등에서 사회통념상 차이가 없어야 한다. 그런데 이 사건 기록에 의하여 알 수 있는 아래와 같은 사정을 종합하여 볼 때, 참가인이 휴직 전 맡았던 생활문화매니저 업무와 복귀 후 맡게 된 냉동냉장영업담당 업무는 그 성격과 내용·범위 및 권한·책임 등에 상당한 차이가 있어 같은 업무에 해당한다고 보기 어렵다.

① 이 사건 사업본부의 발탁매니저 운영세칙 제3조에 의하면, 발탁매니저는 대리 직급직원 중 입사 연차, 직무경력, 해당 점포의 환경 등을 고려하여 적합하다고 인정되는 자를 발탁한다.

② 일반적으로 각 지점에는 1명의 점장이 있고 매니저의 숫자는 점포의 규모 등에 따라 차이가 있는데, 이 사건 지점의 경우 식품 코너를 담당하는 '식품매니저', 의류 등 비식품 코너를 담당하는 '생활문화매니저', 총무 등의 업무를 담당하는 '지원매니저' 등 3명의 매니저가 근무하고 있다. 생활문화매니저의 경우 생활문화 코너 전반을 총괄하는 업무를 담당하면서 영업실적관리 및 개선, 담당사원(영업담당) 관리, 발주·입점·진열·판매·처분 등 매장 운영 전반을 총괄하고 현장 모니터링 및 지원을 통해 신속하게 대응하는 업무를 담당한다. 그에 반하여 냉장냉동영업담당은 파트장과 매니저의 지휘·감독 아래 담당 코너인 냉장냉동 식품의 발주·입점·진열·판매·처분 업무를 담당한다. 또한 매니저는 파트장 이하 소속 직원에 대한 인사평가 권한이 있으나 영업담당은 인사평가 권한을 가지고 있지 않다.

③ 발탁매니저 운영세칙에 '발탁이란 매니저 직책을 임시로 보직하는 것을 말한다.'고 규정되어 있기는 하다. 그러나 ⅰ) 2016.12.2. 기준 이 사건 사업본부의 전체 매니저 직책 267개 중 45.3%인 121개가 발탁매니저에 의하여 수행되고 있는 점, ⅱ) 2001년부터 2017년까지 발탁매니저로 일하다가 직책이 변경된 101명 중 발탁매니저로 2년 이상 근무한 경우가 절반가량 되며(3년 이상 근무한 경우는 약 32%), 도중에 직책이 변경되었다가 다시 발탁매니저로 일한 기간까지 포함하면 발탁매니저로 일한 기간이 평균 39개월 정도나 되는 점, ⅲ) 위와 같이 직책이 변경된 사례 중 상당수는 본사 발령, 점장 발령, 퇴사, 육아휴직, 문책성 사유 발생 등에 기한 것으로 보이는 점, ⅳ) 발탁매니저로 근무하다가 육아휴직을 사용한 경우 퇴사 또는 근로자 본인 의사에 의한 경우를 제외하면 대부분 복귀 후 얼마 지나지 않아 다시 발탁매니저 직책이 부여된 것으로 보이는 점 등의 사정에 비추어 볼 때, 발탁매니저 직책이 대리 직급 직원이 일반적으로 수행할 수 없는 것이자 오로지 원고의 필요에 따라 임시적·시혜적으로 부여·운영되어 온 임시직책에 불과하다고 볼 수는 없다.

2) 다음으로 사업주가 육아휴직을 마친 근로자에게 휴직 전과 같은 업무가 아니라도 '같은 수준의 임금을 지급하는 직무'를 대신 부여할 수 있으나, 그 경우에도 그 직무가 육아 휴직 전 업무보다 불리한 직무가 아니어야 하는 등 앞서 본 여러 사정을 종합적으로 고려하여 사업주가 필요한 조치를 다하였는지를 판단하여야 한다.

따라서 원심으로서는 단순히 육아휴직 전후의 임금 수준만을 비교하여서는 아니 되고, 육아휴직 전 업무에 대신하여 원고가 참가인에게 부여한 냉장냉동영업담당의 직무가 육아휴직 전에 담당했던 생활문화매니저 업무와 비교할 때 임금을 포함한 근로조건, 업무의 성격·내용·범위 및 권한·책임 등에서의 불이익 유무 및 정도, 참가인에게 냉장냉동영업담당의 직무를 부여할 필요성 여부 및 정도, 그로 인하여 기존에 누리던 업무상·생활상 이익이 박탈되었는지 여부, 원고가 참가인에게 동등하거나 더 유사한 직무를 부여하기 위하여 휴직 또는 복직 이전에 협의 기타 필요한 노력을 하였는지 여부 등을 종합적으로 고려하여 이 사건 인사발령이 참가인에게 실질적으로 불리한 직무를 부여한 것 인지를 판단하였어야 한다.

3) 그런데 원심은 원고가 참가인을 육아휴직 전과 같은 업무에 복귀시킨 것으로 볼 수 있다거나, 육아휴직 사용 근로자가 복귀 후 받는 임금이 휴직 전과 같은 수준이기만 하면 사업주가 남녀고용평등법 제19조 제4항에 따른 의무를 다한 것으로 볼 수 있다는 잘못된 전제 아래, 이 사건 인사발령이 참가인에게 실질적으로 불리한 직무를 부여하는 것인지 여부에 관하여 나아가 심리·판단하지 아니하였다.

이러한 원심의 판단에는 남녀고용평등법 제19조 제4항의 해석·적용에 관한 법리를 오해하여 필요한 심리를 다하지 않음으로써 판결에 영향을 미친 잘못이 있다.

## 주요 판례 ③

### [휴직] 휴업과 휴직의 관계
(대판 2009.9.10. 2007두10440)

**사실관계**

가. 甲회사는 경영악화로 1998.11.30. 최종 부도처리되었다가 2003.3.13. M&A 관련 합의서를 제출하고 새로운 대표이사가 취임함으로써 지방법원으로부터 회사정리절차 종결 결정을 받았다.

나. 甲회사는 경영상 위기를 극복하기 위한 자구책으로 조기에 경영을 합리화시키고 고용보장 및 일자리 창출이라는 책무를 위한다는 이유로 2004.4.1.자로 100명, 같은 달 6.자로 100명, 같은 달 9.자로 50명 등 乙을 포함한 합계 250명에 대하여 휴업휴가를 실시하고, 평균임금의 70%에 해당하는 금액을 휴업수당으로 지급하였다.

다. 甲회사는 2003년부터 매출액과 영업이익이 꾸준히 증가하기 시작하여 2004년 상반기에는 영업이익이 흑자로 전환되는 등 경영상태가 호전되어 가고 있었고, 휴업휴가 당시 근로자가 1인당 매출액이나 생산성도 전년도에 비하여 증가하였다. 휴업휴가를 실시한 후에도 甲회사 내의 연장근로가 거의 전 부문에 걸쳐 꾸준히 행하여졌으며, 甲회사가 휴업휴가를 회피하기 위한 노력을 다하였다고 인정하기도 어려웠다.

라. 또한 甲회사는 휴업휴가를 실시하기 전 노동조합 지회와 경영정상화를 위한 협상을 하는 과정에서 유휴인력의 해소를 위하여 휴업휴가가 필요하다는 점을 언급하였으나, 휴업휴가의 실시시기·규모·대상 등에 관하여는 노동조합 지회나 乙 등과 일체의 협의를 하지 않았다.

마. 乙 등은 위 휴업휴가가 실질적으로 부당해고에 해당한다면서 지방노동위원회에 부당휴업휴가 구제신청을 하자, 지방노동위원회는 乙 등을 원직에 복직시키고 그 기간 중 정상적으로 근무하였더라면 지급받을 수 있었던 임금상당액을 지급하여야 한다는 내용의 구제명령을 하였다.

바. 甲회사는 지방노동위원회의 판정에 불복하여 중앙노동위원회에 재심을 청구하였다.

**판시사항**

[1] 구(舊) 근로기준법 제45조 제1항(現, 동법 제46조 제1항)에서 정한 '휴업'의 범위 및 구(舊) 근로기준법 제30조 제1항(現, 동법 제23조 제1항)에서 정한 '휴직'의 의미

[2] 사용자가 자신의 귀책사유에 해당하는 경영상의 필요에 따라 개별 근로자들에 대하여 구(舊) 근로기준법 제45조 제1항(現, 동법 제46조 제1항)에 의한 휴업을 실시한 경우, 그 휴업 역시 구(舊) 근로기준법 제30조 제1항(現, 동법 제23조 제1항)에서 정한 '휴직'에 해당하는 불이익한 처분에 해당한다고 한 사례

[3] 휴직명령을 포함한 인사명령이 인사권자인 사용자의 고유권한에 속하는지 여부(적극) 및 경영상의 필요를 이유로 하여 휴직명령이 취해진 경우, 그 휴직명령이 정당한 인사권의 범위 내에 속하는지 여부의 판단방법

## Ⅰ 근로기준법 제46조 제1항에서 정한 '휴업'의 범위 및 근로기준법 제23조 제1항에서 정한 '휴직'의 의미

### 1. 휴업의 의의 및 범위

근로기준법 제46조 제1항에서 정하는 '휴업'에는 개개의 근로자가 근로계약에 따라 근로를 제공할 의사가 있음에도 불구하고 그 의사에 반하여 취업이 거부되거나 또는 불가능하게 된 경우도 포함되므로(대판 1991.12.13. 90다18999 참조), 이는 '휴직'을 포함하는 광의의 개념이라 할 것이다.

### 2. 휴직의 의의

근로기준법 제23조 제1항에서는 "사용자는 근로자에 대하여 정당한 이유 없이 해고, 휴직, 정직, 전직, 감봉 기타 징벌을 하지 못한다."라고 규정하고 있는데, 여기서 '휴직'이라 함은 어떤 근로자를 그 직무에 종사하게 하는 것이 불능이거나 또는 적당하지 아니한 사유가 발생한 때에 그 근로자의 지위를 그대로 두면서, 일정한 기간 그 직무에 종사하는 것을 금지시키는 사용자의 처분을 말한다.

### 3. 휴업과 휴직과의 관계

사용자가 그의 귀책사유에 해당하는 경영상의 필요에 따라 개별 근로자들에 대하여 근로기준법 제46조 제1항에 의한 휴업을 실시한 경우, 이러한 휴업 역시 근로기준법 제23조 제1항에서 정하는 '휴직'에 해당하는 불이익한 처분에 해당한다고 할 것이다.

## Ⅱ 휴직명령을 포함한 인사명령이 인사권자인 사용자의 고유권한에 속하는지 여부 및 경영상의 필요를 이유로 하여 휴직명령이 취해진 경우, 그 휴직명령이 정당한 인사권의 범위 내에 속하는지 여부의 판단 방법

### 1. 휴직명령의 근거

기업이 그 활동을 계속적으로 유지하기 위해서는 노동력을 재배치하거나 그 수급을 조절하는 것이 필요불가결하므로, 휴직명령을 포함한 인사명령은 원칙적으로 인사권자인 사용자의 고유권한에 속한다.

### 2. 휴직명령의 효력

이러한 인사명령에 대하여는 업무상 필요한 범위 안에서 사용자에게 상당한 재량을 인정하여야 하고(대판 2005.2.18. 2003다63029 참조), 그것이 근로자에 대하여 정당한 이유 없이 해고·휴직·정직·감봉 기타 징벌을 하지 못하도록 하는 근로기준법 제23조 제1항에 위배되거나 권리남용에 해당하는 등 특별한 사정이 없는 한 무효라고 할 수 없다.

### 3. 휴직명령의 정당성 판단기준

휴업수당은 사용자의 귀책사유로 인정되는 것으로서, 예컨대 회사의 자금난, 자재결핍, 사업장의 시설부족, 경영난 등으로 인하여 근로를 제공할 수 없게 된 경우 회사에게 당해 근로자에 대하여 평균임금의 100분의 70 이상의 수당을 지급할 것을 강제하는 규정일 뿐이지, 회사가 위 휴업수당을 지급하기만 하면 모든 휴업조치가 적법하고 정당한 것으로 되는 규정은 아니다. 경영상의 필요를 이유로 하여 휴직명령이 취해진 경우 그 휴직명령이 정당한 인사권의 범위 내에 속하는지 여부는 당해 휴직명령 등의 경영상의 필요성과 그로 인하여 근로자가 받게 될 신분상·경제상의 불이익을 비교·교량하고, 휴직명령 대상자 선정의 기준이 합리적이어야 하며, 근로자가 속하는 노동조합과의 협의 등 그 휴직명령을 하는 과정에서 신의칙상 요구되는 절차를 거쳤는지 여부를 종합적으로 고려하여 결정하여야 한다.

## Ⅲ 사안의 적용

위 제반사정 등을 종합적으로 고려할 때, ① 甲회사가 2003년부터 매출액과 영업이익이 꾸준히 증가하기 시작하여 2004년 상반기에는 영업이익이 흑자로 전환되는 등 경영상태가 호전되어 가고 있었고, ② 이 사건 휴업휴가 당시 근로자 1인당 매출액이나 생산성도 전년도에 비하여 증가하였으며, ③ 이 사건 휴업휴가를 실시한 후에도 甲회사 내의 연장근로가 거의 전 부문에 걸쳐 꾸준히 행하여졌고, ④ 그동안의 경영적자가 주로 유휴인력의 존재에 기인한 것이라고 볼 만한 객관적 증거가 없으며, ⑤ 甲회사가 이 사건 휴업휴가를 회피하기 위한 노력을 다하였다고 인정하기도 어려운 사정들을 종합해보면, 이 사건 휴업휴가의 실시가 경영상 부득이하게 필요한 경우로서 근로기준법 제23조 제1항 소정의 정당한 이유 있는 조치라고 보기 어려우므로, 따라서 甲회사의 휴업휴가는 근로기준법 제23조 제1항 소정의 정당한 이유 없이 행한 부당휴직에 해당하므로 위법하다고 할 것이다.

memo

## 주요 판례 04

# [대기발령 1] 장기간 대기발령의 효력
### (대판 2007.2.23. 2005다3991)

---

**사실관계**  **GM대우 사건**

가. 원고는 1986.1.경 소외 대우자동차 주식회사(이하 '소외 회사'라 함)에 입사한 다음, 1989년경부터는 같은 회사의 기술연구소 내 차량실험실에서 근무하기 시작하였다.

나. 그 후 소외 회사는 회사의 경영이 어려워지자 1998.10.14. 원고를 영업팀인 필드서베이팀으로 전보하는 처분을 하였다가, 2000.12.1. 경영상 과원을 이유로 대기발령(이하 '이 사건 인사대기처분'이라 함)을 하였다.

다. 2002.8.7. 설립된 피고 회사는 2002.10.경 소외 회사의 부평공장 일부, 창원공장, 군산공장을 자산양수도 방식으로 인수하였고, 그 소속의 근로자들에 대하여는 소외 회사를 퇴사하고, 피고 회사에 재입사하는 형식을 취하여 고용관계를 그대로 승계하기로 하였다.

라. 피고 회사는 위와 같은 방침에 따라 2002.10.11. 원고에게도 '소외 회사와 동일한 근로조건(급여와 후생 등)하에 소외 회사에서 근무하던 부서에서 동일한 직무를 수행하는 조건으로 근로자들을 신규로 고용하되 피고 회사는 소외 회사의 퇴직금 지급의무만을 승계하고, 근로자들은 피고 회사를 상대로는 소외 회사와의 고용관계 및 소외 회사로부터의 퇴사와 관련하여 발생하는 어떠한 권리주장이나 청구를 하지 않을 것에 동의한다.'는 취지의 내용의 담긴 고용제안서를 제시하였다.

마. 이에 원고는 피고 회사가 제시한 고용제안서에 '본인이 처한 특수상황(20개월 이상 지속되는 인사대기의 부당성과 인사상의 불이익)에 국한하여 정당한 권리주장을 할 것입니다.'라는 취지의 문구를 추가 기재한 다음 이를 제출하였다가, 2002.10.21. 무렵 피고 회사가 위 고용제안서를 되돌려주면서 새로운 고용제안서 제출을 요구하자, 이의를 유보하는 내용의 문구가 없는 고용제안서에 서명한 후 이를 제출하였다.

바. 피고 회사 취업규칙 제67조 제11호는 '대기발령 된 자가 3개월이 경과되도록 보직되지 아니한 때에는 해고한다.'고 규정하고 있는데도 원고는 2000.12.1. 소외 회사로부터 대기발령을 받은 이래, 피고 회사가 고용승계를 한 2002.10.경 이후에도 보직을 부여받지 못한 채 기본급만 지급받아 오고 있다.

---

**판시사항**

대기발령을 포함한 인사명령이 인사권자인 사용자의 고유권한에 속하는지 여부(**적극**) 및 사회통념상 합리성이 없을 정도로 부당하게 장기간 유지하는 대기발령 조치의 효력(**무효**)

## Ⅰ 대기발령을 포함한 인사명령이 인사권자인 사용자의 고유권한에 속하는지 여부

기업이 그 활동을 계속적으로 유지하기 위해서는 노동력을 재배치하거나 그 수급을 조절하는 것이 필요불가결하므로, 대기발령을 포함한 인사명령은 원칙적으로 인사권자인 사용자의 고유권한에 속한다 할 것이고, 따라서 이러한 인사명령에 대하여는 업무상 필요한 범위 안에서 사용자에게 상당한 재량을 인정하여야 한다(대판 2005.2.18. 2003다63029 참조).

## Ⅱ 장기간 대기발령의 정당성 여부

대기발령이 일시적으로 당해 근로자에게 직위를 부여하지 아니함으로써 직무에 종사하지 못하도록 하는 잠정적인 조치이고, 근로기준법 제23조 제1항에서 사용자는 근로자에 대하여 정당한 이유 없이 전직, 휴직, 기타 징벌을 하지 못한다고 제한하고 있는 취지에 비추어 볼 때, 사용자가 대기발령 근거규정에 의하여 일정한 대기발령 사유의 발생에 따라 근로자에게 대기발령을 한 것이 정당한 경우라고 하더라도 당해 대기발령 규정의 설정 목적과 그 실제 기능, 대기발령 유지의 합리성 여부 및 그로 인하여 근로자가 받게 될 신분상·경제상의 불이익 등 구체적인 사정을 모두 참작하여 그 기간은 합리적인 범위 내에서 이루어져야 하는 것이고, 만일 대기발령을 받은 근로자가 상당한 기간에 걸쳐 근로의 제공을 할 수 없다거나, 근로제공을 함이 매우 부적당한 경우가 아닌데도 사회통념상 합리성이 없을 정도로 부당하게 장기간 동안 대기발령 조치를 유지하는 것은 특별한 사정이 없는 한 정당한 이유가 있다고 보기 어려우므로 그와 같은 조치는 무효라고 보아야 할 것이다.

## Ⅲ 사안의 적용

위 내용 및 사실관계 등을 종합적으로 고려할 때, 피고 회사의 취업규칙 제53조 제1호는 경영형편상 과원으로 인정된 자에 대하여는 대기발령을 할 수 있고, 제53조 제2호는 대기발령된 직원에 대하여는 출근을 금할 수 있으며, 회사의 명에 의하여 출근하는 경우에는 기본급 또는 그에 준하는 임금만을 지급하고 기타의 급여는 지급하지 아니한다고 되어 있으며, 소외 회사에도 동일한 내용이 취업규칙에 정해져 있는바, 소외 회사가 경영형편상 과원을 이유로 이 사건 인사대기처분을 한 것 자체는 업무상 필요한 범위 안에서 이루어진 것으로서 정당한 이유가 있었다고 보더라도 그 이후 장기간에 걸쳐 인사대기처분을 그대로 유지하고 있다가 피고 회사가 2002.10.11. 사실상 소외 회사와 원고 사이의 고용관계를 그대로 승계하면서 원고와 명시적으로 고용계약까지 체결한 이상 경영형편상 과원이라고 보기도 어려우므로 원고에 대한 대기발령 사유는 일응 해소되었다고 볼 것인데, 그 이후에도 원고에게 아무런 직무도 부여하지 않은 채 기본급 정도만을 수령하도록 하면서 장기간 대기발령 조치를 그대로 유지한 것은 특별한 사정이 없는 한 정당한 사유가 있다고 보기 어렵다 할 것이다.

그렇다면 피고 회사가 2002.10.11. 이후에도 원고에 대한 대기발령을 그대로 유지한 조치는 특별한 사정이 없는 한 무효라고 볼 것이다.

## 주요 판례 05

## [대기발령 2] 업무저성과를 이유로 한 대기발령과 당연해고의 정당성 여부
### (대판 2022.9.15. 2018다251486)

**사실관계**

가. 피고는 선박의 건조 및 보수공사 등을 영위하는 회사이고, 원고는 피고회사에 근무하는 근로자이다. 원고는 인사고과평가에서 최하위 등급을 2회 및 업무역량 평가에서 최하위 등급을 받고 대기발령을 받았으며, 대기발령 후에 주어진 경영위기 타개를 위한 방안제시에서도 최하등급을 받자, 피고는 무보직으로 3개월이 경과한 원고에 대해 해고를 통보하였다.

나. 참고로 원고는 2013.3.경 피고로부터 표창을 받았고, 그 해 상반기 인사고과평가에서는 A등급, 2013년 하반기 및 2014년 하반기 인사고과평가에서는 관리직 총 254명 중 253위로 최하위 D등급(하위 5%에 해당)을 받았다. 피고는 2015.1.20.부터 2015.1.23.까지 업무역량 및 리더십 역량에 대한 다면평가를 처음으로 실시하였는데, 원고는 같은 그룹의 피평가자 총 35명중 33위로 최하위 D등급을 받았다.

다. 피고는 2015.2.24. 조직개편의 일환으로 기존의 '4본부 4실 32팀'으로 직제규정을 개정하여 2015.3.1. 시행하였다. 피고는 2015.2.25. 인사위원회를 개최하여 원고를 포함한 대기발령 대상자 4명을 확정하고 2015.2.27. 원고를 경영기획본부 인사·총무팀 소속으로 대기발령하고(이하 '이 사건 대기발령'이라 함), 대기발령자 근무수칙에 따라 연장수당을 제외한 임금전액을 지급하였다.

라. 원고는 2015.3.경 및 2015.4.경에 '절박한 경영위기 타개를 위한 연간 간접비 150억 절감방안을 제시하라.'는 업무과제를 부여받고 방안을 제시하였으나, 평가결과 D등급을 받았다. 피고는 2015.5.경 원고에게 '안전보건경영시스템 교재를 통한 업무 테스트'의 수행과제를 부여하고, 40점 이하일 경우 업무부적격으로 결정하기로 한 뒤 테스트를 실시하였는데 원고는 31점을 취득하였다. 그러자 피고는 2015.6.5. 인사위원회를 개최하여 무보직으로 3개월이 경과한 원고를 2015.7.17.자로 해고하기로 의결하고 2015.6.15. 원고에게 이를 통보하였다(이하 '이 사건 해고'라 함).

마. 참고로, 피고의 인사규정 제20조 제1항은 '구조조정, 조직개편, 직제개편 등으로 직제 또는 정원의 감소사유가 있거나 인원이 초과된 경우(제4호) 또는 직무수행 능력이 부족하거나 인사고과평가 성적이 하위 5% 이내인 경우(제5호)에 해당하는 자에 대해서는 보직을 부여하지 않을 수도 있다.'고 규정하고 있고, 제2항은 '보직이 제한된 자에 대하여 대기발령을 내릴 수 있다.'고 규정하고 있다. 피고의 취업규칙 제59조 제1항 제6호 및 인사규정 제41조 제7호는 '사원이 무보직으로 3개월이 경과하였을 때는 해고한다.'고 규정하고 있다.

바. 원고는 이 사건 대기발령 및 이 사건 해고가 모두 인사권의 남용이라고 주장하면서 이 사건 대기발령 및 이 사건 해고의 무효확인 및 대기발령 기간 동안의 임금차액 530만원과 해고시점인 2015.7.17.부터 원고가 복직한 날까지 임금을 청구하는 소를 제기하였다.

**판시사항**

이 사건 대기발령이 사용자의 인사재량권을 남용한 것이고, 이 사건 해고는 이른바 저성과자 해고에 대한 법리를 오해하여 사회통념상 고용관계를 계속할 수 없는 정도인지 여부

## Ⅰ 이 사건 대기발령의 정당성 여부

기업이 계속 활동하기 위해서는 노동력을 재배치하거나 수급을 조절하는 것이 필요불가결하므로 대기발령을 포함한 인사명령은 원칙적으로 인사권자인 사용자의 고유권한에 속한다. 따라서 이러한 인사명령에 대하여는 업무상 필요한 범위 안에서 사용자에게 상당한 재량을 인정하여야 하고, 이것이 근로기준법 등에 위반되거나 권리남용에 해당하는 등의 특별한 사정이 없는 한 위법하다고 할 수 없다. 대기발령이 정당한 인사권의 범위 내에 속하는지 여부는 대기발령의 업무상 필요성과 그에 따른 근로자의 생활상 불이익의 비교교량, 근로자와 협의 등 대기발령을 하는 과정에서 신의칙상 요구되는 절차를 거쳤는지 여부 등에 의하여 결정되어야 하고, 근로자 본인과 성실한 협의절차를 거쳤는지는 정당한 인사권 행사인지 여부를 판단하는 한 요소라고는 할 수 있으나 그러한 절차를 거치지 아니하였다는 사정만으로 대기발령이 권리남용에 해당되어 당연히 무효가 된다고는 볼 수 없다(대판 2002.12.28. 2000두8011; 대판 2005.2.18. 2003다63029 등 참조).

## Ⅱ 이 사건 해고의 정당성 여부

근로기준법 제23조 제1항은 사용자는 근로자에게 정당한 이유 없이 해고를 하지 못한다고 규정하여 해고를 제한하고 있다. 사용자가 취업규칙에서 정한 해고사유에 해당한다는 이유로 근로자를 해고할 때에도 정당한 이유가 있어야 한다. 일반적으로 사용자가 근무성적이나 근무능력이 불량하여 직무를 수행할 수 없는 경우에 해고할 수 있다고 정한 취업규칙 등에 따라 근로자를 해고한 경우, 사용자가 근로자의 근무성적이나 근무능력이 불량하다고 판단한 근거가 되는 평가가 공정하고 객관적인 기준에 따라 이루어진 것이어야 할 뿐 아니라, 근로자의 근무성적이나 근무능력이 다른 근로자에 비하여 상대적으로 낮은 정도를 넘어 상당한 기간 동안 일반적으로 기대되는 최소한에도 미치지 못하고 향후에도 개선될 가능성을 인정하기 어렵다는 등 사회통념상 고용관계를 계속할 수 없을 정도인 경우에 한하여 해고의 정당성이 인정된다. 이러한 법리는 취업규칙이나 인사규정 등에서 근로자의 근무성적이나 근무능력 부진에 따른 대기발령 후 일정 기간이 경과하도록 보직을 다시 부여받지 못하는 경우에는 해고한다는 규정을 두고 사용자가 이러한 규정에 따라 해고할 때에도 마찬가지로 적용된다.

이때 사회통념상 고용관계를 계속할 수 없을 정도인지는 근로자의 지위와 담당 업무의 내용, 그에 따라 요구되는 성과나 전문성의 정도, 근로자의 근무성적이나 근무능력이 부진한 정도와 기간, 사용자가 교육과 전환배치 등 근무성적이나 근무능력 개선을 위한 기회를 부여하였는지 여부, 개선의 기회가 부여된 이후 근로자의 근무성적이나 근무능력의 개선 여부, 근로자의 태도, 사업장의 여건 등 여러 사정을 종합적으로 고려하여 합리적으로 판단하여야 한다.

## Ⅲ 사안의 적용

### 1. 이 사건 대기발령의 정당성 여부

위 내용 및 본 사안의 사실관계 등에 비추어볼 때, 이 사건 대기발령의 경우 피고의 조직 개편 및 원고에 대한 인사고과평가에 따른 것으로서 피고의 인사규정 제20조 제1항 제4호, 제5호, 같은 조 제2항 등에 근거한 정당한 인사권의 행사이고 권리남용에 해당하지 않는다고 할 것이다.

### 2. 이 사건 해고의 정당성 여부

근로기준법 제23조 제1항은 사용자는 근로자에게 정당한 이유 없이 해고를 하지 못한다고 규정하여 해고를 제한하고 있다. 사용자가 취업규칙에서 정한 해고사유에 해당한다는 이유로 근로자를 해고할 때에도 정당한 이유가 있어야 한다. 일반적으로 사용자가 근무성적이나 근무능력이 불량하여 직무를 수행할 수 없는 경우에 해고할 수 있다고 정한 취업규칙 등에 따라 근로자를 해고한 경우, 사용자가 근로자의 근무성적이나 근무능력이 불량하다고 판단한 근거가 되는 평가가 공정하고 객관적인 기준에 따라 이루어진 것이어야 할 뿐 아니라, 근로자의 근무성적이나 근무능력이 다른 근로자에 비하여 상대적으로 낮은 정도를 넘어 상당한 기간 동안 일반적으로 기대되는 최소한에도 미치지 못하고 향후에도 개선될 가능성을 인정하기 어렵다는 등 사회통념상 고용관계를 계속할 수 없을 정도인 경우에 한하여 해고의 정당성이 인정된다.

이러한 법리는 취업규칙이나 인사규정 등에서 근로자의 근무성적이나 근무능력 부진에 따른 대기발령 후 일정 기간이 경과하도록 보직을 다시 부여받지 못하는 경우에는 해고한다는 규정을 두고 사용자가 이러한 규정에 따라 해고할 때에도 마찬가지로 적용된다. 이때 사회통념상 고용관계를 계속할 수 없을 정도인지는 근로자의 지위와 담당 업무의 내용, 그에 따라 요구되는 성과나 전문성의 정도, 근로자의 근무성적이나 근무능력이 부진한 정도와 기간, 사용자가 교육과 전환배치 등 근무성적이나 근무능력 개선을 위한 기회를 부여하였는지 여부, 개선의 기회가 부여된 이후 근로자의 근무성적이나 근무능력의 개선 여부, 근로자의 태도, 사업장의 여건 등 여러 사정을 종합적으로 고려하여 합리적으로 판단하여야 한다(대판 2021.2.25. 2018다253680 참조).

따라서 위 내용 및 본 사안의 사실관계 등에 비추어볼 때, 원고의 근무성적이나 근무능력의 부진이 어느 정도 지속되었는지, 그 부진의 정도가 다른 근로자에 비하여 상대적으로 낮은 정도를 넘어 상당한 기간 동안 일반적으로 기대되는 최소한에도 미치지 못하는지, 나아가 향후에도 개선될 가능성을 인정하기 어려운지, 피고가 원고에게 교육과 전환배치 등 근무성적이나 근무능력 개선을 위한 기회를 충분히 부여하였는지 등을 종합적으로 고려할 때, 이 사건 대기발령이 정당하고, 대기발령 기간 동안 원고의 근무성적이나 근무능력이 개선되지 않았다는 이유만으로 이 사건 해고가 정당하다고 판단할 수 없다고 할 것이다.

## Ⅳ 대상판결의 의의[36]

취업규칙이나 인사규정에 대기발령 이후 일정기간이 경과하도록 보직을 부여받지 못하는 경우 당연퇴직 또는 해고된다는 규정을 두고 있는 경우가 종종 있다. 이 규정에 따라 별다른 절차 없이 퇴직 또는 해고할 경우 유효할까?

이 점에 대해 본 판결은 대기발령은 유효하나, 무보직을 이유로 해고할 때는 위 취업규칙이나 인사규정과는 별도로 근로기준법의 제한을 받게 되므로 정당한 사유가 필요하다는 것을 명확히 한 점에서 본 판결의 의의가 있다고 할 수 있다.

또 하나는 본 사건의 경우 근무성적 불량에 따른 대기발령과 이를 이유로 한 당연해고에 대한 정당성 여부의 판단이지만, 대기발령의 법적 성격 및 저성과자에 대한 통상해고의 정당성에 대해서도 간접적으로 언급하고 있다는 점에 주목할 필요가 있다.

제
02
편

```
memo



```

---

36) 이정 한국외국어대학교 법학전문대학원 교수, 포커스

## 주요 판례 06

### [직위해제] 해고처분에 의해 직위해제처분도 소멸하는지 여부
(대판 2010.7.29. 2007두18406)

**사실관계** **국민건강보험공단 사건**

甲회사는 근로자 乙이 노동조합 인터넷 게시판에 참가인 이사장을 모욕하는 내용의 글을 게시하여 인사규정상의 직원의 의무를 위반하고 품위를 손상하였다는 사유로 근로자 乙에 대하여 이 사건 직위해제처분을 한 후 동일한 사유로 이 사건 해임처분을 하였고, 한편 참가인의 인사규정은 직위해제기간을 승진소요 최저연수및 승급소요 최저근무기간에 산입하지 않도록 하여 직위해제처분이 있는 경우 승진·승급에 제한을 가하고있고, 보수규정은 직위해제기간 동안 보수의 2할(직위해제기간이 3개월을 경과하는 경우에는 5할)을 감액하도록 규정하고 있어 근로자 乙은 이 사건 해임처분의 효력을 다툼과 동시에 이 사건 직위해제처분에 대한구제신청도 함께하고 있으나, 甲회사 측은 이 사건 해임처분으로 그 전에 있었던 직위해제처분은 그 효력이상실되었으므로 직위해제처분에 대한 구제이익은 없다고 주장하였다.

**판시사항**

[1] 근로자를 직위해제한 후 동일한 사유를 이유로 징계처분을 한 경우, 직위해제처분이 효력을 상실하는지 여부(적극) 및 근로자가 직위해제처분에 대한 구제를 신청할 이익이 있는지 여부(한정 적극)

[2] 노동조합 인터넷 게시판에 국민건강보험공단 이사장을 모욕하는 내용의 글을 게시한 근로자에 대하여 인사규정상 직원의 의무를 위반하고 품위를 손상하였다는 사유로 직위해제처분을 한 후 동일한 사유로 해임처분을 한 사안에서, 직위해제처분이 해임처분에 의하여 효력을 상실하였다고 하더라도 근로자에게 위 직위해제처분에 대한 구제를 신청할 이익이 있음에도, 이와 다르게 본 원심판결에 법리오해의 위법이 있다고 한 사례

## I 해고처분에 의해 직위해제처분도 소멸되는지 여부

직위해제처분은 근로자로서의 지위를 그대로 존속시키면서 다만 그 직위만을 부여하지 아니하는 처분이므로 만일 어떤 사유에 기하여 근로자를 직위해제한 후 그 직위해제 사유와 동일한 사유를 이유로 징계처분을 하였다면 뒤에 이루어진 징계처분에 의하여 그 전에 있었던 직위해제처분은 그 효력을 상실한다(대판 1997.9.26. 97다25590 등 참조). 여기서 직위해제처분이 효력을 상실한다는 것은 직위해제처분이 소급적으로 소멸하여 처음부터 직위해제처분이 없었던 것과 같은 상태로 되는 것이 아니라 사후적으로 그 효력이 소멸한다는 의미이다. 따라서 직위해제처분에 기하여 발생한 효과는 당해 직위해제처분이 실효되더라도 소급하여 소멸하는 것이 아니므로, 인사규정 등에서 직위해제처분에 따른 효과로 승진·승급에 제한을 가하는 등의 법률상 불이익을 규정하고 있는 경우에는 직위해제처분을 받은 근로자는 이러한 법률상 불이익을 제거하기 위하여 그 실효된 직위해제처분에 대한 구제를 신청할 이익이 있다.

## II 사안의 적용

위 내용 및 사실관계 등을 종합적으로 고려할 때, 乙은 이 사건 직위해제처분으로 인하여 승진·승급에 제한을 받고 보수가 감액되는 등의 인사상·급여상 불이익을 입게 되었고, 이 사건 해임처분의 효력을 둘러싸고 다툼이 있어 그 효력 여하가 확정되지 아니한 이상 乙은 근로자의 신분을 상실한다고 볼 수 없어 여전히 이와 같은 인사상 불이익을 받는 상태에 있으므로, 비록 이 사건 직위해제처분이 이 사건 해임처분에 의하여 그 효력을 상실하였다고 하더라도 乙은 이 사건 직위해제처분에 대한 구제의 이익이 있다고 할 것이다.

memo

**주요 판례** 07

## [징계 1] 단체협약·취업규칙 또는 이에 따른 징계규정과 달리 징계위원회의 구성 후 결의로 징계처분 시 그 효력
(대판 2020.11.26. 2017두70793)

**사실관계** **코카콜라음료(주) 사건**

가. 이 사건 보조참가인인 '코카콜라음료(주)'(이하 '甲회사'라 함)는 식음료업을 영위하는 회사이다. 甲회사는 영업업무를 하면서 판매대금을 개인명의 계좌로 수령하거나 해당 대금으로 게임아이템을 구매하는 등으로 유용한 것을 징계사유로 하여 원고인 소속 근로자 3명(이하 '甲회사 근로자들'이라 함)을 징계해고하였다.

나. 甲회사의 취업규칙에 징계절차와 관련한 규정은 다음과 같다.

> **[관련 규정]**
>
> **취업규칙 제77조(징계권 행사의 제한)** 회사는 본 규칙 및 인사위원회 규정이 정한 정당한 절차를 거치지 아니하고는 직원을 징계할 수 없다.
>
> **인사위원회 규정 제16조(구성)** ① 사업부 인사위원회는 각 기능별 총괄임원으로, 위원을 각 위원회 부문장(팀장)으로 구성한다.
> ② 전사 인사위원회는 대표이사 단위로 구성하며, 사업부 인사위원회에 위임할 수 있다.
>  1. 위원장 : 대표이사, 2. 위원 : 각 기능별 총괄임원, 3. 간사 : 인사팀
> ③ 재심 또는 팀장급 이상은 전사 인사위원회의 심의를 원칙으로 한다.
>
> **인사위원회 규정 제28조(재심)** ① 각 인사위원회의 심의, 의결에 대하여 당사자가 재심을 신청한 경우 다음 각 호의 1에 해당될 때에는 인사위원회의 위원장은 재심에 부의해야 한다.
>  1. 대표이사가 재심을 명할 때
>  2. 단체협약 제27조 제4호 및 취업규칙 제69조 제4항에 의거 당사자가 재심을 신청한 때
> ② 대표이사는 재심위원회의 위원장이 되며, 재심위원회 위원은 위원장이 위촉하는 3~5인으로 구성한다. 다만, 위원장 유고 시에는 위원 중에서 위원장이 위촉하는 자가 그 직무를 대행한다.

다. 甲회사는 2007.10.1. 생활용품 등 제조·판매하는 '(주)LG생활건강'(이하 '乙회사'라 함)에 인수되면서 인수 전(前)에는 없다가 재심위원회 위원의 자격 규정이 생겼다. 그러나 甲회사에서는 인수된 이후에도 재심위원회를 총괄임원만으로 구성하지 않았다. 전사 인수위원회는 위원장을 대표이사로, 위원을 각 기능별 '총괄임원'으로 구성하고, 재심 또는 팀장급 이상의 징계는 전사 인사위원회에서 심의하도록 하였다.

라. 甲회사 근로자들은 2015.7.1. 징계해고 결정에 대하여 재심을 요청했고, 甲회사는 4명의 재심위원회 위원(아래 [표] ①~④)을 구성하여 원결정과 동일하게 징계해고를 결정했다. 다만, 전사 인사위원회의 대표이사의 위임을 받아 재심인사위원회 위원장(①)은 총괄임원(상무, ②, ③) 이외 위원(부문장, ④)을 위촉했다. 甲회사는 인수 이후, 乙회사 소속으로 甲회사 총괄임원을 겸임한 2명의 총괄임원(상무, ⑤,⑥)이 있었으나, 재심위원회 개최 당시 징계위원회의 위원으로 구성되지 않았다. 재심위원회는 종전의 위원으로 구성했다(①~④).

| 대상 | 소속 | 甲회사에서의 지위 | 인사위원회 구성여부 | 재심위원회 |
|---|---|---|---|---|
|  | 甲회사 | 대표이사 | 위원장 (①에게 권한 위임) | (위임) |
| ① | 甲회사 | 총괄임원(상무) | 위원장 (대표이사의 위임) | 참석 |
| ② | 甲회사 | 총괄임원(상무) | 위 원 | 참석 |
| ③ | 甲회사 | 총괄임원(상무) | 위 원 | 참석 |
| ④ | 甲회사 | 부문장 | 위 원 | 참석 |
| ⑤ | 乙회사 | 총괄임원(상무) | 위 원 | (미구성) |
| ⑥ | 乙회사 | 총괄임원(상무) | 위 원 | (미구성) |

마. 원고인 甲회사 근로자들은 노동위원회에 부당해고 구제신청을 제기했으나, 중앙노동위원회가 해고가 정
   당하다고 판단하자, 이에 대해 법원에 부당해고 구제 재심판정 취소소송을 제기하였다.

---

**판시사항**

[1] 원래의 징계처분이 요건을 갖추었더라도 재심절차를 전혀 이행하지 않거나 재심절차에 중대한 하자가
   있어 재심의 효력을 인정할 수 없는 경우, 징계처분이 무효인지 여부(**적극**)

[2] 단체협약이나 취업규칙 또는 이에 근거를 둔 징계규정에서 징계위원회의 구성에 관하여 정하고 있음에도
   이와 다르게 구성한 징계위원회의 결의를 거쳐 징계처분을 한 경우, 징계처분의 효력(**원칙적 무효**)

[3] 취업규칙의 성격 및 해석 방법

---

# Ⅰ 원래의 징계처분이 요건을 갖추었더라도 재심절차를 전혀 이행하지 않거나 재심절차에 중대한 하자가 있어 재심의 효력을 인정할 수 없는 경우, 징계처분이 무효인지 여부

징계처분에 대한 재심절차는 징계처분에 대한 구제 내지 확정절차로서 원래의 징계절차와 함께
전부가 하나의 징계처분절차를 이루는 것으로서 그 절차의 정당성도 징계과정 전부에 관하여 판
단되어야 하므로, 원래의 징계처분이 그 요건을 갖추었더라도 재심절차를 전혀 이행하지 않거나
재심절차에 중대한 하자가 있어 재심의 효력을 인정할 수 없는 경우에는 그 징계처분은 현저히
절차적 정의에 반하는 것으로서 무효이다.

# Ⅱ 단체협약이나 취업규칙 또는 이에 근거를 둔 징계규정과 다르게 징계위원회를 구성한 다음 그 결의를 거쳐 징계처분한 경우, 그 징계처분의 효력

단체협약이나 취업규칙 또는 이에 근거를 둔 징계규정에서 징계위원회의 구성에 관하여 정하고
있는 경우 이와 다르게 징계위원회를 구성한 다음 그 결의를 거쳐 징계처분을 하였다면, 그 징계
처분은 징계사유가 인정되는지 여부와 관계없이 원칙적으로 절차상 중대한 하자가 있어 무효이
다(대판 1995.5.23. 94다24763; 대판 2009.3.12. 2008두2088 등 참조).

## Ⅲ 취업규칙의 성격 및 해석 방법

취업규칙은 사용자가 그 근로자의 복무규율이나 근로조건의 기준을 정립하기 위하여 작성한 것으로서 노사 간의 집단적인 법률관계를 규정하는 법규범의 성격을 가지는데, 이러한 취업규칙의 성격에 비추어 취업규칙은 원칙적으로 그 객관적인 의미에 따라 해석하여야 하고, 문언의 객관적 의미를 벗어나는 해석은 신중하고 엄격하여야 한다(대판 2003.3.14. 2002다69631 ; 대판 2016.1.28. 2014두12765 등 참조).

## Ⅳ 사안의 적용

위 내용 및 사실관계 등을 종합적으로 고려하면, ① 甲회사의 인사위원회 규정상 근로자에 대한 징계재심은 전사 인사위원회가 사업부 인사위원회에 그 권한을 위임하지 않은 이상 원칙적으로 전사 인사위원회의 심의에 의하여야 하고, 전사 인사위원회 위원은 각 기능별 총괄임원으로서 위원장(대표이사)이 위촉하는 3~5인으로 구성되어야 하는 점, ② 이 사건 재심위원회 개최 당시 甲회사의 업무를 담당하는 총괄임원은 甲회사 소속의 ○○총괄 소외 2 상무, △△총괄 소외 3 상무 외에도 乙회사 소속의 □□총괄 소외 6 상무와 ◇◇총괄 소외 7 상무가 있었는데, 甲회사의 인사위원회 규정상 이들도 기능별 총괄임원으로서 재심위원회 위원의 구성에서 제외할 이유가 없으므로 이들을 포함하면 인사위원회 규정에서 정한 대로 총괄임원만으로 이 사건 재심위원회 위원을 구성할 수 있었던 점, ③ 원심은 甲회사와 乙회사가 별개의 법인이고, 甲회사의 인사위원회 규정 등 취업규칙이 甲회사 소속 직원들에게만 적용되므로 인사위원회 구성 위원도 甲회사에 소속된 임직원들로 이루어져야 한다는 전제에서 乙회사 소속 임직원이 甲회사의 업무를 일부 겸임하고 있더라도 甲회사의 인사위원회 위원이 될 수 없다고 보았으나, 이는 앞서 본 인사위원회 규정상 문언의 객관적 의미를 벗어나는 해석으로서 합리적인 근거가 있다고 보기 어려운 점, ④ 甲회사가 취업규칙에 따라 징계위원회의 구성에 관하여 정하고 있는 인사위원회 규정을 위반하여 □□총괄 소외 6 상무와 ◇◇총괄 소외 7 상무를 제외한 채 총괄임원이 아닌 소외 4 상무와 소외 5 부문장을 위원으로 포함시켜 이 사건 재심위원회를 구성한 다음 그 결의를 거쳐 이 사건 징계해고를 한 것은 재심절차의 중대한 하자에 해당하여 재심의 효력을 인정할 수 없으며, 위 징계해고 또한 현저히 절차적 정의에 반하는 것으로서 무효라고 보아야 하는 점 등을 종합적으로 고려할 때, 원심이 이 사건 재심위원회의 구성에 하자가 있으므로 이 사건 징계해고가 무효라는 원고의 주장을 배척한 것은 취업규칙의 해석이나 징계위원회 구성의 하자에 관한 법리를 오해함으로써 판결에 영향을 미친 잘못이 있다고 할 것이다.

## Ⅴ 대상판결의 의의[37]

이번 대상판결은 재심절차는 원래의 징계절차와 함께 전부 하나의 징계처분 절차를 이루는 것이며, 단체협약이나 취업규칙 등에서 징계위원회 구성 등 징계절차를 정하고 있는 경우 이를 위반한 징계처분은 현저히 절차상 중대한 하자가 있어 무효라는 기존의 대법원 입장을 확인한 판결이다.[38] 그러면서 징계절차에 관한 규정은 문언의 객관적 의미에 따라 해석할 것을 강조하며 대법원의 기존 입장을 확인하였다. 한편, 이번 대상판결은 재심위원회의 구성과 관련해 모회사(甲회사) 소속 임원이 자회사(乙회사) 임원을 겸직하는 경우 별개의 법인이라 하더라도 취업규칙에 따라 모회사 소속 임원도 자회사의 인사위원회 위원이 될 수 있다고 판단하였다.

memo

---

37) 이승길 아주대학교 법학전문대학원 교수, 포커스
38) 대판 2010.5.27. 2010두1743; 대판 2009.3.12. 2008두2088

## 주요 판례 08

## [징계 2] 전보처분이 단체협약 등에서 정한 징계절차를 밟아야 하는 징계에 해당하는지 여부
(대판 2021.1.14. 2020두48017)

### 사실관계    보영운수 주식회사 사건

가. 원고는 2013.12.10.부터 피고보조참가인(이하 '참가인'이라 함)의 (노선명 1 생략) 버스 노선에서 격일제 기사로 근무하였다.

나. 참가인은 (노선명 2 생략) 버스 노선을 준공영제로 운영하게 되었는데, 2018.4.12. 위 버스 노선에서 근무할 운전기사를 내·외부에서 모집하면서 근무조건으로 '1일 2교대제, 신체 건강한 사람(중도귀가, 무단결근 일체 불허)'이라는 내용을 포함하였다.

다. 참가인은 2018.4.28. 원고를 (노선명 2 생략) 버스 노선에서 근무하도록 발령하였다. 원고는 2018.5.29. (노선명 2 생략) 버스를 1회 운행한 후 참가인에게 '배탈, 설사로 조퇴 신청한다.'는 내용의 중도귀가신청서와 '개인사정으로 2018.5.30.부터 2018.5.31.까지 2일간 결근한다.'는 내용의 결근계를 제출하고 귀가한 다음, 2018.5.31.까지 출근하지 않았다(이하 '이 사건 조퇴·결근'이라 함). 참가인은 2018.6.9. 원고에게 이 사건 조퇴·결근을 이유로 (노선명 1 생략) 버스 노선에서 근무할 것을 명령하였다(이하 '이 사건 전보'라 함).

라. 원고는 이 사건 전보가 부당하다고 주장하며 노동위원회에 구제신청을 하였다. 지방노동위원회가 원고의 구제신청을 기각하고 중앙노동위원회가 원고의 재심신청을 기각하자, 원고는 이 사건 소를 제기하였다.

### 판시사항

근로관계에서 징계의 의미 / 사용자가 징계절차를 위반하여 징계를 한 경우, 이러한 징계권 행사는 징계사유가 인정되는지와 관계없이 절차적 정의에 반하여 무효라고 보아야 하는지 여부(적극) / 근로자에 대한 제재로서 하는 불이익 처분이 징계절차를 밟아야 하는 징계의 일종으로 규정되어 있는 경우, 원칙적으로 그 불이익처분은 징계절차를 밟아야만 유효한지 여부(적극)

## I 이 사건 전보가 징계절차를 밟아야 하는 징계에 해당하는지 여부

### 1. 구체적 판단

일반적으로 근로관계에서 징계란 사용자가 근로자의 과거 비위행위에 대하여 기업질서 유지를 목적으로 하는 징벌적 제재를 말한다(대판 1996.10.29. 95누15926 등 참조). 단체협약 등의 징계규정에 징계대상자에게 소명할 기회를 부여하도록 되어 있는데도 사용자가 이러한 징계절차를 위반하여 징계를 하였다면, 이러한 징계권 행사는 징계사유가 인정되는지 여부와 관계없이 절차적 정의에 반하여 무효라고 보아야 한다(대판 1991.7.9. 90다8077 등 참조). 따라서 사용자가 근로자의 과거 비위행위에 대한 제재로서 하는 불이익 처분이 단체협약 등의 징계규정에 징계절차를 밟아야 하는 징계의 일종으로 규정되어 있다면, 원칙적으로 그 불이익 처분은 징계절차를 밟아야만 유효하다(대판 2015.8.27. 2012두10666 참조).

### 2. 사안의 적용

위에서 본 법리 등에 비추어 살펴보면, 원고에게 적용되는 참가인 사업장의 단체협약과 취업규칙은 '무단결근 연속 2일'을 감봉에 처할 수 있는 징계사유의 하나로 정하면서 전직을 감봉 대신 선택할 수 있는 징계의 종류로 정하고 있고, 참가인은 이러한 징계에 앞서 징계대상자에게 소명의 기회를 주어야 한다. 참가인은 원고의 이 사건 조퇴·결근이 징계사유인 '무단결근 연속 2일' 등에 해당한다고 보아 그 제재로서 원고에게 단체협약이 정한 징계처분 중 전직에 해당하는 이 사건 전보를 명한 것으로 볼 수 있다.

그런데도 참가인은 이 사건 전보 과정에서 원고에게 소명 기회를 부여하지 않음으로써 단체협약과 취업규칙에서 요구하는 징계절차를 거치지 않았으므로, 이 사건 전보는 무효라고 할 것이다.

## II 이 사건 전보가 인사명령으로서 유효한지 여부

상고이유 주장의 요지는, 참가인이 이 사건 전보에 대한 업무상 필요성이 있었고, 그에 비해 이 사건 전보에 따른 원고의 생활상 불이익이 크지 않으며, 참가인이 이 사건 전보 이전에 원고가 속한 노동조합과 협의함으로써 신의칙상 요구되는 절차를 거쳤으므로 이 사건 전보가 적법하다는 것이다.

그러나 위에서 보았듯이 이 사건 전보가 징계절차를 밟아야 하는 징계에 해당한다고 보는 이상, 이 사건 전보가 징계가 아니라 참가인의 고유 권한에 기하여 발령된 인사명령임을 전제로 한 이 부분 상고이유 주장은 더 나아가 살펴볼 필요 없이 이유 없다.

## III 결론

피고와 참가인의 상고는 이유 없어 이를 모두 기각한다.

## 주요 판례 ⑨

# [영업양도 1] 영업양도와 근로관계 승계 여부
## (대판 2002.3.29. 2000두8455)

### 사실관계 │ 한국오므론전장 주식회사 사건

가. 동해 주식회사는 부도위기에 직면하자, 1998.3.20. 한국오므론전장 주식회사와 사이에 동해 주식회사의 전장사업부문과 관련된 일체의 자산을 271억원에 매도하는 내용의 자산매매계약을 체결하였다. 이 계약에서 동해 주식회사는 한국오므론전장 주식회사에게 토지, 건물, 기계장치, 영업권, 리스자산 등을 매도하고, 한국오므론전장 주식회사는 동해주식회사의 일체의 부채를 인수하지 아니하기로 하되, 다만, 매매물건이 담보로 제공된 금융기관에 대한 부채 및 리스회사에 대한 리스료 지급의무는 한국오므론전장 주식회사가 금융기관 및 리스 회사와 협의하여 본 계약의 조건에 따라 매매대금의 일부로서 이를 인수할 수 있으며, 거래처 회사와의 제품공급계약 관련 각종 계약은 거래처 회사들의 동의하에 한국오므론전장 주식회사가 동해주식회사의 지위를 인수하기로 하였다.

나. 한국오므론전장 주식회사는 동해주식회사 소속 근로자의 고용에 관하여는 한국오므론전장 주식회사가 인수할 의무를 부담하지 아니하지만, 매매물건의 운영에 필요한 인력을 신규채용함에 있어 동해주식회사가 통보한 입사희망자를 우선적으로 채용하도록 고려하되, 동해주식회사는 한국오므론전장 주식회사의 채용전형에 합격한 자에 대하여 자신의 비용과 책임 하에 근로관계를 종료시키고 퇴직금 등 모든 금전사항을 1998.4.30.까지 정산처리하기로 합의하였다.

다. 이에 동해주식회사는 1998.3.30.까지 모두 176명으로부터 개별적으로 동해주식회사에 대한 사직서, 한국오므론전장 주식회사로의 입사신청서 및 동해주식회사가 체불한 설 상여금 100% 삭감동의서가 함께 있는 재취업신청서를 제출받아 이를 한국오므론전장 주식회사에 통보하였고, 한국오므론전장 주식회사는 동해주식회사로부터 근로자 176명이 제출한 재취업신청서를 넘겨받아 선별 없이 1998.4.1.자로 모두 신규채용하였다.

라. 그런데 동해주식회사 노동조합의 조합원인 甲을 포함한 9명은 동해주식회사에 대하여 일괄고용 승계, 상여금 삭감 반대 등을 주장하며 기한인 1998.3.31.까지 재취업신청서를 제출하지 않다가 1998.4.4.에 이르러 비로소 제출하였으나, 동해주식회사는 제출기한 도과를 이유로 甲을 포함한 9명의 신청서를 모두 반려하였고, 이에 따라 甲을 포함한 9명은 한국오므론전장 주식회사에 입사할 수 없게 되었다. 한편 한국오므론전장 주식회사는 신규채용된 자들이 동해주식회사에서 일하던 부서와 동일한 부서에 같은 직급으로 발령하여 이전의 업무를 계속 수행하도록 하였으며, 그 후 동해주식회사의 2부문 10팀의 조직체계를 5센터 19그룹 1팀으로 변경하고 인원, 설비, 사무실을 재배치하여 다품종 소량생산 체제를 도입하였다.

마. 甲은 1998.4.6. 한국오므론전장 주식회사의 인사업무 담당자와 면담하는 자리에서 생계를 위하여 다른 일자리를 찾아보겠다며, 사직서를 제출하였다. 그 후 甲은 한국오므론전장 주식회사의 고용승계 거부는 부당해고에 해당한다고 주장하면서 부당해고 구제신청을 하였다.

### 판시사항

[1] 영업양도의 의미와 영업양도의 경우, 근로관계의 승계 여부(적극) 및 영업의 동일성 여부의 판단기준

[2] 자산매매계약의 매수인이 매도인인 자동차부품 생산기업으로부터 전장사업부문을 영업목적으로 하여 일체화된 물적·인적 조직을 그 동일성을 유지한 채 포괄적으로 이전받음으로써 영업을 양수하였다고 한 사례

[3] 영업양도 당사자 사이에 근로관계의 일부를 승계의 대상에서 제외하기로 한 특약의 효력

[4] 근로자가 영업 양수기업으로의 승계취업이 확정되기 전에 양수기업에 대한 취업희망 의사표시를 철회할 수 있는지 여부(적극)

[5] 근로자가 제출한 사직서가 비록 형식적으로는 양도기업을 사직하는 내용으로 되어 있더라도 실질적으로는 양수기업에 대한 재취업 신청을 철회 또는 포기함과 아울러 양도기업을 사직하는 의사를 담고 있는 것이라고 봄이 상당하다고 한 사례

## Ⅰ 영업양도의 의미와 영업양도의 경우, 근로관계의 승계 여부 및 영업의 동일성 여부의 판단기준

### 1. 영업양도의 의미

영업의 양도라 함은 일정한 영업목적에 의하여 조직화된 업체, 즉 인적·물적 조직을 그 동일성은 유지하면서 일체로서 이전하는 것으로서 영업의 일부만의 양도도 가능하다.

### 2. 영업의 동일성 판단기준

영업양도가 이루어진 경우에는 원칙적으로 해당 근로자들의 근로관계가 양수하는 기업에 포괄적으로 승계되는바, 여기서 영업의 동일성 여부는 일반 사회관념에 의하여 결정되어져야 할 사실인정의 문제이기는 하지만, 문제의 행위(양도계약관계)가 영업의 양도로 인정되느냐 안 되느냐는 단지 어떠한 영업재산이 어느 정도로 이전되어 있는가에 의하여 결정되어져야 하는 것이 아니고 거기에 종래의 영업조직이 유지되어 그 조직이 전부 또는 중요한 일부로서 기능할 수 있는가에 의하여 결정되어져야 하는 것이므로, 예컨대 영업재산의 전부를 양도했어도 그 조직을 해체하여 양도했다면 영업의 양도는 되지 않는 반면에 그 일부를 유보한 채 영업시설을 양도했어도 그 양도한 부분만으로도 종래의 조직이 유지되어 있다고 사회관념상 인정되면 그것을 영업의 양도라 볼 것이다(대판 2001.7.27. 99두2680 참조).

### 3. 사안의 적용

위 내용 및 사실관계 등을 종합적으로 고려할 때, 한국오므론전장 주식회사는 동해주식회사(이하 '동해'라 함)로부터 전장사업부 영업에 필요한 일체의 유형·무형의 재산을 모두 양수하였을 뿐만 아니라 거래처에 대한 계약자로서의 지위까지 양수함으로써 거기에 동해의 인적 조직만 결합하면 곧바로 이전 영업과 동일한 물적·인적 토대를 형성할 수 있는 것으로 보이는데, 이 사건 계약상으로는 한국오므론전장 주식회사가 동해의 근로자들에 대한 근로관계를 승계하지 않는 것을 전제로 소정의 인원만을 입사전형절차를 거쳐 신규채용하기로 하였고 이에 따라 동해의 근로자들이 사직서를 제출하고 새로 입사하는 형식을 취하였지만, 실제로는 입사시험을 치르는 등

실질적인 입사절차는 거치지 않은 채 소정의 기한 내에 입사의사를 표시한 동해의 근로자 전부를 채용하였던 점, 한국오므론전장 주식회사가 신규채용의 형태로 다시 고용한 동해의 근로자는 199명 중 176명에 달하여 대부분의 근로자가 다시 채용되었을 뿐만 아니라, 한국오므론전장 주식회사는 동해 소속 근로자들만을 신규채용의 형태로 고용하였을 뿐 실제 공개채용의 형태로 동해 소속 근로자 이외의 근로자를 신규채용하지는 않았던 점, 동해 소속 근로자들이 동해에서의 직급에 상응하는 직급을 한국오므론전장 주식회사에서 부여받아 그 이전에 수행하던 업무를 그대로 수행하고 있는 점 등에 비추어 동해의 전장사업부문의 인적 조직 역시 그 동일성을 유지한 채 한국오므론정장 주식회사에게 승계되었다고 봄이 상당하고(일부 근로자들이 자진 사직하였다 하더라도 인적 조직의 동일성을 인정하는 데에 방해가 되지 아니한다), 이러한 점들에다가 한국오므론전장 주식회사가 동해로부터 승계한 물적·인적 조직을 이용하여 동해가 영위하던 전장사업부문의 기본 골격을 그대로 유지한 채 이를 토대로 그 사업을 수행하고 있는 점을 더하여 보면, 한국오므론 주식회사는 동해로부터 전장사업부문을 영업목적으로 하여 일체화된 물적·인적 조직을 그 동일성을 유지한 채 포괄적으로 이전받음으로써 영업을 양수하였다 할 것이며, 한국오므론전장 주식회사가 동해로부터 이 사건 계약을 체결하면서 자산만을 인수할 뿐 인적 조직을 인수하지 아니할 것을 명시적으로 밝혔다거나, 직원을 채용함에 있어 사직 및 신규채용의 절차를 밟았고, 채권의 전부와 채무의 일부를 인수하지 않았으며, 조직의 일부가 영업양도 이후에 달라진 사실이 있다 하더라도, 그러한 점만으로는 이와 달리 보기에 부족하다고 할 것이다.

## Ⅱ 영업양도 당사자 사이에 근로관계의 일부를 승계의 대상에서 제외하기로 한 특약의 효력

영업이 양도되면 반대의 특약이 없는 한 양도인과 근로자 사이의 근로관계는 원칙적으로 양수인에게 포괄적으로 승계되고, 영업양도 당사자 사이에 근로관계의 일부를 승계의 대상에서 제외하기로 하는 특약이 있는 경우에는 그에 따라 근로관계의 승계가 이루어지지 않을 수 있으나, 그러한 특약은 실질적으로 해고나 다름이 없으므로 근로기준법 제30조 제1항 소정의 정당한 이유가 있어야 유효하며, 영업양도 그 자체만을 사유로 삼아 근로자를 해고하는 것은 정당한 이유가 있는 경우에 해당한다고 볼 수 없다(대판 1994.6.28. 93다33173 등 참조).

## Ⅲ 근로자가 영업양수기업으로의 승계취업이 확정되기 전에 양수기업에 대한 취업희망 의사표시를 철회할 수 있는지 여부

영업양도에 의하여 양도인과 근로자 사이의 근로관계는 원칙적으로 양수인에게 포괄승계되는 것이지만 근로자가 반대의 의사를 표시함으로써 양수기업에 승계되는 대신 양도기업에 잔류하거나 양도기업과 양수기업 모두에서 퇴직할 수도 있는 것이고, 영업이 양도되는 과정에서 근로자가 일단 양수기업에의 취업을 희망하는 의사를 표시하였다고 하더라도 그 승계취업이 확정되기 전이라면 취업희망 의사표시를 철회하는 방법으로 위와 같은 반대의사를 표시할 수 있는 것으로 보아야 한다.

## 주요 판례 10

### [영업양도 2] 영업양도 시 퇴직금 산정 계속근로기간
(대판 1995.12.26. 95다41659)

---

**사실관계** | **생산기술연구원 사건**

가. 재단법인 한국정밀기기센터는 1966.4.13. 설립되어 1979.4.1. 소외 재단법인 한국기계금속시험연구소에 흡수 통합되었다.

나. 위 한국기계금속시험연구소는 1981.5.경 소외 재단법인 한국선박연구소와 통합되어 소외 재단법인 한국기계연구소로 되었는데, 위 각 통합 과정에서 종전 재단법인의 사업과 임직원 전원은 통합 후의 재단법인에 순차 인수되었으며, 그 후 1989.10.12. 피고(생산기술연구원)가 설립되면서 피고의 정관에 의하여 위 한국기계연구소의 인원, 재산, 사업, 예산 및 권리의무 일체가 피고에게 포괄승계되었다.

다. 위 한국정밀기기센터에 입사하였던 원고들은 위 한국정밀기기센터가 위와 같이 순차 통합되는 과정에서 경영 주체의 변동에 따른 퇴직이나 입사 등의 절차를 밟음이 없이 직원으로서 동일한 업무를 계속 수행하여 오다가 피고의 직원으로 있을 때 1990.2.경 퇴직하였는데, 순차 승계되면서 승계 후 각 사 퇴직금 규정은 최초 입사 당시 한국정밀기기센터 퇴직금 규정보다 불리하였다.

---

**판시사항**

[1] 근로관계 포괄승계 후의 새로운 퇴직금규정이 종전 규정보다 근로자에게 불리하게 된 경우, 그 새로운 퇴직금규정의 효력

[2] 근로관계의 포괄승계 후 새 퇴직금제도가 기존 근로자에게 불리하여 그들에게 종전 퇴직금규정을 적용하게 된 경우, 하나의 사업 내에 차등 있는 퇴직금제도를 설정한 것인지 여부

---

## I 근로관계 포괄승계 후의 새로운 퇴직금규정이 종전 규정보다 근로자에게 불리하게 된 경우, 그 새로운 퇴직금규정의 효력

영업양도나 기업합병 등에 의하여 근로계약 관계가 포괄적으로 승계된 경우에 근로자의 종전 근로계약상의 지위도 그대로 승계되는 것이므로, 승계 후의 퇴직금규정이 승계 전의 퇴직금규정보다 근로자에게 불리하다면 근로기준법 제95조 제1항 소정의 당해 근로자집단의 집단적인 의사결정 방법에 의한 동의 없이는 승계 후의 퇴직금규정을 적용할 수 없다.

**Ⅱ** 근로관계의 포괄승계 후 새 퇴직금제도가 기존 근로자에게 불리하여 그들에게 종전 퇴직금규정을 적용하게 된 경우, 하나의 사업 내에 차등 있는 퇴직금제도를 설정한 것인지 여부

근로기준법 제28조 제2항, 부칙(1980.12.31.) 제2항이 하나의 사업 내에 차등 있는 퇴직금제도의 설정을 금하고 있지만, 이는 하나의 사업 내에서 직종, 직위, 업종별로 퇴직금에 관하여 차별하는 것을 금하고자 하는 데 그 목적이 있으므로, 근로관계가 포괄적으로 승계된 후의 새로운 퇴직금제도가 기존 근로자의 기득이익을 침해하는 것이어서 그들에게는 그 효력이 미치지 않고 부득이 종전의 퇴직금규정을 적용하지 않을 수 없어서 결과적으로 하나의 사업 내에 별개의 퇴직금제도를 운용하는 것으로 되었다고 하더라도, 이러한 경우까지 근로기준법 제28조 제2항, 부칙 제2항이 금하는 차등 있는 퇴직금제도를 설정한 경우에 해당한다고는 볼 수 없다.

**Ⅲ** 사안의 적용

위 내용 및 사실관계 등을 종합적으로 고려할 때, 재단법인 한국정밀기기센터는 1966.4.13. 설립되어 1979.4.1. 소외 재단법인 한국기계금속시험연구소에 흡수 통합되었고, 위 한국기계금속시험연구소는 1981.5.경 소외 재단법인 한국선박연구소와 통합되어 소외 재단법인 한국기계연구소로 되었는데, 위 각 통합 과정에서 종전 재단법인의 사업과 임직원 전원은 통합 후의 재단법인에 순차 인수되었으며, 그 후 1989.10.12. 피고가 설립되면서 피고의 정관에 의하여 위 한국기계연구소의 인원, 재산, 사업, 예산 및 권리의무 일체가 피고에게 포괄승계 된 사실, 위 한국정밀기기센터에 입사하였던 원고들은 위 한국정밀기기센터가 위와 같이 순차 통합되는 과정에서 경영 주체의 변동에 따른 퇴직이나 입사 등의 절차를 밟음이 없이 직원으로서 동일한 업무를 계속 수행하여 오다가 피고의 직원으로 있을 때에 퇴직한 사실 등을 인정한 다음, 원고들의 위 한국정밀기기센터, 한국기계금속시험연구소 및 한국기계연구소와의 근로계약관계는 위와 같은 통합이 있을 때마다 포괄적으로 피고에게까지 순차 승계되었다고 판단된다.

따라서 영업양도나 기업합병 등에 의하여 근로계약 관계가 포괄적으로 승계된 경우에 근로자의 종전 근로계약상의 지위도 그대로 승계되는 것이므로, 승계 후의 퇴직금규정이 승계 전의 퇴직금규정보다 근로자에게 불리하다면 근로기준법 제95조 제1항 소정의 당해 근로자집단의 집단적인 의사결정 방법에 의한 동의 없이는 승계 후의 퇴직금규정을 적용할 수 없으며, 근로관계가 포괄적으로 승계된 후의 새로운 퇴직금제도가 기존 근로자의 기득이익을 침해하는 것이어서 그들에게는 그 효력이 미치지 않고 부득이 종전의 퇴직금규정을 적용하지 않을 수 없어서 결과적으로 하나의 사업 내에 별개의 퇴직금제도를 운용하는 것으로 되었다고 하더라도 차등 있는 퇴직금제도를 설정한 경우에 해당한다고는 볼 수 없다고 할 것이다.

## 주요 판례 11

### [영업양도 3] 영업양도 시 근로관계 승계를 거부한 근로자에 대한
### 정리해고 (대판 2010.9.30. 2010다41089)

---

**사실관계** **코리코엔터프라이스 주식회사 사건**

가. 甲회사는 항만사업부문 등에서 계속 적자가 발생하여 경영악화를 방지하기 위하여 향후 전망이 불투명한 항만사업 등을 영업양도 방식으로 정리하기로 하였다.

나. 甲회사는 항만사업을 양도하면서 양수인인 乙회사로 하여금 소속 근로자 전원에 대한 근로관계를 승계하도록 하였으나, 본사 총무부 소속으로 항만사업팀의 지원업무 중인 丙은 자신이 항만사업팀 소속이 아니라는 이유로 고용승계를 거부하였다.

다. 甲회사는 자신이 항만사업팀의 경우에도 인원을 감축하거나 향후 전망이 밝지 않아 사업을 계속하기 어려운 상황이어서 丙을 다른 부서로 배치전환 할 여지가 없었다.

라. 이에 甲회사는 丙을 경영상 해고하였고, 丙은 甲회사의 해고처분에 대해 관할 지방노동위원회에 부당해고 구제신청을 하였다.

---

**판시사항**

[1] 영업이 양도된 경우 근로관계의 승계를 거부하는 근로자의 근로관계는 여전히 양도하는 기업과 사이에 존속하는지 여부(적극) 및 그 경우 원래의 사용자가 위 근로자를 해고하기 위해서는 정리해고로서의 요건을 갖추어야 하는지 여부(적극)

[2] 정리해고의 요건 및 그 요건 충족 여부의 판단 방법

[3] 사용자가 계속 적자가 발생하고 향후 전망이 불투명한 사업 부문을 영업양도하면서 고용승계를 거부한 근로자를 해고한 사안에서, 영업 일부의 양도로 인한 경영상의 필요에 따라 감원이 불가피한 사정이 있다 하더라도 사용자가 위 근로자를 해고하기 위해서는 구(舊) 근로기준법 제31조 제1항 내지 제3항의 정리해고 요건을 모두 갖추어야 한다고 한 사례

---

### Ⅰ 영업이 양도된 경우 근로관계의 승계를 거부하는 근로자의 근로관계는 여전히 양도하는 기업과 사이에 존속하는지 여부 및 그 경우 원래의 사용자가 위 근로자를 해고하기 위해서는 정리해고로서의 요건을 갖추어야 하는지 여부

#### 1. 영업양도 시 근로관계 승계거부의 효력

영업이 양도된 경우에 근로관계의 승계를 거부하는 근로자에 대하여는 그 근로관계가 양수하는 기업에 승계되지 아니하고 여전히 양도하는 기업과 사이에 존속된다.

## 2. 영업양도 시 근로관계 승계를 거부한 근로자에 대한 정리해고

이러한 경우 원래의 사용자는 영업 일부의 양도로 인한 경영상의 필요에 따라 감원이 불가피하게 되는 사정이 있어 정리해고로서의 정당한 요건이 갖추어져 있다면 그 절차에 따라 승계를 거부한 근로자를 해고할 수 있다고 할 것이다(대판 2000.10.13. 98다11437).

## Ⅱ 정리해고의 요건 및 그 요건 충족 여부의 판단 방법

구(舊) 근로기준법(2007.4.11. 법률 제8372호로 개정되기 전의 것) 제31조 제1항 내지 제3항에 의하여 사용자가 경영상의 이유에 의하여 근로자를 해고하고자 하는 경우에는, 긴박한 경영상의 필요가 있어야 하고, 해고를 피하기 위한 노력을 다하여야 하고, 합리적이고 공정한 기준에 따라 그 대상자를 선정하여야 하며, 해고를 피하기 위한 방법과 해고의 기준 등을 근로자의 과반수로 조직된 노동조합 또는 근로자대표와 성실하게 협의하여야 한다. 한편 위 각 요건의 구체적 내용은 확정적·고정적인 것이 아니라 구체적 사건에서 다른 요건의 충족 정도와 관련하여 유동적으로 정하여지는 것이므로, 구체적 사건에서 경영상 이유에 의한 당해 해고가 위 각 요건을 모두 갖추어 정당한지 여부는 위 각 요건을 구성하는 개별 사정들을 종합적으로 고려하여 판단하여야 한다(대판 2006.1.26. 2003다69393 등 참조).

## Ⅲ 사안의 적용

위 내용 및 사실관계 등을 종합적으로 고려할 때, 영업 일부의 양도로 인한 경영상의 필요에 따라 감원이 불가피하게 되는 사정이 있다 하더라도 근로자를 해고하기 위해서는 구(舊) 근로기준법 제31조 제1항 내지 제3항이 정한 정리해고로서의 각 요건이 모두 갖추어져 있어야 한다. 그럼에도 불구하고, 원심은 이 사건 해고가 경영 악화를 방지하기 위한 목적에서 이루어졌고, 피고가 고용승계를 위한 노력을 다하였다는 등 정리해고의 각 요건 중 긴박한 경영상의 필요가 있어야 하고, 해고를 피하기 위한 노력을 다하여야 한다는 요건과 관련이 있다고 볼 수 있는 사정들만을 든 다음, 나머지 합리적이고 공정한 기준에 따른 대상자 선정과 해고를 피하기 위한 방법과 해고의 기준 등에 대한 근로자대표와의 협의 요건까지도 갖추어 정리해고의 각 요건을 모두 갖추었다고 볼만한 사정이 있는지에 대하여는 나아가 살피지 아니한 채, 이 사건 해고가 객관적 합리성과 사회적 상당성을 갖추었다는 이유로 이를 정당한 해고라고 판단하였는바, 원심판결에는 정리해고의 요건에 관한 법리를 오해하였거나 정리해고의 요건 충족 여부에 대한 심리를 제대로 하지 아니하여 판결에 영향을 미친 위법이 있다고 할 것이다.

## 주요 판례 12

### [근로관계의 승계] 기업분할과 근로관계의 승계
(대판 2013.12.12. 2011두4282)

**사실관계** **주식회사 현대그린푸드 사건**

가. 원고 회사(주식회사 현대그린푸드)는 근로자 약 190명을 고용하여 식자재 납품업, 전산시스템 구축 및 운영업 등을 경영하는 회사이고, 피고보조참가인(이하 '참가인'이라 함)는 1988.6.16. 원고 회사에 입사하여 A파트 재고관리 담당으로 근무하다가 2009.4.1. 원고 회사에서 분할된 주식회사 현대비앤피로 전적된 근로자이다.

나. 참가인은 일방적으로 참가인의 소속을 변경한 이 사건 전적은 부당전적에 해당한다고 주장하면서 2009.6.3. 서울지방노동위원회에 부당전적 구제신청을 하였고, 서울지방노동위원회는 2009.7.30. '이 사건 전적은 참가인의 사전적, 포괄적 동의하에 이루어진 것으로서 부당하지 않다.'는 취지로 구제신청을 기각하였다.

다. 이에 참가인은 중앙노동위원회에 재심신청을 하였고, 중앙노동위원회는 2009.10.14. '회사분할로 인하여 근로자의 소속이 변경되는 경우에도 근로자 보호 측면에서 개별근로자의 동의를 받거나 혹은 필요한 상당한 기간 동안 거부권을 행사하도록 하는 것이 타당하다. 그런데 이 사건의 경우 근로자의 개별적인 동의가 없었을 뿐 아니라 계열기업들 사이에 직원의 동의 없는 인사교류가 관행으로 확립되었다고 보기도 어렵기 때문에 이 사건 전적은 인사재량권의 범위를 일탈한 부당한 조치에 해당한다.'라는 취지로 초심판정을 취소하고, 재심신청을 인용하였다.

**판시사항**

회사 분할에 따라 일부 사업 부문이 신설회사에 승계되는 경우, 승계되는 사업에 관한 근로관계가 신설회사에 승계되기 위한 요건 및 해당 근로자가 근로관계의 승계를 거부할 수 있는 경우

## Ⅰ 회사분할 시 근로관계의 승계요건

헌법이 직업선택의 자유를 보장하고 있고 근로기준법이 근로자의 보호를 도모하기 위하여 근로조건에 관한 근로자의 자기결정권(제4조), 강제근로의 금지(제7조), 사용자의 근로조건 명시의무(제17조), 부당해고 등의 금지(제23조) 또는 경영상 이유에 의한 해고의 제한(제24조) 등을 규정한 취지에 비추어 볼 때, 회사 분할에 따른 근로관계의 승계는 근로자의 이해와 협력을 구하는 절차를 거치는 등 절차적 정당성을 갖춘 경우에 한하여 허용되고, 해고의 제한 등 근로자 보호를 위한 법령 규정을 잠탈하기 위한 방편으로 이용되는 경우라면 그 효력이 부정될 수 있어야 한다.

## Ⅱ 근로자의 동의가 없는 경우, 회사분할 시 근로관계 승계여부

둘 이상의 사업을 영위하던 회사의 분할에 따라 일부 사업 부문이 신설회사에 승계되는 경우 분할하는 회사가 분할계획서에 대한 주주총회의 승인을 얻기 전에 미리 노동조합과 근로자들에게 회사 분할의 배경, 목적 및 시기, 승계되는 근로관계의 범위와 내용, 신설회사의 개요 및 업무내용 등을 설명하고 이해와 협력을 구하는 절차를 거쳤다면 그 승계되는 사업에 관한 근로관계는 해당 근로자의 동의를 받지 못한 경우라도 신설회사에 승계되는 것이 원칙이다.

## Ⅲ 근로자가 신설회사로의 고용승계를 거부하고 기존회사에 잔류할 수 있는지 여부

회사의 분할이 근로기준법상 해고의 제한을 회피하면서 해당 근로자를 해고하기 위한 방편으로 이용되는 등의 특별한 사정이 있는 경우에는, 해당 근로자는 근로관계의 승계를 통지받거나 이를 알게 된 때부터 사회통념상 상당한 기간 내에 반대 의사를 표시함으로써 근로관계의 승계를 거부하고 분할하는 회사에 잔류할 수 있다.

## Ⅳ 사안의 적용

위 제반사정 등을 종합적으로 고려할 때, 원고 회사는 이 사건 회사 분할과 관련하여 노동조합에 협의를 요구하고 약 5개월의 기간에 걸쳐 근로자들을 상대로 회사 분할에 관한 설명회를 개최하는 등 근로자들의 이해와 협력을 구하는 절차를 거쳤으므로, 이 사건 회사 분할이 근로기준법상 해고의 제한을 회피하기 위한 것이라는 등의 특별한 사정이 없는 한 참가인이 이 사건 회사 분할에 따른 근로계약의 승계에 대하여 이의를 제기하였는지 여부와 상관없이 참가인의 근로관계는 주식회사 현대비앤피에 승계된다고 보아야 할 것이다.

# 제7장 근로관계의 종료

## 주요 판례 01

### [해고예고수당] 해고예고수당의 법적 성격
#### (대판 2018.9.13. 2017다16778)

---

**사실관계** **두암타운입주자대표회의 사건**

가. 甲회사는 2015.5.20.자로 근로자 乙을 징계해고하고, 2015.5.27. 근로자 乙에게 해고예고수당으로 2,714,790원을 지급하였는데, 그 후 전남지방노동위원회가 위 해고는 부당해고에 해당한다는 판정하였는바, 甲회사는 위 판정 취지에 따라 2015.8.11. 근로자 乙을 복직시키고 그 무렵 근로자 乙에게 해고 시부터 복직 시까지의 임금상당액을 지급하였다.

나. 甲회사는 해고가 부당해고에 해당하여 효력이 없는바, 근로자 乙에게 해고예고수당은 부당이득임으로 반환을 요구하였으나, 근로자 乙은 이를 거부하였다.

---

**판시사항**

사용자가 근로자를 해고하면서 30일 전에 예고를 하지 아니한 경우, 해고가 유효한지와 관계없이 근로자에게 해고예고수당을 지급하여야 하는지 여부(적극) 및 해고가 부당해고에 해당하여 효력이 없는 경우, 근로자가 해고예고수당 상당액을 부당이득으로 반환하여야 하는지 여부(소극)

---

## Ⅰ 사용자가 근로자를 해고하면서 30일 전에 예고를 하지 아니한 경우, 해고가 유효한지와 관계없이 근로자에게 해고예고수당을 지급하여야 하는지 여부

근로기준법 제26조 본문에 따라 사용자가 근로자를 해고하면서 30일 전에 예고를 하지 아니하였을 때 근로자에게 지급하는 해고예고수당은 해고가 유효한지 여부와 관계없이 지급되어야 하는 돈이다.

근로기준법 제26조 본문은 "사용자는 근로자를 해고(경영상 이유에 의한 해고를 포함한다)하려면 적어도 30일 전에 예고를 하여야 하고, 30일 전에 예고를 하지 아니하였을 때에는 30일분 이상의 통상임금을 지급하여야 한다."라고 규정하고 있을 뿐이고, 위 규정상 해고가 유효한 경우에만 해고예고 의무나 해고예고수당 지급 의무가 성립한다고 해석할 근거가 없다.

근로기준법 제26조에서 규정하는 해고예고제도는 근로자로 하여금 해고에 대비하여 새로운 직장을 구할 수 있는 시간적·경제적 여유를 주려는 것으로(대판 2010.4.15. 2009도13833 참조), 해고의 효력 자체와는 관계가 없는 제도이다. 해고가 무효인 경우에도 해고가 유효한 경우에 비해 해고예고제도를 통해 근로자에게 위와 같은 시간적·경제적 여유를 보장할 필요성이 작다고 할 수 없다.

## Ⅱ 해고가 부당해고에 해당하여 효력이 없는 경우, 근로자가 해고예고수당 상당액을 부당이 득으로 반환하여야 하는지 여부

해고가 부당해고에 해당하여 효력이 없다고 하더라도 근로자가 해고예고수당을 지급받을 법률 상 원인이 없다고 볼 수 없다. 사용자가 근로자를 해고하면서 해고예고를 하지 않고 해고예고수 당도 지급하지 않은 경우, 그 후 해고가 무효로 판정되어 근로자가 복직을 하고 미지급 임금을 지급받더라도 그것만으로는 해고예고제도를 통하여 해고 과정에서 근로자를 보호하고자 하는 근로기준법 제26조의 입법 목적이 충분히 달성된다고 보기 어렵다. 해고예고 여부나 해고예고수 당 지급 여부가 해고의 사법상 효력에 영향을 미치지 않는다는 점을 고려하면, 해고예고제도 자 체를 통해 근로자를 보호할 필요성은 더욱 커진다.

## Ⅲ 사안의 적용

위 제반사정 등을 종합적으로 고려할 때, 甲회사는 2015.5.20.자로 근로자인 乙을 징계해고하고 2015.5.27. 근로자 乙에게 해고예고수당을 지급하였는데, 그 후 전남지방노동위원회가 위 해고 는 부당해고에 해당한다는 판정을 하였고, 甲회사는 위 판정 취지에 따라 2015.8.11. 근로자 乙 을 복직시키고 그 무렵 근로자 乙에게 해고 시부터 복직 시까지의 임금을 지급하였는바, 위 해고 예고수당은 甲회사가 근로자 乙을 해고하면서 근로기준법 제26조에 정한 해고예고의무를 이행 하지 않은 결과 해고가 적법한지나 유효한지와 관계없이 근로자 乙에게 지급하여야 하는 돈이 다. 따라서 甲회사가 근로자 乙을 해고한 것이 무효라고 하더라도, 근로자 乙이 甲회사로부터 법률상 원인 없이 해고예고수당을 지급받았다고 할 수 없을 것이다.

## Ⅳ 결론

근로기준법 제26조 본문에 따라 사용자가 근로자를 해고하면서 30일 전에 예고를 하지 아니하 였을 때 근로자에게 지급하는 해고예고수당은 해고가 유효한지 여부와 관계없이 지급되어야 하 는 돈이고, 그 해고가 부당해고에 해당하여 효력이 없다고 하더라도 근로자가 해고예고수당을 지급받을 법률상 원인이 없다고 볼 수 없으며, 해고예고수당은 근로기준법 제26조에 정한 해고 예고의무를 이행하지 않은 결과 해고가 적법한지나 유효한지와 관계없이 근로자에게 지급하여 야 하는 돈인바, 따라서 甲회사가 근로자 乙을 해고한 것이 무효라고 하더라도, 근로자 乙이 甲 회사로부터 법률상 원인 없이 해고예고수당을 지급받았다고 할 수 없다고 판단된다.

## 주요 판례 02

### [해고 1] 인사평가에 따른 저성과자와 통상해고
(대판 2023.12.28. 2021두33470)

**사실관계**  **현대자동차 주식회사 사건**

가. 원고는 자동차 제조 및 판매업 등을 영위하는 회사이다. 피고보조참가인(이하 '참가인'이라 함)은 1992.1.27. 원고에 입사한 후 2009.5.11.부터 원고의 ○○공장 (부서명 생략)(이하 '이 사건 부서'라 함)에서 과장으로 근무하던 사람이다.

나. 참가인은 간부사원인 과장으로 승진한 2007년부터 2017년까지 시행된 인사평가에서 지속적으로 5단계 등급(S, A, B, C, D) 중 C등급 또는 D등급을 받았다.

다. 원고는 2009년부터 간부사원 전체 약 12,000명 중 직전 3개년도 누적 인사평가(역량평가 및 성과평가) 결과가 하위 1% 미만(2010년부터 2011년까지는 하위 1.5% 미만, 2012년 이후부터는 하위 2% 미만)에 해당하는 간부사원을 대상으로 근무태도 향상, 역량 및 성과 개선을 위한 교육프로그램인 PIP(Performance Improvement Program)를 도입한 이래 매년 이를 시행하여 왔는데, 참가인은 2010년부터 2017년까지 8년간 총 7회에 걸쳐 PIP 대상자로 선정되었다. 참가인이 2017년 PIP 대상자로 선정될 당시 2014년부터 2016년까지 3년간의 인사평가결과가 전체 간부사원 11,229명 중 11,222위였다.

라. 참가인은 2011.5.경, 2014.1.경 및 2016.4.경 총 3회에 걸쳐 근무성적 및 근무태도 불량을 이유로 정직 2개월 또는 정직 3개월의 각 징계처분을 받았고, 2014년 징계를 받은 이후에는 이 사건 부서에서 상대적으로 비중이 낮은 원가절감 업무만을 담당하였다. 참가인은 2017년 PIP 대상자로 선정되어 교육평가를 받은 결과 100점 만점에 40.516점을 받아 PIP 대상자 44명 중 41위를 기록하였다.

마. 원고는 참가인에 대하여 징계위원회 시행 세칙을 준용한 해고절차를 진행하여 2018.3.7. '참가인의 근무태도나 근무성적이 불량하고 개선의 여지가 없어 사회통념상 더 이상 고용관계를 계속할 수 없다.'는 이유로 참가인을 해고하였다(이하 '이 사건 해고'라 함).

바. 원고의 간부사원 취업규칙은 '사회통념상 근로를 계속할 수 없다고 판단되는 자'를 해고사유로 정하고 있고(제32조 제5호), 이와 별도로 '근무태도나 근무성적이 불량하고 개선의 여지가 없다고 판단되는 자'를 징계해고의 사유로 정하고 있다(제42조 제14호).

사. 참가인은 이 사건 해고가 정당하지 않다는 이유로 전북지방노동위원회에 구제신청을 하였고, 전북지방노동위원회는 2018.8.1. 참가인의 구제신청을 인용하였다. 원고는 중앙노동위원회에 재심신청을 하였으나, 중앙노동위원회는 2018.11.28. '원고가 주장하는 해고사유는 사회통념상 참가인과 고용관계를 계속할 수 없을 정도의 사유에 해당하지 않는다.'는 이유로 원고의 재심신청을 기각하였다(이하 '이 사건 재심판정'이라 함).

아. 원고는 이 사건 재심판정이 위법하다고 주장하면서 재심판정의 취소를 구하는 이 사건 소를 제기하였고, 원심은 원고의 청구를 기각한 제1심 판단을 그대로 유지하고 원고의 항소를 기각하였다.

**판시사항**

[1] 특정사유가 징계해고사유에는 해당하나 통상해고사유에는 해당하지 않는 경우, 사용자가 재량으로 그 사유를 이유로 통상해고처분을 할 수 있는지 여부(**적극**) 및 이때 징계해고에 따른 절차가 부가적으로 요구

되는지 여부(원칙적 적극)

[2] 사용자가 취업규칙에서 정한 해고사유에 해당한다는 이유로 근로자를 해고할 때에도 정당한 이유가 있어야 하는지 여부(적극) / 사용자가 근무성적이나 근무능력이 불량하여 직무를 수행할 수 없는 경우에 해고할 수 있다고 정한 취업규칙 등에 따라 근로자를 해고할 때 해고의 정당성이 인정되는 경우 및 이때 사회통념상 고용관계를 계속할 수 없을 정도인지 판단하는 방법

### Ⅰ 특정사유가 징계해고사유에는 해당하나 통상해고사유에는 해당하지 않는 경우, 사용자가 재량으로 그 사유를 이유로 통상해고처분을 할 수 있는지 여부 및 이때 징계해고에 따른 절차가 부가적으로 요구되는지 여부

특정사유가 취업규칙 등에서 징계해고사유와 통상해고사유의 양쪽에 모두 해당하는 경우뿐 아니라 징계해고사유에는 해당하나 통상해고사유에는 해당하지 않는 경우에도, 그 사유를 이유로 징계해고처분의 규정상 근거나 형식을 취하지 아니하고 근로자에게 보다 유리한 통상해고처분을 택하는 것은, 근로기준법 제23조 제1항에 반하지 않는 범위 내에서 사용자의 재량에 속하는 적법한 것이다. 다만 근로자에게 변명의 기회가 부여되지 않더라도 해고가 당연시될 정도라는 등의 특별한 사유가 없는 한, 징계해고사유가 통상해고사유에도 해당하여 통상해고의 방법을 취하더라도 징계해고에 따른 소정의 절차는 부가적으로 요구된다.

### Ⅱ 사용자가 취업규칙에서 정한 해고사유에 해당한다는 이유로 근로자를 해고할 때에도 정당한 이유가 있어야 하는지 여부 및 사용자가 근무성적이나 근무능력이 불량하여 직무를 수행할 수 없는 경우에 해고할 수 있다고 정한 취업규칙 등에 따라 근로자를 해고할 때 해고의 정당성이 인정되는 경우 및 이때 사회통념상 고용관계를 계속할 수 없을 정도인지 판단하는 방법

근로기준법 제23조 제1항은 사용자는 근로자에게 정당한 이유 없이 해고를 하지 못한다고 규정하여 해고를 제한하고 있다. 사용자가 취업규칙에서 정한 해고사유에 해당한다는 이유로 근로자를 해고할 때에도 정당한 이유가 있어야 한다. 일반적으로 사용자가 근무성적이나 근무능력이 불량하여 직무를 수행할 수 없는 경우에 해고할 수 있다고 정한 취업규칙 등에 따라 근로자를 해고한 경우, 사용자가 근로자의 근무성적이나 근무능력이 불량하다고 판단한 근거가 되는 평가가 공정하고 객관적인 기준에 따라 이루어진 것이어야 할 뿐 아니라, 근로자의 근무성적이나 근무능력이 다른 근로자에 비하여 상대적으로 낮은 정도를 넘어 상당한 기간 동안 일반적으로 기대되는 최소한에도 미치지 못하고 향후에도 개선될 가능성을 인정하기 어렵다는 등 사회통념상 고용관계를 계속할 수 없을 정도인 경우에 한하여 해고의 정당성이 인정된다. 이때 사회통념상 고용관계를 계속할 수 없을 정도인지는 근로자의 지위와 담당 업무의 내용, 그에 따라 요구되는 성과나 전문성의 정도, 근로자의 근무성적이나 근무능력이 부진한 정도와 기간, 사용자가 교육과 전환배치 등 근무성적이나 근무능력 개선을 위한 기회를 부여하였는지, 개선의 기회가 부여

된 이후 근로자의 근무성적이나 근무능력의 개선 여부, 근로자의 태도, 사업장의 여건 등 여러 사정을 종합적으로 고려하여 합리적으로 판단해야 한다.

### Ⅲ 사안의 적용

#### 1. 간부사원 취업규칙 제32조 제5호 관련

위와 같은 사실을 앞서 본 법리에 비추어 살펴보면, 간부사원 취업규칙 제32조 제5호는 징계해고의 사유에 해당하는 경우를 배제하는 취지가 아니라 징계해고의 사유가 있는 경우에도 사회통념상 근로를 계속할 수 없다고 판단되면 근로자에게 더 유리한 통상해고를 할 수 있다는 의미로 해석함이 타당하고, 원심과 같이 제32조 제1호 내지 제3호에 준하는 사유로서 적어도 근무태도나 근무성적이 불량하고 개선의 여지가 없다고 판단되는 경우를 넘어서 그러한 사정으로 말미암아 근로자가 근로계약상의 근로제공 의무를 이행하는 것이 객관적으로 불가능 내지 현저히 곤란하거나 참가인에게 근로제공의 의사가 없음을 명백히 알 수 있다고 판단될 정도로 일신상의 사유가 현저히 드러나는 경우에 한정하여 해고할 수 있다는 의미로 해석하기 어렵다. 또한 원고가 징계해고사유의 증명책임을 회피하기 위하여 통상해고를 한 것이라고 보기도 어렵다고 할 것이다.

#### 2. 해고의 정당성 관련

위와 같은 사실이나 사정을 앞서 본 법리에 비추어 살펴보면 참가인은 사회통념상 고용관계를 계속할 수 없을 정도인 경우에 해당하여 이 사건 해고의 정당성이 인정된다고 판단할 여지가 있다. 그런데도 원심은, 간부사원 취업규칙 제32조 제5호가 '근로자의 근로제공 의무의 이행이 객관적으로 불가능하거나 근로제공 의사가 없음을 명백히 알 수 있을 정도로 일신상의 사유가 현저히 드러나는' 경우에만 해고할 수 있다는 의미이고, 원고가 참가인에게 배치전환을 하는 등 참가인에 대한 고용 유지 내지 해고 회피를 위한 최선의 노력을 다하여야 해고의 정당성이 인정될 수 있다는 잘못된 전제 아래 앞서 본 바와 같은 이유로 이 사건 해고가 위법하다고 판단하였는바, 이러한 원심의 판단에는 근로기준법 제23조 제1항에 따른 해고의 정당성에 관한 법리를 오해하여 필요한 심리를 다하지 않음으로써 판결에 영향을 미친 잘못이 있다고 할 것이다.

### Ⅳ 대상판결의 의의[39]

대상판결은 근로자와 회사 사이에 인정된 사실관계를 전제로 할 때, 원심법원과 대법원의 판단에서 명확한 차이점은 원심에서는 통상해고의 사유가 인정되지 않고 교육기회 등을 충분히 제공하지 않았다고 판단하였으나, 대법원은 통상해고의 사유가 되고 업무능력 향상을 위한 교육훈련 또는 재배치 등의 기회를 충분히 제공하였다라고 판단한 것이다.

---

39) 박수근 한양대학교 법학전문대학원 교수, 포커스

**주요 판례 03**

## [해고 2] 신체장해에 따른 해고의 정당성

(대판 1996.12.6. 95다45934)

**사실관계**　**고려합섬 주식회사 사건**

甲회사는 근로자 乙이 종전에 담당하던 생산부 업무 대신 임시방편으로 공정점검 업무를 종사케 하였으나, 근로자 乙은 그 업무조차 원활히 수행하지 못하였다. 한편 甲회사는 순차적으로 인력감량계획을 시행하여 인력의 효율적·합리적 운영을 기하고 있는 상태였다. 甲회사는 근로자 乙의 업무상 재해로 인한 노동능력 상실에 따른 정년에 이르기까지의 손해를 배상하였다. 甲회사는 근로자 乙이 취업규칙 제10조의 신체장해로 인하여 직무를 감당할 수 없을 때에 해당한다고 보아 근로자 乙을 퇴직처분하였다.

**판시사항**

취업규칙에서 퇴직사유로 정한 '신체장해로 인하여 직무를 감당할 수 없을 때'에 해당함을 이유로 하는 퇴직처분의 정당성 유무의 판단기준

## Ⅰ 취업규칙에서 퇴직사유로 정한 '신체장해로 인하여 직무를 감당할 수 없을 때'에 해당함을 이유로 하는 퇴직처분의 정당성 유무의 판단기준

사용자의 일방적 의사표시로 취업규칙의 규정에 의하여 근로자와의 근로계약관계를 종료시키는 경우 그것이 정당한 것으로 인정되기 위해서는 종국적으로 근로기준법 제27조 제1항에서 말하는 '정당한 사유'가 있어야 할 것이고, 근로자가 취업규칙에서 정한 '신체장해로 인하여 직무를 감당할 수 없을 때'에 해당한다고 보아 퇴직처분을 함에 있어서 그 정당성은 근로자가 신체장해를 입게 된 경위 및 그 사고가 사용자의 귀책사유 또는 업무상 부상으로 인한 것인지의 여부, 근로자의 치료기간 및 치료 종결 후 노동능력 상실의 정도, 근로자가 사고를 당할 당시 담당하고 있던 업무의 성격과 내용, 근로자가 그 잔존노동능력으로 감당할 수 있는 업무의 존부 및 그 내용, 사용자로서도 신체장해를 입은 근로자의 순조로운 직장 복귀를 위하여 담당 업무를 조정하는 등의 배려를 하였는지 여부, 사용자의 배려에 의하여 새로운 업무를 담당하게 된 근로자의 적응노력 등 제반 사정을 종합적으로 고려하여 합리적으로 판단하여야 한다.

## Ⅱ 사안의 적용

위 내용 및 사실관계 등을 종합적으로 고려할 때, 甲회사는 근로자 乙이 업무상의 재해를 당하여 종전에 담당하여 오던 생산부 업무를 더 이상 감당할 능력이 없어서 임시방편으로 공정점검 업무에 종사케 하였으나, 근로자 乙은 그 업무조차 원활히 수행하지 못하였고, 전신 육체노동을 요하는 생산부 업무의 특성상 근로자의 신체조건에 맞는 경미한 직종을 찾기가 힘들었고, 더구나 甲회사가 순차적으로 인력감량계획을 시행하여 인력의 효율적·합리적 운영을 기하고 있는 상태에서 근로자 乙의 급여수준에 맞는 적정한 직종으로 배치전환할 방법도 없어 근로자 乙을 퇴직처분하기에 이른 것이며, 甲회사는 근로자 乙의 업무상 재해로 인한 노동능력 상실에 따른 정년에 이르기까지의 손해를 이미 배상한 바 있으므로 이러한 사정 등을 종합하여 보면, 甲회사가 취업규칙 제10조에 따라 근로자를 신체장해로 인하여 직무를 감당할 수 없을 때에 해당한다고 보아 퇴직하게 한 것은 정당하다고 할 것이다.

memo

## 주요 판례 04

### [해고 3] 징계해고를 통상해고로 전환할 수 있는지 여부
(대판 1994.10.25. 94다25889)

### 사실관계

가. 근로자 乙은 1988.6.25. 甲회사에 입사하여 생산부 기공과에 근무하면서 1989.11.1.부터 교육선전부장의 직책을 맡고 있던 중 1989.12.16. 상사에게 항명, 욕설, 협박을 하고 생산현장을 돌며 정상조업을 방해하였다는 등의 사유로 정직 2개월의 징계처분을 받았고, 재심절차에서 그 처분이 확정된 사실, 甲회사가 정직기간 만료일인 1990.2.15. 근로자 乙에게 정상출근을 촉구하자 근로자 乙은 노동조합을 통해 형사입건되어 수배 중이어서 출근할 수 없다는 이유로 휴직처리를 요청하였고, 甲회사는 이를 거부하고 같은 달 20. 재차 출근을 촉구하였다.

나. 甲회사의 단체협약 제30조에는 "무계결근이 계속 3일 이상일 때"를 해고사유로 하고, 그 해고의 경우 근로기준법 제27조의2 소정의 해고예고를 하도록 규정하고 있으나, 같은 해고사유로서 "고의 또는 중대한 과실로 회사의 위신을 추락시키거나 사회적 물의를 일으킨 경우" 등을 포함하고 있고, 취업규칙 제41조에는 "무계결근이 계속 3일 이상일 때"의 해고사유는 포함되지 않고 "기구개편으로 인원감축을 단행할 때" 등의 해고사유와 그 절차만을 규정하고 있다.

다. 甲회사는 1990.2.26. 근로자 乙이 3일 이상 무단결근하였다는 이유로 취업규칙 제41조, 단체협약 제30조에 따라 별도의 소명기회 및 징계절차를 거치지 않고 근로자 乙을 통상해고(일반해고)하였다.

### 판시사항

[1] 징계해고사유로 통상해고를 할 수 있는지, 그 경우 징계절차를 생략할 수 있는지 여부

[2] 단체협약 등에서 징계에 특별한 절차를 요하는 것으로 규정되어 있는 경우, 그러한 절차가 징계처분의 유효요건인지 여부

[3] 해고가 무효인 경우, 사용자의 귀책사유 없이 근로제공을 하지 못한 기간 중의 임금도 청구할 수 있는지 여부

## Ⅰ 징계해고사유로 통상해고를 할 수 있는지, 그 경우 징계절차를 생략할 수 있는지 여부

특정사유가 단체협약이나 취업규칙 등에서 징계해고사유와 통상해고사유의 양쪽에 모두 해당하는 경우뿐 아니라 징계해고사유에는 해당하나 통상해고사유에는 해당하지 않는 경우에도, 그 사유를 이유로 징계해고처분의 규정상 근거나 형식을 취하지 아니하고 근로자에게 보다 유리한 통상해고처분을 택하는 것은, 근로기준법 제27조 제1항에 반하지 않는 범위 내에서 사용자의 재량에 속하는 적법한 것이나, 근로자에게 변명의 기회가 부여되지 않더라도 해고가 당연시될 정도라는 등의 특별한 사유가 없는 한, 징계해고사유가 통상해고사유에도 해당하여 통상해고의 방법을 취하더라도 징계해고에 따른 소정의 절차는 부가적으로 요구된다고 할 것이고, 나아가 징계해고사유로 통상해고를 한다는 구실로 징계절차를 생략할 수는 없는 것이니, 절차적 보장을 한 관계규정의 취지가 회피됨으로써 근로자의 지위에 불안정이 초래될 수 있기 때문이다.

## Ⅱ 단체협약 등에서 징계에 특별한 절차를 요하는 것으로 규정되어 있는 경우, 그러한 절차가 징계처분의 유효요건인지 여부

단체협약 등에서 징계에 특별한 절차를 요하는 것으로 규정되어 있는 경우, 그러한 절차는 실체적 징계사유의 존부, 부당노동행위에의 해당 여부를 불문하고 사용자가 하는 징계처분의 유효요건이다.

## Ⅲ 해고가 무효인 경우, 사용자의 귀책사유 없이 근로제공을 하지 못한 기간 중의 임금도 청구할 수 있는지 여부

사용자의 근로자에 대한 해고가 무효인 경우 근로자는 근로계약관계가 유효하게 존속함에도 불구하고 사용자의 귀책사유로 인하여 근로제공을 하지 못한 셈이므로 민법 제538조 제1항에 의하여 그 기간 중에 근로를 제공하였을 경우에 받을 수 있는 반대급부인 임금의 지급을 청구할 수 있다고 할 것이지만, 해고가 없었다고 하더라도 취업이 사실상 불가능한 상태가 발생한 경우라든가 사용자가 정당한 사유에 의하여 사업을 폐지한 경우에는 사용자의 귀책사유로 인하여 근로제공을 하지 못한 것이 아니므로, 그 기간 중에는 임금을 청구할 수 없다.

## Ⅳ 결론

따라서 근로자에게 변명의 기회가 부여되지 않더라도 해고가 당연시될 정도라는 등의 특별한 사유가 없는 한, 징계해고사유가 통상해고사유에도 해당하여 통상해고의 방법을 취하더라도 징계해고에 따른 소정의 절차는 부가적으로 요구된다고 할 것이고, 나아가 징계해고사유로 통상해고를 한다는 구실로 징계절차를 생략할 수는 없다고 할 것이다.

그리고 단체협약 등에서 징계에 특별한 절차를 요하는 것으로 규정되어 있는 경우, 그러한 절차는 실체적 징계사유의 존부, 부당노동행위에의 해당 여부를 불문하고 사용자가 하는 징계처분의 유효요건이라고 할 것이다.

## 주요 판례 05

### [해고 4] 쟁의행위 기간 중 쟁의행위 이전에 발생한 징계사유로 인한 징계해고처분의 효력
#### (대판 2018.10.4. 2016다242884)

**사실관계** **유성기업(주) 사건**

가. 근로자 乙 등을 비롯한 甲회사 소속 근로자들이 2011.3.경 쟁의행위를 시작하자, 甲회사가 이에 대항하여 직장폐쇄 조치와 이에 따른 1차 해고처분을 하였다.

나. 근로자 乙 등이 조합원으로 있는 丙노동조합은 甲회사와 체결한 단체협약에 쟁의행위 기간 중 일체의 징계 등 인사조치를 할 수 없다는 취지의 소위 '쟁의 중 신분보장' 규정이 명시되어 있다.

다. 그러나 이후 근로자 乙 등은 해고처분이 취소되어 다시 복직을 하였는데, 2012.3.경 근로자 乙 등을 비롯한 甲회사 소속 근로자들이 임금협약의 결렬을 이유로 쟁의행위를 개시하자, 甲회사는 노동조합 측 징계위원회 위원들의 참석 없이 쟁의행위 기간 중인 2013.10.21. 근로자 乙 등을 기존 쟁의행위 기간 동안에 발생한 징계사유를 이유로 다시 해고하였다.

**판시사항**

甲회사의 근로자 乙들에 대한 해고처분에 절차상(쟁의 중 신분보장 규정 위반), 내용상(징계재량권의 일탈·남용) 하자가 존재하여 무효인지 여부(적극)

## I 징계처분의 정당성 판단기준

피징계자에게 징계사유가 있어서 징계처분을 하는 경우, 어떠한 처분을 할 것인지는 징계권자의 재량에 맡겨져 있다. 다만 징계권자의 징계처분이 사회통념상 현저하게 타당성을 잃어 징계권자에게 맡겨진 재량권을 남용하였다고 인정되는 경우에 한하여 그 처분이 위법하다고 할 수 있다. 징계처분이 사회통념상 현저하게 타당성을 잃어 재량권의 범위를 벗어난 위법한 처분이라고 할 수 있으려면 구체적인 사례에 따라 징계의 원인인 비위사실의 내용과 성질, 징계로 달성하려는 목적, 징계양정의 기준 등 여러 요소를 종합하여 판단할 때에 징계 내용이 객관적으로 명백히 부당하다고 인정되어야 한다. 한편 해고처분은 사회통념상 고용관계를 계속할 수 없을 정도로 근로자에게 책임 있는 사유가 있는 경우에 정당성이 인정되는 것이고, 사회통념상 근로자와 고용관계를 계속할 수 없을 정도인지는 사용자의 사업 목적과 성격, 사업장의 여건, 근로자의 지위와 담당직무의 내용, 비위행위의 동기와 경위, 근로자의 행위로 기업의 위계질서가 문란하게 될 위험성 등 기업질서에 미칠 영향, 과거의 근무태도 등 여러 가지 사정을 종합적으로 검토하여 판단하여야 한다.

## II 사안의 적용

위 내용 및 사실관계 등을 종합적으로 고려할 때, 단체협약에는 쟁의기간 중에 일체의 징계 등 인사조치를 할 수 없다는 취지의 소위 '쟁의 중 신분조장' 규정이 존재하는데, 유성기업 주식회사(이하 '甲회사'라 함)가 당시 원고(이하 '근로자 乙 등' 이라 함)의 쟁의가 적법하게 개시되었음에도 종전 쟁의행위 기간 중에 이루어진 사유를 들어 근로자 乙들을 징계한 것은 위 규정을 위반한 것이고, 당시 노동조합 측 징계위원의 참석 없이 징계의결이 이루어진 것도 위법하다.

근로자 乙들을 비롯한 당시 甲회사 소속 근로자들이 당초 쟁의행위를 개시하게 된 동기와 경위, 이에 대항한 甲회사의 위법한 직장폐쇄 조치의 유지 또는 개시 및 일련의 부당노동행위(지배·개입), 이에 따른 甲회사의 근로자 乙들에 대한 1차 해고처분의 취소경위, 재차 근로자 乙들에 대해 이루어진 해고와 관련된 징계사유와 처분내용, 그 해고의 시점과 동기 등에 비추어 볼 때, 1차 해고처분 취소 이후 동일한 사유를 들어 동일한 처분에 이른 이 사건 해고는 근로자 乙들에게 지나치게 가혹하여 甲회사가 징계재량권을 일탈·남용한 경우에 해당하므로, 이 사건 해고는 무효라고 할 것이다.

## 주요 판례 06

### [해고 5] 정리해고의 정당성 판단
(대판 2014.11.13. 2014다20875)

---

**사실관계** **쌍용자동차 사건**

가. 피고는 1999.8.경 기업구조개선작업(Workout) 대상기업으로 선정되어 채권단의 주도 아래 기업개선작업을 추진하여 오다가 2005.1. 중국 상해기차공업(집단)공사(이하 '상하이자동차'라고 함)가 피고의 경영권을 인수하면서 기업구조개선작업 절차를 종결하였다.

나. 피고의 차량 판매대수는 2002년에 최고 실적을 기록한 후 2003년부터 증감 변동은 있으나 대체로 감소 추세에 들어갔고, 2008년에는 피고의 주력 차종인 스포츠형 다목적 차량(SUV, Sports Utility Vehicle)에 대한 세제 혜택이 없어지고 위 차량의 연료인 경유 가격의 상승으로 차량 선호도가 감소한데다 2008년 하반기부터 본격화된 국내외 금융위기로 소비심리가 위축되면서 판매가 급감하였다.

다. 위와 같은 매출 감소는 현금보유액의 감소로 이어졌는데, 2008년에는 판매부진 외에 파생상품 거래에서의 손실 및 국내외 금융위기에 따른 금융권의 지원 중단으로 가용할 수 있는 현금보유액이 급격히 줄어들어 피고는 근로자들의 급여도 제때 지급하지 못할 정도의 유동성 부족을 겪게 되었다. 이에 피고는 2009.1.9. 서울중앙지방법원에 회생절차개시신청을 하여 2009.2.6. 개시결정을 받았다.

라. 회생절차개시결정 이후 피고(실제 행위 주체는 회생법원이 선임한 관리인이나, 편의상 '피고'라고 함)는 삼정KPMG에 경영 전반에 대한 진단 및 회생전략 수립을 의뢰하였다. 이에 따라 삼정KPMG는 2009.3.31. 작성한 검토보고서에서 '경기 침체 및 경쟁력 약화 등으로 매출액이 감소하고 영업실적이 악화된 결과 자본 감소 및 유동성 부족 사태가 초래되었고, 동종업체와 비교하여 수익성, 효율성, 재무건전성이 취약하여 시급한 개선이 필요한 상태'라고 진단하고, 경영정상화를 위한 방안으로 인력구조조정과 자산 매각, 비용절감과 효율성 개선 등을 제시하였다. 인력구조조정과 관련하여 삼정KPMG는 향후 생산 판매계획 등을 고려할 때 총 2,646명 규모의 구조조정이 필요하다고 보았다.

마. 피고는 삼정KPMG가 제시한 경영정상화 방안에 입각하여 총 2,646명을 감원하는 인력구조조정 방안을 확정한 다음, 회생법원의 허가를 받아 2009.6.8. 위 2,646명에서 그 무렵까지 희망퇴직 등으로 퇴사한 1,666명을 제외한 980명에 대하여 이 사건 정리해고를 단행하였다.

바. 전국금속노동조합 쌍용자동차지부(이하 '노조'라고 함)는 2009.5.22. 피고의 인력구조조정에 반대하며 피고의 평택공장을 점거한 채 파업에 돌입하였는데, 이 사건 정리해고 이후 노사의 대립이 극한 상황에까지 이르다가 피고와 노조는 2009.8.6. 노사대타협을 하면서 정리해고된 근로자들을 무급휴직, 희망퇴직, 영업직 전직 등으로 전환하기로 하는 '쌍용자동차의 회생을 위한 노사합의서'를 작성하였다. 이에 따라 이 사건 정리해고자 980명 중 459명이 무급휴직으로 전환되고, 그 밖에도 상당수가 희망퇴직, 전직 등으로 전환되면서, 최종적으로 정리해고된 근로자는 원고들을 포함하여 모두 165명이 되었다.

사. 한편 기업회계기준서는 유형자산의 진부화 또는 시장가치의 급격한 하락 등으로 유형자산의 사용 및 처분으로부터 기대되는 미래의 현금흐름 총액의 추정액이 장부가액에 미달하는 경우에는 장부가액을 회수가능가액으로 조정하고 그 차액을 손상차손으로 처리하도록 정하고 있다. 여기서 회수가능가액은 순매각가액과 사용가치 중 큰 금액으로 하는데, 순매각가액은 합리적인 판단력과 거래의사가 있는 제삼자와의 독립적인 거래에서 매매되는 경우의 예상처분가액에서 예상처분비용을 차감한 금액이고, 사용가치는 해

당 자산 또는 자산그룹의 사용으로부터 예상되는 미래현금흐름의 현재가치를 말한다. 피고는 2008년 재무제표 작성 당시 위 기업회계기준서에 따라 토지를 제외한 유형자산의 사용가치와 장부가액과의 차액을 손상차손으로 인식하면서 손상차손액으로 517,687,494,022원을 계상하여 2008년 재무제표상 당기순손실과 부채비율이 큰 폭으로 증가하였다. 피고는 2007년에 수립된 사업계획을 기초로 해당 유형자산에서 생산될 차량의 2009년부터 2013년까지의 예상 매출수량을 추정한 다음 이를 토대로 해당 유형자산의 사용가치를 산정하였는데, 위 사업계획에서 2009년과 2010년에 단종되는 것으로 계획된 일부 기존 차종에 대해서는 위 단종계획을 반영하여 예상 매출수량을 추정한 후 미래현금흐름을 산출하였으나, 그 후속 차량으로 출시가 계획된 신차의 예상 매출수량은 고려하지 않았다.

---

**판시사항**

[1] 정리해고의 요건으로 '긴박한 경영상의 필요'에 장래에 올 수도 있는 위기에 미리 대처하기 위하여 인원 감축이 객관적으로 보아 합리성이 있다고 인정되는 경우도 포함되는지 여부(적극)

[2] 기업 운영에 필요한 인력의 규모와 잉여인력 등에 관한 경영자의 판단을 존중하여야 하는지 여부(원칙적 적극)

[3] 정리해고의 요건 중 '해고를 피하기 위한 노력을 다하여야 한다.'는 것의 의미

[4] 유동성 위기로 회생절차가 진행 중이던 피고 회사가 경영상 이유로 근로자 등을 해고한 사안에서, 제반 사정에 비추어 정리해고가 긴박한 경영상의 필요에 의한 것으로 볼 여지가 상당하고 피고 회사가 해고회피를 위한 노력을 다한 것으로 보아야 하는데도, 이와 달리 본 원심판결에 법리오해 등의 잘못이 있다고 한 사례

---

## Ⅰ 정리해고의 요건으로 '긴박한 경영상의 필요'에 장래에 올 수도 있는 위기에 미리 대처하기 위하여 인원 감축이 객관적으로 보아 합리성이 있다고 인정되는 경우도 포함되는지 여부

근로기준법 제24조 제1항에 의하면, 사용자가 경영상 이유에 의하여 근로자를 해고하려면 긴박한 경영상의 필요가 있어야 한다. 여기서 긴박한 경영상의 필요라 함은 반드시 기업의 도산을 회피하기 위한 경우에 한정되지 아니하고, 장래에 올 수도 있는 위기에 미리 대처하기 위하여 인원 감축이 필요한 경우도 포함되지만, 그러한 인원 감축은 객관적으로 보아 합리성이 있다고 인정되어야 한다(대판 2012.6.28. 2010다38007 등 참조).

위와 같은 사정과 기록에 의하여 알 수 있는 다음과 같은 사정들, 즉 기술집약적인 자동차산업의 경우 지속적인 기술개발과 대규모 투자가 이루어지지 않으면 동종업체와의 경쟁에서 뒤처질 수밖에 없고, 이는 매출 감소와 시장점유율의 하락으로 이어지는데, 피고는 기업구조개선작업 기간에 규모 있는 연구개발과 투자를 할 수 없었고, 이후 상하이자동차가 피고를 인수한 이후에도 피고에 대한 적극적인 투자가 이루어지지 않아 SUV 차량 외에 차종의 다양화를 이루지 못하였

고, 거기에 SUV 차량에 대한 세제혜택 축소로 SUV 차량에 대한 선호도가 떨어지자 매출은 더욱 감소하게 된 점, 그러던 중에 2008년 하반기의 경유 가격 급등과 국내외 금융위기 사태에 봉착하게 되자 피고는 자력으로는 유동성 위기를 해결할 수 없는 지경에 이른 것으로 볼 수 있는 점 등을 고려하면, 이 사건 정리해고 당시 피고가 처한 경영위기는 상당기간 신규 설비 및 기술 개발에 투자하지 못한 데서 비롯된 계속적·구조적인 것으로서, 외부적 경영여건의 변화로 잠시 재무상태 또는 영업실적이 악화되었다거나 단기간 내에 쉽게 개선될 수 있는 부분적·일시적 위기가 아니었던 것으로 봄이 타당하다.

따라서 피고로서는 인원 감축 등을 통해 위와 같은 경영위기를 극복할 긴박한 경영상의 필요가 있었다고 볼 수 있고, 경영진의 부실경영 등으로 경영위기가 초래되었다고 하여 이러한 필요성이 부정된다고 보기는 어렵다.

## Ⅱ 기업 운영에 필요한 인력의 규모와 잉여인력 등에 관한 경영자의 판단을 존중하여야 하는지 여부

기업 운영에 필요한 인력의 규모가 어느 정도인지, 잉여인력은 몇 명인지 등은 상당한 합리성이 인정되는 한 경영판단의 문제에 속하는 것이므로 특별한 사정이 없다면 경영자의 판단을 존중하여야 할 것이다(대판 2013.6.13. 2011다60193 참조).

## Ⅲ 정리해고의 요건 중 '해고를 피하기 위한 노력을 다하여야 한다.'는 것의 의미

정리해고의 요건 중 '해고를 피하기 위한 노력을 다하여야 한다.'는 것은 경영방침이나 작업방식의 합리화, 신규채용의 금지, 일시휴직 및 희망퇴직의 활용 및 전근 등 사용자가 해고범위를 최소화하기 위하여 가능한 모든 조치를 취하는 것을 의미하고, 그 방법과 정도는 확정적·고정적인 것이 아니라 그 사용자의 경영위기의 정도, 정리해고를 실시하여야 하는 경영상의 이유, 사업의 내용과 규모, 직급별 인원상황 등에 따라 달라지는 것이다(대판 2004.1.15. 2003두11339 등 참조).

피고가 제시한 이 사건 인원 감축 규모가 비합리적이라거나 자의적이라고 볼 수 없고, 이 사건 정리해고 이후에 이루어진 무급휴직 조치는 이 사건 정리해고를 둘러싼 노사 간 극심한 대립으로 기업의 존립 자체가 위태로워지자 최악의 상황을 막기 위해 고육지책으로 시행된 것이라는 점은 앞서 본 바와 같다.

또한 기록에 의하면 피고는 이 사건 정리해고에 앞서 부분 휴업, 임금 동결, 순환휴직, 사내협력업체 인원 축소, 임직원 복지 중단, 희망퇴직 등의 조치를 실시하였음을 알 수 있다.

위와 같은 사정과 당시 피고가 처한 경영위기의 성격이나 정도, 피고의 사업 내용과 규모 등을 종합하여 보면, 피고로서는 해고회피를 위한 노력을 다한 것으로 보아야 할 것이다.

## Ⅳ 사안의 적용

### 1. 긴박한 경영상의 필요 여부

이와 관련하여 먼저 원심은 이 사건 정리해고 당시 피고가 유동성 위기를 겪은 사실은 인정하면서도 담보 제공을 통한 대출을 통해 그러한 유동성 위기를 완화할 수 있었다고 보았다. 그러나 당시 피고의 주채권은행인 한국산업은행은 상하이자동차의 유동성 지원이 선행되지 않으면 대출을 할 수 없다는 입장이었으나, 상하이자동차는 금융권의 대출 재개와 구조조정에 대한 노조의 협력을 유동성 지원의 조건으로 내걸어 피고에 대한 대출이 이루어지지 않았던 사실, 피고는 이 사건 정리해고를 포함한 인력구조조정을 마친 2009.8.11.에야 한국산업은행으로부터 1,300억여 원을 대출받을 수 있었는데, 위 대출금은 구조조정자금으로만 사용되도록 용도가 제한되었던 사실을 알 수 있다. 이러한 사실관계에 따르면, 이 사건 정리해고 당시 피고가 그 소유의 부동산을 담보로 제공하고 금융권으로부터 신규자금을 대출받는 것은 사실상 불가능한 상황이었던 것으로 봄이 타당하다.

다음으로 재무건전성 위기에 대하여 보면, 원심은 피고가 손상차손 인식의 대상이 된 유형자산에서 생산될 차량의 예상 매출수량을 부당하게 과소 추정함으로써 해당 유형자산의 손상차손이 과다 계상되었다고 보았으나, 미래에 대한 추정은 불확실성이 존재할 수밖에 없는 점을 고려할 때 피고의 예상 매출수량 추정이 합리적이고 객관적인 가정을 기초로 한 것이라면 그 추정이 다소 보수적으로 이루어졌다고 하더라도 그 합리성을 인정하여야 할 것이다. 그런데 원심판결 이유와 기록에 의하여 알 수 있는 사정들, 즉 ① 2008년 하반기부터 극심한 유동성 위기를 겪던 피고는 신차 개발에 투자할 수 있는 현금이 없고 설비를 마련할 자금 동원능력도 없어 사용가치 산정의 대상기간 안에 계획대로 신차를 출시할 수 있는지 여부가 불확실하다고 판단하고 신차의 미래 매출을 예상 매출수량에 반영하지 않은 것으로 보이는 점, ② 또한 피고는 단종이 계획되었던 기존 차종의 경우 모델의 노후화 등으로 시장에서의 경쟁력이 약화된 상태여서 단종 없이 계속해서 생산한다고 해서 수익이 보장된다고 보기 어려운 사정을 고려하여 단종계획을 반영하여 예상 매출수량을 추정한 것으로 보이는 점, ③ 피고는 러시아 솔러스(Sollers)사와 기존 차종 중 액티언과 카이런을 2011.12.까지 공급하기로 하는 계약을 체결하였으나, 위 회사가 2008년 하반기의 세계적인 금융위기로 현지 판매가 급감하였다는 이유로 인수를 거절하는 등 2008년 말부터 실질적으로 위 회사와의 거래는 중단된 상태였던 점, ④ 이 사건 유형자산 손상차손의 과다 계상 여부를 감정한 원심 감정인은 당시 상황에서 신차의 개발은 실현 불가능한 계획이었기 때문에 신차 매출에 따른 미래현금흐름을 반영하지 않은 것은 타당하나, 피고가 해당 유형자산의 처분·잔존가치를 추정함에 있어 타차 경유자산과 전차종 공통자산의 경우 장부가액의 100%로 회수할 수 있는 것으로 하여 신차의 매출로 예상되는 미래현금흐름이 간접적으로 반영되었다고 볼 수 있고, 기존 차종의 경우 판매를 하더라도 적자 상태였기 때문에 계속 생산할 이유가 없다는 취지의 의견을 제시한 점 등을 종합하여 보면, 앞서 본 바와 같은 피고의 예상 매출수량 추정이 현저히 합리성을 결여한 것으로 보기 어렵다.

설령 피고의 예상 매출수량 추정에 문제가 있더라도 전체적으로 사용가치가 과소평가된 것이 아니라면 유형자산 손상차손이 과다 계상되었다고 할 수 없는데, 기존 차종을 단종 없이 계속 생산한다고 하여 그것이 미래현금흐름의 증가로 이어진다고 단정하기 어렵다. 다른 한편으로 기록에 의하여 알 수 있는 바와 같이 피고는 1994년부터 2000년까지 계속 당기순손실을 기록하다가 2001년부터 2003년 당기순이익을 기록하였으나, 2004년 영업이익이 감소하면서 기업구조개선작업이 종료한 2005년과 2006년에 당기순손실을 보았고, 2007년에 일시적으로 당기순이익을 보았으나 2008년에 다시 손익이 바뀌어 이 사건 유형자산 손상차손을 인식하기 전에도 이미 1,861억여 원의 당기순손실을 기록한 점, 지속적인 매출 감소로 피고의 현금보유액이 감소하여 2009.1. 당시 가용 가능한 현금이 74억여 원에 불과하였던 점 등에 비추어 보면, 피고의 재무상황은 이 사건 유형자산 손상차손을 인식하기 전부터 악화되어 있었던 것으로 봄이 타당하다. 결국 위와 같은 사정과 기록에 의하여 알 수 있는 다음과 같은 사정들, 즉 기술집약적인 자동차산업의 경우 지속적인 기술개발과 대규모 투자가 이루어지지 않으면 동종업체와의 경쟁에서 뒤처질 수밖에 없고, 이는 매출 감소와 시장점유율의 하락으로 이어지는데, 피고는 기업구조개선작업 기간에 규모 있는 연구개발과 투자를 할 수 없었고, 이후 상하이자동차가 피고를 인수한 이후에도 피고에 대한 적극적인 투자가 이루어지지 않아 SUV 차량 외에 차종의 다양화를 이루지 못하였고, 거기에 SUV 차량에 대한 세제혜택 축소로 SUV 차량에 대한 선호도가 떨어지자 매출은 더욱 감소하게 된 점, 그러던 중에 2008년 하반기의 경유 가격 급등과 국내외 금융위기 사태에 봉착하게 되자 피고는 자력으로는 유동성 위기를 해결할 수 없는 지경에 이른 것으로 볼 수 있는 점 등을 고려하면, 이 사건 정리해고 당시 피고가 처한 경영위기는 상당기간 신규 설비 및 기술 개발에 투자하지 못한 데서 비롯된 계속적·구조적인 것으로서, 외부적 경영여건의 변화로 잠시 재무상태 또는 영업실적이 악화되었다거나 단기간 내에 쉽게 개선될 수 있는 부분적·일시적 위기가 아니었던 것으로 봄이 타당하다.

따라서 피고로서는 인원 감축 등을 통해 위와 같은 경영위기를 극복할 긴박한 경영상의 필요가 있었다고 볼 수 있고, 경영진의 부실경영 등으로 경영위기가 초래되었다고 하여 이러한 필요성이 부정된다고 보기는 어렵다.

## 2. 해고회피노력을 다했는지 여부

이와 관련하여 피고가 제시한 이 사건 인원 감축 규모가 비합리적이라거나 자의적이라고 볼 수 없고, 이 사건 정리해고 이후에 이루어진 무급휴직 조치는 이 사건 정리해고를 둘러싼 노사 간 극심한 대립으로 기업의 존립 자체가 위태로워지자 최악의 상황을 막기 위해 고육지책으로 시행된 것이라고 할 것이다. 또한 기록 등에 의하면 피고는 이 사건 정리해고에 앞서 부분 휴업, 임금 동결, 순환휴직, 사내협력업체 인원 축소, 임직원 복지 중단, 희망퇴직 등의 조치를 실시하였음을 알 수 있다. 따라서 위와 같은 사정과 당시 피고가 처한 경영위기의 성격이나 정도, 피고의 사업 내용과 규모 등을 종합하여 보면, 피고로서는 해고회피를 위한 노력을 다한 것으로 보아야 할 것이다.

## 주요 판례 07

### [해고 6] 정리해고 요건 중 합리적이고 공정한 대상자 선정의 의미
#### (대판 2021.7.29. 2016두64876)

**사실관계** **일진전기 주식회사 사건**

가. 원고는 수원 전기공장을 모태로 하여 별개의 법인으로 운영되던 주식회사 일진전선, 주식회사 일진, 일진 중공업 주식회사를 합병한 후 2008.7.2. 상호를 일진홀딩스 주식회사로 변경하면서 제조업부문을 분할하여 운영되고 있으며, 원고는 전선사업, 통신사업, 재료사업, 중전기사업을 영위하고 있는데, 원고의 사업부문 중 전선사업은 전력운송용 전력선을, 통신사업은 데이터 전송을 위한 통신망 구축에 사용하는 통신선을, 재료사업은 전선 등의 원재료인 구리를 원형으로 뽑아낸 SCR 이나 그 대체품인 AL(알루미늄)-Rod를, 중전기사업은 변압기를 각 제조·판매해 왔다.

나. 유선통신사업은 2000년 이후 국내 유선통신망 기반구축이 거의 완료되면서 추가 수요가 발생하지 않고 있고, 무선통신기술의 발전으로 더욱 어려워지면서 앞으로 시장의 회생가능성도 불투명하다. 이러한 상황에서 수요의 급감과 생산설비의 과잉이 맞물려 제품의 가격이 급락하면서 상당수의 유선케이블 제조업체들은 심각한 경영난을 겪고 있다. 그러나 원고는 통신사업부의 부진이 기업 전체의 존립에 미치는 영향은 미미하였으며, 또한 2010년부터 2014년까지 생산직 근로자의 기본급을 인상하였다.

다. 원고는 2012년 이후 통신사업부의 근로자 신규채용을 중단하였고, 2011년 이후 사무직 근로자 퇴직 시 인력을 충원하지 않았다. 원고는 2014.10.7.부터 16일까지 4차례에 걸쳐 노사협의회를 개최하였고, 일진전기 반월공장 노동조합(이하 '이 사건 노동조합'이라 함)에 대하여 '3조 3교대 운용, 사택매각, 희망퇴직' 등 통신사업부 경영위기를 타개하기 위한 비상경영안을 수용할 것을 제안하였다.

라. 원고는 이 사건 노동조합에 대하여 위 비상경영안의 수용 여부를 결정하여 통보해 줄 것을 요청하였고, 이 사건 노동조합은 2014.10.20. 원고에게 '노동조합과 조합원의 의사를 무시한 일방적 구조조정 추진을 즉각 중단할 것을 요구한다.'라고 통보하여 원고의 비상경영안을 수용할 수 없다는 뜻을 표명하였다.

마. 원고는 2014.10.20. 안산(반월)공장 직원들에게 사업의 정리절차 진행, 희망퇴직, 전환배치 등을 공고를 하였고, 이 사건 노동조합에 대하여 '통신사업부 정리에 따른 정리해고 일정, 희망퇴직, 전환배치 등 해고 회피방안 논의를 위한 협의'를 요청하였다.

바. 원고는 2014.10.20.부터 2014.10.31.까지 희망퇴직 신청을 받았는데, 통신사업부 근로자 56명(생산직 44명, 사무직 12명) 중 34명(생산직 30명, 사무직 4명)이 희망퇴직을 신청하였다. 원고는 통신사업부 사업폐지를 결정한 후 2014.10.24.부터 2014.12.9.까지 6차례에 걸쳐 노사협의회를 개최하였으나, 잔류인원 전원을 전환배치 해달라는 이 사건 노동조합의 요구와 전원을 전환배치하는 것은 어렵다는 원고의 입장이 대립하여 합의점을 찾지 못하였다.

사. 원고는 2014.11.경 희망퇴직을 신청하지 않은 생산직 근로자들을 업무적합성, 임금, 근태, 회사공헌도에 따라 평가한 후 그중 7명의 근로자를 원고의 수원전선공장 및 안산(반월)공장의 재료사업부 등으로 전환배치하였다.

아. 원고는 2014.11.19. 이 사건 노동조합에 '잔여인력에 대하여 희망퇴직을 추가로 접수한다.'라는 통지를 하였고, 2014.11.20. 잔여인력을 대상으로 '희망퇴직 추가 접수' 공고를 하였으나 참가인들은 이에 응하지 아니하였다.

자. 원고는 참가인들에게 2014.11.24. 해고예고통지서를 교부하였고, 2014.12.31. 해고하였다.

---

**판시사항**

[1] 부당해고 구제신청에 관한 중앙노동위원회의 명령 또는 결정의 취소를 구하는 소송에서 명령 또는 결정 후에 생긴 사유를 들어 명령 또는 결정의 적법 여부를 판단할 수 있는지 여부(소극) 및 명령 또는 결정의 기초가 된 사실이 동일한 경우 노동위원회에서 주장하지 아니한 사유도 행정소송에서 주장할 수 있는지 여부(적극)

[2] 사용자가 일부 사업 부문을 폐지하고 그 사업 부문에 속한 근로자를 해고한 경우, 그 해고가 폐업으로 인한 통상해고로서 예외적으로 정당하기 위해서는 일부 사업의 폐지·축소가 사업 전체의 폐지와 같다고 볼 만한 특별한 사정이 인정되어야 하는지 여부(적극) 및 일부 사업의 폐지가 폐업과 같다고 인정할 수 있는지 판단하는 방법 / 사업 부문의 일부 폐지를 이유로 한 해고가 통상해고로서 정당성을 갖추었는지에 관한 증명책임의 소재(= 사용자)

[3] 근로기준법 제24조에서 정한 경영상 이유에 의한 해고의 요건 중 긴박한 경영상의 필요에 인원감축이 객관적으로 보아 합리성이 있는 경우도 포함되는지 여부(적극) 및 긴박한 경영상의 필요가 있는지 판단하는 방법

[4] 근로기준법 제24조에서 정한 경영상 이유에 의한 해고의 요건 중 해고를 피하기 위한 노력을 다하여야 한다는 것의 의미 및 그 방법과 정도 / 해고 회피 노력을 다하였는지에 관한 증명책임의 소재(= 사용자)

[5] 근로기준법 제24조의 경영상 이유에 의한 해고 요건 중 합리적이고 공정한 해고의 구체적인 기준으로서 해고대상자 또는 전환배치대상자 선정기준을 설정하는 방법 및 그 기준의 합리성과 공정성에 관한 증명책임의 소재(= 사용자)

---

Ⅰ **부당해고 구제신청에 관한 중앙노동위원회의 명령 또는 결정의 취소를 구하는 소송에서 명령 또는 결정 후에 생긴 사유를 들어 명령 또는 결정의 적법 여부를 판단할 수 있는지 여부 및 명령 또는 결정의 기초가 된 사실이 동일한 경우 노동위원회에서 주장하지 아니한 사유도 행정소송에서 주장할 수 있는지 여부**

부당해고 구제신청에 관한 중앙노동위원회의 명령 또는 결정의 취소를 구하는 소송에서 그 명령 또는 결정이 적법한지는 그 명령 또는 결정이 이루어진 시점을 기준으로 판단하여야 하고, 그 명령 또는 결정 후에 생긴 사유를 들어 적법 여부를 판단할 수는 없으나, 그 명령 또는 결정의 기초가 된 사실이 동일하다면 노동위원회에서 주장하지 아니한 사유도 행정소송에서 주장할 수 있다.

**Ⅱ** 사용자가 일부 사업 부문을 폐지하고 그 사업 부문에 속한 근로자를 해고한 경우, 그 해고가 폐업으로 인한 통상해고로서 예외적으로 정당하기 위해서는 일부 사업의 폐지·축소가 사업 전체의 폐지와 같다고 볼 만한 특별한 사정이 인정되어야 하는지 여부 및 일부 사업의 폐지가 폐업과 같다고 인정할 수 있는지 판단하는 방법과 사업 부문의 일부 폐지를 이유로 한 해고가 통상해고로서 정당성을 갖추었는지에 관한 증명책임의 소재

어떤 기업이 경영상 이유로 사업을 여러 개의 부문으로 나누어 경영하다가 그중 일부를 폐지하기로 하였더라도 이는 원칙적으로 사업 축소에 해당할 뿐 사업 전체의 폐지라고 할 수 없으므로, 사용자가 일부 사업을 폐지하면서 그 사업 부문에 속한 근로자를 해고하려면 근로기준법 제24조에서 정한 경영상 이유에 의한 해고 요건을 갖추어야 하고, 그 요건을 갖추지 못한 해고는 정당한 이유가 없어 무효이다.

한편 사용자가 사업체를 폐업하고 이에 따라 소속 근로자를 해고하는 것은 그것이 노동조합의 단결권 등을 방해하기 위한 위장 폐업이 아닌 한 원칙적으로 기업 경영의 자유에 속하는 것으로서 유효하고, 유효한 폐업에 따라 사용자와 근로자 사이의 근로관계도 종료한다.

따라서 사용자가 일부 사업 부문을 폐지하고 그 사업 부문에 속한 근로자를 해고하였는데 그와 같은 해고가 경영상 이유에 의한 해고로서의 요건을 갖추지 못하였지만, 폐업으로 인한 통상해고로서 예외적으로 정당하기 위해서는 일부 사업의 폐지·축소가 사업 전체의 폐지와 같다고 볼 만한 특별한 사정이 인정되어야 한다. 이때 일부 사업의 폐지가 폐업과 같다고 인정할 수 있는지는 해당 사업 부문이 인적·물적 조직 및 운영상 독립되어 있는지, 재무 및 회계의 명백한 독립성이 갖추어져 별도의 사업체로 취급할 수 있는지, 폐지되는 사업 부문이 존속하는 다른 사업 부문과 취급하는 업무의 성질이 전혀 달라 다른 사업 부문으로의 전환배치가 사실상 불가능할 정도로 업무 종사의 호환성이 없는지 등 여러 사정을 구체적으로 살펴 종합적으로 판단하여야 한다. 근로기준법 제31조에 따라 부당해고구제 재심판정을 다투는 소송에서 해고의 정당성에 관한 증명책임은 이를 주장하는 사용자가 부담하므로, 사업 부문의 일부 폐지를 이유로 한 해고가 통상해고로서 정당성을 갖추었는지에 관한 증명책임 역시 이를 주장하는 사용자가 부담한다.

**Ⅲ** 근로기준법 제24조에서 정한 경영상 이유에 의한 해고의 요건 중 긴박한 경영상의 필요에 인원감축이 객관적으로 보아 합리성이 있는 경우도 포함되는지 여부 및 긴박한 경영상의 필요가 있는지 판단하는 방법

근로기준법 제24조에서 정한 경영상 이유에 의한 해고의 요건 중 긴박한 경영상의 필요란 반드시 기업의 도산을 회피하기 위한 경우에 한정되지 아니하고, 인원감축이 객관적으로 보아 합리성이 있는 경우도 포함되지만, 긴박한 경영상의 필요가 있는지는 법인의 어느 사업 부문이 다른 사업 부문과 인적·물적·장소적으로 분리·독립되어 있고 재무 및 회계가 분리되어 있으며 경영여건도 서로 달리하는 예외적인 경우가 아니라면 법인의 일부 사업 부문의 수지만을 기준으로 할 것이 아니라 법인 전체의 경영사정을 종합적으로 검토하여 판단하여야 한다.

Ⅳ **근로기준법 제24조에서 정한 경영상 이유에 의한 해고의 요건 중 해고를 피하기 위한 노력을 다하여야 한다는 것의 의미 및 그 방법과 정도 및 해고 회피 노력을 다하였는지에 관한 증명책임의 소재**

근로기준법 제24조에서 정한 경영상 이유에 의한 해고의 요건 중 해고를 피하기 위한 노력을 다하여야 한다는 것은 경영방침이나 작업방식의 합리화, 신규 채용의 금지, 일시휴직 및 희망퇴직의 활용, 전근 등 사용자가 해고 범위를 최소화하기 위하여 가능한 모든 조치를 취하는 것을 의미하고, 그 방법과 정도는 확정적・고정적인 것이 아니라 당해 사용자의 경영위기의 정도, 해고를 실시하여야 하는 경영상의 이유, 사업의 내용과 규모, 직급별 인원상황 등에 따라 달라지는 것이다. 한편 경영상 이유에 의한 해고가 정당하기 위한 요건은 사용자가 모두 증명해야 하므로, 해고 회피 노력을 다하였는지에 관한 증명책임은 이를 주장하는 사용자가 부담한다.

Ⅴ **근로기준법 제24조의 경영상 이유에 의한 해고 요건 중 합리적이고 공정한 해고의 구체적인 기준으로서 해고대상자 또는 전환배치대상자 선정기준을 설정하는 방법 및 그 기준의 합리성과 공정성에 관한 증명책임의 소재**

근로기준법 제24조의 경영상 이유에 의한 해고 요건 중 합리적이고 공정한 해고의 기준은 확정적・고정적인 것은 아니고 당해 사용자가 직면한 경영위기의 강도와 해고를 실시하여야 하는 경영상의 이유, 해고를 실시한 사업 부문의 내용과 근로자의 구성, 해고 실시 당시의 사회경제적 상황 등에 따라 달라지는 것이지만, 객관적 합리성과 사회적 상당성을 가진 구체적인 기준을 실질적으로 공정하게 적용하여 정당한 해고대상자의 선정이 이루어져야 한다.

따라서 해고대상자 선정기준은 단체협약이나 취업규칙 등에 정해져 있는 경우라면 특별한 사정이 없는 한 그에 따라야 하고, 만약 그러한 기준이 사전에 정해져 있지 않다면 근로자의 건강상태, 부양의무의 유무, 재취업 가능성 등 근로자 각자의 주관적 사정과 업무능력, 근무성적, 징계전력, 임금 수준 등 사용자의 이익 측면을 적절히 조화시키되, 근로자에게 귀책사유가 없는 해고임을 감안하여 사회적・경제적 보호의 필요성이 높은 근로자들을 배려할 수 있는 합리적이고 공정한 기준을 설정하여야 한다. 경영상 이유에 의한 해고에 앞서 전환배치를 실시하는 경우 전환배치대상자 선정기준은 최종적으로 이루어지는 해고대상자 선정에도 영향을 미치게 되므로, 전환배치 기준은 해고대상자 선정기준에 준하여 합리성과 공정성을 갖추어야 하고, 이에 관한 증명책임 역시 이를 주장하는 사용자가 부담한다.

## Ⅵ 사안의 적용

### 1. 긴박한 경영상의 필요 여부

위 제반사정 등을 종합적으로 고려할 때, ① 원고의 통신사업부는 다른 사업 부문과 인적·물적·장소적으로 분리·독립되어 있지 않고, 재무 및 회계가 분리되어 있지도 않다. 원고의 통신사업부만을 분리하여 긴박한 경영상의 필요 여부를 판단할 수 있는 예외적인 경우에 해당한다고 보기 어렵다. ② 이 사건 해고 당시 원고 법인의 전체 영업이익과 당기순이익 규모 등에 비추어 보면, 원고의 전반적인 경영 상태는 양호하였던 것으로 보인다. ③ 같은 기간 원고의 매출은 전체적으로 감소세에 있었으나, 원고의 내부 관리 및 분석 자료상 통신사업부의 매출이 원고 전체의 매출에서 차지하는 비중은 5% 미만에 불과하다. 2014년 원고의 전체 매출액은 7,856억원이고 통신사업부의 매출액은 그중 약 2.4%인 194.4억원으로, 통신사업부의 부진이 기업 전체의 존립에 미치는 영향은 미미해 보인다. ④ 원고는 2013년을 제외하고 2010년부터 2014년까지 직원들의 기본급을 인상하였고, 2014년의 경우 인상률이 9.5%에 이른다. ⑤ 이 사건 해고 무렵 원고의 매출액, 영업이익, 당기순이익 등 경영 실적과 원고의 전체 인건비 규모에서 이 사건 해고 근로자 6명이 차지하는 인건비 비중은 극히 미미한 수준에 불과하다. ⑥ 설령 통신사업부의 매출 부진 등이 쉽게 개선되기 어려운 구조적인 문제로서 이 사건 해고 당시 원고의 통신사업부를 폐지할 필요성이 있었다고 하더라도, 그것만으로 원고 전체의 경영 악화를 방지하기 위하여 인원을 감축하여야 할 불가피한 사정이 있었던 것이라고 볼 수는 없는 점 등을 종합적으로 고려할 때, 이 사건 해고 당시 긴박한 경영상의 필요가 있다고 보기 어렵다.

### 2. 원고가 해고회피노력을 다하였는지 여부

위 제반사정 등을 종합적으로 고려할 때, ① 원고는 이 사건 해고 무렵인 2014년에 직원들의 기본급을 9.5% 인상하였다. 이러한 기본급 인상이 노사 간 임금협상에 따른 것임을 고려하더라도, 상대적으로 높은 임금 인상 조치를 한 것은 정리해고를 피하여 고용을 유지할 수 있는 여력이 있었음을 추단케 한다. ② 원고는 이 사건 노동조합과 원고의 비상경영안 수용 여부에 대해 협의하면서 이 사건 노동조합으로부터 교대조 편성 등에 관한 다양한 방법 및 현재 근무형태를 유지하면서 임금을 자진 반납하는 방안을 제시받았음에도, 비상경영안을 관철하려고만 하였다. ③ 원고는 통신사업부 소속 근로자를 정리해고하기로 결정하고, 그들을 상대로 3개월분 임금을 퇴직위로금으로 지급하는 조건으로 희망퇴직을 실시하였다. 이 사건 노동조합은 장기 근속한 근로자들에 대한 보상으로 최소한 1년분 임금을 퇴직위로금으로 지급해 줄 것을 요청하였으나 원고는 이에 응하지 않았다. 희망퇴직은 그 자체만으로 주된 해고 회피 조치가 된다고 보기 어렵고 퇴직에 따르는 적절한 보상이 수반되어야 하며 이에 관한 성실한 노사 협의가 이루어져야 할 필요가 있다는 점에서 위와 같은 원고의 조치만으로 해고 회피 노력을 다하였다고 평가하기는 어렵다. ④ 원고는 희망퇴직을 신청하지 않은 생산직 근로자들 중 7명을 원고의 수원전선공장 및 안산(반월)공장의 재료사업부 등으로 전환배치하고, 나머지 인원인 6명의 참가인들을 해고하였다. 원고는 위와 같은 전환배치가 수용 가능한 최대한이었다고 주장하나, 원고의 각 사업부 사이에 업무 호환과 전환배치가 어려운지 등 원고의 전환배치 노력이 충분한 것이었는지에 관한 별다른 객관적인 자료를 찾기 어렵다. 오히려 사업부 간 인력 교류에 관한 기존 사례, 이 사건 해고 무렵 이루어진 전선사업부와 재료사업부 전환배치 내역, 이 사건 해고 후 얼마 지나지 않아 이루어진 전선사업부와 중전기사업부 직원 채용공고 등의 사정에 비추어 보면, 원고가 이 사건 해고에 앞서 통신사업부 근로자들에 대한 전환배치 노력을 다하지 않은 것으로 볼 여지가 많다. ⑤ 원고의 전체 사업 규모, 영위하는 사업의 내용과 성격, 근로자의 총인원 및 이 사건 해고 당시 원고의 전체적인 경영 실적 등에 비추어 원고는 참가인들에 대한 직무교육이나 전환배치 등을 통해 고용을 유지하고 해고의 규모를 최소화할 수 있는 여력이 있었을 것으로 보이는 점 등을 종합적으로 고려할 때, 원고가 해고회피노력을 다하였다고 보기 어렵다.

### 3. 해고대상자 및 전환배치대상자 선정기준이 합리적이고 공정한지 여부

위 제반사정 등을 종합적으로 고려할 때, ① 원고는 이 사건 해고에 앞서 통신사업부 생산직 근로자 7명을 다른 사업부로 전환배치하였고, 그때까지 희망퇴직을 신청하지 않고 전환배치대상자로 선정되지도 않은 참가인들을 최종 해고하였다. 원고의 전환배치대상자 선정기준은 실질적으로 해고대상자 선정기준으로 기능하였다고 볼 수 있다. ② 원고는 통신사업부 근로자 전환배치 기준에 관하여 이 사건 노동조합과 사전 협의를 통해 합의에 도달하였다고 보이지 아니한다. 원고와 이 사건 노동조합의 노사협의회 회의록 등에서는 당초 원고가 일방적으로 정한 전환배치 기준에 포함되어 있는 항목 중 연령 기준에 대하여 이 사건 노동조합이 이의제기를 하였다는 사정을 엿볼 수 있을 뿐, 노사 간 협의 내지 합의를 거쳐 전환배치 기준을 정한 것으로 볼 만한 객관적인 자료를 찾기 어렵다. ③ 원고가 정한 전환배치자 선정기준은 업무적합성, 임금, 근태, 회사공헌도(근속연수)를 평가항목으로 하고, 전체 평가점수에서 차지하는 비중을 각각 40%, 30%, 20%, 10%로 하여, 회사공헌도(근속연수)를 제외하고는 원고의 이해관계를 반영하는 요소가 90%를 차지하고 있다. 원고가 이 사건 노동조합의 이의제기에 따라 당초 연령 기준을 삭제하고 회사공헌도(근속연수) 기준을 추가한 것이라는 사정을 감안하더라도, 위와 같은 원고의 선정기준은 장기 근속자들로서 연령대와 임금 수준이 대체로 높은 반면 타 부서 업무경험이 없는 근로자들을 전환배치대상자에 포함하기 어려운 구조이다. ④ 원고는 전환배치자 선정기준에 근로자의 건강상태, 부양가족의 유무, 재취업 가능성, 생계유지능력 등 근로자 개인의 주관적 사정을 반영하지 않았다. 이에 따라 업무상 재해를 입은 근로자나 재취업 가능성이 상대적으로 낮고 상당기간 가족을 부양해야 할 사정이 있어 사회적·경제적 보호의 필요성이 있는 근로자마저 일률적으로 해고대상자에 포함하는 결과를 초래하였다. ⑤ 결국 원고의 전환배치대상자 선정기준은 객관적 합리성과 사회적 상당성을 가진 기준이라고 평가하기 어렵고, 그러한 기준을 적용한 결과 참가인들이 해고대상자에 선정된 것이 실질적으로 공정하였다고 보기도 어렵다는 점 등을 종합적으로 고려할 때, 원고가 합리적이고 공정하게 전환배치대상자나 해고대상자를 선정하였다고 보기 어렵다.

## Ⅶ 대상판결의 의의40)

대상판결은 사업의 일부(통신사업부)를 폐지하면서 소속 생산직 근로자들을 해고한 뒤 그 정당성을 다툰 판례이다. 이 사건 원고는 상시근로자 약 945명을 고용하여 전기기기 및 부품, 변압기, 케이블 및 케이블 접속재 등을 제조하는 회사로, 안산(반월)공장, 수원공장, 홍성공장 등을 운영하여 왔다. 그런데 2014년 12월 29일 안산(반월)공장 통신사업부를 폐지하면서 해당 근로자들에게 '취업규칙 제31조 제1항에 의거 사업부 폐지에 따라 경영상 해고한다.'는 내용의 해고통지를 하였다. 이에 해당 근로자들은 이 사건 해고가 부당해고 및 부당노동행위에 해당한다고 노동위원회에 구제신청을 하였고, 이 가운데 부당해고 구제신청이 인용되었으며, 이후 회사 측의 불복으로 법원의 판단을 받게 되었다.

이 사건 해고를 둘러싼 법원의 판단에서 쟁점은 크게 두 가지로 요약된다. 우선 '사업의 일부라도 독자적인 사업부문 전체를 완전히 폐지하는 경우'인 이 사건 해고가 사업 폐지에 의한 통상해고에 해당하는지 여부이다. 그 다음으로 통상해고가 아닌 경영상 해고인 경우, 각 요건을 충족하였는지 여부이다. 이에 관해서는 사실관계상 다른 요건들도 다투어졌지만, 법리적 관점에서 경영상 해고에 있어서 합리적이고 공정한 기준으로 해고 대상자를 선정하는 것이 어떠한 기준과 범위에서 이루어져야 하는지 여부가 면밀하게 검토되었다.

대상판결에서는 해고대상자 선정기준 등에 있어서 주목할 만한 기준들을 제시하고 있다. 우선 "경영상 이유에 의한 해고가 근로자에게 귀책사유가 없는 해고임을 감안하여 사회적·경제적 보호의 필요성이 높은 근로자들을 배려할 수 있는 합리적이고 공정한 기준 설정"을 제시하였다는 점이다. 기존의 하급심 판결에서 해고 대상자 선정에서의 사회적 보호 필요성을 강조한 경우는 있지만, 대법원에서 사용자의 이익 측면과 근로자의 생활 보호적 측면을 적절하게 조화시키는 것이 요구된다는 점을 확인한 것은 처음인 듯하다. 또한 「근로기준법」 제23조 제2항에서는 '합리적으로 공정한 해고의 기준'을 정할 것을 규정하였는데, 이는 단순히 최종적인 해고의 기준에서만 적용되는 것이 아니라 전체 해고 과정에서의 합리적이고 공정한 기준을 의미한다는 점도 확인하고 있다. 이 사건과 같이 해고 회피노력의 일환으로 전환배치가 실시되는 경우, 이러한 기준은 실질적으로 해고대상자 선정까지 영향을 미치므로 당연히 '합리적이고 공정한 기준'을 갖추어야 하기 때문이다.

이처럼 대상판결은 그동안 경영상 해고 사건에서 명확하게 제시되지 못해 왔던 '합리적이고 공정한 대상자 선정'에 관한 기준과 범위에 대한 법리를 제시하고 있다. 향후 사건들에서도 이러한 법리가 적용되어 경영상 해고에 있어서 하나의 원칙으로 안착될 것인지 주목할 필요가 있다.

---

40) 김근주 한국노동연구원 연구위원

**주요 판례 ⑧**

### [해고 7] 정리해고 요건 중 해고회피노력의 의미 여부
(대판 2017.6.29. 2016두52194)

---

**사실관계**　**한화투자증권 주식회사 사건**

가. 甲회사는 상시근로자 약 1,200여명을 고용하여 증권매매업 등을 운영하는 법인으로, 2012년경 경영상황 악화에 따라 복지후생제도의 축소 등 비용절감을 위한 자구책을 실시하였고, 신규채용 축소, 희망퇴직 실시 및 계열사 전보배치 등을 통해 인력을 축소하기 시작하였다.

나. 그럼에도 불구하고 지속적으로 경영상황이 악화되자 2013.10.30.부터 2013.12.30.까지 사이에 총 12차 례에 걸쳐 노사협의회를 개최하여 경영정상화방안의 구체적 내용 및 정리해고의 규모, 정리해고 대상자 선발기준 및 절차 등에 관한 협의를 진행하였고, 그 실무교섭과정에서 직원들 및 노동조합들과 이견이 있어 수정과정을 거쳐 2013.12.경 최종 감원목표를 350명으로 결정한 다음 희망퇴직 절차를 진행하였다. 2014.1.3. 노사협의회를 통해 결정된 정리해고 대상자 선정기준에 따라 34명의 정리해고 대상자를 선정 하여 통보하였는데, 그중 희망퇴직을 신청한 총 27명을 제외하고 乙 등을 포함한 최종 정리해고 대상자 7명에 대하여만 2014.2.9.자로 정리해고를 실시하였다.

다. 한편 경영정상화방안 기간 동안 감원된 인원은 정리해고, 희망퇴직, 전환배치 등을 포함하여 382명이었 으며, 정리해고된 乙 등 근로자 2명은 노동위원회에 부당해고 구제신청을 하였고, 노동위원회는 乙 등의 손을 들어주었다. 이에 불복한 甲회사는 소송을 제기하였다.

---

**판시사항**

[1] 정리해고의 요건 중 '긴박한 경영상의 필요'와 '해고를 피하기 위한 노력을 다하여야 한다.'의 의미 및 그에 해당하는지 판단하는 방법

[2] 정리해고로 인한 부당해고 구제 재심판정을 다투는 소송에서 정리해고의 정당성을 비롯한 정리해고의 요건에 관한 증명책임의 소재(= **사용자**)

---

## Ⅰ　정리해고의 요건 중 '긴박한 경영상의 필요'의 의미

정리해고의 요건 중 '긴박한 경영상의 필요'란 반드시 기업의 도산을 회피하기 위한 경우에 한정 되지 아니하고, 장래에 올 수도 있는 위기에 미리 대처하기 위하여 인원삭감이 필요한 경우도 포함하지만, 그러한 인원삭감은 객관적으로 보아 합리성이 있다고 인정되어야 한다(대판 2002.7.9. 2001다29452 참조).

## Ⅱ　'해고를 피하기 위한 노력을 다하여야 한다.'의 의미 및 그에 해당하는지 판단하는 방법

정리해고의 요건 중 '해고를 피하기 위한 노력을 다하여야 한다는 것'은 경영방침이나 작업방식

의 합리화, 신규채용의 금지, 일시휴직 및 희망퇴직의 활용, 전근 등 사용자가 해고범위를 최소화하기 위하여 가능한 모든 조치를 취하는 것을 의미하고(대판 1992.12.22. 92다14779; 대판 1999.4.27. 99두202 참조), 그 방법과 정도는 확정적·고정적인 것이 아니라 당해 사용자의 경영위기의 정도, 정리해고를 실시하여야 하는 경영상의 이유, 사업의 내용과 규모, 직급별 인원상황 등에 따라 달라지는 것이다(대판 2004.1.15. 2003두11339 참조).

### Ⅲ 정리해고로 인한 부당해고 구제 재심판정을 다투는 소송에서 정리해고의 정당성을 비롯한 정리해고의 요건에 관한 증명책임의 소재

근로기준법 제31조에 의하여 부당해고 구제 재심판정을 다투는 소송의 경우에는 해고의 정당성에 관한 증명책임은 이를 주장하는 사용자가 부담하므로(대판 1999.4.27. 99두202 참조), 정리해고에서도 사용자가 정리해고의 정당성을 비롯한 정리해고의 요건을 모두 증명해야 한다.

### Ⅳ 사안의 적용

위와 같은 사실관계를 앞에서 본 법리에 따라 살펴보면, 사안의 적용은 아래와 같다.

1) 원고(甲회사)의 사업보고서 등에서 드러나는 이 사건 정리해고 무렵의 원고 직원현황에 의하면, 원고가 참가인(근로자 乙 등)들에 대하여 이 사건 정리해고 조치를 취한 2014.2.9. 당시에는 이미 감원된 인원이 참가인들을 포함한 최종 정리해고 대상자 7명을 제외하고도 2013.9.30.부터 2013.12.31.까지의 기간 동안 감원된 341명과 최종 정리해고 대상자 선정기준이 공고된 후 희망퇴직을 신청한 27명, 감원목표인원수에 포함된 전환배치직원 14명 등 모두 382명에 이르러 최종 감원목표인 350명을 상회하고 있었을 가능성이 높다.

   따라서 우선 이 사건 인력구조조정 기간 동안 최종 감원목표인 350명을 초과하여 감원한 것으로 볼 수 없다고 단정한 원심의 판단은 납득하기 어렵고, 이미 원고가 최종 감원목표를 상회하여 감원한 상황에서 참가인들을 추가로 정리해고하였다면, 이는 노사협의회 협의 및 노동조합과의 협의를 위반한 것으로서 객관적으로 보아 합리성이 있다거나 해고를 피하기 위한 노력을 다한 경우에 해당한다고 보기 어려울 것이다.

2) 원고는 이 사건 정리해고 전후로 정규직 55명, 계약직 59명, 임원 6명을 신규로 채용하고 승진인사를 단행하는 한편, 일부 부서에 대하여만 경영성과금의 대부분에 해당하는 성과급을 지급하였을 뿐만 아니라, 대규모 감원에도 불구하고 교육비 예산을 그대로 유지하여 결과적으로 직원 1인당 지출 규모를 증가시켰다. 이러한 조치는 원고의 경영상황과 정리해고의 규모 등을 고려하여 볼 때 이 사건 정리해고를 감수하고서라도 시행했어야 할 회사 경영상 필요한 최소한의 불가피한 것들이었다고 단정하기 어렵고, 그 비용지출 규모가 이 사건 정리해고로 절감되는 경제적 비용에 비해 훨씬 크다고 보이는 점을 아울러 고려하면 적절한 해고회피 노력을 다하지 못하였다고 볼 여지가 있다.

따라서 이 사건 인력구조조정 기간 동안 감원된 인원수에 대하여 보다 객관적인 자료를 통해 확인한 후 원고가 노사 간에 협의된 최종 감원목표를 초과달성한 것은 아닌지, 해고 범위를 최소화하기 위해 가능한 모든 조치를 강구하였으나 해고 이외의 다른 경영상 조치를 취할 수 없어 부득이 정리해고를 할 수밖에 없었는지 등을 좀 더 자세히 심리한 다음에, 이 사건 정리해고 조치를 취한 것이 객관적으로 보아 합리성이 있었는지, 해고를 피하기 위한 노력을 다하였는지를 판단하였어야 할 것인데, 그럼에도 이와 달리 원심은, 원고가 이 사건 정리해고 전에 350명을 초과하는 직원을 감원한 적이 없다거나, 최종 감원목표대로 이 사건 정리해고를 단행하였을 뿐이므로 긴박한 경영상의 필요성이 인정되고, 비용절감 및 감원규모 축소 등 해고를 피하기 위한 노력을 다하였으므로 이 사건 정리해고는 근로기준법상의 정리해고 요건을 모두 갖춘 정당한 해고라고 단정하고 말았다. 이러한 원심의 판단에는 정리해고의 요건 중 '긴박한 경영상의 필요' 및 '정리해고를 회피하기 위한 노력'에 관한 법리를 오해하여 필요한 심리를 다하지 아니하고, 논리와 경험의 법칙에 반하여 자유심증주의의 한계를 벗어남으로써 판결에 영향을 미친 잘못이 있다고 할 것이다.

## Ⅴ 대상판결의 의의[41]

대상판결의 쟁점은 해고를 피하기 위하여 노력을 다하였는지 여부이다. 대상판결은 원고(이하 '甲 회사'라 함)의 사업보고서 등에서 드러나는 정리해고 무렵의 甲회사 직원현황에 의하면, 甲회사가 A 등(이하 '乙 등'이라 함)에 대하여 정리해고 조치를 취한 2014.2.9. 당시에는 이미 감원된 인원이 乙 등 최종 정리해고 대상자 7명을 제외하고도 2013.9.부터 2013.12.까지의 기간 동안 감원된 341명과 최종 정리해고 대상자 선정기준이 공고된 후 희망퇴직을 신청한 27명, 감원목표인원수에 포함된 전환배치 직원 14명 등 모두 382명에 이르러 최종 감원목표인 350명을 상회하고 있었을 가능성이 높다고 지적하고, 이미 甲회사가 최종 감원목표를 상회하여 감원한 상황에서 乙 등을 추가로 정리해고하였다면, 이는 노사협의회 협의 및 노동조합과의 협의를 위반한 것으로서 객관적으로 보아 합리성이 있다거나 해고를 피하기 위한 노력을 다한 경우에 해당한다고 보기 어렵다고 보았다.

또한 비용절감에 대해서 대상판결은 '甲회사는 정리해고 전후로 정규직 55명, 계약직 59명, 임원 6명을 신규로 채용하고 승진인사를 단행하는 한편, 일부 부서에 대해서만 경영성과금의 대부분에 해당하는 성과급을 지급하였을 뿐만 아니라, 대규모 감원에도 불구하고 교육비 예산을 그대로 유지하여 결과적으로 직원 1인당 지출규모를 증가시켰다.'며, '이러한 조치는 甲회사의 경영상황과 정리해고의 규모 등을 고려하여 볼 때 정리해고를 감수하고서라도 시행했어야 할 회사 경영상 필요한 최소한의 불가피한 것들이었다고 단정하기 어렵고, 그 비용지출 규모가 정리해고로 절감되는 경제적 비용에 비해 훨씬 크다고 보이는 점을 아울러 고려하면 적절한 해고회피노력을 다하지 못하였다고 볼 여지가 있다.'고 설시하였다.

결론적으로 노사협의회를 통해 결정한 최종 감원목표보다 많이 감원한 상황에서 직원을 또 정리해고한 것은 해고회피노력을 다하지 못한 것으로 부당해고에 해당한다는 것이다.

---

41) 노상헌 서울시립대학교 법학전문대학원 교수, 포커스

## 주요 판례 ⑨

### [해고 8] 근로기준법 제25조 제1항의 '우선 재고용의무' 위반 여부[42]
#### (대판 2020.11.26. 2016다13437)

**사실관계** | **사회복지법인 은광복지재단 사건**

가. 피고는 장애인 복지사업을 수행함으로써 사회적 도움을 필요로 하는 사람들에게 헌법상 인간의 기본 권리를 누릴 수 있도록 하기 위하여 설립된 사회복지법인으로서, 장애인 복지시설인 ○○○을 운영하는 재단법인이다.

나. 원고는 2004.2.1.부터 ○○○에서 생활부업무 담당 생활재활교사로 근무하다가 2010.6.1. 피고로부터 경영상 이유에 의한 인원조정이 불가피하다는 이유로 소외 1과 함께 정리해고되었다.

다. 이후 피고는 ① 2010.12.1. 소외 2를 사무행정업무 담당 생활재활교사로, ② 2011.7.1. 소외 3을 사무행정업무 담당 생활재활교사로, ③ 2011.8.1. 소외 4를 사무행정업무 담당 생활재활교사로, ④ 2011.9.1. 소외 5를 사무행정업무 담당 생활재활교사로, ⑤ 2011.10.1. 소외 6을 생활부업무 담당 생활재활교사로, ⑥ 2011.11.1. 소외 7을 생활부업무 담당 생활재활교사로, 소외 8을 사무국장으로, ⑦ 2012.2.1. 소외 9를 생활부업무 담당 생활재활교사로, ⑧ 2013.4.1. 소외 9가 퇴직하자 소외 10을 그 후임 생활부업무 담당 생활재활교사로(피고는 소외 10을 채용한 것이 아니라 사실상 휴직 중이던 소외 10을 복직시킨 것에 불과하다고 주장하나, 을 제33호 증만으로 이를 인정하기에 부족하고, 달리 이를 인정할 증거가 없다), 소외 11을 사무행정업무 담당 생활재활교사로, ⑨ 2013.5.1. 소외 12를 생활부업무 담당 생활재활교사로 각 채용하였다.

라. 이에 대해 원고는 피고의 경우 원고를 정리해고 한 2010.6.1.로부터 3년 이내인 2011.7.1.부터 2013.5.1. 까지 생활재활교사 채용절차를 진행하였고, 근로기준법 제25조 제1항(이하 '이 사건 규정'이라 함)에 의하면 피고는 당시 원고에게 복직 의사를 확인하였어야 함에도 이를 하지 아니하였거나 원고가 피고에게 복직 의사를 표시하였음에도 불구하고 이 사건 규정에 위반하여 원고를 재고용하지 아니하였으므로 피고는 원고에게 고용의 의사를 표시할 의무가 있으며, 피고가 이 사건 규정상의 원고 재고용의무에 위반하여 다른 생활재활교사를 신규로 채용한 행위는 원고에 대한 불법행위에 해당하므로 피고는 원고에게 임금 상당의 재산상 손해배상책임을 부담한다고 주장하면서 관할 법원에 소를 제기하였다.

**판시사항**

[1] 사용자가 근로기준법 제24조에 따라 근로자를 해고한 날부터 3년 이내의 기간 중에 해고 근로자가 해고 당시에 담당하였던 업무와 같은 업무를 할 근로자를 채용하려고 하는 경우, 해고 근로자를 우선 재고용할 의무가 있는지 여부(**원칙적 적극**) 및 이때 사용자가 해고 근로자에게 고용계약을 체결할 의사가 있는지 확인하지 않은 채 제3자를 채용한 경우, 근로기준법 제25조 제1항에서 정한 우선 재고용의무를 위반한 것인지 여부(**원칙적 적극**)

[2] 甲이 乙재단법인이 운영하는 장애인 복지시설에서 생활부업무 담당 생활재활교사로 근무하다가 경영상

---

42) 편저자 주 : 근로기준법 제25조의 '우선 재고용의무'가 사법상 청구권임을 확인한 판결이라는 점에서 의미가 있다고 할 것이다.

이유에 의하여 해고된 후 3년 이내의 기간 중에 乙법인이 여러 차례 생활재활교사를 채용하면서 甲에게 채용 사실을 고지하거나 고용계약을 체결할 의사가 있는지 확인하지 아니하였는데, 乙법인이 근로기준법 제25조 제1항에서 정한 우선 재고용의무를 위반한 시점이 문제된 사안에서, 늦어도 甲이 해고 당시 담당 하였던 생활부업무 담당 생활재활교사 업무에 근로자를 2명째 채용한 무렵에는 乙법인의 우선 재고용의 무가 발생하였다고 한 사례

[3] 사용자가 근로기준법 제25조 제1항에서 정한 우선 재고용의무를 이행하지 아니하는 경우, 해고 근로자가 사용자를 상대로 고용의 의사표시를 갈음하는 판결을 구할 사법상의 권리가 있는지 여부(적극) 및 판결이 확정되면 사용자와 해고 근로자 사이에 고용관계가 성립하는지 여부(적극) / 이때 해고 근로자가 사용자 의 우선 재고용의무 불이행에 대하여 우선 재고용의무가 발생한 때부터 고용관계가 성립할 때까지의 임 금 상당 손해배상금을 청구할 수 있는지 여부(적극)

[4] 사용자의 고용의무 불이행을 이유로 고용의무를 이행하였다면 받을 수 있었던 임금 상당액을 손해배상으 로 청구하는 경우, 근로자가 다른 직장에 근로를 제공함으로써 얻은 이익이 사용자의 고용의무 불이행과 사이에 상당인과관계가 인정된다면 이를 손해배상액을 산정할 때 공제하여야 하는지 여부(적극) / 이때 근로기준법 제46조가 정한 휴업수당에 관한 규정을 적용할 수 있는지 여부(소극).

Ⅰ **사용자가 근로기준법 제24조에 따라 근로자를 해고한 날부터 3년 이내의 기간 중에 해고 근로자가 해고 당시에 담당하였던 업무와 같은 업무를 할 근로자를 채용하려고 하는 경 우, 해고 근로자를 우선 재고용할 의무가 있는지 여부 및 이때 사용자가 해고 근로자에게 고용계약을 체결할 의사가 있는지 확인하지 않은 채 제3자를 채용한 경우, 근로기준법 제25조 제1항에서 정한 우선 재고용의무를 위반한 것인지 여부**

근로기준법 제25조 제1항의 규정 내용과 자신에게 귀책사유가 없음에도 경영상 이유에 의하여 직장을 잃은 근로자로 하여금 이전 직장으로 복귀할 수 있는 기회를 보장하여 해고 근로자를 보 호하려는 입법 취지 등을 고려하면, 사용자는 근로기준법 제24조에 따라 근로자를 해고한 날부 터 3년 이내의 기간 중에 해고 근로자가 해고 당시에 담당하였던 업무와 같은 업무를 할 근로자 를 채용하려고 한다면, 해고 근로자가 반대하는 의사를 표시하거나 고용계약을 체결할 것을 기 대하기 어려운 객관적인 사유가 있는 등의 특별한 사정이 있는 경우가 아닌 한 해고 근로자를 우선 재고용할 의무가 있다.

**Ⅱ** **사용자가 근로기준법 제25조 제1항에서 정한 우선 재고용의무를 이행하지 아니하는 경우, 해고 근로자가 사용자를 상대로 고용의 의사표시를 갈음하는 판결을 구할 사법상의 권리가 있는지 여부 및 판결이 확정되면 사용자와 해고 근로자 사이에 고용관계가 성립하는지 여부**

근로기준법 제25조 제1항에 따라 사용자는 해고 근로자를 우선 재고용할 의무가 있으므로 해고 근로자는 사용자가 위와 같은 우선 재고용의무를 이행하지 아니하는 경우 사용자를 상대로 고용의 의사표시를 갈음하는 판결을 구할 사법상의 권리가 있고, 판결이 확정되면 사용자와 해고 근로자 사이에 고용관계가 성립한다.

**Ⅲ** **이때 해고 근로자가 사용자의 우선 재고용의무 불이행에 대하여 우선 재고용의무가 발생한 때부터 고용관계가 성립할 때까지의 임금 상당 손해배상금을 청구할 수 있는지 여부**

해고 근로자는 사용자가 위 규정을 위반하여 우선 재고용의무를 이행하지 않은 데 대하여, 우선 재고용의무가 발생한 때부터 고용관계가 성립할 때까지의 임금 상당 손해배상금을 청구할 수 있다.

**Ⅳ** **사용자의 고용의무 불이행을 이유로 고용의무를 이행하였다면 받을 수 있었던 임금 상당액을 손해배상으로 청구하는 경우, 근로자가 다른 직장에 근로를 제공함으로써 얻은 이익이 사용자의 고용의무 불이행과 사이에 상당인과관계가 인정된다면 이를 손해배상액을 산정할 때 공제하여야 하는지 여부 및 이때 근로기준법 제46조가 정한 휴업수당에 관한 규정을 적용할 수 있는지 여부**

채무불이행이나 불법행위 등으로 손해를 입은 채권자 또는 피해자 등이 동일한 원인에 의하여 이익을 얻은 경우에는 공평의 관념상 그 이익은 손해배상액을 산정할 때 공제되어야 한다. 이와 같이 손해배상액을 산정할 때 손익상계가 허용되기 위해서는 손해배상책임의 원인이 되는 행위로 인하여 피해자가 새로운 이득을 얻었고, 그 이득과 손해배상책임의 원인인 행위 사이에 상당인과관계가 있어야 한다. 사용자의 고용의무 불이행을 이유로 고용의무를 이행하였다면 받을 수 있었던 임금 상당액을 손해배상으로 청구하는 경우, 근로자가 사용자에게 제공하였어야 할 근로를 다른 직장에 제공함으로써 얻은 이익이 사용자의 고용의무 불이행과 사이에 상당인과관계가 인정된다면, 이러한 이익은 고용의무 불이행으로 인한 손해배상액을 산정할 때 공제되어야 한다. 한편 사용자의 고용의무 불이행을 이유로 손해배상을 구하는 경우와 같이 근로관계가 일단 해소되어 유효하게 존속하지 않는 경우라면 근로기준법 제46조가 정한 휴업수당에 관한 규정을 적용할 수 없다.

## Ⅴ 사안의 적용

### 1. 근로기준법 제25조 제1항의 '우선 재고용의무' 위반 여부

위 제반사정 등을 종합적으로 고려할 때, 다음의 사실 또는 사정을 알 수 있다.

1) 피고는 장애인 복지시설인 ○○○을 운영하는 재단법인으로, 원고는 2004.2.1.부터 ○○○에서 생활부업무 담당 생활재활교사로 근무하다가 2010.6.1. 소외 1과 함께 경영상 이유에 의하여 해고되었다.

2) 이후 피고는 ① 2010.12.1. 소외 2를 사무행정업무 담당 생활재활교사로, ② 2011.7.1. 소외 3을 사무행정업무 담당 생활재활교사로, ③ 2011.8.1. 소외 4를 사무행정업무 담당 생활재활교사로, ④ 2011.9.1. 소외 5를 사무행정업무 담당 생활재활교사로, ⑤ 2011.10.1. 소외 6을 생활부업무 담당 생활재활교사로, ⑥ 2011.11.1. 소외 7을 생활부업무 담당 생활재활교사로, 소외 8을 사무국장으로, ⑦ 2012.2.1. 소외 9를 생활부업무 담당 생활재활교사로, ⑧ 2013.4.1. 소외 10을 생활부업무 담당 생활재활교사로, 소외 11을 사무행정업무 담당 생활재활교사로, ⑨ 2013.5.1. 소외 12를 생활부업무 담당 생활재활교사로 각 채용하였다.

3) 원고에 대한 해고 이후에 원고의 주소나 연락처가 변경되어 피고가 연락을 취하기 어려웠다고 볼 만한 자료는 없다. 그럼에도 피고는 위와 같이 근로자를 채용하면서 원고에게 채용 사실을 고지하거나 고용계약을 체결할 의사가 있는지 확인하지 않았다.

4) 위 각 채용 당시 원고가 고용계약을 체결하기를 원하지 않았을 것이라거나 피고에게 원고와 고용계약을 체결할 것을 기대하기 어려운 객관적인 사유가 있었다고 볼 자료는 없다.

위 사정을 앞에서 본 법리 등에 비추어 살펴보면, 피고는 원고와 소외 1을 경영상 이유에 의해 해고한 후 원고에게 채용 사실과 채용 조건을 고지하여 고용계약을 체결할 의사가 있는지 확인하지 않은 채 여러 차례 생활재활교사를 채용하였다. 따라서 아무리 늦어도 피고가 원고와 소외 1을 해고한 이후 원고가 해고 당시 담당하였던 생활부업무 담당 생활재활교사 업무에 근로자를 2명째 채용한 2011.11.1. 무렵에는 피고에게 원고에 대한 우선 재고용의무가 발생하였다고 볼 수 있다고 할 것이다

### 2. 손익상계 관련 판단 여부

위 사정을 본 법리 등에 비추어 살펴보면, 원고는 피고가 원고에 대한 우선 재고용의무를 이행하지 않는 동안 피고에게 제공하였어야 할 근로를 다른 직장에 제공함으로써 중간수입이라는 이익을 얻은 것이어서 이러한 이익은 피고의 우선 재고용의무 불이행과 사이에 상당인과관계가 인정되는바, 따라서 원고의 손해액을 산정할 때에는 원고가 주장하는 손해액 청구기간과 시기적으로 대응하는 기간 동안 원고가 얻은 중간수입을 전부 공제하여야 한다고 할 것이다.

## 주요 판례 10

## [해고 9] 해고통보서 등에 해고사유를 기재하지 않고 행한 해고의 효력
(대판 2011.10.27. 2011다42324)

### 사실관계 대우조선해양 주식회사 사건

가. 甲회사의 인사소위원회는 2008.10.9. 乙에게 "출석 일시 : 2008.10.15. 출석 목적 : 본인 진술 기회부여, 심의내용 : 사규 위반, 관련 근거 : 취업규칙 5. 8. 4.항 징계의 해고사유 (2), (6), (9), (13), (16), (17), (24), (27) 및 감사규정 제5조 감사인의 의무 (2), (4)"라고 기재된 출석요구 통보서를 발송하였다.

나. 乙은 위 통보서를 수령한 다음날인 2008.10.13. 甲회사에 "해고에 해당하는 중대한 사유가 존재한다면 관련근거를 첨부하여 그 구체적 사실을 서면으로 알려주고 통보된 사실에 대하여는 변론을 준비할 수 있는 충분한 시간을 부여해 달라며 인사소위원회 개최연기를 요구한다."는 취지의 내용증명을 발송한 후 2008.10.15. 개최된 인사소위원회에 참석하지 않았다.

다. 이에 甲회사는 2008.10.15. 乙에게 위 통보서와 동일한 내용(출석 일시만 2008.10.20.으로 변경)의 2차 출석요구 통보서를 발송하였고, 乙은 2008.10.17. 甲회사에 2008.10.13.자 내용증명과 동일한 취지의 내용증명을 다시 발송한 후 2008.10.20. 개최된 인사소위원회에 참석하지 않았다.

라. 甲회사는 인사소위원회의 개최를 연기하지 아니한 채 2008.10.20. 乙에 대하여 징계해고를 결정한 후 2008.10.22. 乙에게 "징계사유 : 사규위반, 심의결과 : 해고, 발령기준일 : 2008.10.1.(수)"라고 기재된 심의결과 통보서를 발송하였고, 2008.11.5. 乙에게 2008.10.21.자로 해고되었음을 통보하였다.

마. 이에 乙은 부당해고 등을 주장하며, 임금 및 퇴직금 등의 지급을 청구하는 소를 제기하였다.

### 판시사항

[1] 근로기준법 제27조에서 근로자에 대한 해고는 해고사유와 해고시기를 서면으로 통지하여야 효력이 있다고 정한 취지와 위 서면에 해고사유를 기재하는 방법 및 징계해고 통보서에 징계대상자가 위반한 단체협약이나 취업규칙의 조문만을 나열하는 것으로 해고사유의 기재가 충분히 이루어졌다고 볼 수 있는지 여부(소극)

[2] 사용자가 근로자를 징계해고하면서 해고통보서 등에 근로자의 어떠한 행위가 사규 위반에 해당하여 징계사유와 해고사유가 되는지를 전혀 기재하지 않은 사안에서, 위 해고에는 절차상 근로기준법 제27조를 위반한 위법이 있다고 본 원심판단을 정당하다고 한 사례

[3] 甲회사가 감사실장인 임원 乙에 대한 징계해고를 하면서, 회사와 경영진에 대한 비방, 감사결과의 독단적 작성, 회사의 업무상 기밀 및 감사 내용 누설, 법인카드 무단사용, 무단결근 등을 징계사유로 삼은 사안에서, 위 징계사유가 인정되지 않을 뿐만 아니라 설령 인정되더라도 그 사유만으로는 사회통념상 고용관계를 계속할 수 없을 정도로 책임 있는 사유가 乙에게 있다고 할 수 없다고 본 원심판단을 정당하다고 한 사례

[4] 근로자의 재직기간 중 일부를 퇴직금 산정 기초가 되는 근속기간에서 제외하는 것이 허용되는지 여부(원칙적 소극)

[5] 甲회사에 고문으로 위촉되어 입사하였다가 그 후 임원인 전무로 승진하여 입사 이래 계속 감사실장으로

근무하여 온 乙의 퇴직금 산정 기초가 되는 근속기간이 문제된 사안에서, 乙이 甲회사 고문으로 재직한 기간을 퇴직금 산정 기초가 되는 근속기간에서 제외할 근거가 없음에도 이를 제외한 원심판결에는 법리오해의 위법이 있다고 한 사례

[6] 甲회사에서 감사실장으로 근무하다 징계해고된 乙이 징계해고가 무효임을 이유로 소급하여 지급을 구한 성과배분상여금과 자가운전보조금이 근로의 대가로 지급되는 임금에 해당하는지가 문제된 사안에서, 성과배분상여금은 급여규칙에 따라 정기적·계속적으로 지급되어 온 것으로 임금에 해당하나, 자가운전보조금은 실비변상적 성격의 급여로서 임금에 해당하지 않는다고 한 사례

Ⅰ 근로기준법 제27조에서 근로자에 대한 해고는 해고사유와 해고시기를 서면으로 통지하여야 효력이 있다고 정한 취지와 위 서면에 해고사유를 기재하는 방법 및 징계해고 통보서에 징계대상자가 위반한 단체협약이나 취업규칙의 조문만을 나열하는 것으로 해고사유의 기재가 충분히 이루어졌다고 볼 수 있는지 여부

1. 해고 서면통지의 의의 및 취지

근로기준법 제27조는 사용자가 근로자를 해고하려면 해고사유와 해고시기를 서면으로 통지하여야 효력이 있다고 규정하고 있는데, 이는 해고사유 등의 서면통지를 통해 사용자로 하여금 근로자를 해고하는 데 신중을 기하게 함과 아울러, 해고의 존부 및 시기와 그 사유를 명확하게 하여 사후에 이를 둘러싼 분쟁이 적정하고 용이하게 해결될 수 있도록 하고, 근로자에게도 해고에 적절히 대응할 수 있게 하기 위한 취지이다.

2. 서면통지의 내용

사용자가 해고사유 등을 서면으로 통지할 때는 근로자의 처지에서 해고사유가 무엇인지를 구체적으로 알 수 있어야 하고, 특히 징계해고의 경우에는 해고의 실질적 사유가 되는 구체적 사실 또는 비위내용을 기재하여야 하며 징계대상자가 위반한 단체협약이나 취업규칙의 조문만 나열하는 것으로는 충분하다고 볼 수 없다.

Ⅱ 근로자의 재직기간 중 일부를 퇴직금 산정 기초가 되는 근속기간에서 제외하는 것이 허용되는지 여부

사용자가 근로자퇴직급여 보장법 제8조에 따라 퇴직금 제도를 설정한 경우 사용자는 퇴직 근로자에게 계속근로기간 1년에 대하여 30일분 이상의 평균임금을 퇴직금으로 지급하여야 하는데, 이때의 계속근로기간은 원칙적으로 근로자의 재직기간을 말하므로 재직기간 중 일부를 퇴직금 산정의 기초가 되는 근속기간에서 제외하는 것은 그러한 내용이 단체협약이나 취업규칙으로 규정되어 있고, 그와 같이 하여 산정한 퇴직금 액수가 근로자퇴직급여 보장법에 따라 산정한 퇴직금 액수 이상이라는 등의 특별한 사정이 없는 한 허용될 수 없다.

## Ⅲ 사안의 적용

위 제반사정 등을 종합적으로 고려할 때, 甲회사가 乙을 징계해고하면서 인사위원회 출석요구 통보서와 인사위원회 심의결과 통보서, 해고통보서에 乙의 어떠한 행위가 사규 위반에 해당하여 징계사유와 해고사유가 되는지를 전혀 기재하지 않았는바, 따라서 위 해고에는 절차상 근로기준법 제27조를 위반한 위법이 있다고 할 것이다.

memo

### 주요 판례 11

## [해고 10] 해고 대상자가 해고사유를 알고 있었을 경우, 해고사유를 기재하지 않은
## 계약종료통지서의 효력 여부
### (대판 2021.2.25. 2017다226605)

---

**사실관계** **현대중공업 주식회사 사건**

가. 원고는 미국변호사 자격이 있는 사람으로, 2009.11.30. 피고 회사와 근로계약을 체결하고 국제법무팀에
　서 근무하였다.

나. 원고는 2011.3.8. 피고 회사와 계약 기간을 2010.11.30.부터 무기한의 기간으로 하여 다시 근로계약을
　체결하였다.

다. 피고 회사는 매년 원고에 대하여 근무평가를 하였는데, 국제법무팀 상무 소외 1은 2012.11.경 원고의
　2011.11.경부터 2012.11.경까지 근무기간에 대하여 '법률적 분석력이 상대적으로 부족하고 조직 적응도
　와 팀워크가 미흡하며 이와 관련한 전체적인 발전이 부족함'이라는 종합의견과 함께 72점의 근무평가를
　하였다(평가 점수가 75점 이상인 경우는 근로계약 연장이 가능하지만, 74점 이하인 경우는 계약 해지가
　고려될 수 있다).

라. 피고 회사는 2013.2.경 원고가 72점의 근무평가를 받음으로써 2013.6.30.자로 근로계약을 종료할 예정
　이었으나, 국제법무팀 상무 소외 7이 원고와 협상 끝에 퇴사 절차보다는 원고에게 근무 성적을 개선할
　기회를 주기로 하였고, 원고는 2013.6.30. 이후에도 피고 회사에 계속 근무하였다.

마. 원고는 상무 소외 7과 소외 1에게서, 2012.11.경부터 2013.10.경까지의 근무기간에 대하여는 71점의,
　2013.11.경부터 2014.9.경까지의 근무기간에 대하여는 70점의 각 근무평가를 받았다.

바. 피고 회사는 2015.1.19. 원고에게 '2011.3.8.자 근로계약 제2항에 따라 원고와의 근로계약을 2015.1.23.
　자로 종료하겠다(이하 '이 사건 해고'라고 함).'는 내용의 계약종료 통지서를 교부하였다.

사. 피고 회사는 2015.2.3. 원고에게 해고수당 14,599,678원(= 월급 7,299,839원×2개월)을 포함한 퇴직금
　56,024,454원을 지급하였다.

---

**판시사항**

[1] 사용자가 해고를 서면으로 통지하면서 해고사유를 전혀 기재하지 않은 경우, 근로기준법 제27조를 위반
　한 해고통지에 해당하는지 여부(적극)

[2] 甲이 乙회사와 1년으로 기간을 정한 고용계약을 체결하고 근무하다가 고용계약을 새로이 체결하면서 근
　로계약기간의 종기를 따로 정하지 않았는데, 乙회사가 甲에게 계약종료통지서를 교부하면서 계약종료의
　사유나 별도의 근거규정을 기재하지 않은 사안에서, 甲에 대한 해고통지서에 해당하는 계약종료통지서에
　해고사유가 전혀 기재되어 있지 않으므로 근로기준법 제27조를 위반한 통지에 해당한다고 한 사례

## I 사용자가 해고를 서면으로 통지하면서 해고사유를 전혀 기재하지 않은 경우, 근로기준법 제27조를 위반한 해고통지에 해당하는지 여부

근로기준법 제27조는 사용자가 근로자를 해고하려면 해고사유와 해고시기를 서면으로 통지하여야 효력이 있다고 규정하고 있다. 이러한 규정은 해고사유 등의 서면통지를 통해 사용자로 하여금 근로자를 해고하는 데 신중을 기하게 함과 아울러, 해고의 존부 및 시기와 사유를 명확하게 하여 사후에 이를 둘러싼 분쟁이 적정하고 용이하게 해결될 수 있도록 하고, 근로자에게도 해고에 적절히 대응할 수 있게 하기 위한 취지이므로, 사용자가 해고사유 등을 서면으로 통지할 때는 근로자의 처지에서 해고사유가 무엇인지를 구체적으로 알 수 있도록 해야 한다. 다만 해고 대상자가 이미 해고사유가 무엇인지 구체적으로 알고 있고 그에 대해 충분히 대응할 수 있는 상황이었다면 해고통지서에 해고사유를 상세하게 기재하지 않았더라도 위 조항을 위반한 것이라고 볼 수 없다. 그러나 근로기준법 제27조의 규정 내용과 취지를 고려할 때, 해고 대상자가 해고사유가 무엇인지 알고 있고 그에 대해 대응할 수 있는 상황이었다고 하더라도, 사용자가 해고를 서면으로 통지하면서 해고사유를 전혀 기재하지 않았다면 이는 근로기준법 제27조를 위반한 해고통지에 해당한다고 보아야 한다.

## II 사안의 적용

위와 같은 사실관계를 앞서 본 법리에 비추어 살펴보면, ① 원고는 미합중국 뉴욕주 변호사 자격이 있는 사람으로, 2009.11.30. 피고 회사와 1년으로 기간을 정한 고용계약을 체결하고 그 무렵부터 피고 회사의 국제법무팀에서 근무한 점, ② 원고는 2011.3.8. 피고 회사와 2010.11.30.부터 유효한 고용계약을 새로이 체결하면서 근로계약기간의 종기를 따로 정하지 않은 점, ③ 피고 회사는 2015.1.19. 원고에게 2015.1.16.자 계약종료통지서(이하 '이 사건 계약종료통지서'라고 함)를 교부하였으며, 이 사건 계약종료통지서에는 "2011.3.8. 상호 체결한 고용계약 제2항의 규정에 의거 당사는 귀하와의 고용계약을 2015.1.23.부로 종료함을 통지합니다."라는 내용만이 기재되어 있을 뿐 계약종료의 사유나 별도의 근거규정이 기재되어 있지 않으며, 또한 고용계약 제2항의 내용은 '원고의 근로계약은 기간의 정함이 없고, 피고 회사가 원고를 해고하려면 2개월 전에 통보하거나 2개월분의 임금을 지급해야 한다.'라는 취지인바, 따라서 원고에 대한 해고통지서에 해당하는 이 사건 계약종료통지서에는 해고사유가 전혀 기재되어 있지 않으므로 근로기준법 제27조를 위반한 통지에 해당한다고 할 것이다.

## 주요 판례 12

### [해고 11] 해고서면통지에 구체적인 비위행위가 기재되지 않고 축약기재된 경우, 적법성 여부
(대판 2022.1.14. 2021두50642)

**사실관계** **학교법인 명신여학원 사건**

가. 피고보조참가인(이하 '참가인'이라 함)은 상시 약 170명의 근로자를 고용하여 ○○여자고등학교(이하 '이 사건 학교'라 함) 등을 설치·경영하는 학교법인이다. 원고와 참가인은 2015.3.1. 원고가 같은 날부터 2016.2.29.까지 이 사건 학교에서 기간제교원으로 근무하기로 하는 내용의 근로계약을 체결하였고, 위 근로계약은 2018.3.1.까지 매년 갱신되었다(이하 원고와 참가인 사이의 근로계약을 '이 사건 근로계약'이라 함).

나. 참가인은 2018.8.17. 원고에게 아래와 같이 이 사건 근로계약을 해지한다고 통지(이하 위 통지서를 '이 사건 통지서'라 하고, 이에 따른 해고를 '이 사건 해고'라 함)하였다.

> ○ 원고의 담당 학생들에 대한 부적절한 신체접촉 및 발언으로 다수의 학생들이 불쾌감이나 수치심을 느꼈다고 진술하고 있다.
> ○ 이에 참가인은 이 사건 근로계약 제12조 제1항 제3호에 근거하여 근로계약을 해지한다.
> ○ 참고로 참가인은 원고의 부적절한 신체접촉 및 발언 사례에 관하여 대상 학생들을 상대로 전수조사를 실시하였고, 그 결과를 교육청에 보고할 예정이다.

다. 원고는 2018.8.24. 서울지방노동위원회에 참가인을 피신청인으로 하여 이 사건 해고에 관하여 부당해고 구제신청을 하였다. 서울지방노동위원회는 2018.11.29. '원고가 학생들의 특정 신체부위를 접촉하거나 학생들의 외모와 관련한 언어표현을 한 사실이 인정되고 이는 근로계약 해지사유에 해당한다. 징계양정이 과중하다고 볼 수 없고, 징계절차상 하자도 없다'는 이유로 원고의 구제신청을 기각하는 판정을 하였다.

라. 원고는 이에 불복하여 2019.1.7. 중앙노동위원회에 위 초심판정의 취소를 구하는 재심을 신청하였다. 중앙노동위원회는 2019.2.28. 위 초심판정과 같은 취지의 이유로 원고의 재심신청을 기각하는 판정(이하 '이 사건 재심판정'이라 함)을 하였다.

**판시사항**

사용자가 해고사유 등을 서면으로 통지할 때 해고사유를 기재하는 방법 및 징계해고의 해고통지서에 징계사유를 축약해 기재하는 등 징계사유를 상세하게 기재하지 않았으나, 해고 대상자가 이미 해고사유가 무엇인지 구체적으로 알고 있고 그에 대해 충분히 대응할 수 있는 상황이었던 경우, 근로기준법 제27조를 위반한 해고통지인지 여부(소극) / 성비위행위를 해고사유로 하여 서면으로 해고통지할 때 각 행위를 특정하는 정도

Ⅰ 사용자가 해고사유 등을 서면으로 통지할 때 해고사유를 기재하는 방법 및 징계해고의 해고통지서에 징계사유를 축약해 기재하는 등 징계사유를 상세하게 기재하지 않았으나, 해고 대상자가 이미 해고사유가 무엇인지 구체적으로 알고 있고 그에 대해 충분히 대응할 수 있는 상황이었던 경우, 근로기준법 제27조를 위반한 해고통지인지 여부

근로기준법 제27조는 사용자가 근로자를 해고하려면 해고사유와 해고시기를 서면으로 통지하여야 효력이 있다고 규정하고 있는바, 이는 해고사유 등의 서면 통지를 통해 사용자로 하여금 근로자를 해고하는 데 신중을 기하게 함과 아울러 해고의 존부 및 시기와 그 사유를 명확하게 하여 사후에 이를 둘러싼 분쟁이 적정하고 쉽게 해결될 수 있도록 하고, 근로자에게도 해고에 적절히 대응할 수 있게 하기 위한 취지이므로, 사용자가 해고사유 등을 서면으로 통지할 때는 근로자의 처지에서 해고사유가 무엇인지를 구체적으로 알 수 있어야 하고, 특히 징계해고의 경우에는 해고의 실질적 사유가 되는 구체적 사실 또는 비위내용을 기재하여야 하지만, 해고 대상자가 이미 해고사유가 무엇인지 구체적으로 알고 있고 그에 대해 충분히 대응할 수 있는 상황이었다고 하면 해고통지서에 징계사유를 축약해 기재하는 등 징계사유를 상세하게 기재하지 않았더라도 위 조항을 위반한 해고통지라고 할 수는 없다.

징계해고의 경우 근로기준법 제27조에 따라 서면으로 통지된 해고사유가 축약되거나 다소 불분명하더라도 징계절차의 소명 과정이나 해고의 정당성을 다투는 국면을 통해 구체화하여 확정되는 것이 일반적이라고 할 것이므로 해고사유의 서면 통지 과정에서까지 그와 같은 수준의 특정을 요구할 것은 아니다.

Ⅱ 성비위행위를 해고사유로 하여 서면으로 해고통지 할 때 각 행위를 특정하는 정도

성비위행위의 경우 각 행위가 이루어진 상황에 따라 그 행위의 의미 및 피해자가 느끼는 수치심 등이 달라질 수 있으므로, 원칙적으로는 해고 대상자의 방어권을 보장하기 위해서는 각 행위의 일시, 장소, 상대방, 행위 유형 및 구체적 상황이 다른 행위들과 구별될 수 있을 정도로는 특정되어야 한다. 그러나 불특정 다수를 상대로 하여 복수의 행위가 존재하고 해고 대상자가 그와 같은 행위 자체가 있었다는 점을 인정하는 경우에도 해고사유의 서면 통지 과정에서 개개의 행위를 모두 구체적으로 특정하여야 하는 것은 아니다.

Ⅲ 사안의 적용

원고가 2018.7.11.경부터 같은 달 16일경까지 피고 보조참가인 측과 면담하는 과정에서 원고의 비위행위는 '2학년 3반 학생들이 문제를 제기한 신체접촉과 발언, 특히 원고가 인정하는 부분'으로 구체화되었고, 원고의 사직 의사표시 및 철회, 해고에 이르기까지의 경위와 이 사건 통지서의 문구에 비추어 보면, 원고의 해고사유는 '2학년 3반 학생들이 문제 제기한 신체접촉(꼬집는 행위, 손잡아 끄는 행위)과 외모에 대한 발언'으로 특정되었다고 보인다. 따라서 사정이 위와 같다면, 이 사건 통지서상 원고의 해고사유를 이루는 개개의 행위의 범주에 다소 불분명한 부분이 있다고 하더라도, 이 때문에 원고가 이 사건 해고에 대하여 충분히 대응을 하지 못할 정도였다고 보기는 어렵다고 할 것이다.

## 주요 판례 13

### [해고 12] 신입생 모집실적 저조와 교수재임용 거부의 정당성
(대판 2018.11.29. 2018다207854)

---

**사실관계** **학교법인 원석학원 사건**

가. 피고인 乙은 ○○대학교를 설치·운영하는 학교법인이고, 원고인 甲은 2008.3.1. ○○대학교에 신규 임용된 후 사회복지행정학과에서 조교수로 근무하다가 2016.2.29. 임용기간이 만료되어 퇴직한 자이다.

나. 피고인 乙은 교육업적, 연구업적, 봉사업적, 입학홍보업적 4가지로 구분한 교원 실적평가의 지표를 재임용 또는 승진임용과 실적급여의 기초자료로 활용하였다. 원고인 甲은 4년 동안 아래와 같은 업적평가점수를 취득하였는데, 그중 연구업적이 재임용요건인 500점에 미달하였는바, 따라서 피고인 乙의 교육실적지표에 미달하여 보수를 삭감 당하였으며, 추후 재임용까지 거부당하였다.[43]

| 교육업적 | 연구업적 | 봉사업적 | 입학홍보업적 | 총 점 |
|---|---|---|---|---|
| 787점 | 451.17점 | 550.90점 | 616.90점 | 2,405.97점 |

다. 이에 원고인 甲은 피고인 乙을 상대로 관할 법원에 재임용 거부처분 무효확인소송을 제기함과 동시에 신입생 모집실적을 교원평가의 지표로 삼아 보수를 삭감해 지급하는 것 역시 위법하므로 삭감된 보수의 지급도 청구하였다.

---

**판시사항**

[1] 헌법 제31조 제4항에서 말하는 '대학의 자율'의 범위 및 여기에 교원의 보수에 관한 사항이 포함되는지 여부(적극)

[2] 학교법인이 정관 또는 정관의 위임을 받은 교원보수규정 등을 통해 교원의 업적을 일정 주기로 평가하여 연간 보수총액을 결정하는 제도인 성과급적 연봉제를 시행할 수 있는지 여부(적극) / 사립학교 교원 임용계약의 법적 성질(= **사법상의 고용계약**) 및 누구를 교원으로 임용할 것인지, 어떠한 기준과 방법으로 보수를 지급할 것인지가 학교법인의 자유의사 내지 판단에 따라 결정되어야 할 사항인지 여부(**원칙적 적극**)

[3] 학교법인이 교원에 대한 성과급적 연봉제를 시행하기 위하여 정관이나 교원보수규정 등에서 마련한 교원 실적에 대한 평가항목과 기준을 무효로 보기 위한 요건

[4] 사립대학교의 교수인 甲이 그 대학교를 운영하는 乙학교법인을 상대로 乙법인의 교원연봉계약제규정 중 신입생 모집실적을 교원실적 평가 대상의 하나로 삼아 보수를 차등 지급하도록 정한 규정이 乙법인의 정관이나 사립학교법 등 관련 법령에서 정한 강행규정에 위반된다며 위 규정에 따라 삭감된 보수 등의 지급을 구한 사안에서, 위 규정이 乙법인의 정관이나 구(舊) 고등교육법, 사립학교법 등 관련 법령이 정한 강행규정에 위반된다고 보기 어려운데도, 이를 무효라고 본 원심의 판단에 학교법인 정관의 해석에 관한 법리오해의 잘못이 있다고 한 사례

---

43) 피고인 乙의 교원인사규정 제31조 제1항에 의하면, 조교수의 경우 최근 4년 동안 교육업적 600점, 연구업적 500점, 봉사업적 400점, 입학홍보업적 500점의 합계 2,000점 이상을 취득해야 재임용이 가능하다.

### Ⅰ 헌법 제31조 제4항에서 말하는 '대학의 자율'의 범위 및 여기에 교원의 보수에 관한 사항이 포함되는지 여부

헌법 제31조 제4항은 헌법상의 기본권으로 대학의 자율성을 보장하고 있고, 여기서 대학의 자율은 대학시설의 관리·운영만이 아니라 전반적인 것이어야 하므로 연구와 교육의 내용, 방법과 대상, 교과과정의 편성, 학생의 선발과 전형 및 교원의 임면에 관한 사항도 자율의 범위에 속하며, 이는 교원의 보수에 관한 사항도 마찬가지이다.

### Ⅱ 학교법인이 정관 또는 정관의 위임을 받은 교원보수규정 등을 통해 교원의 업적을 일정 주기로 평가하여 연간 보수총액을 결정하는 제도인 성과급적 연봉제를 시행할 수 있는지 여부와 사립학교 교원 임용계약의 법적 성질 및 누구를 교원으로 임용할 것인지, 어떠한 기준과 방법으로 보수를 지급할 것인지가 학교법인의 자유의사 내지 판단에 따라 결정되어야 할 사항인지 여부

학교법인은 대학교육기관의 교원을 임용함에 있어 정관이 정하는 바에 따라 근무기간, 급여, 근무조건, 업적 및 성과약정 등을 계약의 조건으로 정할 수 있으므로(사립학교법 제53조의2 제3항 전문), 학교법인이 정관 또는 정관의 위임을 받은 교원보수규정 등을 통해 교원의 교육·연구·봉사 등의 업적을 일정 주기로 평가하여 연간 보수총액을 결정하는 제도인 성과급적 연봉제를 시행하는 것도 가능하다. 그리고 사립학교 교원의 임용계약은 사립학교법이 정한 절차에 따라 이루어지는 것이지만 법적 성질은 사법상의 고용계약에 불과하므로 누구를 교원으로 임용할 것인지, 어떠한 기준과 방법으로 보수를 지급할 것인지 여부는 원칙적으로 학교법인의 자유의사 내지 판단에 달려 있다.

### Ⅲ 학교법인이 교원에 대한 성과급적 연봉제를 시행하기 위하여 정관이나 교원보수규정 등에서 마련한 교원실적에 대한 평가항목과 기준을 무효로 보기 위한 요건

학교법인이 교원에 대하여 성과급적 연봉제를 시행하기 위하여 정관이나 교원보수규정 등에서 마련한 교원실적에 대한 평가항목과 기준이 사립학교법 등 교원의 인사나 보수에 관한 법령 또는 근로기준법이 정한 강행규정을 위반하거나 객관성과 합리성을 결여하여 재량권의 남용·일탈로 평가되는 등의 특별한 사정이 없는 한 그 평가항목과 기준은 가급적 존중되어야 하고, 이를 함부로 무효라고 단정하여서는 아니 된다.

**Ⅳ 사안의 적용**

위 내용 및 사실관계 등을 종합적으로 고려할 때, 사안의 적용은 아래와 같다.

1) 구(舊) 고등교육법 제15조 제2항에서 학생을 교육·지도하고 학문을 연구하는 것이 교원 본연의 임무임을 밝히고 있으나, 위 조항은 사립대학 교원으로 하여금 신입생 모집활동 등 대학의 입학홍보 업무에 참여하는 것을 금지하는 취지가 아니므로, 학교법인이 소속 교원에게 정관이나 교원보수규정, 임용계약을 통해 신입생 모집활동에 참여하도록 요구하거나 그 기여도에 따라 보수의 일부를 차등하여 지급하는 것은 허용된다고 할 것이다.

2) 피고인 乙의 정관이 신입생 모집실적에 따라 교원의 보수를 결정할 수 있도록 명시적으로 정하고 있지 않으나, 다음과 같은 피고인 乙의 정관 및 그 위임에 따라 마련된 교원인사규정, 교원업적평가규정, 교원연봉계약제규정에서 정한 교원의 보수와 업적평가 등에 관한 조항들을 종합하면, 피고인 乙은 소속 교원에 대해 신입생 모집실적 등 입학홍보 업무의 기여도, 즉 업무실적에 따라 보수의 일부를 차등하여 지급하는 성과급적 연봉제를 시행할 수 있는 근거규정을 충분히 갖추고 있다고 볼 수 있다고 할 것이다.

3) 일반적으로 사립대학은 국공립대학과 달리 등록금이나 수업료 수입에 대한 재정의존도가 높으므로, 전반적인 학령인구의 감소와 함께 정부의 대학 구조조정 정책기조에 따라 신입생을 충원하거나 재학생의 규모를 유지하는 것은 사립대학의 유지·존립과 직결되는 중요한 문제이다. 특히 신입생 충원의 실패는 필연적으로 학과의 폐지나 통폐합으로 귀결될 수밖에 없어 궁극적으로는 사립학교 교원의 지위나 신분보장에도 지대한 영향을 미친다. 따라서 학교법인이 대학의 유지·존립을 위해서 소속 교원으로 하여금 신입생 모집 등 입학홍보 업무에 참여하도록 요청하거나, 교원이 이러한 요청에 부응하여 입학홍보 업무에 참여하는 것은 교원 본연의 임무와 직·간접적으로 관련되어 있을 뿐만 아니라, 본연의 임무를 수행하기 위하여 불가피하게 수반되는 부수적인 업무에 포함될 수 있다고 할 것이다.

4) 또한 피고인 乙의 교원연봉계약제규정이 정한 교원실적평가표에 따른 교원 실적평가에서 신입생 모집실적이 차지하는 비율이 최대 16.75%라고 하더라도 원고인 甲에게는 다른 평가항목인 교원업적평가나 취업성과, 학교발전 기여도, 학과평가 등의 부분에서 자신의 등급을 유지하거나 올릴 수 있는 기회가 충분히 부여되어 있었다고 볼 수 있다. 반면 신입생 모집실적이 원고인 甲에 대한 2015년도 실적평가에 따른 보수등급을 좌우하는 결정적인 요소였다거나 원고인 甲이 신입생 모집실적을 올리기에 급급하여 교원으로서의 본연의 임무를 수행하는 것에 방해를 받았다는 점에 대한 원고인 甲의 구체적인 주장·증명이 없으므로, 위 비율이 과다하다거나 위 규정에서 정한 교원실적의 평가항목과 기준이 객관성과 합리성을 갖추지 못하였다고 보기는 어렵다고 할 것이다.

## 주요 판례 14

### [해고 13] 부당해고 구제 재심판정의 취소소송 중 정년이 된 경우 '소의 이익'이 있는지 여부 (대판 2020.2.20. 2019두52386 [전합])

**사실관계** **지방자치연구소(주) 사건**

가. 근로자 乙은 甲회사와 기간의 정함이 없는 근로계약을 체결하고 근무하던 중 2016.12.경 불성실한 근무태도 등을 이유로 해고통보를 받았다.

나. 이에 근로자 乙은 서울지방노동위원회에 부당해고 구제신청을 하고, 근로기준법 제30조 제3항에 따라 원직복직 대신 금품지급명령을 구하였다.

다. 서울지방노동위원회는 근로자 乙에 대한 해고에 정당한 이유가 있다고 보아 구제신청을 기각하였고, 중앙노동위원회도 '징계사유가 적절하다.'며 근로자 乙의 재심청구를 기각하였다.

라. 그러자 근로자 乙은 2017.9.22. 재심판정의 취소를 구하는 소를 제기하였다.

마. 피고 보조참가인인 甲회사는 2017.9.19. 근로자 전체 과반수의 동의를 얻어 "근로자가 만 60세에 도달하는 날을 정년으로 한다(개정 전 취업규칙에는 정년 규정이 없었다.)." 및 "새로 도입된 정년 규정을 개정 취업규칙 시행일 이전에 입사한 직원에게도 적용한다."고 취업규칙을 개정하고, 소가 제1심 계속 중이던 2017.10.1.부터 시행하였다. 근로자 乙은 개정 취업규칙 시행일인 2017.10.1. 이전에 이미 만 60세를 넘은 상태였다.

바. 甲회사는 "근로자 乙이 이미 2017.4.경에 만 60세가 됐으므로 설령 해고가 부당해 무효라 하더라도 자동 퇴직한 상태가 된다."고 주장하였는데, 이에 대해 근로자 乙은 "종전 취업규칙에 의해 해고된 직원에게 불리한 개정 취업규칙을 적용할 수 없다"고 반박하였다.

**판시사항**

근로자가 부당해고 구제신청을 하여 해고의 효력을 다투던 중 정년에 이르거나 근로계약기간이 만료하는 등의 사유로 원직에 복직하는 것이 불가능하게 되었으나 해고기간 중의 임금 상당액을 지급받을 필요가 있는 경우, 구제신청을 기각한 중앙노동위원회의 재심판정을 다툴 소의 이익이 있는지 여부(적극) / 위 법리는 근로자가 근로기준법 제30조 제3항에 따라 금품지급명령을 신청한 경우에도 마찬가지로 적용되는지 여부(적극)

Ⅰ **근로자가 부당해고 구제신청을 하여 해고의 효력을 다투던 중 정년에 이르거나 근로계약 기간이 만료하는 등의 사유로 원직에 복직하는 것이 불가능하게 된 경우, 구제신청을 기각한 중앙노동위원회의 재심판정을 다툴 소의 이익이 있다고 볼 것인지 여부**

부당해고 구제명령제도에 관한 근로기준법의 규정 내용과 목적 및 취지, 임금 상당액 구제명령의 의의 및 그 법적 효과 등을 종합적으로 고려하면, 근로자가 부당해고 구제신청을 하여 해고의 효력을 다투던 중 정년에 이르거나 근로계약기간이 만료하는 등의 사유로 원직에 복직하는 것이 불가능하게 된 경우에도 해고기간 중의 임금 상당액을 지급받을 필요가 있다면 임금 상당액 지급의 구제명령을 받을 이익이 유지되므로 구제신청을 기각한 중앙노동위원회의 재심판정을 다툴 소의 이익이 있다고 보아야 한다.

상세한 이유는 다음과 같다.

1) 부당해고 구제명령제도는 부당한 해고를 당한 근로자에 대한 원상회복, 즉 근로자가 부당해고를 당하지 않았다면 향유할 법적 지위와 이익의 회복을 위해 도입된 제도로서, 근로자 지위의 회복만을 목적으로 하는 것이 아니다. 해고를 당한 근로자가 원직에 복직하는 것이 불가능하더라도, 부당한 해고라는 사실을 확인하여 해고기간 중의 임금 상당액을 지급받도록 하는 것도 부당해고 구제명령제도의 목적에 포함된다.

2) 부당한 해고를 당한 근로자를 원직에 복직하도록 하는 것과 해고기간 중의 임금 상당액을 지급받도록 하는 것 중 어느 것이 더 우월한 구제방법이라고 말할 수 없다. 근로자를 원직에 복직하도록 하는 것은 장래의 근로관계에 대한 조치이고, 해고기간 중의 임금 상당액을 지급받도록 하는 것은 근로자가 부당한 해고의 효력을 다투고 있던 기간 중의 근로관계의 불확실성에 따른 법률관계를 정리하기 위한 것으로 서로 목적과 효과가 다르기 때문에 원직복직이 가능한 근로자에 한정하여 임금 상당액을 지급받도록 할 것은 아니다.

3) 근로자가 구제명령을 통해 유효한 집행권원을 획득하는 것은 아니지만, 해고기간 중의 미지급 임금과 관련하여 강제력 있는 구제명령을 얻을 이익이 있으므로 이를 위해 재심판정의 취소를 구할 이익도 인정된다고 봄이 타당하다.

4) 해고기간 중의 임금 상당액을 지급받기 위하여 민사소송을 제기할 수 있다는 사정이 소의 이익을 부정할 이유가 되지는 않는다.

5) 종래 대법원이 근로자가 구제명령을 얻는다고 하더라도 객관적으로 보아 원직에 복직하는 것이 불가능하고, 해고기간에 지급받지 못한 임금을 지급받기 위한 필요가 있더라도 민사소송 절차를 통하여 해결할 수 있다는 등의 이유를 들어 소의 이익을 부정하여 왔던 판결들은 금품 지급명령을 도입한 근로기준법 개정 취지에 맞지 않고, 기간제근로자의 실효적이고 직접적인 권리구제를 사실상 부정하는 결과가 되어 부당하다.

## Ⅱ 근로자가 근로기준법 제30조 제3항에 따라 금품지급명령을 신청한 경우에도 마찬가지로 적용되는지 여부

위와 같은 법리는 근로자가 근로기준법 제30조 제3항에 따라 금품지급명령을 신청한 경우에도 마찬가지로 적용된다.

## Ⅲ 이 사건의 쟁점 및 대법원의 판단요지[44]

### 1. 이 사건의 쟁점

이 사건의 쟁점은 근로자가 부당해고 구제신청을 하여 부당해고를 다투던 중 정년에 도달하는 등으로 근로관계가 종료한 경우에 비록 원직에 복직할 수 없다고 하더라도 해고기간 중에 지급받지 못한 임금상당액을 지급받을 필요가 있다면, 즉 '원직복직명령'을 받지 못하더라도 '임금상당액 지급명령'을 받을 필요가 있다면 소의 이익을 인정하여 본안판단을 할 것인지 여부이다.

### 2. 대법원의 판단요지

이번 대법원 전원합의체 판결(전원일치 의견)은 ① 해고기간 중의 임금 상당액을 지급받도록 하는 것도 부당해고 구제명령제도의 목적에 포함되는 점, ② 근로자가 미지급 임금에 관해 강제력 있는 구제명령을 얻을 이익이 있는 점, ③ 민사소송과 별개로 신속·간이한 구제절차 및 이에 따른 행정소송을 통해 부당해고로 입은 임금 상당액의 손실을 회복할 수 있도록 하는 것이 부당해고 구제명령제도의 취지에 부합하는 점 등을 들어 원고에게 재심판정의 취소를 구할 소의 이익이 인정된다고 판단하였다.

memo

---

44) 이승길 아주대학교 법학전문대학원 교수, 포커스

**주요 판례 15**

**[해고 14] 청소용역업체의 변경과 고용승계 거부의 부당해고 여부**

(대판 2021.4.29. 2016두57045)

**사실관계**  **한국수력원자력 주식회사 사건**

가. 한국수력원자력 주식회사 울진원자력본부(이하 '한울원자력본부'라고 함)는 울진원자력 제1발전소 등의 각 청소업무에 관하여 조달청을 통한 공개입찰을 시행하여 외주 용역업체와 1년 또는 2년 단위로 용역도 급계약을 체결하여 왔다.

나. 주식회사 청우건설(이하 '청우건설'이라고 함)은 2013.9.1.부터 2014.8.31.까지 한울원자력본부 제1발전 소 청소용역(이하 '이 사건 청소용역'이라고 함)을 위탁받아 수행하였고, 참가인들은 청우건설에 입사하여 2014.8.31.까지 한울원자력본부 사업장에서 근무하였다.

다. '(상호 1 생략)'이라는 상호로 청소용역업을 영위하는 원고는 2014.8.5. 이 사건 청소용역 공개입찰에 참 여하여 2014.8.27. 이를 낙찰받았고, 같은 날 한울원자력본부와 계약기간을 2014.9.1.부터 2015.8.31.까 지로 정하여 이 사건 청소용역에 관한 용역도급계약을 체결하였다(이하 '이 사건 용역계약'이라고 함).

라. 이 사건 용역계약의 내용에 포함된 2014년도 한울원자력 제1발전소 청소용역시방서(이하 '이 사건 청소 용역시방서'라고 함)에서는 다음과 같은 규정을 두고 있다.

① 계약상대자는 종업원을 채용하고자 할 때는 당해 업무를 수행할 수 있는 자만을 채용하여야 하며, 특 별한 사정이 없는 한 현재 근무하고 있는 종업원을 고용승계 및 용역계약기간 중 고용유지하여야 한다 (일반시방서 제10조 제1항).

② 근로계약서는 1년 단위로 계약이 성립되어야 한다(일반시방서 제10조 제4항).

③ 계약상대자는 청소용역 작업원 확보 시 원자력 발전소의 특수성을 고려하여 특별한 경우를 제외하고는 기존 청소업체 종업원의 재채용을 원칙으로 하며, 결원자의 신규 채용 시는 발전소 인근 주민을 채용하 되 인근 주민의 수급이 불가할 때는 감독원의 승인을 받아 타 지역 인원을 채용할 수 있으며, 채용된 작업원은 특별한 사유가 없는 한 용역계약기간 중 고용을 유지해야 한다(특기시방서 제4의 라항).

마. 이 사건 청소용역을 도급받아 수행한 용역업체들은 특별한 사정이 없는 한 종전 용역업체에서 근무한 근로자들의 고용을 대부분 승계하여 왔다. 원고는 이 사건 용역계약 체결 이전에도 2007.9.1.부터 2008.8.31.까지 이 사건 청소용역을 도급받아 수행하였던 적이 있었는데, 그 당시에도 그 이전 용역업체 에서 근무한 근로자 23명 전원의 고용을 승계했던 것으로 보인다. 참가인 2는 1997.3.경 (상호 2 생략)에, 참가인 3은 2002.11.경 (상호 3 생략)에 각 입사한 이후 이 사건 청소용역을 담당하는 용역업체가 변경될 때마다 순차적으로 고용이 승계되었다.

바. 원고는 2014.9.1. 청우건설에서 근무하던 근로자 23명 중 참가인들을 포함한 4명에 대하여 고용승계를 거부하였다(이하 '이 사건 고용승계 거부'라고 함). 이에 참가인들은 원고의 고용승계 거부가 부당하다는 이유로 2014.10.14. 경북지방노동위원회에 부당해고 구제신청을 제기하였다.

도급업체와 종전 용역업체의 계약기간이 만료되고 새로운 용역업체가 해당 업무를 위탁받아 용역계약을 체결하면서 종전 용역업체 소속 근로자에 대한 고용을 승계하여 새로운 근로관계가 성립될 것이라는 신뢰관계가 형성되어 근로자에게 고용승계에 대한 기대권이 인정되는 경우, 새로운 용역업체의 합리적 이유 없는 고용승계 거절의 효력(무효) 및 이때 근로자에게 고용승계에 대한 기대권이 인정되는지 판단하는 방법

## I 도급업체와 종전 용역업체의 계약기간이 만료되고 새로운 용역업체가 해당 업무를 위탁받아 용역계약을 체결하면서 종전 용역업체 소속 근로자에 대한 고용을 승계하여 새로운 근로관계가 성립될 것이라는 신뢰관계가 형성되어 근로자에게 고용승계에 대한 기대권이 인정되는 경우, 새로운 용역업체의 합리적 이유 없는 고용승계 거절의 효력여부

도급업체가 사업장 내 업무의 일부를 기간을 정하여 다른 업체(이하 '용역업체'라 함)에 위탁하고, 용역업체가 위탁받은 용역업무의 수행을 위해 해당 용역계약의 종료 시점까지 기간제근로자를 사용하여 왔는데, 해당 용역업체의 계약기간이 만료되고 새로운 용역업체가 해당 업무를 위탁받아 도급업체와 용역계약을 체결한 경우, 새로운 용역업체가 종전 용역업체 소속 근로자에 대한 고용을 승계하여 새로운 근로관계가 성립될 것이라는 신뢰관계가 형성되었다면, 특별한 사정이 없는 한 근로자에게는 그에 따라 새로운 용역업체로 고용이 승계되리라는 기대권이 인정된다. 이와 같이 근로자에게 고용승계에 대한 기대권이 인정되는 경우 근로자가 고용승계를 원하였는데도 새로운 용역업체가 합리적 이유 없이 고용승계를 거절하는 것은 부당해고와 마찬가지로 근로자에게 효력이 없다.

## II 근로자에게 고용승계에 대한 기대권이 인정되는지 판단하는 방법

근로자에게 고용승계에 대한 기대권이 인정되는지는 새로운 용역업체가 종전 용역업체 소속 근로자에 대한 고용을 승계하기로 하는 조항을 포함하고 있는지 여부를 포함한 구체적인 계약내용, 해당 용역계약의 체결 동기와 경위, 도급업체 사업장에서의 용역업체 변경에 따른 고용승계 관련 기존 관행, 위탁의 대상으로서 근로자가 수행하는 업무의 내용, 새로운 용역업체와 근로자들의 인식 등 근로관계 및 해당 용역계약을 둘러싼 여러 사정을 종합적으로 고려하여 판단하여야 한다.

## Ⅲ 사안의 적용

### 1. 원고가 참가인들에 대하여 고용승계 의무를 부담하는지 여부

위 내용 및 사실관계 등을 종합적으로 고려할 때, ① 이 사건 청소용역에 대한 입찰공고 시 공시되어 용역계약서의 일부로 포함된 이 사건 청소용역시방서에는 '계약상대자는 … 특별한 사정이 없는 한 현재 근무하고 있는 종업원을 고용승계 및 용역계약기간 중 고용유지 하여야 한다.'(일반 시방서 제10조 제1항), '계약상대자는 청소용역 작업원 확보 시 원자력 발전소의 특수성을 고려하여 특별한 경우를 제외하고는 기존 청소업체 종업원의 재채용을 원칙으로 하며…'(특기 시방서 제4의 라항)라고 기재되어 있는데, 이는 원자력 발전소의 특수성을 고려하여 수탁업체가 자주 바뀌는 데에 따른 안전 문제 등을 방지하기 위하여 특별히 명시된 사항으로 보인다. 따라서 이 사건의 경우 원고의 이러한 고용승계 조건 수용이 원고가 이 사건 청소용역계약을 체결할 수 있었던 중요한 요인이 되었다고 볼 수 있다(원고가 이러한 고용승계 조건 수용을 거부하였다면, 이 사건 청소용역계약을 체결하지 못하였을 가능성이 매우 높았을 것으로 보인다). ② 이 사건 청소용역을 도급받아 수행하였던 외주 용역업체들은 특별한 사정이 없는 한 종전 용역업체에서 근무하는 근로자들의 고용을 승계하여 왔고(원고는 2007.9.1.부터 2008.8.31.까지 이 사건 청소용역을 도급받아 수행하였던 적이 있었다). 참가인 2는 약 17년 동안, 참가인 3은 약 12년 동안 이 사건 청소용역을 도급받은 외주 용역업체에 순차적으로 고용승계 되어 근무하였던바, 참가인들로서는 이러한 종전 관행에 따라 당연히 원고에게 고용승계 되는 것으로 기대하고 있었을 것으로 보인다. ③ 이 사건 청소용역계약 체결 당시 계약 당사자인 원고 및 한울원자력본부도 앞서 본 바와 같이 이러한 고용승계를 그 계약의 중요 내용으로 명시함으로써, 참가인들의 고용승계는 참가인들을 비롯하여 이 사건 청소용역계약에 관련된 모든 사람들에게 당연한 전제로 받아들여졌던 것으로 보인다. ④ 원고도 참가인들에 대한 고용승계 의무를 전제로 한울원자력본부에 '위 고용승계 약정을 준수하여야 함에도 참가인들을 고용승계하지 아니한 사유'를 기재한 이 사건 사유서를 제출하였던 것으로 보인다. ⑤ 이러한 상황에서 원고가 참가인들에 대한 고용승계 의무 존재 자체를 부인하는 것은 이 사건 청소용역계약의 상대방인 한울원자력본부를 기만하는 것일 뿐만 아니라, 종전 관행 및 이 사건 청소용역계약의 내용에 따라 참가인들이 갖게 된 정당한 신뢰를 저버리는 것으로서 신의칙상 허용되어서는 아니 된다. ⑥ 한편 이 사건 청소용역시방서의 고용승계 규정은, 이러한 규정을 특별히 명시한 취지 등에 비추어보면, 제3자인 참가인들에게 직접 권리를 취득하게 할 목적으로 체결된 제3자를 위한 계약이라고 볼 여지도 충분하고, 이 경우 참가인들이 승낙의 의사를 표시(고용승계 요구)한 이상, 원고로서는 이 사건 청소용역시방서의 고용승계 규정에 따라 참가인들에 대하여 고용승계의무를 직접 부담한다고 할 것이다.

## 2. 참가인들에 대한 고용승계를 거부할 합리적 이유가 있는지 여부

원고는 참가인들이 ○○건설 소속으로 근무하는 동안 조직인화 저해, 전문지식 부족 등 업무적합성에 문제가 있었다고 주장하나, 이를 인정할 만한 아무런 증거가 없다. 나아가 이 사건 사유서에 기재된 고용승계 거부사유에 대하여 살펴보더라도, ① 참가인 1이 종전 용역회사가 고용한 현장대리인이라는 사유는 고용승계 거부사유로 삼을 수 없고, 직원 상호 간 불신감과 위화감이 극대화되어 있었음에도 이를 해소하지 못하여 현장대리인으로서 능력이 부족하다는 사유는 그 구체적인 행위가 기재되어 있지 않아 이를 거부사유로 삼기에 부족하며, ② 참가인 2의 남편이 한울원자력본부 운전원으로 근무하고 있다는 사유는 고용승계 거부사유로 삼을 수 없고, 설령 참가인 2의 남편이 원고에게 전화하여 참가인 2의 고용승계에 대하여 부탁하였다고 하더라도 원고에게 참가인 2에 대한 고용승계 의무가 있음을 고려할 때 이를 고용청탁이라고 단정할 수는 없으며, 설령 참가인 2의 실거주지와 주민등록상의 주소가 다르다고 하더라도 참가인 2가 약 17년 동안 이 사건 청소용역을 도급받은 용역업체에 근무하여 온 점에 비추어 볼 때 이를 지역주민 고용 혜택을 보기 위한 위장전입이라고 단정할 수는 없고, ③ 참가인 3이 직원 상호 간 불신을 조장하거나 상호 위화감을 조성한다는 사유는 그 구체적인 행위가 기재되어 있지 않아 이를 거부사유로 삼기에 부족하며, 종전 용역회사의 대표자와 친밀하다는 사유는 고용승계 거부사유로 삼을 수 없다. 따라서 원고가 참가인들에 대한 고용승계를 거부할 합리적 이유가 있다고 볼 수 없다.

## Ⅳ 대상판결의 의의[45)]

이 사건의 쟁점은 청소업무에 대한 용역계약을 새로이 체결한 용역업체가 이전 용역업체 근로자들의 고용을 승계할 의무가 있느냐 여부이다. 이 사건에서는 중앙노동위원회, 제1심, 원심 및 대법원이 모두 원고의 고용승계 의무를 인정하였기에 큰 논란이 없는 것으로 보이며, 이 사건 판결의 결론에 동의한다. 다만, 이 사건에서 일반시방서 및 특기시방서가 고용승계 의무를 부과하고 있다는 사실은 다음과 같은 두 가지 쟁점을 불러일으킨다.

첫째, 원청이 용역업체 변경 시 고용승계 의무를 부과할 권리가 있느냐 여부이다. 물론 고용승계 의무 규정 때문에 용역업체의 변경에도 불구하고 근로자들의 고용이 유지된 것은 사실이다. 그러나 원칙적으로 청소업무를 위탁한 원청은 용역업체에 업무만 위탁하면 될 뿐 소속 근로자들의 고용까지 간섭할 권한은 없다고 본다. 하도급거래 공정화에 관한 법률 제18조에서 부당한 경영간섭의 금지를 규정하고 있기는 하나, 고용승계는 이 규정에서 금지하는 부당한 경영간섭에 해당하지 않는다. 그 밖에 청소업무는 파견대상 업무에 해당하므로 원청이 하청 사업주에게 고용과 관련한 간섭을 한다 해도 불법파견이 되지는 않는다. 둘째, 비단 이 사건 사업장뿐 아니라 수많은 사업장이 청소업무를 용역업체에 위탁하고 있고, 용역업체가 바뀔 때마다 소속 근로자들의 고용이 승계되는 관행이 형성되어 있다. 용역업체가 바뀌면 근로자들도 모두 바뀌는 것이 원칙이겠지만, 실무에서는 기존 근로자들의 고용안정을 위하여 용역업체가 바뀌더라도 계속 고용

---

45) 조성혜 동국대학교 법과대학 교수, 포커스

을 승계하도록 하고 있다. 마치 영업양도 시 근로관계의 승계와 비슷한 구도이다. 이와 같은 청소용역의 고용승계 관행을 살펴보면 원청이 실질적인 사용자이고, 용역업체 사업주는 형식적 사용자에 불과하고, 근로자들은 형식적으로만 용역업체에 소속되어 있는 것으로 보인다. 즉, 원청이 직·간접적으로 고용승계 의무까지 부과하며 매년 용역업체를 변경하는 것은 원청이 실질적인 사용자로서 청소업무 감독을 담당하는 중간관리자(용역업체 대표)를 매년 교체하는 것과 크게 다르지 않다. 더불어 청소업무는 상시·지속적으로 이루어져야 하는 업무인데, 이를 굳이 1년 또는 2년 단위로 용역을 주어 업체가 변경될 때마다 근로자들의 고용을 승계하도록 할 필요가 있느냐는 의문이 있다. 다시 말해 원청이 차라리 근로자들을 직접 고용하여 관리할 것이지 구태여 중간에 용역업체를 끼워 넣어 간접고용의 외형을 갖출 필요가 있느냐는 것이다. 더 나아가 매년 용역업체를 바꾸는 수고를 아낄 겸 지속적으로 일할 청소업무 관리직원을 채용하는 것이 덜 번거로워 보이기도 하다.

memo

## 주요 판례 16

# [퇴직금] 특별퇴직금의 지급거부에 대한 정당성 판단
### (대판 2016.9.28. 2013다204119)

**사실관계** **주식회사 하나은행 사건**

1990년 H은행에 입사한 근로자 甲은 2010.8.경부터 부산 센텀시티 지점에서 PB(Private Banker)로 근무하던 중 그곳에서 약 3.76km 떨어진 곳에 개점 예정인 S증권의 PB로 이직하기 위하여 2011.9.경 준정년 특별퇴직을 희망한다는 의사를 밝혔다. H은행 인사부서는 甲에게 퇴직의사 번복을 요청하면서 특별퇴직금 지급대상에서 제외된다고 통보하였으나, 甲은 "2011.9.30. 일신상의 사유로 퇴직코자 함"이라고 기재한 사직원을 제출하였고, H은행은 甲을 의원퇴직 처리하였다. 만 21년 근무하고 퇴직한 甲은 단체협약 및 취업규칙에서 규정한 '준정년 특별퇴직금'의 지급을 요구하였다.

### [H은행의 보수퇴직금 규정]

만 15세 이상 근속하고 만 40세 이상이 되어 정년에 달하기 전에 의원퇴직하는 종업원에게는 준정년 특별퇴직금을 지급하되, ① H은행이나 그 자회사 등에 선임 또는 임명되어 퇴직하는 경우, ② 징계와 관련하거나 업무 또는 업무 외의 비위사실에 관련되어 퇴직하는 경우, ③ 사망 또는 휴직기간 만료로 인하여 퇴직하는 경우, ④ 기타 특별퇴직금 지급이 부적당하다고 인정되는 경우에는 준정년 특별퇴직금을 지급하지 않는다.

**판시사항**

H은행의 PB(Private Banker)로 근무하다가 약 3.76km 떨어진 S증권회사의 PB로 이직하기 위하여 사직원을 제출한 甲이 H은행을 상대로 취업규칙인 보수퇴직금 규정에서 정한 준정년 특별퇴직금의 지급을 구한 사안에서, 甲을 준정년 특별퇴직 대상자로 볼 수 없다고 한 사례

Ⅰ **H은행의 만류에도 불구하고 甲이 퇴사하여 인근 경쟁업체로 전직하는 행위가 단체협약 등에서 규정한 '기타 특별퇴직금 지급이 부적당하다고 인정되는 경우'에 해당하는지 여부**

H은행의 준정년 특별퇴직제도는 정년 이전의 자발적인 퇴직에 대하여 퇴직금과는 별도로 상당한 금액의 준정년 특별퇴직금을 추가 지급함으로써 정년 이전의 자발적인 퇴직을 유도하여 회사 내 인사적체를 해소하고 재무구조를 개선하기 위하여 도입된 제도로서, 이러한 제도의 취지에 비추어 보면 한참 좋은 실적을 올리면서 왕성하게 일하고 있는 직원이 경쟁업체에서 일하기 위해 H은행의 만류에도 불구하고 사직하는 경우에는 준정년 특별퇴직 대상자로 적정하다고 볼 수 없다.

또한 동일지역, 동일고객군, 동종업체로의 전직을 위해 퇴직한 甲에게 준정년 특별퇴직금을 지급할 경우, 피고의 매우 중요한 전문 인력인 PB의 경쟁업체로의 이직을 유도하게 되어 H은행의 중대한 피해가 예상되며, H은행이 甲 이외의 다른 직원이 준정년 특별퇴직 대상자가 동일지역, 동일고객군, 동종업계로의 전직을 위해 퇴직한다는 사정을 알고도 준정년 특별퇴직금을 지급한 적이 있었다고 인정할 증거가 없는바, 따라서 甲을 준정년 특별퇴직 대상자로 볼 수 없다.

### Ⅱ  사안의 적용

위 제반사정 등을 종합적으로 고려할 때, ① 피고(H은행)의 준정년 특별퇴직제도는 정년 이전의 자발적인 퇴직에 대하여 퇴직금과는 별도로 상당한 금액의 준정년 특별퇴직금을 추가 지급함으로써 정년 이전의 자발적인 퇴직을 유도하여 회사 내 인사적체를 해소하고 재무구조를 개선하기 위하여 도입된 제도로서, 이러한 제도의 취지에 비추어 보면 한참 좋은 실적을 올리면서 왕성하게 일하고 있는 직원이 경쟁업체에서 일하기 위해 피고의 만류에도 불구하고 사직하는 경우에는 준정년 특별퇴직 대상자로 적정하다고 볼 수 없는 점, ② 동일지역, 동일고객군, 동종업체로의 전직을 위해 퇴직한 원고에게 준정년 특별퇴직금을 지급할 경우, 피고의 매우 중요한 전문 인력인 PB의 경쟁업체로의 이직을 유도하게 되어 피고의 중대한 피해가 예상되는 점, ③ 피고가 원고(근로자 甲) 이외의 다른 직원이 준정년 특별퇴직 대상자가 동일지역, 동일고객군, 동종업계로의 전직을 위해 퇴직한다는 사정을 알고도 준정년 특별퇴직금을 지급한 적이 있었다고 인정할 증거가 없는 점 등을 종합적으로 고려할 때, 따라서 취업규칙 해석, 직업선택의 자유와 근로권에 관한 법리를 오해한 잘못이 없다고 할 것이다.

### Ⅲ  대상판결의 의의[46)]

대상판결은 '한참 좋은 실적을 올리면서 왕성하게 일하고 있는 직원이 경쟁업체에서 일하기 위해 H은행의 만류에도 불구하고 사직하는 경우'에는 준정년 특별퇴직제도의 취지에 부합하는 대상자에 해당하지 않는다고 판단하였다.

또한 H은행의 특별퇴직금은 기존의 소정 퇴직금에 추가 지급하는 것으로 사회보장적 성격과 공로보상적 성격을 보다 고려한다면, 법리적으로 그 전부를 감액할 수도 있다. 그러나 퇴직금의 전부감액은 근로자의 배신행위가 해당근로자의 장기간근속에 대한 평가를 모두 상쇄될 정도의 중대한 신의칙 위반행위라고 인정되는 경우에 한정된다고 보아야 한다. 대상판결은 甲의 신의칙 위반에 대한 판단 없이 '동일지역, 동일고객군, 동종업계로 전직을 위해 퇴직한 甲에게 준정년 특별퇴직금을 지급할 경우, H은행의 중요한 전문인력인 PB의 경쟁업체로의 이직을 유도하게 되어 H은행의 중대한 피해가 예상'된다는 H은행 측의 주장만 인용하였다.

---

46) 노상헌 서울시립대학교 법학전문대학원 교수, 포커스

# 제8장 비정규직 근로자

주요 판례 01

## [기간제 근로자 1] 기간제 근로계약에서 갱신기대권에 반하는 부당한 갱신거절의 효력 (대판 2011.4.14. 2007두1729)

**사실관계** **서울시 시설관리공단 사건**

가. 甲은 A공단과 2002.12.9.부터 2003.12.31.까지로 하는 위·수탁계약을 체결하고 장애인 콜택시의 운행 업무를 수행하여 왔다. 장애인 콜택시 제도는 서울시의 예산 등으로 충당되는 재정지원 하에 시행 중인 중증장애인의 이동수단 확보를 위한 사업으로서, 그 사업의 계속 여부 및 사업의 운영형태와 수탁자의 선정 등이 정책적 고려에 의하여 이루어지는 사업이며, 서울시는 운영계획에서 사업의 확대운영을 검토 하고 있었다.

나. 서울시 장애인 콜택시 관리 및 운행에 관한 조례에 따르면, 서울시가 장애인 콜택시의 관리 및 운행과 콜센터의 운영에 관하여 A공단 이외의 법인 또는 단체에 위탁할 수 있도록 규정되어 있고, 수탁기관이 제3자에게 재위탁하는 경우 계약기간이 1년 단위로 하도록 규정되어 있으나, 서울시의 장애인 콜택시 운영계획에는 계약기간을 1년 단위로 갱신하도록 하면서 그 취지가 부적격자의 교체에 있음을 명시하고 있었다.

다. 甲 등이 체결한 계약서에 의하면, 계약기간을 2002.12.9.부터 2003.12.31.까지로 정하면서, 계약의 유효 기간 중에 양 당사자 중 일방에게 계약을 유지할 수 없는 사정이 있는 경우 30일 전까지 서면으로 상대방 에게 통지만 하면 중도 해지할 수 있도록 규정하고 있고, 위탁기간이 만료되거나 계약이 중도 해지되는 경우에는 계약이 종료되는 것으로 규정하고 있다. 또한 위 계약서에는 계약기간 동안 운전자들의 운행실 적 등을 감안하여 필요하다고 인정할 때에는 위탁기간을 연장할 수 있고, 계약기간 만료 30일 전까지 상호 서면으로 이의가 없을 때에는 계약은 동일한 조건으로 자동연장된다는 규정을 두고 있었다.

라. A공단은 계약기간이 만료되기 이전인 2003.11.경 계약연장 여부를 결정하기 위하여 심사위원회를 구성 한 다음, 심사항목 및 배점, 갱신 기준 점수 등 심사기준표를 정하여 운전자들을 심사하여 갱신기준 점수 인 총점 70점 이상인 자들에 대해서 전원 계약기간을 연장하였는데, A공단이 정한 심사기준은 1일 콜 횟수, 교통법규 위반 등 평가자의 주관적인 판단이 개입될 여지가 없는 내용으로 이루어져 있었다.

마. A공단이 심사 자료로 활용한 장애인 콜택시 상황일지는 운전자들의 운행실적 및 콜 중계 위반행위, 민원 제기사항 등 운행현황 전반에 관한 내용을 기재한 것인데, 위 상황일지 중 상당기간의 기록이 누락되어 있었다. 콜 중계 위반항목에 대하여 A공단은 고의로 콜을 거부하는 행위만을 콜 중계 위반행위에 포함시 켰고 단순 콜 거부는 이를 제외하였다고 주장하나, 위 상황일지 등의 기재만으로는 단순 콜 거부와 고의 적인 콜 거부를 구분하는 것이 현실적으로 곤란하였다. 또한 다른 운전자의 콜 중계 위반행위는 상황일지 기재 내용과 배점채점표 기재 내용이 다른 경우도 있었다.

바. A공단은 민원유발과 관련하여 상황일지에 기재된 민원은 그 증빙이 곤란하다는 이유로 심사대상으로 삼 지 않고 인터넷으로 접수된 민원만을 심사대상으로 삼았으나, 상황일지에는 승객으로부터 제기된 민원

내용과 운전자의 변명, 그 당시의 주변 상황이 구체적으로 기재되어 있는 등 인터넷으로 접수된 민원의 처리와 크게 다르지 않았다. 한편 A공단은 교통법규 위반 및 본인 귀책 차량 사고와 콜택시 운행 및 관리 태만 항목을 적용함에 있어 일부 운전자들에 대하여 그 위반 사실을 누락하기도 하였다.

사. A공단은 2003.12.경 심사기준에 따라 70점 미만자에 해당하는 甲 등 운전자 11명에 대하여 2003.12.31. 자로 계약이 종료됨을 통보하여 계약의 갱신 거절을 하고, 나머지 운전자 89명과의 사이에 연장계약을 체결하는 형식으로 계약을 갱신하였다.

아. 이에 甲은 A공단의 갱신거절은 부당해고 및 부당노동행위라고 주장하면서 서울지방노동위원회에 구제신청을 하였다.

---

**판시사항**

[1] 기간을 정하여 체결한 근로계약에서 근로자에게 근로계약이 갱신될 수 있으리라는 정당한 기대권이 인정될 수 있는 경우, 그 기대권에 반하는 사용자의 부당한 근로계약 갱신 거절의 효력(= 무효)

[2] A공단이 계약기간을 1년으로 정하여 장애인콜택시 운행에 관한 위·수탁계약을 체결하고 장애인콜택시 운행업무를 수행하던 운전자 甲 등에게 위탁기간 만료 후 계약 갱신을 거절한 것이 정당성을 결여하여 효력이 없다고 한 사례

---

## I 기간의 정함이 형식에 불과한 경우, 그 기대권에 반하는 사용자의 부당한 근로계약 갱신 거절의 효력

기간을 정한 근로계약서를 작성한 경우에도 예컨대, 단기의 근로계약이 장기간에 걸쳐서 반복하여 갱신됨으로써 그 정한 기간이 단지 형식에 불과하게 된 경우 등 계약서의 내용과 근로계약이 이루어지게 된 동기 및 경위, 기간을 정한 목적과 당사자의 진정한 의사, 동종의 근로계약 체결 방식에 관한 관행 그리고 근로자보호법규 등을 종합적으로 고려하여 그 기간의 정함이 단지 형식에 불과하다는 사정이 인정되는 경우에는 계약서의 문언에도 불구하고 그 경우에 사용자가 정당한 사유 없이 갱신계약의 체결을 거절하는 것은 해고와 마찬가지로 무효로 된다. 그러나 근로계약기간의 정함이 위와 같이 단지 형식에 불과하다고 볼 만한 특별한 사정이 없다면 근로계약 당사자 사이의 근로관계는 그 기간이 만료함에 따라 사용자의 해고 등 별도의 조처를 기다릴 것 없이 당연히 종료된다(대판 2006.2.24. 2005두5673 등 참조).

그리고 기간을 정하여 근로계약을 체결한 근로자의 경우, 그 기간이 만료됨으로써 근로자로서의 신분관계는 당연히 종료되고 근로계약을 갱신하지 못하면 갱신거절의 의사표시가 없어도 그 근로자는 당연 퇴직되는 것이 원칙이다. 그러나 근로계약, 취업규칙, 단체협약 등에서 기간만료에도 불구하고 일정한 요건이 충족되면 당해 근로계약이 갱신된다는 취지의 규정을 두고 있거나, 그러한 규정이 없더라도 근로계약의 내용과 근로계약이 이루어지게 된 동기 및 경위, 계약 갱신의 기준 등 갱신에 관한 요건이나 절차의 설정 여부 및 그 실태, 근로자가 수행하는 업무의 내용

등 당해 근로관계를 둘러싼 여러 사정을 종합하여 볼 때 근로계약 당사자 사이에 일정한 요건이 충족되면 근로계약이 갱신된다는 신뢰관계가 형성되어 있어 근로자에게 그에 따라 근로계약이 갱신될 수 있으리라는 정당한 기대권이 인정되는 경우에는 사용자가 이에 위반하여 부당하게 근로계약의 갱신을 거절하는 것은 부당해고와 마찬가지로 아무런 효력이 없고, 이 경우 기간만료 후의 근로관계는 종전의 근로계약이 갱신된 것과 동일하다고 할 것이다.

## Ⅲ 사안의 적용

위 내용 및 사실관계 등을 종합적으로 고려할 때, ① 위 조례는 서울특별시로부터 장애인콜택시의 관리 등을 위탁받은 수탁자가 다시 이를 제3자에게 재위탁하는 경우 그 계약기간을 1년 단위로 하도록 규정하고 있고 이에 따라 이 사건 계약도 그 기간을 1년으로 정하였으나, 서울특별시의 장애인콜택시 운영계획에는 계약기간을 1년 단위로 갱신하도록 하면서 그 취지가 부적격자의 교체에 있음을 명시하고 있는 점, ② 이 사건 장애인콜택시 사업은 중증장애인의 이동수단 확보를 위해 지속적으로 운영될 필요가 있어 위 사업을 한시적·일시적 사업이라고 볼 수 없으며, 서울특별시 역시 위 운영계획에서 사업의 확대운영을 검토하고 있음을 알 수 있는 점, ③ A공단은 이 사건 계약을 포함한 운전자들과의 위·수탁계약에서 계약기간 동안 운전자들의 운행실적 등을 감안하여 필요하다고 인정할 때에는 위탁기간을 연장할 수 있고, 계약기간 만료 30일 전까지 상호 서면으로 이의가 없을 때에는 계약은 동일한 조건으로 자동 연장된다는 규정을 둔 점, ④ A공단은 이에 따라 그 소속 운전자들에 대한 위탁기간이 만료될 무렵인 2003년 11월경 심사항목 및 배점, 갱신 기준 점수 등 이 사건 심사기준표를 정하여 운전자들을 심사하여 갱신 기준 점수인 총점 70점 이상인 자들에 대해서 전원 계약기간을 연장하였는데, A공단이 정한 심사기준은 1일 콜 횟수, 교통법규 위반 등 평가자의 주관적인 판단이 개입될 여지가 없는 내용으로 이루어져 있어 A공단 소속 운전자들 사이에 위 심사기준에 따른 심사 결과 갱신 기준 점수 이상의 점수를 얻게 되는 경우에는 특별한 사정이 없는 이상 계약이 갱신된다는 신뢰관계가 형성되어 있다고 볼 수 있는 점 등을 종합하면, A공단과 그 소속 운전자들 사이에는 소정의 심사절차를 거쳐 일정 기준 이상의 성적을 얻게 되면 계약이 갱신되는 것으로 하기로 하는 약정이 성립하였거나, 적어도 甲들을 비롯한 A공단 소속 운전자들에게 기간제 근로계약이 갱신되리라는 정당한 기대권이 인정된다고 봄이 상당하다고 할 것이다.

또한 다음으로 이 사건 갱신 거절의 정당성 여부에 관하여 보건대, ① A공단이 甲들을 포함한 운전자들에 대하여 갱신 여부를 심사하기 위하여 심사 자료로 활용한 '장애인콜택시 상황일지'는 운전자들의 운행실적 및 콜 중계 위반행위, 민원제기사항 등 운행현황 전반에 관한 내용을 기재한 것인데, 위 상황일지 중 상당 기간의 기록이 누락되어 있고 A공단은 이와 같이 누락된 상황일지를 토대로 심사를 한 점, ② 이 사건 심사항목 중 콜 중계 위반 항목에 대하여 A공단은 임의운행을 위하여 고의로 콜을 거부하는 행위만을 콜 중계 위반행위에 포함시켰고 단순 콜 거부는 이를 제외하였다고 주장하나, 위 상황일지 등의 기재만으로는 단순 콜 거부와 고의적인 콜 거부를 구분하는 것이 현실적으로 곤란하고 경우에 따라서는 위 상황일지의 기재 내용을 자의적으로 해석할 수 있는 여지를 제공할 수 있을 뿐만 아니라, A공단이 작성한 것으로 보이는 입증자료에는 소외인이 콜 거부와 운행 정지 등 2건의 콜 중계 위반행위를 한 것으로 되어 있는 반면, '03. 콜택시 개인 운행수탁자 배점 채점표'에는 소외인이 1건의 콜 중계 위반행위를 한 것으로 되어 있는 등 콜 중계 위반행위에 관한 A공단의 심사 과정을 전적으로 신뢰하기 어려운 측면이 있는 점, ③ A공단은 이 사건 심사항목 중 민원유발과 관련하여 위 상황일지에 기재된 민원은 그 증빙이 곤란하다는 이유로 일률적으로 심사대상으로 삼지 않고 인터넷으로 접수된 민원만을 심사대상으로 삼았다고 주장하나, 위 상황일지에는 승객으로부터 제기된 민원 내용과 운전자의 변명, 그 당시의 주변 상황이 구체적으로 기재되어 있는 등 인터넷으로 접수된 민원의 처리와 크게 다르지 않은 것으로 보여, 양자를 다르게 취급하여야 할 합리적인 이유가 있다고 볼 수 없는 점, ④ A공단은 이 사건 심사항목 중 '교통법규 위반 및 본인귀책 차량 사고'와 '콜택시 운행 및 관리 태만' 항목을 적용함에 있어 일부 운전자들에 대하여 그 위반사실을 누락한 점 등을 알 수 있는 바, 이러한 사정에 비추어 볼 때 이 사건 심사가 객관적이고 정확한 자료를 토대로 이루어졌는지 의문이고, 이 사건 심사항목 중 일부는 평가자의 자의적 평가가 개입될 여지가 있어 그 객관성 및 공정성이 결여되었다고 볼 수 있으며, 일부 심사항목은 심사 대상자 전원에 대하여 일률적으로 적용되지 아니하여 불공평한 결과가 초래되었다고 할 것이다.

이와 같이 공정성 및 객관성이 결여된 심사 과정을 거쳐 甲들에 대하여 갱신 기준 점수 미만이라는 점을 들어 이 사건 갱신 거절을 한 것은 정당성을 결여하였다고 할 것이므로, 이 사건 갱신거절은 그 효력을 인정할 수 없다고 할 것인바, 따라서 이 사건 갱신 거절은 부당해고라고 할 것이다.

memo

## 주요 판례 02

### [기간제 근로자 2] 기간제 근로계약 사이에 근로관계가 존재하지 않는 공백기간이 있는 경우 공백기간 전후의 근로관계가 단절 없이 계속되었다고 평가될 수 있는지 여부의 판단기준
(대판 2019.10.17. 2016두63705)

---

**사실관계**  **주식회사 인앤찌 사건**

가. 피고보조참가인(이하 '참가인'이라 함)은 원고와 근로계약을 체결하고 2011.2.14.부터 2011.12.31.까지 도장공으로 근무하였다. 이후 별도의 계약체결 없이 2012.1.1.부터 2012.2.29.까지 근무하였으며, 다시 근로계약을 체결하고 2012.3.1.부터 2012.12.31.까지 근무하였다.

나. 원고는 도급 물량 감소 등의 이유로 참가인을 포함하여 계약기간이 2012.12.31. 만료되는 18명의 기간제 근로자들에게 2012.12.22. 근로계약 종료를 통보하였다.

다. 참가인은 2013.4.1. 원고와 새로이 근로계약을 체결하고 2013.4.1.부터 2014.3.31.까지 근무하였고, 다시 근로계약을 체결하여 2014.4.1.부터 2014.12.31.까지 근무하였다.

라. 원고는 2014.12.31. 원고와 참가인 사이의 근로계약기간이 만료되자 참가인과 근로계약을 갱신하지 않았다.

마. 참가인은 이러한 근로계약 종료가 부당해고에 해당한다고 주장하며 노동위원회에 구제신청을 하였다. 지방노동위원회가 참가인의 구제신청을 인용하고 중앙노동위원회가 원고의 재심신청을 기각하자, 원고는 이 사건 소를 제기하였다.

---

**판시사항**

반복하여 체결된 기간제 근로계약 사이에 근로관계가 존재하지 않는 공백기간이 있는 경우, 기간제 및 단시간 근로자 보호 등에 관한 법률 제4조의 계속근로한 총기간을 산정하기 위한 전제로 공백기간 전후의 근로관계가 단절 없이 계속되었다고 평가될 수 있는지 판단하는 기준

## I  근로관계의 계속성 인정 여부 판단기준

기간제 및 단시간근로자 보호 등에 관한 법률(이하 '기간제법'이라 함) 제4조는 제1항 본문에서 "사용자는 2년을 초과하지 아니하는 범위 안에서(기간제 근로계약의 반복갱신 등의 경우에는 그 계속근로한 총기간이 2년을 초과하지 아니하는 범위 안에서) 기간제근로자를 사용할 수 있다."라고 정하고, 단서에서 2년을 초과하여 기간제근로자를 사용할 수 있는 예외를 정하고 있다. 제2항 본문에서는 "제1항 단서의 사유가 없거나 소멸되었음에도 불구하고 2년을 초과하여 기간제근로자를 사용하는 경우에는 그 기간제근로자는 기간의 정함이 없는 근로계약을 체결한 근로자로 본다."라고 정하고 있다. 이 규정의 입법 취지는 기간제 근로계약의 남용을 방지함으로써 근로자의 지위를 보장하려는 데에 있다(대판 2016.11.10. 2014두45765 등 참조).

이러한 기간제법 규정의 형식과 내용, 입법 취지에 비추어 볼 때, 반복하여 체결된 기간제 근로

계약 사이에 근로관계가 존재하지 않는 공백기간이 있는 경우에는, 공백기간의 길이와 공백기간을 전후한 총 사용기간 중 공백기간이 차지하는 비중, 공백기간이 발생한 경위, 공백기간을 전후한 업무내용과 근로조건의 유사성, 사용자가 공백기간 동안 해당 기간제근로자의 업무를 대체한 방식과 기간제근로자에 대해 취한 조치, 공백기간에 대한 당사자의 의도나 인식, 다른 기간제근로자들에 대한 근로계약 반복·갱신 관행 등을 종합하여 공백기간 전후의 근로관계가 단절 없이 계속되었다고 평가될 수 있는지 여부를 가린 다음, 공백기간 전후의 근로기간을 합산하여 기간제법 제4조의 계속근로한 총 기간을 산정할 수 있는지 판단하여야 한다(대판 2018.6.19. 2017두54975 참조).

## Ⅱ 근로계약의 갱신기대권 인정여부 판단기준

기간을 정하여 근로계약을 체결한 근로자의 경우 그 기간이 만료됨으로써 근로자로서의 신분관계는 당연히 종료되고 근로계약을 갱신하지 못하면 갱신거절의 의사표시가 없어도 그 근로자는 당연 퇴직되는 것이 원칙이다. 그러나 근로계약, 취업규칙, 단체협약 등에서 기간 만료에도 불구하고 일정한 요건이 충족되면 근로계약이 갱신된다는 규정을 두고 있거나, 그러한 규정이 없더라도 근로계약의 내용과 근로계약이 이루어지게 된 동기와 경위, 계약 갱신의 기준 등 갱신에 관한 요건이나 절차의 설정 여부와 그 실태, 근로자가 수행하는 업무의 내용 등 근로관계를 둘러싼 여러 사정을 종합하여 볼 때 근로계약 당사자 사이에 일정한 요건이 충족되면 근로계약이 갱신된다는 신뢰관계가 형성되어 있어 근로자에게 그에 따라 근로계약이 갱신될 수 있으리라는 정당한 기대권이 인정되는 경우에는 사용자가 이를 위반하여 부당하게 근로계약의 갱신을 거절하는 것은 부당해고와 마찬가지로 아무런 효력이 없다. 이 경우 기간 만료 후의 근로관계는 종전의 근로계약이 갱신된 것과 동일하다(대판 2011.4.14. 2007두1729 등 참조).

## Ⅲ 사안의 적용

### 1. 근로관계의 계속성 인정 여부

위 내용 및 사실관계 등을 종합적으로 고려할 때, ① 원고는 2012.12.14. 2012년 4분기 정기노사협의회를 개최하였는데, 위 노사협의회는 포스코의 2013년 도장예산이 2012년 집행실적에 대비하여 30% 삭감될 예정이라는 이유로 원고에게 인원합리화를 일임하기로 결정하였으며, 이에 따라 원고는 계약기간이 2012.12.31. 만료되는 참가인을 포함한 기간제근로자 18명과 근로계약을 갱신하지 않기로 결정한 후 2012.12.22. 참가인 등에게 근로계약 종료를 통보하고, 2013.2.경 당시 도장공을 추가로 채용할 경영상의 필요가 없었는데도 노사협의회 대표인 참가인의 형 소외 1의 부탁 때문에 2013.4.1. 참가인을 새로이 고용한 것으로 보이는 점, ② 원고는 이 사건 공백기간 동안 참가인을 위하여 건강보험 직장가입자 자격을 유지하지 않았고, 참가인과의 근로관계가 유지되고 있던 2012.1.26.과 2014.1.3. 참가인을 포함한 현장근로자들에 대하여 건강진단을 실시하였으나, 2013.2.8.에는 현장근로자 46명에 대한 건강진단을 실시하면서도 참가인에 대한 건강진단은 실시하지 않았고, 2013.3.20. 참가인에 대하여 별도로 '채용+배치 전' 건강진단을 실시한 이후, 원고는 2013.4.1. 참가인을 대상으로 8시간의 신규 채용자 안전보건 교육을 실시한 점, ③ 참가인은 2013.1.1. 퇴직하면서 2011.2.14.부터 2012.12.31.까지의 기간에 대한 퇴직금을 받은 점, ④ 원고는 부족한 믹싱공을 충원하기 위하여 2013.4.1. 소외 3을 고용하였는데, 2012.12.31. 근로계약기간이 만료된 기간제근로자 중 참가인과 소외 3을 제외한 나머지 기간제근로자 16명과는 다시 근로계약을 체결하지 않은 점, ⑤ 원고가 기간제법 제4조 제2항의 적용을 회피하기 위하여 이 사건 공백기간을 둔 것이라고 볼 수도 없는 점 등을 종합적으로 고려할 때, 참가인과 원고 사이의 근로관계가 2012.12.31. 기간 만료로 종료하여 다음 날인 2013.1.1.부터 2013.3.31.까지 단절되었다가 참가인과 원고가 2013.4.1. 근로계약을 체결함으로써 새롭게 개시되었고, 따라서 이 사건 공백기간 전후의 근로기간을 합산하여 기간제법 제4조의 계속근로한 총기간을 산정할 수 없으므로, 참가인이 기간제법 제4조 제2항에 따라 무기계약근로자로 전환되었다고 볼 수 없다고 할 것이다.

## 2. 근로계약의 갱신기대권 인정 여부

위 내용 및 사실관계 등을 종합적으로 고려할 때, 참가인과 원고 사이에 체결되거나 적용되는 근로계약이나 취업규칙, 단체협약 등에 기간제근로자에 대한 정규직 또는 무기계약직 근로자로의 전환을 예정한 절차나 요건에 관한 규정이 없으며, 참가인과 원고는 근로계약을 연장하지 않는 대신 참가인의 일급을 130,000원에서 140,000원으로 인상하기로 합의하였던 것으로 보인다. 또한 근로계약기간이 만료되는 직후인 1월 및 2월은 다른 기간에 비하여 원고의 도급 물량이 적은 기간으로서 참가인으로서는 자신의 근로계약이 갱신될 것이라고 기대하기 어려웠을 것으로, 참가인 이외에 기간제근로자로서 근로계약의 갱신이 이루어지지 않은 사례가 다수 존재하는바, 따라서 참가인에게 근로계약에 명시한 계약기간이 지나더라도 근로계약이 갱신될 수 있으리라는 정당한 기대권이 형성되지 않았다고 보아 참가인과 원고 사이의 근로관계가 2014.12.31. 기간 만료로 종료되었다고 할 것이다.

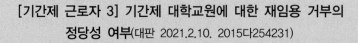

## 주요 판례 ③

### [기간제 근로자 3] 기간제 대학교원에 대한 재임용 거부의
### 정당성 여부(대판 2021.2.10. 2015다254231)

#### 사실관계

가. 원고들은 ○○대학교(피고법인)의 계약직 교원으로서 2005.3.경 피고법인과 최초 교원임용약정서를 작성한 후 매년 재임용되어 왔다. 임용약정서상 재임용의 조건은 계약기간 1년 동안 국내외 저명학술지에 논문을 150% 이상 게재하고, 학교에서 실시하는 업적평가(연구중심형)에서 연구부문 점수 54점 이상, 합계 업적평가점수 85점 이상을 취득하는 것이었다. 정규직 교원들에게 적용되는 교원인사규정 제25조에서는 2001.12.31. 이전에 임용된 조교수의 재임용 조건은 계약기간 3년 동안 연구실적 200% 이상 및 업적평가점수 70점 이상을 취득하는 것으로 정하고 있었는데, 원고들의 재임용조건은 연구실적의 경우 2배 이상, 업적평가점수의 경우 15점 이상 높은 것이었다.

나. 피고법인의 교원업적평가규정은 연구중심형 교원의 경우 교육영역 20점, 연구용역 60점, 봉사영역 20점으로 하여 총 100점을 만점으로 하되, 가산점이 있는 경우 100점을 초과할 수 있도록 규정하고 있었다. 연구실적의 경우 '제출된 모든 연구실적물을 인정하되, 모든 연구실적은 100%까지는 기본 점수로 평가하고, 초과 300%까지는 기본점수의 1/2을, 이후 초과분은 기본점수의 1/4로 평가한다.'고 정하고 있었다. 봉사영역의 기본점수는 학과 및 전공 운영협조(2점), 단과 대학 운영 협조(5점), 학교 기여, 참여 및 근무성실도(13점)로 구성되어 있었는데, 세부적인 평가기준이 마련되어 있지 않아 교원으로서는 어떤 평가를 받을지 예측하기가 어려웠다. 그중 가장 큰 비중을 차지하는 '학교 기여, 참여 및 근무성실도' 항목의 기초로 삼았던 '평정표'는 원고들에게 사전에 알리거나 공개하지 않았고, '근무일수 미달', '시험감독 불참' 등 주로 감점사유들을 명시하고 있어 재임용대상 교원이 가산점 항목에 해당되지 않는 한 점수를 취득하기 어려운 구조로 되어 있었다.

다. 위와 같은 연구실적의 차등평가규정이나 봉사영역의 평가방식 등으로 인해 교원들이 업적평가에서 고득점을 취득하기가 어려워 매년 적지 않은 수의 교원들이 재임용기준에 미달하는 상황이 발생하였다. 이 사건 이전까지 피고법인은 재임용기준에 미달한 교원을 전원 구제하여 왔고, 원고들 역시 업적평가점수가 재임용기준에 미달된 경우가 여러 차례 있었으나, 계속하여 재임용되어 왔다.

라. 이 사건의 발단이 된 2013년에는 재임용을 신청한 내국인교원 72명 중 원고들을 포함한 21명(29.2%)이 재임용기준에 미달되었다. 피고법인의 교원인사위원회는 재임용기준에 미달한 교원 중, 신규임용 후 1년차인 교원, 신설 학과의 소속 교원, 보직을 맡은 교원, 휴직교원, 논문 심사 중인 교원 등 14명을 추가로 재임용대상에 포함하기로 하였다. 그 결과 원고들을 포함한 7명의 교원만이 재임용 제청 탈락 대상자로 남게 되었는데, 이사회는 '대학이 운영하는 교원업적평가제도 개선 프로젝트팀에 참여하였다'는 이유를 들어 이들 중 3명을 다시 재임용하기로 심의·의결함으로써, 최종적으로는 원고들을 포함한 4명만이 재임용에서 탈락되었다. 그중 매우 낮은 점수를 받은 다른 교원은 2014년 1학기에 신규임용 형식으로 해당 학과에 채용되었다.

---

**판시사항**

[1] 기간임용제 대학교원에 대한 학교법인의 재임용거부결정이 재량권을 일탈·남용한 것으로 평가되어 사법상 효력이 부정되는 경우, 불법행위를 이유로 학교법인에 손해배상책임을 묻기 위해서는 재임용거부결정이 객관적 정당성을 상실하였다고 인정되어야 하는지 여부(**적극**) 및 그 판단기준 / 학교법인의 불법행위가 인정되는 경우, 사립대학 교원이 청구할 수 있는 재산적 손해배상의 범위(= **재직 가능 기간 동안의 임금 상당액**)

[2] 사립학교법 제53조의2 제7항 전문에서 재임용 심의사유를 학칙이 정하는 객관적인 사유에 근거하도록 규정한 취지

[3] 사립대학교를 설치·운영하는 학교법인이 위 대학교의 계약제 교원들에 대하여 한 재임용거부처분이 객관적 정당성을 상실하여 불법행위에 해당하는지 문제 된 사안에서, 위 재임용거부처분은 보통 일반의 대학을 표준으로 하여 볼 때 객관적 주의의무를 결하여 객관적 정당성을 상실한 것이므로 계약제 교원들에 대하여 불법행위에 해당한다고 한 사례

[4] 사립대학 교원이 위법한 재임용거부로 인한 재산적 손해 외에 위자료를 청구할 수 있는 경우

---

Ⅰ **기간임용제 대학교원에 대한 학교법인의 재임용거부결정이 재량권을 일탈·남용한 것으로 평가되어 사법상 효력이 부정되는 경우, 불법행위를 이유로 학교법인에 손해배상책임을 묻기 위해서는 재임용거부결정이 객관적 정당성을 상실하였다고 인정되어야 하는지 여부와 그 판단기준 및 학교법인의 불법행위가 인정되는 경우, 사립대학 교원이 청구할 수 있는 재산적 손해배상의 범위**

기간임용제 대학교원에 대한 학교법인의 재임용거부결정이 재량권을 일탈·남용한 것으로 평가되어 그 사법적 효력이 부정된다고 하더라도 이것이 불법행위를 구성함을 이유로 학교법인에 재산적 손해배상책임을 묻기 위해서는 해당 재임용거부가 학교법인의 고의 또는 과실로 인한 것이라는 점이 인정되어야 한다. 이를 위해서는 학교법인이 보통 일반의 대학을 표준으로 하여 볼 때 객관적 주의의무를 결하여 그 재임용거부결정이 객관적 정당성을 상실하였다고 인정될 정도에 이른 경우이어야 하며, 객관적 정당성을 상실하였는지 여부는 재임용거부사유의 내용과 성질, 그러한 거부사유 발생에 있어서 해당 교원의 기여(관여) 정도, 재임용심사절차에서 해당 교원의 소명 여부나 그 정도, 명시된 재임용거부사유 외에 학교법인이 재임용거부 판단에 실질적으로 참작한 사유의 유무 및 그 내용, 재임용심사의 전체적 진행 경과 등 여러 사정을 종합하여 손해의 배상책임을 대학에 부담시켜야 할 실질적인 이유가 있는지 여부에 의하여 판단하여야 한다. 이러한 판단을 거쳐 학교법인의 불법행위가 인정되는 경우에는 적법한 재임용심사를 받았더라면 재임용을 받을 수 있었던 사립대학 교원은 대학에 대하여 그러한 위법행위가 없었더라면 교원으로 임용되어 재직할 수 있었던 기간 동안 임금 상당의 재산적 손해배상을 청구할 수 있다.

## Ⅱ 사립학교법 제53조의2 제7항 전문에서 재임용 심의사유를 학칙이 정하는 객관적인 사유에 근거하도록 규정한 취지

사립학교법 제53조의2 제7항 전문은, 교원인사위원회가 같은 조 제6항의 규정에 의하여 해당 교원에 대한 재임용 여부를 심의함에 있어서는 '학생교육에 관한 사항, 학문연구에 관한 사항, 학생지도에 관한 사항'에 관한 평가 등 객관적인 사유로서 학칙이 정하는 사유에 근거하여야 한다고 규정하고 있다. 위 조항을 비롯한 사립학교법 관련 규정의 개정 경위, 대학교원 재임용의 법적 성격과 사립학교법이 규정한 대학 내 재임용 심의의 구조, 재임용거부결정에 대한 사후구제절차와 사법심사의 범위 등과 같은 여러 사정을 종합하면, 사립학교법 제53조의2 제7항 전문에서 재임용 심의사유를 학칙이 정하는 객관적인 사유에 근거하도록 규정한 취지는, 대학교원으로서의 재임용 자격 내지 적격성의 유무가 임용권자의 자의가 아니라 학생교육에 관한 사항, 학문연구에 관한 사항과 학생지도에 관한 사항에 관한 평가 등 객관적인 사유에 의하여 심의되어야 할 뿐만 아니라, 해당 교원에게 사전에 심사방법의 예측가능성을 제공하고 사후에는 재임용 거부결정이 합리적인 기준에 의하여 공정하게 이루어졌는지를 심사할 수 있도록 재임용 심사기준이 사전에 객관적인 규정으로 마련되어 있어야 함을 요구하는 것으로 보아야 한다.

## Ⅲ 사립대학 교원이 위법한 재임용거부로 인한 재산적 손해 외에 위자료를 청구할 수 있는 경우

사립대학 교원이 위법한 재임용거부로 인하여 재산적 손해 외에 별도의 정신적 고통을 받았음을 이유로 위자료를 청구하기 위해서는, 학교법인이 재임용을 거부할 만한 사유가 전혀 없는데도 오로지 해당 교원을 대학에서 몰아내려는 의도 하에 고의로 다른 명목을 내세워서 재임용을 거부하였거나, 재임용거부의 이유로 된 어느 사실이 인사규정 등 소정의 재임용 여부의 심사사유에 해당되지 아니하거나 재임용거부사유로 삼을 수 없는 것임이 객관적으로 명백하고 또 조금만 주의를 기울이면 이와 같은 사정을 쉽게 알아볼 수 있는데도 그것을 이유로 재임용거부에 나아간 경우 등 재임용 여부 심사에 관한 대학의 재량권 남용이 우리의 건전한 사회통념이나 사회상규상 용인될 수 없음이 분명한 경우이어야 한다.

## Ⅳ 사안의 적용

다음과 같은 제반사정들을 앞서 본 법리에 비추어 살펴보면, ① 피고법인이 설치·운영하는 ○○ 대학교의 교원인사규정 제25조는 소속 교원들에 대한 재임용 조건에 대하여 정하고 있으나, 원고들과 같은 계약제 교원에 대해서는 구체적인 심사기준에 대한 언급을 생략한 채 개별 임용약정서에 정한 의무조건에 따르도록 하고 있다. ② 원고들은 최초 임용시점인 2005.3.경부터 매년 ○○대학교와 사이에 교원임용약정서를 작성하면서, 계약기간 1년 동안 국내외 저명학술지에 논문을 150% 이상 게재하여야 하고, ○○대학교에서 실시하는 업적평가(연구중심형)에서 연구부문 점수 54점 이상, 합계 업적평가점수 85점 이상을 취득하는 것을 재임용 조건으로 하였다. 이는 ○○대학교 교원인사규정 제25조에서 2001.12.31. 이전에 임용된 조교수의 재임용 조건을 계약기간 3년 동안 연구실적 200% 이상 및 업적평가점수 70점 이상만 취득하면 되도록 정한 것과 비교하여 연구실적은 2배 이상, 업적평가점수는 15점 이상 높은 재임용 조건을 부여한 것이다. ③ ○○대학교 교원업적평가규정은, 연구중심형 교원의 경우 교육영역 20점, 연구영역 60점, 봉사영역 20점으로 하여 총 100점을 만점으로 하되, 가산점이 있는 경우 100점을 초과할 수 있도록 규정하고 있다. 이때 연구실적의 경우 '제출된 모든 연구실적물을 인정하되, 모든 연구실적은 100%까지는 기본점수로 평가하고, 초과 300%까지는 기본점수의 1/2, 이후 초과분은 기본점수의 1/4로 평가한다.'고 정하고 있는데, 이는 연구의 수준이나 질을 고려하지 않은 채 일정량을 초과하는 실적에 대해서는 예외 없이 하향평가를 하는 내용으로서, 연구영역에서의 높은 점수 취득을 어렵게 한다. 2007년 이후에는 재임용대상 교원의 연구영역에서의 점수 취득을 제한하는 정도가 강화되었다. 원고 1이 전공하는 연극·영화 분야의 경우, 종래 국내 연극·영화의 연출 또는 주연으로 참가한 때에는 이를 '국내연극 A'로 보아 2등급의 점수를, 미술 분야의 경우 해외 대형미술관에서 전시회를 개최한 때에는 이를 '국제전시회 A'로 보아 1등급의 점수를 부여하였으나, 2007년을 기점으로 연극·영화 분야에서는 서울국제연극제, 전국연극제 등에 '초청' 출품한 경우, 미술 분야에서는 G8 국가의 전문미술관에서 전시회를 개최한 경우(전시실 면적 1,000㎡ 이상 또는 300평 이상)만을 같은 등급에 해당하는 것으로 제한하였다. 또한 2008년까지는 재임용대상 교원이 다수 작품을 출품하여 각각 다른 등급의 점수를 부여받게 되면 해당 등급의 100%까지는 점수를 모두 부여하였으나, 2009년부터는 각각 다른 등급의 점수를 받더라도 초과된 부분에 따라 해당 점수의 1/2 내지 1/4만을 인정하는 것으로 변경되었다. ④ 업적평가 중 봉사영역의 경우 20점의 기본점수에 별도 항목에 따른 점수를 가감하는 방식으로 점수를 산정하고, 그중 기본점수는 학과 및 전공 운영 협조(2점), 단과대학 운영 협조(5점), 학교기여, 참여 및 근무성실도(13점)로 구성되는데, 객관적이고 세부적인 평가기준이 마련되어 있지 않아 그 평가가 주관적일 수밖에 없고, 교원으로서는 어떠한 기준과 방법으로 점수를 부여받을지를 예측하기 어렵다. 또한 봉사영역 중 가장 큰 비중을 차지하는 '학교기여, 참여 및 근무성실도' 항목과 관련하여 피고법인이 그 평가의 기초로 삼았다고 주장하는 '평정표'는, 이를 원고들에게 사전에 알리거나 공개하였다는 사정이 확인되지 않을 뿐만 아니라, '근무일수 미달', '시험감독 불참' 등 주로 감점사유들을 명시하고 있는바, 결국 봉사영역의 평가는 재임용대상 교원이 가산점 항목에 해당되는 사항이 없는 이상 점수를 취득하기 어려운 구조로 되어 있다. ⑤ 위와 같은 연구실적의 차등평가규정이나 봉사영역의 평가방식 등으로 인해 교원들이 업적평가에서 고득점을 취득하는 것이 어려워진 데다가, 2002.1.1. 이전 임용자와 비교하여 재임용을 위한 연구실적은 두 배 이상, 업적평가점수는 15점 이상이 높은 사정 등으로, 매년 적지 않은 수의 교원들이 재임용 기준에 미달하는 상황이 발생하였고, 2013년 재임용을 신청한 내국인교원 72명의 경우 원고들을 포함한 21명(29.2%), 외국인교원 74명의 경우 40명(54.1%)이 재임용 기준에 미달되었다(원고 1은 연구점수 55.88점을 포함하여 업적평가점수 83.78점을, 원고 2는 연구점수 34.90점을 포함하여 업적평가점수 66.90점을 받았다). ⑥ 피고법인의 교원인사위원회는 재임용 기준에 미달한 21명의 내국인교원

중에서, 신규임용 후 1년차인 교원은 8개월간의 업적으로 평가되었다는 이유로, 간호학과 소속 교원은 학과가 새로 생겨 정착을 위해 노력한다는 이유로, 학장 등 보직을 맡은 교원은 학교발전에 공헌했다는 이유로, 또 다른 교원은 휴직을 하여 업적평가 준비를 못하였다거나 또는 총점 기준을 통과하였으나 현재 논문이 심사 중이고 다수의 논문발표 등 연구를 위해 최대한 노력하겠다고 하였다는 이유 등으로 총 14명의 교원을 추가로 재임용대상에 포함하기로 하였고, 그 결과 원고들을 포함한 7명의 교원만이 재임용 제청 탈락 대상자로 남게 되었다. 피고법인의 이사회는 '대학이 운영하는 교원업적평가제도 개선 프로젝트 팀에 참여하였다.'는 이유를 들어 위와 같이 재임용 탈락이 제청된 7명의 교원들 중 3명을 다시 재임용하기로 심의·의결함으로써, 최종적으로는 원고들을 포함한 4명만이 재임용에서 탈락되었다. 업적평가점수가 29.4점에 불과하여 원고들과 함께 재임용거부처분을 받은 수학과 소속 교원은 2014년 1학기에 신규임용 형식으로 해당 학과에 채용되었다. ⑦ 결국 피고법인은 통상의 경우와 같이 일부의 자격 미달자를 재임용심사 절차를 통해 배제한 것이 아니라, 객관성과 합리성이 결여되어 해당 대학의 연구 내지 교육여건 등을 감안할 때 다수의 교원들이 현실적으로 재임용심사를 통과하기 곤란할 만큼 엄격한 평가기준을 설정한 다음 일차적으로 탈락된 교원들 중 상당수를 구제하거나 신규 채용하는 방식으로 최종 재임용 탈락자를 선정하였다고 볼 수 있다. 그런데 피고법인은 다수의 기준 미달자 중에서 재임용 대상자 등을 선정할 기준에 대해서는 사전에 어떠한 내용이나 원칙도 정해두지 않았다. 이는 학칙이 정한 객관적인 사유에 근거하여 교원의 재임용 여부를 심의하도록 한 사립학교법 제53조의2 제7항 전문의 규정과 그 입법 취지에 반하는 것으로 그 정당성을 인정하기 어렵다. 또한 피고법인이 심사기준에 미달한 교원들 중에서 재임용 대상자를 선정할 기준으로 삼은 '학교가 운영하는 프로젝트 팀에 참여한 교원' 등은 학교법인이 그 참여대상의 선정이나 활동 등에 관여하게 되므로 이를 이유로 재임용 여부를 결정하는 것은 학교법인이 자의적으로 재임용 대상자를 선정하는 것과 크게 다르지 않고, 사전에 그 기준의 내용이나 원칙을 전혀 정하지 아니한 채 심의가 이루어진 이상 그 심의 결과가 사후적으로 보았을 때 외관상 합리적으로 보인다는 이유로 그 객관적 정당성이 상실되지 않았다고 하는 것은 사실상 학교법인의 자의적 심사를 용인하는 셈이 되어 수긍하기 어렵다. ⑧ 한편 피고법인은 2013년 이전에도 매년 적지 않은 수의 교원들이 재임용 기준에 미달하는 상황이 발생하였으나 기준에 미달한 교원들을 전원 구제하여 왔고, 이 사건 재임용거부처분 전까지 업적평가점수 미달을 이유로 재임용거부를 한 사례가 없었던 것으로 보인다. 원고들 역시 업적평가점수가 재임용 기준에 미달된 경우가 여러 차례 있었으나 계속하여 재임용되었다. 따라서 위 내용 등을 종합적으로 고려할 때, 피고법인이 객관성과 합리성이 결여되어 다수의 교원들이 현실적으로 재임용심사를 통과하기 곤란할 만큼 엄격한 재임용 평가기준을 설정한 다음 자의적인 기준으로 다수의 기준 미달자 중 상당수를 구제하거나 신규 채용하는 방식으로 사실상의 재임용 심사절차를 진행하면서 원고들에 대하여 이 사건 재임용거부처분을 한 것은 그 객관적 정당성을 상실한 것이라고 봄이 타당하다고 할 것이다.

## 주요 판례 ④

# [근로자 파견 1] 톨게이트 수납원의 불법파견 인정 여부
## (대판 2019.8.29. 2017다219072)

### 사실관계 — 한국도로공사 사건

가. 근로자 甲 등은 한국도로공사가 관리하는 도로의 각 요금소에서 수납원으로 근무하였다.

나. 한국도로공사는 과거 수납원을 직접 고용하였으나, 수납업무 외주화를 시작하여 2008.12.경 모든 영업소의 외주화가 완료되었다.

다. 한국도로공사는 한국도로공사의 퇴직직원과 '수의계약 방식'으로 용역계약을 체결해 오다가, 점차 '공개입찰'을 통하여 외주사업체를 선정하는 방식을 확대하였다.

라. 근로자 甲 등은 한국도로공사와 '통행료 수납업무 용역계약'을 체결한 외주사업체 소속으로, 통행권 발행 · 회수와 통행료 수납업무, 하이패스 관련 업무, 제한차량 관련 업무, 미납차량 적발 업무 등을 수행하였다.

마. 근로자 甲 등은 "자신들은 한국도로공사에 대한 관계에서 파견법상 파견근로를 제공하였는데, 외주사업체(파견사업주)가 파견허가를 받지 않았으므로 이는 불법파견에 해당한다. 따라서 파견법에 따라 근로자 甲 등이 한국도로공사의 근로자 지위에 있거나 또는 한국도로공사에서 근로자 甲 등을 고용할 의무가 있다."라고 주장하면서 소를 제기하였다.

### 판시사항

[1] 원고용주가 근로자로 하여금 제3자를 위한 업무를 수행하도록 하는 경우, 파견근로자 보호 등에 관한 법률의 적용을 받는 '근로자파견'에 해당하는지 판단하는 기준

[2] 한국도로공사와 고속국도 통행료 수납업무 용역계약을 체결한 외주사업체에 고용되어 고속국도 영업소에서 통행료 수납업무 등을 담당한 甲 등이 한국도로공사를 상대로 근로자 지위 확인 등을 구한 사안에서, 제반 사정에 비추어 甲 등은 외주사업체에 고용된 후 외주사업체와 용역계약을 체결한 한국도로공사로부터 직접 지휘 · 명령을 받으며 한국도로공사를 위한 근로를 제공하였으므로 甲 등과 한국도로공사는 근로자파견관계에 있었다고 본 원심판단이 정당하다고 한 사례

[3] 사용사업주와 파견근로자 사이에 직접고용관계의 성립이 간주되거나 사용사업주에게 직접고용의무가 발생한 후 파견근로자가 파견사업주에 대한 관계에서 사직하거나 해고를 당한 경우, 사용사업주와 파견근로자 사이의 직접고용간주나 직접고용의무와 관련된 법률관계에 영향을 미치는지 여부(원칙적 소극) 및 파견근로자가 파견사업주와의 근로관계를 종료하고자 하는 의사로 사직의 의사표시를 한 사정만으로 구(舊) 파견근로자 보호 등에 관한 법률 제6조 제3항 단서와 파견근로자 보호 등에 관한 법률 제6조의2 제2항에서 정한 '당해 파견근로자가 명시적인 반대의사를 표시하는 경우'에 해당한다고 단정할 수 있는지 여부(소극)

Ⅰ **원고용주가 근로자로 하여금 제3자를 위한 업무를 수행하도록 하는 경우, 「파견근로자 보호 등에 관한 법률」의 적용을 받는 '근로자파견'에 해당하는지 판단하는 기준**

파견근로자 보호 등에 관한 법률(이하 '파견법'이라고 함) 제2조 제1호에 의하면, 근로자파견이란 파견사업주가 근로자를 고용한 후 고용관계를 유지하면서 근로자파견계약의 내용에 따라 사용사업주의 지휘·명령을 받아 사용사업주를 위한 근로에 종사하게 하는 것을 말한다. 원고용주가 어느 근로자로 하여금 제3자를 위한 업무를 수행하도록 하는 경우 그 법률관계가 위와 같이 파견법의 적용을 받는 근로자파견에 해당하는지는 당사자가 붙인 계약의 명칭이나 형식에 구애될 것이 아니라, 제3자가 당해 근로자에 대하여 직·간접적으로 업무수행 자체에 관한 구속력 있는 지시를 하는 등 상당한 지휘·명령을 하는지, 당해 근로자가 제3자 소속 근로자와 하나의 작업집단으로 구성되어 직접 공동 작업을 하는 등 제3자의 사업에 실질적으로 편입되었다고 볼 수 있는지, 원고용주가 작업에 투입될 근로자의 선발이나 근로자의 수, 교육 및 훈련, 작업·휴게시간, 휴가, 근무태도 점검 등에 관한 결정 권한을 독자적으로 행사하는지, 계약의 목적이 구체적으로 범위가 한정된 업무의 이행으로 확정되고 당해 근로자가 맡은 업무가 제3자 소속 근로자의 업무와 구별되며 그러한 업무에 전문성·기술성이 있는지, 원고용주가 계약의 목적을 달성하기 위하여 필요한 독립적 기업조직이나 설비를 갖추고 있는지 등의 요소를 바탕으로 근로관계의 실질에 따라 판단하여야 한다.

Ⅱ **사용사업주와 파견근로자 사이에 직접고용관계의 성립이 간주되거나 사용사업주에게 직접고용의무가 발생한 후 파견근로자가 파견사업주에 대한 관계에서 사직하거나 해고를 당한 경우, 사용사업주와 파견근로자 사이의 직접고용간주나 직접고용의무와 관련된 법률관계에 영향을 미치는지 여부**

파견법상의 직접고용간주 또는 직접고용의무 규정의 내용과 개정 경과, 입법 목적 등에 비추어 보면, 직접고용간주 또는 직접고용의무 규정은 사용사업주와 파견근로자 사이에 발생하는 법률관계와 이에 따른 법적 효과를 설정하는 것으로서 그 내용이 파견사업주와는 직접적인 관련이 없고, 위와 같은 법률관계의 성립이나 법적 효과 발생 후 파견사업주와 파견근로자 사이의 근로관계가 유지되고 있을 것을 효력존속요건으로 요구하고 있다고 할 수도 없다. 따라서 사용사업주와 파견근로자 사이에 직접고용관계의 성립이 간주되거나 사용사업주에게 직접고용의무가 발생한 후 파견근로자가 파견사업주에 대한 관계에서 사직하거나 해고를 당하였다고 하더라도, 이러한 사정은 원칙적으로 사용사업주와 파견근로자 사이의 직접고용간주나 직접고용의무와 관련된 법률관계에 영향을 미치지 않는다.

Ⅲ 파견근로자가 파견사업주와의 근로관계를 종료하고자 하는 의사로 사직의 의사표시를 한 사정만으로 구(舊)「파견근로자 보호 등에 관한 법률」제6조 제3항 단서와 파견근로자 보호 등에 관한 법률 제6조의2 제2항에서 정한 '당해 파견근로자가 명시적인 반대의사를 표시하는 경우'에 해당한다고 단정할 수 있는지 여부

한편 제정 파견법 제6조 제3항 단서와 구(舊) 파견법 및 개정 파견법 제6조의2 제2항은 '당해 파견근로자가 명시적인 반대의사를 표시하는 경우'에는 직접고용간주 규정이나 직접고용의무 규정이 적용되지 않는다고 정하고 있다. 직접고용간주 규정이나 직접고용의무 규정의 입법 목적과 그 규정들이 파견사업주와는 직접적인 관련이 없는 점 등에 비추어 보면 '당해 파견근로자가 명시적인 반대의사를 표시하는 경우'란 근로자가 사용사업주에게 직접고용되는 것을 명시적으로 반대한 경우를 의미한다. 따라서 파견근로자가 파견사업주와의 근로관계를 종료하고자 하는 의사로 사직의 의사표시를 하였다고 하더라도 그러한 사정만으로는 '당해 파견근로자가 명시적인 반대의사를 표시하는 경우'에 해당한다고 단정할 수 없다.

Ⅳ 결론

근로자 甲 등이 한국도로공사에 대한 관계에서 파견근로를 제공하였다고 보아, 파견법에 의해 직접고용이 간주되었거나 한국도로공사에게 직접고용의 의무가 발생하였다고 판단하고, 위와 같이 직접고용관계의 성립이 간주되었거나 사용사업주에게 직접고용의무가 발생한 이후 파견근로자가 파견사업주와의 관계에서 사직하거나 해고를 당하였더라도 이러한 사정은 원칙적으로 사용사업주와 파견근로자 사이의 직접고용간주나 직접고용의무와 관련한 법률관계에 영향을 미치지 않는다.

memo

## 주요 판례 ⑤

### [근로자 파견 2] 사용사업주가 직접 고용한 것으로 간주되는
### 파견근로자의 근로조건 (대판 2016.1.14. 2013다74592)

**사실관계** **남해화학(주) 사건**

가. 남해화학(주)는 상시근로자 약 460명(아래에서 보는 소외 회사 소속 근로자 등을 포함하면 약 700여 명이다)의 근로자를 고용하여 비료 등 제조업을 하는 회사이고, 피고(남해화학(주))의 복합비료공장은 인산, 질소, 염화칼륨, 붕소 등 20여 가지의 원료로 복합비료를 생산하는 곳이다.

나. 원고들의 근로계약관계

  1) 원고 1은 1997.6.9. 대륙기업 주식회사(이하 '대륙기업'이라 함)에 입사하였고, 2001.3.1. 주식회사 남우진흥(이하 '남우진흥'이라 함)으로 소속이 변경되었다가 2008.2.1. 다시 대륙기업으로 그 소속이 변경되었다.

  2) 원고 2는 1996.4.11. 대륙기업에 입사하였고, 2001.3.1. 남우진흥으로 소속이 변경되었다.

  3) 원고 3은 2000.1.17. 대륙기업에 입사하였고, 2007.6.1. 남우진흥으로 소속이 변경되었다가 2008.2.1. 다시 대륙기업으로 그 소속이 변경되었다.

  4) 위와 같은 소속 변경 당시 원고들의 임금 및 제반 근로조건은 변경된 회사가 그대로 승계하기로 하였던바, 원고 1은 1997.6.9.부터, 원고 2는 1996.4.11.부터, 원고 3은 2000.1.17.부터 대륙기업 및 남우진흥(이하 두 회사를 합하여 '소외 회사'라고 함)과 도급계약을 맺은 피고의 복합비료공장에서 생산직 근로자로 근무하였다.

다. 소외 회사는 회사 내 노동조합과 임금 및 근로조건에 관한 단체협약을 체결하고, 소외 회사 명의로 채용공고를 내어 신규근로자를 채용하였으며, 소속 근로자에 대한 독자적인 인사권·징계권을 행사하였다. 또한, 소외 회사는 소속 근로자에게 직접 임금을 지급하여 그에 따른 근로소득세 원천징수·납부, 연말정산 업무를 자체적으로 처리하였으며, 각 대표자 명의로 4대 보험에 가입하고 개별 사업자등록을 하여 사업소득세를 납부하는 등 독자적인 기업활동을 하였다.

라. 원고들은 2008.2.21. 광주지방노동청에 피고를 상대로 불법파견 진정을 한 데 이어 2008.12.9. 피고를 상대로 서울중앙지방법원에 근로자지위확인 청구를 하였다.

**구체적 사실관계**

(1) 피고 복비팀장은 복합비료공장을 순시하면서 피고 소속 근로자와 소외 회사 소속 근로자의 구분 없이 업무사항을 지적했고, 위 근로자들에 대하여 안전교육 및 직무교육을 시행하였다.

(2) 피고 관리담당은 개인별 근무태도 현황을 작성하여 피고 복비팀장의 확인을 받고, 원고들의 출퇴근 관리를 담당하였으며, 원고들의 시간외근로와 휴일 및 휴가의 사용 역시 보고를 받고 승인하여 주었다. 복합비료공장의 가동이 중지되는 등의 부득이한 사유가 발생하는 경우 피고 관리자는 소외 회사 소속 근로자들의 휴가신청을 불승인하기도 하였다.

(3) 피고 교대계장(피고 소속의 3급 직원임)은 현장 근무자의 점검을 지시·감독하고 부하직원을 지도·육성하는 업무를 맡은 자로서, 피고 소속 근로자와 소외 회사 소속 근로자의 구분 없이 업무일지에 근무태도 사항

을 기록하여 피고 관리자에게 보고하고, 현장근로자들에게 업무지시를 하는 등 전반적인 관리를 하였다.

(4) 피고는 피고 소속 근로자들과 소외 회사 소속 근로자들을 상대로 순환보직 교육을 시행하여 위 근로자들을 1층 운전원, 2·3층 운전원, 5·6층 운전원, TESTER 등의 보직으로 순환 배치하였다.

(5) 소외 회사 소속 근로자의 잘못으로 업무상 하자가 발생한 경우 그 근로자는 피고에게 경위서를 작성·제출하였고, 피고는 소외 회사 소속 근로자에 대하여 직접 업무를 평가하여 표창을 시행하기도 하였다.

---

**판시사항**

구(舊) 파견근로자보호 등에 관한 법률 제6조 제3항 본문에 따라 사용사업주가 직접 고용한 것으로 간주되는 파견근로자의 근로조건이 사용사업주의 근로자 중 파견근로자와 동종 또는 유사업무를 수행하는 근로자에게 적용되는 취업규칙 등에서 정한 근로조건과 동일한지 여부(적극)

## Ⅰ 근로자파견계약의 존재 여부

구(舊) 파견법 제6조 제3항은 '사용사업주가 2년을 초과하여 계속적으로 파견근로자를 사용하는 경우에는 2년의 기간이 만료된 날의 다음날부터 파견근로자를 고용한 것으로 본다.'고 규정하고 있고, 같은 법 제2조 제1호에 의하면, '근로자파견'이라 함은 '파견사업주가 근로자를 고용한 후 그 고용관계를 유지하면서 근로자파견계약의 내용에 따라 사용사업주의 지휘·명령을 받아 사용사업주를 위한 근로에 종사하게 하는 것'을 말한다.

앞서 인정한 사실관계에 의하면, 소외 회사는 인사권을 행사하고 근로자들에게 직접 임금을 지급하는 등 독자적인 기업 활동을 하여 왔으므로 사업주의 실체를 가진다. 다만 소외 회사가 피고와 체결한 도급계약이 진정한 도급계약관계에 해당하는지, 아니면 형식적으로는 도급계약이지만 실질적으로는 근로자파견 관계에 해당하는지가 문제인데, 이에 관한 판단은 그 계약의 외관이나 형식이 아니라 계약의 내용, 업무수행의 과정, 계약당사자의 적격성 등의 제반 사정을 종합하여 판단하여야 하는데, 본 사안의 경우 피고 회사와 소외 회사 사이에 체결된 도급계약은 그 실질에서 근로자파견계약에 해당하고, 그에 따라 원고들은 소외 회사에 고용된 후 피고의 작업현장에 파견되어 피고로부터 직접 지휘·감독을 받는 근로자파견 관계에 있었다고 봄이 타당하다.

Ⅱ 사용사업주가 직접 고용한 것으로 간주되는 파견근로자의 근로조건이 사용사업주의 근로자 중 파견근로자와 동종 또는 유사업무를 수행하는 근로자에게 적용되는 취업규칙 등에서 정한 근로조건과 동일한지 여부

구(舊) 파견근로자보호 등에 관한 법률(2006.12.21. 법률 제8076호로 개정되기 전의 것, 이하 '구(舊) 파견법'이라 함)은 제1조에서 파견근로자의 근로조건 등에 관한 기준을 확립함으로써 파견근로자의 고용안정과 복지증진에 이바지함을 입법 목적으로 밝히고 있으므로 파견근로자의 근로조건 향상 역시 고용안정 못지않게 중요한 점, 구(舊) 파견법 제21조는 파견근로자가 사용사업주의 사업 내 동일한 업무를 수행하는 동종근로자와 비교하여 차별적 처우를 받아서는 아니 됨을 규정하고 있을 뿐만 아니라 사용사업주와 직접고용관계를 형성하게 된 파견근로자를 사용사업주의 동종 또는 유사업무 수행 근로자와 균등하게 대우하는 것이 공평의 관념에도 합치되는 점, 2006.12.21. 법률 제8076호로 개정된 파견근로자보호 등에 관한 법률 제6조의2 제3항 제1호는 사용사업주가 2년을 초과하여 계속적으로 파견근로자를 사용함으로써 파견근로자를 직접 고용하여야 할 경우의 근로조건에 관하여 '사용사업주의 근로자 중 파견근로자와 동종 또는 유사업무를 수행하는 근로자가 있는 경우 그 근로자에게 적용되는 취업규칙 등에서 정하는 근로조건'에 의하도록 규정하고 있는데, 이는 사용사업주와 직접고용관계를 맺게 된 모든 파견근로자에게 해석상 마땅히 적용되어야 할 근로조건을 다시금 확인하는 차원에서 명시한 것일 뿐 새삼스레 근로조건을 기존보다 상향하여 설정하기 위한 것이라고 하기는 어려운 점 등을 종합하면, 구(舊) 파견법 제6조 제3항 본문에 따라 사용사업주가 직접 고용한 것으로 간주되는 파견근로자의 근로조건은 사용사업주의 근로자 중 파견근로자와 동종 또는 유사업무를 수행하는 근로자가 있을 경우 그 근로자에게 적용되는 취업규칙 등에서 정한 근로조건과 동일하다.

Ⅲ 결론

원심판결 이유를 앞서 본 법리와 기록에 비추어 살펴보면 원심의 판단은 정당하고, 거기에 상고이유의 주장과 같은 파견근로자의 근로조건에 관한 법리오해나 임금산정기준에 관한 심리미진 등의 위법이 없다.

## 주요 판례 ⑥

### [근로자 파견 3] 직접고용의무를 부담하는 사용사업주가 특별한 사정이 없음에도 파견근로자를 기간제 근로자로 고용하는 것이 파견법 위반인지 여부[47)
(대판 2022.1.27. 2018다207847)

**사실관계** **주식회사 대전방송 사건**

가. 근로자파견업무 등을 하는 인터프로셀 주식회사의 근로자인 원고는 2010.7.12.부터 2014.7.13.까지 방송사업자인 피고의 사업장에 파견되어 방송운행 업무를 수행하였다.

나. 피고는 2014.7.14. 직접 원고와 사이에 기간을 2014.7.14.부터 2015.7.13.로 정하여 원고가 피고의 방송운행 업무 등에 종사하기로 하는 근로계약을 체결하고(이하 '이 사건 근로계약'이라 함), 기간을 2015.7.14.부터 2016.7.13.까지로 하여 이 사건 근로계약을 1회 갱신하였으나, 이후 다시 갱신하지 않았다(이하 '이 사건 갱신거절'이라 함).

다. 이에 원고는 피고를 상대로 관할 법원에 갱신거절 무효확인청구 소송을 제기하였다.

**판시사항**

사용사업주가 파견근로자를 직접 고용하는 경우 그 고용형태 여부

## Ⅰ 사용사업주가 파견근로자를 직접 고용하는 경우 그 고용형태 여부

구(舊)「파견근로자 보호 등에 관한 법률」(2006.12.21. 법률 제8076호로 개정되기 전의 것. 이하 '구(舊)파견법'이라 함)은 제6조 제3항 본문으로 "사용사업주가 2년을 초과하여 계속적으로 파견근로자를 사용하는 경우에는 2년의 기간이 만료된 날의 다음 날부터 파견근로자를 고용한 것으로 본다."라는 내용의 규정을 두어(이하 '직접고용간주 규정'이라 함) 사용사업주가 파견기간 제한을 위반한 경우 곧바로 사용사업주와 파견근로자 사이에 직접고용관계 성립이 간주되도록 하였다.

대법원은 구(舊) 파견법의 직접고용간주 규정에 의하여 사용사업주와 파견근로자 사이에 직접근로관계가 성립하는 경우 그 근로관계는 기간의 정함이 있는 것으로 볼 만한 다른 특별한 사정이 없는 한 원칙적으로 기간의 정함이 없다고 보아야 한다고 판단하였다(대판 2008.9.18. 2007두22320 전합 참조).

이후 개정된 「파견근로자보호 등에 관한 법률」(이하 '파견법'이라 함)은 직접고용간주 규정을 대체하여 제6조의2 제1항에서 '사용사업주가 2년을 초과하여 계속적으로 파견근로자를 사용하는 경

---

47) 편저자 주 : 파견근로자를 직접 고용해야 할 의무를 부담하게 된 사용자가 기간제 근로 형태로 고용하는 것은 위법하다는 대법원 판결로, 파견법 개정 이후 파견근로자를 직접 고용할 경우의 고용형태를 판시한 첫 대법원 판결이다.

우 등에는 해당 파견근로자를 직접 고용하여야 한다.'는 취지로 규정하였다(이하 '직접고용의무 규정'이라 함). 직접고용의무 규정에 의하면, 종전의 직접고용간주 규정과 달리 파견근로기간이 2년을 초과하였다는 등 일정한 사정이 존재한다고 하여 곧바로 사용사업주와 파견근로자 사이의 직접고용관계가 간주되지는 않고, 사용사업주는 파견근로자를 직접 고용할 의무를 부담하고 파견근로자는 사용사업주를 상대로 고용 의사표시를 갈음하는 판결을 구할 사법상의 권리를 가지게 된다(대판 2015.11.26. 2013다14965 참조).

직접고용간주 규정이나 직접고용의무 규정은 사용사업주가 파견기간의 제한을 위반하여 계속적으로 파견근로자를 사용하는 행위에 대하여 행정적 감독이나 처벌과는 별도로 사용사업주와 파견근로자 사이의 사법관계에서도 직접고용관계의 성립을 간주하거나 사용사업주에게 직접고용의무를 부과함으로써 근로자파견의 상용화·장기화를 방지하면서 파견근로자의 고용안정을 도모할 목적에서 사용사업주와 파견근로자 사이에 발생하는 법률관계 및 이에 따른 법적 효과를 설정하는 것이다(대판 2008.9.18. 2007두22320 전합; 대판 2015.11.26. 2013다14965 참조).

이러한 직접고용의무 규정의 입법취지 및 목적에 비추어 볼 때 특별한 사정이 없는 한 사용사업주는 직접고용의무 규정에 따라 근로계약을 체결할 때 기간을 정하지 않은 근로계약을 체결하여야 함이 원칙이다. 다만, 파견법 제6조의2 제2항에서 파견근로자가 명시적으로 반대의사를 표시하는 경우에는 직접고용의무의 예외가 인정되는 점을 고려할 때 파견근로자가 사용사업주를 상대로 직접고용의무의 이행을 구할 수 있다는 점을 알면서도 기간제 근로계약을 희망하였다거나, 사용사업주의 근로자 중 해당 파견근로자와 같은 종류의 업무 또는 유사한 업무를 수행하는 근로자가 대부분 기간제 근로계약을 체결하고 근무하고 있어 파견근로자로서도 애초에 기간을 정하지 않은 근로계약 체결을 기대하기 어려웠던 경우 등과 같이 직접고용관계에 계약기간을 정한 것이 직접고용의무 규정의 입법취지 및 목적을 잠탈한다고 보기 어려운 특별한 사정이 존재하는 경우에는 사용사업주가 파견근로자와 기간제 근로계약을 체결할 수 있을 것이다. 그리고 이러한 특별한 사정의 존재에 관하여는 사용사업주가 증명책임을 부담한다.

## Ⅲ 사안의 적용

위 사실 등을 앞에서 본 법리에 비추어 살펴보면, 피고는 원고를 2년을 초과한 기간 동안 파견근로자로 사용하여 파견법상 직접고용의무 규정에 따라 원고를 직접고용할 의무를 부담하고 있는바, 피고로서는 원고와 기간을 정하지 않은 근로계약을 체결하여야 할 것이며, 그 근로계약에서 기간을 정하였더라도 특별한 사정이 없는 한 이는 무효가 될 수 있다고 할 것이다.

## Ⅲ 대상판결의 의의[48]

대상판결은 구(舊) 파견법상 직접고용간주 규정과 마찬가지로 직접고용의무 규정의 경우에도 기간제 근로계약을 체결할 수 있는 특별한 사정이 없는 한 사용사업주는 파견근로자를 기간의 정함이 없는 근로계약을 체결하는 것이 원칙임을 선언한 판결로서 의미가 있다. 이와 동시에 대상 판결은 종전 판결에서 진일보하여 파견근로자를 기간제 근로자로 고용하더라도 사용사업주는 직접고용의무를 이행한 것으로 볼 수 있는 특별한 사정 등이 없음에도 기간제 근로계약을 체결한 경우에 법적 효과에 대해 명확히 하고 있다는 점에 의미가 있다.

memo

---

48) 김기선 충남대학교 법학전문대학원 교수, 포커스

## 주요 판례 07

### [근로자 파견 4] 전출의 불법파견 여부
(대판 2022.7.14. 2019다299393)

---

**사실관계** **SK텔레콤 주식회사 사건**

가. 피고는 정보통신사업 등을 영위하는 회사이다. 2011.10.1. 피고의 사업 부분 중 플랫폼(Platform) 분야가 분할되어 SK플래닛 주식회사(이하 'SK플래닛'이라 함)가 설립되었으며, 2016.3.1. SK플래닛의 분할을 통해 SK테크엑스 주식회사(이하 'SK테크엑스'라 함)가 설립되었다. 피고는 SK플래닛의 주식을 98.1% 보유하고 있고, SK테크엑스는 피고의 자회사로서, SK플래닛과 SK테크엑스는 모두 피고의 계열사이다.

나. 피고는 SK플래닛의 플랫폼 관련 전문성과 피고의 마케팅 경쟁력을 결합한 신규 사업인 '티밸리 사업'을 진행하였는데, 그 과정에서 SK플래닛과 SK테크엑스(이하 통칭하는 경우 'SK플래닛 등'이라 함)로부터 다수의 근로자를 전출받았다.

다. 위 전출과 관련해 피고는 SK플래닛과 사이에 'SK플래닛은 전출 근로자를 고용한 사업주로서 전출 근로자와 근로관계가 있음을 보증하고 임금 지급 등 노동관계법령상의 사용자 책임을 부담하며, 피고는 SK플래닛이 전출 근로자와의 근로관계를 유지하기 위해 소요되는 인건비를 6개월마다 정산하여 SK플래닛에게 지급한다.'는 내용의 비용정산 계약을 체결하였고, 위 계약에 따라 SK플래닛 등은 전출 근로자들에게 임금을 지급하였고, 피고는 SK플래닛 등에게 전출 근로자의 임금 상당액을 지급하였다.

라. 원고 1은 1999년 피고에 입사하여 2011.10.경 SK플래닛으로 소속이 변경되어 4년간 근무하던 중 2015.10.경 티밸리 사업의 담당 부서인 '티밸리 조직'으로 전출되었다. 원고2는 2015.3.30. SK플래닛에 입사한 후 소속이 SK테크엑스로 변경되었다가 2015.4.경 티밸리 조직으로 전출되었다. 2017.7.경 티밸리 사업이 종료되자 원고들은 SK테크엑스로 복귀하여 플랫폼 사업 업무를 담당하였고, 2018.9.경 SK테크엑스가 SK플래닛에 흡수 합병됨에 따라 다시 SK플래닛으로 소속이 변경되었다.

마. 원고들은 자신들이 피고의 티밸리 사업 업무를 수행하였고, 피고가 원고들을 업무수행과정에서 지휘·감독하였고, 근무시간·근무장소를 구속하였고, 근태관리 및 인사평가. 인사이동결정을 하였으며 임금도 사실상 피고가 지급하였으므로, 피고와 원고들 사이에는 직접적 근로계약관계 또는 묵시적 근로계약관계에 있다고 주장하였다(주위적 청구).

바. 설령 근로관계가 인정되지 않는다고 하더라도 피고는 원고들에 대하여 직·간접적으로 업무수행 자체에 관한 구속력이 있는 지시를 하는 상당한 지휘·명령을 하였고, 피고가 티밸리 조직의 인원 규모, 채용. 교육훈련, 근무시간, 휴가·휴일, 근태관리 등을 직접적으로 담당하였으므로 피고와 원고들 사이의 관계는 근로자파견관계에 해당하고, 피고는 근로자파견업 허가를 받지 않았으므로 「파견근로자 보호 등에 관한 법률」(이하 '파견법'이라 함)에 따라 원고들을 파견 받은 때부터 직접고용의무를 부담한다고 주장하였다(예비적 청구).

**판시사항**

[1] 파견법 제6조의2 제1항에 따른 직접고용의무는 '근로자파견을 업으로 하는 자'가 주체가 되어 행하는 근로자파견의 경우에 적용되는지 여부(**적극**) / '근로자파견을 업으로 하는 자'에 해당하는지 판단하는 기준 및 이때 근로자파견행위의 반복·계속성과 영업성은 원고용주를 기준으로 판단하여야 하는지 여부(**원칙적 적극**) / 고유한 사업 목적을 가지고 독립적 기업 활동을 영위하는 계열회사 간 전출에 따른 근로관계를 근로자파견관계로 단정할 수 있는지 여부(**소극**)

[2] 정보통신사업 등을 영위하는 甲주식회사의 플랫폼 사업 부문이 분할되어 乙주식회사가 설립되었고, 그 후 乙회사의 분할을 통해 플랫폼 사업을 전담하는 丙주식회사가 설립되었는데, 甲회사가 플랫폼 관련 신규 사업을 진행하면서 계열회사인 乙회사와 丙회사로부터 다수의 근로자를 전출받았고, 이에 따라 위 사업의 담당 부서로 전출되어 관련 업무를 수행한 乙회사 소속 근로자인 丁 등이 甲회사를 상대로 근로자지위확인 등을 구한 사안에서, 제반 사정에 비추어 乙회사와 丙회사를 '근로자파견을 업으로 하는 자'라고 보기는 어려운데도, 이와 달리 보아 甲회사의 직접고용의무를 인정한 원심판단에 법리오해의 잘못이 있다고 한 사례

# Ⅰ 파견법 제6조의2 제1항에 따른 직접고용의무는 '근로자파견을 업으로 하는 자'가 주체가 되어 행하는 근로자파견의 경우에 적용되는지 여부

파견법 제6조의2 제1항에 따른 직접고용의무는 근로자파견사업을 하는 파견사업주, 즉 근로자파견을 업으로 하는 자가 주체가 되어 행하는 근로자파견의 경우에 적용된다.

# Ⅱ '근로자파견을 업으로 하는 자'에 해당하는지 판단하는 기준 및 이때 근로자파견행위의 반복·계속성과 영업성은 원고용주를 기준으로 판단하여야 하는지 여부

'근로자파견을 업으로 하는 자'란 반복·계속하여 영업으로 근로자파견행위를 하는 자를 말하고, 이에 해당하는지는 근로자파견행위의 반복·계속성, 영업성 등의 유무와 원고용주의 사업 목적과 근로계약 체결의 목적, 근로자파견의 목적과 규모, 횟수, 기간, 태양 등 여러 사정을 종합적으로 고려하여 사회통념에 따라 판단하여야 할 것인바, 위와 같은 반복·계속성과 영업성은 특별한 사정이 없는 한 근로자파견행위를 한 자, 즉 원고용주를 기준으로 판단하여야 한다.

Ⅲ **고유한 사업 목적을 가지고 독립적 기업 활동을 영위하는 계열회사 간 전출에 따른 근로관계를 근로자파견관계로 단정할 수 있는지 여부**

전출은 근로자가 원소속 기업과의 근로계약을 유지하면서 휴직·파견·사외근무·사외파견 등의 형태로 원소속 기업에 대한 근로제공의무를 면하고 전출 후 기업의 지휘·감독 아래 근로를 제공함으로써 근로제공의 상대방이 변경되는 것으로서 근로자의 원소속 기업 복귀가 예정되어 있는 것이 일반적이다. 특히 고유한 사업 목적을 가지고 독립적 기업 활동을 영위하는 계열회사 간 전출의 경우 전출 근로자와 원소속 기업 사이에는 온전한 근로계약 관계가 살아있고 원소속 기업으로의 복귀 발령이 나면 기존의 근로계약 관계가 현실화되어 계속 존속하게 되는바, 위와 같은 전출은 외부 인력이 사업조직에 투입된다는 점에서 파견법상 근로자파견과 외형상 유사하더라도 그 제도의 취지와 법률적 근거가 구분되므로, 전출에 따른 근로관계에 대하여 외형상 유사성만을 이유로 원소속 기업을 파견법상 파견사업주, 전출 후 기업을 파견법상 사용사업주의 관계로 파악하는 것은 상당하지 않고, 앞서 본 바와 같이 여러 사정을 종합적으로 고려하여 신중하게 판단하여야 한다.

Ⅳ **사안의 적용**

위 제반사정 등을 종합적으로 고려할 때, 사안의 적용은 아래와 같다.

1) 원고용주가 근로자파견으로 인한 대가나 수수료 혹은 이와 동일시할 수 있는 경제적 이익을 취득하였는지는 근로자파견행위의 영업성을 인정함에 있어 중요한 요소가 된다. 앞서 본 바와 같이 SK플래닛 등은 전출 근로자에게 임금을 지급한 후 피고와의 비용정산 계약에 따라 피고로부터 임금 상당액 등을 지급받았을 뿐, 근로자 전출과 관련한 별도의 대가나 수수료는 취득하지 않았고 이와 동일시할 수 있는 경제적 이익을 취득하였다고 보기도 어렵다. SK테크엑스가 매출의 대부분을 피고에게 의존한다는 사정은 피고가 SK테크엑스의 지분을 100% 보유한 특수한 관계에서 기인하는 것으로, 위 매출을 근로자 전출의 대가로 평가할 수 없다. 원심이 피고가 원고들을 비롯한 전출 근로자들을 직접 고용하는 경우에 비하여 초과근로수당 등을 적게 지급하는 이익을 얻었다는 사정을 들어 SK플래닛 등에 전출 행위의 영업성을 인정한 것은 원고용주가 아닌 전출 후 기업의 사정을 기준으로 판단한 것으로서 잘못이다.

2) 앞서 본 SK플래닛 등의 주된 영업 분야, 자산 규모와 운영조직 등을 감안하면, 원고용주인 SK플래닛 등의 사업 목적은 근로자파견과 무관하다.

3) 원고 1의 입사 및 전적 시점과 ◇◇◇ 조직으로의 전출 시기 등에 비추어 보면, 원고 1에 대한 근로계약 체결 목적은 근로자파견과 무관하다고 봄이 타당하다. 원고 2를 비롯한 일부 근로자들이 SK플래닛 등에 입사한 후 바로 ◇◇◇ 조직으로 전출되기는 하였으나, 이는 동일한 기업집단에 속한 피고와 SK플래닛 등이 각 회사의 주된 사업 분야와 ◇◇◇ 사업의 내용 및 특성, 신규 채용 인력의 향후 활용가능성 등을 감안한 결정으로 보이고, 여기에 ◇◇◇ 조직으로 전출된 근로자들은 원칙적으로 원소속 부서로의 복귀가 예정되어 있었고 실제 ◇◇◇

사업 종료 후 원고들을 비롯한 전출 근로자들이 SK플래닛 등으로 복귀하여 근무하는 점까지 더하여 보면, 원고 2 등에 대한 근로계약 체결의 목적 또한 근로자파견을 위한 것이라고 판단되지 않는다.

4) ◇◇◇ 사업의 내용과 특성상 플랫폼 사업에 관한 경험과 지식을 보유한 다수의 인력이 필요하였을 것인바, 피고의 계열회사이자 플랫폼 관련 전문성을 보유한 SK플래닛 등 소속 근로자는 위 사업에 적합한 인력이었고, 피고와 SK플래닛 등이 속한 기업집단의 사업상 필요와 인력 활용의 효율성 등을 고려한 기업집단 차원의 의사결정에 따라 원고들의 전출이 이루어진 것으로 보인다.

5) 파견법이 규정한 직접고용의무 규정은 근로자파견의 상용화·장기화를 방지하고 그에 따른 파견근로자의 고용안정을 도모하는 데에 그 입법 취지가 있는바(대판 2022.1.27. 2018다207847 등 참조), 원고들의 ◇◇◇ 조직으로의 전출과 담당 업무, 복귀 경위와 그 이후의 상황 등에 비추어 보면, 원고들이 근로자파견의 상용화·장기화 내지 고용불안 등의 상황에 처해 있다고 보기도 어렵다.

## Ⅴ  결론49)

본래 전출은 근로자가 전출된 기업에서 해당 기업 소속 근로자와 동일한 조직에서 동일한 업무에 종사하고 해당 기업의 지휘·감독을 받는 것을 전제로 하고, 전출기간이 만료하면 원소속 기업으로의 복귀가 예정되어 있는 것이 원칙이다. 실제로 이 사건 원고들은 전출기간 동안 SK플래닛 등에 대한 근로제공의무를 면하고, 피고의 티밸리 조직에서 피고의 지휘·감독을 받으며 피고 소속 근로자와 동일한 업무에 종사하였다가 원소속 기업인 SK플래닛으로 복귀하여 근무하였다. 이 사건에서 피고는 티밸리 사업을 진행하면서 플랫폼 사업에 관한 경험과 지식을 보유한 인력이 필요하였는데, 피고의 계열회사이자 플랫폼 사업 관련 전문성을 보유한 SK플래닛 등의 소속 근로자들이 적합한 인력이었기에 사업상 필요와 인력 활용의 효율성 등을 고려하여 기업집단 차원의 의사결정에 따라 원고들을 전출 받았던 것이다.

만일 2심의 판단처럼 전출이 파견과 유사한 방식으로 이루어진다는 점에만 주안점을 두어 원소속 기업을 파견법상 파견사업주로 보고 전출 후 기업을 사용사업주로 보게 되면, 모든 전출이 불법파견이 되고 마는 어처구니없는 상황이 초래하게 된다.

---

49) 조성혜 동국대학교 법과대학 교수, 포커스

## 주요 판례 08

### [차별적 처우] 기간제 근로자에 대한 차별처우 문제
(대판 2019.9.26. 2016두47857)

---

**사실관계** **강원랜드 사건**

가. 회사는 근로자 甲 등과 딜러(Dealer)업무를 수행하기로 하는 기간제 근로계약을 체결하고, 근로자 甲 등은 2012.8.20.부터 2014.3.31.까지 3차례 계약기간을 연장하여 카지노 사업장에서 근무하였다.

나. 기간제 딜러인 근로자 甲들 중에서 4명은 회사 입사 전에 카지노에서 근무한 경력이 없고, 1명은 근무경력이 1년 있었다.

다. 근로자 甲 등은 회사의 정규직 딜러와 마찬가지로 카지노 사업장에서 딜러업무를 수행하였는데, 정규직 딜러는 블랙잭, 바카라, 룰렛 등 8개 종목을 진행한 반면, 근로자 甲 등은 블랙잭, 바카라 등 2개 종목만을 진행하였다.

라. 근로자 甲 등은 임금은 '시급제'로, 연봉은 기본급여로 2,900만원~4,200만원(수당 없음)이었고, 정규직 딜러는 호봉제로 '기본급+각종 수당+정기상여금+특별상여금+호텔봉사료' 등 연봉은 5,500만원(1호봉)이었다.

마. 근로자 甲 등은 정규직 딜러와 달리 특별상여금, 호텔봉사료를 지급받지 못했다. 호텔봉사료는 회사에서 고객들에게 제공한 숙박, 식사 등의 서비스 대가에서 10% 상당 금원을 고객들로부터 징수하여 기간제 딜러를 제외한 정규직 모든 직원에게 균등하게 배분하였다.

바. 근로자 甲 등은 회사가 기간제 딜러에게 특별상여금과 호텔봉사료를 지급하지 않은 것은 기간제법 제8조 제1항에 위반되는 차별이라고 주장하면서 강원지방노동위원회에 차별의 시정을 구하는 신청을 하였다.

사. 이에 대해 강원지방노동위원회는 2014.7.9. 회사가 근로자 甲 등에게 특별상여금, 호텔봉사료 등을 지급하지 않은 것은 기간제 및 단시간 근로자 보호 등에 관한 법률 제8조 제1항의 합리적인 이유 없는 차별적 처우라고 인정하였다.

아. 회사는 위 초심판정에 불복하여 중앙노동위원회에 재심을 신청하였는데, 중앙노동위원회는 2014.10.21. 회사의 재심신청을 기각하였다(이하 '이 사건 재심판정'이라 함). 이 사건 재심판정은 회사의 정규직 딜러로 채용되기 위해서는 우선 계약직 딜러(근로자 甲들과 같은 기간제 딜러와는 다른 개념이다) 등으로 1년 6개월에서 2년 정도 근무해야 하는 점을 고려하여, 근로자 甲들에게 불리한 처우가 있었는지를 판단하기 위해 비교대상으로 삼아야 할 근로자(이하 '비교대상 근로자'라 함)는, 외부 근무경력이 2년인 근로자의 경우 사원 1호봉의 정규직 딜러, 외부 근무경력이 1년인 근로자의 경우 사원 1호봉의 정규직 딜러보다 호봉이 1단계 낮은 마이너스 1호봉의 정규직 딜러, 외부 근무경력이 없는 근로자의 경우 사원 1호봉의 정규직 딜러보다 호봉이 2단계 낮은 마이너스 2호봉의 정규직 딜러라고 보았다. 그런데 회사의 직제상 마이너스 호봉의 근로자는 존재하지 않는다.

---

**판시사항**

[1] 기간제 근로자에 대한 차별적 처우가 있는지를 판단하기 위한 비교대상 근로자로 가상의 호봉을 적용받는 근로자를 설정할 수 있는지 여부(소극)

[2] 기간제 근로자가 기간제 근로자임을 이유로 임금에서 비교대상 근로자에 비하여 차별적 처우를 받았다고 주장하며 차별 시정을 신청하는 경우, 불리한 처우가 존재하는지 판단하는 방법

[3] 임금 세부 항목별이 아닌 각 범주별로 기간제근로자에게 불리한 처우가 존재하는지 판단하는 경우, 합리적 이유가 있는지 여부도 범주별로 판단하여야 하는지 여부(적극) / 이때 합리적인 이유가 없는 경우의 의미 및 합리적인 이유가 있는지 판단하는 방법

---

## Ⅰ 기간제 근로자에 대한 차별적 처우가 있는지를 판단하기 위한 비교대상 근로자로 가상의 호봉을 적용받는 근로자를 설정할 수 있는지 여부

기간제 및 단시간근로자 보호 등에 관한 법률(이하 '기간제법'이라 함) 제8조의 차별금지 의무는 원칙적으로 사용자에게 부과되기 때문에 비교대상 근로자는 동일한 사용자에게 고용된 근로자에 한정된다는 점에서, 이 사건 회사에서 이 사건 근로자들과 유사한 업무에 종사하고 근무기간도 비교적 근사(近似)한 정규직 딜러가 존재함에도 그러한 비교대상 근로자를 배제하고 직제 상으로도 존재하지 아니하고 존재할 가능성도 없는 가상의 비교대상 근로자를 상정하여 그를 비교대상 근로자로 선정하여야 한다는 회사의 주장은 합리적 근거가 없는 것이어서 받아들일 수 없다.

## Ⅱ 기간제 근로자가 기간제 근로자임을 이유로 임금에서 비교대상 근로자에 비하여 차별적 처우를 받았다고 주장하며 차별 시정을 신청하는 경우, 불리한 처우가 존재하는지 판단하는 방법

기간제 근로자가 기간제 근로자임을 이유로 임금에서 비교대상 근로자에 비하여 차별적 처우를 받았다고 주장하면서 차별시정을 신청하는 경우, 원칙적으로 기간제 근로자가 불리한 처우라고 주장하는 임금의 세부 항목별로 비교대상 근로자와 비교하여 불리한 처우가 존재하는지를 판단하여야 한다.

다만, 기간제 근로자와 비교대상 근로자의 임금이 서로 다른 항목으로 구성되어 있거나, 기간제 근로자가 특정항목은 비교대상 근로자보다 불리한 대우를 받은 대신 다른 특정항목은 유리한 대우를 받은 경우 등과 같이 항목별로 비교하는 것이 곤란하거나 적정하지 않은 특별한 사정이 있는 경우라면, 상호 관련된 항목들을 범주별로 구분하고 각각의 범주별로 기간제 근로자가 받은 임금 액수와 비교대상 근로자가 받은 임금 액수를 비교하여 기간제 근로자에게 불리한 처우가 존재하는지를 판단하여야 한다.

이러한 경우 임금의 세부 항목이 어떤 범주에 속하는지는 비교대상 근로자가 받은 항목별 임금의 지급근거, 대상과 그 성격, 기간제 근로자가 받은 임금의 세부 항목 구성과 산정 기준, 특정 항목의 임금이 기간제 근로자에게 지급되지 않거나 적게 지급된 이유나 경위, 임금 지급관행 등을 종합하여 합리적이고 객관적으로 판단하여야 한다.

**Ⅲ 임금 세부 항목별이 아닌 각 범주별로 기간제 근로자에게 불리한 처우가 존재하는지 판단하는 경우, 합리적 이유가 있는지 여부도 범주별로 판단하여야 하는지 여부 및 이때 합리적인 이유가 없는 경우의 의미 및 합리적인 이유가 있는지 판단하는 방법**

임금 그 밖의 근로조건 등에서 합리적인 이유 없이 불리하게 처우하는 것을 차별적 처우로 정의하고 있는 기간제법 제2조 제3호의 규정 내용을 고려하면, 임금 세부 항목별이 아닌 각 범주별로 기간제 근로자에게 불리한 처우가 존재하는지를 판단하여야 할 때에는 합리적 이유가 있는지 여부도 범주별로 판단하여야 한다.

여기에서 합리적인 이유가 없는 경우란 기간제 근로자를 달리 처우할 필요성이 인정되지 않거나, 달리 처우할 필요성이 인정되더라도 그 방법·정도 등이 적정하지 않은 것을 뜻한다. 합리적인 이유가 있는지는 개별 사안에서 문제가 된 불리한 처우의 내용과 사용자가 불리한 처우의 사유로 삼은 사정을 기준으로, 급부의 실제 목적, 고용형태의 속성과 관련성, 업무의 내용과 범위·권한·책임, 노동의 강도·양과 질, 임금이나 그 밖의 근로조건 등의 결정요소 등을 종합적으로 고려하여 판단하여야 한다.

**Ⅳ 대상판결의 의의[50]**

이번 대법원 판결에서는 카지노 기간제 딜러와 정규직 딜러 사이의 차별문제에 있어서 불리한 처우와 관련한 비교대상자 선정을 직제상에 있는 자로 한정하고, 회사가 카지노 기간제 딜러에게 특별상여금을 지급하지 않은 것은 합리적인 이유가 있으나, 일방적으로 균등 지급하는 호텔 봉사료를 지급하지 않은 것은 합리적인 이유가 없는 차별에 해당한다고 원심을 파기환송한 점에서 의미가 있다.

---

[50] 이승길 아주대학교 법학전문대학원 교수, 포커스; 심재진, "비정규직(기간제) 근로자 차별사건에서의 불리한 처우와 합리적 이유의 판단방식"

# 제9장 산재보상 등

제 02 편

**주요 판례** 01

## [업무상 재해 1] 노조전임자가 노동조합 업무수행 중 입은 재해가 업무상 재해에 해당하는지 여부 등 (대판 2007.3.29. 2005두11418)

**사실관계**    **전국민주택시노동조합 충효택시 사건**

가. 원고는 1993년 충효택시 주식회사에 입사하여 택시기사로 근무하면서 전국민주택시노동조합 충효택시 분회 부분회장으로의 업무도 수행하여 왔는데, 전국민주택시노동조합이 충남 태안군 안면읍 소재 샛별해 수욕장에서 개최한 '2001년 여름 해변수련학교'라는 행사에 참가하여 2001.8.21. 11시 30분경 행사의 하나인 바닷물 높이뛰기 경기를 하던 중 백사장에 머리를 부딪치는 사고를 당하여 '사지마비, 요골건 손상, 천추부 욕창, 경추부 골절, 경추신경 손상, 신경인성 방광'의 부상(이하 '이 사건 상병'이라 함)을 입었다.

나. 이에 원고는 2002.3.29. 피고에게 이 사건 상병에 대한 요양신청을 하였으나, 피고는 2002.4.30. 위 행사 의 주최자가 위 회사가 아닌 전국민주택시노동조합으로서 사업주인 위 회사의 지배·관리 하에서 발생한 업무상 재해가 아니라는 취지의 이유를 들어 요양불승인처분을 하였다.

**판시사항**

회사의 승낙에 의한 노조전임자가 노동조합 업무수행 중 입은 재해가 업무상 재해에 해당하는지 여부(**원칙적 적극**) 및 위 노조전임자의 노동조합 업무에 산업별 노조의 업무가 포함되는지 여부(**적극**)

## I 회사의 승낙에 의한 노조전임자가 노동조합 업무수행 중 입은 재해가 업무상 재해에 해당하는지 여부

노조전임자가 근로계약상 본래 담당할 업무를 면하고 노동조합의 업무를 전임하게 된 것이 단체협약 혹은 사용자인 회사의 승낙에 의한 것이라면, 이러한 전임자가 담당하는 노동조합 업무는, 그 업무의 성질상 사용자의 사업과는 무관한 상부 또는 연합관계에 있는 노동단체와 관련된 활동이나 불법적인 노동조합 활동 또는 사용자와 대립관계로 되는 쟁의단계에 들어간 이후의 활동 등이 아닌 이상, 회사의 노무관리업무와 밀접한 관련을 가지는 것으로서 사용자가 본래의 업무 대신에 이를 담당하도록 하는 것이어서 그 자체를 바로 회사의 업무로 볼 수 있고, 따라서 그 전임자가 노동조합 업무를 수행하거나 이에 수반하는 통상적인 활동을 하는 과정에서 그 업무에 기인하여 발생한 재해는 산업재해보상보험법 제4조 제1호 소정의 업무상 재해에 해당한다.

## II 노조전임자의 노동조합 업무에 산업별 노조의 업무가 포함되는지 여부

산업별 노동조합은 기업별 노동조합과 마찬가지로 동종 산업에 종사하는 근로자들이 직접 가입하고 원칙적으로 소속 단위사업장인 개별 기업에서 단체교섭 및 단체협약체결권과 조정신청 및 쟁의권 등을 갖는 단일조직의 노동조합이라 할 것이므로, 산업별 노조의 노동조합 업무를 사용자의 사업과 무관한 상부 또는 연합관계에 있는 노동단체와 관련된 활동으로 볼 수는 없다.

## III 사안의 적용

위 내용 및 사실관계 등을 종합적으로 고려할 때, 원고는 산업별 노동조합인 전국민주택시노동조합의 단위사업장 분회인 충효택시(주) 분회의 부분회장으로서, 단체협약에 기하여 월 5일간의 노동조합업무에 전임하던 자이며, 회사의 승낙 하에 전임근무기간을 활용하여 전국민주택시노동조합이 개최한 이 사건 행사에 참가하였다가 재해를 입은 것이고, 이 사건 행사는 노조간부들의 휴식과 친목 도모뿐만 아니라 택시업체 노사관계의 중요한 쟁점인 월급제 정착에 관한 토론 등을 목적으로 하여 개최된 것이므로, 이와 같은 원고의 지위와 원고가 이 사건 행사에 참가하게 된 경위, 이 사건 행사의 목적이나 내용 등에 비추어 볼 때, 원고가 입은 이 사건 재해는 노조전임자인 원고가 노동조합 업무를 수행하거나 이에 수반하는 통상적인 활동을 하는 과정에 입은 것으로 업무상 재해에 해당한다고 할 것이다.

## 주요 판례 02

**[업무상 재해 2] 모(母)의 업무에 기인한 '태아의 건강손상' 또는 '출산아의 선천성 질환'을 업무상 재해로 볼 수 있는지 여부** (대판 2020.4.29. 2016두41071)

### 사실관계    제주의료원 사건

가. 원고들(여성근로자)은 제주특별자치도 제주의료원에서 근무하는 간호사들로 모두 공통적으로 2009년에 임신하여 2010년에 비슷한 시기에 아이를 출산하였다. 그런데 출산한 아이(출산아)들이 모두 '선천성 심장질환'을 갖고 태어났다.

나. 제주의료원에 근무하던 간호사들 중 2009년에 임신한 사람은 원고들을 포함하여 15명이었는데 그중 6명만이 건강한 아이를 출산하였을 뿐이고, 5명은 유산하였으며, 원고들 4명은 '선천성 심장질환아'를 출산하였다.

다. 원고들은 2012.12.11. 2011년 노사합의에 의한 역학보고서의 내용을 토대로 임신초기에 임신한 여성과 태아의 건강에 노출되어 유해한 요소들에 의해 태아의 심장형성에 장애가 발생하였기 때문에 선천성 심장질환아의 출산이 산업재해보상보험법(이하 '산재법'이라 함)의 업무상 재해에 해당한다고 주장하며 피고(근로복지공단 제주지사)에 요양급여를 청구하였다.

라. 피고는 2012.12.27. 업무상 재해란 근로자 본인의 부상·질병·장해·사망만을 의미하며, 원고들의 자녀(태아)는 산재법의 적용을 받는 근로자로 볼 수 없다는 이유로 요양급여 부지급처분을 하였다(1차 처분). 그 후 다시 요양급여를 청구하였고, 피고는 2013.9.26. 자료보완 요구, 2013.10.경 자료추가 제출, 피고는 2013.11.6. 민원서류 반려처분을 하였다(2차 처분).

### 판시사항

[1] 임신한 여성 근로자에게 업무에 기인하여 발생한 '태아의 건강손상'이 산재법 제5조 제1호에서 정한 근로자의 '업무상 재해'에 포함되는지 여부(적극)

[2] 임신한 여성 근로자에게 업무에 기인하여 모체의 일부인 태아의 건강이 손상되는 업무상 재해가 발생하여 산재법에 따른 요양급여 수급관계가 성립한 후 출산으로 모체와 단일체를 이루던 태아가 분리된 경우, 이미 성립한 요양급여 수급관계가 소멸되는지 여부(소극)

## Ⅰ 임신한 여성 근로자에게 업무에 기인하여 발생한 '태아의 건강손상'이 산재법 제5조 제1호에서 정한 근로자의 '업무상 재해'에 포함되는지 여부

산재보험제도와 요양급여제도의 취지, 성격 및 내용 등을 종합하면, 산재법의 해석상 임신한 여성 근로자에게 그 업무에 기인하여 발생한 '태아의 건강손상'은 여성 근로자의 노동능력에 미치는 영향 정도와 관계없이 산재법 제5조 제1호에서 정한 근로자의 '업무상 재해'에 포함된다.

## Ⅱ 임신한 여성 근로자에게 업무에 기인하여 모체의 일부인 태아의 건강이 손상되는 업무상 재해가 발생하여 산재법에 따른 요양급여 수급관계가 성립한 후 출산으로 모체와 단일체를 이루던 태아가 분리된 경우, 이미 성립한 요양급여 수급관계가 소멸되는지 여부

임신한 여성 근로자에게 업무에 기인하여 모체의 일부인 태아의 건강이 손상되는 업무상 재해가 발생하여 산재법에 따른 요양급여 수급관계가 성립하게 되었다면, 이후 출산으로 모체와 단일체를 이루던 태아가 분리되었다 하더라도 이미 성립한 요양급여 수급관계가 소멸된다고 볼 것은 아니다. 따라서 여성 근로자는 출산 이후에도 모체에서 분리되어 태어난 출산아의 선천성 질병 등에 관하여 요양급여를 수급할 수 있는 권리를 상실하지 않는다.

## Ⅲ 사안의 적용

### 1. 업무에 기인한 '태아의 건강손상'이 근로자의 업무상 재해에 해당하는지 여부

① 산재법에는 태아의 권리능력을 인정하는 별도의 규정이 없으므로 산재법의 해석상 모체와 태아는 '한 몸' 즉 '본성상 단일체'로 취급되는바, 태아는 모체 없이는 존재하지도 않고 존재할 수도 없으며, 태아는 모체의 일부로 모(母)와 함께 근로현장에 있기 때문에 언제라도 사고와 위험에 노출될 수 있는 점, ② 산재법상 요양급여는 근로자가 업무상의 사유로 부상을 당하거나 질병에 걸린 경우에 그 근로자에게 지급하는 것이므로, 장해급여와는 달리 그 부상이나 질병으로 인하여 반드시 노동능력을 상실할 것을 요건으로 하지는 않는 점, ③ 산업재해의 위험을 사업주나 근로자 어느 일방에게 전가하지 않고 공적 보험을 통해 분담하도록 하는 것이 산재보험제도의 목적에 충실한 해석인 점, ④ 산재보험이 민사상 구제에서 사회보험으로 발전하게 된 계기, 민사상 불법행위책임 증명의 어려움, 사업주의 무자력, 구제기간의 장기화 등을 고려하면, 임신한 여성 근로자의 업무에 기인한 태아의 건강손상을 업무상 재해에 포함시켜 산재법의 적용을 받도록 하는 것이 근로자는 물론이고 사업주에게도 바람직한 점 등을 종합적으로 고려할 때, 태아의 건강손상은 근로자의 업무상 재해에 해당한다고 할 것이다.

### 2. 출산으로 여성 근로자가 요양급여 수급권을 상실하는지 여부

산재법상 근로자에게 업무상 재해가 발생하여 보험급여 수급과 관련한 기초적 법률관계가 성립한 이상, 근로자가 그 후로 근로자의 지위를 상실하더라도 이러한 보험급여 수급관계에 어떠한 영향을 미치지 않는다. 산재법 제88조 제1항도 "근로자의 보험급여를 받을 권리는 퇴직하여도 소멸되지 아니한다."라고 규정하고 있다.

산재법상 업무상 재해는 업무상의 사유로 근로자에게 재해가 발생할 것, 다시 말해 업무와 재해 사이의 상당인과관계가 있을 것만을 요건으로 할 뿐이지, 질병의 발병 시점이나 보험급여의 지급 시점에 재해자 또는 수급권자가 여전히 근로자일 것을 요건으로 하지 않으므로, 출산으로 모체와 태아의 인격이 분리된다는 사정만으로 그 전까지 업무상 재해였던 것이 이제는 업무상 재해가 아닌 것으로 변모한다고 볼 수는 없기 때문이다.

산재법상 요양급여는 산재보험 의료기관에서 의료서비스를 받는 현물급여가 원칙이며 예외적으로 의료서비스를 갈음하여 요양비가 지급될 수 있다(제40조 제2항). 출산 이후에도 여성 근로자를 요양급여의 수급권자로 보더라도, 그 요양급여의 내용은 출산아의 선천성 질병 등을 치료하기 위한 의료서비스의 제공이 되어야 한다는 점은 분명하다. 이러한 내용의 요양급여를 제공받기 위하여 출산 이후에 요양급여 청구서를 모(母)인 여성 근로자 명의로 작성하여 제출하도록 할 것인지, 아니면 자녀인 출산아 명의로 작성하여 제출하도록 할 것인지는 법기술적인 제도 운용의 문제일 뿐이다. 임신한 여성 근로자에게 그 업무에 기인하여 태아의 건강손상이라는 업무상 재해가 발생한 것이 맞다면, 출산 이후에 요양급여 청구서를 누구 명의로 작성하여 제출하였는지가 출산아의 선천성 질병 등에 관하여 요양급여 제공을 거부할 정당한 사유는 될 수 없다.

산재법상 업무상 재해 개념을 해석·적용함에 있어서, 여성 근로자의 임신 중에는 태아가 모체와 일체를 이루고 있다고 보아 태아의 건강손상에 관하여 여성 근로자에게 요양급여 수급권을 인정하다가 여성 근로자의 출산 이후에는 모체와 분리되었다는 이유로 갑자기 그 출산아의 선천성 건강손상에 관하여 수급권을 부정하는 것은, '근로자의 업무상 재해를 신속하고 공정하게 보상하여 근로자 보호에 이바지'한다는 우리 산재법의 입법 목적에도 위배된 것일 뿐만 아니라 헌법 제34조 제2항, 제6항에 의한 생존권적 기본권을 제대로 보장하지 못하고 헌법 제32조 제4항에 의한 여자의 근로에 대한 특별한 보호와 차별금지, 헌법 제36조 제2항에 의한 모성 보호의무를 제대로 구현하지 못하는 해석이다.

## Ⅳ 대상판결의 의의[51]

이번 대법원 판결은 '태아의 건강손상' 또는 출산아의 '선천성 질병'에 관하여 원고들(母, 여성근로자, 간호사)의 업무상 재해로 포섭할 수 없어 산재법상 요양급여의 수급권자가 될 수 없다고 본 원심판결을 파기환송한 사례이다. 대상판결의 의의는 '태아의 건강손상 또는 출산아의 선천성 질환'이 산재법상 근로자의 '업무상 재해'에 포함되는지 여부에 관한 최초의 판례라는 점에서 의의가 크다. 또한 산재보험제도를 통하여 근로자의 권리구제를 받을 수 있는 경우로 확대해, 원고들(母, 여성근로자, 간호사)에게 산재법상 요양급여의 수급권자가 될 수 있다고 판시하였다.

---

51) 이승길 아주대학교 법학전문대학원 교수, 포커스

## 주요 판례 03

## [업무상 재해 3] 오토바이 배달대행 서비스업 배달원과 산재법상 근로자
### (대판 2018.4.26. 2017두74719)

### 사실관계

가. 乙은 甲이 운영하는 배달대행업체의 배달원으로, 스마트폰 애플리케이션을 이용하여 음식점 배달업무를 수행하였다.

나. 그런데 乙은 음식을 배달하다가 빗길 교통사고로 사망하였는바, 乙의 아버지는 관할 근로복지공단에 乙이 산업재해로 사망하였다며 유족급여 및 장의비 지급을 청구하였다.

다. 근로복지공단은 乙을 산업재해보상보험법상 특수형태근로종사자로 판단하고 乙의 아버지 등 유족에게 약 6,700만원을 지급한 뒤 甲의 배달대행업체에 위 금액의 절반 금액을 산재보험료로 징수하겠다고 통보하였다.

라. 이에 대해 甲은 근로복지공단을 상대로 乙은 산재보험 적용 대상자가 아니므로 근로복지공단의 산재보험료 부과 처분은 부당하다며, 처분의 취소를 구하는 소송을 제기하였다.

### 판시사항

오토바이배달대행 등의 서비스업을 영위하는 甲에게서 이륜자동차 1대를 임차하여 스마트폰 애플리케이션을 통하여 의뢰받은 음식점 배달 업무를 수행하던 중 오토바이가 빗길에 미끄러지면서 승용차와 충돌하는 사고로 사망한 乙이 특수형태근로종사자에 해당하는지가 문제 된 사안에서, 구(舊) 산업재해보상보험법 시행령 제125조 제6호는 '주로' 하나의 퀵서비스업자로부터 업무를 의뢰받아 배송업무를 하는 사람으로 명시하고 있어 소속 배달원들이 다른 배달 업체의 스마트폰 애플리케이션을 이용할 가능성이 있다는 사정만으로 배달원의 '전속성'을 부정할 수는 없는 점 등에 비추어, 乙에게 특수형태근로종사자의 요건인 '전속성'을 인정할 수 있음에도 이와 달리 보아 특수형태근로종사자에 해당하지 않는다고 단정한 원심판단에 법리를 오해한 잘못이 있다고 한 사례

## Ⅰ 乙이 특수형태근로종사자에 해당하는지 여부

산업재해보상보험법 제125조 제1항은 계약의 형식에 관계없이 근로자와 유사하게 노무를 제공함에도 근로기준법 등이 적용되지 아니하여 업무상의 재해로부터 보호할 필요가 있는 자로서 '주로 하나의 사업에 그 운영에 필요한 노무를 상시적으로 제공하고 보수를 받아 생활하고, 노무를 제공함에 있어서 타인을 사용하지 않는 자'(제1호, 제2호) 중 대통령령으로 정하는 직종에 종사하는 자(이하 '특수형태근로종사자'라고 함)의 노무를 제공받는 사업은 산업재해보상보험법의 적용을 받는 사업으로 본다고 규정하고 있다. 그 위임에 따른 구(舊) 산업재해보상보험법 시행령(2016.3.22. 대통령령 제27050호로 개정되기 전의 것. 이하 같다) 제125조 제6호는 특수형태근로종사자의 하나로 '한국표준직업분류표의 세분류에 따른 택배원인 사람으로서 고용노동부장관이 정하는 기준에 따라 주로 하나의 퀵서비스업자로부터 업무를 의뢰받아 배송 업무를 하는 사람'을 규정하고 있다.

이에 따라 제정된 고용노동부의 「퀵서비스기사의 전속성 기준」(2012.4.11. 고용노동부 고시 제2012-40호)은 '주로 하나의 퀵서비스업자로부터 업무를 의뢰받아 배송업무를 하는 사람'이란 '하나의 퀵서비스업체에 소속(등록)되어 그 업체의 배송 업무만 수행하는 사람'(제1항) 또는 '하나의 퀵서비스업체에 소속(등록)되어 그 업체의 배송 업무를 수행하면서 부분적으로 다른 업체의 배송 업무를 수행하는 사람으로서 다음 각 호의 어느 하나에 해당하는 사람'(제2항)을 말한다고 규정하면서, 제2항 각 호에서 '소속(등록)업체의 배송 업무를 우선적으로 수행하기로 약정한 경우'(가호), '순번제 등 소속(등록)업체가 정하는 방식으로 업무를 배정받아 수행하는 경우'(나호), '업무를 수행함에 있어 퀵서비스 휴대용정보단말기(PDA 등)를 사용하지 않거나, 수익을 정산함에 있어 월비 등을 정액으로 납부하는 등 사실상 소속(등록) 업체 배송 업무를 주로 수행하는 경우'(다호) 등을 규정하고 있다.

위 규정들의 내용 및 취지 등에 비추어볼 때, 사안의 경우 ① 구(舊) 산업재해보상보험법 시행령 제125조 제6호는 '주로' 하나의 퀵서비스업자로부터 업무를 의뢰받아 배송업무를 하는 사람으로 명시하고 있다. 따라서 소속 배달원들이 다른 배달 업체의 스마트폰 애플리케이션을 이용할 가능성이 있다는 사정만으로 배달원의 '전속성'을 부정할 수는 없는 점, ② 게다가 망인은 이 사건 사업장 외에 다른 사업장의 배달업무 등을 실제로 수행한 사실이 없다. 따라서 업무의 성격상 망인의 선택에 따라 다른 사업장의 배달업무 등을 함께 수행할 수 있는 추상적 가능성이 있다는 점은 망인에 관한 '전속성'을 인정하는 데 장애가 되지 않는 점, ③ 산업재해보상보험법이 특수형태근로종사자 보호를 위한 특별규정을 둔 취지는 근로기준법상 근로자에 해당하지는 아니하나 업무상 재해로부터 보호할 필요성이 있는 경우에 해당 종사자를 보호하기 위함이다. 그런데 원심이 특수형태근로종사자의 전속성을 판단하면서 제시한 기준은 결국 근로기준법상 근로자성을 판단하는 기준과 크게 다르지 않으며, 이러한 기준에 따를 경우 위와 같은 법의 취지를 몰각시키게 되는 점, ④ 한편 2017.3.31. 개정된 「퀵서비스기사의 전속성 기준」(고용노동부 고시 제2017-21호)에서는 전속성 인정을 위한 기준으로 '소속(등록) 업체에서 전체 소득의 과반 소득을 얻거나 전체 업무시간의 과반을 종사하는 사람'을 추가하고 있다. 이처럼 고시가 개정된 이유 역시 앞서 본 법령의 취지에 따라 전속성에 관한 해석을 명확히 하기 위한 것으로 볼 수 있다는 점을 종합적으로 고려할 때, 乙이 특수형태근로종사자에 해당하지 않는다고 단정할 수 없다.

## Ⅲ 대상판결의 의의[52]

원심법원은 업무 중 사망한 스마트폰 애플리케이션 배달원(乙)이 실제로는 다른 사업장의 배달 업무를 수행하지는 않았으나, 다른 배달업체의 배달 업무를 수행하는데 제약이 없었고, 원고(甲)에게 노무를 상시적으로 제공한다거나 노무를 제공할 때 타인을 사용하지 않는다는 등의 약정도 없었다는 이유로 그 전속성을 부정하여 산재법상 특수형태근로종사자에 해당하지 않는다고 판단했다. 그러나 대법원은 원심판결을 파기하였다.

대상판결에 대해 결과적으로 배달노동자가 산업재해보상보험법의 적용을 받게 된 것은 참으로 다행이지만, 스마트폰 애플리케이션 배달대행업체 배달원을 "근로자와 유사하게 노무를 제공하는 자로서 일정 직종에 종사하는 자, 즉 '특수형태근로종사자'라고 판단한 대법원의 논리에는 동의할 수 없다는 지적도 있다.[53]

디지털 플랫폼에서 시공간이 특정되지 아니한 채 근로를 제공하는 근로자는 항시적인 종속 상태에 놓이게 된다. 그러므로 배달원들의 업무시간이나 근무 장소가 별도로 정해지지 않았다는 사정은 근로자성을 부정하는 이유가 될 수 없다. 나아가 근로시간과 근무 장소의 불특정은 디지털 플랫폼 노동 같은 성질의 업무에 고유한 종속성의 특징을 드러낸다는 점을 인식할 필요가 있으므로 디지털 플랫폼 배달원과 산재법상 근로자성을 인정해야 한다는 입장도 있다.[54]

> **memo**

---

52) 박수근 한양대학교 법학전문대학원 교수
53) 김형동 "플랫폼 노동과 배달앱 노동자 산재판결", 「월간 노동법률」(2018년 12월) 중앙경제사
54) 박재성 "디지털 플랫폼 근로자의 종속성", 「노동리뷰」(2018년 8월) 한국노동연구원

## 주요 판례 04

### [업무상 재해 4] 평소 고혈압이 있던 여성근로자의 퇴근 도중 사망한 경우 업무상 재해(과로사) 인정 여부 (대판 2004.9.3. 2003두12912)

**사실관계** **코리아화인 주식회사 사건**

가. 만 46세인 중년인 乙은 1993.1.27. 甲회사에 입사하여 트랜스사업부 권선반 생산직 근로자로 근무하여 왔는데, 2001.6.8. 17시 40분경 퇴근하는 통근버스 안에서 언쟁을 하던 다른 근로자들에게 "조용히 하라!" 고 외친 뒤 의식을 잃고 쓰러져 A의원으로 후송되던 중 사망하였다. 乙의 사체를 검안한 의사는 직장동료 들의 진술과 당시의 정황 등에 비추어 乙의 사인을 급성 심근경색에 의한 심장마비 또는 뇌혈관 질환으로 추정하였다.

나. 乙의 업무내용은 권선기를 사용하여 0.3~0.5mm의 동선을 감는 작업으로 비교적 단순한 노무 작업이었 고, 乙의 근무시간은 8시 30분부터 17시 20분(휴식시간 70분 포함)이었으며, 乙은 1주일에 4일간 2시간 씩 연장근로를 하였으며, 또한 매월 2일간 휴일근로를 하였다.

다. 乙이 사망하기 이전 1개월간 권선반의 작업량은 그 이전에 비하여 감소하였고, 乙이 사망하기 이전 1주 일간 중 2001.6.1.에는 8시 30분부터 17시 23분까지 근무, 6.2.에는 토요격주휴무로 휴무, 6.3.에는 일요 일로 휴무, 6.4.과 6.5.에는 8시 30분부터 19시20분 근무, 6.6.과 6.7.에는 8시 30분부터 17시 20분 근무, 사망한 날인 6.8.에는 8시 30분부터 17시23분 근무하였다.

라. 甲회사는 2000년경부터 작업시간 중 잡담 및 라디오 청취 금지 등의 조치를 시행하였고, 허락 없이 화장실 을 가지 못하도록 통제하였으며, 생산계장 丙은 2001.4.경 乙을 포함한 생산직 근로자들에게 불량품이 발생 하면 적자가 발생하여 인원 감축 요인이 발생할 수 있으므로 생산성을 높이라는 취지의 발언을 하였다.

마. 한편 乙은 2000년경 건강검진에서 고혈압으로 내과 치료를 요한다는 판정을 받았으나, 치료를 받은 적은 없었다.

바. 乙의 남편 丁은 乙의 사망이 업무상 재해에 해당한다고 주장하면서 근로복지공단에 유족급여 및 장의비 의 지급을 신청하였으나, 공단이 업무상 재해에 해당하지 않는다는 이유로 그 지급을 거부하는 처분을 하자, 乙의 남편 丁은 행정법원에 근로복지공단 처분의 취소를 구하는 소를 제기하였다.

**판시사항**

[1] 질병의 주된 발생 원인이 업무와 직접적인 관계가 없더라도 적어도 업무상의 과로나 스트레스가 질병의 주된 발생 원인에 겹쳐서 질병을 유발 또는 악화시킨 경우, 산업재해보상보험법 제4조 제1호에서 정한 업무상 재해에 해당하는지 여부(적극)와 업무와 질병 사이의 상당인과관계를 인정함에 필요한 입증의 정 도 및 그 인과관계 유무의 판단기준

[2] 만 46세 2월의 중년 여성으로서 고도 고혈압 등의 기존 질환을 가진 근로자가 과중한 업무에 종사하다가 퇴근길에 급성 심근 경색으로 사망한 경우, 망인의 고혈압은 업무와 관련이 없다 하더라도 업무의 과중으 로 인한 과로와 감원 등으로 인한 스트레스가 고혈압을 자연적인 진행 속도 이상으로 악화시켜 급성 심근 경색증을 유발하거나 기존 질환인 고혈압에 겹쳐 급성 심근 경색증을 유발하여 심장마비로 사망에 이르 게 하였을 것으로 추단된다는 이유로 망인의 사망이 업무상 재해에 해당한다고 본 사례

Ⅰ 질병의 주된 발생 원인이 업무와 직접적인 관계가 없더라도 적어도 업무상의 과로나 스트레스가 질병의 주된 발생 원인에 겹쳐서 질병을 유발 또는 악화시킨 경우, 산업재해보상보험법 제4조 제1호에서 정한 업무상 재해에 해당하는지 여부와 업무와 질병 사이의 상당인과관계를 인정함에 필요한 입증의 정도 및 그 인과관계 유무의 판단기준

## 1. 업무상 재해의 의의

산업재해보상보험법 제5조 제1호 소정의 '업무상 재해'라고 함은 근로자의 업무수행 중 그 업무에 기인하여 발생한 질병을 의미하는 것을 말한다.

## 2. 업무와 재해 간의 인과관계 정도

업무와 사망의 원인이 된 질병 사이에 인과관계가 있어야 하지만, 질병의 주된 발생 원인이 업무수행과 직접적인 관계가 없더라도 적어도 업무상의 과로나 스트레스가 질병의 주된 발생 원인에 겹쳐서 질병을 유발 또는 악화시켰다면 그 사이에 인과관계가 있다고 보아야 할 것이고, 그 인과관계는 반드시 의학적·자연과학적으로 명백히 입증하여야 하는 것은 아니고 제반 사정을 고려할 때 업무와 질병 사이에 상당인과관계가 있다고 추단되는 경우에도 그 입증이 있다고 보아야 하며, 또한 평소에 정상적인 근무가 가능한 기초 질병이나 기존 질병이 직무의 과중 등이 원인이 되어 자연적인 진행 속도 이상으로 급격하게 악화된 때에도 그 입증이 있는 경우에 포함된다.

## 3. 인과관계 유무의 판단기준

업무와 사망과의 인과관계의 유무는 보통평균인이 아니라 당해 근로자의 건강과 신체조건을 기준으로 판단하여야 한다(대판 1999.1.26. 98두10103; 대판 2001.7.27. 2000두4538 등 참조).

Ⅱ 사안의 적용

위 내용 및 사실관계 등을 종합적으로 고려할 때, ① 망인은 입사 시부터 재해 발생 전일까지 약 8년 4개월 동안 매월 46시간 남짓 연장 근로를 하였고, 매월 2일씩 휴일 근무를 하여 온 사실에 비추어 장기간 육체적 피로가 누적되어 왔을 것으로 보이는 점, ② 당시 회사가 생산직 근로자에 대하여 잡담 금지, 라디오 청취 금지, 화장실 출입 통제 등의 조치를 취하고 생산계장이 생산직 근로자에 대하여 불량률 증가에 따른 질책을 하였을 뿐 아니라 비록 회사의 공식적인 입장은 아니었다고 하더라도 본사 상무이사의 보령 공장 방문과 관련하여 근로자들은 장기간 적자가 발생하고 있는 보령 공장의 경우 생산성이 낮거나 불량률이 높은 근로자들부터 점차 감원을 당할지도 모른다는 불안감을 가지고 있었는데, 망인이 속한 생산라인의 경우 생산성이 낮은 데다가 불량률마저 높아 다른 근로자들보다 감원이 있게 되면 우선순위가 될 가능성이 있었던 점, ③ 그럼에도 망인은 장애자인 남편과 자녀들을 부양하여야 할 입장이었으므로 감원에 대한 불안감이 상당했으리라 보이는 점, ④ 망인의 업무 내용이 고도의 기술을 요하는 것은 아니지만 장시간 상당한 집중력이 요구되는 것으로 보이는 점, ⑤ 망인은 당시 만 46세 2월의 중년 여성으

로서 고도 고혈압(170 - 120mmHg) 등의 기존 질환을 가지고 있었음에도 이에 대한 적절한 치료를 받지 못하고 있었던 점 등을 고려하면, 망인의 건강과 신체조건에 비추어 볼 때 과중한 업무로 과로하거나 감원 등에 대한 불안감으로 인하여 스트레스를 받았다고 볼 여지가 있고, 한편 과로와 스트레스가 일시적으로 혈압을 상승시켜 급성 심근 경색의 원인이 될 수 있다는 것이 의학적인 소견이므로, 사정이 이러하다면 망인의 고혈압은 업무와 관련이 없다 하더라도 업무의 과중으로 인한 과로와 감원 등으로 인한 스트레스가 고혈압을 자연적인 진행 속도 이상으로 악화시켜 급성 심근 경색증을 유발하거나 기존 질환인 고혈압에 겹쳐 급성 심근 경색증을 유발하여 심장마비로 사망에 이르게 한 것으로 추단된다고 할 것이다.

## Ⅲ 대상판결의 의의[55]

대상판결은 업무와 직접적인 관련성이 없는 기존의 질병을 갖고 있던 근로자가 과중한 업무 때문에 과로하거나 스트레스를 받은 경우에 어떤 기준으로 업무상 재해 해당 여부를 판단하는지 문제된다. 대상판결은 업무상 과로 내지 스트레스와 관련하여 업무와 사망(질병) 간의 인과관계 인정기준에 관한 기존의 판례 법리를 재확인하면서, 원고의 처인 망인의 사망이 업무상 재해에 해당하지 않는다고 판단한 원심의 판결을 파기한 사례이다.

대상판결의 법리에서 언급되고 있듯이 누구를 기준으로 하여 업무와 사망 간의 상당인과관계의 존부를 판단하는가에 따라 업무상 재해의 인정여부 결과가 달라질 수 있다. 원심과 대법원 간에 결론을 달리한 이유를 살펴보면 이러한 점을 확인할 수 있고, 여기에서 대상판결의 의의를 찾을 수 있다.

memo

55) 조용만, 김홍영 로스쿨 노동법

## 주요 판례 05

### [업무상 재해 5] 근로자의 자살과 업무 사이에 상당인과관계가 있는지 여부
(대판 2019.5.10. 2016두59010)

**사실관계** **서울메트로 사건**

가. 원고의 남편인 망 소외 1(이하 '甲'이라 함)은 1991.9.경 서울메트로(이하 '회사'라 함)에 입사하여 약 20년 2개월 동안 근무하였고, 자살하기 전까지 재정팀장으로서 세금 및 자금 업무를 담당하고 있었다. 甲은 회사에서 근무하면서 서울시장과 회사 사장으로부터 6회에 걸쳐 표창을 수여 받았고, 재직기간 동안 징계를 받은 적은 없었으며, 평소 밝고 유쾌했고, 동료들과도 원만히 지냈다.

나. 감사원은 2010.2.16.~2011.2.18. 회사를 대상으로 '지하철 공기업 경영개선실태' 감사를 실시하여 회사가 스크린도어 설치공사에 대하여 부가가치세 영(0)세율을 적용하여야 함에도 이를 적용하지 아니한 채 시공업체인 ○○산업에 부가가치세를 포함한 공사대금을 지급하였으나 그 후 ○○산업의 폐업으로 약 17억 2,400만원의 부가가치세를 돌려받지 못한 손실을 입은 사실을 발견하였다.

다. 감사원은 위 감사 이후 甲을 포함한 담당 직원들을 대상으로 추가조사를 실시하였고, 2011.4.경~2011.6.경 甲에 대하여 2회의 추가조사를 실시하였으며, 2011.11.6. 회사에 甲 외 3인에 대하여 정직처분을 하라는 취지의 문책요구서를 보냈고, 회사는 2011.11.15. 甲에게 그 문책요구서 사본을 교부하였다.

라. 甲은 감사원의 문책 요구에 매우 억울해 하면서 재심을 청구하려 하였으나 주위의 만류로 포기하였고, 문책 요구를 받은 직원들 중 甲을 제외한 나머지 3인은 2012.2.1. 정직 1개월의 징계처분을 받았다가, 이후 자체상벌위원회에서 모두 감봉 3개월로 감경되었다.

마. 甲은 감사원의 감사가 있기 전까지 불안, 우울 등의 증상으로 정신과적 치료를 받은 적이 없었으나, 2011.11.18. 감사원의 감사결과를 알게 된 후 밤에 잠을 이루지 못하고 식사도 제대로 못하였으며, 끊었던 담배를 다시 피기 시작하였고 사무실에서도 자주 넋이 나가 있는 모습이 발견되었다. 죽기 전 2주 동안 甲은 자리에 잘 앉아 있지도 않고 업무도 거의 하지 않았으며, 스스로를 자책하면서 동료 직원 소외 2에게 "본부장님 날보고 아는 체도 않고 피하네. 회사 사람들도 모두 나를 범죄자 취급하며 욕하는 것 같다. 내가 지나가기만 해도 쳐다보면서 수군거리는 게 확실히 느껴지고 다들 손가락질 하는 것 같다."는 말을 계속 반복하였다.

바. 또한 甲은 동기들보다 승진이 늦은 상태에서 승진에 대한 기대감이 높았는데, 감사의 문책 요구에 따른 징계로 승진에서 누락될지도 모른다고 걱정을 많이 했고, 회사로부터 회사가 입은 손실액에 대하여 구상권 행사를 당할지도 모른다는 생각에 매우 불안해하였다.

사. 甲은 2011.11.25. 회사로부터 감사원의 문책요구서 사본을 교부받은 후부터는 불면이 더욱 심해졌고, 배우자에게 "세상에 난 범죄자로 낙인찍혔다. 네 눈에도 내가 파렴치범으로 보이지?"라는 말을 하였으며, 매일 누르던 현관 비밀번호를 잊어버리기도 하고, 밤새 소파에 앉아서 머리카락을 쥐어뜯거나 담배를 사러나갔다가 빈손으로 돌아와서 다시 담배를 사러나가는 등의 모습을 보였다.

아. 甲은 다음날인 2011.11.26. 11시경 가벼운 차림으로 집을 나갔다가 같은 날 13시경 들어와 등산화로 바꿔 신은 후 산에 간다고 하면서 다시 집을 나갔고, 그 다음날 8시 30분경 등산로에서 목을 매어 자살한 상태로 발견되었다.

자. 乙대학병원 정신건강의학과 전문의 소외 3은 '甲의 자살이 업무 스트레스와 연관된 우울증에 기인했을 개연성이 있는 것으로 보인다.'고 진단하였고, 신경외과 전문의 소외 4 역시 '甲이 예상하지 못한 중징계와 구상권에 대한 심리적 부담으로 급성스트레스가 발현한 가능성이 있고, 현실적인 문제를 해결하기에는 본인 능력만으로는 한계를 느꼈을 가능성이 있었을 것으로 추정할 수 있으며, 우울증 증상이 심화된 상태에서 자살에 이른 것으로 본다.'는 취지로 진단하였다.

### 판시사항

[1] 자살행위로 사망한 근로자의 업무와 사망 사이에 상당인과관계가 있다고 할 수 있는 경우 및 상당인과관계를 인정하기 위해서 고려해야 할 사항 / 망인의 개인적인 취약성이 자살을 결의하게 된 데 영향을 미치거나 자살 직전 정신병적 증상에 이르지 않았다고 하여 달리 볼 것인지 여부(소극)

[2] 회사의 재정팀장으로 근무하던 甲이 감사원의 감사 결과 회사에 약 17억여 원의 손실을 입혔다는 이유로 문책 요구를 받고, 승진누락과 구상권에 대한 생각에 극심한 스트레스로 불안감과 우울증세를 보이다가 자살한 사안에서, 甲이 극심한 업무상 스트레스로 인한 우울증으로 정상적인 인식능력이나 행위선택능력, 정신적 억제력이 현저히 저하된 정신장애 상태에 빠져 자살에 이르게 된 것이라고 봄이 타당하므로 甲의 업무와 사망 사이에 상당인과관계를 인정할 수 있음에도, 이와 달리 본 원심판단에 법리를 오해한 위법이 있다고 한 사례

## I  근로자가 자살행위로 인하여 사망한 경우, 업무와 사망 사이에 상당인과관계가 있는지 여부에 대한 판단기준

### 1. 업무상 재해의 개념

산업재해보상보험법 제37조 제1항에서 말하는 '업무상의 재해'란 업무수행 중 그 업무에 기인하여 발생한 근로자의 부상·질병·신체장애 또는 사망을 뜻하는 것이므로 업무와 재해발생 사이에는 인과관계가 있어야 한다.

### 2. 인과관계의 증명책임 소재

그 인과관계는 이를 주장하는 측에서 증명하여야 하지만, 반드시 의학적·자연과학적으로 명백히 증명되어야 하는 것이 아니며 규범적 관점에서 상당인과관계가 인정되는 경우에는 그 증명이 있다고 보아야 한다.

### 3. 인과관계의 증명책임 입증정도

근로자가 자살행위로 인하여 사망한 경우에, 업무로 인하여 질병이 발생하거나 업무상 과로나 스트레스가 그 질병의 주된 발생 원인에 겹쳐서 질병이 유발 또는 악화되고, 그러한 질병으로 인하여 정상적인 인식능력이나 행위선택능력, 정신적 억제력이 결여되거나 현저히 저하되어 합리적인 판단을 기대할 수 없을 정도의 상황에서 자살에 이르게 된 것이라고 추단할 수 있는 때에는 업무와 사망 사이에 상당인과관계를 인정할 수 있다.

## 4. 근로자의 자살행위로 인하여 사망한 경우 인과관계의 판단기준

그와 같은 상당인과관계를 인정하기 위해서는 자살자의 질병 내지 후유증상의 정도, 그 질병의 일반적 증상, 요양기간, 회복가능성 유무, 연령, 신체적·심리적 상황, 자살자를 에워싸고 있는 주위상황, 자살에 이르게 된 경위 등을 종합적으로 고려하여야 한다(대판 2014.10.30. 2011두 14692 등 참조).

## 5. 자살의 업무상 재해 인정의 다른 판단기준

망인의 내성적인 성격 등 개인적인 취약성이 자살을 결의하게 된 데에 영향을 미쳤다거나 망인이 자살 직전에 환각, 망상, 와해된 언행 등의 정신병적 증상에 이르지 않았다고 하여 달리 볼 것은 아니다(대판 2017.5.31. 2016두58840 참조).

## Ⅱ 사안의 적용

위 내용 및 사실관계 등을 종합적으로 고려할 때, ① 망인은 감사원이 망인 등을 조사하고 망인에 대하여 문책을 요구하자, 자신이 억울하게 징계를 받고, 그 결과 승진에서 누락될 가능성이 크며, 아울러 소외 회사로부터 구상권 청구까지 당할지 모른다는 생각에 극심한 스트레스를 받은 것으로 보이는 점, ② 이후에 이어진 망인의 발언이나 행동 등에 비추어 보면 그가 위와 같은 스트레스로 인한 극도의 불안감과 우울감을 계속적으로 느끼고 있었음을 알 수 있고, 자살 직전에는 이상 행동에까지 이르는 등 정신적으로 매우 불안정한 모습을 보여 우울증세가 급격히 악화된 것으로 볼 수 있는 점, ③ 또한 망인은 자살 전 가족이나 지인에게 유서를 남겨놓지 않았고, 등산객의 편의를 위해 설치된 로프를 나무에 걸고 목을 매어 자살한 점 등에 비추어 보면, 망인의 자살은 우울증으로 인한 정신적 장애 상태에서 우발적으로 이루어진 것으로 보이는 점, ④ 망인은 평소 밝고 유쾌하였고, 동료들과도 원만한 대인관계를 유지하여 왔으며, 감사원의 감사를 받기 전까지는 우울증 등 신경정신병적 증상으로 치료를 받은 전력이 전혀 없었으므로, 업무 외의 다른 요인으로 위와 같은 증상에 이르렀다고 보기도 어려운 점 등 이러한 사정들을 종합해보면, 망인은 극심한 업무상 스트레스로 인한 우울증으로 정상적인 인식능력이나 행위선택능력, 정신적 억제력이 현저히 저하된 정신장애 상태에 빠져 자살에 이르게 된 것이라고 봄이 타당하므로, 망인의 업무와 사망 사이에 상당인과관계를 인정할 수 있다고 할 것이다.

## Ⅲ 대상판결의 의의[56]

이번 판결은 회사 재정팀장으로 근무하다가 업무상 과오에 대하여 징계, 승진 누락, 구상권 청구 등의 불이익을 받게 될지도 모른다는 생각에 극심한 스트레스를 받던 중 자살한 사건에서, 망인이 회사에 약 17억원의 손해를 끼친 것이 감사원 감사에서 드러난 이후, 망인의 자살은 징계를

---

56) 이승길 아주대학교 법학전문대학원 교수, 포커스

받게 되어 승진이 누락될 가능성이 크며, 구상권을 당할지도 모른다는 생각에 극심한 스트레스를 받아 극도의 불안감과 우울감을 계속적으로 느껴오던 중 우울증으로 인한 정신적 장애 상태에서 우발적으로 이루어진 것이라고 보아 망인의 사망과 업무 사이의 상당인과관계를 부정한 원심판결을 파기환송한 판결이다. 이번 판결의 의미는 자살 이전에 정신병적 치료 경력이 없고 사후에도 정신병적 증상에 이르지 않았더라도 업무상 재해로 인정하여 종전 대법원 판례의 흐름을 확인한 점에서 찾을 수 있다.

memo

## 주요 판례 06

### [업무상 재해 6] 회식 후 퇴근하던 중 교통사고로 사망한 경우 업무상 재해 인정 여부
(대판 2020.3.26. 2018두35391)

---

**사실관계** | **주식회사 호반건설 사건**

가. 원고의 남편인 망 소외 1(이하 '망인'이라 함)은 2012.11.26.부터 주식회사 호반건설(이하 '호반건설'이라 함)의 아파트 신축공사(이하 '이 사건 공사'라 함) 현장 안전관리과장으로 근무하였다. 망인은 2016.4.14. 회사 행사인 Mock-up 품평회(이하 '이 사건 품평회'라 함)가 끝난 뒤, 이어진 문화행사 및 회식에 참석하였고 위 회식은 22시 50분경 종료하였다.

나. 망인은 회식 종료 후 수인선 월곶역에서 전철에 탑승하여 23시 35분경 인천 논현역에서 하차하였고, 버스에 탑승하기 위하여 횡단보도를 건너다가 주행 중이던 차량과 충돌하여 부상을 입고 병원으로 후송되었으나, '외상성 두부손상'으로 인하여 당일 사망하였다(이하 '이 사건 사고'라 함).

다. 원고는 피고에게 망인의 사망이 업무상 재해에 해당한다고 주장하면서 유족급여와 장의비를 청구하였는데, 피고는 2016.7.27. 원고에게 ① 재해 당일 회사에서 개최한 문화행사와 회식에 망인이 참여하였으나 2차 회식의 경우는 강제성이 없는 자유선택이었던 점, ② 음주상태 또한 일상적인 의사소통이 가능했고 대중교통을 이용할 수 있는 상태로 만취상태는 아니었던 점, ③ 망인의 사고는 회식이 종료되고 자택으로 귀가하는 경로에서 횡단보도 신호를 잘못 알고 건너다 진행 중인 차량에 부딪혀 사망에 이른 교통사고인 점에 비추어 이 사건 사고는 행사 종료 후 귀가 중에 발생한 교통사고로 사업주의 지배·관리 하에서 발생한 업무상 재해로 보기 어렵다는 이유로 유족급여와 장의비를 지급하지 않기로 하는 결정(이하 '이 사건 처분'이라 함)을 하였다.

---

**판시사항**

[1] 근로자가 회사 밖의 행사나 모임에 참가하던 중 재해를 입은 경우, 산업재해보상보험법에서 정한 업무상 재해에 해당하는지 판단하는 기준 / 사업주의 지배나 관리를 받는 상태에 있는 회식 과정에서 근로자가 주량을 초과하여 음주를 한 것이 주된 원인이 되어 부상·질병·신체장해 또는 사망 등의 재해를 입은 경우, 이를 업무상 재해로 볼 수 있는지 여부(**한정 적극**) 및 이때 상당인과관계가 있는지 판단하는 방법

[2] 호반건설이 진행하는 아파트 신축공사의 안전관리팀 팀장이 호반건설이 개최한 목업(Mock-up) 품평회에 참석하여 2차 회식까지 마친 후 평소처럼 대중교통을 이용하여 귀가하던 중 횡단보도를 건너다 차량에 부딪혀 사망한 사안에서, 제반 사정에 비추어 위 사고는 사업주의 지배·관리를 받는 상태에서 발생한 업무상 재해로 볼 여지가 있는데도, 이와 달리 본 원심판단에 법리오해의 잘못이 있다고 한 사례

Ⅰ 근로자가 회사 밖의 행사나 모임에 참가하던 중 재해를 입은 경우, 산업재해보상보험법에서 정한 업무상 재해에 해당하는지 판단하는 기준

근로자가 회사 밖의 행사나 모임에 참가하던 중 재해를 입은 경우에 행사나 모임의 주최자, 목적, 내용, 참가인원과 강제성 여부, 운영방법, 비용부담 등의 사정에 비추어, 사회통념상 행사나 모임의 전반적인 과정이 사용자의 지배나 관리를 받는 상태에 있고 또한 근로자가 그와 같은 행사나 모임의 순리적인 경로를 벗어나지 않은 상태에 있다고 인정되는 경우 산업재해보상보험법에서 정한 업무상 재해에 해당한다고 볼 수 있다.

Ⅱ 사업주의 지배나 관리를 받는 상태에 있는 회식 과정에서 근로자가 주량을 초과하여 음주를 한 것이 주된 원인이 되어 부상·질병·신체장해 또는 사망 등의 재해를 입은 경우, 이를 업무상 재해로 볼 수 있는지 여부 및 이때 상당인과관계가 있는지 판단하는 방법

사업주의 지배나 관리를 받는 상태에 있는 회식 과정에서 근로자가 주량을 초과하여 음주를 한 것이 주된 원인이 되어 부상·질병·신체장해 또는 사망 등의 재해를 입은 경우 이러한 재해는 상당인과관계가 인정되는 한 업무상 재해로 볼 수 있다. 이때 상당인과관계는 사업주가 과음행위를 만류하거나 제지하였는데도 근로자 스스로 독자적이고 자발적으로 과음을 한 것인지, 업무와 관련된 회식 과정에서 통상적으로 따르는 위험의 범위 내에서 재해가 발생하였다고 볼 수 있는지 아니면 과음으로 인한 심신장애와 무관한 다른 비정상적인 경로를 거쳐 재해가 발생하였는지 등 여러 사정을 고려하여 판단하여야 한다.

Ⅲ 사안의 적용

위 제반사정 등을 종합적으로 고려할 때, ① 호반건설은 이 사건 공사를 진행하던 중 2016.4.14. 이 사건 품평회를 개최하였는데, 이것은 이 사건 공사를 일부 완료한 상태에서 한 세대를 정하여 인테리어 공사를 포함한 마무리 공사까지 마치고 본사의 건설부문 대표, 기술부문장, 유관부서 실장과 팀장 등과 관계자를 불러서 완성된 모습을 시연하는 행사로, 완성될 건물의 안정성과 완성도를 미리 예측하고 향후 공사의 진행 방향과 전략을 정하는 중요한 행사인 점, ② 원고의 남편인 망인은 이 사건 공사의 안전관리팀 팀장으로서 이 사건 품평회의 총괄적인 안전관리계획을 수립하고 이행 여부를 관리하였으며 2016.3.경과 같은 해 4.경 내내 계속하여 이 사건 품평회를 준비한 점, ③ 이 사건 품평회는 이 사건 사고 당일 오전 8시경부터 오후 1시경까지 진행되었고, 같은 날 개최된 호반건설의 상반기 문화행사는 오후 6시 30분경부터 7시 30분경까지 볼링장에서 진행되었으며, 바로 이어진 이 사건 1차 회식은 오후 7시 30분경부터 9시경까지 식당에서, 이 사건 2차 회식은 오후 9시 20분경부터 10시 50분경까지 유흥주점인 노래방에서 진행된 점, ④ 이 사건 1차 회식에는 이 사건 공사의 현장직원 23명 전원이 참석했고, 이 사건 2차 회식에는 이 사건 공사를 총괄하고 있는 공사부장 소외 2, 공사과장 소외 3과 이 사건 품평회의 안전관리

업무를 담당한 망인 등 안전관리팀 5명을 포함하여 총 9명이 참석하였으며, 망인은 이 사건 1차 회식과 이 사건 2차 회식에서 술을 마셨고, 이 사건 1차, 2차 회식비용은 모두 호반건설의 법인 카드로 결제한 점, ⑤ 망인은 평소 자신의 차량이나 대중교통을 이용하여 출퇴근을 하였고, 호반건설은 이 사건 품평회 등 회사 전체적인 행사가 있는 경우 대중교통을 이용하여 이동하도록 권고하였으며, 망인이 대중교통을 이용하는 경우 통상적으로 수인선 월곶역에서 전철을 타고 인천 논현역에서 내린 후 버스정류장까지 도보로 약 5분간 걸어가 ○○○번 버스를 이용하여 귀가하는데, 망인은 이 사건 2차 회식을 마친 후 평소처럼 대중교통을 이용하여 집으로 향했으며, 수인선 월곶역에서 전철을 타고 23시 35분경 인천 논현역에서 내린 다음, ○○○번 버스정류장으로 이동하던 중 왕복 11차선 도로의 횡단보도를 건너다 차량에 부딪치는 이 사건 사고가 발생한 점 등 이러한 사정을 위에서 본 법리에 비추어 살펴보면, 망인은 사업주인 호반건설의 중요한 행사로서 자신이 안전관리 업무를 총괄한 이 사건 품평회를 마치고 같은 날 사업주가 마련한 회식에서 술을 마시고 퇴근하던 중 이 사건 사고가 발생하였으므로, 이 사건 사고는 사업주의 지배・관리를 받는 상태에서 발생한 업무상 재해로 볼 여지가 있다고 할 것이다.

memo

## 주요 판례 07

### [업무상 재해 7] 산업재해보상보험법상 업무상의 재해인정 시 업무와 재해 사이의 상당인과관계의 증명책임 전환 여부 (대판 2021.9.9. 2017두45933 [전합])

**사실관계** **근로복지공단 사건**

가. 원고의 아들(이하 '망인'이라 함)은 협력업체에 파견되어 휴대전화 내장용 안테나의 샘플을 채취하여 품질 검사를 하는 등의 업무를 수행했다. 망인(25세)은 2014.4.19. 출근 후 동료직원과 함께 약 10분 동안 약 5kg의 박스 80개를 한번에 2~3개씩 화물차에 싣는 일을 한 후 사무실로 걸어가다가 갑자기 쓰러져 병원으로 옮겨졌지만, '박리성 대동맥류' 파열에 의한 심장탐포네이드(심장눌림증)로 사망했다.

나. 원고는 2014.7.1. 피고(근로복지공단)에게 산업재해보상보험법(이하 '산재법'이라 함)상 유족급여 및 장의비 지급을 청구했다.

다. 피고는 2014.9.22. "망인의 사망원인인 위 상병과 업무의 상당인과관계를 인정하기 어려워 업무상 질병으로 인정되지 않는다."는 이유로 유족급여 및 장의비 부지급 처분(이하 '이 사건 처분'이라 함)을 하였다.

라. 원고는 "망인의 사망은 과로와 스트레스로 인한 업무상 재해"라고 주장하면서, 2015.4.경 이 사건 처분의 취소소송을 제기하였다.[57]

**판시사항**

2007년 개정으로 신설된 구(舊) 산재법 제37조 제1항을 산재법상 '업무상의 재해'를 인정하기 위한 업무와 재해 사이의 상당인과관계에 관한 증명책임을 근로복지공단에 분배하거나 전환하는 규정으로 볼 수 있는지 여부(소극)

## I 2007년 개정으로 신설된 구(舊) 산재법 제37조 제1항을 산재법상 '업무상의 재해'를 인정하기 위한 업무와 재해 사이의 상당인과관계에 관한 증명책임을 근로복지공단에 분배하거나 전환하는 규정으로 볼 수 있는지 여부

산재법상 보험급여의 지급요건, 이 사건 조항(산재법 제37조 제1항) 전체의 내용과 구조, 입법 경위와 입법 취지, 다른 재해보상제도와의 관계 등을 고려하면, 2007년 개정으로 신설된 이 사건 조항은 산재법상 '업무상의 재해'를 인정하기 위한 업무와 재해 사이의 상당인과관계에 관한 증명책임을 공단에게 분배하거나 전환하는 규정으로 볼 수 없고, 2007년 개정 이후에도 업무와 재해 사이의 상당인과관계의 증명책임은 업무상의 재해를 주장하는 근로자 측에게 있다고 보는

---

57) 원심은 '망인이 과중한 업무로 인하여 이 사건 상병을 일으켜 사망하였다고 보기 어려우므로, 업무상의 재해에 해당하지 않는다.'고 판단하여 원고의 청구를 기각하였고, 대법원은 기존 판례를 유지함을 전제로 이러한 원심 판단을 수긍하여 원고의 상고를 기각하였다.

것이 타당하므로, 기존의 판례를 유지하여야 한다.

산재법상 업무상의 재해의 개념, 보험급여의 지급요건 및 이 사건 조항 전체의 내용과 구조를 종합적으로 살펴보면, 이 사건 조항에서 말하는 업무상의 재해에 해당하기 위해서는 업무와 재해 사이에 상당인과관계가 인정되어야 하고 이는 보험급여의 지급요건으로서 이를 주장하는 근로자 측에서 증명하여야 한다고 볼 수 있다. 이 사건 조항은 본문에서 업무상의 재해의 적극적 인정 요건으로 인과관계를 규정하고 단서에서 그 인과관계가 상당인과관계를 의미하는 것으로 규정함으로써, 전체로서 업무상의 재해를 인정하기 위해서는 상당인과관계를 필요로 함을 명시하고 있을 뿐, 상당인과관계의 증명책임을 전환하여 그 부존재에 관한 증명책임을 공단에게 분배하는 규정으로 해석되지 아니한다.

이 사건 조항의 입법 경위와 입법 취지, 특히 이 사건 조항 단서가 자구 수정과정에서 비로소 추가된 점 등에 비추어 보면, 2007년 개정 당시 이 사건 조항의 신설은 노동부령에 위임했던 업무상 재해의 인정기준을 법률에서 유형별로 직접 규정한 다음 구체적인 인정기준은 대통령령으로 정하도록 함으로써 포괄위임 논란을 해소하고, 업무상 재해의 인정 요건으로 업무와 재해 사이에 상당인과관계가 필요하다는 원칙을 분명하게 하려는 데에 그 취지가 있었다 할 것이다. 이에서 더 나아가 이 사건 조항 단서 규정을 통하여 상당인과관계 증명책임의 전환과 같이 산재보험제도 운영에 근본적인 변화를 가져올 수 있는 사항의 변경까지 의도하였다고 볼 만한 사정을 찾기 어렵다.

## Ⅱ 이 사건의 쟁점과 상당인과관계의 증명책임에 관한 대법원 판례 법리

### 1. 이 사건의 쟁점

이 사건의 쟁점은 이 사건 조항에 의해 업무와 재해 사이의 상당인과관계에 관한 증명책임이 근로복지공단에게로 전환되었다고 보아 대법원의 확립된 판례를 변경해야 하는지 여부이다.

### 2. 상당인과관계의 증명책임에 관한 대법원 판례 법리

대법원은 산재법상 업무상의 재해라 함은 근로자가 업무 수행 중 그 업무에 기인하여 발생한 재해를 말하는 것이므로 업무와 재해 사이에 상당인과관계가 있어야 하고, 이 경우 근로자의 업무와 재해 간의 상당인과관계에 관하여는 이를 주장하는 측에서 증명해야 한다고 판단하여 왔다(대판 1989.7.25. 88누10947; 대판 2000.5.12. 99두11424; 대판 2007.4.12. 2006두4912 등 참조).

대법원은 구(舊) 산재법이 2007.12.14. 법률 제8694호로 전부 개정되면서 제37조 제1항이 신설(이하 위 개정을 '2007년 개정'이라고 하고, 2017.10.24. 법률 제14933호로 개정되기 전의 위 법률조항을 '이 사건 조항'이라고 함)된 이후에도 산재법 제5조 제1호 및 이 사건 조항에서 말하는 '업무상의 재해'란 근로자가 업무수행 중 그 업무에 기인하여 발생한 부상·질병·신체장해 또는 사망을 뜻하는 것이므로 업무와 재해발생 사이에는 상당인과관계가 있어야 하고, 그 상당인과관계는 근로자 측에서 증명해야 한다는 입장이다(대판 2014.10.30. 2014두2546; 대판 2017.4.26. 2016두43817; 대판 2017.8.29. 2015두3867 등 참조).

## Ⅲ 대상판결의 의의[58]

이번 대법원 전원합의체의 대상판결은 원심과 같이 "업무와 재해 간 인과관계의 증명책임은 근로자 측에 있다."며 상고를 기각하였다. 즉, "2007년 산재법 개정 이후에도 증명책임은 업무상 재해를 주장하는 근로자 측에게 있다고 보는 것이 타당하므로, 기존 판례를 유지해야 한다."고 판단하였다. 이는 기존 대법원은 2007.4.경 업무와 질병 사이의 인과관계에 대하여 이를 주장하는 측에서 입증해야 한다고 판결한 바 있다.[59] 그 후 대법원은 그동안 산재보험급여 부지급 처분 취소소송에서 업무와 재해 사이의 상당인과관계의 증명책임은 주장하는 자가 진다고 일관되게 판시해 왔다. 이러한 흐름에서 이번 대상판결은 그 상당인과관계의 내용이 이 사건 산재법 제37조 제1항 단서에 규정되어 있으나, 이 사건 조항 단서가 증명책임 전환 규정이 아니며, 기존 대법원 판례의 입장이 타당하다는 점을 재확인했다.

제 02 편

memo

---

58) 이승길 아주대학교 법학전문대학원 교수, 포커스
59) 대판 2007.4.12. 2006두4912

## 주요 판례 08

# [사회보장] 일반 육체노동자의 가동연한
### (대판 2019.2.21. 2018다248909)

**사실관계** | **주식회사 아이씨컴퍼니 사건**

가. 피고 주식회사 아이씨컴퍼니(이하 '피고 아이씨컴퍼니'라 함)는 일반 유원시설 업체로서 인천 연수구 ○○ ○○경기장(이하 '이 사건 경기장'이라 함) 내에 '○○○○○파크' 수영장(이하 '이 사건 수영장'이라 함)을 설치하여 운영하고 있고, 피고 2는 2015.6.1.부터 2016.1.18.까지 이 사건 수영장의 본부장으로서 시설물 관리 및 이용객 등의 안전관리책임자였다. 원고 1은 이 사건 수영장에 방문하였다가 사망한 소외 1(사고 당시 약 4세 5개월, 신장 1m 가량, 이하 '망아'라 함)의 아버지이고, 원고 2는 망아의 어머니, 원고 3은 망아의 누나이다.

나. 이 사건 수영장에는 수심 30㎝인 유아용풀 4개, 수심 70㎝, 1m 및 1.2m인 '네거시풀' 3개 등 7개의 풀장이 설치되어 있었고, 수심 1m인 네거시풀장(이하 '이 사건 풀장'이라 함)의 경우 신장 1.2m 이상인 사람만 출입이 가능하고 신장이 1.2m에 미치지 못하는 사람은 보호자와 동반하는 경우에만 출입할 수 있으며, 이 사건 풀장에는 그 출입구에 철제 사다리(이하 '이 사건 사다리'라 함)가 설치되어 있다.

다. 망아는 2015.8.9. 09시 40분경 원고 2, 원고 3 및 소외 2, 소외 2의 자녀인 쌍둥이 아들들과 함께 이 사건 수영장을 방문하였다. 망아는 이 사건 수영장을 돌아다니던 중 2015.8.9. 10시 25분경 혼자 이 사건 풀장 출입구에 설치된 이 사건 사다리로 올라가 이 사건 풀장으로 떨어져 물에 빠졌고, 망아가 물에 떠 있는 것을 발견한 여성 이용객이 망아를 이 사건 풀장 밖으로 옮긴 후 안전요원들이 심폐소생술을 시행하고 가천대길병원으로 후송하였으나 망아는 2015.8.15. 08시 10분경 저산소성 뇌손상 및 뇌부종으로 사망에 이르렀다.

라. 위 사고와 관련하여 원고들은 업무상 주의의무 위반을 이유로 관할 법원에 손해배상을 청구하였다.

**판시사항**

[1] 일반육체노동을 하는 사람 또는 육체노동을 주로 생계활동으로 하는 사람의 가동연한을 경험칙상 만 65세까지로 보아야 하는지 여부(원칙적 적극)

[2] 일실수입 산정의 기초가 되는 피해자의 가동연한을 인정하는 기준

## I 일반육체노동을 하는 사람 또는 육체노동을 주로 생계활동으로 하는 사람의 가동연한을 경험칙상 만 65세까지로 보아야 하는지 여부

[다수의견] 대법원은 1989.12.26. 선고한 88다카16867 전원합의체 판결(이하 '종전 전원합의체 판결'이라 함)에서 일반육체노동을 하는 사람 또는 육체노동을 주로 생계활동으로 하는 사람(이하 '육체노동'이라 함)의 가동연한을 경험칙상 만 55세라고 본 기존 견해를 폐기하였다. 그 후부터 현재에 이르기까지 육체노동의 가동연한을 경험칙상 만 60세로 보아야 한다는 견해를 유지하여 왔다. 그런데 우리나라의 사회적·경제적 구조와 생활여건이 급속하게 향상·발전하고 법제도가 정비·개선됨에 따라 종전 전원합의체 판결 당시 위 경험칙의 기초가 되었던 제반 사정들이 현저히 변하였기 때문에 위와 같은 견해는 더 이상 유지하기 어렵게 되었다. 이제는 특별한 사정이 없는 한 만 60세를 넘어 만 65세까지도 가동할 수 있다고 보는 것이 경험칙에 합당하다.

[대법관 조희대, 대법관 이동원의 별개의견] 60~64세의 경제활동참가율이 약 60% 정도이고, 그 연령대 이후 사망확률이 급격히 증가하는 점, 특히 피해자가 어릴수록 위 연령대에 이르지 못하고 사망할 확률이 높을 수밖에 없다는 점, 일반적인 법정 정년 및 연금 수급개시연령이 2018년 현재 63세를 넘어서지 못하고 있고 가까운 미래에도 크게 달라질 것으로 보이지 않는다는 점 등 제반 사정을 고려하면, 통상의 경우 만 63세까지 경제활동을 한다고 보는 것이 상당하고, 결국 평균여명, 경제활동참가율, 사회보장제도와의 연관성 등을 적절히 반영한 만 63세를 육체노동의 적정 가동연한이라 볼 수 있을 것이다.

[대법관 김재형의 별개의견] 대법원은 경험칙상 가동연한에 관하여 포괄적인 법리를 제시하는 데에 그쳐야 하고 특정 연령으로 단정하여 선언해서는 안 된다.

현재 경험칙상 가동연한을 만 65세 또는 만 63세로 단정하여 선언할 수 있을 만큼 경험적 사실에 관해 확실한 변화가 있다고 보기 어렵다. 피해자의 건강상태 등 개인적 요소를 고려하지 않고 가동연한을 일률적으로 정하는 것이 경험칙이라고 할 수도 없다. 뿐만 아니라, 경험칙상 가동연한을 달리 인정해야 할 경험적 사실의 변화가 있을 때마다 대법원이 경험적 사실을 조사하여 전원합의체 판결로 경험칙상 가동연한을 특정하여 선언하는 것이 적정한지도 의문이다.

하급심 판결들이 엇갈리고 있기 때문에 대법원이 통일적 기준을 제시할 필요성이 있다. 그러나 대법원이 통일적 기준을 제시하는 방법은 다수의견과 같이 일률적으로 가동연한을 만 65세라고 단정하여 선언하는 방식이 아니라, '육체노동의 일반적인 가동연한을 만 60세 이상이라고만 제시하고 만 65세로 인정한 별개의 사건에서 사실심 판결이 옳다고 판단하는 방법'으로 충분하다.

## Ⅱ 일실수입 산정의 기초가 되는 피해자의 가동연한을 인정하는 기준

사실심 법원이 일실수입 산정의 기초가 되는 가동연한을 인정할 때에는 국민의 평균여명, 경제 수준, 고용조건 등의 사회적·경제적 여건 외에 연령별 근로자 인구수, 취업률 또는 근로참가율 및 직종별 근로조건과 정년 제한 등 제반 사정을 조사하여 이로부터 경험칙상 추정되는 가동연한을 도출하거나 피해자의 연령, 직업, 경력, 건강상태 등 구체적인 사정을 고려하여, 가동연한을 인정할 수 있다.

## Ⅲ 대상판결의 의의[60]

대상판결은 종전 대법원 전원합의체 판결에서 가동연한을 만 60세로 본 근거, 즉 경험적 사실들과 관련하여 약 29년 동안 우리나라에서 일어난 변화를 종합적으로 고려해서 새로운 경험칙에 따라 만 65세로 인정해야 한다고 선언하고, 이를 통해 육체노동의 경험칙상 가동연한에 관한 일관된 기준을 수립하였다는 점에서 그 의미를 갖는다.

memo

---

60) 도재형 이화여자대학교 법학전문대학원 교수, 「노동판례리뷰 2019」 한국노동연구원

# 제3편
# 집단적 노사관계법

# 제1장　노동조합

## [노동조합 1] 「교원의 노동조합 설립 및 운영 등에 관한 법률」 제2조 위헌 여부
### (헌재 2015.5.28. 2013헌마671, 2014헌가21(병합))

> **사실관계** **전국교직원노동조합 사건**
>
> 가. 전국교직원노동조합(이하 '전교조'라 함)은 교원노조법에 따라 1999.7.1. 설립된 전국 단위 교원의 노동조합(이하 '교원노조'라 함)이다. 甲 등은 전교조 소속 조합원들로서 학교로부터 당연퇴직 등을 이유로 해고된 교원들이다.
>
> 나. 고용노동부장관은 2013.9.23. 전교조에 대하여 해고된 교원도 전교조의 조합원 자격을 유지한다고 정한 전교조 규약 부칙 조항을 교원의 노동조합 설립 및 운영 등에 관한 법 제2조에 맞게 시정하고 교직에서 해고된 甲 등의 전교조 가입 및 활동을 금지하도록 하면서, 30일 안에 이에 응하지 아니하는 경우 전교조를 위 법률에 의한 노동조합으로 보지 아니함을 통보할 예정이라는 내용의 시정요구를 하였다.
>
> 다. 이에 교원노조와 甲 등은 교원의 노동조합 설립 및 운영 등에 관한 법 제2조, 노동조합법 시행령 제9조 제2항 및 고용노동부장관의 위 2013.9.23.자 시정요구가 교원노조와 甲 등의 단결권 등 헌법상 기본권을 침해한다고 주장하며, 2013.10.2. 위헌확인을 구하는 헌법소원 심판을 청구하였다.
>
> 라. 2013.10.24. 고용노동부장관은 결국 전교조에 대하여 법외노조 통보를 하였다. 이에 따라 전교조는 서울행정법원에 그 취소를 구하는 소를 제기하였는데, 2014.6.19. 서울행정법원은 기각 판결을 하였는바, 전교조는 항소한 후 교원의 노동조합 설립 및 운영 등에 관한 법 제2조에 대하여 위헌법률심판 제청을 신청하였다.
>
> 마. 위 위헌법률심판 제청에 대해 2014.9.19. 서울고등법원은 전교조의 신청을 받아들여 위헌법률심판을 제청하였다.

> **판시사항**
>
> [1] 별도의 집행행위를 예정하고 있어 법령에 대한 헌법소원심판청구에서 기본권 침해의 직접성을 부인한 사례
>
> [2] 다른 불복절차를 거치지 아니하여 보충성 요건을 흠결한 것으로 본 사례
>
> [3] 「교원의 노동조합 설립 및 운영 등에 관한 법률」의 적용을 받는 교원의 범위를 초・중등학교에 재직 중인 교원으로 한정하고 있는 「교원의 노동조합 설립 및 운영 등에 관한 법률」(2010.3.17. 법률 제10132호로 개정된 것, 이하 '교원노조법'이라 함) 제2조(이하 '이 사건 법률조항'이라 함)가 청구인 전국교직원노동조합 및 해직 교원들의 단결권을 침해하는지 여부(소극)

## I  교원노조법 제2조가 전교조 및 해직 교원의 단결권을 침해하는지 여부

### 1. 이 사건 법률조항의 위헌 여부

#### 1) 심사기준

헌법 제33조 제1항은 "근로자는 근로조건의 향상을 위하여 자주적인 단결권·단체교섭권 및 단체행동권을 가진다."고 하여 근로자의 근로3권을 보호하고 있다. 교원도 학생들에 대한 지도·교육이라는 노무에 종사하고 그 대가로 받는 임금·급료 그 밖에 이에 준하는 수입으로 생활하는 사람이므로 근로자에 해당한다. 따라서 교원의 단결권을 제한하는 법률이 헌법에 위배되지 않기 위해서는 헌법 제37조 제2항에서 정하고 있는 기본권제한 입법의 한계인 과잉금지원칙을 준수하여야 한다(헌재 2003.5.15. 2001헌가31; 헌재 2012.3.29. 2011헌바53 참조). 다만, 오늘날 교육은 조직화·제도화된 학교교육이 중심을 이루고 있고 학교교육을 수행하는 사람이 교원이라는 점에서, 교원은 사용자에 고용되어 근로를 제공하고 임금 등 반대급부를 받는 일반근로자와 다른 특성이 있다(헌재 1991.7.22. 89헌가106 참조). 이에 교육기본법, 교육공무원법, 교원지위법 및 이를 준용하는 사립학교법 등 교육관계법령에서는 공·사립학교를 불문하고 교원에게 보수, 연수, 신분보장 등 모든 면에서 통상적인 근로자에 비하여 특별한 대우 및 특혜를 부여하고 있다. 또한, 교원의 보수 수준 등 근로조건 향상을 위한 재정적 부담은 실질적으로 국민 전체가 지게 되므로, 이 사건 법률조항이 청구인들의 단결권을 침해하는지 여부를 판단함에 있어서는 이러한 교원의 직무 및 근로관계의 특수성을 고려할 필요가 있다.

한편, 이 사건 법률조항에 따라 단결권을 제한받는 사람들은 해고된 교원 또는 교사자격증을 가지고 있으나 정식으로 임용되지 않은 단계에 있는 사람들로 국·공립학교나 사립학교 중 어느 한 곳에 소속된 교원이 아니다. 또 교원노조법도 국·공립학교 교원과 사립학교 교원의 노동조합 구성 및 활동을 분리하여 규율하고 있지 않으므로, 이 사건 법률조항이 헌법에 위반되는지 여부를 판단함에 있어서 국·공립학교 교원과 사립학교 교원의 경우를 나누어 판단하지 아니한다.

#### 2) 목적의 정당성 및 수단의 적절성

헌법 제33조 제1항이 근로자에게 근로3권을 기본권으로 보장하는 뜻은 근로자가 사용자와 대등한 지위에서 단체교섭을 통하여 자율적으로 임금 등 근로조건에 관한 단체협약을 체결할 수 있도록 하기 위한 것이다(헌재 1998.2.27. 94헌바13 등 참조). 이러한 노사 간 실질적 자치라는 목적을 달성하기 위해서는 무엇보다도 노동조합의 자주성이라는 전제가 필요하다. 노동조합은 근로자들이 스스로 '근로조건의 유지·개선 기타 근로자의 경제적·사회적 지위 향상'을 위하여 국가와 사용자에 대항하여 자주적으로 단결한 조직이므로, 노동조합은 국가나 사용자 등으로부터 자주성을 확보해야 한다(헌재 2012.3.29. 2011헌바53 참조).

이 사건 법률조항은 교원의 근로조건 향상을 위하여 정부 등을 상대로 단체교섭권 등을 행사하는 교원노조를 설립하거나 그 활동의 주된 주체를 원칙적으로 초·중등학교에 재직 중인 교원으로 한정함으로써, 대내외적으로 교원노조의 자주성과 주체성을 확보하여 교원의 실질적 근로조건 향상에 기여한다는 데 그 입법목적이 있다. 이는 교원의 직무와 근로관계의 특수성을 고려할 때 국민 전체의 공공 이익에도 기여할 것이므로 그 입법목적의 정당성이 인정된다. 그리고 교원노조의 조합원을 재직 중인 교원으로 한정하면 교원노조의 자주성과 주체성을 확보하는 데 기여할 수 있다는 점에서 입법목적 달성에 적절한 수단이라 할 수 있다.

### 3) 침해의 최소성

(1) 과거 교원의 노조활동은 허용되지 않았으나, 1999.1.29. 교원노조법이 제정된 이후부터 교원의 노조활동이 원칙적으로 보장되고 있다. 교원노조는 단순히 교육부장관 등과 교원의 처우 개선이나 근무조건 등에 관하여 협의할 수 있는 교원단체와 달리(교육기본법 제15조, 교원지위법 제12조), 교원의 임금 등 근로조건 향상을 위하여 조합원인 교원을 대표하여 단체교섭권을 행사하고, 노동쟁의 조정신청권·부당노동행위 구제신청권·조세 면제 등 각종 법적 보호 또는 혜택을 받으며, 교원들의 개별적인 수권이나 동의 없이도 교원의 근로조건을 변경하는 단체협약을 체결할 수 있는 등 교원의 근로조건에 직접적이고 중대한 영향력을 행사한다.

아직 교원으로 임용되지 않은 교사자격 소지자나 해고된 교원에게 교원노조를 설립하거나 그에 가입하여 활동할 수 있도록 하는 것은 교원이 아닌 사람들이 교원노조의 의사결정 과정에 개입하여 현직 교원의 근로조건에 영향을 미치는 결과를 초래할 수 있다. 또 교원노조법상 혜택을 누릴 수 없는 사람들에게까지 이를 부여하는 결과를 야기하게 될 수 있어 오히려 교원의 근로조건 향상을 위하여 활동하여야 하는 교원노조의 자주성을 해할 우려도 있다. 따라서 교원노조의 활동과 직접적이고 실질적인 이해관계를 가지는 재직 중인 교원에게만 교원노조의 조합원이 될 수 있는 지위를 부여하는 것은 교원노조의 역할이나 기능에 비추어 부득이한 측면이 있다.

(2) 교원의 임금 기타 근로조건은 기본적으로 법령·조례 및 예산에 따라 결정되고, 사립학교 교원의 경우도 자격·복무 등에 있어서 국·공립학교 교원에 관한 규정을 거의 대부분 준용하고 있다. 따라서 교원의 근로조건은 학교법인별로 크게 다르지 아니하므로 공사립을 불문하고 교원의 근로조건에 대해서 개개 학교별로 단체교섭을 한다는 것은 큰 의미가 없다. 즉, 교원의 근로조건은 개별 학교 단위의 교섭이 아니라 통일적으로 조직되어 정부 등을 상대로 이루어져야 할 필요가 있기 때문에 교원노조가 산업별 또는 지역별 노조의 형태로 결성될 수밖에 없고, 이는 우리나라 교원의 근로관계 특수성에 기인하는 것이라 할 수 있다(헌재 2006.12.28. 2004헌바67 참조).

교원노조의 경우 전국 단위 또는 시·도 단위 노조로밖에 결성될 수 없으므로, 재직 중인 교원으로 그 조합원의 범위를 한정하는 것은 일반 산업별·지역별 노조와 비교해 보면 지나친 단결권 제한이라고 볼 여지가 있다. 그러나 교원지위법정주의에 따라 교원과 관련한 근로조건의 대부분은 법령이나 조례 등으로 정해지고, 이러한 규정들을 실질적이고 직접적으로 적용받는 사람은 재직 중인 교원들이므로, 그 관련성이 없는 교원이 아닌 사람을 교원노조의 조합원 자격에서 배제하는 것이 단결권의 지나친 제한이라고 볼 수는 없다. 또한, 교원노조의 경우 단체협약의 내용 중 법령·조례 및 예산에 따라 규정되는 내용과 법령 또는 조례에 따라 위임을 받아 규정되는 내용에 대하여는 단체협약으로서의 효력이 인정되지 아니하므로, 교원이 아닌 사람들이 교원노조를 통해 정부 등을 상대로 교원의 임용 문제나 지위에 관한 사항에 관하여 단체교섭을 할 수 있도록 할 실익이 거의 없다.

한편, 노동조합법 제2조 제1호 및 제4호 (라)목 본문에서 말하는 '근로자'에는 일시적으로 실업 상태에 있는 사람이나 구직 중인 사람도 근로3권을 보장할 필요성이 있는 한 그 범위에 포함된다(대판 2004.2.27. 2001두8568 참조). 따라서 이 사건 법률조항이 정한 교원에 해당되지 않으나 앞으로 교원으로 취업하기를 희망하는 사람들이 노동조합법에 따라 노동조합을 설립하거나 그에 가입하는 데에는 아무런 제한이 없다. 이 점에서도 이 사건 법률조항이 교원노조의 단결권에 심각한 제한을 초래한다고 보기는 어렵다.

그러므로 이 사건 법률조항이 산업별 또는 지역별 노조만 허용하면서도 해고 등으로 일시적 실업 상태에 있거나 구직 중인 교사자격 취득자를 교원의 범위에 포함시키지 않는다고 하여 이들 또는 이들을 조합원으로 조직하려는 교원노조의 단결권을 부당하게 제한한다고 볼 수 없다.

(3) 부당노동행위는 근로자 등의 노동조합 활동과 관련된 행위를 사용자가 방해하는 행위로서 노동조합법 제81조가 그 행위 유형을 특정하고 있고, 구제 신청의 기한도 부당노동행위가 있은 날부터 3월 이내로 한정하고 있어 이를 빌미로 조합원으로서의 지위를 남용할 우려가 거의 없다. 따라서 중앙노동위원회의 재심판정이 있을 때까지 조합원의 지위를 인정하더라도 교원노조의 자주성 측면에서 큰 문제가 없다. 이 사건 법률조항은 교원의 노조활동이 임면권자에 의하여 부당하게 제한되는 것을 방지함으로써 교원의 노조활동을 보호하기 위하여 부당노동행위 구제신청을 통하여 해고의 효력을 다투는 사람에게 예외적으로 조합원 자격을 인정하고 있다.

그런데 일반적으로 해직 교원에게 교원노조의 조합원 자격을 계속 유지할 수 있도록 하면, 해고의 효력을 다투는 데 기한의 제한이 없는 우리 법체계상 정당한 해고임에도 불구하고 조합원 자격을 유지하기 위한 수단으로 쟁송을 남용하거나, 개인적 해고의 부당성을 다투는 데 교원노조 활동을 이용할 우려가 있다. 그러므로 해고된 사람의 교원노조 조합원 자격을 이 사건 법률조항과 같이 제한하는 데는 합리적 이유가 인정된다.

한편, 해고된 교원은 교원지위법에 따라 그 처분이 있었던 것을 안 날부터 30일 이내에 교원소청심사위원회에 소청심사를 청구할 수도 있다. 이 경우 심사위원회는 원칙적으로 소청심사청구를 접수한 날부터 60일 이내에 이에 대한 결정을 하여야 한다(교원지위법 제9조, 제10조, 교원노조법 제13조). 따라서 소청심사 결정에 불복하여 행정소송까지 나아가지 않는 한, 부당해고인지 여부를 다투는 데 오랜 시간이 걸리지 않는다. 또한 본인의 의사에 반하여 파면·해임·면직처분을 하였을 때에는 그 처분에 대한 심사위원회의 최종 결정이 있을 때까지 후임자를 발령하지 못한다(교원지위법 제9조 제2항). 그러므로 심사위원회의 최종 결정으로 부당해고임이 판명된 경우 원직에 복직하여 다시 교원노조의 조합원

제
03
편

으로 활동할 수 있는 가능성이 얼마든지 열려 있다. 이러한 사정에 비추어 보더라도 이 사건 법률조항 단서가 부당노동행위 구제신청을 한 사람에게만 예외적으로 조합원 자격을 인정하고 있다고 하여 교직에서 해고된 사람들의 단결권을 지나치게 제한하거나 박탈한다고 볼 수 없다.

(4) 청구인들 및 제청법원은 교직에서 해고된 사람이 조합원에 일부 포함되어 있다는 이유로 전교조에 대하여 법외노조통보가 내려진 것이 이 사건 법률조항에서 교원노조법상 "교원"의 범위를 지나치게 제한하고 있기 때문이라고 한다. 물론 전교조가 법외노조통보를 받게 된 것이 교원노조법상 교원을 초·중등학교의 재직 중 교원으로 한정하고 있는 이 사건 법률조항을 적용한 결과이고, 이 사건 법률조항이 위헌으로 선언되어 교원노조의 조합원이 될 수 있는 교원의 범위를 재직 중이 아닌 교원까지 확대하면 청구인들이나 제청신청인이 구제될 가능성이 있다.

그런데 이 사건 법률조항이 교원노조를 설립하거나 그 활동의 주된 주체가 되는 조합원 자격을 초·중등학교의 재직 중 교원으로 제한하는 것에 합리적 이유가 있다고 하여, 이를 이유로 이미 설립신고를 마치고 정당하게 활동 중인 교원노조의 법상 지위를 박탈한 것이 항상 적법한 것은 아니다. 설립 당시 정당하게 교원노조에 가입한 교원도 교직에서 해고되거나 사직하는 일이 발생할 수 있는데, 이러한 교원이 그 해고 등의 부당성이나 위법성을 다투고 있다면 그 분쟁의 와중에 스스로 교원노조에서 탈퇴하는 것을 기대하기는 힘들다. 그렇다고 교원노조가 조합원의 교원으로서의 지위 상실 여부를 수시로 확인하여 곧바로 조치를 취하는 것 역시 기대하기 어렵다. 이와 같이 교원노조에는 일시적으로 그 자격을 갖추지 못한 조합원이 포함되어 있을 가능성이 언제나 존재하는 만큼, 이를 합법적인 노조로 인정할 것인지에 관해서는 이러한 사정을 고려한 운영이 필요하다. 그리하여 조합원 자격이 상실된 조합원이 포함되어 있음을 이유로 법외노조화하기 위해서는 일정한 절차를 거치게 할 필요가 있는데, 법외노조통보 조항에서 이러한 절차를 정하고 있다. 전교조가 이 사건에서 법외노조통보를 받게 된 것도 직접적으로는 이 조항 때문이다.

즉, 고용노동부장관은 전교조에 대해 해고된 교원의 전교조 조합원 자격을 인정한 전교조 규약 부칙 조항을 시정할 것과 교직에서 해고된 청구인 송○재 외 8인의 전교조 가입·활동을 금지할 것을 요구하면서 30일 이내에 이에 응하지 아니할 경우 청구인 전교조를 법외노조로 통보할 예정이라는 내용의 시정요구를 하였고, 이에 대해 전교조가 아무런 조치를 취하지 않자 2013.10.24. 이 사건 법외노조통보를 하였다. 그런데 전교조는 교원노조법이 설립된 이후 10년 이상 합법적인 노조로 활동해 왔고, 이전에도 해직된 교원이 조합원에 포함되어 있었지만 법외노조통보는 2013.10.24.에서야 이루어졌다. 이러한 사정에 비추어 보더라도 교원이 아닌 사람이 교원노조에 일부 포함되어 있다고 하더라도 이를 이유로 법외노조로 할 것인지 여부는 행정당국의 재량적 판단에 달려 있음을 확인할 수 있다. 그리고 조합원 자격을 상실한 사람이 일부 포함되어 있는 노조를 상대로 법외노조통보를 한 재량적 판단에 대해서는 교원노조에서 활동하는 자격 없는 조합원의 수, 그러한 조합원들이 교원노조 활동에 미치는 영향, 자격 없는 조합원의 노조활동을 금지 또는 제한하기 위한 행정당국의 적절한 조치 여부, 해당 노동조합이 이를 시정할 가능성이 있는지 여부 등을 종합하여 적법한 재량의 범위 안에 있는 것인지 법원이 충분히 판단할 수 있다.

(5) 이와 같은 사정을 종합하여 보면, 이 사건 법률조항은 아직 임용되지 않은 교사자격 취득자 또는 해고된 교원의 단결권 및 이들을 조합원으로 가입·유지하려는 교원노조의 단결권을 지나치게 제한한다고 볼 수 없다. 또 이미 설립신고를 마친 교원노조의 법상 지위를 박탈할 것인지 여부는 이 사건 법외노조통보 조항의 해석 내지 법 집행의 운용에 달린 문제라 할 것이다. 따라서 이 사건 법률조항은 교원노조 및 구직 중인 교원 등의 단결권을 제한함에 있어 침해의 최소성에 위반되지 않는다.

### 4) 법익의 균형성

이 사건 법률조항으로 인하여 교원노조 및 구직 중인 교사자격 취득자나 해고된 교원이 입게 되는 불이익은 이들을 조합원으로 하여 교원노조법에 의한 교원노조를 설립하거나 가입할 수 없는 것일 뿐, 이들의 단결권 자체가 박탈된다고 할 수 없으므로 그 제한의 정도가 크지 않다. 반면에 현실적으로 초·중등 교육기관에서 교원으로 근무하지 않는 사람들이 교원노조를 설립하거나 교원노조에 가입하여 교원노조법상 단체교섭권 등 각종 권한을 행사할 경우 발생할 교원노조의 자주성에 대한 침해는 중대하다. 양자의 법익을 비교해 볼 때 이 사건 법률조항은 법익의 균형성도 갖추었다.

## 2. 소결

따라서 이 사건 법률조항으로 인하여 교원 노조 및 해직 교원의 단결권 자체가 박탈된다고 할 수는 없는 반면, 교원이 아닌 자가 교원노조의 조합원 자격을 가질 경우 교원노조의 자주성에 대한 침해는 중대할 것이어서 법익의 균형성도 갖추었으므로, 이 사건 법률조항은 청구인들의 단결권을 침해하지 아니한다.

## Ⅱ 결론

따라서 법외노조통보 조항 및 이 사건 시정요구에 대한 심판청구는 부적법하므로 각하하고, 이 사건 법률조항은 청구인들의 기본권을 침해한다거나 헌법에 위반된다고 볼 수 없다.

## Ⅲ 보론 − [재판관 김이수의 반대의견]

이 사건 법률조항이 노동조합의 자주성의 의미 및 교원노조의 조직적 특수성 등을 고려할 때 과잉금지원칙에 반하여 교원노조의 단결권을 지나치게 제한하는 것으로서 헌법에 위반된다고 생각하므로, 아래와 같이 견해를 밝힌다.

제
03
편

## 1. 노동조합의 자주성의 의미

노동조합은 원래 국가의 법률이나 정책에 의하여 만들어진 것이 아니라, 근로자들이 생산수단을 소유한 사용자와의 관계에서 스스로의 생존을 위하여 자주적으로 단결하여 생성·발전시켜 온 조직이다. 따라서 노동조합의 자주성은 헌법상 노동3권 보장을 위한 핵심 전제로서 최대한 보호되어야 하고, 이를 위해서는 근로자들이 사용자나 국가의 간섭을 받지 않고 스스로 주체가 되어 노동조합을 결성·가입할 수 있어야 한다.

이에 헌법 제33조는 "근로자는 근로조건의 향상을 위하여 자주적인 단결권, 단체교섭권 및 단체행동권을 가진다."고 하여 근로자의 자주적인 단결권을 기본권으로 보장하고 있고, 헌법재판소도 노동조합이 국가나 사용자 등으로부터 자주성을 확보해야 하는 것이 당연하다는 전제 하에, 헌법 제33조 제1항이 근로자단체의 존속, 유지, 발전, 확장 등을 국가공권력으로부터 보장하고, 근로자단체의 조직 및 의사형성절차에 관하여 규약의 형태로 자주적으로 결정하는 것을 보장한다고 보고 있다(헌재 1999.11.25. 95헌마154; 헌재 2012.3.29. 2011헌바53; 헌재 2013.7.25. 2012헌바116 참조).

## 2. 과잉금지원칙 위반 여부

### 1) 목적의 정당성

이 사건 법률조항이 교원노조를 설립 또는 그에 가입할 수 있는 자로 초·중등학교에 재직 중인 교원에 한정하고, 해직 교원의 경우 부당해고임을 다투더라도 일정 시점까지만 그 조합원 자격을 인정하는 것은 교원의 근로조건 향상을 목적으로 하는 교원노조의 자주성을 확보하기 위한 것으로서 일단 입법목적의 정당성을 인정할 수 있다.

### 2) 수단의 적절성 또는 침해의 최소성

그러나 다음과 같은 점을 고려할 때, 이 사건 법률조항이 위와 같은 입법목적 달성을 위한 적절한 수단인지, 교원노조 및 해직 교원이나 구직 중인 교사자격 취득자 등의 단결권을 지나치게 제한하고 있는 것은 아닌지 의문이 든다.

(1) 교원노조법에 의하면 교원노조는 시·도 단위 또는 전국단위로만 조직이 가능하므로(법 제4조 제1항), 이 법에 따라 설립되는 교원노조는 그 자체로 산업별·직종별·지역별 노조의 성격을 가지고 있다.

법원 및 행정기관은 일반적인 산업별·직종별·지역별 노조의 경우 원래부터 일정한 사용자에의 종속관계를 조합원 자격요건으로 하는 것이 아니므로 노동조합법 제2조 제4호 단서를 기업별 노조에만 적용되는 규정으로 보고, 노동조합법 제2조 제1호 및 제4호 라목에서 말하는 '근로자'에는 특정한 사용자에게 고용되어 현실적으로 취업하고 있는 자뿐만 아니라, 일시적으로 실업 상태에 있는 자나 구직 중인 자도 근로3권을 보장할 필요성이 있는 한 그 범위에 포함된다고 보고 있는 반면(대판 2004.2.27. 2001두8568), 이 사건 법률조항은 노동조합법 제2조 제4호 (라)목과 동일한 내용을 정하고 있음에도 "교원 자격을 가지고 구직 중인 자나 해고된 경우에 초기업적 노동조합인 교원노조의 조합원으로 인정할 필요성이 인정된다고 하더라도 이러한 필요성만으로 교원노조법의 규정에 반하여 달리 해석할 수는 없다"며 이를 교원노조의 조합원이 될 수 있는 교원의 범위를 정하는 강행규정으로 보고, 교원노조의 자체 규약으로도 이와 다르게 교원노조의 조합원 자격을 정하는 것이 허용되지 않는다고 보고 있다(피청구인 고용노동부장관의 의견서 및 대판 2012.1.12. 2011두24231 참조).

그런데 이와 같이 단결권의 주체가 되는 근로자를 현실적으로 사용자에게 근로를 제공하는 자로 보는 것은 일정한 사용자와의 종속관계를 전제로 성립되는 기업별 노조가 아닌 산업별·지역별 노조에는 맞지 않는다. 산업별·지역별 노조는 개별 사용자에 대항하기 위한 것이 아니라 해당 산업 내지 직종에 해당하는 사람들 전체의 근로조건 향상 내지 경제적·사회적 지위의 향상을 위한 조직이므로, 특정 사용자와 현재 근로계약관계에 있는 사람뿐만 아니라 해당 산업 내지 직종에서 근무할 의사가 있는 사람도 이에 가입하여 활동할 수 있도록 할 필요가 있고, 이로 인하여 해당 노동조합의 자주성이 저해될 우려도 없기 때문이다.

따라서 산업별·지역별 노조에 해당하는 교원노조에 재직 중인 교원 외에 해직 교원과 같이 일시적으로 실업 상태에 있는 자나 구직 중인 교사자격소지자의 가입을 엄격히 제한할 필요가 없고, 다른 직종으로 변환이 쉽지 않은 교사라는 직종의 특수성을 고려할 때 이를 엄격히 제한하는 것은 이들 직종에 속하는 사람들의 단결권을 지나치게 제한하는 결과를 초래할 수 있다.

다수의견은 교원의 근로조건 향상을 위하여 조직되는 교원노조에 재직 중인 교원이 아닌 사람들이 포함되어야 할 합리적 이유가 없고, 이들이 헌법 제33조 제1항 및 일반 노동조합법에 따라 별도의 노동조합을 설립하는 데에 아무런 제한이 없으므로 이 사건 법률조항에 의해 단결권이 지나치게 제한되거나 박탈된다고 볼 수 없다고 하나, 실제 이러한 자들로만 조직된 노동조합이 정부 등을 상대로 단체교섭권 등을 실질적으로 행사할 수 있다고 보기 어렵고, 그렇다고 교사자격을 취득하여 교원으로 임용되어 근무하기를 희망하는 자들이 일반 산업별·지역별 노조에 가입하여 활동하는 것도 상정하기 어려운 일이다.

(2) 이 사건 법률조항 단서는 해직 교원의 경우 부당노동행위의 구제신청을 하고 그에 대해 중앙노동위원회의 재심판정이 있을 때까지만 조합원 자격을 유지하는 것으로 정하고 있는데, 해직 교원의 경우 부당해고를 다투기 위해 교원소청심사위원회에 불복하는 절차를 밟는 경우가 일반적이므로, 교원소청심사위원회에 불복하고 심사위원회의 결정이 있을 때까지 조합원 자격을 유지할 수 있도록 함으로써 단결권 제한을 최소화할 수 있다.

소청심사절차를 밟더라도 처분이 있었던 것을 안 날부터 30일 이내에 교원소청심사위원회에 소청심사를 청구할 수 있고, 심사위원회는 원칙적으로 소청심사청구를 접수한 날부터 60일 이내에 이에 대한 결정을 하도록 정하고 있으므로(교원지위법 제9조, 제10조), 이와 같이 소청심사 결정에 불복하여 행정소송까지 나아가지 않는 한, 부당해고인지 여부를 다투는 데에 그리 오랜 시간이 걸리지도 않는다.

교원의 직무의 특수성 및 공공성 등을 고려할 때, 교직에서 해고된 경우 일반근로자보다 더욱 권리관계를 신속하게 확정하여야 한다는 것을 이 사건 법률조항 단서의 이유로 들기도 하나, 이는 학생에 대한 교육이 본분인 교원의 직무 특성에 비추어 교원의 해고에 대한 불복절차가 일반 근로자의 그것에 비하여 더욱 신속하게 이루어져야 한다는 근거는 될 수 있을지언정, 이러한 사정이 교직에서 해고된 사람의 단결권을 제한하는 근거가 될 수는 없다.

(3) 한편, 교원노조법은 교원노조 및 그 조합원의 일체의 쟁의행위를 금지하고 있고(법 제8조), 단체교섭의 결과 체결된 단체협약의 내용 중 법령·조례 및 예산에 의하여 규정되는 내용과 법령 또는 조례에 의하여 위임을 받아 규정되는 내용에 대하여는 단체협약으로서의 효력을 인정하지 아니하며(법 제7조 제1항), 교원노조의 일체의 정치활동을 금지하고 있다(법 제3조). 그리고 교육공무원법 제51조 제1항은 국가공무원법 제78조 제1항의 징계사유를 교육공무원의 징계사유로 정하고 있는데, 국가공무원법 제78조 제1항과 제65조는 정당가입과 선거운동 등 정치적 행위를 광범위하게 금지하고 있고, 사립학교법 제55조 역시 사립학교 교원의 복무에 관하여 국·공립학교 교원에 관한 규정을 준용하도록 하는 한편, 제58조 제1항에서는 정치운동을 면직사유의 하나로 삼고 있어서 사립학교 교원도 정치운동을 할 수 없게 되어 있다. 나아가 정당법 제6조는 교원이 정당의 발기인 및 당원이 되는 것을 금지하고 있고 공직선거법 제60조 제1항은 정당의 당원이 될 수 있는 공무원을 제외한 나머지 공무원의 선거운동을 금지하고 있다.

따라서 현행 법 체계 하에서는 교원노조의 활동이 교원의 근로조건 향상을 위한 단체교섭에 한정될 수밖에 없고, 해직 교원이나 구직 중인 교사자격소지자가 교원노조에 가입하여 교원의 임용과 퇴직, 해고된 교원의 복직 문제 등을 단체교섭사항으로 하는 경우 정부 등이 투쟁대상이 됨으로써 교원노조가 정치화되거나 그로 인해 교육의 공공성이나 국민의 교육받을 권리가 저해되는 결과가 초래될 위험은 이미 차단되어 있다.

(4) 그런데 이 사건 법률조항은 그 단서에서 정한 예외적인 경우를 제외하고는 재직 중인 교원이 아니면 교원노조의 조합원이 될 수 없도록 하고 있어, 정부가 자신의 정책을 반대하는 교원노조를 탄압하는 도구로 악용할 가능성을 배제할 수 없다.

교원노조법 시행령은 교원노조가 설립신고증을 교부받은 후 이 사건 법률조항에 위반하는 사유가 발생한 경우 행정관청이 30일의 기간을 정하여 교원노조에 그 시정을 요구하고 이에 응하지 아니하면 교원노조에 대하여 교원노조법에 의한 노동조합으로 보지 아니함을 통보하여야 한다는 내용의 법외노조통보 조항을 두고 있다. 그런데 법원 및 행정관청은 이 사건 법률조항을 교원노조의 조합원이 될 수 있는 교원의 범위를 정하는 강행규정으로 보고 있으므로, 예를 들어 학교로부터 해직 당한 일부 교원이 그 지위에 관하여 다툼을 벌이는 동안 설립신고를 마치고 적법하게 활동해 온 교원노조가 그러한 교원을 조합원의 지위에서 배제하지 않았다는 이유로 교원노조의 지위를 박탈해 버리는 것이 얼마든지 가능하다. 즉 행정기관 등이 이 사건 법률조항을 엄격하게 해석, 집행할 경우 이미 적법하게 설립신고를 마치고 활동 중인 교원노조가 이 사건 법률조항에서 정한 교원이 아닌 자를 조합원 일부로 두고 있다는 이유로 법외노조로 될 수 있는 위험성이 언제나 있는 것이다.

과거 교원의 노동3권은 국가공무원법 제66조 및 이를 준용하는 사립학교법 조항으로 인해 보장되지 않았고, 그 결과 1989.5.28. 출범한 전교조도 합법적인 노동조합으로 인정받지 못하였다. 그러나 우리나라가 1991.12.9. 국제노동기구(ILO) 가입 이후 교원의 단결권 인정에 관해 수차례 권고를 받고, 1996.12.12. 경제협력개발기구(OECD) 가입 이후에도 '결사의 자유와 단체교섭권'과 같은 기본권을 국제기준에 맞게 개선하도록 지속적으로 권고를 받게 되자, 1996년 정부는 '노사관계개혁위원회'를 설치하여 공무원과 교원의 단결권 보장에 관하여 논의하기 시작하였고, 이후 1998년에 이르러 '노사정위원회'에서 교원의 노동조합결성권을 보장하기로 합의함에 따라 1999.1.29. 교원노조법이 제정·공포(법률 제5727호)되었다. 전교조는 바로 이러한 입법 과정을 거쳐 제정된 교원노조법의 최초 시행일인 1999.7.1.에 설립신고를 마치고 합법적인 노조로 인정받게 된 우리나라 최초의 교원노조이다.

그런데 행정관청은 전교조가 설립 당시부터 부당해고된 교원의 조합원 자격 유지를 정한 규약을 두고 있었음에도 아무런 조치를 하지 않다가 2009.6~7월경 전교조의 시국선언을 계기로 2010.3.31.에 처음으로 전교조에게 위 규약에 대한 시정을 명하기 시작하였고, 2013년에 들어서 이 사건 법률조항 및 법외노조통보 조항에 근거하여 이 사건 시정요구 및 법외노조통보를 하였다. 전교조가 1999.7.1. 교원노조법에 따라 설립신고를 마친 지 약 13년 만에, 6만 명 이상의 조합원 중 9인의 해직 교원이 포함되어 있다는 이유로 합법적인 교원노조로서의 지위를 박탈당한 것이다.

이는 행정관청이 교원노조법상 교원노조가 교원의 자주적인 조직임을 정한 이 사건 법률조항을 지극히 형식적으로 해석·집행한 결과이고, 이와 같이 법을 집행하는 행정기관이 교원노조의 조합원 중 단 1명이라도 이 사건 법률조항을 충족하지 못하는 사람이 포함되어 있을 경우 이 사건 법률조항 및 법외노조통보 조항에 따라 노동조합에 대해 가장 극단적인 행정 조치라 할 수 있는 법외노조통보를 할 수 있는 이상, 이 사건 법률조항이 교원노조 탄압을 위해 악용될 가능성을 간과할 수 없는 것이다.

그렇다면 이 사건 법률조항은 다른 행정적 수단과 결합하여 노동조합의 자주성을 보호하기 위한 원래의 입법목적과 달리 도리어 이를 저해하는 결과를 초래할 수 있다는 점에서, 교원노조의 자주성 및 단결권을 본질적으로 침해하는 조항이라 할 것이다.

(5) 무엇보다 공무원인 국·공립학교 교원과 사립학교 설립·경영자의 피용자인 사립학교 교원의 근로관계는 전혀 다른 성질을 가지고 있으므로 이를 따로 판단하여 볼 필요가 있다. 우리나라 교육관계법령상 사립학교 교원은 교육공무원에 준하는 신분보장을 받고 있고, 사립학교가 국가로부터 보조금 등 재정적 지원을 받는 것은 사실이나, 이러한 점이 사립학교 교원의 단결권을 제한하는 근거가 될 수는 없다. 국·공립학교 교원의 경우 임용권

자 및 노동3권 행사의 상대방이 국가 또는 지방자치단체이지만, 사립학교 교원의 경우 사립학교 설립·경영자에 의해 임용되고 별다른 사정이 없는 한 임용된 학교에서 계속 근무하기 때문에 사립학교 교원의 근로관계는 일반 사기업체에서의 근로관계와 크게 다르지 않다.

교원지위법정주의에 관한 헌법 제31조 제6항을 근거로 사립학교 교원의 노동3권을 제한할 수 있다거나 교원의 노동3권 제한에 있어서는 헌법 제31조 제6항이 헌법 제33조 제1항에 우선하여 적용된다는 견해도 있다. 그러나 헌법 제31조 제6항은 교원 직무의 특수성에 비추어 국민의 교육받을 권리가 차질 없이 실현될 수 있도록 교원의 신분보장 내지 경제적·사회적 지위보장에 관해 입법자가 법률로 정하여야 한다는 것을 의미하지, 이를 근거로 교원의 경우에는 헌법이 명문으로 보장하고 있는 국민의 기본권(노동3권)을 부정하는 법률이나 법조항을 제정할 수 있다고 해석할 수는 없다. 이러한 해석은 원칙적으로 모든 근로자의 자주적인 노동3권을 보장하면서, 다만 예외적으로 노동3권을 제한할 수 있는 대상과 범위를 명시한 헌법 제33조의 취지를 몰각하는 것이다.

비교법적으로 보더라도, 사립학교 교원의 단결권 등 노동3권 제한을 공무원에 해당하는 국·공립학교 교원의 경우와 같이 취급하고 있는 예는 찾아보기 어렵고, 이는 우리나라가 아직 비준하지는 않았지만 국제노동기구(ILO)의 핵심 협약 중 '근로자는 사전인가를 받지 아니하고 스스로 선택하여 단체를 설립하고 그 단체의 규약을 따를 것만을 조건으로 그 단체에 가입할 수 있는 권리를 가진다.'는 내용의 제87호 '결사의 자유 및 단결권의 보호에 관한 협약 및 제98호 '단결권 및 단체교섭권 원칙의 적용에 관한 협약'과도 모순된다.

따라서 이 사건 법률조항이 국·공립학교 교원이든 사립학교 교원이든 불문하고 현재 교원인 자에게만 교원노조 조합원 자격을 부여하는 것은 사립학교 교원의 근로관계의 본질을 고려할 때 지나친 제한이라 할 것이다.

### 3) 법익 균형성

결국 이 사건 법률조항에 의하여 교원노조의 조직 및 구성에 있어 가장 핵심적으로 보장받아야 할 자주성이 저해되고 해직 교원이나 기타 구직 중인 교사자격소지자의 단결권은 사실상 전면 제한되는 반면, 이들에게 교원노조 조합원 자격을 인정하지 않음으로써 달성할 수 있는 공익의 달성 효과는 불분명하므로 이 사건 법률조항은 법익 균형성 요건도 충족하지 못한다.

**주요 판례 02**

## [노동조합 2] 노동조합의 설립심사제도
(대판 2014.4.10. 2011두6998)

**사실관계** **전국공무원노동조합 사건**

가. 행정청은 전국공무원노동조합(이하 '구(舊) 전공노'라고 함) 소속 조합원 중에 면직·파면 또는 해임된 공무원(이하 '해직 공무원'이라 함) 甲, 乙, 丙이 있음을 파악하여 구(舊) 전공노에 그 시정을 요구하였다. 그러나 구(舊) 전공노가 시정을 이행하지 아니하자, 행정청은 시정요구 미이행을 이유로 노동조합 및 노동관계조정법 시행령 제9조 제2항에 따라 구(舊) 전공노를 공무원 노동조합 및 노동관계조정법에 의한 노동조합으로 보지 아니한다고 통보하였다.

나. 이후 구(舊) 전공노는 전국민주공무원노동조합, 법원공무원노동조합의 합병결의를 통해 A노동조합으로 신설합병되었고, 甲, 乙, 丙은 A노동조합의 사무처 각 실장, 상설위원회 내지 특별위원회 위원장 직책을 수행하였다. 이러한 상황에서 A노동조합이 2010.2.25. 설립신고서를 제출하자, 행정청은 구(舊) 전공노 소속 조합원이었던 해직공무원 甲, 乙, 丙이 신설합병 노동조합인 A노동조합의 조합원으로 가입되어 있는지와 업무총괄자인 丁이 가입되어 있는지를 심사한 다음 반려처분을 하였다.

**판시사항**

[1] 행정관청이 노동조합으로 설립신고를 한 단체가 노동조합 및 노동관계조정법 제2조 제4호 각 목에 해당하는지 여부를 실질적으로 심사할 수 있는지 여부(적극) 및 실질적 심사의 기준

[2] 공무원노동조합과 관련하여 노동조합 및 노동관계조정법 제2조 제4호 (라)목에 규정된 '근로자'의 범위

## Ⅰ 행정관청이 노동조합으로 설립신고를 한 단체가 「노동조합 및 노동관계조정법」 제2조 제4호 각 목에 해당하는지 여부를 실질적으로 심사할 수 있는지 여부 및 실질적 심사의 기준

### 1. 노동조합 설립심사제도의 취지 및 실질적 심사 가능 여부

「노동조합 및 노동관계조정법」(이하 '노동조합법'이라 함)이 행정관청으로 하여금 설립신고를 한 단체에 대하여 같은 법 제2조 제4호 각 목에 해당하는지를 심사하도록 한 취지가 노동조합으로서의 실질적 요건을 갖추지 못한 노동조합의 난립을 방지함으로써 근로자의 자주적이고 민주적인 단결권 행사를 보장하려는 데 있는 점을 고려하면, 행정관청은 해당 단체가 노동조합법 제2조 제4호 각 목에 해당하는지 여부를 실질적으로 심사할 수 있다.

### 2. 실질적 심사기준(심사범위)

행정관청에 광범위한 심사권한을 인정할 경우 행정관청의 심사가 자의적으로 이루어져 신고제

가 사실상 허가제로 변질될 우려가 있는 점, 노동조합법은 설립신고 당시 제출하여야 할 서류로 설립신고서와 규약만을 정하고 있고(제10조 제1항), 행정관청으로 하여금 보완사유나 반려사유가 있는 경우를 제외하고는 설립신고서를 접수받은 때로부터 3일 이내에 신고증을 교부하도록 정한 점(제12조 제1항) 등을 고려하면, 행정관청은 일단 제출된 설립신고서와 규약의 내용을 기준으로 노동조합법 제2조 제4호 각 목의 해당 여부를 심사하되, 설립신고서를 접수할 당시 그 해당 여부 가 문제된다고 볼 만한 객관적인 사정이 있는 경우에 한하여 설립신고서와 규약 내용 외의 사항 에 대하여 실질적인 심사를 거쳐 반려 여부를 결정할 수 있다.

## Ⅱ 공무원노동조합과 관련하여 노동조합법 제2조 제4호 (라)목에 규정된 '근로자'의 범위

노동조합법 제2조 제4호 (라)목 본문은 근로자가 아닌 자의 가입을 허용하는 경우에는 노동조합 으로 보지 아니한다고 규정하고 있는바, 위 조항은 공무원의 노동조합 설립 및 운영 등에 관한 법률(이하 '공무원노동조합법'이라고 함) 제17조 제2항에 의하여 공무원의 노동조합에 적용되고 이 경우 '근로자'는 '공무원'으로 보며, 공무원노동조합법 제6조 제3항은 공무원이 면직·파면 또는 해임되어 노동위원회에 부당노동행위의 구제신청을 한 때에는 중앙노동위원회의 재심판정이 있 을 때까지는 노동조합원의 지위를 상실하지 않는다고 규정하고 있다.
공무원노동조합과 관련하여 노동조합법 제2조 제4호 (라)목에 규정된 '근로자'는 원칙적으로 '공 무원 자격을 유지하고 있는 자'로 한정되고, 면직·파면 또는 해임된 공무원은 노동위원회에 부당노동행위 구제신청을 한 경우를 제외하고는 '근로자가 아닌 자'에 해당하는 것으로 보아야 한다.

## Ⅲ 사안의 적용

### 1. 해직공무원 가입여부에 대한 심사의 정당성

행정청이 구(舊) 전공노에 대하여 해직 공무원의 가입을 이유로 공무원노동조합법상 노동조합 으로 보지 아니한다는 통보를 한 상황에서 구(舊) 전공노를 합병한 A노동조합으로부터 이 사 건 설립신고서를 제출받게 된 사정을 고려할 때, 행정청으로서는 구(舊) 전공노의 조합원이었 던 해직 공무원이 합병의 효력으로 A노동조합 조합원의 자격을 취득하여 여전히 조합원으로 남아있는지에 대하여 심사를 할 수 있다고 볼 것이고, 이처럼 행정청이 이 사건 설립신고 당시 이미 파악하고 있던 해직 공무원에 관한 정보를 기초로 해직 공무원의 가입 여부를 심사한 것은 조합원 전부를 대상으로 광범위하고 전면적인 심사를 한 것과는 달리 평가하여야 하므로, 행 정청이 설립신고서와 규약 내용 외에 실제 해직 공무원이 A노동조합 조합원으로 가입되어 있 어 노동조합법 제2조 제4호 (라)목에 해당하는지를 실질적으로 심사한 것은 적법하다.
행정청이 조합원 가입을 문제 삼은 해직 공무원 중 원고 사무처 각 실장, 상설위원회 내지 특별 위원회 위원장 등의 직책을 수행한 甲, 乙, 丙의 경우 이들이 A노동조합 내에서 차지하는 지위와 권한 등에 비추어 볼 때 이들을 단순 상근직원으로 볼 수 없고 실질적으로 A노동조합의 조합원으로 보아야 할 것이다. 따라서 A노동조합은 근로자가 아닌 자의 가입을 허용하고 있는바, 행정청의 설립신고서 반려처분은 적법하다고 할 것이다.

## 2. 업무총괄자의 가입여부 심사의 정당성

공무원노동조합법 제6조 제2항 제1호와 위 법 시행령 제3조 제1호 나목에 의하면, 훈령 또는 사무 분장 등에 따라 부서장을 보조하여 부서 내 다른 공무원의 업무 수행을 지휘·감독하거나 총괄하는 업무에 주로 종사하는 공무원인 이른바 '업무 총괄자'는 공무원노동조합에 가입할 수 없다.

행정청이 A노동조합으로부터 설립신고를 제출받을 당시 업무 총괄자의 가입 여부를 의심할 만한 객관적인 사정이 있었다고 볼 만한 자료가 없고, 행정청이 어떠한 경위로 문제 된 조합원들의 업무 내용을 조사하게 되었는지를 확인할 자료도 없는 이 사건에서, 행정청이 조합원들의 업무 내용에 대하여 전반적인 조사를 거쳐 업무 총괄자의 가입 여부를 실질적으로 심사한 것은 앞서 본 법리에 비추어 볼 때 그 심사권한의 한계를 벗어난 것으로, 설령 丁 등이 업무 총괄자에 해당한다고 하더라도 이를 이유로 A노동조합의 설립신고를 반려하는 것은 적법하다고 보기 어렵다고 할 것이다.

제
03
편

memo

## 주요 판례 03

### [노동조합 3] 고용노동부장관의 전국교직원노동조합에 대한 법외노조 통보의 적법성 여부

(대판 2020.9.3. 2016두32992 [전합])

**사실관계**　**전국교직원노동조합 사건**

### 가. 원고의 설립신고 및 수리

1) 원고는 교원 노동조합이 허용되지 않던 1989.5.28. 전국의 국·공립학교와 사립학교의 교원을 조합원으로 하여 설립되었다. 설립 당시 원고의 규약 제6조는 "본 조합원은 전국의 유치원, 초등학교, 중·고등학교, 대학교, 문교부 및 기타 교육기관에 종사하는 교직원으로 하되, 사용자를 위해 일하는 자를 제외한다."(제1항), "교육부나 시도교육청, 재단의 부당한 처사에 의하여 해직(파면, 해임, 직권면직 등), 임용 제외된 교직원도 조합원이 될 수 있다."(제2항)라고 규정하여 조합원의 자격에 관하여 '현직 교원'뿐만 아니라 '해직 교원'도 포함하고 있었다.

2) 그 후 그동안 제한되어 왔던 교원의 노동기본권을 보장함으로써 보편화된 국제노동기준을 준수할 수 있도록 하고, 노사정위원회에서 합의한 교원의 노동기본권 보장방안을 존중하여 그 보장범위와 단체교섭의 구조 등을 정하려는 목적에서 1999.1.29. 법률 제5727호로 「교원의 노동조합 설립 및 운영 등에 관한 법률」(이하 '교원노조법'이라 함)이 제정되어 1999.7.1. 시행됨에 따라 실정법상 교원 노동조합의 설립이 허용되었다. 교원노조법은 교원 노동조합에 관하여 일부 특례를 규정하면서, 그 밖의 사항에 관하여는 「노동조합 및 노동관계조정법」(이하 '노동조합법'이라 함)의 규정을 따르도록 하였는데(제14조 제1항), 노동조합법 제2조 제4호 단서가 '근로자가 아닌 자의 가입을 허용하는 경우(라. 목)'에는 노동조합으로 보지 아니한다고 규정하고 있으므로, 교원 노동조합에 해직 교원 등 '교원이 아닌 자'의 가입은 허용되지 않았다[교원노조법 제2조는 법상 '교원'을 '현직 교원'으로 한정하고(본문), 다만 '해고된 사람으로서 노동조합법에 따라 노동위원회에 부당노동행위의 구제신청을 한 사람은 중앙노동위원회의 재심판정이 있을 때까지 교원으로 본다.'고 규정하고 있다(단서). 한편 교원노조법 제2조 본문은 헌법재판소의 헌법불합치결정(헌재 2018.8.30. 2015헌가38 결정) 취지에 따라 2020.6.9. 법률 제17430호로 일부 개정되었다(이하 '교원노조법 제2조'라 함은 개정 전 조항을 의미함).

3) 이러한 내용의 교원노조법이 제정·시행됨에 따라 원고는 1999.6.27. 전국대의원대회를 개최하여 규약 제6조에서 제1항은 기본적으로 유지하고 제2항은 삭제하기로 의결하였다. 원고는 1999.7.1. 피고(당시에는 '노동부장관'이었다가 2010.6.4. 법률 제10339호로 정부조직법이 개정되어 현재의 '고용노동부장관'으로 변경되었다)에게 설립신고를 하면서 위와 같이 개정된 규약을 제출하였다. 피고는 원고가 제출한 개정규약을 기초로 원고가 교원노조법 및 노동조합법상 설립요건에 위배되는 점이 없다고 판단하여 1999.7.2. 설립신고를 수리하고 원고에게 신고증을 교부하였다.

### 나. 1차 시정명령

1) 위 설립신고 수리 이후 피고는 원고의 규약 부칙 제5조에 "규약 제6조 제1항의 규정에 불구하고 부당 해고된 교원은 조합원이 될 수 있다."(제1항), "종전 규약에 의거 조합원 자격을 갖고 있던 해직교원 중 복직되지 않은 조합원 및 이 규약 시행일 이후 부당 해고된 조합원은 규약 제6조 제1항의 규정에 불구하고 조합원 자격을 유지한다."(제2항)라는 조항이 포함되어 있는 사실을 확인하였다.

2) 피고는 2010.2.12. 서울지방노동위원회에 원고의 규약 중 노동관계법령에 위반된다고 판단하는 사항

에 대하여 시정명령 의결을 요청하였고, 서울지방노동위원회는 2010.3.10. 원고의 규약 중 제9조, 부칙 제5조 등이 교원노조법 제2조에 위반된다고 의결하였다(서울2010의결6호). 이에 피고는 2010.3.31. 원고에 대하여 교원노조법 제14조 제1항, 노동조합법 제21조 제1항, 제3항에 따라 원고의 규약 중 제55조 제4항과 부칙 제5조 등 일부를 2010.5.3.까지 시정할 것을 명하였다(이하 '1차 시정명령'이라 함).

3) 원고는 2010.6.29. 1차 시정명령이 위법하다고 주장하면서 그 취소를 구하는 소를 제기하였으나, 법원은 1차 시정명령 중 원고의 규약 제55조 제4항에 관한 부분만 취소하고 부칙 제5조를 비롯한 나머지 부분에 관한 청구를 기각하는 판결을 선고하였다. 위 판결은 원고의 항소와 상고가 모두 기각됨으로써 그대로 확정되었다(서울행정법원 2010.11.5. 2010구합27110; 서울고등법원 2011.9.9. 2010누43725 및 대판 2012.1.12. 2011두24231).

## 다. 2차 시정명령

1) 원고는 2010.8.14. 규약을 개정하면서 부칙 제5조의 제1항을 삭제하고 제2항을 "부당하게 해고된 조합원은 규약 제6조 제1항의 규정에 불구하고 조합원 자격을 유지한다."라고 개정하였다(이하 이와 같이 개정된 부칙 제5조를 '이 사건 부칙 조항'이라 함).

2) 피고는 2012.8.3. 서울지방노동위원회에 원고의 규약에 대한 시정명령 의결을 요청하였고, 서울지방노동위원회는 2012.9.3. 원고의 규약 중 이 사건 부칙 조항 부분이 교원노조법 제2조에 위반된다고 의결하였다(서울2012의결7호). 이에 피고는 2012.9.17. 원고에 대하여 1차 시정명령과 같은 이유로 이 사건 부칙 조항을 2012.10.18.까지 시정할 것을 명하였다(이하 '2차 시정명령'이라 함).

## 라. 법외노조 통보

1) 피고는 2013.9.23. 원고에 대하여 '두 차례에 걸쳐 해직자의 조합원 가입을 허용하는 규약을 시정하도록 명하였으나 이행하지 않았고, 실제로 해직자가 조합원으로 가입하여 활동하고 있는 것으로 파악된다.'는 이유로 교원노조법 제14조 제1항, 노동조합법 제12조 제3항 제1호, 제2조 제4호 라.목 및 「교원의 노동조합 설립 및 운영 등에 관한 법률 시행령」(이하 '교원노조법 시행령'이라 함) 제9조 제1항, 「노동조합 및 노동관계조정법 시행령」(이하 '노동조합법 시행령'이라 함) 제9조 제2항에 의하여 2013.10.23.까지 이 사건 부칙 조항을 교원노조법 제2조에 맞게 시정하고 조합원이 될 수 없는 해직자가 가입·활동하지 않도록 조치할 것을 요구하였다(이하 '시정요구'라 함). 피고는 그 시정요구서에 원고의 조합원으로 가입하여 활동하고 있는 해직 교원 9명을 구체적으로 특정하고, "만약, 위 기한까지 시정요구를 이행하지 아니하는 경우에는 교원노조법에 의한 노동조합으로 보지 아니함을 통보할 예정이니 유념하시기 바랍니다."라고 기재하였다.

2) 그러나 원고는 시정요구에 따른 이행을 하지 않았고, 이에 피고는 2013.10.24. 교원노조법 제14조 제1항, 노동조합법 제12조 제3항 제1호, 제2조 제4호 라.목 및 교원노조법 시행령 제9조 제1항, 노동조합법 시행령 제9조 제2항에 의하여 원고를 '교원노조법에 의한 노동조합으로 보지 아니함'을 통보하였다(이하 노동조합법 또는 교원노조법에 의하여 설립된 노동조합을 '법상 노동조합', 법상 노동조합이 아닌 노동조합을 '법외노조'라 함. 그리고 노동조합법 또는 교원노조법에 의한 노동조합으로 보지 아니함을 통보하는 것을 '법외노조 통보', 원고에 대한 위 2013.10.24.자 법외노조 통보를 '이 사건 법외노조 통보'라 함).

3) 교육부장관은 2013.10.25. 각 시·도 교육청에 "전국교직원노동조합 '노조 아님 통보'에 따른 휴직사유 소멸 통보 및 후속조치 이행 협조 요청"이라는 제목의 공문을 보냈다. 그 주요 내용은 이 사건 법외노조 통보에 따라 원고가 노동조합 명칭 사용, 단체교섭 등과 같은 노동조합으로서의 지위 및 권한을

상실하게 되었으니, 각 시·도교육청은 ① 노동조합 전임자에 대한 휴직허가 취소 및 복직 발령, ② 원고에게 지원한 사무실 퇴거 및 사무실 지원금 반환 요청, ③ 기존에 체결된 단체협약의 2013.10.24. 이후 효력 상실 및 현재 진행 중인 단체교섭의 중지, ④ 조합비 급여 원천징수 금지, ⑤ 각종 위원회 위원 중 단체협약에 의하여 원고 조합원이 위원으로 참여한 경우 단체협약의 효력 상실로 인한 위원 자격 상실 등과 같은 후속조치를 이행하고, 2013.12.2.까지 이행 결과를 교육부에 보고하라는 것이었다.

**판시사항**

고용노동부장관의 전국교직원노동조합에 대한 법외노조 통보의 적법성 여부

## I 이 사건 법외노조 통보의 적법성 여부

### 1. 헌법상 법률유보원칙과 행정입법의 한계

1) 헌법 제37조 제2항은 "국민의 모든 자유와 권리는 국가안전보장·질서유지 또는 공공복리를 위하여 필요한 경우에 한하여 법률로써 제한할 수 있으며, 제한하는 경우에도 자유와 권리의 본질적인 내용을 침해할 수 없다."라고 규정하고 있다. 헌법상 법치주의는 법률유보원칙, 즉 행정작용에는 국회가 제정한 형식적 법률의 근거가 요청된다는 원칙을 그 핵심적 내용으로 한다. 나아가 오늘날의 법률유보원칙은 단순히 행정작용이 법률에 근거를 두기만 하면 충분한 것이 아니라, 국가공동체와 그 구성원에게 기본적이고도 중요한 의미를 갖는 영역, 특히 국민의 기본권 실현에 관련된 영역에 있어서는 행정에 맡길 것이 아니고 국민의 대표자인 입법자 스스로 그 본질적 사항에 대하여 결정하여야 한다는 요구, 즉 의회유보원칙까지 내포하는 것으로 이해되고 있다. 여기서 어떠한 사안이 국회가 형식적 법률로 스스로 규정하여야 하는 본질적 사항에 해당되는지는, 구체적 사례에서 관련된 이익 내지 가치의 중요성, 규제 또는 침해의 정도와 방법 등을 고려하여 개별적으로 결정하여야 하지만, 규율대상이 국민의 기본권과 관련한 중요성을 가질수록 그리고 그에 관한 공개적 토론의 필요성 또는 상충하는 이익 사이의 조정 필요성이 클수록, 그것이 국회의 법률에 의하여 직접 규율될 필요성은 더 증대된다. 따라서 국민의 권리·의무에 관한 기본적이고 본질적인 사항은 국회가 정하여야 하고, 헌법상 보장된 국민의 자유나 권리를 제한할 때에는 적어도 그 제한의 본질적인 사항에 관하여 국회가 법률로써 스스로 규율하여야 한다(대판 2007.10.12. 2006두14476; 대판 2015.8.20. 2012두23808 전합 및 헌재 2009.2.26. 2008헌마370 결정 등 참조).

2) 헌법 제75조는 "대통령은 법률에서 구체적으로 범위를 정하여 위임받은 사항과 법률을 집행하기 위하여 필요한 사항에 관하여 대통령령을 발할 수 있다."라고 규정하고 있다. 따라서 대통령은 법률에서 구체적으로 범위를 정하여 위임받은 사항과 법률을 집행하기 위하여 필요한 사항에 관하여만 대통령령을 발할 수 있으므로, 법률의 시행령은 모법인 법률에 의하여 위임받은 사항이나 법률이 규정한 범위 내에서 법률을 현실적으로 집행하는 데 필요한 세부적인 사항만을 규정할 수 있을 뿐, 법률에 의한 위임이 없는 한 법률이 규정한 개인의 권리·

의무에 관한 내용을 변경·보충하거나 법률에 규정되지 아니한 새로운 내용을 규정할 수는 없다(대판 1990.9.28. 89누2493; 대판 1995.1.24. 93다37342 전합 등 참조).

## 2. 이 사건 시행령 조항의 위헌성

법외노조 통보는 적법하게 설립된 노동조합의 법적 지위를 박탈하는 중대한 침익적 처분으로서 원칙적으로 국민의 대표자인 입법자가 스스로 형식적 법률로써 규정하여야 할 사항이고, 행정입법으로 이를 규정하기 위해서는 반드시 법률의 명시적이고 구체적인 위임이 있어야 한다. 그런데 이 사건 시행령 조항은 법률의 위임 없이 법률이 정하지 아니한 법외노조 통보에 관하여 규정함으로써 헌법상 노동3권을 본질적으로 제한하고 있으므로 그 자체로 무효이다. 구체적인 이유는 아래와 같다.

1) 법외노조 통보는 적법하게 설립되어 활동 중인 노동조합에 대하여 더 이상 노동조합법상 노동조합이 아님을 확정하는 형성적 행정처분이라고 보아야 한다. 노동조합법은 노동조합에 관한 설립신고 제도를 두고 있고, 법상 노동조합이 되려면 법이 정한 설립요건을 갖추는 외에 설립신고도 함께 구비하여야 하므로, 노동조합법상 노동조합은 설립신고서를 소관 행정관청에 제출하고 그 행정관청으로부터 그에 대한 신고증을 교부받음으로써 성립한다(대판 1979.12.11. 76누189; 대판 1996.6.28. 93도855 등 참조). 예컨대, 근로자가 아닌 자의 가입을 허용하지 않는다고 하여 곧바로 법상 노동조합의 지위를 가진다거나 근로자가 아닌 자의 가입을 허용한다고 하여 그 즉시 법상 노동조합이 아니라고 볼 수는 없다. 이 사건 법률 규정의 '노동조합으로 보지 아니한다.'는 규정은 그 자체로 법률효과를 가지는 것이 아니라 노동조합법에 의한 노동조합인지에 관한 판단기준을 밝히고 있을 뿐이다.

   행정관청은 법상 설립요건을 갖추지 못한 단체의 설립신고서를 반려하는데, 이러한 반려는 설립신고의 수리를 거부하는 것이므로 해당 단체의 법적 지위에 직접적인 영향을 미치는 행정처분이다. 즉 결격사유가 있는 단체는 이 사건 법률 규정에 따라 노동조합으로 보지 아니하나, 그러한 법적 효과는 위와 같은 설립신고서의 반려를 통하여 비로소 실현된다.

   법외노조 통보는 이와 같은 절차를 거쳐 적법하게 설립되어 활동 중인 노동조합에 대하여 행정관청이 더 이상 노동조합법상 노동조합이 아님을 고권적으로 확정하는 행정처분으로서, 단순히 법률에 의하여 이미 법외노조가 된 것을 사후적으로 고지하거나 확인하는 행위가 아니라 그 통보로써 법외노조가 되도록 하는 형성적 행위이다. 즉 법상 노동조합에 결격사유가 발생한 경우, 이 사건 법률 규정에 의하여 곧바로 법외노조가 되는 것이 아니라, 이를 이유로 한 법외노조 통보가 있을 때 비로소 법외노조가 된다.

2) 노동조합법은 노동조합법에 의하여 설립된 노동조합에 대하여 특별한 보호를 규정하고 있다. 즉, 법상 노동조합은 법인격을 취득할 수 있고(제6조), 노동위원회에 노동쟁의의 조정 및 부당노동행위의 구제를 신청할 수 있으며(제7조 제1항), 조세를 면제받을 수 있다(제8조). 무엇보다도 법상 노동조합만이 '노동조합'이라는 명칭을 사용할 수 있다(제7조 제3항). 노동조합 설립신고의 수리는 법에서 정한 설립요건을 갖춘 노동조합을 법상 노동조합으로 인정함으로써 노동조합법이 정한 권리와 혜택을 향유할 수 있는 법적 지위를 부여하는 것이고, 법외노조

통보는 이미 적법하게 설립된 노동조합에 결격사유가 발생하였다는 이유로 그 노동조합으로 부터 위와 같은 법적 지위를 박탈하는 것이다.

법외노조 통보를 받은 노동조합은 더 이상 노동조합이라는 명칭을 사용할 수 없고, 사용자가 단체교섭을 거부하는 등 부당노동행위를 하더라도 적절히 대응할 수 없게 되는 등 노동조합 으로서의 활동에 지장을 받게 된다. 물론 법외노조가 되더라도 노동조합으로서의 지위 자체 를 상실하는 것은 아니므로 노동3권의 일반적인 행사는 가능하다고 볼 수 있으나(대판 1997.2.11. 96누2125; 대판 2016.12.27. 2011두921 및 헌재 2012.3.29. 2011헌바53 결정 등 참조), 그렇다 하더라도 현실적인 제약과 불이익을 피할 수는 없다. 노동3권은 노동조합을 통하여 비로소 실질적으로 보장될 수 있는데, '노동조합'이라는 명칭조차 사용할 수 없는 단체가 노동 3권을 실효적으로 행사할 수 있다고 기대하기는 어렵기 때문이다. 결국 법외노조 통보는 형 식적으로는 노동조합법에 의한 특별한 보호만을 제거하는 것처럼 보이지만 실질적으로는 헌 법이 보장하는 노동3권을 본질적으로 제약하는 결과를 초래한다.

헌법 제33조 제1항은 "근로자는 근로조건의 향상을 위하여 자주적인 단결권·단체교섭권 및 단체행동권을 가진다."라고 규정함으로써 노동3권을 기본권으로 보장하고 있다. 노동3권은 법률의 제정이라는 국가의 개입을 통하여 비로소 실현될 수 있는 권리가 아니라, 법률이 없더 라도 헌법의 규정만으로 직접 법규범으로서 효력을 발휘할 수 있는 구체적 권리라고 보아야 한다. 노동조합법 제1조가 '이 법은 헌법에 의한 근로자의 단결권·단체교섭권 및 단체행동권 을 보장하여' 근로조건의 유지·개선과 근로자의 경제적·사회적 지위 향상을 도모함을 목적 으로 한다고 규정하고 있는 것도 이러한 차원에서 이해할 수 있다. 특히 노동3권 중 단결권은 결사의 자유가 근로의 영역에서 구체화된 것으로서(헌재 2012.3.29. 2011헌바53 결정 등 참조), 연혁적·개념적으로 자유권으로서의 본질을 가지고 있으므로, '국가에 의한 자유'가 아니라 '국가로부터의 자유'가 보다 강조되어야 한다. 따라서 노동관계법령을 입법할 때에는 이러 한 노동3권, 특히 단결권의 헌법적 의미와 직접적 규범력을 존중하여야 하고, 이렇게 입법된 법령의 집행과 해석에 있어서도 단결권의 본질과 가치가 훼손되지 않도록 하여야 한다.

한편, 헌법은 위 제33조 제1항과 달리 제2항에서 "공무원인 근로자는 법률이 정하는 자에 한 하여 단결권·단체교섭권 및 단체행동권을 가진다."라고 규정하고 있고, 교육공무원인 국 ·공립학교 교원은 물론 사립학교 교원 역시 노동3권의 행사가 제한된다(사립학교법 제55조, 헌재 1991.7.22. 89헌가106 결정 등 참조). 이에 노동조합법 제5조는 본문에서 "근로자는 자유로 이 노동조합을 조직하거나 이에 가입할 수 있다."라고 규정하면서도, 단서에서 "다만, 공무원 과 교원에 대하여는 따로 법률로 정한다."라고 규정하고 있다. 결국 교원의 노동3권은 법률에 특별한 규정이 있는 경우에 비로소 실질적으로 보장될 수 있고(대판 2016.12.27. 2011두921; 헌재 2008.12.26. 2005헌마971 결정 등 참조), 이에 관한 법률이 바로 교원노조법이다. 교원노조 법은 제1조에서 "이 법은「국가공무원법」제66조 제1항 및「사립학교법」제55조에도 불구하 고「노동조합법」제5조 단서에 따라 교원의 노동조합 설립에 관한 사항을 정하고 교원에 적 용할「노동조합 및 노동관계조정법」에 대한 특례를 규정함을 목적으로 한다."라고 규정하고 있다. 따라서 교원 노동조합에 대하여 '교원노조법에 의한 노동조합으로 보지 아니함'을 통보하는 것은 단순히 '법상 노동조합'의 지위를 박탈하는 것이 아니라 사실상 '노동조합'으로서의 존재 자체를 부정하는 것이 될 수 있다.

3) 이와 같이 노동조합법상 노동조합으로 인정되는지 여부는 헌법상 노동3권의 실질적인 행사를 위한 필수적 전제가 되고, 이미 적법한 절차를 거쳐 설립된 노동조합에 대한 법외노조 통보는 아직 법상 노동조합이 아닌 단체에 대한 설립신고서 반려에 비하여 그 침익성이 더욱 크다. 따라서 이처럼 강력한 기본권 관련성을 가지는 법외노조 통보에 관하여는 법률에 분명한 근거가 있어야 한다고 보는 것이 헌법상 법률유보원칙에 부합한다. 그런데 현행 노동조합법(1997.3.13. 법률 제5310호로 제정되고, 2020.6.9. 법률 제17432호로 최종개정된 것)은 그 제정 당시부터 현재까지 설립신고서 반려에 관하여는 이를 직접 규정하면서도 그보다 더 침익적인 법외노조 통보에 관하여는 아무런 규정을 두고 있지 않고, 이를 시행령에서 규정하도록 위임하고 있지도 않다.

원래 구(舊) 노동조합법(1953.3.9. 법률 제280호로 제정되고, 1996.12.31. 법률 제5244호로 폐지된 것)은 제32조에서 행정관청이 규약의 취소, 변경명령을 내린 후 이를 이행하지 아니한 노동조합에 대하여 노동위원회의 의결을 얻어 그 해산을 명할 수 있도록 하는 노동조합 해산명령 제도를 규정하고 있었다(제정 당시에는 '노동위원회의 의결'만을 제한조건으로 하였다가, 1986.12.31. 개정을 통하여 '규약의 취소, 변경명령 불이행'이라는 제한조건을 부가하였다). 그러나 이미 적법하게 설립되어 활동 중인 노동조합을 행정관청이 임의로 해산시킬 수 있도록 하는 것은 근로자의 단결권과 노동조합의 자주성을 침해한다는 이유에서 1987.11.28. 위 제도는 폐지되었다(법률 제3966호).

그런데 위와 같은 노동조합 해산명령 제도의 폐지 이후 불과 약 5개월 만인 1988.4.15. 법정 요건을 결여한 노동조합이 존립할 수 없도록 한다는 이유에서 구(舊)「노동조합법 시행령」(1953.4.20. 대통령령 제782호로 제정되고, 1997.3.27. 대통령령 제15321호로 폐지된 것) 제8조 제2항으로 법외노조 통보 제도가 새로이 도입되었고(대통령령 제12429호), 이 제도가 바로 이 사건 시행령 조항을 통하여 현재까지도 그대로 유지되고 있다. 그러나 이러한 법외노조 통보 제도는 행정관청이 규약의 시정을 요구하고 이를 이행하지 아니한 노동조합에 대하여 법외노조 통보를 함으로써 법상 노동조합으로서의 지위를 박탈할 수 있도록 한다는 점에서 사실상 노동조합 해산명령 제도와 그 주체, 대상, 절차 및 효과 등이 모두 동일하다. 오히려 구법과 달리 노동위원회의 의결 절차를 두지 않음으로써 행정 내부적 통제의 가능성이 축소되어 행정관청의 자의가 개입될 여지가 확대되었을 뿐이다.

즉, 법외노조 통보 제도는 본래 법률에 규정되어 있던 것으로서 국민의 대표자인 입법자의 결단에 따라 폐지된 노동조합 해산명령 제도를 행정부가 법률상 근거 내지 위임 없이 행정입법으로 부활시킨 것이다. 이 사건 시행령 조항의 위헌성을 판단함에 있어서는 위와 같은 제도의 연혁을 마땅히 고려하여야 한다.

4) 요컨대, 법외노조 통보는 이미 법률에 의하여 법외노조가 된 것을 사후적으로 고지하거나 확

인하는 행위가 아니라 그 통보로써 비로소 법외노조가 되도록 하는 형성적 행정처분이다. 이러한 법외노조 통보는 단순히 노동조합에 대한 법률상 보호만을 제거하는 것에 그치지 않고 헌법상 노동3권을 실질적으로 제약한다. 그런데 노동조합법은 법상 설립요건을 갖추지 못한 단체의 노동조합 설립신고서를 반려하도록 규정하면서도, 그보다 더 침익적인 설립 후 활동 중인 노동조합에 대한 법외노조 통보에 관하여는 아무런 규정을 두고 있지 않고, 이를 시행령에 위임하는 명문의 규정도 두고 있지 않다. 더욱이 법외노조 통보 제도는 입법자가 반성적 고려에서 폐지한 노동조합 해산명령 제도와 실질적으로 다를 바 없다. 결국 이 사건 시행령 조항은 법률이 정하고 있지 아니한 사항에 관하여, 법률의 구체적이고 명시적인 위임도 없이 헌법이 보장하는 노동3권에 대한 본질적인 제한을 규정한 것으로서 법률유보원칙에 반한다.

## Ⅲ 결론

따라서 위 내용 및 사실관계 등을 종합적으로 고려할 때, 피고는 이 사건 시행령 조항이 유효함을 전제로 이에 근거하여 이 사건 법외노조 통보를 하였는데, 앞서 본 바와 같이 이 사건 시행령 조항은 헌법상 법률유보원칙에 위반되어 그 자체로 무효인바, 따라서 이 사건 시행령 조항에 기초한 이 사건 법외노조 통보는 그 법적 근거를 상실하여 위법하다고 보아야 할 것이다.

그런데도 원심은 이 사건 시행령 조항을 유효하다고 보아 이 사건 법외노조 통보를 적법하다고 판단하였다. 이러한 원심 판단에는 헌법상 법률유보원칙에 관한 법리를 오해하여 판결에 영향을 미친 잘못이 있다고 할 것이다.

memo

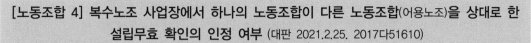

**주요 판례** ④

**[노동조합 4] 복수노조 사업장에서 하나의 노동조합이 다른 노동조합(어용노조)을 상대로 한 설립무효 확인의 인정 여부** (대판 2021.2.25. 2017다51610)

---

**사실관계** **유성기업(주) 지회 사건**

가. 피고인 참가인 회사(유성기업(주))는 각종 재연기관 부품제조 및 판매업을 영위하는 회사이고, 원고 노동조합(전국금속노동조합 유성기업(주) 지회)은 산업별노조로 그 산하에 참가인 회사 생산직 근로자들이 가입한 지회를 두고 있다. 원고 노동조합과 참가인 회사는 2010.1.13. '경제상황 및 제반 조건들을 감안해 2011.1.1. 주간연속 2교대제 도입을 목표로 추진한다.'는 내용이 포함된 '2009년 지회임금 및 교대제 개선 합의서'를 체결한 이래 2011.1.18.부터 '주간연속 2교대제 도입 등'을 위한 협상을 진행하였으나, 합의를 도출하지 못했다.

나. 이에 원고 노동조합은 '주간연속 2교대제 도입 등'을 관철시킬 목적으로 각종 쟁의행위를 하였고, 참가인 회사는 이에 대응해 직장폐쇄도 단행했다. 이 과정에서 원고 노동조합은 노동조합 및 노동관계조정법(이하 '노조법'이라 함)이 정한 절차를 지키지 아니한 쟁의행위나 폭력적인 쟁의행위도 했다. 이와 관련하여 원고 노동조합과 그 소속 조합원 대(對) 참가인 회사 사이에 각종 소송전도 있었다.

다. 참가인 회사는 '주간연속 2교대제 도입 등'과 관련한 노사분규가 발생하자 2011.4.경부터 소위 노무법인 ○○컨설팅(이하 '소외 노무법인'이라 함)의 자문을 받아왔는데, 소외 노무법인이 참가인 회사에 보낸 '노사관계 안정화 컨설팅 제안서'에는 그 대응전략으로 '온건·합리적인 제2노조 출범'의 내용, 핵심과제로 '건전한 제2노조 육성'의 내용이 포함되어 있었다.

라. 소외 노무법인은 참가인 회사에 '노동조합 설립 절차'의 문건을 보낸 다음, 양자는 피고 노동조합 설립을 전후해 수차례에 걸쳐 정기적·비정기적 전략회의를 개최하였다. 소외 노무법인이 참가인 회사의 자문 요청에 따라 피고 노동조합의 설립을 전후해 참가인 회사에 보낸 각종 문건에는 원고 노동조합 및 피고 노동조합 소속 조합원 간에 징계양정 시 또는 임금협상 시 양 노동조합 간에 차등 등 피고 노동조합의 조합원 수를 확보하기 위한 여러 방안, 그 확보가 예상보다 미진한 원인 분석 및 그 대책, 피고 노동조합의 안정화 방안 등이 기재되어 있다. 위 각 문건에 기재된 내용들은 대부분 앞서 본 전략회의에서 그대로 논의되었다.

마. 참가인 회사는 앞서 본 각종 문건 및 전략회의를 통한 소외 노무법인의 자문에 따라 피고 노동조합의 설립 총회의 시나리오를 미리 준비하였고, 2011.7.14. 개최된 그 설립총회는 미리 준비된 시나리오에 따라 진행되었다. 위 총회 다음날인 2011.7.15. 피고 노동조합의 설립신고서가 접수, 위 설립신고서와 같이 첨부된 피고 노동조합의 규약은 앞서 본 전략회의에서 논의 된 대로 참가인 회사가 작성해준 것이다.

바. 피고 노동조합(유성기업(주) 노동조합)이 설립신고증을 교부받은 다음 날인 2011.7.22. 위 전략회의에서 사전에 논의된 바와 같이 '노조활동 정상화 선포식'이 개최되었다. 그리고 2011.7.25. 피고 노동조합 및 참가인 회사는 '노사상생을 위한 선언식'을 개최하고 '노사상생을 위한 선언문'을 교환했다. 위 선언문은 앞서 본 전략회의에서 논의되었던 '선언문' 예시와 대동소이(大同小異)하다. 피고 노동조합이 설립된 후 참가인 회사는 앞서 본 전략회의에서 논의된 바에 따라 피고 노동조합이 참가인 회사 내 과반수노동조합으로서 2011년 임금협상에서 교섭대표노동조합이 되도록 소속 근로자들을 개별 면담하면서 피고 노동조합 가입을 권유 및 종용하였다. 그런데 2011년 임금협상에서 피고 노동조합이 과반수노동조합이 되지

못하자, 참가인 회사는 앞서 본 전략회의에서 사전 논의한 바에 따라 교섭창구단일화절차를 거치지 아니하기로 동의하고, 원고 노동조합 및 피고 노동조합과 각각 개별적으로 2011년 임금협상을 진행하였다.

사. 위와 같이 개별적으로 진행된 2011년 임금협상에서 참가인 회사는 앞서 본 전략회의에서 피고 노동조합 조합원 확보 방안으로 논의된 바에 따라 피고 노동조합과의 임금협상은 신속하게 진행한 반면, 원고 노동조합과는 합의를 하지 못했다. 피고 노동조합은 2011.11.17. 간부회의를 개최하고, 또한 2011.11.24. '상생의 길'이라는 노보(勞報)를 발간한 후 2011.11.29. 노동조합 간부들에 대한 노동교육을 실시했다. 그리고 2011.12.8. 피고 노동조합은 홈페이지를 개설하여 온라인으로도 피고 노동조합에 가입할 수 있도록 하였으며, 아산공장 및 영동공장에서 각 피고 노동조합 현판식을 개최하였다.

아. 한편 2012년 임금협상을 앞두고 피고 노동조합은 여전히 과반수노동조합의 지위를 확보하였는지 여부가 불투명한 상황에서 앞서 본 전략회의에서 피고 노동조합의 조합원 확보를 위한 방안으로 논의된 바대로 지금까지 어느 노동조합에도 가입하지 않고 있던 참가인 회사 관리직 사원들이 대거 피고 노동조합에 가입했다. 결국 이렇게 인원을 보강한 피고 노동조합은 2012년 임금협상을 위한 교섭창구단일화절차에서 충남지방노동위원회로부터 참가인 회사 내 과반수노동조합으로 인정한다는 결정을 받았다.

자. 다른 한편, 참가인 회사의 대표이사 및 경영진들은 위와 같은 피고 노동조합 설립을 위한 설립신고서, 노동조합 규약, 총회 회의록 등을 작성해 준 행위 및 근로자들에게 피고 노동조합 가입을 종용한 행위에 대하여 노동조합의 조직·운영에 지배·개입행위라는 노조법 위반의 범죄사실로 기소되어 재판을 받았다. 원고 노동조합은 위와 같은 부당노동행위 정황이 드러나자 이를 배경으로 하여 피고 노동조합이 존속함으로 인해 원고 노동조합이 겪게 되는 법률상 지위에 대한 불안을 제거할 목적으로 소송을 제기하였다.

---

**판시사항**

[1] 노동조합의 설립신고가 행정관청에 의하여 형식상 수리되었으나 헌법 제33조 제1항 및 노조법 제2조 제4호가 규정한 실질적 요건을 갖추지 못한 경우, 설립이 무효로서 노동조합으로서의 지위를 가지지 않는다고 보아야 하는지 여부(적극)

[2] 과거의 법률관계가 확인의 소의 대상이 될 수 있는 경우

[3] 복수 노동조합 중 어느 한 노동조합이 다른 노동조합을 상대로 노조법 제2조 제4호가 규정한 주체성과 자주성 등의 실질적 요건을 흠결하였음을 들어 설립무효의 확인을 구하거나 노동조합으로서의 법적 지위가 부존재 한다는 확인을 구하는 소를 제기할 수 있는지 여부(적극) 및 해당 노동조합의 설립이 무효인 하자가 해소되거나 치유되지 아니한 채 존재하는지를 판단하는 기준 시점(= **사실심 변론종결 시**)

Ⅰ 노동조합의 설립신고가 행정관청에 의하여 형식상 수리되었으나 헌법 제33조 제1항 및 노조법 제2조 제4호가 규정한 실질적 요건을 갖추지 못한 경우, 설립이 무효로서 노동조합으로서의 지위를 가지지 않는다고 보아야 하는지 여부

노동조합의 조직이나 운영을 지배하거나 개입하려는 사용자의 부당노동행위에 의해 노동조합이 설립된 것에 불과하거나, 노동조합이 설립될 당시부터 사용자가 위와 같은 부당노동행위를 저지르려는 것에 관하여 노동조합 측과 적극적인 통모·합의가 이루어진 경우 등과 같이 해당 노동조합이 헌법 제33조 제1항 및 그 헌법적 요청에 바탕을 둔 노조법 제2조 제4호가 규정한 실질적 요건을 갖추지 못하였다면, 설령 설립신고가 행정관청에 의하여 형식상 수리되었더라도 실질적 요건이 흠결된 하자가 해소되거나 치유되는 등의 특별한 사정이 없는 한 이러한 노동조합은 노조법상 설립이 무효로서 노동3권을 향유할 수 있는 주체인 노동조합으로서의 지위를 가지지 않는다고 보아야 한다.

Ⅱ 과거의 법률관계가 확인의 소의 대상이 될 수 있는 경우

일반적으로 과거의 법률관계는 확인의 소의 대상이 될 수 없지만, 그것이 이해관계인들 사이에 현재적 또는 잠재적 분쟁의 전제가 되어 과거의 법률관계 자체의 확인을 구하는 것이 관련된 분쟁을 일거에 해결하는 유효·적절한 수단이 될 수 있는 경우에는 예외적으로 확인의 이익이 인정된다.

Ⅲ 복수 노동조합 중 어느 한 노동조합이 다른 노동조합을 상대로 노조법 제2조 제4호가 규정한 주체성과 자주성 등의 실질적 요건을 흠결하였음을 들어 설립무효의 확인을 구하거나 노동조합으로서의 법적 지위가 부존재 한다는 확인을 구하는 소를 제기할 수 있는지 여부 및 해당 노동조합의 설립이 무효인 하자가 해소되거나 치유되지 아니한 채 존재하는지를 판단하는 기준 시점

복수 노동조합의 설립이 현재 전면적으로 허용되고 있을 뿐 아니라 교섭창구 단일화 제도가 적용되고 있는 현행 노조법 하에서 복수 노동조합 중의 어느 한 노동조합은 원칙적으로 스스로 교섭대표노동조합이 되지 않는 한 독자적으로 단체교섭권을 행사할 수 없고(노조법 제29조의2, 제29조 제2항 등), 교섭대표노동조합이 결정된 경우 그 절차에 참여한 노동조합의 전체 조합원의 과반수 찬성 결정이 없으면 쟁의행위를 할 수 없게 되며(노조법 제41조 제1항), 쟁의행위는 교섭대표노동조합에 의해 주도되어야 하는(노조법 제29조의5, 제37조 제2항) 등 법적인 제약을 받게 된다. 그러므로 단체교섭의 주체가 되고자 하는 노동조합으로서는 위와 같은 제약에 따르는 현재의 권리 또는 법률상 지위에 대한 위험이나 불안을 제거하기 위하여 다른 노동조합을 상대로 해당 노동조합이 설립될 당시부터 노조법 제2조 제4호가 규정한 주체성과 자주성 등의 실질적 요건을 흠결하였음을 들어 설립무효의 확인을 구하거나 노동조합으로서의 법적 지위가 부존재 한다는 확인을 구하는 소를 제기할 수 있다고 보는 것이 타당하다. 아울러 이러한 확인청구소송의 인용판

결은 사실심 변론종결 시를 기준으로 노동조합의 설립이 무효인 하자가 해소되거나 치유되지 아니한 채 남아 있음으로써 해당 노동조합이 노동조합으로서의 법적 지위를 갖지 아니한다는 점을 확인하는 것일 뿐 이러한 판결의 효력에 따라 노동조합의 지위가 비로소 박탈되는 것이 아니다. 그러므로 노동조합의 설립이 무효인 하자가 해소되거나 치유되지 아니한 채 존재하는지에 관한 증명은 판단의 기준 시점인 사실심 변론종결 당시까지 할 수 있고, 법원은 해당 노동조합의 설립 시점부터 사실심 변론종결 당시까지 사이에 발생한 여러 가지 사정들을 종합적으로 고려하여 노동조합이 설립 과정에서 노조법 제2조 제4호가 규정한 주체성과 자주성 등의 실질적 요건을 흠결한 하자가 여전히 남아 있는지, 이에 따라 현재의 권리 또는 법률관계인 그 노동조합이 노동조합으로서의 법적 지위를 갖는지 여부를 판단하여야 한다.

## Ⅳ 사안의 적용

위 내용 및 사실관계 등을 종합적으로 고려할 때, ① 노동조합법의 취지에 따르면 노동조합은 근로자가 주체가 되어 자주적으로 조직한 단체임을 요하고 그 목적은 근로자의 경제적·사회적 지위의 향상을 도모함에 있어야 하는 점, ② 피고 보조참가인은 원고 노동조합과 심한 갈등을 겪는 과정에서 소외 노무법인의 자문 등을 통하여 새로운 노동조합을 설립하기 위한 계획을 세우게 되었으며, 이에 피고 보조참가인과 소외 노무법인은 피고 노동조합의 설립 과정 전반에 관한 사항을 구체적으로 논의하였고, 특히 피고 노동조합의 설립신고서, 규약, 회의록 등 노동조합의 설립 취지 등이 담긴 핵심 요소에도 개입하였으며, 실제로 피고 노동조합은 피고 보조참가인의 사전 계획에 따라 설립되고 운영되었는바, 따라서 원고 노동조합의 세력을 약화시키고 새로운 노동조합을 설립하여 교섭대표노동조합의 지위를 확보하게 할 목적으로 피고 보조참가인의 치밀한 기획 하에 설립·운영된 피고 노동조합은 노동조합으로서의 자주성 및 독립성을 갖추지 못하였다고 보아야 하는 점, ③ 한편 피고 보조참가인과 소외 노무법인은 피고 노동조합이 설립된 이후에도 직원들에게 피고 노동조합 조합원으로의 가입을 독려하며 피고 노동조합을 과반수 노동조합으로 만들기 위한 방안을 지속적으로 논의하였으며, 피고 노동조합의 세력을 확대하기 위한 이러한 논의는 매우 구체적으로 이루어졌고, 실제로 피고 보조참가인의 계획대로 상집간부회의, 노보 창간, 홈페이지 오픈, 노동조합 현판식, 간부 교육, 조합원 체육대회 등이 순차 진행되었으며, 또한 피고 보조참가인의 임직원들은 원고 노동조합 조합원 일부에게 피고 노동조합에 가입하라고 종용하기도 한 점 등을 종합적으로 고려할 때, 노동조합법상 피고 노동조합의 설립이 무효이고 그 무효확인의 이익이 있다고 판단하는 것은 정당하다고 할 것이다.

## V 대상판결의 의의[61)]

이번 대상판결은 노동조합이 설립될 당시 주체성과 자주성 등의 실질적 요건을 흠결한 경우 해당 노동조합의 설립 무효 확인의 소를 구할 수 있는지 등에 관해 인정한 최초의 대법원 판례이다. 또한 대상판결은 노동조합의 주체성과 자주성 등 실질적 요건을 갖추는 것이 중요함을 강조하면서, 사용자 측의 부당노동행위로 설립되는 이른바 자주성을 갖지 못한 '어용노조'는 그 설립이 노조법상 무효이거나 노동조합의 법적 지위를 갖지 아니할뿐더러, 이에 대한 확인을 구하는 소제기가 허용된다는 점 등을 명확하게 선언한 최초의 대법원 판례로 여겨진다.[62)] 2011년 복수노조 허용이 시행된 이후 설립된 노동조합 중 일부가 '친(親)사용자적 노동조합'에 해당하는 경우에 '어용노조'가 생성되어 기존의 정상적인 노동조합이 노동3권의 적법한 행사를 방해하게 된 상태를 적극적 사법을 통해 해소한 판례로 볼 수 있다. 나아가 대상판결은 종래 부당노동행위제도를 통해 간접적으로 통제되던 '어용노조' 지원행위를 자주성이 없는 노동조합이 무효라는 취지의 소송을 민사소송으로 가능하다는 최초의 판례라고 볼 수 있다. 따라서 향후 노동조합의 노동3권을 보다 신장할 것으로 기대된다.

memo

---

61) 이승길 아주대학교 법학전문대학원 교수, 포커스
62) 대법원 노동조합 설립무효 확인 사건(대판 2021.2.25. 2017다51610) 보도자료, 2021.2.25.

## 주요 판례 05

# [노동조합 5] 조합원 자격의 취득과 상실[63)

(대판 1996.10.29. 96다28899)

**사실관계** **전국자동차노동조합연맹 부산버스지부 한창여객분회 사건**
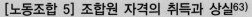

가. 피고 조합과 소외 한창여객 주식회사(이하 '회사'라고 함)는 1990년에 체결된 단체협약에서 "회사의 종업원은 노동조합의 조합원이어야 한다. 회사의 종업원은 고용 계약일로부터 3개월이 경과하면 조합원이 되며, 노동조합 가입을 거부할 경우 회사는 이를 해고하여야 한다. 본 조항은 노동조합이 당해 사업장 근로자의 3분의 2 이상을 대표하고 있을 경우에 한한다."는 규정을 두어 이른바 유니온 숍 협정을 하였다. 그 후 1993년에 체결된 단체협약에서 위 유니온 숍 협정의 내용은 "회사의 종업원은 고용 계약일로부터 1개월이 경과하면 조합원이 되며, 노동조합 가입을 거부하거나 탈퇴할 경우 회사는 이를 즉시 해고하여야 한다."는 것으로 수정되었다.

나. 원고들을 비롯한 피고 조합의 조합원 34명은 1992.11.6. 실시된 분회장 선거에서 자신들이 지지한 후보가 낙선된 것에 불만을 품고 1993.2.2.(원고 5) 또는 같은 달 8.(나머지 조합원들) 피고 조합에 조합탈퇴서를 제출하고, 이후 2명이 더 탈퇴서를 제출하였다.

다. 그 후 원고들을 포함한 탈퇴서 제출 조합원들은 1993.3.2.경 피고 조합에 탈퇴의사를 번복한다는 내용의 통보를 내용증명우편으로 발송하였고, 피고 조합이 그 무렵 이를 수령하고도 원고들의 조합원 지위를 인정하지 아니하자, 같은 해 7.23. 다시 피고 조합에 노조가입원을 제출하였다.

라. 피고 조합은 1993.4.경부터 1995.경까지 사이에 위 36명의 탈퇴서 제출 조합원들 중 8명만을 조합원으로 재가입시키고, 원고들을 포함한 나머지 조합원들에 대하여는 가입을 거부하고 있다.

**판시사항**

[1] 유니온 숍 협정이 있는 경우, 조합원의 가입신청에 대한 노동조합의 승인거부 또는 가입제약이 신의칙 위반이 되는지 여부(한정 적극)

[2] 유니온 숍 협정이 있는 사업장의 일부 조합원이 노동조합에 불만을 품고 탈퇴하였다가 다시 재가입 신청을 하였으나 그들 중 일부만의 가입을 승인하고 나머지의 승인을 거부한 것은 권리남용 내지 신의칙 위반이라고 본 사례

---

63) 조용만, 김홍영 로스쿨 노동법 : 본 사건은 피고와 소외 회사(버스회사) 간에 유니온 숍 협정이 체결되었고, 피고의 조합원인 원고들은 분회장 선거결과에 불만을 품고 노동조합을 탈퇴하였다가 재가입을 신청하였으나, 피고는 이를 거부하였고, 원고들은 조합원 지위의 확인을 구하는 소를 제기한 사건이다.

## Ⅰ 유니온 숍 협정이 있는 경우, 조합원의 가입신청에 대한 노동조합의 승인거부 또는 가입 제약이 신의칙 위반이 되는지 여부

조합이 조합원의 자격을 갖추고 있는 근로자의 조합 가입을 함부로 거부하는 것은 허용되지 아니하고, 특히 유니온 숍 협정에 의한 가입강제가 있는 경우에는 단체협약에 명문 규정이 없더라도 노동조합의 요구가 있으면 사용자는 노동조합에서 탈퇴한 근로자를 해고할 수 있기 때문에 조합 측에서 근로자의 조합 가입을 거부하게 되면 이는 곧바로 해고로 직결될 수 있으므로 조합은 노조가입 신청인에게 제명에 해당하는 사유가 있다는 등의 특단의 사정이 없는 한 그 가입에 대하여 승인을 거부할 수 없고, 따라서 조합 가입에 조합원의 사전 동의를 받아야 한다거나 탈퇴조합원이 재가입하려면 대의원대회와 조합원총회에서 각 3분의 2 이상의 찬성을 얻어야만 된다는 조합 가입에 관한 제약은 그 자체가 위법 부당하므로, 특별한 사정이 없는 경우에까지 그와 같은 제약을 가하는 것은 기존 조합원으로서의 권리남용 내지 신의칙 위반에 해당된다.

## Ⅱ 사안의 적용

위 제반사정 등을 종합적으로 고려할 때, 본 사안의 경우 원고들은 피고 조합을 무력화시키려고 하는 탈퇴 당시의 기도를 포기하고 피고 조합에 굴복하여 조합원 지위의 회복을 갈망하고 있다고 보이는 반면에, 피고 측에서 원고들의 가입 승인을 거부할 특별한 사정이 있다고 인정할 만한 자료가 없으며, 더욱이 피고가 총 36명의 탈퇴자 가운데 8명만을 선별하여 조합원으로 받아들이고 원고들을 비롯한 나머지 탈퇴자들에 대하여는 가입 승인을 끝까지 거부하는 것은 형평에도 반하는 처사라 할 것으로, 따라서 원고들에 대한 피고의 가입 승인 거부행위는 권리남용 내지 신의칙 위반에 해당한다고 할 것이다.

## Ⅲ 대상판결의 의의[64]

대상판결은 조합원 자격이 있는 근로자의 노동조합 가입을 합리적 이유 없이 거부하는 노동조합의 행위는 허용되지 않는다는 점을 전제로 하여, 유니온 숍 협정을 체결한 노동조합이 임의 탈퇴한 조합원의 재가입을 거부하거나 가입제한을 두는 것은 제명에 해당하는 사유 등과 같은 특별한 사정이 없는 한 신의칙 위반(권리남용)에 해당한다고 본 사례이다.

대상판결은 유사 사례의 선례(대판 1995.2.28. 94다15363)에서 판시된 법리의 연장선상에 있으나, 선례의 경우 해고의 효력이 다투어졌던 사안에서 해고권 남용의 논거로서 해당 법리(노조법 제81조 제1항 제2호 등)를 전개한 반면에, 대상판결은 조합원 지위의 확인을 구하는 사안에서 노동조합의 권리남용이라는 관점에서 법리를 전개한 점이 특징이다.

---

64) 조용만, 김홍영 로스쿨 노동법

## 주요 판례 06

## [노동조합 6] 노동조합의 민주성과 대의원 직접선출원칙
### (대판 2000.1.14. 97다41349)

---

**사실관계**  **전국철도노동조합 사건**

가. 피고인 전국철도노동조합은 조합의 규모가 전국적이고 그 조직이 지역적으로 산재하고 있는 경우에는 조합원의 의사가 최대한 반영되는 한 조합의 실정에 따라 조합원의 대표에 의하여 간접으로 대의원을 선출하는 것도 예외적으로 허용되는 것으로 해석하였다.

나. 각 대의원 대회의 구성 및 대의원 선거방법에 있어 조합원이 조합원 수에 비례하여 배정된 수의 각 지부 대의원을 선출하고, 각 지부 대의원들이 역시 조합원 수에 비례하여 배정된 수의 각 지방본부 대의원을 선출하며, 위 각 지방본부 대의원들이 조합원 수에 비례하여 배정된 수의 전국대의원을 선출하는 방법으로 전국대의원 대회를 구성해왔다.

---

**판시사항**

조합원의 직접·비밀·무기명투표에 의하여 대의원을 선출하도록 규정한 구(舊) 노동조합법 제20조 제2항[65] 이 강행규정인지 여부(적극)

---

### Ⅰ 조합원의 직접·비밀·무기명투표에 의하여 대의원을 선출하도록 규정한 구(舊) 노동조합법 제20조 제2항이 강행규정인지 여부

구(舊) 노동조합법(1996.12.31. 법률 제5244호 노동조합 및 노동관계조정법 부칙 제3조로 폐지) 제20조 제2항이 노동조합의 최고의결기관인 총회에 갈음할 대의원회의 대의원을 조합원의 직접·비밀·무기명투표에 의하여 선출하도록 규정하고 있는 취지는, 노동조합의 구성원인 조합원이 그 조합의 조직과 운영에 관한 의사결정에 관여할 수 있도록 함으로써 조합 내 민주주의, 즉 조합의 민주성을 실현하기 위함에 있고 이는 강행규정이라고 할 것이다.

### Ⅱ 사안의 적용

위 내용 및 사실관계 등을 종합적으로 고려할 때, 노동조합법 제20조 제2항이 노동조합의 최고 의결기관인 총회에 갈음할 대의원회의 대의원을 조합원의 직접·비밀·무기명투표에 의하여 선출하도록 규정하고 있는 취지는, 노동조합의 구성원인 조합원이 그 조합의 조직과 운영에 관한 의사결정에 관여할 수 있도록 함으로써 조합 내 민주주의, 즉 조합의 민주성을 실현하기 위함에 있고 이는 강행규정이라고 할 것이므로, 다른 특별한 사정이 없는 한 위 법 조항에 위반하여 조

---

65) 現, 노동조합법 제17조 제2항

합원이 대의원의 선출에 직접 관여하지 못하도록 간접적인 선출방법을 정한 규약이나 선거관리 규정 등은 무효라 할 것이다.

그런데 피고인 전국철도노동조합의 전국 대의원 선출에 관한 위 각 규정들은 위 법 조항을 무시한 채 간접적으로 전국 대의원들을 선출하도록 규정하고 있음이 분명하므로 특별한 사정이 없는 한 강행규정인 위 노동조합법 제20조 제2항에 위반되어 무효라고 할 것이다.

memo

## 주요 판례 07

### [노동조합 7] 근로시간 중 쟁의행위 찬반투표 실시를 위한
### 임시총회 개최의 정당성 (대판 1994.2.22. 93도618)

### 사실관계

가. 피고인 1은 공소외 주식회사 노동조합의 사무국장, 피고인 2는 쟁의부장, 피고인 3은 부위원장으로서 노동조합에서 1991.5.4. 쟁의발생신고를 한 후 위 회사 측과 임금협상을 계속하여도 협상이 이루어지지 않자 쟁의행위 돌입 여부에 대한 조합원의 찬반투표를 실시하기 위하여 위 회사에 대하여 같은 달 18일(토요일) 08시부터 12시까지 위 찬반투표를 실시하기 위한 노동조합의 임시총회를 개최할 예정이니 협조를 구한다는 취지를 2회에 걸쳐 서면으로 통보하였으나 회사 측에서 이를 거부하였다.

나. 이에 노동조합 측에서는 야간근무조합원들을 포함한 조합원 모두를 소집할 수 있는 것은 아침시간 뿐이라는 이유로 예정대로 1991.5.18. 08시부터 12시까지 위 회사의 본관 앞 광장에서 조합원 390명 정도를 모아 놓고 찬반투표를 실시하였는데, 같은 날 08시부터 09시까지는 준비작업과 함께 투표방법에 대한 설명 등을 하고 09시경부터 투표에 들어가 11시까지 투표를 완료한 후 12시까지 여흥시간을 갖는 등 집단적으로 작업을 거부하는 등 회사의 생산 업무를 저해하여 검찰은 노동조합 위원장 및 간부들을 업무방해죄로 공소 제기하였다.

### 판시사항

[1] 노동조합활동의 정당성의 범위

[2] 쟁의행위에 대한 찬반투표 실시를 위하여 전체 조합원이 참석할 수 있도록 근무시간 중에 노동조합 임시총회를 개최하고 3시간에 걸친 투표 후 1시간의 여흥시간을 가졌더라도 그 임시총회 개최행위가 전체적으로 노동조합의 정당한 행위에 해당한다고 본 사례

## I 노동조합활동의 정당성 판단기준

노동조합의 활동이 정당하다고 하기 위해서는 행위의 성질상 노동조합의 활동으로 볼 수 있거나 노동조합의 묵시적인 수권 또는 승인을 받았다고 볼 수 있는 것으로서 근로조건의 유지 개선과 근로자의 경제적 지위의 향상을 도모하기 위하여 필요하고 근로자들의 단결강화에 도움이 되는 행위이어야 하며, 취업규칙이나 단체협약에 별도의 허용규정이 있거나 관행 또는 사용자의 승낙이 있는 경우 외에는 취업시간 외에 행하여져야 하고, 사업장 내의 조합활동에 있어서는 사용자의 시설관리권에 바탕을 둔 합리적인 규율이나 제약에 따라야 하며, 폭력과 파괴행위 등의 방법에 의하지 않는 것이어야 한다.

**Ⅱ** 쟁의행위에 대한 찬반투표 실시를 위하여 전체 조합원이 참석할 수 있도록 근무시간 중에 노동조합 임시총회를 개최하고 3시간에 걸친 투표 후 1시간의 여흥시간을 가졌더라도 그 임시총회 개최행위가 전체적으로 노동조합의 정당한 행위인지 여부

비록 위 노동조합 임시총회가 근무시간 중에 열렸고 4시간의 전체 총회시간 중 찬반투표를 실시하고 남은 1시간을 여흥에 사용하기는 하였으나, 위 임시총회가 노동쟁의조정법상 쟁의행위를 하기 위한 필수적 요건인 조합원의 투표를 위한 것으로서 2회에 걸친 서면통보를 거쳐 개최되어 회사가 이에 대비할 여유가 충분히 있었고, 일부 조합원들이 야간근무를 하는 회사의 근무형태 때문에 전체 조합원이 총회에 참석할 수 있게 하려면 비록 근무시간 중이기는 하지만 야간근무가 끝나고 주간근무가 시작되는 교대시간에 총회를 소집하는 것이 필요하였으며, 쟁의행위에 들어갈 것인지 여부를 결정하기 위해서는 의견교환 등도 필요하였을 것이라는 사정 등과 위 조합원의 수 등에 비추어 보면, 위 총회가 근무시간 중에 열렸다는 사정만으로 위법하다고 할 수 없고, 4시간의 시간이 필요 이상의 시간이었다고 보기도 어려울 것이며, 위와 같은 여흥은 임시총회 중 찬반투표를 실시하고 남는 시간에 부수적으로 치러진 행사로서 전체 예정시간 중의 일부 시간 안에 치러진 데 불과하고 전체 행사가 예정된 시간 안에 끝마쳐진 점 등에 비추어 보면 위와 같은 여흥활동만을 따로 떼어 위법하다고 볼 것은 아니고, 이를 포함한 임시총회 개최행위는 전체적으로 노동조합의 정당한 행위에 해당한다고 보는 것이 상당할 것이다.

**Ⅲ** 대상판결의 의의66)

대상판결이 인용하고 있는 조합활동의 정당성에 관한 선례의 법리에 따르면, 별도의 허용규정 (단체협약·취업규칙)이나 관행 또는 사용자의 승낙이 없는 한 조합활동은 취업시간 외에 행하여져야 정당한 행위로 인정된다. 이는 근로자의 조합활동권과 사용자의 노무지휘권 양자의 충돌을 해결하기 위한 판단기준이다. 대상판결은 별도의 허용규정이나 사용자의 승낙 등이 없었음에도 취업시간 중에 이루어진 조합활동의 정당성을 인정한 사례로서 유의미하다.

대상판결은 조합활동의 목적, 시기, 수단과 방법이라는 측면에서 그 정당성 여부를 판단하고 있는데, 특히 주야간교대제라는 근무형태의 특성, 쟁의행위 실시 여부 결정을 위한 의견교환의 필요성 등에 근거해 취업시간 중 조합활동의 불가피성을 인정한 점에서 의의가 있다. 또한 여흥활동의 성격을 부수적인 것으로 파악하여 그것 때문에 이 사건 조합활동의 정당성이 부정되거나 그것만을 따로 떼어 위법하다고 볼 것은 아니라고 판단한 점에 대해서도 주목할 필요가 있다.

---

66) 조용만, 김홍영 로스쿨 노동법

## 주요 판례 08

# [노동조합 8] 인터넷 신문기사의 개인 홈페이지 게시행위

(대판 2011.2.24. 2008다29123)

---

**사실관계** **주식회사 대한항공 사건**

가. 甲회사에는 乙노동조합과는 별도로 丙노동조합이 조직되어 있다. 乙노동조합의 대의원인 丁은 2005.7.6. 인터넷 신문이 보도한 "丙노동조합이 2005.7.4. 준법투쟁을 위하여 각 조종사들의 편지함에 넣어둔 '단체협약쟁취, 비행안전'이라고 적힌 리본 1,300개를 甲회사가 훔쳐갔다."는 내용의 기사를 복사하여 甲회사 내부통신망과 丁의 개인 홈페이지에 게시하였는데, 丙노동조합 홈페이지에는 이미 투쟁리본 수거행위와 관련된 문건이 게시되어 있었다.

나. 丁은 甲회사의 허가 없이 甲회사의 로고를 무단사용하고, 대외비로 분류된 甲회사의 인사정책 관련 문서를 丁의 개인 홈페이지 자유게시판에 게시하여 甲회사의 허가 없이 기업 비밀을 외부에 유출하였다.

다. 또한 丁은 개인홈페이지에 甲회사의 명예를 훼손할 수 있는 내용이 담긴 '대외비입니다.'라는 제목의 문건을 일정기간 방치하였고, 위 각 비위행위와 관련한 甲회사의 수차례에 걸친 시정지시를 불이행하였다.

라. 이에 甲회사는 丁을 징계해고하였고, 이에 丁은 지방노동위원회에 부당해고 구제신청을 제기하였다.

---

**판시사항**

[1] 「노동조합 및 노동관계조정법」 제81조 제1호에서 정한 '노동조합의 업무를 위한 정당한 행위'의 의미

[2] 노동조합활동으로 배포된 문서의 문언에 의하여 타인의 인격 등이 훼손되고 일부 내용이 허위 등이더라도, 그 목적이 근로자의 경제적·사회적 지위 향상을 위한 것이고 문서 내용도 전체적으로 보아 진실한 경우, 위 문서배포행위가 노동조합의 정당한 활동범위에 속하는지 여부(적극)

[3] 丁이 인터넷 신문에 게재된 기사를 그대로 개인 홈페이지 등에 게시한 행위가 노동조합의 정당한 활동범위에 속하는지 여부가 문제된 사안에서, 丁의 행위는 기본적으로는 노조원들의 근로조건 향상 등을 도모하기 위한 것이고 기사 내용도 전체적으로는 진실한 것이라 할 수 있으므로 노동조합의 업무를 위한 정당한 활동범위에 속한다고 한 사례

---

## Ⅰ 신문기사 게시행위의 징계사유 해당 여부

### 1. 노동조합의 업무를 위한 정당한 행위

「노동조합 및 노동관계조정법」 제81조 제1호의 '노동조합의 업무를 위한 정당한 행위'란 일반적으로는 노동조합의 정당한 활동을 가리킨다고 할 것이나, 조합원이 조합의 결의나 구체적인 지시에 따라서 한 노동조합의 조직적인 활동 그 자체가 아닐지라도 그 행위의 성질상 노동조합의 활동으로 볼 수 있거나 노동조합의 묵시적인 수권 혹은 승인을 받았다고 볼 수 있을 때에는 그 조합원의 행위를 노동조합의 업무를 위한 행위로 보아야 한다.

## 2. 문서배포행위의 정당성 판단기준

노동조합활동으로 배포된 문서에 기재되어 있는 문언에 의하여 타인의 인격·신용·명예 등이 훼손 또는 실추되거나 그렇게 될 염려가 있고, 또 그 문서에 기재되어 있는 사실 관계의 일부가 허위이거나 그 표현에 다소 과장되거나 왜곡된 점이 있다고 하더라도, 그 문서를 배포한 목적이 타인의 권리나 이익을 침해하려는 것이 아니라 노동조합원들의 단결이나 근로조건의 유지 개선과 근로자의 복지증진 기타 경제적 사회적 지위의 향상을 도모하기 위한 것이고, 또 그 문서의 내용이 전체적으로 보아 진실한 것이라면, 그와 같은 문서의 배포행위는 노동조합의 정당한 활동범위에 속하는 것으로 보아야 하고, 따라서 그와 같은 행위를 한 것을 이유로 그 문서를 작성·배포한 근로자를 해고하거나 근로자에게 불이익을 주는 행위는 허용되지 않는 것이다.

## 3. 사안의 적용

위 제반사정 등에 비추어볼 때, 丁이 사내 게시판 및 개인 홈페이지에 게시한 신문기사는 그 내용의 허위성이 있다고 인정되지 아니하는 점, 위 신문기사는 丁의 개인 홈페이지 및 甲회사의 직원들만 볼 수 있는 사내 게시판에 게시한 것인 점, 丙노동조합의 홈페이지에도 이미 투쟁리본 수거행위와 관련된 문건이 게시되어 있는 상태였으므로, 丙노동조합의 쟁의행위나 단체교섭 과정에서 이 부분을 문제로 삼게 되는 등의 영향을 미쳐 甲회사의 단체협약 체결 업무의 정상적인 운영에 지장이 초래되었다고 보기 어렵고, 더욱이 丁의 신문기사 게시행위는 乙노동조합의 조합원들에 대하여 甲회사의 단체교섭 과정에서의 행위를 알리고자 하는데 그 목적이 있는 것으로 보이는 점 등을 종합적으로 고려하면, 丁의 신문기사 게시행위는 기사 내용에 일부 과장되거나 왜곡된 표현의 사용으로 회사의 명예 등이 훼손되거나 그러한 염려가 있다고 하더라도 기본적으로는 조합원들의 단결을 도모하여 근로조건의 향상과 복지증진 등을 도모하기 위한 것이고 기사 내용도 전체적으로는 진실한 것이라 할 수 있으므로, 노동조합의 업무를 위한 정당한 활동범위에 속한다고 할 것인바, 따라서 신문기사 게시행위가 잘못되었다면서 그 시정을 명하는 甲회사의 지시를 불이행한 丁의 행위는 취업규칙 및 인사규정 소정의 징계사유에 해당하는 비위행위라고 할 수 없을 것이다.

## Ⅱ 기타 비위행위의 징계사유 해당 여부

丁이 甲회사의 허가 없이 피고의 로고를 무단사용하고, 사외비로 분류된 甲회사의 인사정책 관련 문서를 丁의 개인 홈페이지 자유게시판에 게시하여 甲회사의 허가 없이 기업 비밀을 외부에 유출하였으며, 또한 丁의 개인 홈페이지에 甲회사의 명예를 훼손할 수 있는 내용이 담긴 "대외비입니다."라는 제목의 문건을 일정기간 방치하였고, 위 각 비위행위와 관련한 甲회사의 수차례에 걸친 시정지시를 불이행한 사실을 인정한 다음, 丁의 위 각 행위는 甲회사의 취업규칙 및 인사규정을 위반한 행위로서 징계사유에 해당한다.

## 주요 판례 09

### [노동조합 9] 노동조합의 CCTV 운영 방해와 노동조합활동의 정당성 여부
(대판 2023.6.29. 2018도1917)

### 사실관계

가. 甲회사는 중·대형 트럭, 버스의 개발, 제조 등을 업으로 하며, 근로자 수는 약 1,350명을 고용하고 있다.

나. 甲회사에는 乙노동조합이 조직되어 있는데, 甲회사가 시설물 안전, 화재 감시 등을 이유로 CCTV 카메라 설치공사를 시작하자, 乙노동조합은 甲회사 측에 근로자들의 동의 및 노동조합과의 어떠한 협의도 없이 공사를 진행하는 것은 부당하다는 취지로 항의하며 공사 중지를 요구하였으나, 甲회사는 근로자들의 동의나 노사협의회 협의가 필요한 사항이 아니라고 주장하며 2015.10.말경 CCTV 설치공사를 계속하여 완료하였다.

다. 이에 乙노동조합은 2015.12.2. 근로자 중 1,026명의 서명을 받아 CCTV 설치 및 운영에 반대한다는 항의문을 보냈다.

라. 甲회사가 설치한 CCTV는 총 51대인데, 그중 32대는 공장부지의 외곽 울타리를 따라 설치된 것으로, 울타리를 중심으로 공장부지 외부와 내부를 함께 찍고, 막대 고정형이어서 회전이나 줌 기능은 없다. 나머지 19대는 공장부지 내 주요 시설물(16대)과 출입구(3대)에 설치된 것으로, 돔형으로 실외에 위치하고 회전이나 줌 기능이 있으나, 이 사건 회사는 제1심 사실조회 회신에서 프로그램 삭제를 통하여 회전이나 줌 기능은 사용하지 않는다고 하였다.

마. CCTV 중 공장부지 내 주요 시설물을 촬영하는 16대의 경우 근로자들의 직·간접적인 근로 현장이 촬영 대상에 포함되고, 출입구에 설치된 3대의 경우 근로자들의 출퇴근 장면을 촬영하며, 줌 기능을 사용하지 않는 경우 작게 보이기는 하지만 그 사람을 아는 경우 누구인지 식별할 수 있을 정도의 개인영상정보가 수집된다.

바. 甲회사 소속 근로자 丙과 전국금속노조 지회장 丁은 2015.11.12. 군산시에 있는 甲회사 공장에서 사업장 내 시설물 보안 및 화재 감시 목적으로 공장 외곽 울타리와 출입문, 출고장 등 주요시설물에 설치된 CCTV 51대에 검정색 비닐봉지를 씌워 5일 동안 촬영하지 못하도록 하고(공소사실 가), 2015.12.18.에는 같은 장소에서 위 CCTV 51대에 검정색 비닐봉지를 씌워 5일 동안 촬영하지 못하도록 하였으며(공소사실 나), 또한 2015.12.28.에는 같은 장소에서 위 CCTV 중 12대에 검정색 비닐봉지를 씌워 9일 동안 촬영하지 못하도록 하였으며(공소사실 다), 2016.1.4.에는 같은 장소에서 위 CCTV 카메라 중 14대에 검정색 비닐봉지를 씌워 22일 동안 촬영하지 못하도록 함(공소사실 라)으로써 위력으로 피해자의 회사 운영과 관련된 시설물 관리 업무를 방해하였다.

사. 이에 검찰은 丙과 전국금속노조 지회장 丁은 甲회사 운영과 시설물 관리 업무를 위력으로 방해하였다는 혐의로 기소하였다.

[1] 형법 제314조 업무방해죄의 구성요건해당성 인정여부(적극)

[2] 형법 제20조 정당행위 성립 여부(적극)67)

[3] 이 사건 CCTV 카메라의 촬영을 불가능하게 한 각 행위들은 모두 위력에 의한 업무방해죄의 구성요건에
   해당하고, 그중 甲회사가 CCTV를 작동시키지 않았거나 시험가동만 한 상태에서 촬영을 방해한 행위는
   정당행위로 볼 수 없으나, 정식으로 CCTV 작동을 시작한 후에는 甲회사의 정당한 이익 달성이 명백하게
   정보주체의 권리보다 우선하는 경우에 해당한다고 보기 어려워 그 촬영을 방해한 행위가 정당행위에 해
   당할 여지가 있음을 이유로, 원심판결을 파기·환송한 사례68)

## Ⅰ 형법 제314조 업무방해죄의 구성요건해당성 인정여부

사실관계를 관련 법리에 비추어 살펴보면, 이 사건 회사는 시설물 보안 및 화재 감시라는 정당한
이익을 위하여 이 사건 CCTV를 설치한 것으로 볼 수 있으므로, 비록 그 설치 과정에서 근로자들
의 동의 절차나 노사협의회의 협의를 거치지 아니하였다 하더라도 그 업무가 법률상 보호할 가
치가 없다고 평가할 수 없다. 따라서 이 사건 CCTV의 설치 및 운영을 통한 시설물 관리 업무는
업무방해죄의 보호 대상에 해당한다. 피고인들의 공소사실 기재 각 행위는 이 사건 CCTV 카메
라의 촬영을 불가능하게 하는 물적 상태를 만든 것으로 위력에 해당하고, 시설물 관리 업무를
방해할 위험성도 인정되므로, 구성요건해당성을 인정한 원심판결은 정당하고, 여기에 상고이유
주장과 같은 잘못이 없다.

## Ⅱ 형법 제20조 정당행위 성립 여부

### 1. 정당행위 성립 여부의 판단기준

형법 제20조가 정한 '사회상규에 위배되지 아니하는 행위'라 함은 법질서 전체의 정신이나 그 배
후에 놓여 있는 사회윤리 내지 사회통념에 비추어 용인될 수 있는 행위를 말한다.

정당행위를 인정하려면, 첫째 행위의 동기나 목적의 정당성, 둘째 행위의 수단이나 방법의 상당
성, 셋째 보호이익과 침해이익의 법익균형성, 넷째 긴급성, 다섯째 그 행위 외에 다른 수단이나

---

67) 이와 관련하여 대법원은 피고인들이 CCTV 중 12대에 검정색 비닐봉지를 씌워 9일 동안 촬영하지 못하도록
   하고, 같은 장소에서 CCTV 중 14대에 검정색 비닐봉지를 씌워 22일 동안 촬영하지 못하도록 한 것은 다른
   구제수단을 강구하기 전에 임시조치로서 행위의 동기나 목적, 수단이나 방법 및 법익의 균형성 등에 비추어
   그 긴급성과 보충성의 요건도 갖추었다고 볼 여지가 있으므로, 공소사실 다.항, 공소사실 라.항 기재 각 행위
   는 형법 제20조의 정당행위라고 볼 여지가 없다고 판시하였다.

68) 편저자 주 : 1심법원은 이 사건 CCTV 촬영 업무는 형법상 업무방해죄의 보호 대상으로 볼 수 있으며, 피고인
   들의 행위는 업무상 위력에 해당하고, 정당행위의 요건을 갖추었다고 보기 어렵다며 유죄(각 벌금 700,000원)
   를 선고하였다. 이에 피고인들은 2심법원에 항소하였으나 기각되었고, 피고인들은 상고를 하였는데 대법원은
   원심판결을 취소하였는바, 이것이 이 사건의 대상판결이다.

방법이 없다는 보충성 등의 요건을 갖추어야 한다(대판 2000.4.25. 98도2389 참조). 이때 어떠한 행위가 위 요건들을 충족하는 정당한 행위로서 위법성이 조각되는 것인지는 구체적인 사정 아래 서 합목적적, 합리적으로 고찰하여 개별적으로 판단되어야 하므로, 구체적인 사안에서 정당행위 로 인정되기 위한 긴급성이나 보충성의 정도는 개별 사안에 따라 다를 수 있다(대판 2021.3.11. 2020도16527; 대판 2023.5.18. 2017도2760 등 참조).

한편 어떠한 행위가 범죄구성요건에 해당하지만 정당행위라는 이유로 위법성이 조각된다는 것 은 그 행위가 적극적으로 용인, 권장된다는 의미가 아니라 단지 특정한 상황 하에서 그 행위가 범죄행위로서 처벌대상이 될 정도의 위법성을 갖추지 못하였다는 것을 의미한다(대판 2021.12.30. 2021도9680 참조).

## 2. 본 사건의 정당행위 성립여부 판단

원심판결 및 기록에 따르면, 피고인들이 공소사실 기재 각 행위를 한 구체적인 경위에 관하여 다음과 같은 사실을 알 수 있다.

(1) 이 사건 회사는 2015.10.말경 3, 4회에 걸쳐 이 사건 노조 측과 CCTV의 운영방안, 구체적인 각도 조정 등에 관한 실무적인 의견 조율을 시도하였으나, 합의가 이루어지지 않았다. 이 사 건 회사는 2015.11.5. CCTV 설치 및 운영 지침을 만들어 회사 소식지를 통하여 공지하면서 2015.11.26.부터 시험가동을 하겠다고 하였고, 이에 피고인들은 2015.11.12. 공소사실 가.항 기재와 같이 이 사건 CCTV 카메라 51대에 검정색 비닐봉지를 씌웠다.

(2) 이 사건 회사는 5일 후 비닐봉지를 제거하고 2015.11.26. 시험운전을 시작하였고, 이 사건 노조는 2015.12.2. 근로자 중 1,026명의 서명을 받아 이 사건 CCTV설치 및 운영에 반대한 다는 항의문을 보냈으며, 피고인들은 2015.12.18. 공소사실 나.항 기재와 같이 이 사건 CCTV 카메라 51대에 검정색 비닐봉지를 씌웠다. 이 사건 회사는 2015.12.23. 비닐봉지를 제거하고 2015.12.24. 정식으로 이 사건 CCTV의 작동을 시작한 후 이를 회사 게시판에 공 지하였고, 피고인들은 2015.12.28. 공소사실 다.항 기재와 같이 근로자들의 작업 모습이 찍 히는 카메라 12대에 검정색 비닐봉지를 씌웠다. 그 무렵 이 사건 회사는 이 사건 노조에 영 상기록을 보관하는 곳의 열쇠 2개 중 1개를 노조에서 보관하고 카메라 2대를 철거하는 등의 타협안을 제시하였고, 이 사건 노조는 '① CCTV 설치 목적 외에는 영상정보를 사용하지 않 겠다는 합의서 작성, ② 카메라 몇 대의 장소 변경, ③ 근로자의 작업 현장을 찍는 카메라 16대는 야간에만 작동시킬 것'을 요구하였다. 이 사건 회사는 2015.1.4. ①, ②의 요구는 수 용 가능하나 주간에 16대의 카메라 작동을 중단하는 것은 받아들일 수 없다고 하여 협의가 결렬되었고, 이에 피고인들은 공소사실 라.항 기재와 같이 근로자들의 작업 모습이 찍히는 카메라 14대에 검정색 비닐봉지를 씌웠다.

(3) 이러한 사실관계를 앞서 본 법리에 비추어 살펴보면, 공소사실 가. 및 나.항 기재 각 행위의 경우, 이 사건 회사가 CCTV를 작동시키지 않았거나 시험가동만 한 상태였으므로 근로자들 의 권리가 실질적으로 침해되고 있었다고 단정하기 어려운 점, 피고인들이 공장부지의 외곽

울타리를 따라 설치되어 실질적으로 근로자를 감시하는 효과를 가진다고 보기 어려운 32대의 카메라를 포함하여 전체 CCTV의 설치 및 운영을 중단하라는 무리한 요구를 하고, 위 32대의 카메라에까지 검정색 비닐봉지를 씌웠던 점 등에 비추어 볼 때, 위 각 행위가 정당행위에 해당하지 않는다고 본 원심판단에 법리오해의 잘못이 있다고 보기 어렵고, 그 밖에 정당방위, 법률의 착오 등에 관한 법리오해의 잘못도 없다.

(4) 다만, 위와 같은 사실관계를 통해 알 수 있는 아래와 같은 사정에 비추어 살펴보면, 피고인들의 공소사실 다. 및 라.항 기재 각 행위는 형법 제20조 사회상규에 위배되지 않는 행위라고 볼 여지가 있다.

1) 개인정보보호법 제15조 제1항 위반여부

이 사건 회사의 공장부지는 불특정 다수인이 자유롭게 출입할 수 있는 공간이 아니므로, 이 사건 회사가 공장부지에 영상정보처리기기인 CCTV 카메라를 설치하여 영상을 통하여 개인을 식별할 수 있는 정보를 수집하는 경우에는 「개인정보보호법」 제15조 제1항의 일반적인 개인정보 수집 요건을 갖추어야 한다. 「개인정보보호법」 제15조 제1항은 개인정보처리자가 개인정보를 수집·이용할 수 있는 경우로 '정보주체의 동의를 받은 경우'(제1호) 외에도 법률에 특별한 규정이 있거나 법령상 의무를 준수하기 위하여 불가피한 경우(제2호), 개인정보처리자의 정당한 이익을 달성하기 위하여 필요한 경우로 명백하게 정보주체의 권리보다 우선하는 경우로서 개인정보처리자의 정당한 이익과 상당한 관련이 있고 합리적인 범위를 초과하지 아니하는 경우(제6호) 등을 규정하고 있다.

이 사건 CCTV 카메라 중 공장부지 내부를 촬영하는 19대의 설치는 정보주체인 근로자들의 동의를 받은 바 없어 「개인정보보호법」 제15조 제1항 제1호의 요건을 갖추지 못하였고, 같은 항 제2호 내지 제5호의 요건에도 해당할 여지가 없으므로 제6호의 요건에 해당하는지가 문제된다.

개인정보의 수집, 이용에 관한 규정은 정보주체의 개인정보자기결정권 제한에 대한 근거가 되므로, 개인정보처리자가 개인정보를 수집함에 있어서는 어디까지나 「개인정보보호법」 제15조 제1항 제1호에 따른 정보주체의 동의를 받는 경우가 원칙적인 모습이 되어야 하고, 정보주체의 동의가 없는 개인정보의 수집은 예외적으로만 인정되어야 하므로 그 요건 또한 가급적 엄격히 해석되어야 한다. 따라서 제15조 제1항 제6호의 개인정보처리자의 정당한 이익을 달성하기 위하여 필요한 경우로서 '명백하게 정보주체의 권리보다 우선하는 경우'에 해당하는지 여부는, 개인정보처리자의 정당한 이익의 구체적인 내용과 성격, 권리가 제한되는 정보주체의 규모, 수집되는 정보의 종류와 범위, 정보주체의 동의를 받지 못한 이유, 개인정보처리자의 이익을 달성하기 위해 대체가능한 적절한 수단이 있는지 등을 종합적으로 고려하여 신중하게 판단하여야 한다.

그런데 이 사건 CCTV 카메라 중 공장부지 내 주요 시설물에 설치된 16대와 출입구에 설치된 3대의 경우 시설물 보안 및 화재 감시를 위하여 설치된 것으로 개인정보처리자의 정당한 이익을 인정할 수 있다 하더라도, ① 다수 근로자들의 직·간접적인 근로 현장과 출퇴근 장면을 찍고 있어 권리가 제한되는 정보주체가 다수인 점, ② 직·간접적인 근로 공간과 출퇴근 장면을 촬영당하는 것은 정보주체의 개인정보자기결정권에 대한 중대한 제한이 될 수 있는 점, ③ CCTV 설치공사를 시작할 당시 근로자들의 동의가 없었던 점, ④ 이 사건 회사가 근로자들이 현장에서 작업을 하고 있는 주간에는 시설물 보안 및 화재 감시 목적을 달성하기 위하여 다른 방법을 강구하는 노력을 기울였다는 자료가 없는 점 등을 종합적으로 고려하면, 이 사건 회사의 정당한 이익을 달성하기 위하여 필요한 경우 로서 명백하게 정보주체의 권리보다 우선하는 경우에 해당한다고 보기 어렵다.

## 2) 근로자참여법 제20조 제1항 위반 여부

근로자참여법 제20조 제1항 제14호는 노사협의회가 협의하여야 할 사항으로 '사업장 내 근 로자 감시 설비의 설치'를 규정하는데, 여기서 말하는 '근로자 감시 설비'라 함은 사업장 내 에 설치되어 실질적으로 근로자를 감시하는 효과를 갖는 설비를 의미하고, 설치의 주된 목 적이 근로자를 감시하기 위한 것이 아니더라도 여기에 해당할 수 있다. 따라서 위 CCTV를 설치하는 것은 근로자참여법이 정한 노사협의회의 협의를 거쳐야 하는 것으로 볼 수 있다.

## 3) 정당행위의 성립여부 관련 구체적 판단

공소사실에 대한 정당행위의 성립요건과 관련하여, ① 피고인들의 공소사실 기재 각 행 위는 위와 같이 위법한 CCTV 설치에 따른 기본권 침해를 방어하기 위한 목적에서 이루어 진 것일 뿐, 피해자의 시설물 보호를 방해하는 것을 주된 목적으로 하였다고 보기 어려우 므로 목적의 정당성을 인정할 수 있는 점, ② 피고인들은 이 사건 CCTV 카메라 자체를 떼어내거나 훼손하지 않고, 검정색 비닐봉지를 씌워 임시적으로 촬영을 방해한 것에 불과 하고, 이런 임시조치를 통하여 부당한 침해에 대응하는 한편, 회사와 협의를 계속하려고 하였던 것으로 보이므로, 수단과 방법의 상당성도 인정할 수 있는 점, ③ 피고인들은 이 사건 회사가 이 사건 CCTV의 정식 가동을 시작한 이후 51대의 카메라 중 근로자들의 작 업 모습이 찍히는 카메라 12대를 골라 검정색 비닐봉지를 씌웠다. 이후 피고인들은 이 사 건 회사에 작업 현장을 찍는 16대는 야간에만 작동시키는 방안을 제시하였으나, 이 사건 회사는 합리적인 근거를 제시하지 않은 채 그 제안을 거부하였고, 피고인들은 14대의 카 메라에만 다시 검정색 비닐봉지를 씌웠다. 이러한 피고인들의 행위는 보호이익과 침해이 익 사이의 법익균형성도 갖추었다고 볼 수 있는 점, ④ 이 사건 회사가 근로자 대부분의 반대에도 불구하고 CCTV의 정식 가동을 강행함으로써 피고인들의 의사에 반하여 근로 행위나 출퇴근 장면 등 개인정보가 위법하게 수집되는 상황이 현실화되고 있었던 점, ⑤ 개인정보자기결정권은 일반적 인격권 및 사생활의 비밀과 자유에서 도출된 헌법상 기본 권으로 일단 그에 대한 침해가 발생하면 사후적으로 이를 전보하거나 원상회복을 하는 것이 쉽지 않은 점 등을 고려하면, 피고인들이 다른 구제수단을 강구하기 전에 임시조치 로서 검정색 비닐봉지를 씌워 촬영을 막은 것은 행위의 동기나 목적, 수단이나 방법 및 법익의 균형성 등에 비추어 그 긴급성과 보충성의 요건도 갖추었다고 볼 여지가 있는 점 등을 종합적으로 고려할 때, 원심이 그 판시와 같은 이유만으로 공소사실 다. 및 라.항 기재 각 행위에까지 수단과 방법의 상당성, 법익균형성, 긴급성, 보충성 등과 같은 정당행위의 요건을 충족한다고 보기 어렵다고 판단한 데에는 정당행위에 관한 법리를 오해하고 필요한 심리를 다하지 않은 잘못이 있다.

## Ⅲ 대상판결의 의의[69]

대상판결은 피고인들에 대해 유·무죄를 판단하는 것이므로 외형상 쟁점은 형법상 업무방해죄와 정당행위에 관한 것이다. 그러나 노동법의 관점에서 보면 노동조합의 간부들의 행위가 정당한 노동조합활동인지를 통해 무죄로 판단될 수도 있다.

### 1. 형사법의 관점

대상판결은 이 사건 CCTV 중 공장부지 외곽 등에 설치하여 근로자를 감시하는 것으로 파악하기 어려운 것과 근로자들이 통과하는 출입문과 작업수행 등과 밀접한 장소에 설치한 것을 구분하고, 전자는 시험가동 또는 근로자 감시 효과가 어렵다는 이유로 피고인들의 행위를 유죄로 인정하고, 후자는 「개인정보보호법」, 「근로자참여법」을 위반한 여지가 있다고 판단하였다. 특히 후자의 CCTV에 관한 피고인들의 행위가 동기나 목적, 수단이나 방법 및 법익의 균형성 등에 비추어 그 긴급성과 보충성의 요건도 갖추었다고 볼 수 있으므로 형법 제20조 사회상규에 위배되지 않는 행위라고 볼 여지가 있다고 판단했다. 형사법의 관점에서 구성요건해당성은 인정하면서도 정당행위에 관한 원심판결의 문제점을 지적하며 무죄의 취지로 파기하여 환송한 것은 타당하다.

### 2. 노동법과 노동조합활동의 관점

노동조합법 제4조는 '형법 제20조의 규정은 노동조합이 단체교섭·쟁의행위 기타의 행위로서 제1조의 목적을 달성하기 위하여 한 정당한 행위에 대하여 적용된다.'라고 규정하고 있는데, 노동조합의 정당한 행위가 무엇인가에 관해 해석이 필요하다.

(1) 헌법상 단체행동권이 쟁의권과 조합활동권으로 구분된다는 전제에서, 노동조합의 활동은 쟁의행위 및 단체교섭 이외의 단결체의 모든 활동을 의미하는 것으로 해석한다. 노동조합의 활동은 그 기준과 보호범위를 확정하기 위해 주체, 목적, 형태의 측면으로 판단하는 것이 일반적이다. 노동조합의 대표자 등 기관의 활동은 특별한 사정이 없는 한 노동조합의 활동으로 사실상 추정될 수 있으나, 노동조합 대표자의 행위라도 노동조합의 의사형성에 의하지 않은 개인적 행위 등은 노동조합의 활동성이 부정될 수 있다. 조합원의 자발적 활동은 성질상 노동조합의 묵시적 수권 또는 승인을 받았다고 볼 수 있어야 노동조합의 활동으로 인정된다.

(2) 노동조합활동에 속하는 경우라도 사용자의 권리 또는 이익과 충돌하는 경우 양자의 법익 또는 권리를 조정하고, 침해하는 행위의 형태 등을 종합적으로 고려하여 정당성 여부를 판단한다. 또한 단체협약 또는 취업규칙, 관행 등의 규범으로 정당성의 유무를 판단하지만, 이러한 규범적 근거가 없거나 그 범위를 초과한 경우 법적 평가를 통해 결정한다.

---

69) 박수근 한양대학교 법학전문대학원 교수, 포커스

(3) 그런데 대상판결에는 피고인들의 정당한 행위를 판단함에 있어서 노동조합법 제4조에 관해 어떠한 설명도 없으며, 2심 판결과 1심 판결도 동일하다. 노동조합이 회사와 3~4회에 걸쳐 실무적인 의견 조율을 시도하였고, 개인정보 주체인 상당수 근로자들의 서명을 받아 항의문을 보낸 점을 고려하면 피고인들의 행위는 노동조합의 활동으로 파악될 수 있다. 또한 피고인들의 일부 행위는 그 목적과 방법 등에서 침해되는 회사의 업무와 법익 균형성에서 정당성도 인정될 수 있다. 그래서 피고인들이 이를 주장하지 않았는지, 아니면 주장하였으나 법원에서 형법 제20조의 관점에서만 판단을 하였는지 여부가 궁금하다. 아무튼 대상판결을 통해 사용자가 시설물 안전, 화재 감시 등을 이유로 CCTV를 설치하는 경우 「개인정보보호법」, 「근로자참여법」에서 요구되는 절차 또는 조치를 확인할 수 있다.

memo

## 주요 판례 ⑩

### [노동조합 10] 노동조합의 통제권 행사의 근거와 한계
(대판 2005.1.28. 2004도227)

### 사실관계

가. 甲회사의 노동조합 위원장 乙은 전국동시지방선거에서 노동조합 출신의 민주노동당 후보자들과 경쟁관계에 있는 한나라당 후보자들의 선거운동을 방해하기로 공모하여, 甲회사의 출입문에서 '한나라당 선거운동 시 강력조치'라는 제목 아래 '노조원과 가족 중 한나라당의 선거운동원으로 활동할 경우, 채증활동을 벌여 노동조합이 시행하는 각종 복지와 포상 등 혜택을 차단하고, 신고자에 대해 포상 방안을 마련하겠다.'라는 내용을 게재한 중앙쟁대위 속보 2만 여장을 노동조합 간부들을 통해 배포하였다.

나. 그 후 노동조합은 실제로 다른 조합원을 통하여 한나라당 후보자의 선거운동원으로 알려진 조합원 丙의 근무상황을 확인하고, 그 선거운동 현장을 사진촬영하거나 주변에서 욕설을 하는 등의 방법으로 마치 어떤 보복조치가 있을 듯 한 분위기를 조성함과 동시에 인터넷에 한나라당의 후보자를 지지하는 선거운동을 하는 조합원 부인들의 명단을 공개하겠다고 경고하면서 만약 그러한 선거운동을 계속할 경우 해외여행의 기회 등 각종 복지혜택을 박탈하고 징계조치를 하는 것은 물론 회사의 불이익처분에 대하여 생계비 지원 등 노동조합 차원의 지원을 거절하고 전체 조합원들이 문제된 당사자를 직장에서 소외시킬 듯 한 태도를 보였다. 이에 검찰은 노동조합 위원장 乙을 공직선거법 위반으로 공소를 제기하였다.

### 판시사항

[1] 구(舊) 공직선거 및 선거부정방지법 제87조에 의하여 허용되는 노동조합의 선거운동의 한계

[2] 공직선거 및 선거부정방지법 제237조 제1항 제3호의 선거자유방해죄에 있어서 '업무·고용 기타의 관계로 인하여 자기의 보호·지휘·감독을 받는 자' 및 '강요'의 의미

[3] 노동조합에 가입한 조합원인 근로자가 공직선거 및 선거부정방지법 제237조 제1항 제3호에 정하여진 '업무·고용 기타의 관계로 인하여 보호·지휘·감독 하에 있는 자'에 해당한다고 한 사례

[4] 노동조합이 특정 정당의 후보자를 지지하기로 하는 노동조합 총회의 결의 내용을 따르지 아니하는 조합원에 대하여는 노동조합의 내부적인 통제권에 기초하여 여러 가지 불이익을 가하는 등 강력하게 대처하겠다는 내용의 속보를 제작·배포한 행위가 공직선거 및 선거부정방지법 제237조 제1항 제3호에 정한 강요행위에 해당한다고 한 사례

제 03 편

Ⅰ 구(舊)「공직선거 및 선거부정방지법」제87조에 의하여 허용되는 노동조합의 선거운동의 한계

## 1. 노동조합의 내부통제권 행사

헌법 제33조 제1항에 의하여 단결권을 보장받고 있는 노동조합은 그 조직을 유지하고 목적을 달성하기 위해서는 조합의 내부질서가 확립되고 강고한 단결력이 유지되지 않으면 안 되고, 따라서 노동조합은 단결권을 확보하기 위하여 필요하고도 합리적인 범위 내에서 조합원에 대하여 일정한 규제와 강제를 행사하는 내부통제권을 가진다고 해석하는 것이 상당하다.

## 2. 노동조합의 정치활동 허용 여부

그런데 노동조합은 원래 '근로자가 주체가 되어 자주적으로 단결하여 근로조건의 유지·개선 기타 근로자의 경제적·사회적 지위의 향상을 도모함을 목적으로 조직하는 단체 또는 그 연합단체'이므로(노동조합법 제2조 제4호), 그 목적달성에 필요한 정치활동이나 사회활동을 할 수 있으며, 같은 취지에서 공직선거법 제87조는, 노동조합은 일반 단체와 달리 선거기간 중 특정 정당이나 후보자를 지지·반대하거나 지지·반대할 것을 권유하는 행위가 금지되지 아니한다고 규정하고 있으므로, 노동조합이 공직선거에서 특정 정당이나 후보자를 지지하거나 반대하기로 결정하고 노동조합명의로 선거운동을 할 수 있음은 물론이고, 그 조합원에 대하여 노동조합의 결정에 따르도록 권고하거나 설득하는 행위도 그 한도에서는 노동조합의 정치활동의 일환으로서 허용된다고 할 것이다.

## 3. 노동조합 선거운동의 한계

그러나 다른 한편, 노동조합이 그 내부통제권을 행사함에 있어서는 구성원인 조합원이 일반 국민으로서 가지는 헌법상의 기본적 권리의 본질적인 내용이나 다른 헌법적 가치를 침해하지 않아야 할 내재적 한계가 존재하는 것이고, 특히 대의민주주의를 기본으로 하는 현대의 자유민주주의 정치체제 아래에서 선거는 주권자인 국민의 민주적 정치참여를 위한 가장 기본적이고도 본질적인 수단이므로 국민의 주권행사를 의미하는 선거과정에의 참여행위, 그중에서도 어느 정당이나 후보자를 지지할 것인지에 관한 정치적 의사의 결정은 다른 어떠한 이유에 의해서도 방해받거나 제한될 수 없는 선거권의 본질적 내용이라고 할 수 있으므로, 정치활동을 고유의 목적으로 삼는 정치적 결사체도 아닌 노동조합이 비록 공직선거법 제87조에 의하여 총회의 결의 등을 거쳐 지지하거나 반대하는 정당이나 후보자를 결정하고 그 명의로 선거운동을 할 수 있다고 하더라도 그 구성원인 조합원 개개인에 대하여 노동조합의 결의 내용에 따르도록 권고하거나 설득하는 정도를 넘어서 이를 강제하는 것은 허용되지 아니한다고 보아야 할 것이다.

## Ⅱ 「공직선거 및 선거부정방지법」 제237조 제1항 제3호의 선거자유방해죄에 있어서 '업무·고용 기타의 관계로 인하여 자기의 보호·지휘·감독을 받는 자' 및 '강요'의 의미

### 1. '업무·고용 기타의 관계로 인하여 자기의 보호·지휘·감독을 받는 자'의 의미

공직선거법 제237조 제1항 제3호는 '업무·고용 기타의 관계로 인하여 자기의 보호·지휘·감독 하에 있는 자에게 특정정당이나 후보자를 지지·추천하거나 반대하도록 강요한 자'를 선거의 자유방해죄로 처벌하도록 규정하고 있는바, 그 입법 취지는 피해자가 보호·감독·지휘를 받는 지위로 인하여 선거의 자유가 부당하게 침해받지 아니하도록 보호하기 위하여 규정된 것이므로, 여기서의 '자기의 보호·지휘·감독을 받는 자' 중에는 사실상의 보호·지휘·감독을 받는 상황에 있는 자도 포함되고 법률상 법인 기타 단체가 그 구성원에 대한 관계에서 보호·지휘·감독의 주체로 인정되는 경우에는 그 구성원은 그 대표기관 내지 보호·지휘·감독업무를 수행하는 기관의 보호·지휘·감독을 받는 자에 해당한다고 볼 수 있다.

### 2. '강요'의 의미

위 규정상의 '강요'는 반드시 상대방의 반항을 불가능하게 하거나 곤란하게 할 정도에 이를 필요는 없으며, 상대방의 자유로운 의사결정과 활동에 영향을 미칠 정도의 폭행이나 협박이면 충분하고 현실적으로 선거의 자유가 방해되는 결과가 발생하여야 하는 것은 아니다.

## Ⅲ 사안의 적용

위 내용 및 사실관계 등을 종합적으로 고려할 때, 노동조합에 가입한 조합원인 근로자는 노동조합이나 그 위원장 등의 보호·지휘·감독을 받는 자에 해당하므로, 공직선거 및 선거부정방지법 제237조 제1항 제3호에 정하여진 '업무·고용 기타의 관계로 인하여 보호·지휘·감독 하에 있는 자'이다.

노동조합이 그 조합원에 대하여 특정 정당이나 후보자를 지지·반대하거나 지지·반대할 것을 권유하거나 설득하는 정도를 넘어서 노동조합 총회의 결의 내용을 따르지 아니하는 조합원에 대하여는 노동조합의 내부적인 통제권에 기초하여 여러 가지 불이익을 가하는 등 강력하게 대처하겠다는 내용의 속보를 제작·배포한 행위가 조합원인 근로자 각자의 공직선거에 관한 의사결정을 방해하는 정도의 강요행위에 해당한다고 할 것이다.

## [노동조합 11] 산별노조 지회의 기업별 노조로의 조직형태 변경 여부[70]
### (대판 2016.2.19. 2012다96120 [전합])

---

**사실관계** **발레오전장시스템코리아(주) 사건**

가. 기업별 노동조합인 甲노동조합은 전국금속노동조합 경주지부 乙지회(이하 '이 사건 지회'라 함)로 조직형
   태를 변경하여 2001.2.경 산업별 노동조합인 전국금속노동조합에 편입되었다.

나. 그 후 이 사건 지회는 2010.5.19. 및 2010.6.7. 총회를 개최하여 기업별 노동조합인 피고 노동조합으로,
   이 사건 지회의 조직형태를 재변경하고 규약을 제정하며 임원을 선출하는 내용의 이 사건 각 결의를 하였
   고, 경주시장은 이 사건 지회의 기업별 노동조합 설립신고를 수리하였다.

다. 이에 전국금속노동조합 위원장, 경주지부장 등은 원고가 되어 이 사건 지회를 상대로 이 사건 조직변경
   결의, 이 사건 규약변경결의 및 이 사건 임원선출결의의 무효 확인을 구하는 소송을 제기하였다.

라. 한편 이 사건 지회는 전국금속노동조합의 모범 지회 규칙을 바탕으로 제정된 규칙과 총회·지회장 등의
   기관을 갖추고 활동해 온 사실이 있다.

---

**판시사항**

산업별 노동조합의 지회 등이 독자적인 노동조합 또는 노동조합 유사의 독립한 근로자단체로서 법인 아닌
사단에 해당하는 경우, 「노동조합 및 노동관계조정법」 제16조 제1항 제8호 및 제2항에서 정한 조직형태 변
경 결의를 통하여 기업별 노동조합으로 전환할 수 있는지 여부(적극)

---

## Ⅰ 노동조합 설립 자유의 구체적 내용

헌법에 의한 근로자의 단결권 등을 보장하여 근로조건의 유지·개선과 근로자의 경제적·사회
적 지위의 향상을 도모하려는 목적 아래 제정된 「노동조합 및 노동관계조정법」(이하 '노동조합법'이
라 함)은 '근로자가 주체가 되어 자주적으로 단결하여 근로조건의 유지·개선 기타 근로자의 경제
적·사회적 지위의 향상을 도모함을 목적으로 조직하는 단체 또는 그 연합단체'를 노동조합으로
인정하고 근로자가 자유로이 노동조합을 조직할 수 있도록 함으로써 노동조합 설립의 자유를
보장하고 있다(노동조합법 제2조 제4호 본문, 제5조).

이와 같이 노동조합은 근로자가 주체가 되어 구성된 전형적인 사단의 하나로서, 단위노동조합과
연합단체인 노동조합으로 구분되고, 연합단체인 노동조합은 동종 산업의 단위노동조합을 구성
원으로 하는 산업별 연합단체와 산업별 연합단체 또는 전국규모의 산업별 단위노동조합을 구성
원으로 하는 총연합단체를 말한다(노동조합법 제10조). 여기서 단위노동조합에는 기업별로 구성된

---

70) 편저자 주 : 지부, 지회 등 산별노조의 하부조직이 실질적으로 법인 아닌 사단인 근로자단체로서의 지위 또는
   기업별 노동조합에 준하는 지위를 가지고 있는 경우에는 조직형태 변경이 가능하다고 본 판결이다.

노동조합(이하 '기업별 노동조합'이라 함)과 산업별·직종별·지역별 등 초기업적으로 구성된 노동조합(그중 산업별로 구성된 단위노동조합을 이하 '산업별 노동조합'이라 함)이 포함된다. 근로자에게는 단체의 조직·가입 및 노동조합 설립의 자유가 보장되므로, 근로자단체 또는 노동조합을 조직·해산할 것인지, 노동조합을 조직할 경우에 위와 같은 여러 조직형태 중 어떠한 조직형태를 갖출 것인지, 그리고 그 조직형태를 유지 또는 변경할 것인지 등의 선택은 단결권의 주체인 근로자의 자주적이고 민주적인 의사 결정에 맡겨져 있다.

나아가 노동조합법 제16조 제1항 제8호 및 제2항(이하 '이 사건 규정'이라 함)은 노동조합이 설립되어 존속하고 있는 도중에, 재적조합원 과반수의 출석과 출석조합원 2/3 이상의 찬성에 의한 총회의 의결을 거쳐 노동조합의 조직형태를 변경하는 것을 허용하고 있다. 이 사건 규정은 노동조합의 해산·청산 및 신설 절차를 거치지 아니하고 조직형태의 변경이 가능하도록 함으로써 노동조합을 둘러싼 종전의 재산상 권리·의무나 단체협약의 효력 등의 법률관계가 새로운 조직형태의 노동조합에 그대로 유지·승계될 수 있도록 한 것으로서, 근로자의 노동조합의 설립 내지 노동조합 조직형태 선택의 자유를 실질적으로 뒷받침하기 위한 것이다.

그렇다면 노동조합의 설립 및 그 조직형태의 변경과 관련하여 이 사건 규정을 해석·적용할 때에는, 이 사건 규정의 위와 같은 실질적인 의의 및 기능을 충분히 고려하고 아울러 헌법 및 노동조합법이 보장한 근로자의 결사의 자유와 노동조합 설립의 자유가 반영될 수 있도록 하여야 할 것이다.

## Ⅱ 산업별 노동조합 산하 조직의 법적 지위

### 1. 원칙

산업별 노동조합은 동종 산업에서 일하는 근로자들을 조직대상으로 하는 초기업적 노동조합으로서 그 자체가 개별 근로자를 구성원이자 조합원으로 하는 1개의 단위노동조합이다. 산업별 노동조합이 내부에 하부조직을 두더라도, 이는 별개의 노동조합이 아니라 산업별 노동조합 내부의 조직 관리를 위한 기구나 그 조직 체계의 일부인 구성요소가 되는 것이 원칙이다.

### 2. 예외

산업별 노동조합이 기업별 노동조합 중심의 오랜 관행과 개별 사업장의 특성을 반영할 현실적인 필요성 때문에 지역이나 사업장 단위로 산하에 지부·분회·지회 등의 하부조직(이하 '지회 등'이라 함)을 설치하여 옴에 따라, 구체적인 사안에 따라서는 그 지회 등이 그 외형과 달리 산업별 노동조합의 내부적인 조직 혹은 기구의 성격에 그치지 않고 실질적으로 해당 기업 소속 근로자를 대상으로 구성되어 독자적인 규약과 집행기관을 가지고 그 근로자의 근로조건 유지·개선 및 경제적·사회적 지위의 향상을 목적으로 독립한 단체로서 활동하는 경우가 있으며, 여기서 더 나아가 해당 조직이나 그 조합원에 고유한 사항에 관하여 독자적으로 단체교섭을 진행하고 단체협약을 체결할 능력까지 보유하는 경우도 있다.

일반적으로 사단은 특정한 목적을 위하여 조직된 다수인의 결합체로서 대외적으로 대표할 기관에 관한 정함이 있는 단체를 뜻하고, 법인격이 없더라도 일정한 자격을 가진 사람들을 구성원으로 삼아 정관·회칙 등의 규약과 임원 등의 기관을 두고 총회 등 회의를 개최하여 주요 업무에 관한 의사를 결정하여 온 경우에는 법인 아닌 사단의 실질을 갖추고 있다고 본다(대판 1997.9.12. 97다20908; 대판 2006.12.21. 2006다52723 등 참조).

그동안 대법원은 사단법인의 하부조직이라 하더라도, 이와 같은 사단의 실질을 갖추고 독자적인 활동을 하고 있다면, 그 사단법인과는 별개의 독립된 법인 아닌 사단으로 볼 수 있다고 밝혀 왔다(대판 2003.4.11. 2002다59337; 대판 2009.1.30. 2006다60908 등 참조). 또한 대법원은 산업별 노동조합 등 초기업적 노동조합의 지회 등이라 하더라도, 관행 또는 해당 초기업적 노동조합의 규약에 따라 독자적인 규약 및 집행기관을 가지고 독립한 단체로 활동하면서 그 조직이나 조합원에 고유한 사항에 관하여 독자적인 단체교섭 및 단체협약체결 능력이 있는 경우에는 노동조합법 시행령 제7조 규정에 의한 산하조직의 설립신고 여부와 관계없이 그 지회 등을 기업별 노동조합에 준하여 볼 수 있음을 긍정함으로써(대판 2002.7.26. 2001두5361; 대판 2009.2.26. 2006두7324; 대판 2011.5.26. 2011다1842·1859·1866·1873 등 참조), 산업별 노동조합의 지회 등의 성격은 외형이 아닌 실질을 기준으로 가려야 하며, 독자적인 단체교섭 및 단체협약체결 능력 유무와는 상관없이 독립한 단체로서의 활동이 이루어질 수 있음을 인정하여 왔다.

따라서 산업별 노동조합의 지회 등이라 하더라도, 위와 같이 독립한 단체로서 활동하거나 독자적인 단체교섭 및 단체협약체결 능력을 갖춘 경우에는 법인 아닌 사단인 근로자단체로서의 지위 내지는 기업별 노동조합에 준하는 지위를 가지고 있다고 평가할 수 있다.

특히 기업별 노동조합이 조직형태의 변경 절차를 통하여 산업별 노동조합의 지회 등으로 편입된 경우에는, 그 편입 이후에도 종전의 기업별 노동조합의 재산상 권리·의무나 해당 기업에 특수한 단체협약의 효력을 유지하기 위하여 여전히 기업별 조직으로서의 독립성을 보유할 필요가 있고 해당 산업별 노동조합도 사실상 이를 용인함에 따라, 지회 등이라는 형식에 불구하고 해당 기업의 근로자들로 구성되어 그들의 근로조건 유지·개선 및 경제적·사회적 지위의 향상을 목적으로 활동하는 기업별 노동조합 유사의 독립한 근로자단체 내지는 독자적인 노동조합으로서의 실질을 가지고 있는 사례가 적지 않다.

그러므로 지회 등의 설치 경위, 지회 등의 운영에 관한 정관·규약, 지회 등의 관리·운영 실태, 구체적인 활동 내용 등의 실체관계를 살피지 아니한 채, 산업별 노동조합의 지회 등이라는 이유만으로 그 독립성이나 독자성을 일률적으로 부정하고 지회 등의 지위를 단지 산업별 노동조합의 기구 내지 구성요소라고 단정하여서는 아니 될 것이다. 그리고 이처럼 산업별 노동조합의 지회 등이 그 형식과 달리 실질적으로 법인 아닌 사단인 근로자단체로서의 지위 내지는 기업별 노동조합에 준하는 지위를 가지고 있다고 평가되는 경우에, 이는 근로자들의 선택에 따른 것으로서 근로자들의 결사의 자유와 노동조합 설립의 자유를 보장할 필요가 있으므로, 그 실질에 적합하게 독립하여 의사를 결정하고 법률적으로 활동할 수 있다고 보아야 한다.

## Ⅲ 산업별 노동조합 산하 조직의 기업별 노동조합으로의 조직변경

### 1. 독자적인 단체교섭 및 단체협약 체결 능력이 있어 기업별 노동조합에 준하는 경우

노동조합의 설립 및 조직형태의 변경에 관한 노동조합법의 관련 규정들과 재산상 권리·의무나 단체협약의 효력 등의 법률관계를 유지하기 위한 조직형태의 변경 제도의 취지와 아울러 개별적 내지 집단적 단결권의 보장 필요성, 산업별 노동조합의 지회 등의 독립한 단체성 및 독자적인 노동조합으로서의 실질에 관한 사정 등을 종합하여 보면, 이 사건 규정은 노동조합법에 의하여 설립된 노동조합을 그 대상으로 삼고 있어 노동조합의 단순한 내부적인 조직이나 기구에 대하여는 적용되지 아니하지만, 산업별 노동조합의 지회 등이라 하더라도, 실질적으로 하나의 기업 소속 근로자를 조직대상으로 하여 구성되어 독자적인 규약과 집행기관을 가지고 독립한 단체로서 활동하면서 해당 조직이나 그 조합원에 고유한 사항에 관하여 독자적인 단체교섭 및 단체협약체결 능력이 있어 기업별 노동조합에 준하는 실질을 가지고 있는 경우에는, 산업별 연합단체에 속한 기업별 노동조합의 경우와 실질적인 차이가 없으므로, 이 사건 규정에서 정한 결의 요건을 갖춘 소속 조합원의 의사 결정을 통하여 산업별 노동조합에 속한 지회 등의 지위에서 벗어나 독립한 기업별 노동조합으로 전환함으로써 그 조직형태를 변경할 수 있다고 보아야 한다.

### 2. 기업별 노동조합과 유사한 근로자단체로서 법인 아닌 사단의 실질을 가지고 있는 경우

산업별 노동조합의 지회 등이 독자적으로 단체교섭을 진행하고 단체협약을 체결하지는 못하더라도, 법인 아닌 사단의 실질을 가지고 있어 기업별 노동조합과 유사한 근로자단체로서 독립성이 인정되는 경우에, 그 지회 등은 스스로 고유한 사항에 관하여 산업별 노동조합과 독립하여 의사를 결정할 수 있는 능력을 가지고 있다. 이러한 의사 결정 능력을 갖춘 이상, 그 지회 등은 소속 근로자로 구성된 총회에 의한 자주적·민주적인 결의를 거쳐 그 지회 등의 목적 및 조직을 선택하고 변경할 수 있으며, 나아가 단결권의 행사 차원에서 정관이나 규약 개정 등을 통하여 단체의 목적에 근로조건의 유지·개선 기타 근로자의 경제적·사회적 지위의 향상을 추가함으로써 노동조합의 실체를 갖추고 활동할 수 있다. 그리고 그 지회 등이 기업별 노동조합과 유사한 독립한 근로자단체로서의 실체를 유지하면서 산업별 노동조합에 소속된 지회 등의 지위에서 이탈하여 기업별 노동조합으로 전환할 필요성이 있다는 측면에서는, 단체교섭 및 단체협약체결 능력을 갖추고 있어 기업별 노동조합에 준하는 실질을 가지고 있는 산업별 노동조합의 지회 등의 경우와 차이가 없다. 이와 같은 법리와 사정들에 비추어 보면, 기업별 노동조합과 유사한 근로자단체로서 법인 아닌 사단의 실질을 가지고 있는 지회 등의 경우에도 위에서 본 기업별 노동조합에 준하는 실질을 가지고 있는 경우와 마찬가지로 이 사건 규정에서 정한 결의 요건을 갖춘 소속 근로자의 의사 결정을 통하여 종전의 산업별 노동조합의 지회 등이라는 외형에서 벗어나 독립한 기업별 노동조합으로 전환할 수 있다.

## Ⅳ 사안의 적용

위 제반사정 등에 비추어볼 때, 이 사건 지회가 산업별 노동조합인 전국금속노동조합의 지회이지만, 원래 기업별 노동조합이었다가 전국금속노동조합의 지회로 편입되었고 그 후에도 총회·지회장 등의 기관을 갖추고 활동해 왔으므로, 비록 단체교섭 및 단체협약체결 능력을 가지고 있지 않더라도 그 설치 경위, 정관·규약 내용, 관리·운영 실태 및 구체적인 활동 내용에 비추어 기업별 노동조합과 유사한 근로자단체로서 법인 아닌 사단으로서의 실질을 가지고 있어 독립성이 있었다고 인정되는 경우에는, 이 사건 규정에서 정한 조직형태의 변경 결의에 의하여 전국금속노동조합에 속한 지회 등의 지위에서 벗어나 독립한 기업별 노동조합의 조직을 갖출 수 있고, 따라서 그와 같은 조직형태의 변경 결의라는 이유만으로 이 사건 각 결의가 무효라고 할 수 없다고 할 것이다.

memo

# 제2장 단체교섭

## 주요 판례 01

### [단체교섭 1] 성실교섭의무 (대판 2006.2.24. 2005도8606)

---

**사실관계** **서울마주협회 사건**

가. 피고인은 서울마주협회(이하 '협회'라 함)의 회장으로, 협회노동조합과 협회는 단체교섭 결렬에 따라 협회 노동조합은 2004.2.23.경부터 파업을 개시하였고, 이에 협회는 2004.2.28.경부터 직장폐쇄를 개시하였다.

나. 협회는 협회노동조합의 교섭권한을 위임받은 전국공공운수사회서비스노동조합연맹(이하 '연맹'이라 함)으로부터 2004.3.12.(1차 교섭요구)와 2004.6.2.(2차 교섭요구) 단체교섭을 요구받았으나, 협회는 쟁의행위 기간 중임을 이유로 연맹의 단체교섭 요구를 거부하였다.

다. 협회노동조합 위원장 甲은 2004.6.13. 협회에 단체교섭을 촉구하는 서면을 보낸 다음 날인 2004.6.14.(3차 교섭요구) 연맹에서는 협회에 단체교섭을 요구하였으나(연맹의 단체교섭 요구 문건에 甲이 교섭위원으로 포함되어 있음), 협회는 상대방 교섭주체가 연맹인지, 협회노동조합인지 여부가 명확하지 않다는 이유로 단체교섭을 거부하였다.

라. 이에 연맹에서는 2004.6.19.(4차 교섭요구)협회에 단체교섭을 요구하였는데, 협회는 교섭준비가 필요하다는 이유로 단체교섭을 거부하였다.

---

**판시사항**

[1] 사용자의 단체교섭 거부·해태에 있어 정당한 이유 유무의 판단 기준

[2] 단체교섭이 교착상태에 빠졌으나 노동조합 측으로부터 새로운 타협안이 제시되는 등 교섭재개가 의미 있을 것으로 기대할 만한 사정변경이 생긴 경우, 사용자의 단체교섭 거부에 정당한 이유가 있는지 여부 (소극)

[3] 사용자가 노동조합 측이 정한 일시에 단체교섭에 응하지 아니한 것에 정당한 이유가 없다고 본 사례

## Ⅰ 사용자의 단체교섭 거부·해태에 있어 정당한 이유 유무의 판단 기준

'노동조합 및 노동관계조정법' 제81조 제3호는 사용자가 노동조합의 대표자 또는 노동조합으로부터 위임을 받은 자와의 단체협약 체결 기타의 단체교섭을 정당한 이유 없이 거부하거나 해태할 수 없다고 규정하고 있는바, 단체교섭에 대한 사용자의 거부나 해태에 정당한 이유가 있는지 여부는 노동조합 측의 교섭권자, 노동조합 측이 요구하는 교섭시간, 교섭장소, 교섭사항 및 그의 교섭태도 등을 종합하여 사회통념상 사용자에게 단체교섭의무의 이행을 기대하는 것이 어렵다고 인정되는지 여부에 따라 판단하여야 한다.

**Ⅱ** **단체교섭이 교착상태에 빠졌으나 노동조합 측으로부터 새로운 타협안이 제시되는 등 교섭재개가 의미 있을 것으로 기대할 만한 사정변경이 생긴 경우, 사용자의 단체교섭 거부에 정당한 이유가 있는지 여부**

쟁의행위는 단체교섭을 촉진하기 위한 수단으로서의 성질을 가지므로 쟁의기간 중이라는 사정이 사용자가 단체교섭을 거부할 만한 정당한 이유가 될 수 없고, 한편 당사자가 성의 있는 교섭을 계속하였음에도 단체교섭이 교착상태에 빠져 교섭의 진전이 더 이상 기대될 수 없는 상황이라면 사용자가 단체교섭을 거부하더라도 그 거부에 정당한 이유가 있다고 할 것이지만, 위와 같은 경우에도 노동조합 측으로부터 새로운 타협안이 제시되는 등 교섭재개가 의미 있을 것으로 기대할 만한 사정변경이 생긴 경우에는 사용자로서는 다시 단체교섭에 응하여야 하므로, 위와 같은 사정변경에도 불구하고 사용자가 단체교섭을 거부하는 경우에는 그 거부에 정당한 이유가 있다고 할 수 없다.

**Ⅲ** **사안의 적용**

위 내용 및 사실관계 등을 종합적으로 고려할 때, 본 사안의 적용은 다음과 같다.

**1. 2004.3.12.자 단체교섭 요구 거부에 대하여**

위 노동조합은 단체교섭의 결렬에 따라 2004.2.23.경부터 파업에 들어갔고, 협회는 2004.2.28.경부터 직장폐쇄에 들어간 사실을 인정할 수 있는바, 이러한 상태에서 위 노동조합으로부터 단체교섭권을 위임받은 연맹이 협회에 대하여 2004.3.12.자로 같은 달 18.에 단체교섭을 하자고 요구한 것은, 노사 간에 쟁의를 거치면서 상호 양보의 가능성이 고려되고 있는 상황에서의 교섭 요구라고 할 것이어서 교섭재개가 의미 있을 것으로 기대할 만한 사정변경이 생겼다고 볼 수 있으므로, 앞서 본 법리에 비추어 보면 단체교섭이 교착상태에 빠졌음을 전제로 피고인이 연맹의 2004.3.12.자 단체교섭 요구를 거부한 것은 정당한 이유가 있다고 할 수 없고, 또한 파업과 직장폐쇄가 진행되고 있다는 사정 역시 피고인이 위 단체교섭 요구를 거부할 만한 정당한 이유가 될 수 없다고 할 것이다.

**2. 2004.6.2.자 단체교섭 요구 거부에 대하여**

피고인이 정당한 이유 없이 연맹의 2004.6.2.자 단체교섭 요구에 불응한 사실을 충분히 인정할 수 있고, 상고이유에서 내세우는 사정만으로는 정당하게 연기협의를 요청한 것으로 보이지 아니하므로, 원심판결에 상고이유로 주장하는 바와 같이 심리를 다하지 아니하고 채증법칙을 위반하여 사실을 잘못 인정하거나 단체교섭 거부의 정당한 이유에 관한 법리를 오해하는 등의 위법이 있다고 할 수 없다고 할 것이다.

## 3. 2004.6.14.자 단체교섭 요구 거부에 대하여

연맹의 2004.6.14.자 단체교섭 요구에 앞서 위 노동조합 위원장 甲이 2004.6.13. 피고인에게 단체교섭을 촉구하는 서면을 보낸 사실을 인정할 수는 있으나, 그 내용은 피고인의 단체교섭 회피에 대한 항의로서 연맹과의 성실한 단체교섭을 촉구하는 것일 뿐 자기를 교섭주체로 인정 하여 달라는 것이 아니며 연맹에 위임한 단체교섭 권한과 관련하여서는 아무런 언급이 없는 점, 연맹의 단체교섭 요구 문건에 甲이 교섭위원으로 포함되어 있는 점 등에 비추어 보면, 교섭주체 가 연맹인지 위 노동조합인지 여부가 명확하지 아니한 것으로 볼 수 없으므로, 피고인이 연맹의 2004.6.14.자 단체교섭 요구에 대하여 교섭주체가 명확하지 아니하다는 이유를 들어 거부한 것은 정당한 이유가 있다고 할 수 없다고 할 것이다.

## 4. 2004.6.19.자 단체교섭 요구 거부에 대하여

연맹이 협회에 2004.3.12.부터 2004.6.14.까지 3회에 걸쳐 단체교섭을 요구한 데 대하여 협회 의 대표자인 피고인이 계속하여 단체교섭을 거부하여 왔던 사실에 비추어 보면, 연맹이 다시 2004.6.19.에 같은 달 24.을 교섭일시로 정하여 단체교섭을 요구한 시점에서는 피고인으로서 는 이미 교섭사항 등의 검토와 준비를 위한 충분한 시간을 가지고 있었다고 할 것이므로, 피고 인이 연맹에 위 교섭일시의 변경을 구할 만한 합리적 이유가 있었다고 보이지 아니할 뿐 아니 라, 원심의 채택 증거에 의하면 피고인은 위 교섭일시 전에 노동조합 측에 교섭일시의 변경을 구하는 등 교섭일시에 관한 어떠한 의사도 표명한 적이 없는 사실을 인정할 수 있으므로, 피고 인이 연맹이 정한 위 일시에 단체교섭에 응하지 아니한 데에는 정당한 이유가 있다고 할 수 없 다고  할 것이다.

## Ⅳ  대상판결의 의의[71]

대상판결은 선례(대판 1998.5.22. 97누8076)에서 제시된 교섭거부·해태 정당성 판단의 일반적 기 준을 재확인하는 데에 그치지 않고, 교섭결렬단계 및 쟁의상황 각각에서의 교섭거부 정당성 판 단의 구체적 기준, 교섭일시의 결정과 관련하여 특히 노사 간 합의된 절차와 관행이 부재하는 경우 노동조합이 제안한 교섭일시에 사용자가 교섭에 응하지 않은 행위의 정당성 판단의 구체적 기준을 확립·적용하여 이 사건 사용자의 교섭거부 행위에 대해 노동조합 및 노동관계조정법 위 반의 유죄(부당노동행위)를 인정하였다는 점에서 의의가 있다.

---

71) 조용만, 김홍영 로스쿨 노동법

주요 판례 02

## [단체교섭 2] 초기업 단위노조의 하부단체인 사업장 지부·분회의
## 단체교섭 당사자성 (대판 2001.2.23. 2000도4299)

**사실관계** **남성운수 사건**

가. A회사는 상시 근로자 59명을 고용하여 택시운수업을 하는 합자회사이다. A회사에는 초기업별 노동조합인 B노동조합(성남지역 택시 노동조합)의 丙지부가 조직되어 있다. C지부는 노동조합으로서의 실질적인 요건을 갖추고 있었지만, 설립신고는 하지 않았다.

나. A회사의 대표이사인 甲은 C지부의 대표자인 乙과 택시요금인상에 따른 사납금인상 합의서를 체결하고, 이에 근거하여 丙을 비롯한 근로자 50명에 대하여 1998년 5월분 임금과 6월분 임금을 지급함에 있어 그 일부를 공제하여 지급하였다. 이에 검찰은 A회사의 대표이사 甲을 근로기준법 제43조 위반으로 기소하였다.

**판시사항**

노동조합의 하부단체인 분회나 지부가 독자적인 단체교섭 및 단체협약 체결 능력이 있는지 여부(한정 적극)

## Ⅰ 노동조합의 하부단체인 지부·분회의 단체교섭 당사자성 판단기준

노동조합의 하부단체인 분회나 지부가 독자적인 규약 및 집행기관을 가지고 독립된 조직체로서 활동을 하는 경우 당해 조직이나 그 조합원에 고유한 사항에 대하여는 독자적으로 단체교섭하고 단체협약을 체결할 수 있고, 이는 그 분회나 지부가 노동조합 및 노동관계조정법 시행령 제7조의 규정에 따라 그 설립신고를 하였는지 여부에 영향 받지 아니한다.

## Ⅱ 사안의 적용

위 내용 및 사실관계 등을 종합적으로 고려할 때, 甲이 A회사의 대표이사로서 상시근로자 59명을 고용하여 택시운수업을 하는 사용자로, 위 사업장에 재직하고 있는 丙 등 근로자 50명에 대하여 임금지급일인 1998.6.10. 지급하여야 할 1998년 5월분 임금 중 6,690,000원 및 1998.7.10. 지급하여야 할 1998년 6월분 임금 중 11,230,000원 등 합계 금 17,920,000원을 법령 또는 단체협약에 특별한 규정이 없음에도 임금지급 시 공제하고 이를 지급하지 아니하였다는 공소사실에 대하여, 위 임금공제는 甲이 노동조합으로서의 실질적 요건을 갖추고 있던 C지부 대표자인 乙과 체결한 단체협약에 따른 것인바, 따라서 노동조합 지부의 단체협약권에 관한 법리오해 등의 위법이 없어 정당하다고 할 것이다.

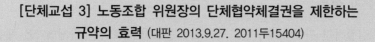

**주요 판례 03**

## [단체교섭 3] 노동조합 위원장의 단체협약체결권을 제한하는
### 규약의 효력 (대판 2013.9.27. 2011두15404)

---

**사실관계** | **한국서부발전 주식회사 사건**

가. 乙회사는 甲회사로부터 분리된 5개 발전회사 중 하나이며, 丙노동조합은 5개 발전회사의 근로자들을 조합원으로 하여 설립된 노동조합이다. 丙노동조합의 규약 제24조 제1항 제2호에는 "다음 사항은 총회의 의결사항으로 한다. 2. 산별협약 체결에 관한 사항"으로 규정하고 있으며, 또한 규약 제68조 제1항에서는 "조합이 단체협약을 체결하고자 할 때에는 총회의 의결을 거쳐 위원장이 체결한다. 노동조합의 대표자가 사용자와 단체교섭 결과 합의에 이른 경우에도 단체교섭 위원들이 연명으로 서명하지 않는 한 단체협약을 체결할 수 없다."고 규정하고 있다.

나. 乙회사는 행정청에 위 규약에 대한 시정명령 신청을 하였고, 행정청은 지방노동위원회의 의결을 얻어 규약 제24조 제1항 제2호, 제68조 제1항에 대한 시정명령을 하였는바, 이에 丙노동조합은 행정청을 상대로 시정명령의 취소를 구하는 소를 제기하였다.

---

**판시사항**

[1] 노동조합이 규약 등을 통하여 대표자의 단체협약 체결권한의 행사를 절차적으로 제한하는 것이 허용되는지 여부(원칙적 적극)

[2] 노동조합의 대표자가 개별 조합원에 대하여 위임관계에 따른 선량한 관리자의 주의의무를 부담하는지 여부(소극)

---

## I 노동조합이 규약 등을 통하여 대표자의 단체협약 체결권한의 행사를 절차적으로 제한하는 것이 허용되는지 여부

단체협약은 노동조합의 개개 조합원의 근로조건 기타 근로자의 대우에 관한 기준을 직접 결정하는 규범적 효력을 가지는 것이므로 단체협약의 실질적인 귀속주체는 근로자이고, 따라서 단체협약은 조합원들이 관여하여 형성한 노동조합의 의사에 기초하여 체결되어야 하는 것이 단체교섭의 기본적 요청인 점, 노동조합법 제16조 제1항 제3호는 단체협약에 관한 사항을 총회의 의결사항으로 정하여 노동조합 대표자가 단체교섭 개시 전에 총회를 통하여 교섭안을 마련하거나 단체교섭 과정에서 조합원의 총의를 계속 수렴할 수 있도록 규정하고 있는 점 등에 비추어 보면, 노동조합이 조합원들의 의사를 반영하고 대표자의 단체교섭 및 단체협약 체결 업무 수행에 대한 적절한 통제를 위하여 규약 등에서 내부 절차를 거치도록 하는 등 대표자의 단체협약체결권한의 행사를 절차적으로 제한하는 것은, 그것이 단체협약체결권한을 전면적·포괄적으로 제한하는 것이 아닌 이상 허용된다고 보아야 한다.

## Ⅱ 노동조합의 대표자가 개별 조합원에 대하여 위임관계에 따른 선량한 관리자의 주의의무를 부담하는지 여부

단체협약의 실질적인 귀속주체가 근로자이고 노동조합 대표자는 단체협약을 체결함에 있어 조합원들의 의사를 반영하여야 할 의무가 있다고 하더라도, 노동조합 대표자는 노동조합의 위임에 따라 그 사무를 집행하고 노동조합을 대표하는 기관으로서 노동조합에 대하여 수임자로서 선량한 관리자의 주의의무를 부담할 뿐이고, 개별 조합원에 대해서까지 위임관계에 따른 선량한 관리자의 주의의무를 부담한다고 볼 수는 없다.

## Ⅲ 사안의 적용

위 내용 및 사실관계 등을 종합적으로 고려할 때, 이 사건 규약 제24조 제1항 제2호에서는 '산별협약 체결에 관한 사항'을 원고 총회의 의결 사항으로 규정하고 있고, 같은 규약 제68조 제1항 전단에서는 '조합이 협약을 체결하고자 할 때에는 총회를 거쳐 위원장이 체결하도록' 규정하고 있다. 그런데 이 사건 규약 제24조 제1항 제2호와 같은 규약 제68조 제1항 전단이 丙노동조합의 대표자인 위원장이 단체교섭의 결과에 따라 사용자와 단체협약의 내용을 합의한 후 다시 협약안의 가부에 관하여 조합원 총회의 의결을 거친 후에만 단체협약을 체결할 수 있는 것으로 한정한 것인지 불분명한 점, 丙노동조합 대표자인 위원장은 총회의 의결을 거쳐 조합원들의 의견을 수렴한 후, 수렴한 의견을 반영하여 단체교섭을 할 수 있고, 단체교섭을 하는 과정에서도 사용자와 실질적인 합의에 이르기 전까지는 총회의 의결을 거칠 수도 있다고 보이는 점, 기록상 丙노동조합 대표자인 위원장이 사용자와 단체교섭을 하고 단체협약의 내용에 합의한 후 단체협약을 체결하기에 앞서 다시 협약안의 가부에 관하여 조합원의 의견을 수렴하는 절차로서 총회를 거친 경우가 있었다고 볼 만한 자료가 제출된 바도 없는 점 등을 종합적으로 고려하면, 이 사건 규약 제24조 제1항 제2호와 같은 규약 제68조 제1항 전단이 丙노동조합 대표자의 단체협약 체결권한을 전면적·포괄적으로 제한하는 규정으로서 노조법 제29조 제1항에 위배된다고 보기는 어렵다고 할 것이다.

## 주요 판례 04

### [단체교섭 4] 규약을 통한 단체협약 체결권한 제한 가능성
(대판 2014.4.24. 2010다24534)

**사실관계**

乙노동조합의 조합장인 丙은 甲회사와 단체교섭을 체결하는 과정에서 규약이 정한 내부 절차를 거치지 아니한 채 교섭과정에서 논의된 적도 없는 근로조건에 관하여 종전보다 불리하게 개정된 내용으로 단체협약을 체결하였다. 이에 조합원 丁 등은 丙이 위 단체협약을 체결함으로써 조합원인 丁 등에게 정신적인 고통을 가하였다는 이유로 丙에 대하여 선량한 관리자의 주의의무 위반에 따른 손해배상을 청구하였다.

**판시사항**

[1] 노동조합이 규약 등을 통하여 대표자의 단체협약 체결권한의 행사를 절차적으로 제한하는 것이 허용되는지 여부(원칙적 적극)

[2] 노동조합의 대표자가 개별 조합원에 대하여 위임관계에 따른 선량한 관리자의 주의의무를 부담하는지 여부(소극)

---

## I 노동조합이 규약 등을 통하여 대표자의 단체협약 체결권한의 행사를 절차적으로 제한하는 것이 허용되는지 여부

노동조합 및 노동관계조정법(이하 '노동조합법'이라 함) 제29조 제1항에 따르면 노동조합의 대표자는 그 노동조합 또는 조합원을 위하여 사용자나 사용자단체와 교섭하고 단체협약을 체결할 권한을 가지고, 이러한 대표자의 단체협약체결권한을 전면적, 포괄적으로 제한하는 것은 노동조합법 제29조 제1항에 반한다(대판 1993.4.27. 91누12257 전합 등 참조).

그런데 단체협약은 노동조합의 개개 조합원의 근로조건 기타 근로자의 대우에 관한 기준을 직접 결정하는 규범적 효력을 가지는 것이므로 단체협약의 실질적인 귀속주체는 근로자이고, 따라서 단체협약은 조합원들이 관여하여 형성한 노동조합의 의사에 기초하여 체결되어야 하는 것이 단체교섭의 기본적 요청인 점, 노동조합법 제16조 제1항 제3호는 단체협약에 관한 사항을 총회의 의결사항으로 정하여 노동조합 대표자가 단체교섭 개시 전에 총회를 통하여 교섭안을 마련하거나 단체교섭 과정에서 조합원의 총의를 계속 수렴할 수 있도록 규정하고 있는 점 등에 비추어 보면, 노동조합이 조합원들의 의사를 반영하고 대표자의 단체교섭 및 단체협약 체결 업무 수행에 대한 적절한 통제를 위하여 규약 등에서 내부 절차를 거치도록 하는 등 대표자의 단체협약체결권한의 행사를 절차적으로 제한하는 것은 그것이 단체협약체결권한을 전면적·포괄적으로 제한하는 것이 아닌 이상 허용된다고 보아야 한다.

## Ⅱ 노동조합의 대표자가 개별조합원에 대하여 위임관계에 따른 선량한 관리자의 주의의무를 부담하는지 여부

그러나 위와 같이 단체협약의 실질적인 귀속주체가 근로자이고 노동조합 대표자는 단체협약을 체결함에 있어 조합원들의 의사를 반영하여야 할 의무가 있다고 하더라도, 노동조합 대표자는 노동조합의 위임에 따라 그 사무를 집행하고 노동조합을 대표하는 기관으로서 노동조합에 대하여 수임자로서 선량한 관리자의 주의의무를 부담할 뿐이고, 개별 조합원에 대하여서까지 위임관계에 따른 선량한 관리자의 주의의무를 부담한다고 볼 수는 없다.

## Ⅲ 결론

원심은 이와 달리 노동조합 대표자가 개별 조합원에 대하여 수임자로서 선량한 관리자의 주의의무를 부담함을 전제로 하여, 피고가 이 사건 규약이 정한 내부절차를 거치지 아니한 채 교섭과정에서 논의된 적도 없는 근로조건에 관하여 종전보다 불리하게 개정된 내용으로 이 사건 단체협약을 체결함으로써 조합원인 원고들에게 정신적인 고통을 가하였다는 이유로 피고에 대하여 선량한 관리자의 주의의무 위반에 따른 손해배상책임을 인정하였다. 따라서 이러한 원심의 판단에는 노동조합 대표자와 개별 조합원의 관계에 관한 법리를 오해하여 판결에 영향을 미친 위법이 있다고 할 것이다.

memo

## [단체교섭 5] 단체교섭권한의 위임과 경합
### (대판 1998.11.13. 98다20790)

**사실관계** **한국원자력연구소 부설 한국원자력병원 사건**

가. 한국원자력병원 노동조합은 1995.3.10. 임시 대의원대회에서 1995년도 임금 및 단체협약체결권을 포함한 단체교섭권 일체를 그 상부단체로서 연합단체인 전국병원노동조합연맹에 위임하는 결의를 하였고, 같은 달인 3.15. 그러한 내용을 전국병원노동조합연맹 및 원자력병원장에게 통보하였다.

나. 이에 따라 원자력병원 노동조합 위원장인 甲 및 전국병원노동조합연맹 위원장인 乙은 원자력병원장인 丙과 사이에 1995.3.경부터 공동교섭 및 대각선교섭 방식을 통한 수차례의 단체교섭을 진행한 끝에 같은 해 7.4. 공동교섭의 방식을 취하여 근로자 측 협약당사자를 전국병원노동조합연맹과 원자력병원노동조합으로 하여 원자력병원의 근로자들에게 적용될 새로운 단체협약을 체결하고, 그 유효기간을 협약체결일로부터 1년으로 정하였는데, 그 유효기간 중이라고 하더라도 노사 쌍방이 동의할 경우에는 이를 개정할 수 있도록 되어 있었다.

다. 그런데 원자력병원노동조합의 위원장인 甲과 원자력병원장인 丙은 1995.11.9. 같은 해 7.4.자 단체협약의 일부를 개정하여 원자력병원의 근로자들에게 적용될 퇴직금 규정을 변경하기로 합의하였고, 이에 따라 퇴직금이 추가 지급되었다.

라. 추후 부임한 병원장은 전국병원노동조합연맹에 위임되어 단위노동조합의 단체교섭권은 상실되었으므로 단위노동조합이 체결한 1995.11.9.자 개정 단체협약은 무효이므로 추가 지급된 퇴직금에 대하여 부당이득반환을 청구하였다.

**판시사항**

단위노동조합이 상부단체인 연합단체에 단체교섭권한을 위임한 경우, 단위노동조합의 단체교섭권한이 상실되는지 여부(소극)

### I 단위노동조합이 상부단체인 연합단체에 단체교섭권한을 위임한 경우, 단위노동조합의 단체교섭권한이 상실되는지 여부

'단체교섭권한의 위임'이라고 함은 노동조합이 조직상의 대표자 이외의 자에게 조합 또는 조합원을 위하여, 조합의 입장에서 사용자 측과 사이에 단체교섭을 하는 사무처리를 맡기는 것을 뜻하고, 그 위임 후 이를 해지하는 등의 별개의 의사표시가 없더라도 노동조합의 단체교섭권한은 여전히 수임자의 단체교섭권한과 중복하여 경합적으로 남아 있다고 할 것이며, 같은 조 제2항의 규정에 따라 단위노동조합이 당해 노동조합이 가입한 상부단체인 연합단체에 그러한 권한을 위임한 경우에 있어서도 달리 볼 것은 아니다.

## Ⅱ 상부단체가 체결한 기존 단체협약의 효력

이 사건 1995.7.4.자 단체협약이 그 유효기간을 협약체결일로부터 1년으로 정하였지만 그 유효기간 중이라고 하더라도 노사 쌍방이 동의할 경우에는 이를 개정할 수 있도록 되어 있었으므로, 그 기간 중에 원자력병원노동조합의 대표자와 원고를 대리하여 원자력병원노동조합과 사이에 단체교섭을 할 수 있는 권한을 부여받은 원자력병원장 사이에 체결된 1995.11.9.자 합의(이 또한 단체협약의 성질을 갖는 것이다)는 유효하게 성립되고, 1995.7.4.자 단체협약은 같은 해 11.9.자 합의에 의하여 그 개정된 범위 내에서 유효하게 변경되었다 할 것이며, 따라서 1995.7.4.자 단체협약과 같은 해 11.9.자 합의에 따라 산정되어 피고들에게 지급된 퇴직금은 정당하게 산출된 금액이다.

## Ⅲ 사안의 적용

위 제반사정 등에 비추어볼 때, 한국원자력연구소 부설 원자력병원(이하 '원자력병원'이라 함)노동조합은 1995.3.10. 임시 대의원대회에서 1995년도 임금 및 단체협약체결권을 포함한 단체교섭권 일체를 그 상부단체로서 연합단체인 전국병원노동조합연맹에 위임하는 결의를 하였고, 같은 달 15. 그러한 내용을 전국병원노동조합연맹 및 원자력병원장에게 통보한 사실, 이에 따라 원자력병원노동조합의 대표자로서 위원장인 甲 및 전국병원노동조합연맹의 대표자로서 위원장인 乙은 원자력병원장인 丙과 사이에 1995.3.경부터 공동교섭 및 대각선교섭 방식을 통한 수차례의 단체교섭을 진행한 끝에 같은 해 7.4. 공동교섭의 방식을 취하여, 노측의 협약당사자를 전국병원노동조합연맹과 원자력병원노동조합으로 하여 원자력병원의 근로자들에게 적용될 새로운 단체협약을 체결하고, 그 유효기간을 협약체결일로부터 1년으로 정하였는데, 그 유효기간 중이라고 하더라도 노사 쌍방이 동의할 경우에는 이를 개정할 수 있도록 되어 있었던 사실, 그런데 원자력병원노동조합의 대표자로서 그 위원장 甲과 원자력병원장인 丙은 1995.11.9. 같은 해 7.4.자 단체협약의 일부를 개정하여 원자력병원의 근로자들에게 적용될 퇴직금 규정을 변경하기로 합의한 사실 등을 인정하고, 이 사건 1995.7.4.자 단체협약이 그 유효기간을 협약체결일로부터 1년으로 정하였지만 그 유효기간 중이라고 하더라도 노사 쌍방이 동의할 경우에는 이를 개정할 수 있도록 되어 있었으므로, 그 기간 중에 원자력병원노동조합의 대표자와 원고를 대리하여 원자력병원노동조합과 사이에 단체교섭을 할 수 있는 권한을 부여받은 원자력병원장 사이에 체결된 1995.11.9.자 합의(이 또한 단체협약의 성질을 갖는 것이다)는 유효하게 성립되고, 1995.7.4.자 단체협약은 같은 해 11.9.자 합의에 의하여 그 개정된 범위 내에서 유효하게 변경되었다 할 것이며, 따라서 1995.7.4.자 단체협약과 같은 해 11.9.자 합의에 따라 산정되어 피고들에게 지급된 퇴직금은 정당하게 산출된 금액이라고 판단되는바, 이를 앞서 본 법리와 기록에 비추어 살펴보면 위법이 있다고 할 수 없다고 할 것이다.

## 주요 판례 06

# [단체교섭 6] 단수 노동조합에 대한 교섭대표노동조합 지위 인정 여부
### (대판 2017.10.31. 2016다36956)

---

**사실관계** (주)코아월드 사건

가. 현대BNG스틸 사내하청업체인 甲회사는 같은 사내하청업체 乙회사를 양수하면서 乙회사 소속 근로자를 대부분 고용하였다. 이전 乙회사 소속 근로자들은 회사 내 유일한 노동조합이었던 금속노조 현대BNG스틸 사내하청 분회(이하 '丙노동조합'이라 함)에 소속돼 있었다. 丙노동조합은 甲회사 설립 전인 2011.11.경 乙회사에 단체교섭을 요구해 교섭창구 단일화를 거쳐 교섭대표노동조합으로 확정되어 甲회사와 10차례에 걸쳐 단체교섭을 실시하고, 단체협약을 체결하였다.

나. 단체협약 만료일이 다가오자 丙노동조합은 甲회사 측에 단체교섭을 요구했지만, 그 사이 설립된 다른 노동조합도 甲회사 측에 단체교섭을 요구하였고, 甲회사는 과반수 노동조합인 새 노동조합을 교섭대표노동조합으로 확정하고 단체교섭을 거쳐 단체협약을 체결하였다.

다. 이에 丙노동조합은 2012.11.경 乙회사와 교섭창구 단일화 절차를 거쳐 교섭대표노동조합으로 확정됐으므로 노조법 시행령에 따라 2013년 단체협약 효력 발생일로부터 2년간(2013.3.21.~2015.3.20.) 교섭대표노동조합의 지위를 가지는데 甲회사가 이를 무시하고 새로 교섭창구 단일화를 거쳐 새 노동조합을 교섭대표노동조합으로 인정한 다음 2014년 단체협약을 체결한 것은 부당노동행위라며 2014.7.경 전남지방노동위원회에 부당노동행위 구제신청을 제기하였다.

라. 그런데 전남지방노동위원회는 이를 기각하였고, 중앙노동위원회가 丙노동조합의 손을 들어주자, 甲회사 측이 그 취소를 구하는 행정소송을 제기하였다.

---

**판시사항**

[1] 하나의 사업 또는 사업장 단위에서 유일하게 존재하는 노동조합이 형식적으로 「노동조합 및 노동관계조정법」과 그 시행령이 정한 교섭창구 단일화 절차를 거친 경우, 교섭대표노동조합의 지위를 취득할 수 있는지 여부(소극)

[2] 甲회사가 丙노동조합의 단체교섭 요구를 거부한 것이 부당노동행위에 해당하는지 여부(소극)

---

I 하나의 사업 또는 사업장 단위에서 유일하게 존재하는 노동조합이 형식적으로 「노동조합 및 노동관계조정법」과 그 시행령이 정한 교섭창구 단일화 절차를 거친 경우, 교섭대표노동조합의 지위를 취득할 수 있는지 여부

「노동조합 및 노동관계조정법」(이하 '노동조합법'이라 함) 제5조, 제29조 제1항, 제29조의2 제1항 본문, 복수 노동조합이 독자적인 단체교섭권을 행사할 경우 발생할 수도 있는 노동조합 간 혹은 노동조합과 사용자 간 반목·갈등, 단체교섭의 효율성 저하 및 비용 증가 등의 문제점을 효과적으로 해결함으로써 효율적이고 안정적인 단체교섭 체계를 구축하고자 하는 교섭창구 단일화 제

도의 취지 내지 목적, 교섭창구 단일화를 위한 세부 절차를 규정한 노동조합법 제29조의2 제2항 내지 제8항, 노동조합 및 노동관계조정법 시행령(이하 '노동조합법 시행령'이라 함) 제14조의2 내지 제14조의9, 교섭대표노동조합의 지위 유지기간을 정한 노동조합법 시행령 제14조의10에 비추어 보면, 교섭창구 단일화 제도는 특별한 사정이 없는 한 복수 노동조합이 교섭요구노동조합으로 확정되고 그중에서 다시 모든 교섭요구노동조합을 대표할 노동조합이 선정될 필요가 있는 경우를 예정하여 설계된 체계라고 할 수 있다.

나아가 노동조합법 규정에 의하면, 교섭창구 단일화 절차를 통하여 결정된 교섭대표노동조합의 대표자는 모든 교섭요구노동조합 또는 그 조합원을 위하여 사용자와 단체교섭을 진행하고 단체협약을 체결할 권한이 있다(노동조합법 제29조 제2항).

그런데 해당 노동조합 이외의 노동조합이 존재하지 않아 다른 노동조합의 의사를 반영할 만한 여지가 처음부터 전혀 없었던 경우에는 이러한 교섭대표노동조합의 개념이 무의미해질 뿐만 아니라 달리 고유한 의의를 찾기도 어렵게 된다.

결국 위와 같은 교섭창구 단일화 제도의 취지 내지 목적, 교섭창구 단일화 제도의 체계 내지 관련 규정의 내용, 교섭대표노동조합의 개념 등을 종합하여 보면, 하나의 사업 또는 사업장 단위에서 유일하게 존재하는 노동조합은 설령 노동조합법 및 그 시행령이 정한 절차를 형식적으로 거쳤다고 하더라도, 교섭대표노동조합의 지위를 취득할 수 없다고 해석함이 타당하다.

## Ⅱ 丙노동조합의 단체교섭 요구를 거부한 것이 부당노동행위에 해당하는지 여부

피고보조참가인(이하 '참가인'이라고만 함)이 교섭창구 단일화 절차를 진행하여 원고와 단체교섭을 하고 2013년 단체협약을 체결할 당시 원고 사업장에 존재하던 노동조합은 참가인이 유일하였으므로, 참가인은 교섭 대표노동조합의 지위에 있지 아니하여 교섭대표노동조합의 지위 유지기간을 보장받을 수 없고, 따라서 원고가 이후 새롭게 교섭창구 단일화 절차를 거쳐 교섭대표노동조합으로 확정된 다른 노동조합과 2014년 단체협약을 체결하면서 참가인의 단체교섭 요구를 거부한 것은 참가인에 대한 관계에서 부당노동행위에 해당하지 아니한다고 판단하였다.

원심이 인용한 제1심판결 이유를 적법하게 채택된 증거들에 비추어 살펴보면, 이러한 원심의 판단은 앞서 본 법리에 부합하는 것으로서, 거기에 상고이유 주장과 같이 교섭창구 단일화 절차 내지 1개의 노동조합과 교섭대표노동조합의 지위(노동조합법 제29조의2 제1항), 단체교섭 거부의 부당노동행위(노동조합법 제81조 제3호)에 관한 법리를 오해한 잘못이 없다.

## Ⅲ 대상판결의 의의[72]

대상판결은 사업(장) 내 노동조합이 하나만 존재하고, 현행 노동조합법 제29조의2 제1항 이하에서 정하고 있는 교섭창구단일화를 거쳤다면 교섭대표노동조합의 지위를 유지하는지 여부가 쟁점이다. 대상판결의 특징은 형식적으로 거친 교섭창구 단일화로는 교섭대표노동조합의 지위를 인정할 수 없다는 대법원의 명시적 판단에 그 의의가 있다.

---

72) 노상헌 서울시립대학교 법학전문대학원 교수, 포커스

## 주요 판례 07

## [단체교섭 7] 교섭단위를 분리할 필요가 있는지 여부

### (대판 2019.9.13. 2015두39361)

**사실관계**  **고양도시관리공사 사건**

가. 원고는 고양시 일산서구 중앙로 1601에서 상시근로자 215명을 두고 건설 및 택지개발업을 영위하는 법인이다.

나. 전국공공운수사회서비스노동조합(이하 '이 사건 노동조합'이라 함)은 공공·운수·사회서비스업에 종사하는 근로자를 조직대상으로 하는 전국단위의 산업별 노동조합으로, 상급단체는 전국민주노동조합공공운수연맹이다. 2013.9.14. 원고에 근무하는 상용직 근로자 59명이 위 노동조합에 가입하였다.

다. 한편, 원고에는 원고의 상용직 근로자들을 제외한 정규직·계약직 근로자 137명이 조합원으로 가입된 고양도시관리공사 노동조합이 있다.

라. 원고의 상용직 근로자들의 근로조건 등을 구체적으로 살펴보면, 상용직 근로자들은 기본적으로 그 외 직종과 달리 상용직 관리규정의 별도 규율을 받았다. 특히 원고의 일반직·기능직 등 직종이 공무원 보수규정을 적용받아 호봉제를 원칙으로 하는 것과는 달리, 상용직은 상용직 관리규정의 적용을 받아 직종별로 단일화된 기본급과 제 수당을 지급받는 구조로 이루어져 임금체계가 근본적으로 다르며, 직제규정상 정원에 포함되지 않았다. 또한 원고의 상용직 근로자들은 시설물관리원, 주차원, 상담원 등의 직역으로 구성되어 그 외 직종과 업무내용이 명확히 구분되었으며, 다른 직종과 사이에 인사교류가 허용되지 않았다.

마. 그리고 원고의 상용직 근로자들은 그 외 직종 근로자들과 별도의 협의체 또는 노동조합을 조직·구성해 왔고, 원고가 출범하기 전 고양시 시설관리공단 소속 당시부터 그 외 직종과는 별도로 임금협약을 체결하여 왔으며, 고양도시관리공사 노동조합이 원고와 체결한 2013년 단체협약은 원고의 상용직 근로자들에게 적용되지 않았고, 고양도시관리공사 노동조합은 교섭대표노동조합으로 결정된 후에도 원고의 상용직 근로자들에 대한 부분을 포함하여 단체교섭을 진행한 바도 없었다.

바. 이 사건 노동조합은 상용직 근로자와 일반직, 기능직 등 그 외 직종 근로자 간 근로조건의 현격한 차이, 별도의 취업규칙 적용 등을 이유로 교섭단위 분리가 필요하다며 2013.12.9. 경기지방노동위원회에 교섭단위 분리결정 신청을 하였는데, 위 위원회는 '상용직과 그 외 직종 간의 근로조건 및 고용형태에 현격한 차이가 없고, 교섭단위 분리 인정할 정도로 교섭관행이 없는 등 교섭단위를 분리할 필요가 없다'는 이유로 2014.1.17. 위 신청을 기각하는 판정(이하 '이 사건 초심판정'이라 함)을 하였다.

사. 이에 불복하여 이 사건 노동조합은 2014.1.24. 이 사건 초심판정의 취소를 구하는 재심을 신청하였고, 중앙노동위원회는 2014.2.19. 이 사건 초심판정을 취소하고, 원고의 상용직 근로자와 그 외 일반직, 기능직 등 직종 근로자의 교섭단위를 분리하여야 한다는 판정을 하였다(이하 '이 사건 재심판정'이라 함).

## Ⅰ 「노동조합 및 노동관계조정법」 제29조의3 제2항에서 규정하고 있는 '교섭단위를 분리할 필요가 있다고 인정되는 경우'의 의미

노동조합 및 노동관계조정법(이하 '노동조합법'이라 함) 제29조의2, 제29조의3 제1항, 제2항의 내용과 형식, 교섭창구 단일화를 원칙으로 하면서도 일정한 경우 교섭단위의 분리를 인정하고 있는 노동조합법의 입법 취지 등을 고려하면, 노동조합법 제29조의3 제2항에서 규정하고 있는 '교섭단위를 분리할 필요가 있다고 인정되는 경우'란 하나의 사업 또는 사업장에서 별도로 분리된 교섭단위에 의하여 단체교섭을 진행하는 것을 정당화할 만한 현격한 근로조건의 차이, 고용형태, 교섭 관행 등의 사정이 있고, 이로 인하여 교섭대표노동조합을 통하여 교섭창구를 단일화하는 것이 오히려 근로조건의 통일적 형성을 통해 안정적인 교섭체계를 구축하고자 하는 교섭창구 단일화 제도의 취지에도 부합하지 않는 결과를 발생시킬 수 있는 예외적인 경우를 의미한다.

## Ⅱ 교섭단위 분리 신청에 대한 노동위원회의 결정에 관하여 단순히 어느 일방에게 불리한 내용이라는 사유만으로 불복이 허용되는지 여부 및 불복이 허용되는 경우

노동조합 및 노동관계조정법(이하 '노동조합법'이라 함) 제29조의3 제3항은 교섭단위 분리신청에 대한 노동위원회의 결정에 불복할 경우 노동조합법 제69조를 준용하도록 하고 있고, 노동조합법 제69조 제1항, 제2항은 노동위원회의 중재재정 등에 대한 불복의 사유를 '위법이거나 월권에 의한 것'인 경우로 한정하고 있다. 따라서 교섭단위 분리 신청에 대한 노동위원회의 결정에 관하여는 단순히 어느 일방에게 불리한 내용이라는 사유만으로는 불복이 허용되지 않고, 그 절차가 위법하거나, 노동조합법 제29조의3 제2항이 정한 교섭단위 분리결정의 요건에 관한 법리를 오해하여 교섭단위를 분리할 필요가 있다고 인정되는 경우인데도 그 신청을 기각하는 등 내용이 위법한 경우, 그 밖에 월권에 의한 것인 경우에 한하여 불복할 수 있다.

## Ⅲ 사안의 적용

위 내용 및 사실관계 등을 종합적으로 고려할 때, 상용직 근로자들과 그 외 직종 근로자들 사이의 근로조건 및 고용형태상 차이와 그 정도, 기존 분리 교섭 관행 등에 비추어 보면, 이 사건 노동조합이 별도로 분리된 교섭단위에 의하여 단체교섭권을 행사하는 것을 정당화할 만한 사정이 존재하고, 이로 인하여 고양도시관리공사 노동조합이 교섭대표노동조합으로서 상용직 근로자들을 계속 대표하도록 하는 것이 오히려 노동조합 사이의 갈등을 유발하는 등 근로조건의 통일적인 형성을 통해 안정적인 교섭체계를 구축하고자 하는 교섭창구 단일화 제도의 취지에도 부합하지 않는 결과를 발생시킬 수 있는 경우로 판단된다. 따라서 원고 사업 내 상용직 근로자들에 대하여는 노동조합법 제29조의3 제2항에서 규정하고 있는 교섭단위를 분리할 필요성이 인정된다. 그런데도 이 사건 초심결정은 상용직과 그 외 직종을 비교하면서 임금항목에서 동일한 기본급 체계로 이루어진 것으로 인정할 뿐 상용직 근로자들에 대한 임금체계가 상이함을 고려하지 않았고, 오히려 임금체계에 본질적 차이가 없다는 등의 이유로 교섭단위 분리의 필요성을 부정하였다. 이러한 이 사건 초심결정은 노동조합법에서 정한 교섭단위 분리와 관련한 법리를 오해하여 이 사건 노동조합의 교섭단위 분리 신청을 기각한 잘못이 있는바, 따라서 교섭단위 분리 신청을 기각한 이 사건 초심결정을 위법하다고 보아 이를 취소하고 교섭단위를 분리한 이 사건 재심결정은 적법하다고 할 것이다.

memo

**주요 판례 08**

### [단체교섭 8] 공정대표의무 위반과 손해배상책임 [1]
#### (대판 2018.8.30. 2017다218642)

---

**사실관계** **금남교통운수 주식회사 사건**

2013년~2014년 단체교섭에서 금남교통운수 등 7개 버스회사가 교섭대표노동조합인 한국노총 자동차노련 대전버스노동조합에만 노동조합 사무실 및 근로시간면제(타임오프)를 제공하는 단체협약을 체결하였다. 이에 대하여 민주노총 전국공공운수노동조합은 합리적 이유 없이 소수 노동조합에 대하여 노동조합 사무실과 근로시간면제 미제공은 공정대표의무 위반에 해당한다며, 관할 법원에 소를 제기하였다.

---

**판시사항**

[1] 노동조합 및 노동관계조정법 제29조의4 제1항에서 정한 '공정대표의무'는 단체협약의 이행과정에서도 준수되어야 하는지 여부(적극) 및 교섭대표노동조합이나 사용자가 교섭창구 단일화 절차에 참여한 다른 노동조합 또는 그 조합원을 차별한 것으로 인정되는 경우, 차별에 합리적인 이유가 있다는 점에 관한 주장·증명책임의 소재(= 교섭대표노동조합이나 사용자)

[2] 사용자가 단체협약 등에 따라 교섭대표노동조합에 상시적으로 사용할 수 있는 노동조합 사무실을 제공한 경우, 교섭창구 단일화 절차에 참여한 다른 노동조합에도 노동조합 사무실을 제공하여야 하는지 여부(원칙적 적극) 및 물리적 한계나 비용 부담 등을 이유로 노동조합 사무실을 제공하지 않거나 일시적으로 회사 시설을 사용할 수 있는 기회를 부여한 경우, 차별에 합리적인 이유가 있다고 볼 수 있는지 여부(소극)

---

**I** 「노동조합 및 노동관계조정법」 제29조의4 제1항에서 정한 '공정대표의무'는 단체협약의 이행과정에서도 준수되어야 하는지 여부

교섭창구 단일화 제도 하에서 교섭대표노동조합이 되지 못한 노동조합은 독자적으로 단체교섭권을 행사할 수 없으므로, 「노동조합 및 노동관계조정법」(이하 '노동조합법'이라 함)은 교섭대표노동조합이 되지 못한 노동조합을 보호하기 위해 사용자와 교섭대표노동조합에게 교섭창구 단일화 절차에 참여한 노동조합 또는 그 조합원을 합리적 이유 없이 차별하지 못하도록 공정대표의무를 부과하고 있다(제29조의4 제1항). 공정대표의무는 헌법이 보장하는 단체교섭권의 본질적 내용이 침해되지 않도록 하기 위한 제도적 장치로 기능하고, 교섭대표노동조합과 사용자가 체결한 단체협약의 효력이 교섭창구 단일화 절차에 참여한 다른 노동조합에게도 미치는 것을 정당화하는 근거가 된다.

이러한 공정대표의무의 취지와 기능 등에 비추어 보면, 공정대표의무는 단체교섭의 과정이나 그 결과물인 단체협약의 내용뿐만 아니라 단체협약의 이행과정에서도 준수되어야 한다고 봄이 타당하다.

Ⅱ 교섭대표노동조합이나 사용자가 교섭창구 단일화 절차에 참여한 다른 노동조합 또는 그 조합원을 차별한 것으로 인정되는 경우, 차별에 합리적인 이유가 있다는 점에 관한 주장·증명책임의 소재

교섭대표노동조합이나 사용자가 교섭창구 단일화 절차에 참여한 다른 노동조합 또는 그 조합원을 차별한 것으로 인정되는 경우, 그와 같은 차별에 합리적인 이유가 있다는 점은 교섭대표노동조합이나 사용자에게 주장·증명책임이 있다.

Ⅲ 사용자가 단체협약 등에 따라 교섭대표노동조합에 상시적으로 사용할 수 있는 노동조합 사무실을 제공한 경우, 교섭창구 단일화 절차에 참여한 다른 노동조합에도 노동조합 사무실을 제공하여야 하는지 여부 및 물리적 한계나 비용 부담 등을 이유로 노동조합 사무실을 제공하지 않거나 일시적으로 회사 시설을 사용할 수 있는 기회를 부여한 경우, 차별에 합리적인 이유가 있다고 볼 수 있는지 여부

노동조합의 존립과 발전에 필요한 일상적인 업무가 이루어지는 공간으로서 노동조합 사무실이 가지는 중요성을 고려하면, 사용자가 단체협약 등에 따라 교섭대표노동조합에 상시적으로 사용할 수 있는 노동조합 사무실을 제공한 이상, 특별한 사정이 없는 한 교섭창구 단일화 절차에 참여한 다른 노동조합에도 반드시 일률적이거나 비례적이지는 않더라도 상시적으로 사용할 수 있는 일정한 공간을 노동조합 사무실로 제공하여야 한다고 봄이 타당하다. 이와 달리 교섭대표노동조합에는 노동조합 사무실을 제공하면서 교섭창구 단일화 절차에 참여한 다른 노동조합에는 물리적 한계나 비용 부담 등을 이유로 노동조합 사무실을 전혀 제공하지 않거나 일시적으로 회사 시설을 사용할 수 있는 기회를 부여하였다고 하여 차별에 합리적인 이유가 있다고 볼 수 없다.

Ⅳ 결론

따라서 교섭대표노동조합과 사용자가 교섭대표노동조합에게만 노동조합 사무실을 제공하기로 하는 내용으로 체결한 단체협약 및 교섭창구단일화 이후에도 교섭대표노동조합에게만 근로시간 면제를 인정하면서 교섭대표노동조합이 아닌 노동조합에게는 이를 인정하지 아니한 것은 모두 공정대표의무 위반에 해당하고, 사용자는 공정대표의무 위반을 이유로 불법행위에 기한 손해배상의무를 부담한다고 할 것이다.

## 주요 판례 ⑨

### [단체교섭 9] 공정대표의무 위반과 손해배상책임 [2]
(대판 2020.10.29. 2019다262582)

---

**사실관계** **(주)세종투자개발 사건**

가. 호텔운영회사인 (주)세종투자개발(이하 '회사'라 함)에는 교섭대표노동조합인 세종연합노동조합(이하 '교섭
대표노동조합'이라 함)과 소수노조인 세종호텔노동조합(이하 '소수노동조합'이라 함)이 설립되어 있다. 교
섭대표노동조합은 회사와 사이에 2014년도 임금 및 단체협약을 위한 단체교섭을 진행하는 과정에서
2014.6.12. 소수노동조합에 교섭대표노동조합과 회사의 요구사항을 전달하고, 이를 사내게시판에 공지하
였는데, 거기에는 연봉제 확대에 관한 내용이 포함되어 있었다.

나. 소수노동조합은 2014.7.10. 교섭대표노동조합에게 연봉제 자체의 폐지 및 모든 직급의 직원에 대한 호봉
제 전환을 포함하는 요구안을 제시하였다.

다. 교섭대표노동조합은 연봉제를 4급 직원까지 확대하되 2015.1.1.부터 적용하기로 하는 내용을 포함한 단
체교섭 잠정합의안이 마련되자, 2014.8.27. 조합원총회를 갈음하는 임시대의원회를 개최하여 참석자 만
장일치로 잠정합의안을 가결하였다. 다만, 교섭대표노동조합은 소수노동조합에게 잠정합의안 마련사실을
알리거나 이에 대해 설명하고 그로부터 의견을 수렴하지는 않았고, 자신의 임시대의원회에 소수노동조합
의 대의원이나 조합원을 참여시키지 않았다.

라. 교섭대표노동조합은 2014.8.28. 회사와 사이에 잠정합의안 내용대로 2014년도 임금 및 단체협약을 체결
하는 합의서를 작성하고, 2014.8.29. 사내게시판의 공고문을 통해 합의서 내용을 공지하였다.

마. 변경된 연봉제 규정에 따라 소수노동조합의 위원장 및 부위원장이던 A와 B에게 감액된 임금이 통보되었
는바, 이에 소수노동조합은 교섭대표노동조합을 상대로 공정대표의무 위반 및 위자료 지급청구 소송을
제기하였다.

---

**판시사항**

[1] 교섭대표노동조합이 '단체협약 잠정합의안'을 소수노동조합에 알리지 않은 것이 공정대표의무 위반인지
여부

[2] 교섭대표노동조합이 '단체협약 잠정합의안'에 대해 찬반투표 절차를 거치면서도 소수노동조합의 조합원
들에게 동등하게 그 절차에 참여할 기회를 부여하지 않거나 그들의 찬반의사까지 고려하여 잠정 합의안
에 대한 가결 여부를 결정하지 않은 것이 공정대표의무 위반인지 여부

[3] 절차적 공정대표의무 위반에 따른 불법행위책임 성립 여부

## Ⅰ 교섭대표노동조합이 '단체협약 잠정합의안'을 소수노동조합에 알리지 않은 것이 공정대표의무 위반인지 여부

교섭대표노동조합으로서는 단체협약 체결에 이르기까지 단체교섭 과정에서 교섭창구 단일화 절차에 참여한 다른 노동조합(이하 '소수노동조합'이라고 함)을 합리적인 이유 없이 절차적으로 차별하지 않아야 할 공정대표의무를 부담한다고 봄이 타당하다. 따라서 교섭대표노동조합은 단체교섭 과정에서 절차적 공정대표의무를 적정하게 이행하기 위하여 소수노동조합을 동등하게 취급함으로써 단체교섭 및 단체협약 체결에 관련하여 필요한 정보를 적절히 제공하고 그 의견을 수렴할 의무 등을 부담한다. 다만 단체교섭 과정의 동적인 성격, 「노동조합 및 노동관계조정법」(이하 '노동조합법'이라 함)에 따라 인정되는 대표권에 기초하여 교섭대표노동조합 대표자가 단체교섭 과정에서 보유하는 일정한 재량권 등을 고려할 때 교섭대표노동조합의 소수노동조합에 대한 이러한 정보제공 및 의견수렴의무는 일정한 한계가 있을 수밖에 없다. 이러한 사정을 아울러 고려하면, 교섭대표노동조합이 단체교섭 과정의 모든 단계에서 소수노동조합에 대하여 일체의 정보제공 및 의견수렴 절차를 거치지 아니하였다고 하여 절차적 공정대표의무를 위반하였다고 단정할 것은 아니고, 단체교섭의 전 과정을 전체적·종합적으로 살필 때 소수노동조합에게 기본적이고 중요한 사항에 대한 정보제공 및 의견수렴 절차를 충분히 거치지 않았다고 인정되는 경우와 같이 교섭대표노동조합이 가지는 재량권의 범위를 일탈하여 소수노동조합을 합리적 이유 없이 차별하였다고 평가할 수 있는 때에 절차적 공정대표의무 위반을 인정할 수 있다.

## Ⅱ 교섭대표노동조합이 '단체협약 잠정합의안'에 대해 찬반투표 절차를 거치면서도 소수노동조합의 조합원들에게 동등하게 그 절차에 참여할 기회를 부여하지 않거나 그들의 찬반의사까지 고려하여 잠정 합의안에 대한 가결 여부를 결정하지 않은 것이 공정대표의무 위반인지 여부

교섭대표노동조합이 사용자와 단체교섭 과정에서 마련한 단체협약 잠정합의안(이하 '잠정합의안'이라 함)에 대해 자신의 조합원 총회 또는 총회에 갈음할 대의원회의 찬반투표 절차를 거치면서도 소수노동조합의 조합원들에게 동등하게 그 절차에 참여할 기회를 부여하지 않거나 그들의 찬반의사까지 고려하여 잠정합의안에 대한 가결 여부를 결정하지 않았더라도, 그러한 사정만으로 이를 가리켜 교섭대표노동조합의 절차적 공정대표의무 위반이라고 단정할 수는 없다. 이러한 경우 특별한 사정이 없는 한 교섭대표노동조합이 소수노동조합을 차별한 것으로 보기 어렵기 때문이다.

## Ⅲ 절차적 공정대표의무 위반에 따른 불법행위책임 성립 여부

교섭대표노동조합이 절차적 공정대표의무에 위반하여 합리적 이유 없이 소수노동조합을 차별하였다면, 이러한 행위는 원칙적으로 교섭창구 단일화 절차에 따른 단체교섭과 관련한 소수노동조합의 절차적 권리를 침해하는 불법행위에 해당하고, 이로 인한 소수노동조합의 재산적 손해가 인정되지 않더라도 특별한 사정이 없는 한 비재산적 손해에 대하여 교섭대표노동조합은 위자료 배상책임을 부담한다.

## Ⅳ 사안의 적용

위 내용 및 사실관계 등을 종합적으로 고려할 때, ① 교섭창구 단일화 제도의 취지나 목적, 노동조합법 제29조 제2항의 규정 내용과 취지 등을 고려하면, 교섭대표노동조합의 대표자는 교섭창구 단일화 절차에 참여한 노동조합 및 조합원 전체를 대표하여 독자적인 단체협약체결권을 가지므로, 단체협약 체결 여부에 대해 원칙적으로 소수노동조합이나 그 조합원의 의사에 기속된다고 볼 수 없는 점, ② 교섭대표노동조합의 규약에서 잠정합의안에 대한 조합원 찬반투표를 거칠 것을 규정하고 있더라도 그것은 당해 교섭대표노동조합 조합원들의 의사결정을 위하여 마련된 내부 절차일 뿐 법률상 요구되는 절차는 아닌 점, ③ 노동조합법 제29조의2는 교섭창구 단일화 절차를 규정하고 있고, 그 위임에 따른 노동조합 및 노동관계조정법 시행령 제14조의7에서는 교섭대표노동조합 확정에 필요한 조합원 수 산정 기준 등에 관한 상세한 규정을 두고 있으며, 노동조합법 제41조 제1항 후문은 교섭창구 단일화 절차에 참여한 노동조합의 전체 조합원의 찬반투표 절차를 거친 경우에만 쟁의행위를 할 수 있다고 정하고 있는데, 반면 잠정합의안에 대한 찬반투표와 관련하여 교섭창구 단일화 절차에 참여한 노동조합별로 찬반투표 필요 여부, 실시기관, 실시방법 및 정족수 등에 관한 규약상 규정이 다른 경우 이를 조율할 수 있는 절차에 관하여는 노동조합법 및 그 시행령에 아무런 규정을 찾을 수 없는 점 등을 종합적으로 고려할 때, 따라서 본 사안의 경우 교섭대표노동조합이 소수노동조합을 차별한 것으로 보기 어렵다고 할 것이다.

## Ⅴ 대상판결의 의의[73]

본 사건은 소수노동조합의 지위에 있는 원고 조합이 교섭대표노동조합인 피고 조합을 상대로 피고 조합이 사용자인 피고 회사와 연봉제 도입 확대를 협의하고 합의하는 과정에서 절차적 공정대표의무를 위반하였다고 주장하면서 불법행위로 인한 손해배상을 구한 사건으로, 교섭대표노동조합이 단체교섭 및 단체협약 체결에 관한 정보를 소수노동조합에 적절히 제공하고 그 의견을 수렴할 의무는 부담하지만, 잠정합의안에 대한 조합원 총회 또는 총회에 갈음할 대의원회의 찬반투표 절차에 소수노동조합의 조합원들에게 동등하게 참여할 기회를 부여하거나 그들의 찬반의사까지 고려하여 잠정합의안 가결 여부를 결정하지 않았더라도 이를 가리켜 절차적 공정대표의무를 위반하였다고 단정할 수 없다고 보았다.

---

73) 이승길 아주대학교 법학전문대학원 교수, 포커스

# 제3장 단체협약

## 주요 판례 01

**[단체협약 1] 협약체결권이 없는 자와의 합의 내지 당사자 일방의 서명날인이 없는 서면의 단체협약으로서의 유효성 여부** (대판 2001.1.19. 99다72422)

### 사실관계 | 기아자동차 주식회사 사건

가. 甲회사는 사실상 부도상태에 빠지게 되자, 乙노동조합은 대의원 대회를 열어 상여금, 휴가비, 월차수당 등을 반납하기로 결의한 후 같은 해 7.23. 그 사실을 甲회사에 서면으로 통지하고, 甲회사 대표이사와 乙노동조합 위원장은 1997.7.29. 그 내용을 포함한 노사공동결의문을 채택하여 대표이사와 위원장이 서명하였다.

나. 한편 같은 달 31일 작성된 자구계획에 대한 동의서에는 甲회사를 제3자가 인수하거나 당시의 甲회사 최고경영진이 변경되는 경우에는 상여금 반납 등 자구계획에 대한 동의를 무효로 한다고 기재되어 있으나, 위 문서에는 乙노동조합 위원장의 기명날인만 있고 甲회사 대표이사의 기명날인 등은 없었다.

다. 甲회사는 1998.4.15. 회사정리절차가 개시되어 정리회사의 관리인이 선임되었는데, 1998.6.17. 乙노동조합과 甲회사 대표이사는 1997.7.경부터 1998.3.31.까지의 상여금 중 50%는 근로자 개개인의 서명을 받아 회사재건기금으로 사용하고, 나머지 50%는 회사 측이 정리계획안에 반영하여 지급하도록 노력하기로 약정하였다.

라. 근로자 丙은 1998.6.22. 甲회사를 퇴직하였는데, 甲회사와 관리인은 근로자 丙에게 1997년도 하계휴가비와 1997.7.경부터 1998.6.22.까지의 상여금을 지급하지 않았다. 이에 근로자 丙은 지급되지 않은 상여금 등의 지급을 구하는 소를 제기하였다.

### 판시사항

[1] 단체협약 체결의 당사자 및 단체협약의 형식적 요건

[2] 문서에 노사 일방의 기명날인이 빠져 있는 경우, 그 내용이 단체협약으로서의 효력을 가지지 못한다고 한 사례

[3] 회사정리개시결정이 있는 경우, 단체협약의 사용자 측 체결권자(= 관리인)

## Ⅰ 노사공동결의문의 효력 여부

### 1. 단체협약 체결의 당사자 및 단체협약의 형식적 요건

노동조합과 사이에 체결한 단체협약이 유효하게 성립하려면 단체협약을 체결할 능력이 있는 사용자가 그 상대방 당사자로서 체결하여야 하고 나아가 서면으로 작성하여 당사자 쌍방이 서명·날인함으로써 노동조합 및 노동관계조정법 제31조 제1항 소정의 방식을 갖추어야 하며 이러한 요건을 갖추지 못한 단체협약은 조합원 등에 대하여 그 규범적 효력이 미치지 아니한다. 따라서 문서에 노조위원장의 기명날인만 있고 회사 대표이사의 기명날인이 되어 있지 아니한 경우, 그 내용은 단체협약으로서의 효력을 가지지 못한다.

### 2. 사안의 적용

위 내용 및 사실관계 등을 종합적으로 고려할 때, 甲회사와 乙노동조합 사이에 상여금 등을 반납하는 내용의 합의가 이루어졌고 甲회사 대표이사와 乙노동조합 위원장이 1997.7.23.자 乙노동조합의 위 통보내용을 확인하는 의미에서 같은 달 29일자 결의문에 서명함으로써 당사자 간의 위 합의를 문서화하였다 할 것이므로 상여금 등 반납에 관한 단체협약은 같은 달 29일에 최종적으로 이루어진 것으로 보아야 할 것이다.

한편 같은 달 31일 작성된 자구계획에 대한 동의서에 피고 甲회사를 제3자가 인수하거나 당시의 甲회사 최고경영진이 변경되는 경우에는 상여금반납 등 자구계획에 대한 동의를 무효로 한다고 기재되어 있으나, 위 문서에는 乙노동조합 위원장의 기명날인만 있고 甲회사 대표이사의 기명날인 등이 되어 있지 아니한데다가, 기록상 甲회사가 다른 문서로라도 위 무효화 조항을 확인하였다는 점에 관한 자료도 없으므로 위 무효화 조항이 단체협약의 내용으로 포함되었다고 보기는 어렵다고 할 것이다.

## Ⅱ 1998.6.17.자 약정의 효력 여부

### 1. 회사정리개시 결정이 있는 경우, 단체협약의 사용자 측 체결권자(= 관리인)

회사정리개시결정이 있는 경우 「채무자 회생 및 파산에 관한 법률」 제56조 제1항[74]에 따라 회사사업의 경영과 재산의 관리 및 처분을 하는 권한이 관리인에게 전속되므로 정리회사의 대표이사가 아니라 관리인이 근로관계상 사용자의 지위에 있게 되고 따라서 단체협약의 사용자 측 체결권자는 대표이사가 아니라 관리인이다.

### 2. 사안의 적용

위 내용 및 사실관계 등을 종합적으로 고려할 때, 정리회사에 대한 회사정리절차가 진행 중 乙노동조합과 정리회사 대표이사 사이에 이루어진 위 1998.6.17.자 약정은 단체협약에 해당하지 아니하며, 관리인의 추인이나 법원의 허가가 없는 한 위 약정의 효력이 근로자 丙에게 미칠 수 없다고 할 것이다.

---

74) 회생절차개시 결정이 있는 때에는 채무자의 업무 수행과 재산의 관리 및 처분을 하는 권한은 관리인에게 전속한다.

## 주요 판례 02

# [단체협약 2] 고용보장 합의와 경영상 해고[75]
### (대판 2014.3.27. 2011두20406)

**사실관계**  **포레시아배기컨트롤시스템코리아 사건**

가. 이 사건 회사는 2003.2.26. 프랑스의 포레시아 그룹 소속의 포레시아 오토모티브 에스파냐가 시흥시에 있던 창흥정밀 주식회사의 머플러 사업부 부분의 자산을 양수하면서 설립한 회사로서 그 설립 이래 기아자동차 주식회사의 카니발, 모하비, 카렌스, 쏘울 및 르노삼성자동차 주식회사의 SM5 등 자동차의 배기관(머플러)을 생산하여 납품하여 왔다.

나. 이 사건 회사는 2008.7.5. 기존의 시흥시 시화공단에 위치한 사업장을 화성시 장안산업단지로 이전하면서 이 사건 지회와 사이에 "현 시화공장 재직인원(2008.7.말 현재)에 대하여 고용보장을 확약한다."라는 내용이 포함된 이 사건 합의서를 작성하였다.

다. 이 사건 회사의 2006년부터 2008년까지 사이의 매출액, 영업이익, 당기순이익은 아래와 같고 2008년에는 누적적자에 의한 자본잠식으로 재무구조가 취약하였으며 2006년부터 2008년까지의 각종 재무비율이 모두 2008년의 산업평균에 비하여 낮았고 그 비율이 점차 악화되는 추세에 있었다. 특히 2008.9.경 미국에서 시작된 금융위기의 여파 등으로 인하여 그 무렵부터 매출실적이 급감하였다.

라. 이 사건 회사는 위와 같이 매출실적이 급감하자 2008.9.경 사무직 근로자들에 대하여 희망퇴직을 실시하여 그때부터 같은 해 11.경까지 합계 18명의 근로자들을 희망퇴직으로 처리하였고, 2008.10.경에는 울산에 소재한 공장을 장안공장으로 통폐합하면서 근로자들을 모두 장안공장에서 고용되도록 보장하는 한편 이 과정에서 퇴직하는 근로자에 대하여는 위로금을 지급하기로 하였으며, 2008.12.경부터 2009.2.경까지는 이 사건 지회에 매출의 감소에 따른 70여 명의 잉여인력 문제 등의 경영상 어려움을 통지하고, 퇴직금 중간정산제도의 일시 중지, 미사용 연차수당의 지급 연기, 학자금의 지급 유보 등의 조치를 단행하였다.

마. 또한 이 사건 회사는 이 사건 지회와 협의하여 2008.12.23.부터 같은 달 31.까지의 기간 동안 근로자 66명을 대상으로 순환휴직을 실시하는 등 그때부터 2009.4.경까지 매달 60여 명 내지 70여 명 규모로 순환휴직을 실시하였고, 2009.1.6. 이 사건 지회에 대하여 "회사는 향후 인위적인 구조조정을 실시하지 않고 고용을 보장하기 위해 최선의 노력을 다할 것을 확약한다."라는 내용의 이 사건 확약서(갑 제4호증)를 작성하여 주기도 하였다.

바. 이 사건 회사는 2009.2.25.부터 같은 해 4.29.까지 수차례에 걸쳐 이 사건 지회에 공문을 발송하면서 '경영상 이유에 의한 인원 정리에 관한 사항, 인원정리를 회피하는 방법, 해고의 기준(규모와 절차), 희망퇴직의 시기와 규모 및 위로금 지급조건 및 절차 등'에 관하여 노사협의회를 통한 논의를 요청하였으나, 이에 대하여 이 사건 지회는 인원정리에 관한 사항은 단체협약 제82조 제5항에 따라 상급단체와 이 사건 회사 사이의 단체교섭을 통하여서만 논의할 수 있다는 입장을 밝히면서 노사협의회를 통한 논의를 거부하였다. 결국, 이로 인하여 정리해고와 관련된 사항에 관하여 노사협의가 이루어지지 않았다.

---

75) 편저자 주 : 고용보장 합의와 경영상 해고를 명확히 정리한 판결로, 경영상 해고는 경영사항으로서 단체교섭 대상이 아니지만 사용자가 그 사항을 스스로 인용하여 노동조합과 단체교섭을 실시하고 단체협약의 내용과 형태로 고용보장 합의를 한 이상 사용자에게 그 합의를 이행하여야 할 법적 의무가 있음을 규범으로 인정한 판결이다.

사. 이 사건 회사는 2009.4.17., 같은 해 5.8., 같은 해 5.21. 3차례에 걸쳐 희망퇴직과 관련된 공고 및 가정통신문을 발송하였고 총 34명의 근로자를 평균 임금 7개월의 전직지원금을 지급하는 조건으로 희망퇴직시켰으며, 2009.4.24. 경인지방노동청 수원지청에 아래의 내용을 포함한 '경영상 이유에 의한 해고 계획 신고서'를 제출하였다.

아. 이 사건 회사는 2009.5.6. 위와 같이 해고대상자 선정에 관하여 노사합의가 이루어지지 않자 "단체협약 제30조에 따라 해고대상자를 선정하되 이번의 경우에는 근속기간이 짧은 인원부터 정리한다. 다만 입사일이 동일한 경우 근로자 개개인의 생활보호측면을 고려하여 부양가족이 적은 순으로 해고한다. 해고예상 대상자는 1997.8.15. 이후 입사자 전원으로 한다."라는 내용으로 해고대상자 선정기준을 마련한 후 이러한 해고대상자 선정기준과 "희망자에 한하여 대기포레시아 주식회사로 전적의 기회를 주겠다."라는 내용이 포함된 공문을 이 사건 지회에 발송하였다(갑 제11호 증의 12).

자. 이 사건 회사는 2009.5.11. 소외 1 등 12명과 사이에 "2009.6.30.자로 퇴직하되 대기포레시아 주식회사로의 전적일자는 회사의 사정에 따라 쌍방합의에 따라 조정이 가능하다."라는 내용의 전적합의서(갑 제7호 증의 1 내지 12)를 작성하였다. 그러나 이 사건 정리해고 이후인 2009.10.28.경에도 소외 1 등 전적대상 근로자들은 여전히 이 사건 회사에 근무하고 있었고, 그중 8명의 근로자는 2010.2.18.경 이 사건 회사로 재입사하였다.

차. 이 사건 회사는 2009.5.19. 원고들을 포함한 26명에 대하여 같은 달 26.자로 정리해고한다는 내용의 통보서를 발송하였다. 이 사건 정리해고 이후 약 7명의 근로자들이 이 사건 회사에서 부당해고 등에 반발하면서 일일 2~3시간씩 파업에 참여한 바 있다.

---

### 판시사항

사용자의 경영권에 속하는 사항에 대한 단체협약의 효력 및 정리해고를 제한하기로 하는 내용의 단체협약을 체결한 경우, 사용자가 그에 반하여 정리해고를 할 수 있는지 여부(원칙적 소극)와 예외적으로 정리해고를 할 수 있는 경우

Ⅰ **사용자의 경영권에 속하는 사항에 대한 단체협약의 효력 및 정리해고를 제한하기로 하는 내용의 단체협약을 체결한 경우, 사용자가 그에 반하여 정리해고를 할 수 있는지 여부**(원칙적 소극)**와 예외적으로 정리해고를 할 수 있는 경우**

정리해고나 사업조직의 통폐합 등 기업의 구조조정의 실시 여부는 경영주체에 의한 고도의 경영상 결단에 속하는 사항으로서 원칙적으로 단체교섭의 대상이 될 수 없으나, 사용자의 경영권에 속하는 사항이라 하더라도 노사는 임의로 단체교섭을 진행하여 단체협약을 체결할 수 있고, 그 내용이 강행법규나 사회질서에 위배되지 않는 이상 단체협약으로서의 효력이 인정된다.

따라서 사용자가 노동조합과의 협상에 따라 정리해고를 제한하기로 하는 내용의 단체협약을 체결하였다면 특별한 사정이 없는 한 단체협약이 강행법규나 사회질서에 위배된다고 볼 수 없고, 나아가 이는 근로조건 기타 근로자에 대한 대우에 관하여 정한 것으로서 그에 반하여 이루어지는 정리해고는 원칙적으로 정당한 해고라고 볼 수 없다. 다만 정리해고의 실시를 제한하는 단체협약을 두고 있더라도, 단체협약을 체결할 당시의 사정이 현저하게 변경되어 사용자에게 단체협약의 이행을 강요한다면 객관적으로 명백하게 부당한 결과에 이르는 경우에는 사용자가 단체협약에 의한 제한에서 벗어나 정리해고를 할 수 있다.

Ⅱ **사안의 적용**

이 사건에 관하여 보건대, 위 인정사실에 변론 전체의 취지를 더하여 인정되는 다음과 같은 사정들, 즉 ① 이 사건 합의서에 따르면, 이 사건 회사는 이 사건 지회와 사이에 2008년 7월 말 현재 현 시화공장 재직인원에 대하여 고용보장을 확약하기로 약정하였고, 원고들은 당시 모두 시화공장에 재직하여 이 사건 합의서의 적용을 받는 점, ② 이 사건 합의서는 이 사건 회사가 시흥시 시화공단에서 화성시 화성장안공단으로 이전하는 것을 계기로 하여 이 사건 회사의 근로자들의 고용불안 및 근로조건의 변화에 대처하기 위하여 작성된 것으로, 이 사건 회사는 이 사건 회사의 근로자들에게 근로관계를 종료할 정도의 귀책사유가 없다면 이 사건 회사 스스로 인위적인 구조조정으로 근로관계를 종료하지 않겠다는 내용의 고용보장을 확약한 것으로 봄이 상당한 점, ③ 이 사건 합의서는 이러한 고용보장 확약 이외에도 이 사건 회사 근로자들의 근로조건에 대하여 자세한 내용을 규정하고 있어 단체협약으로서의 효력을 지니고 있다고 보이는 점, ④ 이 사건 회사는 이 사건 합의서 작성 이후 이 사건 지회가 경영위기 타개를 위한 휴업실시 등에 협조하자 2009.1.6. 이 사건 지회에 대하여 "회사는 향후 인위적인 구조조정을 실시하지 않고 고용을 보장하기 위해 최선의 노력을 다할 것을 확약한다."라는 내용의 이 사건 확약서까지 작성하여 주었던 점 등을 종합하면, 이 사건 합의서 중 고용보장 확약은 단체협약의 규범적 부분에 해당하는 것으로 판단될 뿐만 아니라, 더욱이 이 사건 회사는 2009.1.6. 이 사건 지회에 이 사건 확약서를 작성하여 주었으므로, 이 사건 확약서를 작성할 당시인 2009.1.까지는 이 사건 지회에 이 사건 합의서의 규범적 효력을 준수할 의도를 표명한 것으로 봄이 상당하다(비록 단체협약의 정리해고에 관한 규정이 이 사건 합의서에 따라 개정되지 않았다고 하더라도 이 사건 합의서의 규범적 효력이 인정되는 이상 이와 달리 판단할 수 없다).

피고 보조참가인은 이에 대하여, 이 사건 합의서는 이 사건 회사가 공장이전을 빌미로 하여 고용 인원을 감축하는 조치를 취하지 않기로 하는 내용에 불과하다고 주장하나, 앞서 본 바와 같이 이 사건 합의서에는 공장이전 이후 '출퇴근 관련, 후생복지 관련, 현장 작업 개선 관련, 수당 관련, 노동조합 운영 관련' 등에 관하여 규정하고 있고, '고용 안전 관련'으로 고용보장 확약을 포함하였는바, 이러한 이 사건 합의서의 내용은 단순히 공장 이전에만 적용할 사항이 아니라 공장 이전 이후 이 사건 회사와 근로자들의 제반 근로조건과 노동조합의 활동보장에 관한 사항들로 봄이 상당하다.

그러므로 이 사건 합의서는 원고들에 대한 고용보장을 내용으로 하고 있어 원고들에 대한 이 사건 정리해고는 이 사건 합의서의 고용보장 확약에 반하는 행위에 해당한다. 따라서 앞서 본 법리에 비추어 이 사건 정리해고는 정리해고를 한 시점에 이 사건 합의서 및 이 사건 확약서 작성 당시에도 예상하지 못하였던 사정변경이 발생하여 이 사건 합의서의 효력을 유지하는 것이 객관적으로 보아 부당한 경우와 같은 특별한 사정이 없는 한 그 효력을 인정하기 어렵다고 할 것이다.

## Ⅲ 결론

따라서 이 사건 특별교섭 합의서에서 정한 고용보장에 관한 확약은 이 사건 회사가 공장 이전을 계기로 근로자의 고용불안과 근로조건의 변화에 대처하기 위하여 이루어진 것으로서 이 사건 회사 스스로 인위적인 구조조정으로 근로관계를 종료하지 아니하겠다는 내용의 고용보장을 확약한 것으로 보아야 하고, 그 내용상 단순히 공장 이전에만 국한하여 적용할 사항이 아니라 그 이후의 제반 근로조건에 관한 사항을 정한 것으로 보아야 하며, 이러한 고용보장에 관한 확약은 단체협약의 규범적 부분에 해당한다고 판단하였다. 그리고 이 사건 회사가 이 사건 특별교섭 합의서 체결 당시 예상하지 못하였던 심각한 재정적 위기에 처하여 고용보장에 관한 확약의 효력을 유지하는 것이 객관적으로 부당한 상황에 이르렀다고 보기는 어렵다고 보아, 고용보장에 관한 확약에 반하여 단행된 이 사건 정리해고는 부당하다고 할 것이다.

## 주요 판례 03

## [단체협약 3] 단체협약의 산재유족 '특별채용' 규정에 따른 고용계약
## 요구의 유효성 여부 (대판 2020.8.27. 2016다248998 [전합])

---

**사실관계**  **기아자동차/현대자동차 사건**

가. 망인은 1985.2.1. 피고 기아자동차(소하리공장 및 시화연구소)에 입사해 근무하다가, 2008.2.경 피고 현대자동차(남양연구소)로 전적해 간이금형공정 중 금형세척작업을 수행했는데, 그 직후 백혈병(급성 골수병 백혈병)을 진단받아 투병하던 중 2010.7.19. 백혈병으로 사망했다.

나. 망인의 유족은 근로복지공단에 산업재해보상보험법(이하 '산재법'이라 함)상 유족급여 등을 신청했고, 근로복지공단은 2013년 망인의 질병이 피고 기아자동차에서 근무할 당시 벤젠에 노출된 영향으로 보아 산재법상 업무상 질병이라고 판정했다. 그리고 망인의 배우자 등은 근로복지공단으로부터 유족급여(평균임금의 1300일분) 등을 받았다.

다. 피고 기아자동차와 노동조합이 체결한 단체협약 제27조(우선 및 특별채용) 제2항에서는 "업무상 재해로 인한 사망과 6급 이상 장해 조합원의 직계가족 1인에 대하여 결격사유가 없는 한 요청일로부터 6개월 내 특별채용하도록 한다."고 규정하고 있으며, 또한 피고 현대자동차가 노동조합과 체결한 단체협약 제97조(우선채용)는 "회사는 조합원이 업무상 사망했거나 급 이상의 장해로 퇴직할 시 직계가족 또는 배우자 중 1인에 대해 결격사유가 없는 한 요청일로부터 6개월 이내 특별채용하도록 한다."고 규정하고 있다(이하 '산재 유족 특별채용 조항'이라 함).

라. 그 이후 원고들은 망인의 자녀들인데, 원고 1(자녀 1인)은 위의 산재 유족 특별채용 조항에 따라 주위적으로 피고 기아자동차를, 예비적으로 피고 현대자동차를 상대로 채용계약 청약에 대한 승낙의 의사표시를 청구하는 소송(유족고용의무 이행청구소송)을 제기했다.

마. 그러나 이에 대해 피고회사들은 단체협약 규정은 회사의 인사권을 본질적으로 침해하는 내용으로서 단체협약의 대상이 될 수 없는 사항을 약정한 것이므로, 단체협약 규정은 무효라고 주장하였다.

---

**판시사항**

[1] 업무상 재해로 사망한 근로자의 직계가족 등을 특별채용하기로 하는 단체협약이 선량한 풍속 기타 사회질서에 반하여 무효인지를 판단하는 기준

[2] 단체협약의 산재 유족 특별채용 조항의 효력 인정여부(적극)

## Ⅰ 업무상 재해로 사망한 근로자의 직계가족 등을 특별채용하기로 하는 단체협약이 선량한 풍속 기타 사회질서에 반하여 무효인지를 판단하는 기준

헌법 제33조 제1항은 근로자가 자주적으로 단결하고, 이러한 자주적인 단결체인 노동조합이 사용자와 근로조건의 유지·개선과 근로자의 복지증진 기타 사회적·경제적 지위의 향상을 도모하기 위해 필요한 사항에 대해 자유롭게 교섭하며, 자신의 요구를 관철하기 위하여 단체행동을 할 수 있는 헌법적 권리를 보장하고 있다. 헌법이 노동3권을 기본권으로 보장하는 뜻은 근로자가 사용자와 대등한 지위에서 단체교섭을 통하여 자율적으로 단체협약을 체결할 수 있도록 하여 근로조건에 관한 노사의 실질적 자치를 실현하기 위함이다. 결국 헌법 제33조 제1항은 집단적 합의에 의하여 근로조건 등을 자기 책임 하에서 합리적으로 규율할 수 있는 권한을 노사에 부여함으로써 이른바 협약자치를 보장한 것으로 볼 수 있다.

헌법상 노동3권을 보다 구체적으로 보장하기 위하여 제정된 노동조합 및 노동관계조정법(이하 '노동조합법'이라 함)도 이를 반영하여 노사 간의 협약자치를 인정·존중하는 취지를 실현하기 위한 규정 체계를 마련하고 있다. 가령, ① 단체교섭 및 단체협약에 관한 여러 사항을 규율하면서도 단체협약에 어떤 내용을 포함시켜야 한다거나 어떤 내용은 포함되지 않아야 한다는 등의 규정을 두지 않음으로써 노사가 단체협약의 구체적인 내용을 교섭을 통해 자치적으로 정할 수 있도록 하였고, ② 단체협약을 체결할 수 있는 주체와 절차에 관한 여러 규정을 두는 한편, 그러한 규정에 따라 적법하게 체결된 단체협약 중 '안전보건 및 재해부조에 관한 사항'과 같은 특정한 사항을 위반한 자에 대해서는 형사처벌이 가능하도록 하여(제92조 제2호), 노사가 자율적으로 형성한 단체협약의 규범력을 강화하고 있다.

단체협약이 민법 제103조의 적용대상에서 제외될 수는 없으므로 단체협약의 내용이 선량한 풍속 기타 사회질서에 위배된다면 그 법률적 효력은 배제되어야 한다. 다만 단체협약이 선량한 풍속 기타 사회질서에 위배되는지 여부를 판단할 때에는 앞서본 바와 같이, 단체협약이 헌법이 직접 보장하는 기본권인 단체교섭권의 행사에 따른 것이자 헌법이 제도적으로 보장한 노사의 협약자치의 결과물이라는 점 및 노동조합법에 의해 그 이행이 특별히 강제되는 점 등을 고려하여 법원의 후견적 개입에 보다 신중할 필요가 있다.

헌법 제15조가 정하는 직업선택의 자유, 헌법 제23조 제1항이 정하는 재산권 등에 기초하여 사용자는 어떠한 근로자를 어떠한 기준과 방법에 의하여 채용할 것인지를 자유롭게 결정할 자유가 있다. 다만, 사용자는 스스로 이러한 자유를 제한할 수 있는 것이므로, 노동조합과 사이에 근로자 채용에 관하여 임의로 단체교섭을 진행하여 단체협약을 체결할 수 있고, 그 내용이 강행법규나 선량한 풍속 기타 사회질서에 위배되지 아니하는 이상 단체협약으로서의 효력이 인정된다. 사용자가 노동조합과의 단체교섭에 따라 업무상 재해로 인한 사망 등 일정한 사유가 발생하는 경우 조합원의 직계가족 등을 채용하기로 하는 내용의 단체협약을 체결하였다면, 그와 같은 단체협약이 사용자의 채용의 자유를 과도하게 제한하는 정도에 이르거나 채용 기회의 공정성을 현저히 해하는 결과를 초래하는 등의 특별한 사정이 없는 한 선량한 풍속 기타 사회질서에 반한다고 단정할 수 없다. 이러한 단체협약이 사용자의 채용의 자유를 과도하게 제한하는 정도에 이르거나 채용 기회의 공정성을 현저히 해하는 결과를 초래하는지 여부는 단체협약을 체결한 이유나 경위, 그와 같은 단체협약을 통해 달성하고자 하는 목적과 수단의 적합성, 채용대상자가 갖추어야 할 요건의 유무와 내용, 사업장 내 동종 취업규칙 유무, 단체협약의 유지 기간과 그 준수 여부, 단체협약이 규정한 채용의 형태와 단체협약에 따라 채용되는 근로자의 수 등을 통해 알 수 있는 사용자의 일반 채용에 미치는 영향과 구직희망자들에 미치는 불이익 정도 등 여러 사정을 종합하여 판단하여야 한다.

## Ⅱ 단체협약의 산재유족 특별채용 조항의 효력 인정여부

망인은 가아자동차에서 근무하다가 현대자동차로 전적한 후 업무상 질병으로 사망하였다. 두 회사 모두 단체협약에 조합원이 업무상 재해로 사망한 경우 직계가속 등 1인에게 결격사유가 없는 한 특별채용한다고 규정하고 있었다. 이에 망인의 자녀인 원고가 주위적으로 기아자동차에게, 예비적으로 현대자동차에게 고용계약 체결의 청약에 대해 승낙의 의사표시를 청구하였는바, 이 사건 산재 유족 특별채용 조항이 중요한 근로조건에 해당하고 노사 양측이 이해관계에 따라 단체협약에 포함시킨 점, 근로자의 희생에 대한 보상이나 유족 보호를 목적으로 하고 특별채용이 이러한 목적 달성에 적합하다는 점, 피고들의 채용의 자유가 과도하게 제한된다고 보기 어려운 점, 산재 유족 특별채용 조항에 따라 채용된 유족의 숫자가 많지 않아 구직희망자들의 채용 기회에 중대한 영향을 미친다고 보기 어려운 점 등을 종합하여 볼 때, 이 사건 산재 유족 특별채용 조항이 피고들의 채용의 자유를 과도하게 제한하는 정도에 이르거나 채용 기회의 공정성을 현저히 해하는 결과를 초래하였다고 볼 특별한 사정을 인정하기 어려우므로, 선량한 풍속 기타 사회질서에 위반되어 무효라고 볼 수 없다.

## Ⅲ 사안의 적용

앞서 본 사실관계와 기록에 의하여 알 수 있는 다음과 같은 사정들을 위 법리에 따라 살펴보면, 이 사건 산재 유족 특별채용 조항이 피고들의 채용의 자유를 과도하게 제한하는 정도에 이르거나 채용 기회의 공정성을 현저히 해하는 결과를 초래하였다고 볼 특별한 사정을 인정하기 어려우므로, 선량한 풍속 기타 사회질서에 위반되어 무효라고 볼 수 없다.

1) 헌법에 따라 근로조건의 기준을 정하는 것을 목적으로 제정된 근로기준법은 사용자가 업무상 재해에 대해 부담하는 보상 책임의 구체적인 내용을 규정하고 있다. 사용자의 보상 책임은 주로 산재보험법에 따라 이행되지만 업무상 재해에 대한 보상이 법령이 정한 내용에 한정되어야 하는 것은 아니다. 업무상 재해에 대해 어떤 내용이나 수준의 보상을 할 것인지의 문제는 그 자체로 중요한 근로조건에 해당한다. 피고들 노동조합은 업무상 재해에 대해 법이 정한 보상 외에 추가적인 보상을 받기로 함으로써 근로조건을 유지·개선하고, 근로자의 경제적·사회적 지위를 향상하기 위한 목적으로 이 사건 산재 유족 특별채용 조항이 포함된 단체협약의 체결을 요구한 것으로 이해된다. 그리고 피고들은 노동조합의 이러한 요구를 받아들여 이

사건 산재 유족 특별채용 조항을 포함하는 단체협약을 체결함으로써 조합원인 근로자들의 업무에 대한 충실을 유도하고, 노동조합과 원만한 관계를 유지할 수 있는 이익을 얻고 있는 것으로 보인다.

2) 정년퇴직자 및 장기근속자의 자녀를 특별채용하거나 우선채용하는 합의와 달리, 이 사건 산재 유족 특별채용 조항은 업무상 재해로 사망한 근로자의 가족에게 일자리를 제공함으로써 무엇보다 소중한 목숨을 잃어버린 근로자의 특별한 희생에 상응하는 보상을 하고, 가족 생계의 어려움을 해결할 수 있도록 사회적 약자를 보호 또는 배려하는 것을 목적으로 하는 규정이다. 근로기준법과 산재보험법에 따른 보상은 최소한의 것일 뿐 충분한 보호나 배려라고 보기는 어렵다. 가족의 생계를 담당하던 근로자가 사망하는 경우 유족들이 생계에 어려움을 겪으리라는 것은 통상적으로 예상할 수 있다. 이러한 어려움을 고려하여 사용자가 부담할 재해보상 책임을 보충하거나 확장하는 내용의 이 사건 산재 유족 특별채용 조항은 사회적 약자를 배려하여 실질적 공정을 달성하는 데 기여한다고 평가할 수 있다. 헌법 제32조 제6항은 국가와 국민을 위해 특별한 희생을 한 '국가유공자', '상이군경', '전몰군경의 유가족'이 우선적으로 근로의 기회를 부여받는다고 정하고 있다. 이러한 헌법 규정과, 유공자 등에 대한 보상이나 사회적 보호라는 필요성에 기초한 입법정책적 재량에 근거하여 전몰군경의 유가족, 유공자 또는 그 가족 등에 대한 고용의무를 정하거나 이들에 대한 취업을 지원하는 내용의 규정이 담긴 법률(「국가유공자 등 예우 및 지원에 관한 법률」, 「독립유공자예우에 관한 법률」, 「5·18민주유공자예우에 관한 법률」, 「보훈보상대상자 지원에 관한 법률」, 「특수임무유공자 예우 및 단체설립에 관한 법률」 등)이 제정되어 있다. 이와 같이 특정한 범위의 사람에게 보상과 보호의 목적으로 채용의 기회를 제공하는 것은 법질서가 예정하고 있는 수단에 해당한다. 이 사건 산재 유족 특별채용 조항은 헌법 제32조 제6항과 앞서 본 법률들의 취지와 정신을 기업 단위에서 자치적으로 구현한 것이다. 사망한 근로자의 유족 중 1인에게 채용의 기회를 제공함으로써 유족은 근로자가 사망하기 이전과 유사한 수준의 생활을 영위할 수 있게 된다. 따라서 이 사건 산재 유족 특별채용 조항은 보상과 보호라는 목적을 달성하기 위해 유효적절한 수단이라고 할 수 있다.

3) 이 사건 산재 유족 특별채용 조항은 노사가 자율적으로 사용자가 '어떤 조건에서', '누구를' 채용할 것인지에 관하여 미리 정하는 '자기구속적인 약속'을 한 것으로, 국가가 사용자에게 누군가를 채용할 것을 강제하여 헌법상 보장된 채용의 자유를 제한하는 것과 성격이 전혀 달라 양자를 동일시할 수 없다. 원심은 이 사건 산재 유족 특별채용 조항이 민법 제103조에 의하여 무효라고 판단한 근거의 하나로 장래 불특정 시점에 불특정인과 고용계약을 체결하도록 강제하는 것이어서 사용자의 채용의 자유를 현저하게 제한한다는 점을 들었다. 그러나 자유권은 원칙적으로 국가권력에 의해 침해받지 않는다는 소극적 성격을 그 본질로 하는데, 이 사건 산재 유족 특별채용 조항은 국가에 의해 강제된 것이 아니라 피고들이 노동조합과 합의하여 스스로의 의사에 따라 체결한 것이므로 원심의 위 판단은 자유권의 성격을 오해한 것이다. 이 사건에서 피고들이 산재 유족 특별채용 조항에 합의한 것은 자신들에게 주어진 채용의

자유를 적극적으로 행사한 결과이다. 단체협약 체결 당시의 피고들 의사를 충분히 고려하지 않고 법원이 이 사건 산재 유족 특별채용 조항을 무효라고 선언한다면 경우에 따라서는 이 사건 산재 유족 특별채용 조항이 아니라 오히려 법원이 피고들의 채용의 자유를 부당하게 제한하는 결과가 될 수 있다. 더구나 이 사건 산재 유족 특별채용 조항은 피고들의 사업장에서 극히 드물게 업무상 재해로 인한 사망이 발생하는 경우에 비로소 적용되고, 결격사유가 없는 근로자로 채용대상을 한정하고 있어서 최소한의 업무수행능력도 없는 등 일정한 범위 내의 자는 채용될 수 없다. 따라서 사용자에게 전면적, 일률적, 무조건적으로 특별채용을 하도록 강제함으로써 사용자의 채용의 자유를 과도하게 제한한다고 볼 수도 없다.

4) 피고들은 1990년대에 처음으로 이 사건 산재 유족 특별채용 조항이 포함된 단체협약을 체결한 이래, 2년마다 노동조합과 교섭을 통해 단체협약을 새롭게 체결하면서 이 사건 산재 유족 특별채용 조항을 계속하여 포함시켜 왔다. 피고 기아자동차는 취업규칙인 인사규정에 이 사건 산재 유족 특별채용 조항과 같은 취지의 규정을 두고 있다. 실제로 이 사건 산재 유족 특별채용 조항에 따라 그동안 피고 기아자동차는 유족 9명을, 피고 현대자동차는 유족 52명을 특별채용하였다. 피고 기아자동차의 경우 이 사건이 진행 중이던 2016년에도 2명의 유족을 특별채용하였다. 이처럼 피고들의 사업장에서는 노사가 오랜 기간 이 사건 산재 유족 특별채용 조항의 유효성은 물론이고 그 효용성에 대해서도 의견을 같이하여 이를 이행해 왔음을 알 수 있어 채용의 자유가 과도하게 제한된다고 평가하기 더욱 어렵다.

5) 2019년 말 기준 피고 기아자동차의 매출액은 약 33조원, 근로자 수는 약 35,600명 이상, 피고 현대자동차의 매출액은 약 49조원, 근로자 수는 약 70,000명 이상에 달한다. 2013년부터 2019년까지 피고 기아자동차가 신규 채용한 근로자의 숫자는 5,281명이고 그중 이 사건 산재 유족 특별채용 조항에 따른 채용인원은 5명으로 그 비율은 약 0.094%이다. 같은 기간 피고 현대자동차가 신규 채용한 근로자의 숫자는 약 18,000명이고 이 사건 산재 유족 특별채용 조항에 따른 채용인원은 11명으로 그 비율은 약 0.061%이다. 이와 같은 피고들의 사업 규모, 피고들이 신규 채용한 근로자 숫자 대비 이 사건 산재 유족 특별채용 조항에 따른 유족 채용의 비율과 이에 더하여 이 사건 산재 유족 특별채용 조항이 피고들이 시행하는 공개경쟁채용 절차에서 유족을 우선적으로 채용하도록 하는 것이 아니라 별도의 특별채용 절차를 예정하고 있는 점까지 감안하면 이 사건 산재 유족 특별채용 조항에 따른 채용이 피고들에 대한 구직희망자들의 채용 기회에 중대한 영향을 미친다고 보기도 어렵다. 결국 이 사건 산재 유족 특별채용 조항으로 인하여 피고들이 다른 근로자를 채용할 자유가 크게 제한된다고 단정하기 어렵고, 구직희망자들의 현실적인 불이익이 크다고 볼 수도 없다.

6) 피고들과 각 노동조합이 오랜 기간 동안 정기적인 단체교섭을 거쳐 단체협약을 체결하면서 이 사건 산재 유족 특별채용 조항을 계속 포함시켜 왔고, 실제로도 이에 근거한 특별채용을 지속적으로 실시한 사정 등에 비추어 보았을 때 협약자치의 관점에서도 이 사건 산재 유족 특별채용 조항을 유효하게 보아야 함은 더욱 분명하다.

**IV 대상판결의 의의[76]**

대상판결(다수의견)은 업무상 재해로 사망 등의 경우 조합원의 직계가족 등의 단체협약상의 '산재 유족 특별채용 조항'에 한정해 사용자의 채용의 자유를 지나치게 제한하는 정도에 이르거나 채용기회의 공정성을 크게 해하는 결과를 초래하면, 민법 제103조의 '무효'라고 보고, 이에 대한 판단기준을 제시했다. 이러한 판단기준에 따라 산재 유족 특별채용 단체협약 조항의 유효성을 인정했다. 향후 유사한 분쟁 시 지침이 될 것으로 판단된다. 다만, 반대의견(2명)에서는 업무상 재해에 대한 유족의 보호 필요성은 인정되지만, 보호의 방식이 구직희망자라는 제3자의 희생을 기반으로 해서는 안 된다고 밝혔다.

이번 대상판결의 의의는 '산재 유족 특별채용 단체협약 조항'이 민법 제103조에 의해 무효가 될 수 있는 판단기준을 구체적으로 제시한 점이다. 산재 유족 특별채용이 ① 회사의 채용의 자유를 지나치게 제한하거나, ② 피고들에 대한 구직희망자들의 채용기회에 중대한 영향을 미친다고 보기 어렵다고 판단했다.

memo

---

76) 이승길 아주대학교 법학전문대학원 교수, 포커스

## 주요 판례 04

### [단체협약 4] 단체협약에 '쟁의기간 중 신분보장' 규정이 있는 경우 징계해고 가능 여부
#### (대판 2019.11.28. 2017다257869)

**사실관계**  유성기업(주) 사건

가. 피고회사는 2015.1.29. 원고에게 소속장(강○○)의 정당한 업무지시를 거부하고, 소속장에게 반말과 모욕적인 언행 등으로 구두주의 및 경고장 1차·2차를 받았음에도 불구하고 지속해서 업무방해를 하였다는 이유로 단체협약 및 취업규칙의 각 규정을 적시해 2015.1.30. 15시에 출석해 사실조사 출석요구서를 보냈으나, 원고는 불출석하였다.

나. 피고회사는 2015.2.2. 원고에게 징계사유를 적시해 2015.2.10. 징계위원회에 출석해 소명하라는 내용의 내용증명을 발송, 같은 날 유성기업지회에 징계대상자, 징계사유, 징계위원회의 개최일정을 통보 및 징계위원 선정을 요청하였으나, 징계위원을 미선정하였다. 이에 피고회사는 원고에게 2015.2.13. 징계위원회에 출석통지를 하였으나 불출석하였는바, 같은 날 노측 징계위원이 불참한 상태에서 사측 징계위원 5인으로 의결 회의를 진행하여 원고가 '2015.1.경에 소속장의 정당한 업무지시를 거부하고, 소속장에게 반말과 모욕적인 언행 등으로 구두주의 및 경고장 1차, 2차를 받았음에도 지속해 업무방해를 하였고, 이는 해고사유에 해당한다.'며 2015.3.3.자 전원일치로 해고를 의결하였다.

다. 피고회사는 2015.2.27. 이 사건 해고를 공고하고, 원고의 자택으로 징계사유 및 적용규정이 기재된 징계처분 통보서를 발송하였는데, 폐문 부재를 이유로 반송되자, 같은 날 휴대전화로 원고에게 징계처분 통보서를 스캔한 그림파일과 징계처분 통보서를 원고의 자택에 내용증명으로 발송한 내용의 문자메시지를 송부하였다.

라. 원고는 2010년도 단체협약 제109조는 '회사는 정당한 노동쟁의행위에 대하여 쟁의기간 중 여하한 징계 등 인사조치를 할 수 없다.'고 규정하고 있음에도 피고회사는 2012.3.26. 조합원의 찬반투표를 거쳐 정당하게 개시된 이 사건 쟁의기간 중에 해고하였다.

마. 이와 같은 피고회사의 행위에 대해 원고는 이 사건 해고는 단체협약상 '쟁의 중 신분보장' 규정의 위반을 주장하며, 근로자지위 확인 가처분 및 해고무효확인의 소송을 제기하였다.

**판시사항**

[1] 단체협약 규정의 해석 방법

[2] 단체협약에서 '쟁의기간 중에는 징계나 전출 등의 인사조치를 아니 한다'고 정하고 있는 경우, 정당하게 개시된 쟁의 과정에서 발생한 징계사유를 들어 쟁의기간 중에 징계 등 인사조치를 할 수 있는지 여부(소극)

[3] 단체협약에서 '회사는 정당한 노동쟁의 행위에 대하여 간섭방해, 이간행위 및 쟁의기간 중 여하한 징계나 전출 등 인사조치를 할 수 없으며 쟁의에 참가한 것을 이유로 불이익 처분할 수 없다'고 정하고 있는 경우, 비위사실이 쟁의행위와 관련이 없는 개인적 일탈에 해당하거나 노동조합의 활동이 저해될 우려가 없는 경우에는 정당한 쟁의행위 기간 중에도 회사가 징계권을 행사할 수 있다는 식으로 위 규정의 적용범위를 축소하여 해석할 수 있는지 여부(소극)

## Ⅰ 단체협약 규정의 해석방법

단체협약서와 같은 처분문서는 특별한 사정이 없는 한 그 기재 내용에 의하여 문서에 표시된 의사표시의 존재 및 내용을 인정하여야 하고, 한편 단체협약은 근로자의 근로조건을 유지 개선하고 복지를 증진하여 근로자의 경제적, 사회적 지위를 향상시킬 목적으로 노동자의 자주적 단체인 노동조합이 사용자와 사이에 근로조건에 관하여 단체교섭을 통하여 체결하는 것이므로 그 명문의 규정을 근로자에게 불리하게 해석할 수는 없다.

## Ⅱ 단체협약에서 '쟁의기간 중에는 징계나 전출 등의 인사조치를 아니 한다.'고 정하고 있는 경우, 정당하게 개시된 쟁의 과정에서 발생한 징계사유를 들어 쟁의기간 중에 징계 등 인사조치를 할 수 있는지 여부

단체협약에서 '쟁의기간 중에는 징계나 전출 등의 인사조치를 아니 한다.'고 정하고 있는 경우, 이는 쟁의기간 중에 쟁의행위에 참가한 조합원에 대한 징계 등 인사조치 등에 의하여 노동조합의 활동이 위축되는 것을 방지함으로써 노동조합의 단체행동권을 실질적으로 보장하기 위한 것이므로, 쟁의행위가 그 목적이 정당하고 절차적으로 노동조합 및 노동관계조정법의 제반 규정을 준수함으로써 정당하게 개시된 경우라면, 비록 쟁의 과정에서 징계사유가 발생하였다고 하더라도 쟁의가 계속되고 있는 한 그러한 사유를 들어 쟁의기간 중에 징계위원회의 개최 등 조합원에 대한 징계절차의 진행을 포함한 일체의 징계 등 인사조치를 할 수 없다.

## Ⅲ 단체협약에서 '회사는 정당한 노동쟁의 행위에 대하여 간섭방해, 이간행위 및 쟁의기간 중 여하한 징계나 전출 등 인사조치를 할 수 없으며 쟁의에 참가한 것을 이유로 불이익 처분할 수 없다.'고 정하고 있는 경우, 비위사실이 쟁의행위와 관련이 없는 개인적 일탈에 해당하거나 노동조합의 활동이 저해될 우려가 없는 경우에는 정당한 쟁의행위 기간 중에도 회사가 징계권을 행사할 수 있다는 식으로 위 규정의 적용 범위를 축소하여 해석할 수 있는지 여부

단체협약의 '쟁의 중 신분보장' 규정이 "회사는 정당한 노동쟁의 행위에 대하여 간섭방해, 이간행위 및 쟁의기간 중 여하한 징계나 전출 등 인사조치를 할 수 없으며 쟁의에 참가한 것을 이유로 불이익 처분할 수 없다."라고 규정하고 있는 경우, 이러한 문언 자체로 징계사유의 발생 시기나 그 내용에 관하여 특별한 제한을 두고 있지 않음이 분명하므로, 위 규정은 그 문언과 같이 정당한 쟁의행위 기간 중에는 사유를 불문하고 회사가 조합원에 대하여 징계권을 행사할 수 없다는 의미로 해석함이 타당하다.

만일 이와 달리 비위사실이 쟁의행위와 관련이 없는 개인적 일탈에 해당하거나 노동조합의 활동이 저해될 우려가 없는 경우에는 정당한 쟁의행위 기간 중에도 회사가 징계권을 행사할 수 있다는 식으로 '쟁의 중 신분보장' 규정의 적용 범위를 축소하여 해석하게 되면, 위 규정의 문언 및 그 객관적인 의미보다 근로자에게 불리하게 되어 허용되지 않는다고 보아야 한다. 이와 같이 근로자에게 불리한 해석은, 쟁의기간 중에 쟁의행위에 참가한 조합원에 대한 징계 등 인사조치에 의하여 노동조합의 활동이 위축되는 것을 방지함으로써 노동조합의 단체행동권을 실질적으로 보장하기 위한 위 규정의 도입 취지에 반한다.

사용자인 회사가 근로자를 징계하게 되면 적법성·정당성 여부를 떠나 그 자체로 노동조합의 활동을 위축시킬 추상적 위험이 있으므로, 정당한 쟁의행위 기간 중에는 징계사유의 발생시기 및 그 내용을 불문하고 일률적으로 징계를 금지하기 위하여 '쟁의 중 신분보장' 규정이 도입된 것이지, 각각의 개별적인 징계사유 내지 징계로 야기되는 구체적인 결과별로 위 규정의 적용 여부를 다르게 취급하라는 취지로는 볼 수 없기 때문이다.

'쟁의 중 신분보장' 규정이 앞서 본 취지에 따라 도입된 것임에도 쟁의행위와 무관하다거나 개인적 일탈이라 하여 징계가 허용된다고 새기게 되면, 사용자인 회사가 개인적 일탈에 해당한다는 명목으로 정당한 쟁의행위 기간 중에 임의로 징계권을 행사함으로써 노동조합의 단체행동권을 침해할 우려가 있다. 근로자의 비위행위가 쟁의행위와 무관한 개인적 일탈에 불과한 것인지, 쟁의행위와 관련이 있는지를 구분하는 것 역시 항상 명확하게 판가름되는 것이 아니어서, 근로자는 그만큼 불안정한 지위에 놓이게 된다.

## Ⅳ 사안의 적용

위 내용 및 사실관계 등을 종합적으로 고려할 때, '쟁의 중 신분보장' 규정은 앞서 본 바와 같이 정당하게 개시된 쟁의행위의 기간 중에는 일체의 징계를 금지한다는 의미로 해석하여야 할 것이므로, 피고가 이 사건 쟁의행위 기간 중에 원고를 징계해고한 것은 위 규정에 위배되어 무효라고 봄이 타당하다. 나아가 '쟁의 중 신분보장' 규정을 위반하여 이루어진 징계위원회의 개최에 대하여는 유성기업지회가 징계위원회 구성 요청에 응할 의무가 없으므로 유성기업지회가 피고의 그와 같은 요청에 불응한 것을 두고 징계의결권을 남용하거나 포기하였다고 평가할 수 없고, 오히려 피고가 사측 징계위원만으로 징계위원회를 개최하여 이 사건 해고를 의결한 것에 대해 징계 절차상 중대한 하자가 있다고 볼 여지가 많다고 할 것이다.

## 주요 판례 ⑤

### [단체협약 5] 기존의 근로조건을 불리하게 변경하는 단체협약의 유효성 여부
(대판 2000.9.29. 99두67536)

---

**사실관계**   **주식회사 동부고속 사건**

가. 甲회사와 乙노동조합 사이에 체결한 1996년도 단체협약 제44조에서는 甲회사는 근로자에게 상여금으로 연 7회에 걸쳐 650%를 지급하되 설날에 50%, 2월 25일, 4월 25일, 6월 25일, 8월 25일, 10월 25일 및 12월 25일에 100%씩을 지급하기로 규정되어 있다.

나. 그러나 甲회사와 乙노동조합은 그 단체협약의 유효기간 중인 1997.12.30. '특별노사협의'라는 명칭으로 "甲회사의 노사 양측은 최근의 경제위기로 인한 경영난 타개를 위하여 1997년 12월부터 1998년 6월까지 지급예정인 상여금(450%)은 그 지급을 유보한다."는 내용의 약정(특별노사합의)을 체결하였다.

다. 1998.8.13. "甲회사의 노사양측은 IMF 관리체제 이후 지속적인 경기불황으로 인한 극심한 경영난 타개를 위하여 1998년도 임금협정은 현행대로 동결하고, 단체협약은 기존의 단체협약을 유지하며, 상여금에 관한 기존 단체협약 제44조의 이행에 대하여는 회사가 경영성과와 향후 경영전망에 따라 상여금의 지급여부를 결정하고, 1997.12.30.자 특별노사합의의 내용 중 본 합의의 효력과 상충되는 부분은 본 합의의 효력을 따르되, 그렇지 아니한 부분의 효력은 지속된다." 내용의 1998년도 임금·단체협약에 합의하였다.

---

**판시사항**

[1] 노동조합이 사용자와 사이의 단체협약만으로 이미 구체적으로 지급청구권이 발생한 근로자 개개인의 임금이나 퇴직금에 대하여 포기나 지급유예와 같은 처분행위를 할 수 있는지 여부(한정 소극)

[2] 노동조합이 사용자와 사이에 근로조건을 불리하게 변경하는 내용의 단체협약을 체결한 경우, 그 합의가 무효인지 여부(한정 소극) 및 그 합의를 위하여 노동조합이 근로자들로부터 개별적인 동의나 수권을 받을 필요가 있는지 여부(소극)와 단체협약이 현저히 합리성을 결하였는지 여부에 대한 판단기준

---

## Ⅰ 특별노사합의상 '지급유보'의 해석 여부

특별노사합의상 이 사건 상여금에 대한 향후의 지급시기가 정해져 있지 않은 점, 합의 당시 우리나라의 전반적인 경제상황 및 피고 회사의 경영상태, 노동조합과 피고가 그와 같은 합의를 한 동기 및 경위에 비추어 보면, 그 합의 당시 노사 양측의 의사는 근로자가 이미 일정기간 동안 실제 근로를 제공함으로써 구체적으로 그 지급청구권이 발생한 상여금에 대하여는 그 지급청구권을 포기하고 향후에는 근로자가 일정기간 동안 실제로 근로를 제공하더라도 회사로서는 그에 따른 상여금을 지급하지 않기로 하는 것이었다고 봄이 상당하다.

## Ⅱ 단체협약 불이익 변경의 효력 여부

### 1. 조합원이 이미 취득한 권리

이미 구체적으로 그 지급청구권이 발생한 임금(상여금 포함)이나 퇴직금은 근로자의 사적 재산영역으로 옮겨져 근로자의 처분에 맡겨진 것이기 때문에 노동조합이 근로자들로부터 개별적인 동의나 수권을 받지 않는 이상, 사용자와 사이의 단체협약만으로 이에 대한 포기나 지급유예와 같은 처분행위를 할 수는 없다.

### 2. 현저히 합리성을 결한 경우

협약자치의 원칙상 노동조합은 사용자와 사이에 근로조건을 유리하게 변경하는 내용의 단체협약뿐만 아니라 근로조건을 불리하게 변경하는 내용의 단체협약을 체결할 수 있으므로, 근로조건을 불리하게 변경하는 내용의 단체협약이 현저히 합리성을 결하여 노동조합의 목적을 벗어난 것으로 볼 수 있는 경우와 같은 특별한 사정이 없는 한 그러한 노사 간의 합의를 무효라고 볼 수는 없고, 노동조합으로서는 그러한 합의를 위하여 사전에 근로자들로부터 개별적인 동의나 수권을 받을 필요가 없으며, 단체협약이 현저히 합리성을 결하였는지 여부는 단체협약의 내용과 그 체결경위, 당시 사용자 측의 경영상태 등 여러 사정에 비추어 판단해야 할 것이다(대판 1999.11.23. 99다7572 참조).

### 3. 사안의 적용

위 제반사정 등에 비추어볼 때, 본 사안의 상여금 중 특별노사합의 당시 이미 구체적으로 그 지급청구권이 발생한 1997.12.25. 지급분 상여금에 관한 한 그 합의의 효력이 조합원들에게 미치지 않고, 그 나머지 상여금에 관하여는 앞서 본 바와 같이 이를 지급하지 않기로 한 것으로 보더라도, 역시 위와 같은 법리에 비추어 그 합의 내용이 단체협약의 한계를 벗어났다고 볼 것은 아니어서 특별노사합의가 조합원들에게 효력이 미친다고 할 것이다.

## Ⅲ 임금지급원칙 위반 여부

그 지급사유에 해당하는 일정기간의 근무를 시작하기 이전에 그에 따른 상여금을 지급하지 않기로 한 합의는 근로기준법에서 정하고 있는 임금의 통화지급, 직접지급, 전액지급, 정기지급 원칙에 위반된다고 볼 수 없다.

제03편

## 주요 판례 06

## [단체협약 6] 최저임금에 대한 단체협약 불이익 변경 여부

### (대판 2017.2.15. 2016다32193)

---

**사실관계** | **주식회사 우성교통 사건**

가. 甲회사와 소속 택시운전근로자로 조직된 乙노동조합이 체결한 2007년 임금협정 및 2009년 단체협약에는 소정근로시간은 '1일 7시간 20분, 주 44시간, 월 만근 25일', 차종별 1일 사납금은 '48,000원 또는 54,000원'으로 정해져 있었다.

나. 한편 2007.12.7. 신설된 최저임금법 제6조 제5항은 택시운전근로자의 최저임금에 산입되는 임금의 범위를 생산고에 따른 임금을 제외한 임금으로 한정함으로써 초과운송수입금을 최저임금에 산입할 수 없도록 규정하였으며, 그 시행 시기는 2010.7.1.이었다.

다. 甲회사와 乙노동조합은 2010.5.경부터 최저임금법 제6조 제5항의 시행에 대비한 새로운 단체협약을 체결하기 위하여 단체교섭을 진행하였으나 타결이 이루어지지 않자, 2010.7.29. '2010.7.1.부터 시행되는 최저임금 적용에 대하여 현재 임금협상이 진행 중이므로 협상이 끝날 때까지는 최저임금 적용을 유예한다.'는 내용의 합의 및 '회사는 단체협약이 만료되었더라도 새로운 단체협약이 체결되기 전까지 기존의 단체협약이 계속 유효한 것으로 한다.'는 내용의 단체협약 보충합의를 하였다.

라. 그 후 甲회사와 乙노동조합은 2012.10.30. 2012년도 단체협약 및 임금협정, 보충임금협정(이하 '변경협약'이라 함)을 체결하였다. 위 변경협약의 내용을 보면, 소정근로시간은 기존보다 단축된 '1일 3시간 20분, 주 20시간, 월 만근 25일'로 정하고, 1일 사납금은 5,000원을 인상하고, 임금은 총액을 기준으로 월 100,000원을 인상하며, 그 시행 시기를 2010.7.1.로 소급하되, 임금 및 사납금 인상분은 2012.12.1.부터 적용하고, '위 변경협약이 소급 적용됨에 따라 그동안 최저임금 이상의 임금이 지급되었음'을 노사가 합의한 것으로 되어 있다.

마. 甲회사는 최저임금법 제6조 제5항이 시행된 2010.7.1.부터 2012.10.30.자 변경협약이 체결되기 직전인 2012.10.29.까지의 기간 동안 퇴직한 丙 등에게 최저임금법 제6조 제5항에서 정한 최저임금에 미달하는 임금만이 반영된 평균임금을 기초로 퇴직금·중간정산퇴직금을 산정하여 지급하였고, 재직 중인 丁 등에게도 최저임금에 미달하는 임금을 지급하였다.

바. 丙과 丁 등은 甲회사에 대하여 위 기간 동안 최저임금법 제6조 제5항에 따른 최저임금과 甲회사가 실제로 지급한 임금의 차액 또는 이에 더하여 그 임금 차액까지 포함된 평균임금을 기초로 재산정한 퇴직금·중간정산퇴직금과 甲회사가 실제로 지급한 퇴직금·중간정산퇴직금의 차액의 지급을 청구하였다.

---

**판시사항**

[1] 단체협약 규정의 해석 방법

[2] 노동조합이 근로조건을 결정하는 기준에 관하여 소급적으로 동의하거나 승인하는 내용의 단체협약을 사용자와 체결한 경우, 단체협약 체결 이전에 퇴직한 근로자에게 효력이 미치는지 여부(소극)

[3] 근로자의 개별적인 동의나 수권 없이 노동조합이 사용자와 체결한 단체협약만으로 이미 구체적으로 지급청구권이 발생한 임금이나 퇴직금에 대한 포기나 지급유예와 같은 처분행위를 할 수 있는지 여부(소극)

[4] 신의성실의 원칙에 위배된다는 이유로 법률관계 당사자 간 상대방에 대한 권리행사를 부정하기 위한 요건

[5] 일반택시운송사업을 영위하는 甲회사가 2007.12.27. 신설된 최저임금법 제6조 제5항의 시행에 대비하여 노동조합 측과 단체교섭을 진행하였으나 타결이 이루어지지 않자, '2010.7.1.부터 시행되는 최저임금 적용에 대하여 임금협상이 끝날 때까지 최저임금 적용을 유예하고, 회사는 단체협약이 만료되었더라도 새로운 단체협약이 체결되기 전까지 기존의 단체협약이 계속 유효한 것으로 한다.'는 내용의 합의를 하였고, 그 후 甲회사와 노동조합이 새로운 단체협약 등을 체결하면서 시행 시기를 위 조항의 시행일로 소급하고 그동안 최저임금 이상의 임금이 지급되었음을 노사가 합의한 것으로 정하였는데, 甲회사 소속 택시운전 근로자로 근무하였거나 근무하고 있는 乙 등이 甲회사를 상대로 위 조항에 따른 최저임금과 甲회사가 실제로 지급한 임금의 차액 등의 지급을 구한 사안에서, 甲회사의 乙 등에 대한 최저임금 차액 등 지급의무가 위 합의와 새로운 단체협약 등의 체결만으로 당연히 소멸하는 것은 아니고, 乙 등의 청구를 신의성실의 원칙에 반하는 권리행사로 볼 수도 없다고 한 사례

## I 단체협약 규정의 해석방법

단체협약은 근로자의 경제적·사회적 지위 향상을 위하여 노동조합과 사용자가 단체교섭을 거쳐 체결하는 것이므로, 명문 규정을 근로자에게 불리하게 해석하여서는 안 된다.

## II 노동조합이 근로조건을 결정하는 기준에 관하여 소급적으로 동의하거나 승인하는 내용의 단체협약을 사용자와 체결한 경우, 단체협약 체결 이전에 퇴직한 근로자에게 효력이 미치는지 여부

노동조합이 기존의 임금, 근로시간, 퇴직금 등 근로조건을 결정하는 기준에 관하여 소급적으로 동의하거나 이를 승인하는 내용의 단체협약을 사용자와 체결한 경우에, 동의나 승인의 효력은 단체협약이 시행된 이후 해당 사업장에서 근무하면서 단체협약의 적용을 받게 될 조합원이나 근로자에 대해서만 생길 뿐, 단체협약 체결 이전에 퇴직한 근로자에게는 효력이 미칠 여지가 없다.

## III 근로자의 개별적인 동의나 수권 없이 노동조합이 사용자와 체결한 단체협약만으로 이미 구체적으로 지급청구권이 발생한 임금이나 퇴직금에 대한 포기나 지급유예와 같은 처분행위를 할 수 있는지 여부

이미 구체적으로 지급청구권이 발생한 임금이나 퇴직금은 근로자의 사적 재산영역으로 옮겨져 근로자의 처분에 맡겨진 것이기 때문에, 근로자로부터 개별적인 동의나 수권을 받지 않은 이상, 노동조합이 사용자와 체결한 단체협약만으로 이에 대한 포기나 지급유예와 같은 처분행위를 할 수는 없다.

## Ⅳ 신의성실의 원칙에 위배된다는 이유로 법률관계 당사자 간 상대방에 대한 권리행사를 부정하기 위한 요건

신의성실의 원칙에 위배된다는 이유로 법률관계 당사자 간 상대방에 대한 권리행사를 부정하기 위해서는, 상대방에게 신의를 공여하였거나 객관적으로 보아 상대방이 신의를 가지는 것이 정당하고, 그러한 상대방의 신의에 반하여 권리를 행사하는 것이 정의관념에 비추어 용인될 수 없는 정도의 상태에 이르러야 한다.

## Ⅴ 사안의 적용

### 1. 단체협약 규정의 해석방법

2010.7.29. 합의의 내용은 최저임금법 제6조 제5항의 시행에 따른 새로운 단체협약이 체결될 때까지 이 사건 법률 조항에 의한 최저임금 상당 임금의 지급을 잠정적으로 유예하는 취지에 불과하다고 보일 뿐, 그 최저임금 상당 임금의 지급 여부 자체를 후속 단체협약에 따라 결정하기로 한 것이라고 해석하기 어렵고, 달리 甲회사와 乙노동조합이 이 사건 합의 당시에 추후 체결될 단체협약의 효력 발생 시기를 이 사건 법률 조항이 시행된 2010.7.1.로 소급하기로 미리 약정하였다고 보기도 어렵다.

따라서 이 사건 합의와 이 사건 변경협약이 하나의 단체협약에 해당한다거나 이 사건 합의 당시에 이미 이 사건 변경협약의 내용과 같은 합의가 성립한 것으로 볼 수는 없다고 할 것이다.

### 2. 단체협약 불이익 변경의 효력여부

이 사건 변경협약이 이 사건 합의와는 별개의 단체협약에 해당하는 사정을 위와 같은 법리에 비추어 살펴보면, ① 이 사건 변경협약 체결 이전에 퇴직한 일부 근로자들의 경우에는 이 사건 변경협약의 효력이 미치지 아니하며, ② 나머지 丙과 丁들의 경우에도 이 사건 변경협약 체결 이전에 이미 이 사건 법률 조항에 의하여 구체적으로 그 지급청구권이 발생함으로써 위 丙과 丁들에게 귀속된 최저임금 상당 임금에 대하여 위 丙과 丁들의 개별적인 동의나 수권을 받지 아니한 이상, 乙노동조합이 이 사건 변경협약만으로 그에 관한 권리를 포기하는 처분행위를 할 수는 없다고 할 것이다. 결국 甲회사와 丙과 丁 등에 대한 최저임금 차액 등 지급의무는 2010.7.29.자 합의와 2012.10.30.자 변경협약의 체결만으로 당연히 소멸하는 것은 아니라고 할 것이다.

### 3. 丙과 丁 등의 청구가 신의칙에 반하는지 여부

이와 관련하여 ① 이 사건 법률 조항의 시행에 따른 새로운 단체협약 체결이 지연된 데에 택시운전근로자 측 일방의 귀책사유만 있다거나 그 때문에 최저임금 차액 등을 청구하지 않을 것이라는 신의를 甲회사에게 공여하였다고 할 수 없는 점, ② 앞서 본 대로 甲회사의 최저임금 차액 등 지급의무를 소멸시키는 합의 내용에 구속되지 아니하는 丙과 丁들이 이 사건 변경협약을 통하여 甲회사에게 어떠한 신의를 공여하였다고 할 수도 없는 점, ③ 甲회사가 이 사건 법률 조항이 시행되기 이전에 성실히 단체교섭을 진행하여 새로운 단체협약을 체결함으로써 경영상 위험을 회피할 수 있는 시간적인 여유는 충분히 있었던 점, ④ '조합원·비조합원 누구를 막론하고 최저임금 지급을 요구할 시는 노사가 공동 노력하여 설득하여야 한다.'는 내용이 이 사건 합의에 포함된 것으로 보아 甲회사로서는 이 사건 변경협약 체결에도 불구하고 택시운전근로자 측에서 최저임금 차액 등을 청구할 가능성이 있음을 예상하였거나 예상할 수 있었다고 여겨지는 점 등을 종합하면, 丙과 丁들의 청구를 신의성실의 원칙에 반하는 권리행사로 보기 어렵고, 甲회사의 경영상 위험이나 형평성 등의 사정을 고려하더라도 이와 달리 판단할 것은 아니라고 할 것이다.

memo

## 주요 판례 07

### [단체협약 7] 단체협약 해지를 제한하는 노사합의의 효력 여부
#### (대판 2016.3.10. 2013두3160)

---

**사실관계**　**전국금속노동조합 사건**

가. 행정청은 丙노동조합이 甲회사와 체결한 단체협약 조항 중 사용자가 차량이나 유류비 등을 노동조합에 제공하고 노동조합 사무소의 관리유지비 등을 부담하도록 하는 각 시설·편의제공 조항과 甲회사와 체결한 단체협약 조항 중 '산업별 단위노동조합으로서 사용자와 직접 단체협약을 체결해 온 丙노동조합만이 단체교섭을 할 수 있는 유일한 노동단체이며, 다른 어떠한 노동단체도 인정하지 않는다.'는 내용인 유일교섭단체 조항 및 위 각 단체협약 해지권 제한 조항에 대하여 시정명령을 내렸다.
나. 이에 丙노동조합은 행정청을 상대로 시정명령에 대한 취소소송을 제기하였다.

---

**판시사항**

단체협약의 유효기간을 제한한 「노동조합 및 노동관계조정법」 제32조 제1항, 제2항과 단체협약의 해지권을 정한 같은 조 제3항 단서의 입법 취지 및 법적 성질(= 강행규정)

---

## Ⅰ 시설·편의제공 조항에 대한 행정청의 시정명령

### 1. 노동조합의 적극적인 요구나 투쟁으로 얻은 운영비 원조

「노동조합 및 노동관계조정법」(이하 '노동조합법'이라 함) 제81조 제4호는 본문에서 '근로자가 노동조합을 조직 또는 운영하는 것을 지배하거나 이에 개입하는 행위와 노동조합의 전임자에게 급여를 지원하거나 노동조합의 운영비를 원조하는 행위'를 부당노동행위로서 금지하면서, 그 단서에서 '근로자가 근로시간 중에 제24조 제4항에 따른 활동을 하는 것을 사용자가 허용하는 행위, 근로자의 후생자금 또는 경제상의 불행 기타 재액의 방지와 구제 등을 위한 기금의 기부와 최소한의 규모의 노동조합 사무소의 제공'은 예외적으로 허용하고 있다.

위 규정의 내용과 노동조합이 사용자에게 경제적으로 종속되거나 어용화되는 것을 막고 노동조합의 자주성을 확보하고자 하는 노동조합법 관련 규정의 입법 취지를 종합하여 보면, 노동조합법 제81조 제4호 단서에 따라 허용되는 범위를 넘어 주기적이나 고정적으로 이루어지는 운영비 원조 행위는 노동조합 전임자에 대한 급여 지원 행위와 마찬가지로 노동조합법 제81조 제4호 본문에서 금지하는 부당노동행위라고 보아야 하고, 설령 그 운영비 원조가 노동조합의 적극적인 요구나 투쟁으로 얻은 결과라고 하더라도 달리 볼 수 없다.

### 2. 사안의 적용

위 제반사정 등에 비추어볼 때, 사용자가 차량이나 유류비 등을 노동조합에 제공하고 노동조합 사무소의 관리유지비 등을 부담하도록 하는 이 사건 각 시설·편의제공 조항은 노동조합법 제81

조 제4호 본문이 정한 부당노동행위에 해당하는 운영비 원조를 내용으로 하는 것이어서, 그에 대한 행정청의 시정명령이 적법하다고 할 것이다.

## Ⅱ 단체협약 해지권 배제에 관한 노사합의의 효력 여부

### 1. 단체협약 유효기간 제한 규정의 취지

노동조합법 제32조 제1항, 제2항에서 단체협약의 유효기간을 2년으로 제한한 것은, 단체협약의 유효기간을 너무 길게 하면 사회적·경제적 여건의 변화에 적응하지 못하여 당사자를 부당하게 구속하는 결과에 이를 수 있어 단체협약을 통하여 적절한 근로조건을 유지하고 노사관계의 안정을 도모하고자 하는 목적에 어긋나게 되므로, 그 유효기간을 일정한 범위로 제한하여 단체협약의 내용을 시의에 맞고 구체적 타당성이 있게 조정해 나가도록 하자는 데에 그 뜻이 있다.

### 2. 자동연장협정 하에서 단체협약 해지 통보 규정의 취지

노동조합법 제32조 제3항 단서는 단체협약에 그 유효기간이 경과한 후에도 새로운 단체협약이 체결되지 않은 때에는 새로운 단체협약이 체결될 때까지 종전 단체협약의 효력을 존속시킨다는 취지의 별도의 약정이 있는 경우에는 그에 따르되, 당사자 일방은 해지하고자 하는 날의 6개월 전까지 상대방에게 통고함으로써 종전의 단체협약을 해지할 수 있도록 규정하고 있는데, 이는 위와 같이 단체협약의 유효기간을 제한한 입법 취지에 따라 당사자가 장기간의 구속에서 벗어날 수 있도록 하는 한편 당사자로 하여금 새로운 단체협약의 체결을 촉구하기 위한 것이다(대판 2015.10.29. 2012다71138 등 참조).

### 3. 단체협약 해지를 정한 노동조합법 제32조 제3항의 법적성질

위 각 규정의 내용과 입법 취지 등을 종합하여 보면, 단체협약의 유효기간을 제한한 노동조합법 제32조 제1항, 제2항이나 단체협약의 해지권을 정한 노동조합법 제32조 제3항 단서는 모두 성질상 강행규정이라고 볼 것이어서, 당사자 사이의 합의에 의하더라도 단체협약의 해지권을 행사하지 못하도록 하는 등 그 적용을 배제하는 것은 허용되지 않는다고 할 것이다.

### 4. 사안의 적용

위 제반사정 등에 비추어볼 때, 이 사건 각 단체협약 해지권 제한 조항은 단체협약 해지의 가능성을 원천적으로 배제함으로써 유효기간 만료 후의 단체협약 체결권을 미리 제한하거나 박탈하는 것을 내용으로 하고 있으므로, 강행규정인 노동조합법 제32조 제3항 단서에 위반된다고 할 것이다.

## Ⅲ 유일교섭단체 조항의 효력 여부

'산업별 단위노동조합으로서 사용자와 직접 단체협약을 체결해 온 원고만이 단체교섭을 할 수 있는 유일한 노동단체이며, 다른 어떠한 노동단체도 인정하지 않는다.'는 내용인 이 사건 각 유일교섭단체 조항은 근로자의 노동조합 결성 및 가입의 자유와 단체교섭권 등을 침해할 우려가 있어 위법하다고 할 것이다.

## 주요 판례 08

### [단체협약 8] 불확정기한부 자동연장조항에 따라 계속 효력을 유지하게 된 단체협약의 유효기간 (대판 2015.10.29. 2012다71138)

---

**사실관계**　두산인프라코어 주식회사 사건

가. A와 B 등은 甲회사에서 근무하는 근로자로서, 乙노동조합의 산하조직인 丙지회에 소속된 조합원이다. 甲회사와 乙노동조합은 2005.2.28. 丙지회에 적용되는 2005년도 단체협약을 체결하였는데, 당시 부칙 제1조에서 위 단체협약의 효력기간을 4월 1일부터 익년 3월 말일까지로 정하였고, 부칙 제2조에서 노조법 제32조 제3항의 규정에도 불구하고 협약의 유효기간이 만료되어도 갱신협약이 체결될 때까지는 위 협약의 효력이 지속된다고 규정하고 있다.

나. 甲회사와 乙노동조합은 위 단체협약에서 정한 효력기간이 종료되는 2006.3.31.까지 새로운 단체협약을 체결하지 못하였고, 甲회사는 2010.2.1. 丙지회에 단체협약을 해지한다는 내용의 통보를 하였다. 한편 A 와 B는 2009.3.31. 丙지회에 가입하였다.

다. 위 단체협약 제48조 제4항 및 제49조 제4항에는 '회사는 사용하지 않은 연차휴가 및 월차휴가에 대하여 매년 1월 중 통상임금의 150%를 지급한다.'고 규정되어 있다. 2009년 휴가일수와 관련하여 A는 甲회사의 취업규칙에 의하면 25일의 연차휴가가 인정되나, 단체협약에 의하면 32일의 연차휴가 및 월차휴가가 발생한다. 한편 B는 2008.1.1.부터 2008.6.30.까지 업무와 무관한 질병으로 휴직을 하였다.

라. 그런데 甲회사는 근로기준법 제61조의 규정에 따라 A와 B 등에 대하여 연차휴가를 사용하도록 휴가사용 촉진조치를 통보하였다.

---

**판시사항**

단체협약이 본래의 유효기간이 경과한 후 불확정기한부 자동연장조항에 따라 계속 효력을 유지하게 된 경우, 단체협약의 유효기간이 노동조합 및 노동관계조정법 제32조 제1항, 제2항에 따라 일률적으로 2년으로 제한되는지 여부(소극)

## I 단체협약 적용여부

### 1. 단체협약의 유효기간

#### 1) 의의

「노동조합 및 노동관계조정법」(이하 '노동조합법'이라 함) 제32조 제1항, 제2항은 "단체협약에는 2년을 초과하는 유효기간을 정할 수 없다. 단체협약에 그 유효기간을 정하지 아니한 경우 또는 위 2년의 기간을 초과하는 유효기간을 정한 경우에 그 유효기간은 2년으로 한다."라고 규정하고 있다.

#### 2) 취지

이와 같이 노동조합법이 단체협약의 유효기간을 2년으로 제한한 것은, 단체협약의 유효기간을 너무 길게 하면 사회적·경제적 여건의 변화에 적응하지 못하여 당사자를 부당하게 구속하는 결과에 이를 수 있어 단체협약을 통하여 적절한 근로조건을 유지하고 노사관계의 안정을 도모하려는 목적에 어긋나게 되므로, 유효기간을 일정한 범위로 제한함으로써 단체협약의 내용을 시의에 맞고 구체적인 타당성이 있게 조정해 나가도록 하자는 데에 그 뜻이 있다(대판 1993.2.9. 92다27102 등 참조). 따라서 단체협약의 당사자인 노동조합과 사용자가 2년을 초과하는 단체협약의 유효기간을 정하더라도, 그 단체협약의 유효기간은 노동조합법 제32조 제1항, 제2항의 제한을 받아 2년으로 단축되는 것이 원칙이다.

### 2. 불확정기한부 자동연장

#### 1) 의의

노동조합법 제32조 제3항 단서는 "단체협약에 그 유효기간이 경과한 후에도 새로운 단체협약이 체결되지 아니한 때에는 새로운 단체협약이 체결될 때까지 종전 단체협약의 효력을 존속시킨다는 취지의 별도의 약정이 있는 경우에는 그에 따르되, 당사자 일방은 해지하고자 하는 날의 6월 전까지 상대방에게 통고함으로써 종전의 단체협약을 해지할 수 있다."라고 규정하여, 단체협약이 그 유효기간 경과 후에도 불확정기한부 자동연장조항에 따라 계속 효력을 가지게 된 경우에는 당사자 일방이 해지하고자 하는 날의 6개월 전까지 상대방에게 통고하여 종전의 단체협약을 해지할 수 있도록 정하고 있다.

#### 2) 취지

이는 노동조합법 제32조 제1항 및 제2항에도 불구하고 단체협약 자치의 원칙을 어느 정도 존중하면서 단체협약 공백 상태의 발생을 가급적 피하려는 목적에서, 사전에 불확정기한부 자동연장조항에 의하여 일정한 기한 제한을 두지 아니하고 유효기간이 경과한 단체협약의 효력을 새로운 단체협약 체결 시까지 연장하기로 약정하는 것을 허용하되, 위와 같이 단체협약의 유효기간을 제한한 입법 취지가 훼손됨을 방지하고 당사자로 하여금 장기간의 구속에서 벗어날 수 있도록 하고 아울러 새로운 단체협약의 체결을 촉진하기 위하여, 6개월의 기간을 둔 해지권의 행사로 언제든지 불확정기한부 자동연장조항에 따라 효력이 연장된 단체협약을 실효시킬 수 있게 한 것이다.

### 3) 불확정기한부 자동연장조항에 따른 단체협약의 유효기간

노동조합법 각 규정의 내용과 상호관계, 입법 목적 등을 종합하여 보면, 단체협약이 노동조합법 제32조 제1항, 제2항의 제한을 받는 본래의 유효기간이 경과한 후에 불확정기한부 자동연장조항에 따라 계속 효력을 유지하게 된 경우에, 그 효력이 유지된 단체협약의 유효기간은 노동조합법 제32조 제1항, 제2항에 의하여 일률적으로 2년으로 제한되지는 아니한다.

## 3. 사안의 적용

위 내용 및 사실관계 등을 종합적으로 고려할 때, 丙지회에 적용되는 이 사건 단체협약은 2006.3.31. 그 유효기간이 만료되고 이후 새로운 단체협약이 체결되지 아니하였는데, 이 사건 단체협약 부칙 제2조에서 "협약의 유효기간이 만료되어도 갱신협약이 체결될 때까지는 본 협약의 효력은 지속한다."고 규정하고 있으며, 甲회사가 2010.2.1. 이 사건 단체협약의 해지를 통보한 사실에 비추어 볼 때, 이 사건 단체협약은 노동조합법 제32조 제3항 단서에 따라 그 유효기간 만료 후에도 효력이 지속되다가 甲회사의 해지 의사표시가 도달한 2010.2.1.부터 6개월이 경과한 2010.8.1. 실효되었다고 봄이 타당하므로 그 전까지는 이 사건 단체협약이 적용되고, 또한 그 실효 전인 2009.3.31. 이 사건 丙지회에 가입한 일부 선정자들에게도 이 사건 단체협약이 적용된다고 할 것이다.

### Ⅱ 연차휴가 사용촉진 관련(사용자의 일방적인 연차휴가 사용촉진)

근로기준법이 규정한 연차휴가 사용촉진 제도가 오로지 근로자에게만 유리한 제도라고 단정할 수 없으며, 이 사건 단체협약을 체결하는 과정에서 이 사건 지회의 거부로 연차휴가 사용촉진 제도를 도입하지 못한 사실 등을 인정할 수 있으므로, 연차휴가 사용촉진 제도를 반영하지 아니한 이 사건 단체협약이 근로기준법상의 기준에 미치지 못하는 근로조건을 정한 것이어서 무효라거나 근로기준법의 시행으로 연차휴가 사용촉진 제도가 당연히 적용된다고 해석하기는 어렵다.

# 제4장 쟁의행위

## 주요 판례 01

### [쟁의행위 1] 조정전치주의를 위반한 쟁의행위의 정당성 여부
#### (대판 2000.10.13. 99도4812)

**사실관계** **성남지역 택시노조 사건**

가. 피고 乙들이 소속되어 있는 성남지역 택시노동조합의 위임을 받은 전국민주택시노동조합연맹이 피고 乙들의 사용자인 甲회사와 단체교섭을 하였으나, 결렬되어 중앙노동위원회에 노동쟁의 조정신청을 하였는데, 중앙노동위원회는 그 신청에 대해 관할 노동위원회에 신청할 것 등을 이유로 신청을 반려하였다.

나. 전국민주택시노동조합연맹은 1998.4.13. 기자회견을 통해 미리 파업시기를 공표한 후, 피고 乙들은 조정절차를 거치지 않고 1998.4.23. 파업을 개시하였는바, 이에 따라 불법파업으로 인한 업무방해죄로 기소되었다.

**판시사항**

쟁의행위가 조정전치의 규정에 따른 절차를 거치지 아니한 경우 쟁의행위의 정당성 여부**(적극)**

## I 조정전치에 관한 규정의 취지

「노동조합 및 노동관계조정법」(이하 '노동조합법'이라 함) 제45조의 조정전치에 관한 규정의 취지는 분쟁을 사전 조정하여 쟁의행위 발생을 회피하는 기회를 주려는 데에 있는 것이지 쟁의행위 자체를 금지하려는 데에 있는 것이 아니다.

## II 조정전치를 위반한 쟁의행위의 정당성 여부

쟁의행위가 조정전치의 규정에 따른 절차를 거치지 아니하였다고 하여 무조건 정당성이 결여된 쟁의행위라고 볼 것이 아니고, 그 위반행위로 말미암아 사회·경제적 안정이나 사용자의 사업운영에 예기치 않는 혼란이나 손해를 끼치는 등 부당한 결과를 초래할 우려가 있는지의 여부 등 구체적 사정을 살펴서 그 정당성 유무를 가려 형사상 죄책 유무를 판단하여야 할 것이다.

## III 사안의 적용

위 내용 및 사실관계 등을 종합적으로 고려할 때, 쟁의행위가 이 사건 노동쟁의 조정신청은 전국민주택시노동조합연맹이 피고 乙들이 속한 성남지역 택시노동조합을 비롯한 각 지역 225개 택시노동조합으로부터 임금협정에 관한 단체교섭권을 위임받아 중앙노동위원회에 일괄하여 한 것으로, 2 이상의 지방노동위원회의 관할구역에 걸친 노동쟁의의 조정신청이라고 보아야 하므로, 이러한 사건은 노동위원회법 제3조 제1항 제2호에 따라 중앙노동위원회의 관할에 속하고, 가사 그 노동쟁의 조정신청 사건이 중앙노동위원회의 관할이 아니라고 하더라도 노동위원회법 제25조, 노동위원회 규칙 제17조 제1항에 의하면, 중앙노동위원회는 접수된 노동쟁의 조정신청 사건의 관할이 잘못된 것으로 인정되는 경우에는 관할 위원회로 사건을 이송하도록 되어 있으며, 이 경우 사건이 이송되면 처음부터 이송 받은 위원회에 접수된 것으로 보도록 되어 있다고 할 것이다.

그리고 노동조합법 제45조의 조정전치에 관한 규정의 취지는 분쟁을 사전 조정하여 쟁의행위 발생을 회피하는 기회를 주려는 데에 있는 것이지 쟁의행위 자체를 금지하려는 데에 있는 것이 아니므로, 쟁의행위가 조정전치의 규정에 따른 절차를 거치지 아니하였다고 하여 무조건 정당성이 결여된 쟁의행위라고 볼 것이 아니고, 그 위반행위로 말미암아 사회·경제적 안정이나 사용자의 사업운영에 예기치 않은 혼란이나 손해를 끼치는 등 부당한 결과를 초래할 우려가 있는지의 여부 등 구체적 사정을 살펴서 그 정당성 유무를 가려 형사상 죄책 유무를 판단하여야 할 것인 바, 피고인들이 파업에 이르게 된 과정에 관한 주장과 기록에 의하여 드러나는 바와 같이, 전국민주택시노동조합연맹이 같은 달 13일 기자회견 등을 통하여 미리 파업시기를 공표한 점 등에 비추어 보면, 결과적으로 피고 乙들이 조정절차를 거치지 않고 파업에 이르기는 하였지만, 사회·경제적 안정이나 사용자의 사업운영에 예기치 않은 혼란이나 손해를 끼치는 등 부당한 결과를 초래하였다고 보기 어렵다고 할 것이다.

## 주요 판례 02

### [쟁의행위 2] 조합원찬반투표를 거치지 않은 쟁의행위의 정당성 여부
(대판 2001.10.25. 99도4837 [전합])

---

**사실관계** **만도기계 주식회사 사건**

가. 甲회사에 설립된 乙노동조합의. 대전 지부장인 丙, 지부교육선전부장 丁 및 지부 조사통계부장 戊는 1998.5.6.부터 같은 달 12.까지 일요일을 제외한 기간 동안 파업을 주도하여 조합원 약 200명을 甲회사 대전 생산기술원의 구내식당에 모이게 한 다음 생산활동을 전면 중단하고 각종 집회를 개최하였다.

나. 이 과정에서 중앙노동위원회의 조정 종료 후에 노동조합의 조합원 총회를 거쳐 조합원 대다수가 참여하는 파업을 실시하였으나, 조합원 총회에서 파업실시에 대한 찬반투표를 실시하지는 않았다.

다. 이에 대하여 검찰은 위 파업이 정당성을 상실한 것으로 판단하고, 파업참가자들을 업무방해죄로 형사 기소하였다.

---

**판시사항**

노동조합원의 찬반투표 절차를 거치지 아니한 쟁의행위의 정당성 유무(소극)

---

## I 쟁의행위의 정당성 여부

### 1. 쟁의행위의 기본원칙

노동조합 및 노동관계조정법(이하 '노동조합법'이라 함) 제37조 제1항은 "쟁의행위는 그 목적·방법 및 절차에 있어서 법령 기타 사회질서에 위반되어서는 아니 된다."고 규정하고, 제2항은 "조합원은 노동조합에 의하여 주도되지 아니한 쟁의행위를 하여서는 아니 된다."고 규정하고 있다.

### 2. 쟁의행위의 정당성 판단기준

근로자의 쟁의행위가 형법상 정당행위가 되기 위해서는, 첫째 그 주체가 단체교섭의 주체로 될 수 있는 자이어야 하고, 둘째 그 목적이 근로조건의 향상을 위한 노사 간의 자치적 교섭을 조성하는 데에 있어야 하며, 셋째 사용자가 근로자의 근로조건 개선에 관한 구체적인 요구에 대하여 단체교섭을 거부하였을 때 개시하되 특별한 사정이 없는 한 조합원의 찬성결정 등 법령이 규정한 절차를 거쳐야 하고, 넷째 그 수단과 방법이 사용자의 재산권과 조화를 이루어야 함은 물론 폭력의 행사에 해당되지 아니하여야 한다는 여러 조건을 모두 구비하여야 한다.

## II 조합원찬반투표를 거치지 아니한 쟁의행위의 정당성 여부

### 1. 의의 및 취지

그 절차에 관하여 쟁의행위를 함에 있어 조합원의 직접·비밀·무기명투표에 의한 찬성결정이라는 절차를 거쳐야 한다는 규정은 노동조합의 자주적이고 민주적인 운영을 도모함과 아울러 쟁의행위에 참가한 근로자들이 사후에 그 쟁의행위의 정당성 유무와 관련하여 어떠한 불이익을 당하지 않도록 그 개시에 관한 조합의사의 결정에 보다 신중을 기하기 위하여 마련된 규정이다.

## 2. 위반의 효과

위의 절차를 위반한 쟁의행위는 그 절차를 따를 수 없는 객관적인 사정77)이 인정되지 아니하는 한 정당성이 상실된다.

이와 달리 쟁의행위의 개시에 앞서 노동조합법 제41조 제1항에 의한 투표절차를 거치지 아니한 경우에도 조합원의 민주적 의사결정이 실질적으로 확보된 때에는 단지 노동조합 내부의 의사형성 과정에 결함이 있는 정도에 불과하다고 하여 쟁의행위의 정당성이 상실되지 않는 것으로 해석한다면 위임에 의한 대리투표, 공개결의나 사후결의, 사실상의 찬성간주 등의 방법이 용인되는 결과, 그와 같은 견해는 위의 관계 규정과 대법원의 판례취지에 반하는 것이 된다.

따라서 견해를 달리하여 노동조합법 제41조 제1항을 위반하여 조합원의 직접·비밀·무기명 투표에 의한 과반수의 찬성결정을 거치지 아니하고 쟁의행위에 나아간 경우에도 조합원의 민주적 의사결정이 실질적으로 확보된 경우에는 위와 같은 투표절차를 거치지 아니하였다는 사정만으로 쟁의행위가 정당성을 상실한다고 볼 수 없다는 취지의 대법원 2000.5.26. 선고 99도4836 판결은 위의 판결들과 어긋나는 부분에 한하여 변경하기로 한다.

## Ⅲ 사안의 적용

위 내용 및 사실관계 등을 종합적으로 고려할 때, 노동조합법 제1조는 "이 법은 헌법에 의한 근로자의 단결권·단체교섭권 및 단체행동권을 보장하여 근로조건의 유지·개선과 근로자의 경제적·사회적 지위의 향상을 도모하고, 근로관계를 공정하게 조정하여 노동쟁의를 예방·해결함으로써 산업평화의 유지와 국민경제의 발전에 이바지함을 목적으로 한다."고 규정하고, 노동조합법 제4조는 "형법 제20조의 규정은 노동조합이 단체교섭·쟁의행위 기타의 행위로서 제1조의 목적을 달성하기 위하여 한 정당한 행위에 대하여 적용된다. 다만, 어떠한 경우에도 폭력이나 파괴행위는 정당한 행위로 해석되어서는 아니된다."고 규정하며, 노동조합법 제37조 제1항은 "쟁의행위는 그 목적·방법 및 절차에 있어서 법령 기타 사회질서에 위반되어서는 아니된다."고 규정하고, 제2항은 "조합원은 노동조합에 의하여 주도되지 아니한 쟁의행위를 하여서는 아니된다."고 규정하며, 노동조합법 제41조 제1항은 "노동조합의 쟁의행위는 그 조합원의 직접·비밀·무기명투표에 의한 조합원 과반수의 찬성으로 결정하지 아니하면 이를 행할 수 없다."고 규정하고 있다. 그리고 대법원도 그 규정들에 좇아 근로자의 쟁의행위가 형법상 정당행위가 되기 위해서는 첫째 그 주체가 단체교섭의 주체로 될 수 있는 자이어야 하고, 둘째 그 목적이 근로조건의 향상

---

77) 노동판례백선, 2015 한국노동법학회 : 사용자가 지배·개입 등 부당노동행위를 통하여 노동조합의 파업찬반투표를 방해하거나 이에 개입하는 행위, 노동조합의 예측불가능한 조직변경으로 인하여 파업찬반투표를 거칠 수 없는 경우 및 천재지변 등으로 인하여 찬반투표가 불가능한 경우

을 위한 노사 간의 자치적 교섭을 조성하는 데에 있어야 하며, 셋째 사용자가 근로자의 근로조건 개선에 관한 구체적인 요구에 대하여 단체교섭을 거부하였을 때 개시하되 특별한 사정이 없는 한 조합원의 찬성결정 등 법령이 규정한 절차를 거쳐야 하고, 넷째 그 수단과 방법이 사용자의 재산권과 조화를 이루어야 함은 물론 폭력의 행사에 해당되지 아니하여야 한다는 여러 조건을 모두 구비하여야 한다고 되풀이 판시하고(대판 1990.5.15. 90도357; 대판 1991.5.24. 91도324; 대판 1996.1.26. 95도1959; 대판 1996.2.27. 95도297; 대판 1998.1.20. 97도588; 대판 2000.5.12. 98도3299; 대판 2001.6.12. 2001도1012 등 참조), 특히 그 절차에 관하여 쟁의행위를 함에 있어 조합원의 직접·비밀·무기명투표에 의한 찬성결정이라는 절차를 거쳐야 한다는 규정은 노동조합의 자주적이고 민주적인 운영을 도모함과 아울러 쟁의행위에 참가한 근로자들이 사후에 그 쟁의행위의 정당성 유무와 관련하여 어떠한 불이익을 당하지 않도록 그 개시에 관한 조합의사의 결정에 보다 신중을 기하기 위하여 마련된 규정이므로 위의 절차를 위반한 쟁의행위는 그 절차를 따를 수 없는 객관적인 사정이 인정되지 아니하는 한 정당성이 상실된다고 잇달아 판시하여(대판 1992.3.13. 91누10473; 대판 1992.9.22. 91다4317; 대판 1992.12.8. 92누1094; 대판 2000.3.10. 99도4838 등 참조) 위의 규정들의 취지를 분명히 하여왔다. 그러하니 이러한 해석견해와 달리 쟁의행위의 개시에 앞서 노동조합법 제41조 제1항에 의한 투표절차를 거치지 아니한 경우에도 조합원의 민주적 의사결정이 실질적으로 확보된 때에는 단지 노동조합 내부의 의사형성 과정에 결함이 있는 정도에 불과하다고 하여 쟁의행위의 정당성이 상실되지 않는 것으로 해석한다면 위임에 의한 대리투표, 공개결의나 사후결의, 사실상의 찬성간주 등의 방법이 용인되는 결과, 그와 같은 견해는 위의 관계 규정과 대법원의 판례취지에 반하는 것이 된다. 따라서 견해를 달리하여 노동조합법 제41조 제1항을 위반하여 조합원의 직접·비밀·무기명 투표에 의한 과반수의 찬성결정을 거치지 아니하고 쟁의행위에 나아간 경우에도 조합원의 민주적 의사결정이 실질적으로 확보된 경우에는 위와 같은 투표절차를 거치지 아니하였다는 사정만으로 쟁의행위가 정당성을 상실한다고 볼 수 없다는 취지의 대판 2000.5.26. 99도4836 판결은 위의 판결들과 어긋나는 부분에 한하여 변경하기로 한다.

그럼에도 원심에 이르기까지 다른 위법성 조각사유가 심리·인정되지 아니한 이 사건에서, 원심이 공소외 노동조합이 노동조합법 제41조 제1항에 의한 조합원의 직접·비밀·무기명 투표에 의한 조합원 과반수의 찬성결정 절차를 거치지 아니하고 파업에 나아간 사실을 인정하고서도, 파업개시에 앞서 조합원 총회를 거친 이상 위와 같이 조합원에 의한 투표절차를 거치지 아니한 것은 단지 노동조합 내부의 의사형성 과정상의 결함에 지나지 아니하며 조합원 총회 이후 파업에 참여한 인원 등에 비추어 조합원 대다수가 파업에 찬성한 것으로 보이므로 조합원 총회에서 투표를 실시하지 아니하였더라도 파업의 절차가 위법하다고 할 수 없어 그 파업은 위법성이 조각된다는 이유로 상고심판 대상이 된 공소사실 부분에 대하여 무죄를 선고한 데에는, 필요한 심리를 다하지 아니하였거나 쟁의행위의 정당성과 노동조합법 제41조 제1항의 해석에 관한 위에서 본 법리와 대법원판례들의 취지를 오해한 나머지 판결의 결과에 영향을 끼친 위법이 있으므로, 그 사항을 지적하는 검사의 상고이유의 주장은 정당하기에 이 법원은 그 주장을 받아들인다.

**주요 판례 03**

## [쟁의행위 3] 단체협약 무효를 주장하면서 쟁의행위를 한 경우, 쟁의행위의 정당성 여부 (대판 2007.5.11. 2005도8005)

**사실관계** **서울대병원 사건**

가. 甲병원에는 소속 의료종사자들을 조합원으로 하는 乙노동조합 丙지부가 있다. 丙지부는 집행기관을 가지고 독립된 조직체로 활동하고 있으나 설립신고는 하지 않았다.

나. 乙노동조합 위원장과 보건의료산업 관계 사용자대표들은 2004.6.23. 노사합의서의 내용에 합의하고 서명하였다. 위 노사합의서에 따른 단체협약 제10장 제2조에는 "임금, 노동시간 단축, 연·월차휴가 및 연차수당, 생리휴가에 관한 합의내용은 지부의 단체협약 및 취업규칙에 우선하여 효력을 가진다."고 규정되어 있다.

다. 그러나 丙지부의 지부장인 丁을 비롯한 조합간부들은 이를 받아들일 수 없다며 甲병원에 위 단체협약의 무효를 주장하면서 쟁의행위를 하였다. 丙지부는 쟁의행위를 하는 과정에서 쟁의행위의 실시 여부에 대한 丙지부 조합원 찬반투표를 거치지 않았고 조정절차를 거치지도 않았다.

**판시사항**

[1] 「노동조합 및 노동관계조정법」 제41조 제1항에 정한 노동조합원의 찬반투표 절차를 거치지 아니한 쟁의행위의 정당성 유무(원칙적 소극)

[2] 단체협약의 체결 직후 노동조합의 조합원들이 자신들에게 불리하다는 이유로 위 단체협약의 무효화를 주장하면서 쟁의행위를 한 경우, 그 쟁의행위의 정당성 유무(소극)

## Ⅰ 조합원 찬반투표 절차를 거치지 아니한 쟁의행위의 정당성 여부

### 1. 쟁의행위 찬반투표의 취지

근로자가 쟁의행위를 함에 있어 조합원의 직접·비밀·무기명투표에 의한 찬성결정이라는 절차를 거쳐야 한다는 노동조합 및 노동관계조정법 제41조 제1항의 규정은 노동조합의 자주적이고 민주적인 운영을 도모함과 아울러 쟁의행위에 참가한 근로자들이 사후에 그 쟁의행위의 정당성 유무와 관련하여 어떠한 불이익을 당하지 않도록 그 개시에 관한 조합의사의 결정에 보다 신중을 기하기 위하여 마련된 규정이다.

### 2. 조합원 찬반투표를 거치지 않은 쟁의행위의 정당성 여부

위의 절차를 위반한 쟁의행위는 그 절차를 따를 수 없는 객관적인 사정이 인정되지 아니하는 한 정당성이 상실된다(대판 2001.10.25. 99도4837 전합).

## 3. 사안의 적용

위 제반사정 등에 비추어볼 때, 乙노동조합 차원의 쟁의행위 찬반투표가 있었다고 하여 위 투표가 각 지부별 단체교섭 거부에 대응한 쟁의행위 찬반투표로서의 성격까지 겸한다고 할 수는 없고, 乙노동조합 차원의 단체협약이 체결되어 쟁의행위가 종료된 이상 지부 차원의 구체적인 요구사항들에 대하여 사용자와 협상을 거친 후 그 협상이 거부당하거나 결렬되었을 때 지부 차원의 쟁의행위 찬반투표를 별도로 거쳐야 할 것이다.

## Ⅱ 평화의무를 위반한 쟁의행위의 정당성 여부

노동조합 및 노동관계조정법 제29조 제1항은 단체협약을 체결할 권한은 노동조합의 대표자에게 있다고 규정하고 있으며, 노동조합은 단체협약의 유효기간 중에 단체협약에서 정한 근로조건 등에 관한 내용의 변경이나 폐지를 요구하는 쟁의행위를 행하지 아니하여야 할 이른바 평화의무를 지고 있다고 할 것인바, 이와 같은 평화의무가 노사관계의 안정과 단체협약의 질서형성적 기능을 담보하는 것인 점에 비추어 보면, 단체협약이 체결된 직후 노동조합의 조합원들이 자신들에게 불리하다는 이유만으로 위 단체협약의 무효화를 주장하면서 쟁의행위를 한 경우 그 쟁의행위에 정당성이 있다고 할 수 없다.

## Ⅲ 조정절차 위반의 정당성 여부

노동조합 및 노동관계조정법 제7조 제1항은 "이 법에 의하여 설립된 노동조합이 아니면 노동위원회에 노동쟁의의 조정 및 부당노동행위의 구제를 신청할 수 없다."고 규정하고 있는바, 위 규정에 의하여 노동위원회에 노동쟁의의 조정 등을 신청할 수 있는 노동조합은 근로자가 주체가 되어 자주적으로 단결하여 근로조건의 유지·개선 기타 근로자의 경제적·사회적 지위의 향상을 도모함을 목적으로 조직하는 단체 또는 그 연합단체로서(같은 법 제2조 제4호 참조) 같은 법 제10조에 의하여 설립신고를 마친 노동조합만을 의미한다고 할 것이다. 원심은, 乙노동조합 丙지부는 노동조합 설립신고를 하지 않았으므로 노동위원회에 노동쟁의 조정신청을 할 수 없었다고 하여 丁 등이 노동위원회의 조정절차를 거치지 않은 채 쟁의행위를 하였다는 공소사실 부분에 관하여 무죄라고 판단된다.

## 주요 판례 04

### [쟁의행위 4] 노동위원회의 조정절차를 거치지 않은 채 쟁의행위 찬반투표가 실시된 경우, 그 쟁의행위의 정당성이 상실되는지 여부 (대판 2020.10.15. 2019두40345)

---

**사실관계** **한국철도공사 사건**

가. 원고인 '한국철도공사'(이하 '甲공사'라 함)는 2004년 12월말 설립한 상시 근로자 28,000여 명을 고용해 전국에 12개 지역본부와 3개 철도차량 경비단 및 직할사무소를 두고 철도운송, 철도차량정비 및 철도장비 제작판매 등을 주요사업으로 하는 공기업(공법인)이며(필수유지사업장), 피고는 중앙노동위원회 위원장이다. 또한 피고 보조참가인은 '전국철도노동조합'(이하 '乙노조'라 함)은 한국철도공사 및 철도산업에 종사하는 근로자를 조직대상으로 하여 2006년 12월 산별노조인 전국운수산업노조의 업종본부로 편입된 산별노조 지부를 설립해 조합원 수는 20,000명이며, 산하에 5개의 지방본부(서울, 대전, 영주, 호남, 부산)를 두고 있으며, 참가인(61명)은 철도노조의 조합원이다.

나. 甲공사와 국토교통부는 2013년 甲공사 자회사를 신설하고 '수서발 KTX 노선을 도입하는 방안'을 추진했는데, 이에 乙노조는 2013.7.18. 甲공사에게 2013년 임금협약 교섭안으로 전년대비 6.7% 임금인상을 요구했고, 이에 甲공사가 2013.11.경 임금인상을 받아들이지 않자, 乙노조는 2013.11.12. '2013년 임금인상, 철도민영화 계획 철회, 해고자 복직 등'을 요구하며 중앙노동위원회에 노동쟁의 조정을 신청했다.

다. 乙노조는 중앙노동위원회 조정절차 진행 중 '2013년 임금인상'에 관한 조합원의 쟁의행위 찬반투표를 했고, 투표자 80%의 찬성을 얻어 쟁의행위를 가결하였다. 이후 중앙노동위원회는 조정('노사 양측 주장의 현저한 차이로 의견 조율이 어렵다')에 실패하고 조정종료 결정을 내렸다. 乙노조는 2013.12.9.~2013.12.30.(23일간)까지 '수서발 KTX법인 설립 저지'를 목적으로 1차 파업을 하였다.

라. 乙노조의 1차 파업은 2013.12.31. 종료되었지만, 파업 도중 甲공사는 '수서발 KTX법인 설립계획'을 의결하였다. 이후 노사는 '2013년 임금협약'과 '현안사항'에 대해 교섭을 진행하였으나, 이견(異見)이 좁혀지지 않아 2014.2.25.에 '2013년 임금인상'을 주된 목적 등으로 2차 파업에 돌입하였다.

마. 그 후 乙노조는 2014.6.경 임금인상률 등을 축소 수정해, 결국 甲공사와 乙노조는 2014.8.14. '임금 동결, 특별업무수당'을 2014년 임금협약을 체결하였다. 또한 甲공사는 2014.8.~9.경 다수의 조합원들에 대해 불법적인 집단적 노무제공 거부행위, 불법파업 기획・참여, 기타 시설관리권 침해, 폭행 등의 사유로 파면, 해임, 정직, 감봉 등의 징계를 실시했다.

바. 乙노조는 甲공사의 징계가 부당하다며 서울지방노동위원회에 부당징계구제신청을 하였고, 이에 대해 서울지방노동위원회는 일부인용 판정을 하였다. 하지만, 중앙노동위원회는 乙노조의 부당징계구제 재심신청에 대해 서울지방노동위원회와 달리 모두 인용 판정을 하였다. 이에 甲공사는 법원에 부당징계구제 재심판정 취소 및 쟁의행위 절차의 위법성 등에 대하여 소송을 제기하였다.

---

**판시사항**

노동위원회의 조정절차를 거치지 않은 채 쟁의행위 찬반투표가 실시된 경우, 그 쟁의행위의 정당성이 상실되는지 여부(소극)

## I 쟁의행위의 목적의 정당성 여부

이와 관련하여 원심에서는 "2013년 임금협상 등 임금안건이 2차 파업의 주된 목적의 하나임이 분명하고, 乙노조 조합원들에 대한 징계·손해배상·가압류의 철회, 순환전보와 1인 승무 반대 등과 같은 현안사항이 2차 파업의 목적에 포함된다고 볼 만한 사정은 있으나, 이를 제외하였다면 2차 파업에 이르지 않았을 것으로 인정되지 아니하므로, 2차 파업 목적의 정당성을 부정할 수 없다."고 판단하였다. 원심판결 이유를 기록에 비추어 살펴보면, 원심의 위와 같은 판단에 상고이유 주장과 같이 쟁의행위의 목적의 정당성에 관한 법리를 오해한 잘못이 없다.

## II 2차 파업이 조합원 찬반투표를 거치지 않고 실시되었는지 여부

이와 관련하여 대법원도 원심과 같이 "乙노조의 2013년 임금협약안 제안부터 조합원 찬반투표와 2차 파업을 거쳐 임금협약이 체결되는 일련의 과정을 종합하면, 조합원 찬반투표 당시 이미 2013년 임금협상에 관하여 원고인 甲공사와 乙노조 사이의 의견 불일치로 노동쟁의가 발생한 상태였고, 2차 파업의 주된 목적의 하나도 2013년 임금협상이었으므로, 2차 파업에 관하여 조합원 찬반투표가 있었다고 봄이 타당하다."고 판시하였다.

## III 노동위원회의 조정전치를 거치지 않은 찬반투표 실시 시기의 하자 여부

1) 노동조합이 쟁의행위를 할 때에 조합원의 직접·비밀·무기명투표에 의한 과반수의 찬성결정이라는 절차를 거치도록 한 노동조합 및 노동관계조정법(이하 '노동조합법'이라 함) 제41조 제1항은 노동조합의 자주적이고 민주적인 운영을 도모함과 아울러 쟁의행위에 참가한 근로자들이 사후에 그 쟁의행위의 정당성 유무와 관련하여 어떠한 불이익을 당하지 않도록 그 개시에 관한 조합의사의 결정에 보다 신중을 기하기 위하여 마련된 규정이므로 위의 절차를 위반한 쟁의행위는 그 절차를 따를 수 없는 객관적인 사정이 인정되지 않는 한 정당성이 상실된다(대판 2001.10.25. 99도4837 전합 등 참조).

하지만 쟁의행위에 대한 조합원 찬반투표가 노동조합법 제45조가 정한 노동위원회의 조정절차를 거치지 않고 실시되었다는 사정만으로는 그 쟁의행위의 정당성이 상실된다고 보기 어렵다. 그 이유는 다음과 같다.

① 노동조합법은 조합원의 찬반투표를 거쳐 쟁의행위를 하도록 제한하고 있을 뿐(제41조 제1항) 쟁의행위에 대한 조합원 찬반투표의 실시 시기를 제한하는 규정을 두고 있지 않다. 노동조합은 근로자들이 스스로 '근로조건의 유지·개선 기타 근로자의 경제적·사회적 지위 향상'을 위하여 국가와 사용자에 대항하여 자주적으로 단결한 조직이어서 국가나 사용자 등으로부터 자주성을 보장받아야 하므로(헌재 2015.5.28. 2013헌마671, 2014헌가21(병합) 등 참조), 쟁의행위에 대한 조합원 찬반투표의 실시 시기도 법률로써 제한되어 있다는 등의 사정이 없는 한 노동조합이 자주적으로 결정하는 것이 헌법상 노동3권 보장의 취지에 부합한다.

② 쟁의행위에 대한 조정전치를 정하고 있는 노동조합법 제45조의 규정 취지는 분쟁을 사전 조정하여 쟁의행위 발생을 회피하는 기회를 주려는 데에 있는 것이지 쟁의행위 자체를 금지하려는 데에 있는 것이 아니므로, 쟁의행위가 조정전치의 규정에 따른 절차를 거치지 않았더라도 무조건 정당성을 결여한 쟁의행위가 되는 것은 아니다(대판 2000.10.13. 99도4812 등 참조). 이러한 노동조합법 제45조의 규정 내용과 취지에 비추어 보아도, 쟁의행위에 대한 조합원 찬반투표 당시 노동쟁의 조정절차를 거쳤는지 여부를 기준으로 쟁의행위의 정당성을 판단할 것은 아니다.

2) 원심은 같은 취지에서 노동쟁의 상태에 이른 이후에 이루어진 조합원 찬반투표가 중앙노동위원회의 조정절차가 끝나기 전에 실시되었다는 사정만으로는 2차 파업의 정당성을 부정할 수 없다고 판단하였다. 이러한 원심의 판단에 상고이유 주장과 같이 쟁의행위의 절차적 정당성에 관한 법리를 오해한 잘못이 없다. 원고가 이 부분 상고이유에서 들고 있는 대법원 판결은 노동쟁의에 이르지 않은 상태에서 찬반투표를 실시한 경우에 관한 것이어서, 사안이 다른 이 사건에 원용하기에 적절하지 않다.

## Ⅳ 대상판결의 의의[78]

이번 대상판결에서 먼저 2차 파업은 '2013년 임금교섭'과 관련한 사용자의 성실교섭을 촉구하여 근로조건 향상을 위한 노사 간의 자치적 교섭을 조성하고 한 것으로 그 목적의 정당성이 인정되어 종전의 대법원 판례의 입장을 재확인하고 있다. 또한 2차 파업이 적법한 찬반투표를 거치지 않았다고 주장하나, 2013년 임금교섭에 관한 조합원 찬반투표는 1차 파업 후에 실시된 것으로 유효하다. 이에 쟁의행위가 노조법상 조정전치 절차를 거치지 않았더라도 무조건 정당성을 결여한 쟁의행위가 되는 것은 아니라고 하며, 조정절차에 관한 노조법 제45조 제1항의 규정 내용과 취지에 비추어 보아도 조합원 찬반투표 당시 노동쟁의 조정절차를 거쳤는지 여부를 기준으로 쟁의행위의 정당성을 판단할 것은 아니라는 기존의 대법원 판례 동향을 재확인하여 판시하였다는 점에서 의미가 있다.

---

78) 이승길 아주대학교 법학전문대학원 교수, 포커스

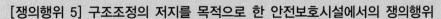

## 주요 판례 05

### [쟁의행위 5] 구조조정의 저지를 목적으로 한 안전보호시설에서의 쟁의행위
(대판 2006.5.12. 2002도3450)

**사실관계** **한국산업단지공단 사건**

가. 2001.6.18. 산업자원부는 甲공단에게 기획예산처의 정부출연·위탁기관 경영혁신계획에 의거하여 적자 운영 중인 열병합발전소를 매각하라고 지시하였다. 이에 甲공단은 2001.7.31. 열병합발전소 민영화를 위한 자문용역 주간사 입찰공고를 실시하는 등 발전소 민영화를 급속히 추진하였다.

나. 乙노동조합은 甲공단과의 단체교섭 과정에서 민영화 방침을 철회할 것을 주장하고, 2001.9.30. ~ 10.4. 까지 파업을 진행하였다. 파업 당시 안산지방노동사무소는 乙노동조합 위원장 앞으로 甲공단의 대형보일러 터빈발전기 등은 노동조합 및 노동관계조정법 제42조 제2항의 안전보호시설이므로, 이와 같은 시설에서 쟁의행위를 할 수 없다는 공문을 보냈다.

다. 하지만 乙노동조합의 위원장인 丙과 사무국장 丁은 이에 응하지 아니하고, 발전기 등 전기시설, 스팀시설, 용수시설 등의 유지·운영업무에 종사하는 조합원들에 대해서도 쟁의행위를 진행하였다. 다만, 사전에 필요한 안전조치 등을 취하여 사람의 생명이나 신체에 대한 위험은 전혀 발생하지 않았다.

라. 이에 丙과 丁은 집단에너지사업법 위반, 업무방해, 노동조합 및 노동관계조정법 위반 등의 혐의로 기소되었다.

**판시사항**

[1] 노동조합이 실질적으로 구조조정 실시 자체를 반대할 목적으로 쟁의행위에 나아간 경우, 쟁의행위의 목적의 정당성을 인정할 수 있는지 여부(한정 소극) 및 노동조합이 '실질적으로' 구조조정의 실시를 반대한다고 함의 의미

[2] 다수의 근로자들이 정당한 쟁의행위 아닌 집단적 단체행동으로 근로의 제공을 거부함으로써 사용자의 업무의 정상적인 운영을 저해하여 손해를 발생하게 한 경우, 업무방해죄의 성립 여부(한정 소극)

[3] 「노동조합 및 노동관계조정법」 제42조 제2항에서 정한 '안전보호시설'의 의미 및 그 해당 여부의 판단 방법

[4] 사업장의 안전보호시설의 유지·운영을 정지·폐지 또는 방해하는 행위가 있었으나 사람의 생명이나 신체에 대한 위험이 전혀 발생하지 않는 경우, 「노동조합 및 노동관계조정법」 제91조 제1호, 제42조 제2항 위반죄의 성립 여부(소극)

Ⅰ 노동조합이 실질적으로 구조조정 실시 자체를 반대할 목적으로 쟁의행위에 나아간 경우, 쟁의행위의 목적의 정당성을 인정할 수 있는지 여부 및 노동조합이 '실질적으로' 구조조정의 실시를 반대한다고 함의 의미

정리해고나 사업조직의 통폐합, 공기업의 민영화 등 기업의 구조조정의 실시 여부는 경영주체에 의한 고도의 경영상 결단에 속하는 사항으로서 이는 원칙적으로 단체교섭의 대상이 될 수 없고, 그것이 긴박한 경영상의 필요나 합리적인 이유 없이 불순한 의도로 추진되는 등의 특별한 사정이 없는 한, 노동조합이 실질적으로 그 실시를 반대하기 위하여 쟁의행위에 나아간다면, 비록 그 실시로 인하여 근로자들의 지위나 근로조건의 변경이 필연적으로 수반된다 하더라도 그 쟁의행위는 목적의 정당성을 인정할 수 없는 것이고(대판 2002.2.26. 99도5380 참조), 여기서 노동조합이 '실질적으로' 그 실시를 반대한다고 함은 비록 형식적으로는 민영화 등 구조조정을 수용한다고 하면서도 결과적으로 구조조정의 목적을 달성할 수 없게 하는 요구조건을 내세움으로써 실질적으로 구조조정의 반대와 같이 볼 수 있는 경우도 포함한다.

Ⅱ 다수의 근로자들이 정당한 쟁의행위 아닌 집단적 단체행동으로 근로의 제공을 거부함으로써 사용자의 업무의 정상적인 운영을 저해하여 손해를 발생하게 한 경우, 업무방해죄의 성립 여부

다수의 근로자들이 상호 의사연락 하에 집단적으로 작업장을 이탈하거나 결근하는 등 근로의 제공을 거부함으로써 사용자의 생산·판매 등 업무의 정상적인 운영을 저해하여 손해를 발생하게 하였다면, 그와 같은 행위가 노동관계 법령에 따른 정당한 쟁의행위로서 위법성이 조각되는 경우가 아닌 한, 다중의 위력으로써 타인의 업무를 방해하는 행위에 해당하여 업무방해죄를 구성한다(대판 1991.4.23. 90도2771 참조).

Ⅲ 「노동조합 및 노동관계조정법」 제42조 제2항에서 정한 '안전보호시설'의 의미 및 그 해당 여부의 판단 방법

「노동조합 및 노동관계조정법」 제42조 제2항에서 정한 '안전보호시설'이라 함은 사람의 생명이나 신체의 위험을 예방하기 위해서나 위생상 필요한 시설을 말하고, 이에 해당하는지 여부는 당해 사업장의 성질, 당해 시설의 기능, 당해 시설의 정상적인 유지·운영이 되지 아니할 경우에 일어날 수 있는 위험 등 제반 사정을 구체적·종합적으로 고려하여 판단하여야 한다.

Ⅳ **사업장의 안전보호시설의 유지·운영을 정지·폐지 또는 방해하는 행위가 있었으나 사람의 생명이나 신체에 대한 위험이 전혀 발생하지 않는 경우, 「노동조합 및 노동관계조정법」 제91조 제1호 및 동법 제42조 제2항 위반죄의 성립 여부**

「노동조합 및 노동관계조정법」 제42조 제2항의 입법 목적이 '사람의 생명·신체의 안전보호'라는 점과 「노동조합 및 노동관계조정법」 제42조 제2항이 범죄의 구성요건이라는 점 등을 종합적으로 고려하면, 성질상 안전보호시설에 해당하고 그 안전보호시설의 유지·운영을 정지·폐지 또는 방해하는 행위가 있었다 하더라도 사전에 필요한 안전조치를 취하는 등으로 인하여 사람의 생명이나 신체에 대한 위험이 전혀 발생하지 않는 경우에는 「노동조합 및 노동관계조정법」 제91조 제1호 및 동법 제42조 제2항 위반죄가 성립하지 않는다.

Ⅴ **사안의 적용**

위 제반사정 등에 비추어볼 때, 이 사건 각 시설이 어떤 근거에서 사람의 생명이나 신체에 대한 위험을 예방하기 위한 시설이고 구체적으로 어떠한 위험성이 있는 시설인지, 위 각 시설의 가동을 중단함에 있어 사전에 필요한 안전조치를 취하였는지, 위 각 시설의 가동중단에 의하여 사람의 생명이나 신체에 대한 어떠한 위험이 발생하였는지, 이 사건 열병합발전소로부터 증기를 공급받는 수용업체가 예정된 시간에 증기를 공급받지 못하여 사람의 생명이나 신체에 대한 피해를 입은 사실이 있는지 등에 대하여 종합적으로 고려할 때, 이 사건 성질상 안전보호시설에 해당하고 그 안전보호시설의 유지·운영을 정지·폐지 또는 방해하는 행위가 있었다 하더라도 사전에 필요한 안전조치를 취하는 등으로 인하여 사람의 생명이나 신체에 대한 위험이 전혀 발생하지 않는 경우에는 「노동조합 및 노동관계조정법」 제91조 제1호 및 동법 제42조 제2항 위반죄가 성립하지 않는다고 할 것이다.

memo

## 주요 판례 06

### [쟁의행위 6] 쟁의행위기간 중 결원충원을 위한 신규채용의 정당성 여부
(대판 2008.11.13. 2008도4831)

**사실관계**

가. 甲회사의 근로자들은 2006.4.25. 노동조합을 결성하고 대표이사인 乙에게 수차례에 걸쳐서 노동조합의 요구안에 대하여 협상을 요구하였으나, 협상이 결렬되었다. 이에 甲회사의 노동조합은 2006.6.13.부터 전면파업에 돌입하였는데(노동조합의 결성 이전인 2006.4.25. 이전에는 甲회사는 신규채용계획이 없었다.), 甲회사는 2006.4.26. 구조조정 발표를 하면서, 권고사직 대상자 13명을 확정하여 2006.4.30.자로 9명을 권고사직시켰다.

나. 甲회사는 조합원 A와 B가 파업에 참가하자, 파업에 참가하지 않은 C과장에게 조합원 A와 B가 수행하던 업무를 담당하게 하였는데, 조합원 A와 B의 업무를 담당하던 C과장이 2006.6.25.자로 사직하자, 甲회사는 2006.7.1. D 및 E를 신규 채용하여 파업에 참여하지 않은 다른 근로자들과 함께 위 업무를 수행하게 하였다.

다. 이에 노동조합은 甲회사의 대표이사 乙은 D와 E 등을 신규 채용하여 쟁의행위로 중단된 업무를 수행하게 하였다는 이유로 노동조합 및 노동관계조정법 제43조 제1항 위반으로 기소하였다.

**판시사항**

[1] 쟁의기간 중 결원충원을 위한 신규채용 등이 「노동조합 및 노동관계조정법」 제43조 제1항 위반죄를 구성하는지 여부의 판단 기준

[2] 쟁의기간 중 쟁의행위로 중단된 업무수행을 위해 당해 사업자의 근로자로 대체하였다가 그가 사직하여 신규 채용한 경우, 「노동조합 및 노동관계조정법」 제43조 제1항 위반죄를 구성하는지 여부(소극)

## ⊡ 쟁의행위기간 중 결원충원을 위한 신규채용 등이 노조법 제43조 제1항 위반죄를 구성하는지 여부의 판단기준

「노동조합 및 노동관계조정법」 제43조 제1항에 의하면, 사용자는 쟁의행위 기간 중 그 쟁의행위로 중단된 업무의 수행을 위하여 당해 사업과 관계없는 자를 채용 또는 대체할 수 없고, 여기서 당해 사업과 관계없는 자란 당해 사업의 근로자 또는 사용자를 제외한 모든 자를 가리키는바, 이 규정은 노동조합의 쟁의행위권을 보장하기 위한 것으로서 쟁의행위권의 침해를 목적으로 하지 않는 사용자의 정당한 인사권 행사까지 제한하는 것은 아니어서 자연감소에 따른 인원충원 등 쟁의행위와 무관하게 이루어지는 신규채용은 쟁의행위 기간 중이라고 하더라도 가능하다고 할 것이나, 결원충원을 위한 신규채용 등이 위 조항 위반인지 여부는 표면상의 이유만을 가지고 판단할 것이 아니라 종래의 인력충원 과정·절차 및 시기, 인력부족 규모, 결원 발생 시기 및 그 이후 조치내용, 쟁의행위기간 중 채용의 필요성, 신규채용 인력의 투입시기 등을 종합적으로 고려하여 판단하여야 한다.

## ⊡ 쟁의행위기간 중 쟁의행위로 중단된 업무수행을 위해 당해 사업자의 근로자로 대체하였다가 그가 사직하여 신규 채용한 경우, 「노동조합 및 노동관계조정법」 제43조 제1항 위반죄를 구성하는지 여부

사용자가 쟁의기간 중 쟁의행위로 중단된 업무의 수행을 위해 당해 사업과 관계있는 자인 비(非)노동조합원이나 쟁의행위에 참가하지 아니한 노동조합원 등 당해 사업의 근로자로 대체하였는데 그 대체한 근로자마저 사직함에 따라 사용자가 신규 채용하게 되었다면, 이는 사용자의 정당한 인사권 행사에 속하는 자연감소에 따른 인원충원에 불과하다고 보아야 하므로 특별한 사정이 없는 한 위 조항 위반죄를 구성하지 않는다.

## ⊡ 사안의 적용

위 내용 및 사실관계 등을 종합적으로 고려할 때, 甲회사가 D와 E를 신규 채용한 것은 사용자가 쟁의기간 중 쟁의행위로 중단된 업무의 수행을 위해 당해 사업의 근로자로 대체하였는데 그 대체한 근로자마저 사직함에 따른 것으로서, 그 대체한 근로자가 계속 근무하였다면 신규채용이 없었을 것이라는 점을 감안하면 이 사건 신규채용은 사용자의 정당한 인사권 행사에 속하는 자연감소에 따른 인원충원에 불과하다고 보아야 하므로, 특별한 사정이 없는 한 노동조합 및 노동관계조정법 제43조 제1항 위반죄를 구성하지 않는다고 할 것이다.

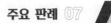

## 주요 판례 07

### [쟁의행위 7] 목적이 정당하지 않은 파업의 업무방해죄 성립 여부
(대판 2014.11.13. 2011도393)

---

**사실관계  전국공공서비스노동조합 사건**

가. 甲공사는 공공운수연맹 전국공공서비스노동조합의 지부(이하 '乙 지부'라 함)가 설립되어 있다. 乙지부는
甲공사와 단체협약 개정을 위한 실무교섭을 진행하던 중에 甲공사의 가스산업 선진화 정책에 반대하기
위해 2009.9.22.부터 9.24.까지 지부의 전 조합원에 대하여 파업 찬반투표를 실시하여 전 조합원 중 92%
가 투표하여 그중 85.2%가 파업에 찬성하는 등 파업을 위한 절차를 거친 후 乙지부의 지부장인 丙은
2009.10.23. 乙지부의 조합원들에게 2009.11.6. 공동투쟁본부 파업 출정식에 따른 파업 참가지침을 하
달하였다. 乙지부와 甲공사는 2009.11.6. 파업이 예정되어 있음을 전제로 하여 2009.11.3. 단체협약 개
정 14차 실무교섭을 하였다.

나. 2009.11.5. 乙지부의 지부장 丙이 甲공사 사장에게 2009.11.6. 파업에 돌입함을 예고하고 필수유지업무
근무 대상 조합원의 명단을 통보하자, 같은 날 甲공사 사장은 甲공사 직원들에게 파업 참여 자제를 호소
하는 호소문을 발표하고, 전국공공서비스노동조합 위원장에게 필수유지업무 근무대상 조합원의 명단을
통보하면서 필수유지업무 대상자의 파업 참가 제한에 대한 협조를 요청하였다.

다. 乙지부의 지부장 丙, 부지부장 丁, 사무처장 戊들의 주도로 乙지부 조합원 1,200여명이 2009.11.6. 해당
근무지에 출근하지 아니하고 정부과천청사 앞에서 열린 '공공부문 선진화 분쇄와 사회 공공성 강화를 위
한 공동투쟁본부 파업 출정식'에 참가하였다. 그러나 乙지부가 한 파업 기간은 1일에 불과하고, 필수유지
업무 근무대상자들은 파업에 참가하지 않고 천연가스의 인수, 제조 및 저장, 공급업무, 천연가스시설의
긴급정비 및 안전관리 업무를 계속하였고 파업으로 가스의 공급업무나 인수업무가 중단된 바는 없다.

---

**판시사항**

[1] 노동조합이 실질적으로 기업의 구조조정 실시 자체를 반대하기 위하여 쟁의행위에 나아간 경우, 쟁의행
위 목적의 정당성이 인정되는지 여부(원칙적 소극) / 쟁의행위에서 추구되는 목적 중 일부가 정당하지
못한 경우, 쟁의행위 전체의 정당성을 판단하는 기준

[2] 쟁의행위로서 파업이 '위력'에 해당하여 업무방해죄를 구성하는 경우

## I  쟁의행위의 목적의 정당성 여부

### 1. 쟁의행위의 목적의 정당성

정리해고나 사업조직의 통폐합 등 기업의 구조조정 실시 여부는 경영주체의 고도의 경영상 결단에 속하는 사항으로서 원칙적으로 단체교섭의 대상이 될 수 없어, 그것이 긴박한 경영상의 필요나 합리적 이유 없이 불순한 의도로 추진된다는 등의 특별한 사정이 없음에도 노동조합이 실질적으로 그 실시 자체를 반대하기 위하여 쟁의행위로 나아간다면, 비록 그러한 구조조정의 실시가 근로자들의 지위나 근로조건의 변경을 필연적으로 수반한다 하더라도, 그 쟁의행위는 목적의 정당성을 인정할 수 없다.

### 2. 복수의 쟁의행위 목적의 정당성 판단기준

아울러 쟁의행위가 추구하는 목적이 여러 가지로서 그중 일부가 정당하지 못한 경우에는 주된 목적 내지 진정한 목적을 기준으로 쟁의행위 목적의 정당성 여부를 판단하여야 하는데, 만일 부당한 요구사항을 뺐더라면 쟁의행위를 하지 않았을 것이라고 인정될 때에는 그 쟁의행위 전체가 정당성을 갖지 못한다고 보아야 한다(대판 2011.1.27. 2010도11030 등 참조).

## II  파업의 업무방해죄 성립 여부

### 1. 파업의 성격

쟁의행위로서의 파업은 근로자가 사용자에게 압력을 가하여 그 주장을 관철하고자 집단적으로 노무제공을 중단하는 실력행사여서 업무방해죄에서의 위력으로 볼 만한 요소를 포함하고 있지만, 근로자에게는 원칙적으로 헌법상 보장된 기본권으로서 근로조건 향상을 위한 자주적인 단결권·단체교섭권 및 단체행동권이 있다.

### 2. 파업의 업무방해죄 구성요건 해당 여부

이러한 파업이 언제나 업무방해죄의 구성요건을 충족한다고 할 것은 아니며, 전후 사정과 경위 등에 비추어 전격적으로 이루어져 사용자의 사업운영에 심대한 혼란 내지 막대한 손해를 초래할 위험이 있는 등의 사정으로 사용자의 사업 계속에 관한 자유의사가 제압·혼란될 수 있다고 평가할 수 있는 경우 비로소 그러한 집단적 노무제공의 거부도 위력에 해당하여 업무방해죄를 구성한다고 보는 것이 타당하다(대판 2011.3.17. 2007도482 전합 참조).

---


## Ⅲ 사안의 적용

위 내용 및 사실관계 등을 종합적으로 고려할 때, 경영주체의 경영상 결단에 속하는 사항으로서 단체교섭의 대상이 될 수 없는 가스산업 선진화 정책에 대한 반대를 주된 목적으로 한 이 사건 파업은 정당한 쟁의행위로 볼 수 없다고 할 것이다.

그러나 파업을 위한 조합원찬반투표를 실시한 점, 甲공사에게 파업에 돌입함을 예고한 후 필수유지업무 근무 대상 조합원 명단을 통보하였으며, 파업 기간이 1일에 불과한 점, 필수유지업무 근무 대상자들은 파업에 참가하지 않고 천연가스의 인수, 제조 및 저장, 공급 업무, 천연가스 시설의 긴급정비 및 안전관리 업무를 계속한 점, 위 파업으로 가스의 공급업무나 인수업무가 중단되지 않은 점 등을 종합적으로 고려할 때, 사업 운영에 심대한 혼란 내지 막대한 손해가 초래될 위험이 있었다고 보기는 어렵다고 할 것이다.

따라서 쟁의행위로서의 정당성이 인정되지 않는다는 점만을 이유로 위 파업이 업무방해죄에 해당한다고 할 수 없을 것이다.

memo

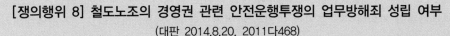

## 주요 판례 08

### [쟁의행위 8] 철도노조의 경영권 관련 안전운행투쟁의 업무방해죄 성립 여부
(대판 2014.8.20. 2011다468)

---

**사실관계** **한국철도공사 사건**

가. 甲공사와 乙노동조합은 2018.12.경 단체협약 체결을 위한 단체교섭을 2009.3.경 이후 재개하되 그때까지는 乙노동조합이 쟁의행위를 하지 않기로 하면서, 구내식당의 외주화를 예정하여 조리원의 고용에 관한 사항 등을 협의하기로 합의하였다. 그러나 단체교섭이 재개되기 이전인 2009.4.28. 乙노동조합 산하 서울 수색지구 3개 지부 명의로 구내식당 외주화가 중단되지 않을 경우 안전운행 투쟁에 돌입할 것이라는 취지의 공동성명서가 발표되고 乙노동조합과 그 산하 서울지방본부의 간부인 丙 등의 관여 하에 2009.5.1.부터 2009.6.9.까지 안전운행투쟁이 실제로 전개되었다.

나. 위 안전운행투쟁은 그 실질에 있어 서울 수색지구에 근무하는 乙노동조합의 조합원들이 열차의 입환과 구내 운행 시 작업규정·안전규칙에 따른 제한속도 준수 등의 방법으로 40일 동안 서울역·용산역에서 출발하는 열차 56대를 10분에서 46분간 지연 운행되도록 하였다. 더구나 안전운행투쟁 시작 초기인 2009.5.1, 2009.5.2, 2009.5.4. 이외에는 열차의 지연운행이 거의 없었을 뿐만 아니라 그나마 절반 이상의 기간에는 열차가 전혀 지연 운행되지 아니하였으며, 그 과정에서 甲공사가 운행 지연을 원인으로 승객들에게 요금을 환불하거나 지연보상을 한 사례도 별로 없었다.

다. 검찰은 안전운행투쟁을 주도한 丙 등을 업무방해죄로 기소하였다.

---

**판시사항**

[1] 쟁의행위로서 파업이 '위력'에 해당하여 업무방해죄를 구성하는 경우

[2] 철도노동조합과 산하 지방본부 간부인 丙 등이 한국철도공사의 경영권에 속하는 사항을 주장하면서 업무 관련 규정을 철저히 준수하는 등의 방법으로 안전운행투쟁을 전개함으로써 한국철도공사의 업무를 방해하였다는 내용으로 기소된 사안에서, 안전운행투쟁의 주된 목적이 정당하지 않다는 이유만으로 업무방해죄가 성립한다고 단정한 원심판단에 법리오해 등 위법이 있다고 한 사례

---

## I 쟁의행위의 정당성 여부

### 1. 쟁의행위의 의의

노동조합 및 노동관계조정법(이하 '노동조합법'이라 함) 제2조 제5호, 제6호 각 규정에 의하면, 노동조합의 쟁의행위는 노동조합이 근로조건의 결정에 관한 주장을 관철하기 위하여 노동쟁의 과정에서 사용자 업무의 정상적인 운영을 저해하는 행위를 말한다.

### 2. 경영사항에 대한 쟁의행위 목적의 정당성 여부

정리해고나 사업조직의 통폐합 등 기업의 구조조정 실시 여부는 경영주체의 고도의 경영상 결단에 속하는 사항으로서 원칙적으로 단체교섭의 대상이 될 수 없어, 그것이 긴박한 경영상의 필요

나 합리적 이유 없이 불순한 의도로 추진된다는 등의 특별한 사정이 없음에도 노동조합이 실질적으로 그 실시 자체를 반대하기 위하여 쟁의행위로 나아간다면, 비록 그러한 구조조정의 실시가 근로자들의 지위나 근로조건의 변경을 필연적으로 수반한다 하더라도, 그 쟁의행위는 목적의 정당성을 인정할 수 없다.

### 3. 복수의 쟁의행위 목적의 정당성 판단기준

아울러 쟁의행위가 추구하는 목적이 여러 가지로서 그중 일부가 정당하지 못한 경우에는 주된 목적 내지 진정한 목적을 기준으로 쟁의행위 목적의 정당성 여부를 판단하여야 하는데, 만일 부당한 요구사항을 뺐더라면 쟁의행위를 하지 않았을 것이라고 인정될 때에는 그 쟁의행위 전체가 정당성을 갖지 못한다고 보아야 한다(대판 2011.1.27. 2010도11030 등 참조).

### 4. 사안의 적용

위 제반사정 등에 비추어볼 때, 안전운행투쟁의 주된 목적이 단체교섭 대상의 대상이 될 수 없는 구내식당 외주화 반대라는 점 등을 종합적으로 고려할 때, 乙노동조합의 안전운행투쟁은 쟁의행위의 정당성을 상실하였다고 할 것이다.

## Ⅱ 쟁의행위로서 파업이 '위력'에 해당하여 업무방해죄를 구성하는 경우

### 1. 파업의 성격

쟁의행위로서의 파업은 근로자가 사용자에게 압력을 가하여 그 주장을 관철하고자 집단적으로 노무제공을 중단하는 실력행사여서 업무방해죄에서의 위력으로 볼 만한 요소를 포함하고 있지만, 근로자에게는 원칙적으로 헌법상 보장된 기본권으로서 근로조건 향상을 위한 자주적인 단결권·단체교섭권 및 단체행동권이 있다.

### 2. 파업이 '위력'에 해당하기 위한 요건

이러한 파업이 언제나 업무방해죄의 구성요건을 충족한다고 할 것은 아니며, 전후 사정과 경위 등에 비추어 전격적으로 이루어져 사용자의 사업운영에 심대한 혼란 내지 막대한 손해를 초래할 위험이 있는 등의 사정으로 사용자의 사업 계속에 관한 자유의사가 제압·혼란될 수 있다고 평가할 수 있는 경우 비로소 그러한 집단적 노무제공의 거부도 위력에 해당하여 업무방해죄를 구성한다고 보는 것이 타당하다(대판 2011.3.17. 2007도482 전합 참조).

### 3. 사안의 적용

위 제반사정 등에 비추어볼 때, 열차 지연운행 횟수나 정도 등에 비추어 안전운행투쟁으로 말미암아 甲공사의 사업운영에 심대한 혼란 내지 막대한 손해가 초래될 위험이 있었다고 하기 어렵고, 그 결과 甲공사의 사업 계속에 관한 자유의사가 제압·억압될 수 있다고 평가할 수 있는 경우에 해당하지 않는다고 볼 여지가 충분한데도, 이와 달리 안전운행투쟁의 주된 목적이 정당하지 않다는 이유만으로 업무방해죄가 성립한다고 단정한 원심판단에 업무방해죄의 위력에 관한 법리오해 및 심리미진의 위법이 있다고 할 것이다.

## 주요 판례 09

### [쟁의행위 9] 불법파업 시 일반조합원에 대한 손해배상책임 여부
(대판 2006.9.22. 2005다30610)

**사실관계** | **태광산업 주식회사 사건**

가. 甲회사에는 乙노동조합이 있는데, 乙노동조합의 조합원인 丙 등은 근무 중 乙노동조합의 지시에 따라 노무를 정지하고, 2001.6.12. 각 부서장의 허락 없이 각 근무부서를 무단이탈하여 쟁의행위에 참가하였다. 조합원 丙 등의 노무 정지에 따른 급격한 공정중단으로 인하여 甲회사는 막대한 손해를 발생하였다.
나. 이에 甲회사는 조합원 丙 등을 상대로 관할법원에 손해배상청구 소송을 제기하였다.

**판시사항**

[1] 회사가 불법쟁의행위를 주도한 노동조합의 간부들 상당수와 노동조합 자체에 대하여는 불법쟁의행위로 인한 손해배상책임을 묻지 않으면서, 정리해고 무효확인의 소를 제기하여 고용관계를 정리하지 아니한 조합원들에 대해서만 손해배상청구를 유지하고 있더라도 소권을 남용한 것으로 볼 수 없다고 한 사례
[2] 불법쟁의행위를 주도한 노동조합 간부 개인이 부담하는 불법쟁의행위로 인한 손해배상책임의 범위
[3] 노동조합 등의 지시에 따라 단순히 노무를 정지한 일반 근로자가 불법쟁의행위로 인한 손해배상책임을 지는 경우

### I 불법쟁의행위를 주도한 노동조합 간부 개인이 부담하는 불법쟁의행위로 인한 손해배상 책임의 범위

불법쟁의행위에 대한 귀책사유가 있는 노동조합이나 불법쟁의행위를 기획·지시·지도하는 등 이를 주도한 노동조합 간부 개인이 그 배상책임을 지는 배상액의 범위는 불법쟁의행위와 상당인 과관계에 있는 모든 손해이고, 그러한 노동조합 간부 개인의 손해배상책임과 노동조합 자체의 손해배상책임은 부진정 연대채무관계에 있는 것이므로 노동조합의 간부도 불법쟁의행위로 인하여 발생한 손해 전부를 배상할 책임이 있다. 다만, 사용자가 노동조합과의 성실교섭의무를 다하지 않거나 노동조합과의 기존합의를 파기하는 등 불법쟁의행위에 원인을 제공하였다고 볼 사정이 있는 경우 등에는 사용자의 과실을 손해배상액을 산정함에 있어 참작할 수 있다.

### II 노동조합 등의 지시에 따라 단순히 노무를 정지한 일반 근로자가 불법쟁의행위로 인한 손해배상책임을 지는 경우

노동조합 및 노동관계조정법 제3조는 "사용자는 이 법에 의한 단체교섭 또는 쟁의행위로 인하여 손해를 입은 경우에 노동조합 또는 근로자에 대하여 그 배상을 청구할 수 없다."고 규정하여 사

용자의 손해배상청구에 대하여 제한을 가하고 있는바, 여기서 민사상 그 배상책임이 면제되는 손해는 정당한 쟁의행위로 인한 손해에 국한된다고 풀이하여야 할 것이고, 정당성이 없는 쟁의행위는 불법행위를 구성하고 이로 말미암아 손해를 입은 사용자는 그 손해배상을 청구할 수 있다 할 것이지만(대판 1994.3.25. 93다32828·32835 참조), 불법쟁의행위를 기획·지시·지도하는 등으로 주도한 조합간부들이 아닌 일반조합원의 경우, 쟁의행위는 언제나 단체원의 구체적인 집단적 행동을 통하여서만 현실화되는 집단적 성격과 근로자의 단결권은 헌법상 권리로서 최대한 보장되어야 하는데, 일반 조합원에게 쟁의행위의 정당성 여부를 일일이 판단할 것을 요구하는 것은 근로자의 단결권을 해칠 수도 있는 점, 쟁의행위의 정당성에 관하여 의심이 있다 하여도 일반조합원이 노동조합 및 노동조합 간부들의 지시에 불응하여 근로제공을 계속하기를 기대하기는 어려운 점 등에 비추어 보면, 일반 조합원이 불법쟁의행위 시 노동조합 등의 지시에 따라 단순히 노무를 정지한 것만으로는 노동조합 또는 조합 간부들과 함께 공동불법행위책임을 진다고 할 수 없다. 다만, 근로자의 근로내용 및 공정의 특수성과 관련하여 그 노무를 정지할 때에 발생할 수 있는 위험 또는 손해 등을 예방하기 위하여 그가 노무를 정지할 때에 준수하여야 할 사항 등이 정하여져 있고, 근로자가 이를 준수함이 없이 노무를 정지함으로써 그로 인하여 손해가 발생하였거나 확대되었다면, 그 근로자가 일반 조합원이라고 할지라도 그와 상당인과관계에 있는 손해를 배상할 책임이 있다.

## Ⅲ 사안의 적용

위 내용 및 사실관계 등을 종합적으로 고려할 때, 석유화학 원료를 중합 반응시켜 원사를 생산하는 甲회사 공장의 대부분 공정은 섭씨 250도 이상의 고온에서 이루어지므로, 그 공정을 중지시키기 위해서는 원료투입을 서서히 줄이면서 공정 속에 있는 원료가 모두 소진되도록 하고, 원료가 소진되면 온도와 압력을 내리며, 마지막으로 기계를 세척한 후 전 공정을 멈추는 표준행동절차에 따라야 함에도 불구하고, 피고 3은 스판덱스 2팀에서 근무 중, 피고 4, 5는 방사근무 중, 피고 6, 9은 T/U 근무 중, 2001.6.2. 12시 20분경 각 부서장의 허락도 없이 각 근무부서에서 무단이탈함으로써 급격한 공정중단으로 인하여 각 공정단계에 있던 원료들이 기계 내에서 그대로 굳어버려 공정과정에 있던 원료, 부품 및 오일을 폐기하여야 하고, 기계의 재가동을 위하여 파이프나 기계 내에서 굳어버린 원료 및 오일 등을 제거하여 기계를 보수하여야만 하는 치명적인 손상을 가한 정황을 엿볼 수 있는바, 원심은 위 각 공정을 담당한 위 피고들이 파업에 적극적으로 참여하였다는 사실을 인정하면서도 나아가 그 행위가 이 사건 청구원인 손해와 상당인과관계에 있는지 여부에 관하여 심리하지 아니하고 단순히 단체의 의사결정에 따라 불법쟁의행위에 참가한 일반 조합원의 경우에는 원칙적으로 불법쟁의행위로 인한 손해에 대한 책임을 지지 않는다는 것을 전제로 위 피고들이 이 사건 파업을 주도하였다고 볼 만한 증거가 없다고 하여 甲회사의 위 피고들에 대한 청구를 배척하였는바, 이는 앞서 본 불법쟁의행위에 참가한 일반조합원의 손해배상책임에 관한 법리를 오해하여 심리를 다하지 아니함으로써 판결에 영향을 미친 위법을 범한 것이라 할 것이다.

## 주요 판례 10

### [쟁의행위 10] 불법파업에 따른 손해배상청구 시 개별 조합원의 책임제한 여부
(대판 2023.6.15. 2017다46274)

**사실관계** **현대자동차(주) 사건**

가. 원고는 자동차 제조업 등을 영위하는 회사이며, 피고는 전국금속노동조합 현대자동차 비정규직 지회이다.

나. 피고는 2010.11.25.부터 2010.12.9. 사이에 회사 울산공장 1·2라인을 점거하여 공정이 278.27시간 동안 중단되자, 원고가 쟁의행위에 가담한 피고들을 상대로 조업이 중단됨에 따른 고정비용 상당의 손해배상을 청구하였다.

다. 원고는 당초에는 파업에 참가한 조합원 29명을 상대로 소송을 제기했지만, 원고를 상대로 하는 정규직 전환 소송을 중단한 조합원 등을 제외한 4명(甲, 乙, 丙, 丁)을 상대로 손해배상을 청구하였다(손해액 271억여 원 중 일부인 20억원 청구).

라. 이 사건의 제1심에서는 피고 丙에 대한 청구는 기각하였으나, 나머지 피고인들에 대한 청구는 인용되어 원고가 일부 승소하였다.

마. 그리고 본 사건의 원심에서는 피고 丙에 대하여 원금 전부를 인용하였고, 나머지 피고들에 대해서는 항소를 기각하였는바, 이에 피고들이 패소부분에 대해 상고하였다.

**판시사항**

[1] 고정비용 상당 손해배상책임의 발생 및 범위에 관한 판단

[2] 불법파업으로 인한 개별 조합원의 손해배상 책임제한에 대한 판단

## I 고정비용 상당 손해배상책임의 발생 및 범위에 관한 판단

제조업체가 위법한 쟁의행위로 조업을 하지 못함으로써 입은 고정비용 상당 손해배상을 구하는 경우, 제조업체는 조업중단으로 인하여 일정량의 제품을 생산하지 못하였다는 점 및 그 생산 감소로 인하여 매출이 감소하였다는 점을 증명하여야 할 것이지만, 제품이 생산되었다면 그 후 판매되어 제조업체가 이로 인한 매출이익을 얻고 또 그 생산에 지출된 고정비용을 매출원가의 일부로 회수할 수 있다고 추정함이 상당하고, 다만 해당 제품이 이른바 적자제품이라거나 불황 또는 제품의 결함 등으로 판매가능성이 없다는 등의 특별한 사정에 대한 간접반증이 있으면 이러한 추정은 복멸된다(대판 1993.12.10. 93다24735; 대판 2018.11.29. 2016다11226 등 참조). 그리고 쟁의행위 종료 후 상당한 기간 안에 추가 생산을 통하여 쟁의행위로 인한 부족 생산량이 만회되는 등 생산 감소로 인하여 매출 감소의 결과에 이르지 아니할 것으로 볼 수 있는 사정이 증명된 경우도 마찬가지이다.

## Ⅱ  Ⅰ에 대한 사안의 적용

위 제반사정 등에 비추어볼 때, 원심은 원고의 울산공장 1공장의 2010년도 고정비용을 해당 연도의 가동계획시간으로 나눈 시간당 고정비용에 위 공장 1·2라인의 공통된 조업중단 시간(278.27시간)을 곱한 금액인 27,141,837,620원의 고정비용 상당 손해의 발생을 인정하고 피고들의 책임을 50%로 제한한 다음 위 손해액 중 일부인 20억원을 연대하여 구하는 원고의 청구를 전부 인용하고, 고정비용 산정 시 실제 가동시간을 기준으로 하여야 한다는 피고들의 주장을 그 판시와 같은 이유를 들어 배척하였다.

원심판결 이유를 위에서 본 법리에 비추어 살펴보면, 원심판단에 상고이유 주장과 같이 고정비용 상당 손해의 증명에 관한 법리를 오해하거나 채증법칙을 위반하여 사실을 오인하는 등의 잘못이 없다. 피고들은 조업중단으로 인한 손해로 자동차 판매계약 취소에 따른 순이익 감소분, 생산에 증가된 비용, 차량 지연 인도로 인한 위약금을 청구할 수 있을 뿐인데 이러한 손해에 관한 증명이 없다고 다투나, 이는 관련 법리에 반하는 주장으로서 받아들이기 어렵다.

## Ⅲ  손해배상책임의 제한에 대한 판단

불법행위로 인한 손해배상사건에서 과실상계 또는 책임제한의 사유에 관한 사실 인정이나 그 비율을 정하는 것은 원칙적으로 사실심의 전권사항에 속하는 것이지만, 그것이 형평의 원칙에 비추어 현저히 불합리하다고 인정되는 경우에는 위법한 것으로서 허용되지 않는다(대판 2004.2.27. 2003다6873; 대판 2015.5.14. 2014다206624 등 참조).

「노동조합 및 노동관계조정법」은 쟁의행위의 주체가 노동조합이고(제2조, 제37조), 노동조합은 쟁의행위에 대한 지도·관리·통제책임을 지며(제38조 제3항), 쟁의행위는 조합원 과반수의 찬성으로 결정하여야 한다(제41조 제1항)고 규정하고 있다. 이처럼 노동조합이라는 단체에 의하여 결정·주도되고 조합원의 행위가 노동조합에 의하여 집단적으로 결합하여 실행되는 쟁의행위의 성격에 비추어, 단체인 노동조합이 쟁의행위에 따른 책임의 원칙적인 귀속주체가 된다.

위법한 쟁의행위를 결정·주도한 노동조합의 지시에 따라 그 실행에 참여한 조합원으로서는 쟁의행위가 다수결에 의해 결정되어 일단 그 방침이 정해진 이상 쟁의행위의 정당성에 의심이 간다고 하여도 노동조합의 지시에 불응하기를 기대하기는 사실상 어렵고, 급박한 쟁의행위 상황에서 조합원에게 쟁의행위의 정당성 여부를 일일이 판단할 것을 요구하는 것은 근로자의 단결권을 약화시킬 우려가 있다(대판 2006.9.22. 2005다30610의 취지 참조). 그렇지 않은 경우에도 노동조합의 의사결정이나 실행행위에 관여한 정도 등은 조합원에 따라 큰 차이가 있을 수 있다. 이러한 사정을 전혀 고려하지 않고 위법한 쟁의행위를 결정·주도한 주체인 노동조합과 개별 조합원 등의 손해배상책임의 범위를 동일하게 보는 것은 헌법상 근로자에게 보장된 단결권과 단체행동권을 위축시킬 우려가 있을 뿐만 아니라 손해의 공평·타당한 분담이라는 손해배상제도의 이념에도 어긋난다. 따라서 개별 조합원 등에 대한 책임제한의 정도는 노동조합에서의 지위와 역할, 쟁의행위 참여 경위 및 정도, 손해 발생에 대한 기여 정도, 현실적인 임금 수준과 손해배상 청구 금액 등을 종합적으로 고려하여 판단하여야 한다.

## Ⅳ Ⅲ에 대한 사안의 적용

위 제반사정 등에 비추어볼 때, 원심이 피고들의 책임을 제한하면서 위와 같은 사정을 고려하지 않고 피고들이 이 사건 쟁의행위를 결정·주도한 전국금속노동조합 현대자동차 비정규직 지회와 동일한 책임을 부담한다는 전제에서 피고들의 책임을 50%로 제한한 것은 형평의 원칙에 비추어 현저히 불합리하다. 그렇다면 원심판결에는 위법한 쟁의행위로 인한 손해배상청구사건에서 개별 조합원 등의 책임제한 사유의 인정 및 그 비율의 산정에 관한 법리를 오해하여 판결에 영향을 미친 잘못이 있다.

## Ⅴ 대상판결의 의의[79]

본 사건은 개별 조합원 등을 상대로 위법한 쟁의행위로 인한 손해배상청구 사건에서 책임비율에 대해 개별적으로 평가비율을 정할 수 있는지의 여부가 최대 쟁점사항이 되었다.

이에 대해 대법원은 공동불법행위자들이 부담하는 손해에 대해 책임비율을 개별적으로 평가하지 않는다는 원칙(부진정연대책임의 원칙)을 전제로 하면서도, 본 사건의 경우에는 개별 조합원에 대해서는 노동조합에서의 지위와 역할, 쟁의행위 참여 정도, 손해발생에 대한 기여도 등을 종합적으로 고려하여 판단하여야 한다는 점을 최초로 설시하였다는데 의의가 있다.

한편, 대법원은 부진정연대책임 원칙에 대한 예외적인 경우를 원용한 것인데, 개별 조합원 등을 상대로 위법한 쟁의행위로 인한 손해배상청구 사건에도 그대로 적용될 수 있는지는 다소 의문이다. 또한 실무적으로도 쟁의행위 시에 각 조합원들이 구체적으로 어떠한 역할을 했으며, 손해발생에 대한 기여도가 어느 정도인지를 법원이 과연 정확하게 파악할 수 있을지, 이와 관련하여 사용자 측에 입증책임이 전가되는 것은 아닌지 등을 둘러싸고 향후 상당한 논란이 예상된다.

memo

---

79) 이정 한국외국어대학교 법학전문대학원 교수, 포커스

## 주요 판례 11

### [쟁의행위 11] 직장폐쇄기간을 평균임금 산정 기간에서 제외할지 여부
(대판 2019.6.13. 2015다65561)

**사실관계  유성기업(주) 사건**

가. 피고(이하 '甲회사'라 함)는 각종 내연기관 부품제조 및 판매업을 하는 회사이고, 원고들은 피고의 아산공장 및 영동공장에서 근무하는 근로자들이다. 甲회사의 근로자들 106여 명은 회사가 지난 2011년 실시한 출근정지 등 징계가 무효라고 주장하며, 甲회사를 상대로 단체협약에 따라 위 출근정지 기간에 대하여 평균임금의 150%를 지급하라는 소송을 제기하였다.

나. 이에 제1심과 항소심은 사용자의 징계절차에 하자가 있어, 그 징계사유의 정당성 여부와 무관하게 징계가 무효라고 판단하였다. 나아가 제1심과 항소심은 위 징계처분 전 있었던 사용자의 직장폐쇄 기간이 근로기준법 시행령 제2조 제1항 제6호에서 정한 노동조합 및 노동관계조정법 제2조 제6호에 따른 쟁의행위기간에 해당하므로 평균임금 산정 기간에서 제외되어야 한다고 판단하여 평균임금을 산정하였다.

다. 이에 甲회사는 불복해 대법원에 상고를 제기하였다.

**판시사항**

[1] 평균임금 산정 원칙에 대한 예외 규정인「근로기준법 시행령」제2조 제1항에서 정한「노동조합 및 노동관계조정법」제2조 제6호에 따른 쟁의행위기간'에 위법한 쟁의행위기간이 포함되는지 여부(소극)

[2]「노동조합 및 노동관계조정법」제46조에서 정하는 사용자의 직장폐쇄가 정당한 쟁의행위로 인정되기 위한 요건 및 노동조합의 쟁의행위에 대한 방어적인 목적을 벗어나 선제적, 공격적 직장폐쇄에 해당하는 경우, 정당성을 인정할 수 있는지 여부(소극) / 직장폐쇄가 정당한 쟁의행위로 평가받지 못하는 경우, 사용자가 직장폐쇄기간 동안 대상 근로자에 대한 임금지급의무를 면할 수 있는지 여부(원칙적 소극)

[3] 사용자의 직장폐쇄기간이 근로기준법 시행령 제2조 제1항 제6호에서 말하는 '「노동조합 및 노동관계조정법」제2조 제6호에 따른 쟁의행위기간'에 해당하는지 판단하는 기준

Ⅰ 평균임금 산정 원칙에 대한 예외 규정인 「근로기준법 시행령」 제2조 제1항에서 정한 '「노동조합 및 노동관계조정법」 제2조 제6호에 따른 쟁의행위기간'에 위법한 쟁의행위기간이 포함되는지 여부

근로기준법 제2조 제1항 제6호는 "평균임금이란 이를 산정하여야 할 사유가 발생한 날 이전 3개월 동안에 그 근로자에게 지급된 임금의 총액을 그 기간의 총일수로 나눈 금액을 말한다."라고 평균임금 산정 원칙을 명시하고 있다. 일반적으로 위와 같은 산정 방법이 사유 발생 당시 근로자의 통상적인 생활임금을 가장 정확하게 반영하기 때문이다. 그러나 위와 같은 산정 원칙을 모든 경우에 획일적으로 적용하면 근로자의 통상적인 생활임금을 사실대로 반영하지 못하거나 근로자에게 가혹한 결과를 초래할 수 있다.

근로기준법 시행령 제2조 제1항은 평균임금 산정 원칙에 대한 예외 규정이다. 이에 따라 평균임금 산정 기간 중에 노동조합 및 노동관계조정법(이하 '노동조합법'이라 함) 제2조 제6호에 따른 쟁의행위기간(제6호) 등이 있는 경우에는 그 기간과 그 기간 중에 지불된 임금은 평균임금 산정기준이 되는 기간과 임금의 총액에서 각각 공제된다. 이는 근로자의 임금 감소가 예상되는 기간 중 특별히 근로자의 권리행사 보장이 필요하거나 근로자에게 책임이 있다고 보기 어려운 경우에 한하여 예외적으로 평균임금 산정 기간에서 제외하도록 함으로써, 평균임금 산정에 관한 원칙과 근로자 이익 보호 사이의 조화를 실현하고자 한 것이다.

근로자의 정당한 권리행사 또는 근로자에게 책임이 있다고 보기 어려운 사유로 근로자가 평균임금 산정에서 불이익을 입지 않도록 특별히 배려한 근로기준법 시행령 제2조 제1항의 취지와 성격을 고려할 때, 헌법과 노동조합법에 따라 보장되는 적법한 쟁의행위의 주체, 목적, 절차, 수단과 방법에 관한 요건을 충족한 쟁의행위기간은 제6호의 '노동조합법 제2조 제6호에 따른 쟁의행위기간'을 가리킨다고 할 수 있다. 위와 같은 요건을 충족하지 못하는 위법한 쟁의행위기간은 이에 포함되지 않는다.

Ⅱ 노동조합법 제46조에서 정하는 사용자의 직장폐쇄가 정당한 쟁의행위로 인정되기 위한 요건 및 노동조합의 쟁의행위에 대한 방어적인 목적을 벗어나 선제적·공격적 직장폐쇄에 해당하는 경우, 정당성을 인정할 수 있는지 여부 및 직장폐쇄가 정당한 쟁의행위로 평가받지 못하는 경우, 사용자가 직장폐쇄기간 동안 대상 근로자에 대한 임금지급의무를 면할 수 있는지 여부

노동조합법 제46조에서 정하는 사용자의 직장폐쇄는 사용자와 근로자의 교섭태도와 교섭과정, 근로자의 쟁의행위의 목적과 방법, 그로 인하여 사용자가 받는 타격의 정도 등 구체적인 사정에 비추어 근로자의 쟁의행위에 대한 방어수단으로서 상당성이 있어야만 사용자의 정당한 쟁의행위로 인정될 수 있다. 노동조합의 쟁의행위에 대한 방어적인 목적을 벗어나 적극적으로 노동조합의 조직력을 약화시키기 위한 목적이 있는 선제적·공격적 직장폐쇄에 해당하는 경우에는 정당성이 인정되지 않는다. 직장폐쇄가 정당한 쟁의행위로 평가받지 못하는 경우에는 사용자는 원칙적으로 직장폐쇄기간 동안 대상 근로자에 대한 임금지급의무를 면할 수 없다.

제
03
편

Ⅲ 사용자의 직장폐쇄기간이 근로기준법 시행령 제2조 제1항 제6호에서 말하는 '노동조합법 제2조 제6호에 따른 쟁의행위기간'에 해당하는지 판단하는 기준

근로기준법 제2조 제1항 제6호의 평균임금 개념과 산정 방식, 근로기준법 시행령 제2조 제1항의 취지와 성격, 근로자의 위법한 쟁의행위 참가기간의 근로기준법 시행령 제2조 제1항 제6호 기간 해당 여부, 직장폐쇄와 사용자의 임금지급의무의 관계 등을 종합하여 다음과 같은 결론을 도출할 수 있다.

1) 근로기준법 시행령 제2조 제1항의 입법 취지와 목적을 감안하면, 사용자가 쟁의행위로 적법한 직장폐쇄를 한 결과 근로자에 대해 임금지급의무를 부담하지 않는 기간은 원칙적으로 같은 조항 제6호의 기간에 해당한다. 다만, 이러한 직장폐쇄기간이 근로자들의 위법한 쟁의행위 참가기간과 겹치는 경우라면 근로기준법 시행령 제2조 제1항 제6호의 기간에 포함될 수 없다.

2) 위법한 직장폐쇄로 사용자가 여전히 임금지급의무를 부담하는 경우라면, 근로자의 이익을 보호하기 위해 그 기간을 평균임금 산정 기간에서 제외할 필요성을 인정하기 어려우므로 근로기준법 시행령 제2조 제1항 제6호에 해당하는 기간이라고 할 수 없다.

따라서 이와 달리 직장폐쇄의 적법성, 이로 인한 사용자의 임금지급의무 존부 등을 고려하지 않은 채 일률적으로 사용자의 직장폐쇄기간이 근로기준법 시행령 제2조 제1항 제6호에서 말하는 '노동조합법 제2조 제6호에 따른 쟁의행위기간'에 해당한다고 할 수 없다.

memo

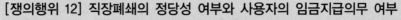
**주요 판례** 12

## [쟁의행위 12] 직장폐쇄의 정당성 여부와 사용자의 임금지급의무 여부
### (대판 2016.5.24. 2012다85335)

**사실관계** | **발레오전장시스템코리아(주) 사건**

가. 회사가 경비업무 일부의 외주화를 시행하자 산업별 노동조합인 甲노동조합 경주지부 乙지회는 조합원 총회에서 쟁의행위를 결정하고 2010.2.9.부터 2010.2.12.까지 태업을 하였다. 회사는 乙지회에 쟁의행위의 중단과 노사협의를 요청하였으나, 乙지회는 경비업무의 외주화 철회 없이는 쟁의행위를 중단할 수 없다며 태업을 계속하였고, 회사는 2010.2.13.부터 2010.2.15.까지의 설연휴기간에 사무직 근로자 등을 투입하여 주문받은 부품을 생산하려고 하였으나 조합원들이 위력으로 이를 방해하였다. 이에 회사는 2010.2.16.부터 회사의 승용공장, 상용공장 전체에 대하여 乙지회 조합원의 출입을 전면 금지한다는 내용의 부분적인 직장폐쇄를 하였다.

나. 乙지회는 직장폐쇄 개시 이후 2010.2.22. 회사에게 2010.2.23.까지 전체조합원이 업무에 복귀하겠다는 의사를 표시하면서 2010.2.24.에 단체교섭을 요청하였다. 그러나 회사가 2010.3.2. 乙지회에게 대화의 진정성 등에 의문을 제기하면서 대표이사 비방 등에 대한 사과를 요구하자 乙지회는 2010.3.8. 회사가 요구하는 모든 문제에 대해 유감을 표현하고 회사를 비방한 부분에 대해서도 사과하였고, 乙지회는 2010.3.9. 노사 간 대화 시 회사의 요청을 그대로 수용하여 甲노동조합 경주지부 위원들을 배제한 채 지회 위원들만 참석하겠다고 통지하였다. 회사는 직장폐쇄 이후 조합원들이 노동조합 사무실이나 공장 내부를 출입하는 것을 원천봉쇄하였는데, 이에 乙지회는 향후 회사 주장대로 문제가 발생하면 모든 책임을 지회가 지겠다는 입장을 표시하면서 노동조합 및 복지시설 출입을 허용해달라고 요청하였으며, 2010.4.22. 회사가 직장폐쇄를 철회하고 정상조업을 재개한다면 지회에서 집행부 사퇴를 포함하여 모든 것을 열어놓고 임할 용의가 있음을 표명하였다.

다. 이러한 과정에서 乙지회 조합원들은 2010.3.2.부터 2010.3.6.까지 회사의 공장 앞에서 직장폐쇄에 대한 항의 시위를 개최하면서 폭행, 업무방해 등 위법행위를 하였고, 2010.3.5.부터 2010.3.9.까지 甲노동조합 경주지부 산하 여러 사업장 조합원들이 연대하여 파업과 집회 등을 시도하였으나, 그 후로는 乙지회 조합원들은 불법시위를 개최하는 등의 적극적인 투쟁방법을 지속하지는 않았다. 또한 乙지회 측은 2010.3.25.부터 경주시민들에게 회사를 비방하는 내용의 유인물을 배포하였으나, 2010.4.6.부터는 이와 같은 유인물 배포 등 회사에 대한 비방활동을 전혀 하지 않았다.

라. 한편 회사는 직장폐쇄조치를 계속 유지하면서도 개별적인 접촉을 통하여 2010.3.경까지 약 100명, 2010.4.경부터 약 300명의 조합원들을 선별적으로 업무에 복귀시켰다. 일부 조합원들은 2010.5.19. 및 2010.6.7. 두 차례에 걸쳐 乙지회의 노동조합 조직형태 변경을 위한 총회를 개최하였다. 회사는 2010.3. 경부터 丙노무법인으로부터 회사가 직장폐쇄를 유지하면서 협력적인 노사관계의 구축을 위하여 乙지회의 조합원 수가 감소하도록 조합원들의 탈퇴를 유도하고 乙지회의 조직형태를 기업별 노동조합으로 변경하는 방안이 포함된 문서 등을 여러 차례에 걸쳐 제공받았다.

마. 회사는 乙지회의 수회에 걸친 직장폐쇄 철회요구에 대하여 경비업무 외주화에 대한 반대입장의 철회가 없는 업무복귀 의사는 진정으로 쟁의행위를 종료하고 조업을 정상화하려는 것으로 보기 어렵다는 이유로 거절하다가 법원의 직장폐쇄효력정지가처분결정이 내려지자, 2010.5.25. 직장폐쇄를 철회하였다.

---

**판시사항**

직장폐쇄의 개시 자체는 정당하지만 이후 근로자가 쟁의행위를 중단하고 진정으로 업무에 복귀할 의사를 표시하였음에도 사용자가 직장폐쇄를 계속 유지하면서 적극적으로 노동조합의 조직력을 약화시키기 위한 목적 등을 갖는 공격적 직장폐쇄의 성격으로 변질된 경우, 그 이후의 직장폐쇄가 정당성을 상실하는지 여부(적극) 및 사용자가 그 기간 동안의 임금지불의무를 면할 수 있는지 여부(소극)

---

## Ⅰ 직장폐쇄의 정당성 여부

### 1. 직장폐쇄의 정당성 판단

노동조합 및 노동관계조정법 제46조에서 규정하는 사용자의 직장폐쇄는 사용자와 근로자의 교섭태도와 교섭과정, 근로자의 쟁의행위의 목적과 방법 및 그로 인하여 사용자가 받는 타격의 정도 등 구체적인 사정에 비추어 근로자의 쟁의행위에 대한 방어수단으로서 상당성이 있어야만 사용자의 정당한 쟁의행위로 인정될 수 있는데, 노동조합의 쟁의행위에 대한 방어적인 목적을 벗어나 적극적으로 노동조합의 조직력을 약화시키기 위한 목적 등을 갖는 선제적, 공격적 직장폐쇄에 해당하는 경우에는 그 정당성이 인정될 수 없다(대판 2000.5.26. 98다34331 외 다수판결).

### 2. 정당성을 상실한 직장폐쇄의 효과

직장폐쇄가 정당한 쟁의행위로 평가받지 못하는 경우에는 사용자는 직장폐쇄 기간 동안의 대상 근로자에 대한 임금지불의무를 면할 수 없다(대판 2000.5.26. 98다34331 외 다수판결).

## Ⅱ 사안의 적용

위 내용 및 사실관계 등을 종합적으로 고려할 때, 甲노동조합 조직형태 변경을 위한 총회를 개최한 사실, 회사는 丙노무법인과 노사관계에 관한 자문을 제공받고 보수를 지급하기로 하는 계약을 체결하고 2010.3.경부터 위 노무법인으로부터 여러 차례 '쟁의행위 전략문건'이라는 문서를 제공받았는데, 그 주요 내용은 회사가 직장폐쇄를 유지하면서 협력적인 노사관계의 구축을 위하여 乙지회의 조합원 수가 감소하도록 조합원들의 탈퇴를 유도하고 乙지회의 조직형태를 기업별 노동조합으로 변경하는 방안을 추진하는 것으로서 그 구체적인 절차까지 포함되어 있었던 사실 등을 알 수 있는데, 그렇다면 회사가 의도적으로 乙지회의 조직력, 투쟁력을 약화시키는 것을 목표로 삼고 위와 같은 조합원들의 선별적 업무복귀 및 조직형태 변경을 위한 총회 개최를 계획적으로 추진하거나 개입하였을 개연성도 적지 않다고 볼 수 있다.

따라서 앞서 본 법리에 비추어 위와 같은 사실관계와 정황들을 살펴보면, 이 사건 직장폐쇄는 2010.2.16.부터 2010.5.24.까지 98일이나 되는 장기간 동안 지속되었는데, 조합원 상당수가 복귀한 2010.3.경 이후의 어느 시점부터는 이 사건 직장폐쇄가 회사가 乙지회와의 교섭력의 균형을 도모하기 위한 목적, 즉 乙지회의 쟁의행위에 대한 방어적인 목적을 벗어나 적극적으로 乙지회의 조직력을 약화시키기 위한 목적 등을 갖는 선제적, 공격적 직장폐쇄에 해당하여 정당성을 상실한 것으로 볼 여지가 크다고 할 것이다.

그렇다면 乙지회가 회사 측에 진정한 업무복귀 의사를 표명한 것으로 볼 수 있는 시기 또는 위법 행위나 회사에 대한 적대적 행위 등을 종료한 시기와 乙지회의 투쟁력이 급격하게 약화된 것으로 볼 수 있는 시기 등이 언제인지, 회사가 선별적으로 조합원들의 업무복귀를 추진한 경위와 목적 및 구체적 방법이 무엇인지, 乙지회가 조직형태를 변경하는 결의를 추진한 실질적인 목적과 배경 및 피고가 이에 관여하였는지 여부, 그 밖에 乙지회와 회사의 관계의 변화를 추정할 수 있는 제반 사정 등에 대하여 보다 구체적으로 심리하여, 회사가 이 사건 직장폐쇄조치를 2010.3.경 이후에도 유지한 것이 乙지회의 쟁의행위에 대한 방어적인 목적을 벗어나 적극적으로 乙지회의 조직력을 약화시키기 위한 목적 등을 갖는 선제적, 공격적 직장폐쇄에 해당하는지를 판단함으로써 그 시기 이후에 해당하는 임금에 대해서는 회사의 지불의무를 인정하였어야 할 것이다.

memo

# 제5장 부당노동행위

주요 판례 01

## [부당노동행위 1] 사내 하청업체 근로자와의 관계에서 원청회사의 부당노동행위 주체 여부[80] (대판 2010.3.25. 2007두8881)

**사실관계**  **주식회사 현대중공업 사건**

가. C회사, D회사, E회사, F회사는 A회사와 업무도급계약을 체결하고, A회사의 선박건조 및 수리판매업과 관련된 업무를 수행하였다. A회사의 사내하청업체인 위 회사들은 대부분 A회사의 업무만 수행하고 있으며, A회사는 사내 하청업체에 대한 개별도급계약의 체결여부 및 물량을 그 계획에 따라 주도적으로 조절할 수 있는 데다가 그 외에도 도급계약의 해지, 사내 하청업체 등록해지 권한을 가지고 있는 등 사내 하청업체에 대하여 우월적 지위에 있었다.

나. A회사는 공정의 원활한 수행 및 품질관리 등을 위해서 사내 하청업체 소속 근로자들이 해야 할 작업 내용 전반에 관하여 직접 관리하고 있었고, 개별도급계약을 통하여 작업 일시, 작업 시간, 작업 장소, 작업 내용 등에 관하여 A회사가 작업시간과 작업 일정을 관리·통제하고 있었으며, 사내 하청업체는 사실상 이미 확정되어 있는 업무에 어느 근로자를 종사시킬지 여부에 관해서만 결정하였다.

다. 사내 하청업체 소속 근로자는 A회사가 제공한 도구 및 자재를 사용하여 A회사의 사업장 내에서 작업함으로써 A회사가 계획한 작업 질서에 편입되고 A회사 직영 근로자와 함께 선박건조업무에 종사하였다. 작업의 진행방법, 작업시간 및 연장, 휴식, 야간근로 등에 관해서도 위 근로자들이 실질적으로 A회사 공정관리자의 지휘·감독 하에 놓여 있었다.

라. C회사, D회사, E회사, F회사 등 A회사의 사내 협력업체 소속 근로자들은 2003.8.30. B노동조합을 설립하였다. A회사는 2003.8.26. F기업 대표로 하여금 B조합의 조합원으로 드러난 丁을 사업장에서 근무하지 못하도록 요청하여 근무대기를 하도록 하였고, 같은 달 29. F기업 대표에게 丁이 B노동조합 임원인 사실을 알려주었다. 또한 사내 하청업체에게 소속 근로자가 A회사에서 유인물을 배포하는 등 회사 운영을 방해하고 있다면서 계약해지 등의 경고를 하였다.

마. C회사는 2003.8.16. B노동조합 위원장인 甲을 해고한 다음 2003.10.8. 폐업하였으며, D회사는 2003.10.6. 폐업하면서 같은 날 조합원 乙을 해고하였으며, E회사는 2003.9.25. 조직부장인 丙을 징계해고 한 다음 2004.8.31. 폐업하였고, F회사는 2003.9.2. 사무국장인 丁을 해고한 다음 같은 달 29. 위 의장 2부 업무를 폐지하였다.

바. 위 사내 하청업체들은 1997년경부터 설립되어 그 폐업 시까지 아무런 문제없이 운영되어 온 회사들로서 전에 노사분규를 경험하여 본 적이 없었고, 경영상 폐업할 별다른 사정이 없음에도 B노동조합 설립 직후에 甲, 乙, 丙, 丁이 B노동조합 간부임이 드러난 후 근로조건에 대한 협상요구를 받은 즉시 폐업을 결정하였다.

---

80) 조용만, 김홍영 로스쿨 노동법

사. 한편 C회사의 경우 폐업결정 직후에 그 부분 사업을 인수할 G회사가 설립되었고, 실제 폐업한 C회사 소속 근로자 상당수가 G회사로 적을 옮겨 작업을 하였고, D회사의 경우 폐업공고 직후 H회사에서 근로자 를 모집하여 D회사가 하던 작업을 그대로 이어받았고, A회사가 H회사에 대하여 계약해지를 예상하고 있었음에도 B노동조합의 임원이 소속된 F회사의 의장부분이 갑자기 폐지되고 F회사 의장부분 소속 근로자 가 H회사에 입사하였다.

아. 이에 甲, 乙, 丙, 丁 및 B노동조합은 그 무렵 A회사를 상대로 지방노동위원회에 위 사내 협력업체들은 A회사로부터 경영상 독립성이 없는 회사로서 A회사가 실질적으로 甲, 乙, 丙, 丁 등이 B노동조합의 조합 원으로 활동하였다는 이유로 위 협력업체들을 폐업시키는 등의 방법으로 甲, 乙, 丙, 丁 등을 해고하였으 며, 이는 불이익취급의 부당노동행위 및 노동조합의 결성 및 활동을 방해하는 지배·개입의 부당노동행 위에 해당한다고 하면서 부당해고 및 부당노동행위 구제신청을 하였다.

---

**판시사항**

[1] 근로자의 기본적인 노동조건 등을 실질적이고 구체적으로 지배·결정할 수 있는 지위에 있는 자가 근로 자의 노동조합 조직 또는 운영을 지배하거나 개입하는 행위를 한 경우, 부당노동행위 구제명령의 대상인 사용자에 해당하는지 여부**(적극)**

[2] 원청회사가 사내 하청업체 소속 근로자들의 기본적인 노동조건 등에 관하여 고용사업주인 사내 하청업체 의 권한과 책임을 일정 부분 담당하고 있다고 볼 정도로 실질적·구체적으로 지배·결정할 수 있는 지위 에 있고 사내 하청업체의 사업폐지를 유도하고 그로 인하여 사내 하청업체 노동조합의 활동을 위축시키 거나 침해하는 지배·개입행위를 하였다면, 원청회사는 부당노동행위 구제명령의 대상인 사용자에 해당 한다고 한 사례

---

## I 부당노동행위 구제명령의 대상인 사용자

### 1. 부당노동행위 및 그 구제제도의 취지

「노동조합 및 노동관계조정법」 제81조 내지 제86조는 헌법이 규정하는 근로3권을 구체적으로 확보하고 집단적 노사관계의 질서를 파괴하는 사용자의 행위를 예방·제거함으로써 근로자의 단결권·단체교섭권 및 단체행동권을 확보하여 노사관계의 질서를 신속하게 정상화하기 위하여 부당노동행위에 대한 구제제도에 관하여 규정하고 있다(대판 1993.12.21. 93다11463; 대판 1998. 5.8. 97누7448 등 참조).

### 2. 부당노동행위의 주체 및 구제명령 대상자인 사용자의 범위

부당노동행위의 예방·제거는 노동위원회의 구제명령을 통해서 이루어지는 것이므로, 구제명령 을 이행할 수 있는 법률적 또는 사실적인 권한이나 능력을 가지는 지위에 있는 한 그 한도 내에 서는 부당노동행위의 주체로서 구제명령의 대상자인 사용자에 해당한다고 볼 수 있을 것이다.

## 3. 지배·개입 부당노동행위 규정의 취지

노동조합 및 노동관계조정법 제81조 제4호는 '근로자가 노동조합을 조직 또는 운영하는 것을 지배하거나 이에 개입하는 행위' 등을 부당노동행위로 규정하고 있고, 이는 단결권을 침해하는 행위를 부당노동행위로서 배제·시정하여 정상적인 노사관계를 회복하는 것을 목적으로 하고 있다.

## 4. 지배·개입 주체인 사용자 해당 여부 판단의 고려요소

그 지배·개입 주체로서의 사용자인지 여부도 당해 구제신청의 내용, 그 사용자가 근로관계에 관여하고 있는 구체적 형태, 근로관계에 미치는 실질적인 영향력 내지 지배력의 유무 및 행사의 정도 등을 종합하여 결정하여야 할 것이다. 따라서 근로자의 기본적인 노동조건 등에 관하여 그 근로자를 고용한 사업주로서의 권한과 책임을 일정 부분 담당하고 있다고 볼 정도로 실질적이고 구체적으로 지배·결정할 수 있는 지위에 있는 자가, 노동조합을 조직 또는 운영하는 것을 지배하거나 이에 개입하는 등으로 노동조합 및 노동관계조정법 제81조 제4호 소정의 행위를 하였다면, 그 시정을 명하는 구제명령을 이행하여야 할 사용자에 해당한다.

## 5. 사안의 적용

### 1) 지배·개입의 부당노동행위 구제명령 이행주체로서의 사용자인지 여부

이와 관련하여, ① A회사가 공정의 원활한 수행 및 품질관리 등을 위해서 사내 하청업체 소속 피고보조참가인 甲, 乙, 丙, 丁(이하 '참가인들'이라 함)을 포함한 근로자들이 해야 할 작업 내용 전반에 관하여 직접 관리하고 있었고, 또 개별도급계약을 통하여 작업 일시, 작업 시간, 작업 장소, 작업 내용 등에 관하여 실질적·구체적으로 결정하는 등 A회사가 작업시간과 작업 일정을 관리·통제하고 있기 때문에 근로자들이 노동조합의 총회나 대의원대회 등 회의를 개최하기 위하여 필요한 노동조합활동 시간 보장, 노동조합 간부의 유급 노동조합활동시간 보장 등에 대하여 실질적인 결정권을 행사하게 되는 지위에 있는 점, ② 사내 하청업체는 위와 같은 작업 일시, 장소, 내용 등이 개별도급계약에 의해 확정되기 때문에 사실상 이미 확정되어 있는 업무에 어느 근로자를 종사시킬지 여부에 관해서만 결정하고 있던 것에 지나지 않았던 점, ③ 사내 하청업체 소속 근로자는 A회사가 제공한 도구 및 자재를 사용하여 A회사의 사업장 내에서 작업함으로써 A회사가 계획한 작업 질서에 편입되고 A회사 직영근로자와 함께 선박건조업무에 종사하고 있었던 점, ④ 작업의 진행방법, 작업시간 및 연장, 휴식, 야간근로 등에 관하여서도 위 근로자들이 실질적으로 A회사 공정관리자(직영반장이나 팀장)의 지휘·감독 하에 놓여 있었던 점 등을 종합하여, A회사가 참가인들을 포함한 사내 하청업체 소속 근로자들의 기본적인 노동조건 등에 관하여 고용사업주인 사내 하청업체의 권한과 책임을 일정 부분 담당하고 있다고 볼 정도로 실질적이면서 구체적으로 지배·결정할 수 있는 지위에 있다고 보고, 사내 하청업체의 사업폐지를 유도하는 행위 및 그로 인하여 노동조합의 활동을 위축시키거나 침해하는 지배·개입 행위를 한 원고 회사를 노동조합 및 노동관계조정법 제81조 제4호 소정의 부당노동행위의 시정을 명하는 구제명령을 이행할 주체로서의 사용자에 해당한다.

2) 지배·개입의 부당노동행위 성립 여부

이와 관련하여 ① A회사는 2003.8.26. 사내 하청업체 F기업 대표로 하여금 참가인 조합의 조합원으로 드러난 丁을 사업장에서 근무하지 못하도록 요청하여 근무대기를 하도록 하였고, 같은 달 29. F기업 대표에게 丁이 B노동조합 임원인 사실을 알려준 점, ② A회사의 사내 하청업체는 대부분 A회사의 업무만 수행하고 있고, A회사는 사내 하청업체에 대한 개별도급계약의 체결 여부 및 물량을 그 계획에 따라 주도적으로 조절할 수 있는 데다가 그 외에도 도급계약의 해지, 사내 하청업체 등록해지 권한을 가지고 있는 등 사내 하청업체에 대하여 우월적 지위에 있었던 점, ③ A회사가 사내 하청업체에게 소속 근로자가 A회사에서 유인물을 배포하는 등 회사 운영을 방해하고 있다면서 계약해지 등의 경고를 한 점, ④ B노동조합 위원장인 甲이 소속된 C회사는 2003.10.8. 폐업하였으며, 그 사이에도 乙이 소속된 D회사, B노동조합 사무국장인 丁이 소속된 F기업(의장부분만 폐지) 등의 사내 하청업체들이 경영상 폐업할 별다른 사정이 없음에도 B노동조합 설립 직후에 참가인들이 B노동조합 간부임이 드러나고 근로조건에 대한 협상요구를 받은 즉시 폐업을 결정한 것을 볼 때, 위 사내 하청업체들의 폐업이유는 B노동조합의 설립 이외에 다른 이유가 없다고 보이는 점, ⑤ 위 사내 하청업체들은 1997년경부터 설립되어 그 폐업 시까지 아무런 문제없이 운영되어 온 회사들로서 전에 노사분규를 경험하여 본 적이 없고, 수십 명의 소속 근로자를 두고 있으며, 위 폐업시기가 본격적인 단체협상을 하기도 전이라는 점에서 위 폐업결정은 사내 하청업체의 독자적인 결정이라고 보이지 않는 점, ⑥ 위 C회사의 경우 폐업결정 직후에 그 부분 사업을 인수할 G회사가 설립되었고, 실제로 폐업한 위 C회사 소속 근로자 상당수가 G회사로 적을 옮겨 C회사가 하던 A회사 도장5부의 작업을 하고 있으며, D회사의 경우 폐업공고 직후 H회사에서 패널 조립업무에 근무할 근로자를 모집하여 D회사가 하던 패널 조립작업을 그대로 이어받았고, A회사가 H회사에 대하여 계약해지를 예상하고 있었음에도 B노동조합의 임원이 소속된 F회사 의장부분이 갑자기 폐지되고 F회사 의장부분 소속 근로자가 H기업에 입사하였는데, 영세하고 정보력이 부족한 사내 하청업체들의 독자적인 능력만으로 폐업 및 직원모집, 회사설립 등의 복잡한 업무를 A회사의 운영에 아무런 차질이 없도록 위와 같이 신속하게 진행할 수 있었다고는 보이지 않는 점 등을 종합하여 볼 때, A회사가 사업폐지를 유도하는 행위와 이로 인하여 B노동조합의 활동을 위축시키거나 침해하는 지배·개입 행위를 하였다고 할 것이다.

## Ⅲ 구제명령의 내용

### 1. 유연하고 탄력적인 부당노동행위 구제명령의 필요성

현실적으로 발생하는 부당노동행위의 유형은 다양하고, 노사관계의 변화에 따라 그 영향도 다각적이어서 그에 대응하는 부당노동행위 구제의 방법과 내용도 유연하고 탄력적일 필요가 있다.

### 2. 지배·개입금지 부작위명령의 적절성과 그 법적 근거

사용자의 지배·개입 행위가 사실행위로 이루어진 경우 그 행위 자체를 제거 내지 취소하여 원상회복하는 것이 곤란하며 또한 사용자의 행위가 장래에 걸쳐 계속 반복하여 행하여질 가능성이 많기 때문에 사용자의 지배·개입에 해당하는 행위를 금지하는 부작위명령은 적절한 구제방법이 될 수 있다. 노동조합 및 노동관계조정법 제84조의 규정 또한 노동위원회가 전문적·합목적적 판단에 따라 개개 사건에 적절한 구제조치를 할 수 있도록 하기 위해서 사용자의 부당노동행위가 성립한다고 판정한 때에 사용자에게 구제명령을 발하여야 한다고 규정하고 있을 뿐, 구제명령의 유형 및 내용에 관하여는 특별히 정하고 있지 아니하다.

## 3. 사안의 적용

위 제반사정 등에 비추어볼 때, 중앙노동위원회가 이 사건 지배·개입을 부당노동행위로 인정한 후 원고 회사에 대하여 발한, "실질적인 영향력과 지배력을 행사하여 사업폐지를 유도하는 행위와 이로 인하여 노동조합의 활동을 위축시키거나 침해하는 행위를 하여서는 아니 된다."는 구제명령이 위법하다고 볼 것은 아니라고 할 것이다.

memo

## 주요 판례 02

# [부당노동행위 2] 인사고과와 불이익취급
### (대판 2009.3.26. 2007두25695)

---

**사실관계** **스포츠조선 사건**

가. 甲회사는 서울 양천구 목동에서 근로자 230여 명을 고용하여 스포츠신문 발행업을 영위하는 회사이고, 乙노동조합은 조합원수 약 16,000여 명으로 조직된 산별노조이다.

나. 甲회사는 乙노동조합 지부인 전국언론노동조합 ○○○지부 소속 조합원인 근로자 13명에 대하여 경영 악화를 이유로 2004.12.1. 정리해고(이하 '이 사건 해고'라 함)를 하였다.

다. 위 13명의 근로자들(이하 '이 사건 해고 근로자들'이라 함)은 이 사건 해고는 부당해고 및 노동조합에 대한 부당노동행위라고 각 주장하면서 2004.12.27. 부당해고 및 부당노동행위 구제신청을 하자, 서울지방노동위원회는 2005.4.25. 이 사건 해고가 부당해고임을 인정하여 구제명령을 하는 한편 부당노동행위 구제신청은 이를 기각하는 결정을 하였다.

라. 이에 乙노동조합과 이 사건 해고 근로자들은 2005.6.3. 위 결정 중 부당노동행위 구제신청 기각부분에 대하여 불복하여, 甲회사는 2005.5.31. 위 결정 중 부당해고 구제신청 인용부분에 대하여 불복하여 각 재심신청을 하였고, 그에 따라 중앙노동위원회는 부당노동행위 및 부당해고구제 재심신청사건에서 2005.12.20. 위 초심결정 중 부당해고 부분을 취소한 다음 이 사건 해고 근로자들의 부당노동행위구제 재심신청을 기각하였다.

---

**판시사항**

사용자가 근로자에 대하여 노동조합의 조합원이라는 이유로 불리하게 인사고과를 하고 그 인사고과가 경영상 이유에 의한 해고 대상자 선정기준이 되어 그 근로자가 해고되었다고 주장하는 경우, 사용자의 행위가 부당노동행위에 해당하는지 여부의 판단 방법

---

## I 불이익취급의 부당노동행위 성립요건 및 증명책임 여부

「노동조합 및 노동관계조정법」제81조 제1호는 '근로자가 노동조합에 가입 또는 가입하려고 하였거나 노동조합을 조직하려고 하였거나 기타 노동조합의 업무를 위한 정당한 행위를 한 것을 이유로 그 근로자를 해고하거나 그 근로자에게 불이익을 주는 행위'를 사용자의 부당노동행위의 한 유형으로 규정하고 있으므로 같은 법조의 부당노동행위가 성립하기 위해서는 근로자가 '노동조합의 업무를 위한 정당한 행위'를 하고 사용자가 이를 이유로 근로자에 대하여 해고 등의 불이익을 주는 차별적 취급행위를 한 경우라야 하며 그 사실의 주장 및 증명책임은 부당노동행위임을 주장하는 측에 있다(대판 1991.7.26. 91누2557; 대판 1996.9.10. 95누16738 등 참조).

## Ⅱ 사용자가 근로자에 대하여 노동조합의 조합원이라는 이유로 불리하게 인사고과를 하고 그 인사고과가 경영상 이유에 의한 해고 대상자 선정기준이 되어 그 근로자가 해고되었다고 주장하는 경우, 사용자의 행위가 부당노동행위에 해당하는지 여부의 판단 방법

사용자가 어느 근로자에 대하여 노동조합의 조합원이라는 이유로 비조합원보다 불리하게 인사고과를 하고 그 인사고과가 경영상 이유에 의한 해고 대상자 선정기준이 됨에 따라 그 조합원인 근로자가 해고되기에 이르렀다고 하여 그러한 사용자의 행위를 부당노동행위라고 주장하는 경우, 그것이 부당노동행위에 해당하는지 여부는, 조합원 집단과 비조합원 집단을 전체적으로 비교하여 양 집단이 서로 동질의 균등한 근로자 집단임에도 불구하고, 인사고과에 있어서 양 집단 사이에 통계적으로 유의미한 격차가 있었는지, 인사고과에 있어서의 그러한 격차가 노동조합의 조합원임을 이유로 하여 비조합원에 비하여 불이익취급을 하려는 사용자의 반조합적 의사에 기인하는 것, 즉 사용자의 부당노동행위 의사의 존재를 추정할 수 있는 객관적인 사정이 있었는지, 인사고과에 있어서의 그러한 차별이 없었더라면 해고 대상자 선정기준에 의할 때 해고대상자로 선정되지 않았을 것인지 등을 심리하여 판단하여야 한다.

## Ⅲ 결론

따라서 甲회사로부터 경영상 이유로 해고된 이 사건 해고 근로자들은 모두 乙노동조합의 지부 소속 조합원들이기는 하나, 甲회사가 해고 대상자 선정기준으로 사용한 인사고과자료인 근로자들의 개인별 종합평가표, 개인별 최종합계표 등 평정결과가 기재된 모든 문서가 제출되지 않은 상태에서, 甲회사가 조합원들에 대하여 비(非)조합원들에 비하여 불리하게 차별적으로 평정하여 인사고과를 한 것으로 단정할 수 없고, 달리 乙노동조합의 주장사실을 인정할 증거가 없다.

memo

## 주요 판례 ③

### [부당노동행위 3] 조합원들로 하여금 합리적인 이유 없이 무쟁의 장려금을 지급받을 수 없게 한 것이 부당노동행위인지 여부[81]
#### (대판 2021.8.19. 2019다200386)

**사실관계**

가. 피고('C 주식회사'에서 2015.6.29. 'B 주식회사'로, 2018.3.23. 'A 주식회사'로 상호가 변경되었다) 내에는 2개의 노동조합이 있는데, 그중 D노동조합 산하 E지회(아래에서 'F 지회'라고 함)는 2014.12.12. 설립되었고, 기업별 노동조합인 G노동조합(아래에서 '기업노조'라고 함)은 2014.12.16. 설립되었다.

나. 피고는 2014.12.12. D노동조합의 교섭요구를 받은 후 교섭창구 단일화 절차를 진행하였고, 그에 따라 2015.1.23. 기업노조가 교섭대표노동조합으로 결정되었다.

다. F지회의 조합원 1,267명(2015.5.12.기준) 중 1,107명은 2015.5.12, 2015.7.2. 및 2016.5.20. 창원지방법원 2015가합32721호, 2015가합33427호 및 2016가합52746호로 정기상여금 등을 통상임금에 포함시켜 산정한 법정수당 등과 실제 지급받은 법정수당 등의 차액의 지급을 청구하는 소송(아래에서 '이 사건 통상임금 소송'이라고 함)을 제기하였다.

라. 피고와 교섭대표노동조합인 기업노조는 임금단체협상을 진행하여 2015.12.15. 임금단체협상 합의(아래에서 '이 사건 합의'라고 함)를 하였는데, 다음과 같은 내용이 포함되어 있었다(아래 ①항의 금전을 '통상임금 부제소 격려금', ②항의 금전을 '무쟁의 장려금'이라고 함).

> 2. 일시금
> ① 피고는 통상임금 분쟁 해소 및 노사화합 선언 격려금으로 인당 300만원을 정액 지급한다.
> ② 피고는 무쟁의 및 비전 달성 장려금으로 인당 기본급 기준 100%를 지급한다.
> ④ 전 1, 2항은 통상임금 부제소 및 소취하와 노사화합 선언 동참 서약을 전제로 지급하며, 지급을 원하지 않는 자에 대해서는 관련 소송 확정 시 해당 결과를 준용한다.

마. 이 사건 합의에 따라 통상임금 부제소 격려금과 무쟁의 장려금을 받기 위해서는 통상임금 소송을 제기하지 않겠다는 부제소특약을 하거나 또는 이 사건 통상임금 소송을 취하하고 노사화합 등을 내용으로 하는 확인서(아래에서 '이 사건 확인서'라고 함)를 피고에게 제출하여야 하는데, 이 사건 확인서의 관련 내용은 다음과 같다.

---

81) 편저자 주 : 무쟁의 장려금 지급조건을 통상임금 부제소 격려금 지급 조건과 결부시킨 것은 지회 단결력을 약화시키려는 의도이며, 지회가 받아들이기 어려울 것으로 예상되는 전제조건을 제안해 지회 조합원들의 불이익을 초래한 만큼 사용자의 중립유지의무 위반인바, 따라서 "불이익취급 및 지배·개입의 부당노동행위에 해당한다."고 판시하였다.

〈확인서〉

본인은 2015년도 임단협 합의와 관련하여 통상임금 및 노사 상생·협력선언 등에 대하여 설명을 듣고 이해하였으며, 아래 각 해당사항에 대하여 동의하고 이를 성실히 이행할 것임을 확인합니다.

− 아래 −

1. 회사는 통상임금 등과 관련한 그간의 분쟁을 자율적·협력적·선제적 방향으로 해소하고 노사화합을 통해 미래 지향적인 노사관계를 조성하고자 인당 300만원을 정액 지급한다. 이에 본인은 통상임금과 관련한 제반 소송을 즉시 취하함에 동의하고, 위 금원을 지급받음으로써 본 확인서 서명일 기준으로 현재까지 회사가 통상임금과 관련하여 본인에게 미지급한 임금, 퇴직금, 각종 법정 수당 등이 없음을 확인하고, 향후 회사 및 임직원을 상대로 통상임금과 관련한 민사·형사·행정 등 어떠한 이의 절차도 제기하지 않을 것임을 확약하며, 위반 시의 모든 책임은 위반 당사자가 부담한다.

2. 피고는 구성원 모두의 공동노력을 통한 비전 달성과 대화·소통 중심의 노사문화 정착 노력과 무쟁의 달성을 장려하고자, 인당 기본급 100%의 '무쟁의 및 비전 달성 장려금'을 지급하며, 이에 본인은 노사 상생·협력 선언의 기본정신을 존중하고, 이를 함께 달성할 수 있도록 동참할 것을 선언한다.

바. 이 사건 합의 이후 이 사건 통상임금 소송을 제기한 F지회 조합원들 중 732명은 소를 취하하고, 피고로부터 이 사건 합의에 따른 통상임금 부제소 격려금과 무쟁의 장려금을 지급받았다.

---

판시사항

[1] 사용자가 교섭대표노동조합과의 단체협약에서 통상임금 소송의 취하를 무쟁의 장려금의 지급조건으로 한 것이 통상임금 소송을 적극적으로 전개한 소수노동조합의 조합원에 대한 노동조합 및 노동관계조정법 제81조 제1항 제1호 및 제4호 위반 여부

[2] 손해배상 책임의 범위 여부

---

Ⅰ 사용자가 교섭대표노동조합과의 단체협약에서 통상임금 소송의 취하를 무쟁의 장려금의 지급조건으로 한 것이 통상임금 소송을 적극적으로 전개한 소수노동조합의 조합원에 대한 「노동조합 및 노동관계조정법」 제81조 제1항 제1호 및 제4호 위반 여부

## 1. 「노동조합 및 노동관계조정법」 제81조 제1항 제1호의 불이익 취급의 판단기준

1) 「노동조합 및 노동관계조정법」(이하 '노동조합법'이라 함) 제81조 제1항 제1호는 '근로자가 노동조합에 가입 또는 가입하려고 하였거나 노동조합을 조직하려고 하였거나 기타 노동조합의 업무를 위한 정당한 행위를 한 것을 이유로 그 근로자를 해고하거나 그 근로자에게 불이익을 주는 행위'를 부당노동행위의 하나로 규정하고 있다.

2) 노동조합법 제81조 제1호의 불이익 취급에 해당하기 위해서는 '노동조합의 업무를 위한 정당한 행위', '불이익처분', '부당노동행위 의사'의 요건이 충족되어야 한다.

① '노동조합의 업무를 위한 정당한 행위'란 일반적으로는 노동조합의 정당한 활동을 가리킨다고 할 것이나, 조합원이 조합의 결의나 구체적인 지시에 따라서 한 노동조합의 조직적인 활동 그 자체가 아닐지라도 그 행위의 성질상 노동조합의 활동으로 볼 수 있거나 노동조합의 묵시적인 수권 혹은 승인을 받았다고 볼 수 있을 때에는 그 조합원의 행위를 노동조합의 업무를 위한 행위로 보아야 한다(대판 1991.11.12. 91누4164; 대판 2011.2.24. 2008다29123 등 참조).

② 사용자의 불이익처분 여부는 부당노동행위 제도의 보호법익인 '단결권'의 침해가 있었는지 여부를 기준으로 판단한다. 불이익처분은 경제적 불이익(해고, 감봉 등 징계처분, 임금차별, 상여금차별 등), 정신적 불이익(시말서 제출, 장기간 출근정지나 대기발령 등), 조합 활동상 불이익(전보명령, 승진누락 등)으로 나눌 수 있다.

③ 사용자의 불이익처분은 근로자의 정당한 노동조합 활동을 '이유로' 행하여진 것이어야 한다. 사용자의 부당노동행위 의사는 불이익처분 당시의 객관적·외형적인 사정들, 즉 사용자가 내세우는 처분사유와 근로자가 한 정당한 조합활동의 내용, 처분의 대상자, 사용자와 노동조합과의 관계, 처분의 시기 및 경위, 처분의 불균형 여부, 처분의 절차, 처분 이후 노동조합 활동 상황의 쇠퇴 내지 약화 여부 등을 비교 검토하여 종합적으로 판단한다.

## 2. 「노동조합 및 노동관계조정법」 제81조 제1항 제4호의 지배·개입의 판단기준

1) 노동조합법 제81조 제4호는 '근로자가 노동조합을 조직 또는 운영하는 것을 지배하거나 이에 개입하는 행위'를 부당노동행위의 하나로 규정하고 있다.

2) 노동조합법이 사용자의 지배·개입을 금지하는 이유는 근로자의 단결권 행사와 그 결과인 노동조합의 조직·운영에 대하여 사용자의 개입·간섭·조종을 일절 배제함으로써 노동조합의 자주성·독립성과 조직력을 확보·유지하는 데 있다.

① 위 규정에서 말하는 '지배'는 노동조합을 사용자에게 종속시키거나 사용자의 의도대로 조종하는 것을 말하며, '개입'이란 사용자가 노동조합의 어떠한 의사결정이나 이를 행동으로 옮기는 과정에 간섭하여 그 의사결정이나 행동을 자신이 의도하는 대로 변경시키려 하는 것을 말한다.

② 사용자에게 노동조합의 조직이나 운영을 지배하거나 이에 개입하는 의사가 인정되는 경우에는 '근로자가 노동조합을 조직 또는 운영하는 것을 지배하거나 이에 개입하는 행위'로서 부당노동행위가 성립하고, 부당노동행위의 성립에 반드시 근로자의 단결권의 침해라는 결과의 발생까지 요하는 것은 아니다(대판 1998.5.22. 97누8076; 대판 2006.9.8. 2006도388 등 참조).

## 3. 복수노동조합 하에서 부당노동행위의 판단기준

하나의 기업 내에 복수 노동조합이 존재하는 경우 사용자는 각 노동조합의 단결권을 평등하게 승인·존중하여야 하고, 각 노동조합에 대하여 중립적인 태도를 유지하여야 하며, 각 노동조합의 성격 및 경향 등에 따라서 차별적인 취급을 하는 것은 허용되지 않는다.

사용자가 복수 노동조합 하의 각 노동조합에 동일한 내용의 조건을 제시하였고, 또 그 내용이 합리적·합목적적이라면 원칙적으로 부당노동행위의 문제는 발생하지 않는다. 그러나 예외적으로 사용자가 복수 노동조합 중 한 노동조합의 약체화를 꾀하기 위하여 해당 노동조합의 입장에서 받아들이기 어려울 것으로 예상되는 전제조건을 제안하고 이를 고수함으로써 다른 노동조합은 그 전제조건을 받아들여 단체교섭이 타결되었으나 해당 노동조합은 그 전제조건을 거절하여 단체교섭이 결렬되었고, 그와 같은 전제조건을 합리적·합목적적이라고 평가할 수 없는 경우와 같이 다른 복수 노동조합과의 단체교섭을 조작하여 해당 노동조합 또는 그 조합원의 불이익을 초래하였다고 인정되는 특별한 사정이 있는 경우에는 사용자의 중립유지의무 위반으로서 해당 노동조합에 대한 불이익취급의 부당노동행위 내지는 지배·개입의 부당노동행위가 성립한다. 그리고 위와 같은 특별한 사정은 전제조건의 합리성, 근로조건 등의 연관성, 전제조건이 각 노동조합에 미치는 영향, 조건 제안의 사정, 교섭과정, 사용자의 노동조합에 대한 현재 및 과거의 태도 등을 종합적으로 고려하여 판단하여야 한다.

## Ⅲ 손해배상 책임의 범위 여부

피고의 위와 같은 불법행위로 인하여 원고들이 입은 손해는, 원고들이 이 사건 합의 2.의 ④항으로 인하여 지급받지 못한 무쟁의 장려금, 즉 원고들의 각 기본급의 100%에 해당하는 금액이다. 원고들이 청구하는 금액이 원고들의 각 기본급 100% 해당 금액인 점에 관하여는 당사자 사이에 다툼이 없으므로, 원고들의 구체적인 손해배상액은 원고들이 청구한 별지 2. 표 '손해배상금액'란 기재 각 해당 금액과 같다.

따라서 피고는 원고들에게 별지 2. 표 '손해배상금액'란 기재 각 금액과 각 이에 대하여 이행기 이후로써 원고들이 구하는 이 사건 청구취지 변경 신청서 부본 송달 다음날인 2018.3.16.부터 피고가 그 이행의무의 존재 여부나 범위에 관하여 다투는 것이 타당하다고 인정되는 이 판결 선고일인 2018.12.13.까지는 민법에서 정한 연 5%, 그 다음날부터 갚는 날까지는 소송촉진 등에 관한 특례법에서 정한 연 15%의 각 비율로 계산한 돈을 지급할 의무가 있다.

## Ⅲ 사안의 적용

위 인정사실에 의하여 알 수 있는 다음과 같은 사정들을 종합하면, 피고는 이 사건 통상임금소송을 유지하는 F지회 조합원들로 하여금 무쟁의 장려금을 지급받을 수 없도록 하여 위 조합원들을 불이익하게 취급함으로써 F지회의 단결력을 약화시키려는 의도로 무쟁의 장려금 지급 조건을 통상임금 부제소 격려금 지급 조건과 결부시키는 내용의 이 사건 합의 2.의 ④항을 제시하고 이를 계속 고수하였다고 봄이 타당하고, 이 사건 합의 2.의 ④항이 F지회 조합원들뿐만 아니라 기업노조 조합원들에게도 동일하게 적용된다고 하더라도 이는 F조합원들 중 이 사건 통상임금 소송을 유지할 필요성이 있었던 원고들에 대한 관계에서 받아들이기 어려운 전제조건일 뿐만 아니라 합리성이 있다고 볼 수도 없으므로 원고들에 대한 사실상의 차별에 해당하며, 이로 인하여 실제 F지회 조합원들 중 상당수가 이 사건 통상임금 소송을 취하하고 F지회를 탈퇴함으로써 지회의 단결력도 약화되었다고 할 것이다. 따라서 이는 노동조합법 제81조 제1항 제1호의 불이익취급 및 제81조 제1항 제4호의 지배·개입의 부당노동행위에 해당하고, 이는 원고들에 대한 관계에서 건전한 사회통념이나 사회상규상 용인될 수 없는 불법행위를 구성한다고 할 것이므로, 피고는 원고들에게 위와 같은 부당노동행위로 인하여 원고들이 입은 손해를 배상할 의무가 있다.

① F지회는, 상여금도 정기성·일률성·고정성을 갖추면 통상임금에 포함된다는 취지의 대법원 판결(대판 2013.12.18. 2012다89399 전합 등)에 근거하여 노동조합의 차원에서 통상임금 소송을 제기하는 방침을 정한 후 통상임금 소송을 제기할 조합원들을 모집하여 이 사건 통상임금 소송을 제기한 것으로, 이 사건 통상임금 소송은 F지회 조합원들의 근로조건의 유지·개선, 경제적 지위 향상 및 그에 따른 F지회의 단결력 유지·강화를 도모하기 위한 행위로서 F지회의 정당한 노동조합 활동에 해당한다.

② 이 사건 합의의 문언이나 임금단체협상 논의 과정 등에 비추어 보면 무쟁의 장려금은 '구성원 모두의 공동 노력을 통한 비전 달성과 대화·소통 중심의 노사문화 정착 노력과 무쟁의 달성을 장려하기 위하여 지급되는 금전'으로써 '통상임금 분쟁 해소 및 노사화합 선언 격려금'인 통상임금 부제소 격려금과는 그 성격을 달리하고, 이 사건 통상임금 소송은 정당한 노동조합 활동으로서 노동조합법상의 쟁의행위와는 성격을 달리하므로 무쟁의 장려금의 지급에 통상임금 부제소 특약이나 이 사건 통상임금 소송 취하를 결부할 만한 합리적인 이유가 없으며, F지회 조합원들이 노사 상생 및 협력 선언에 동참하는데 이 사건 통상임금 소송의 유지가 장애가 된다고 보기도 어려우므로 무쟁의 장려금 지급 조건을 통상임금 부제소 격려금 지급 조건과 결부시키는 것을 정당화할 만한 합리적인 이유가 없는데도 피고가 이 사건 합의 2.의 ④항에 의하여 그 지급 조건을 결부시킴으로써 F지회 조합원들은 이 사건 통상임금 소송을 유지하는 경우 무쟁의 장려금을 지급받지 못하는 경제적 불이익을 입게 되었다.

③ 기업노조는 노동조합 차원에서 통상임금 소송을 제기하려는 방침을 세운 바도 전혀 없고 실제로 통상임금 소송을 제기한 바도 없었으며 당초 임금단체협상 과정에서 피고에게 통상임금 부제소 격려금을 제안한 바가 없었다. 그럼에도 피고는 이 사건 통상임금 소송의 제1회 변론기일 진행 이후 기업노조에 비로소 통상임금 부제소 격려금 300만원을 제시하면서 통상임금 소송과 무관한 무쟁의 장려금의 지급에도 통상임금 소송 부제소특약 또는 이 사건 통상임금 소송 취하를 조건으로 하는 이 사건 합의 2.의 ④항을 제안하였고, 기업노조로부터 통상임금 부제소 격려금과 무쟁의 장려금의 지급 조건의 분리를 요구받았음에도 이를 거부하였다. 이와 같은 피고의 통상임금 부제소 격려금의 제안 경위나 통상임금 부제소 격려금과 무쟁의 장려금의 지급조건을 결부시킨 경위, 통상임금 부제소 격려금과 무쟁의 장려금의 지급조건을 결부할 만한 정당한 합리적인 이유가 없는 점, 이 사건 합의 이후 F지회 조합원 숫자의 변동 내역이나 이 사건 통상임금 소송을 취하한 F지회 조합원들의 탈퇴 내역 등을 종합하면 이 사건 합의 2.의 ④항에는 부당노동행위 의사도 인정된다고 봄이 타당하다.

④ 피고는 이 사건 합의 이전인 2015년 10월경부터 F지회 조합원들, 특히 생산직 현장 중간관리자인 '반장'들을 F지회에서 탈퇴시키기 위하여 피고의 관리자들로 하여금 F지회 조합원들과 개별 면담을 통하여 탈퇴를 종용하였고, 업무보고를 통하여 그 추진 상황이나 각 부서별 F지회 조합원 가입현황을 보고받는 등으로 F지회의 약체화를 시도하였다. 피고는 그와 같은 상황에서 교섭대표 노동조합인 기업노조에 무쟁의장려금 지급 조건을 통상임금 부제소 격려금 지급 조건과 결부하는 내용의 이 사건 합의 2.의 ④항을 제시하였는데, 원고들을 비롯한 이 사건 통상임금 소송을 유지한 F지회 조합원들 375명의 경우에는 이 사건 통상임금 소송의 청구금액이 통상임금 부제소 격려금 300만원을 상당히 초과하는 금액이므로 이 사건 통상임금 소송을 유지할 실익이 있었던 점[피고가 제출한 자료에 따르더라도 기업노조의 경우 전체 조합원 1,599명(2015.5.12. 기준) 중 197명(12.3%)만이 통상임금 소송을 제기할 실익이 있다는 것이나, F지회의 경우에는 전체 조합원 1,267명(2015.5.12. 기준) 중 375명(29.6%)이 이 사건 통상임금 소송을 유지할 실익이 있었다], 이 사건 통상임금 소송은 F지회 조합원들의 근로조건의 유지·개선, 경제적 지위 향상 및 그에 따른 F지회의 단결력 유지·강화를 도모하기 위하여 노동조합 차원에서 제기한 것인 점 등에 비추어 F지회 조합원들 상당수가 이 사건 합의 2.의 ④항을 받아들이기 어려울 것임을 피고도 예상하였던 것으로 보인다. 그리고 앞서 살펴본 바와 같이 이 사건 합의 2.의 ④항과 같이 무쟁의 장려금 지급 조건을 통상임금 부제소 격려금 지급 조건과 결부시키는 것을 정당화할 만한 합리적인 이유가 없었고, 교섭대표 노동조합인 기업노조 또한 그와 같은 점을 의식하여 피고에게 통상임금 부제소 격려금과 무쟁의 장려금의 지급조건을 분리하여 달라고 요구하였음에도 피고는 기업노조의 위 요구를 거부하고 이를 계속 고수하였다. 이와 같은 점을 종합하면, 이 사건 합의 2.의 ④항이 F지회 조합원들뿐만 아니라 기업노조 조합원들에게도 동일하게 적용되더라도 피고가 F지회의 약체화를 의도하여 F지회가 받아들이기 어려울 것으로 예상되는 전제조건인 이 사건 합의 2.의 ④항을 제안하고 고수함으로써 F지회 조합원들의 불이익을 초래하였다고 할 것이므로, 이는

사용자의 중립유지의무 위반으로서 불이익취급의 부당노동행위 및 지배·개입의 부당노동행위에 해당한다.

⑤ F지회는 이 사건 합의 후에 이 사건 통상임금 소송 청구금액이 800만원 미만인 경우 이 사건 통상임금 소송을 취하하고 통상임금 부제소 격려금과 무쟁의 장려금을 수령하도록 하는 방침을 정하고 F지회 조합원들에게 위와 같이 안내하여 F지회 조합원들 중 732명이 이 사건 통상임금 소송을 취하한 후 통상임금 부제소 격려금과 무쟁의 장려금을 수령하였으나, 이와 같은 조치는 F지회 조합원들이 이 사건 통상임금 소송을 유지하는 경우 이 사건 합의에 따라 무쟁의 장려금을 지급받지 못하게 됨으로써 F지회 내부에 야기될 동요를 최소화하여 F지회의 단결력을 유지하고, F지회 조합원들의 경제적인 이익을 보호하기 위한 차원에서 부득이하게 이루어진 것이고, 이를 F지회 또는 그 조합원들의 자유로운 의사에 기초한 손익비교에 의한 결정이라고 보기는 어렵다.

⑥ F지회 조합원 수는 이 사건 통상임금 소송 제기 당시 1,267명이었으나, 이 사건 합의 직후인 2016.1.31. 1,052명으로 감소하였고, 이 사건 통상임금 소송을 취하한 F지회 조합원들 732명 중 302명은 F지회를 탈퇴하였다.

memo

## 주요 판례 04

### [부당노동행위 4] 유니온 숍 협정 하에서 소수 노동조합 가입에 따른 사용자의 해고처분의 정당성 여부 (대판 2019.11.28. 2019두47377)

---

**사실관계** **금남여객운수 주식회사 사건**

가. 사용자인 원고와 원고 사업장의 유일한 노동조합이던 제주지역 자동차노동조합은 2016.3.11. '제3조에 규정한 자(승무원직 근로자 이외의 근로자)를 제외하고는 채용과 동시에 자동으로 조합원이 되고, 사용자는 조합원에 한하여 근무시킨다. 사용자는 노동조합에 가입하지 않은 근로자를 면직시켜야 한다(제2조).' 라는 취지의 유니온 숍(Union Shop) 조항을 포함한 단체협약을 체결하였다.

나. 전국 단위 산업별 노동조합인 전국운수산업 민주버스 노동조합이 2017.12.9. 원고 사업장에 금남여객 지회(이하 '이 사건 노동조합'이라 함)를 설치함으로써 원고 사업장에는 복수의 노동조합이 존재하게 되었다. 그러나 제주지역 자동차노동조합은 여전히 원고 사업장에 종사하는 근로자의 2/3 이상 조합원으로 가입한 노동조합(이하 '지배적 노동조합'이라 함)이었다.

다. 2017.8.26. 원고에 입사한 소외 1, 소외 2, 소외 3(이하 '이 사건 근로자'라 함)은 이 사건 노동조합이 설립될 무렵 지배적 노동조합에 대한 가입, 탈퇴 절차 없이 곧바로 이 사건 노동조합에 가입하였다.

라. 원고는 2017.12.26. 이 사건 유니온 숍 협정에 따라 이 사건 근로자들을 면직하였다.

---

**판시사항**

유니온 숍 협정의 인적 효력 범위 및 신규로 입사한 근로자가 지배적 노동조합에 대한 가입 및 탈퇴 절차를 별도로 경유하지 않고 지배적 노동조합이 아닌 노동조합에 이미 가입한 경우, 사용자가 유니온 숍 협정을 들어 신규 입사 근로자를 해고할 수 있는지 여부(소극)

---

## I 유니온 숍 협정의 효력범위

헌법 제33조 제1항은 "근로자는 근로조건의 향상을 위하여 자주적인 단결권·단체교섭권 및 단체행동권을 가진다."라고 규정하고 있고, 헌법 제11조 제1항은 "모든 국민은 법 앞에 평등하다. 누구든지 성별·종교 또는 사회적 신분에 의하여 정치적·경제적·사회적·문화적 생활의 모든 영역에 있어서 차별을 받지 아니한다."라고 정하고 있으며, 헌법 제32조 제1항 전문은 "모든 국민은 근로의 권리를 가진다."라고 규정하고 있다.

한편 노동조합 및 노동관계조정법 제5조 본문은 "근로자는 자유로이 노동조합을 조직하거나 이에 가입할 수 있다."라고 규정하고 있고, 같은 법 제81조 제2호 본문은 '근로자가 어느 노동조합에 가입하지 아니할 것 또는 탈퇴할 것을 고용조건으로 하거나 특정한 노동조합의 조합원이 될 것을 고용조건으로 하는 행위'를 부당노동행위의 한 유형으로 정하고 있다. 또한, 같은 호 단서는 "다만 노동조합이 당해 사업장에 종사하는 근로자의 3분의 2 이상을 대표하고 있을 때에는 근로자가 그 노동조합의 조합원이 될 것을 고용조건으로 하는 단체협약의 체결은 예외로 하며, 이 경우 사용자는 근로자가 그 노동조합에서 제명된 것 또는 그 노동조합을 탈퇴하여 새로 노동조합을 조직하거나 다른 노동조합에 가입한 것을 이유로 근로자에게 신분상 불이익한 행위를 할 수 없다."라고 규정하고 있고, 근로기준법 제23조 제1항은 "사용자는 근로자에게 정당한 이유 없이 해고, 휴직, 정직, 전직, 감봉 그 밖의 징벌을 하지 못한다."라고 정하고 있다.

위와 같은 헌법, 노동조합 및 노동관계조정법, 근로기준법 등 관련 법령의 문언과 취지 등을 함께 고려하면, 근로자에게는 단결권 행사를 위해 가입할 노동조합을 스스로 선택할 자유가 헌법상 기본권으로 보장되고, 나아가 근로자가 지배적 노동조합에 가입하지 않거나 그 조합원 지위를 상실하는 경우 사용자로 하여금 그 근로자와의 근로관계를 종료시키도록 하는 내용의 유니온 숍 협정이 체결되었다 하더라도 지배적 노동조합이 가진 단결권과 마찬가지로 유니온 숍 협정을 체결하지 않은 다른 노동조합의 단결권도 동등하게 존중되어야 한다. 유니온 숍 협정이 가진 목적의 정당성을 인정한다고 하더라도, 지배적 노동조합이 체결한 유니온 숍 협정은 사용자를 매개로 한 해고의 위협을 통해 지배적 노동조합에 가입하도록 강제한다는 점에서 그 허용 범위가 제한적일 수밖에 없다. 이러한 점들을 종합적으로 고려하면, 근로자의 노동조합 선택의 자유 및 지배적 노동조합이 아닌 노동조합의 단결권이 침해되는 경우에까지 지배적 노동조합이 사용자와 체결한 유니온 숍 협정의 효력을 그대로 인정할 수는 없고, 유니온 숍 협정의 효력은 근로자의 노동조합 선택의 자유 및 지배적 노동조합이 아닌 노동조합의 단결권이 영향을 받지 아니하는 근로자, 즉 어느 노동조합에도 가입하지 아니한 근로자에게만 미친다고 보아야 한다. 따라서 신규로 입사한 근로자가 노동조합 선택의 자유를 행사하여 지배적 노동조합이 아닌 노동조합에 이미 가입한 경우에는 유니온 숍 협정의 효력이 해당 근로자에게까지 미친다고 볼 수 없고, 비록 지배적 노동조합에 대한 가입 및 탈퇴 절차를 별도로 경유하지 아니하였다고 하더라도 사용자가 유니온 숍 협정을 들어 신규 입사 근로자를 해고하는 것은 정당한 이유가 없는 해고로서 무효로 보아야 한다.

## Ⅱ 사안의 적용

따라서 위 내용 및 사실관계 등을 종합적으로 고려하면, ① 2006.12.30. 개정 전 구(舊) 노동조합법 제81조 제2호 단서의 유니온 숍 조항은 기업에 복수노조를 두는 것을 인정하지 않은 것을 전제로 규정된 것이다. 복수노조가 인정되는 경우에도 종전 단서 조항이 그대로 유지되면 근로자는 소극적 단결권(단결하지 아니할 자유)뿐만 아니라 복수노조 사이의 단결선택권도 침해되는 결과가 초래될 수 있다. 이처럼 근로자의 단결선택권은 종전보다 확장되었고, 이러한 근로자의 단결선택권과 조화롭게 공존할 수 있도록 노동조합법 제81조 제2호 단서 후단이 개정되었다. 노동조합법 제81조 제2호 단서를 해석함에 있어서도 이러한 개정 취지를 반영하여 상충하는 기본권 모두가 최대한 그 기능과 효력을 발휘할 수 있도록 조화로운 방법을 모색할 필요가 있다. 구(舊) 노동조합법 제81조 제2호 단서의 유니온 숍 조항에 관하여 종전에 헌법재판소가 노동조합의 적극적 단결권을 근로자의 단결하지 않을 자유보다 중시하였다고 하더라도, 소극적 단결권에 그쳤던 근로자의 단결선택권이 근로자의 노동조합 선택권 또는 새로운 노동조합의 단결권까지 확장되었으므로 상충하는 기본권의 조화로운 공존을 모색할 필요성은 더욱 증대되었다. ② 지배적 노동조합에서 탈퇴한 근로자가 새로운 노동조합을 설립하기 위하여 조합원 모집 등 준비를 하고 상당한 기간 내에 그 설립이 예상되는 경우, 이러한 근로자가 단순히 지배적 노동조합에 소속되지 않은 근로자라는 이유만으로 해고할 수 있다면 상당히 불합리한 결과가 초래된다. 노동조합에 가입하지 않은 상태를 유지하기 위하여 탈퇴하는 경우와 다른 노동조합에 가입하기 위하여 탈퇴하는 경우는 구별할 수 있고, 후자의 경우 근로자는 자신의 이해관계에 더 적합한 단결체를 선택할 수 있는 자유가 보장되어야 한다. 단일 사업장에서 복수의 노동조합이 허용된다면 지배적 노동조합의 보호를 위한 유니온 숍 협정도 다른 노동조합의 단결권 또는 근로자의 조합 결성권이나 단결선택권과의 관계에서 그 제한은 불가피하고, 이러한 제한은 유니온 숍 협정을 원칙적으로 부당노동행위에 해당한다고 본 노동조합법 제81조 제2호 본문에도 부합하는 것이다. ③ 지배적 노동조합의 조합원에 한하여 고용하고 그 노동조합 가입을 고용조건으로 하는 단체협약이 체결되었다고 하더라도, 어느 노동조합의 조합원에 한하여 고용하기로 한 규정은 근로자를 처음 고용할 단계에 적용되는 것이다. 사용자가 유니온 숍 규정에서 정한 노동조합에 가입하지 않은 근로자를 고용하였다면 복수노조를 인정하는 이상 그 근로자의 노동조합 결성권이나 노동조합 선택권도 인정된다. 신규 고용된 근로자가 유니온 숍 규정에서 정한 노동조합에 가입하지 아니하고 다른 노동조합에 가입하였더라도 노동조합법 제81조 제2호 단서 후단에 따라 근로자에 대한 불이익한 행위는 제한되어야 한다. 만일 이와 달리 노동조합법 제81조 제2호 단서 후단을 형식적으로만 보아, 근로자가 유니온 숍 규정에서 정한 노동조합에 가입한 뒤 탈퇴하여 바로 다른 노동조합에 가입하면 유니온 숍 규정의 효력이 미치지 않지만, 유니온 숍 규정에서 정한 노동조합에 가입하지 않고 다른 노동조합에 가입하거나 새롭게 노동조합을 결성하는 경우에는 사용자가 신분상 불이익한 행위를 수 있다고 해석한다면, 근로자에게 다른 노동조합에 가입하기 위하여 일단 유니온 숍 규정에서 정한 노동조합에 가입하였다가 탈퇴하는 무용한 절차를 반복하도록 강요하는 것에 불과하고, 사용자는 가입과 탈퇴 등의 절차가 진행되던 중에도 어느 노동조합도 가입되어 있지 않은 기간에 이를 이유로 해고할 수 있다는 것으로서 불합리하다. 또한, 유니온 숍 규정이 적용되는 노동조합에 대한 가입과 탈퇴를 거친 행위와 바로 새로운 노동조합에 가입한 행위 사이에 해고 등 신분상 불이익한 행위의 정당성에 관한 판단을 달리할 실질적 근거나 정책적 이유를 찾아볼 수 없다. ④ 유니온 숍 규정은 근로자의 고용조건과 직결되는 경우가 대부분이고, 노동조합법 제81조 제2호 단서 후단의 '근로자에게 신분상 불이익한 행위'는 바로 근로자 지위를 상실시키는 해고로 이어지는 것이 통상적이며, 원고는 앞서 본 것처럼 이 사건 유니온 숍 규정에 따라 이 사건 근로자들을 해고하였다. 유니온 숍 협정이 노동조합의 유지와 강화를 위하여 필요하고, 이러한 단결권 보장이 전체적으로 근로자의 권리 확대와 보호에 상당한 도움이 된다고 하더라도, 해고처럼 근로자의 생존권 박탈을 수단으로 한 조직강제가 정당하다고 보는데 더욱 신중할 필요가 있다. 노동조합의 집단적 단결권을 보장하기 위하여 필요한 것이라 하더라도, 이와 상충하는 근로자의 단결선택권이나 생존권의 본질적인 부분을 침해하는 것은 허용될 수 없다. 지배적 노동조합과 체결된 단체협약에 참여할 기회가 없었던 비조합원들이나 신규 근로자에게 복수노동조합 사이의 선택권이 인정되는 현행 노동조합법 규범 체계에서도 해고를 수단으로 한 지배적 노동조합 가입 강제가 여전히 필요하다고 보기 어렵다. 유니온 숍 협정이 유효하여 사용자가 해당 근로자를 해고할 의무가 있다고 하더라도 사용자가 해고하지 않은 것을 부당노동행위에 해당한다고 볼 수 없으므로(대판 1998.3.24. 96누16070 참조) 사용자가 해고 여부를 선택할 재량권을 가질 수 있는데, 이 경우 사용자는 자신과 이해관계를 같이 하는 노동조합의 유지와 강화를 위하여 유니온 숍 협정을 해고의 수단으로 악용할 소지가 있고, 근로자의 조합선택권과 소수 노동조합의 단결권이 원천적으로 침해될 수 있다. ⑤ 원고가 이 사건 유니온 숍 규정에 따라 제주지역 자동차노동조합에 가입하지 않은 사람을 근로자로 채용하지 않거나 채용 후 상당한 기간 어느 노동조합에도 가입하지 않고 있는 근로자를 고용조건 위반이나 단체협약을 근거로 채용을 취소하거나 면직하였다면 이는 이 사건 단체협약에서 정한 의무의 이행 또는 입사 시 고용조건에 관한 약정의 실현으로서 정당하다고 평가될 여지도 있다. 그러나 원고는 제주지역 자동차노동조합에 가입되어 있지 않은 이 사건 근로자들을 고용한 후 이 사건 단체협약상 의무 이행 등 아무런 조치도 취하지 않다가, 이 사건 근로자들이 민주버스노동조합에 가입하자마자 이 사건 유니온 숍 규정에 따른 면직 통보를 하였다. 이 사건 근로자들이 원고 회사로부터 이 사건 면직 통보를 받은 시점에는 이미 민주버스노동조합에 가입되어 있었던 상태이므로, 이는 노동조합법 제81조 제2호 단서 후단의 '다른 노동조합에 가입한 것을 이유로 근로자에게 신분상 불이익한 행위를 할 수 없는' 경우에 해당한다. ⑥ 노동조합의 조직 강화는 지배적 노동조합에서도 필요하지만, 소수 노동조합에는 더욱 절실하게 요구된다. 노동조합의 단결권은 근로자의 자발적 단결권을 토대로 하는 것이므로, 강제 가입을 전제로 한 단결권이 근로자의 권리 향상에 실질적으로 도움이 된다거나 강제로 구성된 지배적 노동조합이 계속 존속되어야만 한다는 정당성을 찾기 어렵다. 다수의 소수에 대한 제한은 다수와 소수의 교체 가능성이 보장되는 가운데 정당화되는 것인데, 소수 노동조합의 결성이나 선택이 지배적 노동조합에 대한 가입을 전제로만 보장되어야 한다고 볼 근거를 찾기도 어렵다는 점 등을 종합적으로 고려할 때, 이 사건 근로자들에 대한 원고의 이 사건 면직 통보는 부당해고에 해당한다고 할 것이다.

## Ⅲ 결론

따라서 노동조합 및 노동관계조정법 제81조 제2호의 문언, 같은 호 단서 후단의 개정 경위와 취지 등을 비롯한 판시 사정들을 종합하면, 이 사건 유니온 숍 협정에 따라 이루어진 이 사건 해고는 부당해고에 해당한다고 할 것이다.

## 주요 판례 05

# [부당노동행위 5] 단체교섭 거부와 손해배상[82]
### (대판 2006.10.26. 2004다11070)

---

**사실관계** **신선대컨테이너터미널 사건**

가. 원고는 1999.3.2. 설립신고를 하여 다음날인 같은 달 3일 설립신고증을 교부받은 조합으로서 화물운송 및 항만하역산업에 종사하는 근로자들을 조직대상으로 하는 전국 규모의 직종별 단위노동조합이고, 피고회사는 부산항 제3단계 개발사업으로 건설된 컨테이너 전용부두인 신선대 부두를 관리·운영하기 위하여 1990.6.26. 설립된 이래 컨테이너화물의 하역, 운송업 등을 영위하여 온 회사이다.

나. 한편, 부산항운노동조합(이하 '항운노조'라고 함)은 부산지역의 항만, 철도, 육상, 농수산물의 하역, 운송, 보관 및 이와 관련되는 부대사업 또는 기타 사업에 종사하는 근로자를 조직대상으로 하여 1980.12.1. '전국항운노동조합 부산지부'라는 명칭으로 설립한 후 1997.4.23. 현재의 명칭으로 변경한 지역별·직종별 단위노동조합으로 피고회사의 설립 후부터 현재까지 피고회사 내에 신선대연락소를 설치·운영(위 신선대연락소는 독자적인 규약 및 집행기관을 가지고 있지는 아니하고, 연락소장의 임면도 항운노조위원장이 항운노조인사위원회의 결의를 얻어 하도록 되어 있으며, 피고회사와의 단체교섭 및 노사협의회의 대표자는 항운노조위원장으로 되어 있다)해오고 있는데, 피고회사는 설립당초부터 항운노조와 단체협약을 체결해 왔고, 현재 발효 중인 단체협약은 피고회사 등 회원사를 대표하는 부산항만하역협회와 항운노조 등 단위노동조합이 소속된 산업별연합단체인 전국항운노동조합연맹 사이에 2002.6.28. 체결된 것으로서 그 유효기간은 2002.6.1.부터 2003.5.31.까지이다.

다. 그런데 원고 조합은 소외 3 등 피고회사 소속 근로자들이 항운노조에서 탈퇴하여 1999.12.9. 원고 조합에 가입하자 같은 달 10일 피고회사에 위 소외 3을 지부장으로, 소외 4를 부지부장으로 하는 원고 노동조합 신선대컨테이너터미널지부를 설치하였음을 통보한 후 같은 해 12.13.부터 2000.1.7.경까지 수차례에 걸쳐 피고회사에게 원고 조합과의 단체교섭에 응할 것을 요구하였으나, 피고회사는 피고회사 내에 유일교섭단체인 항운노조가 조직되어 있으므로 원고 조합은 구(舊) 노동조합 및 노동관계조정법(2001.3.28. 법률 제6456호로 개정되기 전의 것) 부칙 제5조 제1항(하나의 사업 또는 사업장에 노동조합이 조직되어 있는 경우에는 제5조의 규정에도 불구하고 2001.12.31.까지는 그 노동조합과 조직대상을 같이하는 새로운 노동조합을 설립할 수 없다. 그 후 위 조항이 2001.3.28. 법률 제6456호로 개정되어 2006.12.31.까지 복수노동조합의 설립이 금지되었다)에 의하여 그 설립이 금지되는 복수노동조합에 해당하여 원고 조합을 단체교섭대상으로 인정할 수 없다는 이유를 들어 원고의 단체교섭요구를 일응 거부하면서도 한편으로는 원고 조합이 단체교섭대상이 되는지 여부를 명확히 하기 위하여 같은 해 12.14. 노동부에 질의를 한 후 원고 조합에게는 노동부의 회신에 따라 피고회사의 최종적인 입장을 알려주겠다는 취지의 통지를 하였는데, 같은 해 12.29. 노동부로부터 피고회사에는 이미 항운노조가 조직되어 있으므로 원고 조합은 위 조항에 의하여 설립이 금지되는 복수노동조합에 해당하여 피고회사 소속 근로자는 원고 조합에 가입·활동할 수 없다는 취지의 회시를 받자 이를 원고 조합에 제시하면서 원고 조합과의 단체교섭을 거부하였다.

---

82) 편저자 주 : 본 사건의 쟁점은 복수노조에 해당 등을 이유로 한 사용자의 단체교섭 거부가 정당한 이유가 없는 경우에 그러한 행위가 바로 민법상 불법행위에 해당하는지 여부 및 법원의 단체교섭 거부 금지 가처분 결정을 위반한 사용자의 단체교섭 거부가 민법상 불법행위에 해당하는지 여부이다.

라. 이에 원고는 2000.1.8. 피고회사를 상대로 부산지방법원 2000카합53호로 청구취지 가.항 기재 내용을 신청취지로 하는 단체교섭거부금지가처분을 신청하는 한편, 같은 해 1.10. 부산지방노동위원회에 노동쟁의 조정신청을 하였는데, 같은 해 1.20. 부산지방노동위원회가 피고회사에 노동쟁의가 발생한 것으로 볼 수 없어 조정대상이 아니라는 취지의 결정을 하자, 같은 해 1.20.부터 같은 달 25.까지 파업찬반투표를 실시하여 투표참가조합원 298명 중 257명의 찬성으로 파업을 결의하였으나, 위 신청사건의 결정 시까지 파업을 유보하였다.

마. 그 후 부산지방법원은 같은 해 2.11. 다음과 같은 이유 즉, ① 구(舊) 노동조합 및 노동관계조정법 부칙 제5조 제1항의 '하나의 사업 또는 사업장에 노동조합이 조직되어 있는 경우'는 기업별 단위노동조합이 설립되어 있는 경우 또는 독립한 근로조건의 결정권이 있는 하나의 사업 또는 사업장 소속 근로자를 조직대상으로 한, 초기업적인 산업별·직종별·지역별 단위노동조합의 지부 또는 분회로서 독자적인 규약 및 집행기관을 가지고 독립한 단체로서 활동을 하면서 당해 조직이나 그 조합원에 고유한 사항에 대하여는 독자적으로 단체교섭 및 단체협약체결능력을 가지고 있어 기업별 단위노동조합에 준하여 볼 수 있는 경우라고 봄이 상당하다 할 것인데, 항운노조가 피고회사 내에 조직되어 있는 기업별 단위노동조합이 아님은 분명하고, 피고회사 내에 설치되어 있는 항운노조의 신선대연락소는 독자적인 규약 및 집행기관을 가지고 독립한 단체로서 활동을 하면서 당해 조직이나 그 조합원에 고유한 사항에 대하여 독자적으로 단체교섭 및 단체협약체결능력을 가지고 있는 조직이라고 할 수 없어서 기업별 단위노동조합에 준하는 것이라고 볼 수 없으므로, 피고회사는 원고 조합과의 단체교섭을 거부할 수 없고, ② 같은 법 부칙 제5조 제3항(노동부장관은 2001.12.31.까지 같은 조 제1항의 기한이 경과한 후에 적용될 교섭창구 단일화를 위한 단체교섭의 방법·절차 기타 필요한 사항을 강구하여야 한다. 위 조항도 2001.3.28. 법률 제6456호로 개정되어 2006.12.31.까지 그 시행이 연기되었다)은 그 수범자인 노동부장관에게 교섭창구 단일화 방안의 강구의무를 부과하는 의무설정규범일 뿐, 단체교섭권의 향유주체인 노동조합에 대하여 교섭창구 단일화 의무를 부과하는 권리제한규범이나 병존조합의 교섭창구가 단일화되지 않으면 사용자가 단체교섭을 거부할 수 있는 단체교섭거부에 관한 정당한 사유의 창설규범에 해당하지 아니하므로, 위 조항을 근거로 원고 조합과의 단체교섭을 거부할 수 없다(다만, 교섭창구 단일화에 관한 입법이 없는 상태에서 원고 조합으로서는 피고회사의 사업장이 사회간접시설로서의 특수성을 가지고 있는 점 등을 감안하여 가급적 사전에 항운노조와 교섭창구를 단일화하도록 노력하는 등 단체교섭권행사에 신중을 기하는 것이 바람직하다)는 이유로, 원고 조합의 가처분신청을 인용하는 결정을 하였다.

바. 피고회사는 위 가처분결정당일 부산지방법원 2000카합468호로 위 가처분결정에 대한 이의를 신청하는 한편 위 가처분결정을 근거로 단체교섭을 요구하는 원고 조합에 대하여는 단체교섭에 앞서 항운노조와 교섭창구 단일화에 관한 협의·조정을 해 줄 것을 요청하였으나, 원고 조합은 피고회사가 교섭창구 단일화를 핑계로 원고 조합과의 단체교섭을 거부한다는 이유로 2000.2.25. 19시 00분부터 파업에 돌입하였다가 같은 해 4.30. 종료하였다.

사. 한편 피고회사 소속 근로자로서 원고 조합에 가입한 근로자 수는 1999.12.20. 기준으로 325명이었으나 위 파업종료 후부터 줄어들기 시작하여 2000.7.경 150명만 남게 되었고, 그 후로도 계속 줄어들어 늦어도 2002.7.경 전에는 원고 조합의 조합원은 한명도 남지 않게 되었다.

---

판시사항

[1] 사용자의 단체교섭 거부행위가 불법행위를 구성하기 위한 요건

[2] 사용자가 '노동조합과의 단체교섭을 거부하여서는 아니 된다'는 취지의 가처분 결정을 받기 전에 해당 노동조합과의 단체교섭을 거부한 것은 불법행위가 되지 않으나, 위 가처분결정 후에도 해당 노동조합과의 단체교섭을 거부한 것은 그 노동조합에 대하여 불법행위가 된다고 본 사례

---

## Ⅰ 사용자의 단체교섭 거부행위가 불법행위를 구성하기 위한 요건

사용자의 단체교섭 거부행위가 원인과 목적, 과정과 행위태양, 그로 인한 결과 등에 비추어 건전한 사회통념이나 사회상규상 용인될 수 없다고 인정되는 경우에는 부당노동행위로서 단체교섭권을 침해하는 위법한 행위로 평가되어 불법행위의 요건을 충족하는바, 사용자가 노동조합과의 단체교섭을 정당한 이유 없이 거부하다가 법원으로부터 노동조합과의 단체교섭을 거부하여서는 아니 된다는 취지의 집행력 있는 판결이나 가처분결정을 받고도 이를 위반하여 노동조합과의 단체교섭을 거부하였다면, 그 단체교섭 거부행위는 건전한 사회통념이나 사회상규상 용인할 수 없는 행위로서 헌법이 보장하고 있는 노동조합의 단체교섭권을 침해하는 위법한 행위이므로 노동조합에 대하여 불법행위가 된다.

## Ⅱ 사안의 적용

위 내용 및 사실관계 등을 종합적으로 고려할 때, 원고는 구(舊) 노동조합 및 노동관계조정법(2001.3.28. 법률 제6456호로 개정되기 전의 것) 부칙 제5조 제1항에 의하여 설립이 금지된 복수노동조합에 해당하지 않아서 피고에 대하여 단체교섭권을 가지고 있었던 것으로 보이고, 또 피고는 2000.2.11. 부산지방법원으로부터 "원고가 설립이 금지된 복수노동조합에 해당하지 않으므로 피고는 단체교섭 창구의 단일화 등을 내세워 원고와의 단체교섭을 거부하여서는 아니 된다."는 취지의 가처분결정을 받고서도 위 가처분결정에 위반하여 원고와의 단체교섭을 거부하여 왔음을 알 수 있는바, 사정이 이와 같다면 피고가 위 가처분결정 이후에 위 가처분결정에 위반하여 원고와의 단체교섭을 거부한 행위는 정당한 이유 없이 단체교섭을 거부한 행위에 해당할 뿐 아니라, 건전한 사회통념이나 사회상규상 용인될 수 없는 정도에 이른 행위로서 원고의 단체교섭권을 침해한 위법한 행위에 해당한다고 보지 않을 수 없고, 이는 원심 판시와 같이 피고가 위 가처분결정 이전에 노동부로부터 원고가 설립이 금지된 복수노동조합에 해당한다는 취지의 회신을 받았고, 그 당시에 원고가 설립이 금지된 복수노동조합에 해당하는지의 여부에 관하여 학설·판례 등에서 견해의 대립이 있었으며, 피고가 위 가처분결정에 대하여 바로 이의신청을 하였고, 위 가처분결정이 그 후의 사정변경에 따라서 종국적으로는 취소되었다고 하더라도, 위 가처분결정에서 원고가 설립이 금지된 복수노동조합에 해당하지 않으므로 피고가 이를 이유로 원

고와의 단체교섭을 거부할 수 없다는 취지로 판단되어 있고, 또 피고가 위 가처분결정에 대하여 집행정지신청을 하여 법원으로부터 집행정지결정을 받지 않았던 이상, 달리 볼 것이 아니다(다만, 원심이 판시하고 있는 위와 같은 사정들에 비추어 보면, 피고가 위 가처분결정 이전에 원고와의 단체교섭을 거부한 행위는 비록 정당한 이유가 있는 행위로 볼 수는 없으나, 건전한 사회통념이나 사회상규상 용인될 수 없는 정도에 이른 위법한 행위로서 원고에 대하여 불법행위를 구성한다고 볼 수는 없다).

그렇다면 피고가 위 가처분결정 이후에 원고와의 단체교섭을 거부한 행위는 원고에 대한 불법행위를 구성한다고 할 것임에도 불구하고, 원심은 위에서 본 바와 같은 사정만을 들어 피고가 위 가처분결정 이전에 원고와의 단체교섭을 거부한 행위는 물론 위 가처분결정 이후에 원고와의 단체교섭을 거부한 행위까지도 건전한 사회통념이나 사회상규상 용인될 수 없는 정도에 이른 행위로 보기 어렵다는 취지에서 불법행위를 구성하지 않는다고 판단하고 말았으니, 이러한 원심판결에는 단체교섭 거부행위와 관련한 불법행위 성립요건에 관한 법리를 오해하여 판결에 영향을 미친 위법이 있다고 할 것이다.

## Ⅲ 대상판결의 의의[83]

사용자가 정당한 이유 없이 단체교섭에 응하지 않는 경우 노동조합은 법원을 통해서 그 구제를 받을 수 있다. 즉, 민사집행법상 임시의 지위를 정하는 가처분으로서 단체교섭응낙(내지 단체교섭 거부 금지) 가처분을 신청하거나 민사 본안소송으로서 단체교섭지위확인, 단체교섭의무이행청구 또는 손해배상청구(단체교섭의무 위반에 따른 채무불이행 또는 고의·과실에 의한 불법행위를 이유로 손해배상청구)의 소를 제기할 수 있고, 경우에 따라서는 간접강제에 의한 강제집행도 가능하다.

대상판결은 단체교섭 거부의 부당노동행위에 대해 불법행위책임(위자료 지급)을 인정한 최초의 대법원 판결이라는 점에서 의의가 있다. 대상판결은 정당한 이유가 없는 단체교섭 거부 행위가 곧바로 민법상 불법행위를 구성하는 것은 아니고, 불법행위의 요건(위법성, 책임성 등)이 충족되어야 함을 분명히 하고 있다. 이와 관련하여 대상판결에서는 가처분 결정 이전의 단체교섭 거부 행위가 불법행위를 구성하지 않는 반면에 가처분 결정 이후의 단체교섭 거부 행위는 불법행위를 구성한다고 판단하였는바, 이러한 점에서 대상판결은 부당노동행위 이론과 구별되는 불법행위 이론을 이해하는데 유익한 사례라고 평할 수 있다.

---

83) 조용만, 김홍영 로스쿨 노동법

## 주요 판례 06

### [부당노동행위 6] 근로시간 면제자에 대한 과다급여 지급이
### 부당노동행위인지 여부 (대판 2018.5.15. 2018두33050)

**사실관계  아진교통 주식회사 사건**

가. 아진교통 주식회사 소속 근로자 甲은 서울시 버스노동조합 아진교통 지부(당시 조합원 220여 명) 지부장으로 취임하여 근로시간 면제자로 지정된 2014.9.경부터 2015.8.경까지 아진교통 주식회사로부터 급여 및 상여금 합계 4,900여만원을 지급받았다. 같은 기간 동안 아진교통 주식회사에서 근로자 甲과 동일한 운전직 4호봉 근로자들의 평균급여 및 상여금 합계는 4,500여만원으로 근로자 甲에게 월 평균 311,000원 정도 더 지급되었다.

나. 전국공공운수사회서비스노동조합(당시 아진교통지부 조합원 10여명)은 근로자 甲에게 근로시간 면제한도를 초과하여 과다하게 급여를 지급한 것은 경비원조(지배·개입)의 부당노동행위에 해당한다며 관할 노동위원회에 구제를 신청하였다.

다. 이에 지방노동위원회와 중앙노동위원회는 아진교통 주식회사(이하 '회사'라 함)가 근로자 甲에게 근로시간 면제한도를 초과하여 과다하게 급여를 지급한 것은 경비원조(지배·개입)의 부당노동행위에 해당한다고 판정하였다.

**판시사항**

근로시간 면제자에게 급여를 지급하는 행위가 부당노동행위인지 여부(원칙적 소극), 그리고 이때 지급하는 급여는 근로제공의무가 면제되는 근로시간에 상응하여야 하는지 여부(적극) 및 타당한 근거 없이 과다하게 책정된 급여를 근로시간 면제자에게 지급하는 사용자의 행위가 부당노동행위가 될 수 있는지 여부(적극) 및 이때 근로시간 면제자에 대한 급여 지급이 과다하여 부당노동행위에 해당하는지 판단하는 기준

## I 근로시간 면제자에게 급여를 지급하는 행위가 부당노동행위인지 여부 및 이때 지급하는 급여는 근로제공의무가 면제되는 근로시간에 상응하여야 하는지 여부 및 타당한 근거 없이 과다하게 책정된 급여를 근로시간 면제자에게 지급하는 사용자의 행위가 부당노동행위가 될 수 있는지 여부

단순히 노조전임자에 불과할 뿐 근로시간 면제자로 지정된 바 없는 근로자에게 급여를 지원하는 행위는 그 자체로 부당노동행위가 되지만, 근로시간 면제자에게 급여를 지급하는 행위는 특별한 사정이 없는 한 부당노동행위가 되지 않는 것이 원칙이다.

다만, 근로시간 면제자로 하여금 근로제공의무가 있는 근로시간을 면제받아 경제적인 손실 없이 노동조합 활동을 할 수 있게 하려는 근로시간 면제 제도 본연의 취지에 비추어 볼 때, 근로시간 면제자에게 지급하는 급여는 근로제공의무가 면제되는 근로시간에 상응하는 것이어야 한다. 그러므로 단체협약 등 노사 간 합의에 의한 경우라도 타당한 근거 없이 과다하게 책정된 급여를

근로시간 면제자에게 지급하는 사용자의 행위는 노동조합 및 노동관계조정법 제81조 제4호 단서에서 허용하는 범위를 벗어나는 것으로서 노조전임자 급여 지원 행위나 노동조합 운영비 원조 행위에 해당하는 부당노동행위가 될 수 있다.

## Ⅱ 이때 근로시간 면제자에 대한 급여 지급이 과다하여 부당노동행위에 해당하는지 판단하는 기준

여기서 근로시간 면제자에 대한 급여 지급이 과다하여 부당노동행위에 해당하는지는 근로시간 면제자가 받은 급여 수준이나 지급 기준이 그가 근로시간 면제자로 지정되지 아니하고 일반 근로자로 근로하였다면 해당 사업장에서 동종 혹은 유사업무에 종사하는 동일 또는 유사 직급·호봉의 일반 근로자의 통상 근로시간과 근로조건 등을 기준으로 받을 수 있는 급여 수준이나 지급 기준을 사회통념상 수긍할 만한 합리적인 범위를 초과할 정도로 과다한지 등의 사정을 살펴서 판단하여야 한다.

## Ⅲ 사안의 적용

다음과 같은 사정들을 앞서 본 법리에 비추어 살펴보면, ① 근로자 甲이 회사로부터 면제받은 근로시간은 연 3,000시간으로, 근로기준법 제2조 제1항 제7호에 따른 회사의 소정 근로시간 연 2,080시간보다 920시간이 많다. 노동조합법 제24조 제4항에서 근로시간 면제자에게 임금의 손실 없이 근로시간 면제대상 활동을 수행할 수 있도록 보장한 취지는 궁극적으로 노동조합의 활동이 위축되지 않도록 하려는 데 있고, 면제가 허용되는 근로시간을 소정 근로시간으로 엄격히 제한하면 일반 근로자로 근무하는 경우와 비교하여 임금의 손실이 불가피할 수 있으므로, 면제할 수 있는 근로시간을 반드시 소정 근로시간으로 한정할 것은 아니지만, 이러한 경우에도 일반 근로자가 통상적으로 제공하는 근로시간을 반영하는 정도에 그쳐야 할 것인데, 회사의 다른 근로자가 제공한 근로시간은 가장 많은 경우에도 연 2,800시간 남짓한 정도에 불과하여 근로자 甲이 면제받은 연 3,000시간의 근로시간이 위 근로자 甲과 동일 또는 유사 직급·호봉의 일반 근로자가 통상적으로 제공하는 근로시간이라고 볼 여지는 없다. ② 근로자 甲이 원고 전국자동차노동조합연맹 서울시버스노동조합 아진교통지부의 지부장으로 취임하여 근로시간 면제자로 지정된 2014.9.부터 2015.8.까지 회사로부터 급여 및 상여 합계액 총 49,584,369원(급여 37,404,369원 + 상여 12,180,000원)을 지급받은 반면, 같은 기간 동안 회사의 운전직 4호봉 근로자들이 지급받은 평균 급여 및 상여 합계액은 45,845,311원(평균 급여 36,143,151원 + 평균 상여 9,702,160원)에 불과하여 그 차액이 3,739,058원에 이르는 이상, 근로자 甲이 받은 급여 수준은 동일 호봉의 일반 근로자가 통상 근로시간과 근로조건 등을 기준으로 하여 받을 수 있는 급여 수준보다 과다하다고 할 것이고, 통상적인 근로시간보다 더 많은 근로를 제공하는 근로자의 급여 수준을 기준으로 근로시간 면제자에게 지급된 급여가 과다한지를 판단할 것은 아니다. ③ 나아가 회사의 운전직 4호봉 근로자들이 1년 동안 상여금으로 지급받은 금액은 기본급의 600%에 해당하는 금액인 약 9,700,000원으로 동일함에도, 근로자 甲만이 이와 달리 12,180,000원의 상여금을 지급받았으므로, 이러한 상여금의 지급을 통상의 지급 기준에 따른 것으로 볼 수도 없는바, 따라서 회사가 근로시간 면제자인 근로자 甲에게 타당한 근거 없이 과다하게 책정된 급여를 지급하였다고 보는 것이 상당하다고 할 것이다.

## 주요 판례 07

### [부당노동행위 7] 사용자의 언론의 자유와 지배·개입
(대판 2013.1.10. 2011도15497)

---

**사실관계**  **한국철도공사 사건**

가. 한국철도공사가 2009.11.24. 이 사건 노동조합(전국철도노동조합)과의 단체협약을 해지하자, 이 사건 노동조합은 같은 해 11.26.부터 같은 해 12.2.까지 파업을 진행하다가 같은 해 12.3. 업무에 복귀하였다.

나. 이 사건 노동조합은 이후 계속하여 한국철도공사와 단체교섭을 진행하였음에도 교섭이 이루어지지 않자, 2010.5.12.까지 교섭이 결렬될 경우 재차 파업을 하겠다고 한국철도공사에 예고(파업 예정일은 2010.5.12. 04시 00분경임)하였다.

다. 이에 한국철도공사의 ○○본부장이자 단체교섭의 사용자 측 교섭위원 중 한 명인 공소외 甲은 2010.5.8.부터 같은 달 11일까지 한국철도공사 산하 차량사업소 및 정비단 등 현장을 순회하면서 직원설명회를 개최하기로 하여 파업 예정일 이전 며칠 동안 집중적으로 전국을 이동하며 직원설명회를 개최하였다.

라. 공소외 甲이 2010.5.11. 한국철도공사 산하 서울차량사업소에서 약 300여 명에 이르는 직원을 상대로 위와 같은 설명회(이하 '이 사건 설명회'라 함)를 개최하려고 위 사업소에 도착하자, 조합간부 乙 및 조합원 30여 명은 건물 1층 현관 앞을 막아서서 '내일이 파업인데 본사에 가서 협상하는데 가 있어야지 여기 있을 때가 아니다'고 하거나 '파업을 하루 앞두고 성실교섭이나 하지 뭐 하러 왔어. 현장에 설명회를 할 시간이 있으면 다시 돌아가 교섭에 충실히 임해 파업을 막도록 하라'고 하면서 멱살을 잡는 등으로 건물 안으로 들어가지 못하게 가로막았다.

마. 조합간부 乙들의 위와 같은 출입방해 등으로 인하여 공소외 甲은 결국 그날 서울차량사업소 2층 회의실에서 과장 등 중간관리자와 차량팀원 일부 등 약 몇 십명만 참석한 가운데 약 10분간 설명회를 진행하면서 한국철도공사의 현황에 비추어 파업에 무리가 있다는 취지의 발언을 하고 나아가 국민들의 파업에 대한 시각과 국가가 처한 현실 등과 함께 현재로서는 철도가 파업이 된다면 한국철도공사 전체의 위기가 올 수 있다고 언급한 사실이 있다.

---

**판시사항**

[1] 사용자가 연설, 사내방송 등을 통하여 의견을 표명하는 행위가 노동조합 및 노동관계조정법 제81조 제4호에서 정한 부당노동행위에 해당하기 위한 요건 및 이때 사용자에게 노동조합의 조직이나 운영 및 활동을 지배하거나 이에 개입하는 의사가 있는지 판단하는 방법

[2] 전국철도노동조합이 한국철도공사와 단체교섭 결렬을 이유로 파업을 예고한 상태에서 파업 예정일 하루 전에 사용자 측 교섭위원인 甲이 직원들을 상대로 설명회를 개최하려고 지역 사업소에 도착하자, 노동조합 간부인 피고인들 등이 청사 안으로 들어가지 못하게 몸으로 가로막는 등 위력으로 甲의 업무를 방해하였다는 내용으로 기소된 사안에서, 설명회 개최가 노동조합 운영에 대한 지배·개입의 부당노동행위로서 업무방해죄의 보호법익인 '업무'에 해당하지 않는다는 등의 이유로 피고인들에게 무죄를 선고한 원심판결에 법리오해 등 위법이 있다고 한 사례

Ⅰ **사용자가 연설, 사내방송 등을 통하여 의견을 표명하는 행위가 「노동조합 및 노동관계조정법」 제81조 제4호에서 정한 부당노동행위에 해당하기 위한 요건**

사용자가 연설, 사내방송, 게시문, 서한 등을 통하여 의견을 표명하는 경우 표명된 의견의 내용과 함께 그것이 행하여진 상황, 시점, 장소, 방법 및 그것이 노동조합의 운영이나 활동에 미치거나 미칠 수 있는 영향 등을 종합하여 노동조합의 조직이나 운영 및 활동을 지배하거나 이에 개입하는 의사가 인정된다면 노동조합 및 노동관계조정법 제81조 제4호에 규정된 '근로자가 노동조합을 조직 또는 운영하는 것을 지배하거나 이에 개입하는 행위'로서 부당노동행위가 성립하고, 또 그 지배·개입으로서 부당노동행위의 성립에 반드시 근로자의 단결권 침해라는 결과 발생까지 요하는 것은 아니다.

Ⅱ **사용자에게 노동조합의 조직이나 운영 및 활동을 지배하거나 이에 개입하는 의사가 있는지 판단하는 방법**

그러나 사용자 또한 자신의 의견을 표명할 수 있는 자유를 가지고 있으므로, 사용자가 노동조합의 활동에 대하여 단순히 비판적 견해를 표명하거나 근로자를 상대로 집단적인 설명회 등을 개최하여 회사의 경영상황 및 정책방향 등 입장을 설명하고 이해를 구하는 행위 또는 비록 파업이 예정된 상황이라 하더라도 파업의 정당성과 적법성 여부 및 파업이 회사나 근로자에 미치는 영향 등을 설명하는 행위는 거기에 징계 등 불이익의 위협 또는 이익제공의 약속 등이 포함되어 있거나 다른 지배·개입의 정황 등 노동조합의 자주성을 해칠 수 있는 요소가 연관되어 있지 않는 한, 사용자에게 노동조합의 조직이나 운영 및 활동을 지배하거나 이에 개입하는 의사가 있다고 가볍게 단정할 것은 아니다.

Ⅲ **사안의 적용**

위 내용 및 사실관계 등을 종합적으로 고려할 때, 甲이 설명회에서 발언하고자 한 내용과 설명회 전 다른 지역 순회설명회에서 표명한 발언 내용 및 그러한 발언 등이 조합원이나 노동조합 활동에 미쳤거나 미칠 수 있는 영향, 당초 예정된 파업의 정당성 여부 등 부당노동행위를 인정하는 전제가 되는 전후 상황 등에 관하여 구체적으로 심리하여, 설명회 개최가 사용자 입장에서 단순히 파업에 대한 의견을 개진하는 수준을 넘어 사용자에게 노동조합의 운영이나 활동을 지배하거나 그 활동에 개입하려는 의사가 있었던 것으로 추단되는지를 판단하지 아니한 채, 설명회 개최가 '근로자가 노동조합을 운영하는 것을 지배하거나 이에 개입하는 행위'로서 업무방해죄의 보호법익인 '업무'에 해당하지 않는다는 등의 이유로 피고인들에게 무죄를 선고한 원심판결에 법리오해 및 심리미진의 위법이 있다고 할 것이다.

## Ⅳ 대상판결의 의의[84]

대상판결은 사용자의 언론활동의 자유를 인정하되, 그 내용은 헌법 제33조의 단결권 보장 취지에 따라 일정한 제약을 받는다는 점을 전제하면서 사용자의 구체적인 언론활동의 내용이 지배·개입의 부당노동행위로 인정될 수 있는 판단기준을 제시한 점에 의의가 있다. 대법원은 이 문제에 대해 일관되게 다음과 같은 기준을 제시하고 있다. 사용자가 연설, 사내방송, 게시문, 서한 등을 통하여 의견을 표명할 수 있는 언론의 자유를 가지고 있음은 당연하나, 그것이 행하여진 상황, 장소, 그 내용, 방법, 노동조합의 운영이나 활동에 미친 영향 등을 종합하여 노동조합의 조직이나 운영을 지배하거나 이에 개입하는 의사가 인정되는 경우에는 노조법 제81조 제1항 제4호에서 정한 부당노동행위가 성립한다.

memo

---

84) 박지순 고려대학교 법학전문대학원 교수, 노동판례백선 제2판

## 주요 판례 08

# [부당노동행위 8] 노동조합에 대한 운영비 원조행위
## (대판 2016.1.28. 2012두12457)

**사실관계**　**전국플랜트건설 노동조합 사건**

가. 乙노동조합(전국플랜트건설 노동조합)인 원고는 플랜트건설산업 노동자 등을 조직대상으로 하여 설립된 산업별 단위노동조합이다. 乙노동조합은 甲회사와 2010.8.19. 2010년 사무보조비 조항을 포함한 단체협약을 체결하였는데. 사무보조비 조항은 乙노동조합이 적극적으로 甲회사에게 그 지급을 요구하여 매월 운영비를 지원받기로 합의한 규정(20명 미만 8만원, 70명 미만 12만원, 70명 이상 15만원)이다.

나. 관할 행정청은 경북지방노동위원회에 이 사건 사무보조비 조항이 '노동조합 및 노동관계조정법'(이하 '노동조합법'이라 함)의 관련규정에 위반된다는 이유로 시정명령을 위한 의결을 요청하였고, 경북지방노동위원회는 2011.1.11. 이 사건 사무보조비 조항이 노동조합법에 위반된다고 의결하였다. 이에 따라 관할 행정청은 동 단체협약의 사무보조비 조항이 노동조합의 자주성을 침해할 위험성이 있다는 이유로 사무보조비 지원을 하지 않도록 시정명령을 내렸다.

다. 그러나 乙노동조합은 관할 행정청의 시정명령이 위법하다고 주장하면서 단체협약 시정명령 취소소송을 제기하였다.

**판시사항**

노동조합법 제81조 제4호 단서에서 정한 행위를 벗어나서 주기적이나 고정적으로 이루어지는 사용자의 노동조합 운영비에 대한 원조 행위가 같은 호 본문에서 금지하는 부당노동행위인지 여부(**적극**) 및 운영비 원조가 노동조합의 적극적인 요구 내지 투쟁으로 얻어진 결과라는 사정만으로 달리 볼 것인지 여부(**소극**)

## I　운영비 원조행위 금지 규정의 취지

사용자의 노동조합 운영비에 대한 원조 행위(이하 '운영비 원조 행위'라 함)를 금지하는 입법 목적은 노동조합이 사용자에게 경제적으로 의존하거나 어용화되는 것을 막고 노동조합의 자주성을 확보하는 데에 있다고 할 것이다.

그런데 노동조합법 제2조 제4호가 노동조합은 '근로자가 주체가 되어 자주적으로 단결하여 근로조건의 유지·개선 기타 근로자의 경제적·사회적 지위의 향상을 도모함을 목적으로 조직하는 단체 또는 그 연합단체를 말한다.'고 하면서, 그 (나)목에서 '경비의 주된 부분을 사용자로부터 원조 받은 경우'에는 노동조합으로 보지 않고 있으므로, 이에 비추어 보면, 노동조합이 사용자로부터 경비를 원조 받는 행위는 노동조합의 자주성을 해칠 우려가 큰 것이라고 할 수 있다.

**Ⅱ 주기적이나 고정적으로 이루어지는 사용자의 노동조합 운영비에 대한 원조 행위가 같은 호 본문에서 금지하는 부당노동행위인지 여부**

노동조합법 제81조 제4호 본문은 종전에 운영비 원조 행위의 하나로서 해석되던 "노동조합의 전임자(이하 '노조전임자'라 함)에게 급여를 지원하는 행위(이하 '노조전임자 급여 지원 행위'라 함)"를 운영비 원조 행위와 병렬적으로 규정하고 이를 금지하고 있다. 한편 노조전임자라 하더라도 노동조합법 제24조 제4항에 따라 근로시간 면제 한도를 초과하지 아니하는 범위에서 임금의 손실 없이 사용자와의 협의·교섭 등의 업무를 할 수 있지만, 그 외에는 노동조합법 제24조 제2항에 따라 전임기간 동안 사용자로부터 일체의 급여를 지급받는 것이 금지되며, 노동조합법 제81조 제4호 본문과 단서는 이를 반영하여 규정하고 있으므로, 노조전임자 급여 지원 행위는 별도로 노동조합의 자주성을 저해할 위험성이 있는지 가릴 필요 없이 그 자체로 부당노동행위를 구성한다고 해석된다. 따라서 노조전임자 급여 지원 행위와 대등하게 규정되어 있는 운영비 원조 행위의 경우에도 이와 마찬가지로 해석할 수 있을 것이다.

또한 노동조합법 제81조 제4호 단서에서는 '근로자의 후생 및 재액의 방지와 구제 등 목적의 기금에 대한 기부와 최소한 규모의 노동조합사무소 제공'을 예외적으로 허용하고 있을 뿐이므로, 그 예외를 둔 노동조합법의 입법 목적 등에 비추어 사회통념상 통상적으로 위 단서에서 정한 경우에 포함되는 행위나 그와 동일시할 수 있는 성질의 것이라고 평가될 수 있는 행위는 허용될 수 있지만, 이를 벗어나는 운영비 원조 행위는 노동조합법 제81조 제4호 본문에 의하여 금지된다고 할 것이다.

**Ⅲ 운영비 원조가 노동조합의 적극적인 요구 내지 투쟁으로 얻어진 결과라는 사정만으로 달리 볼 것인지 여부**

위와 같은 노동조합법 관련 규정의 입법 취지와 내용을 종합하여 보면, 노동조합법 제81조 제4호 단서에서 정한 행위를 벗어나서 주기적이나 고정적으로 이루어지는 운영비 원조 행위는 노조전임자 급여 지원 행위와 마찬가지로 노동조합의 자주성을 잃게 할 위험성을 지닌 것으로서 노동조합법 제81조 제4호 본문에서 금지하는 부당노동행위라고 해석되고, 비록 그 운영비 원조가 노동조합의 적극적인 요구 내지 투쟁으로 얻어진 결과라 하더라도 이러한 사정만을 가지고 달리 볼 것은 아니다.

**Ⅳ 사안의 적용**

위 내용 및 사실관계 등을 종합적으로 고려할 때, 단체협약 중 이 사건 사무보조비 조항은 乙노동조합이 사용자로부터 최소한의 규모의 노동조합사무소와 함께 통상 비치되어야 할 책상, 의자, 전기시설 등의 비품과 시설을 제공받는 것을 넘어 매월 상당한 금액의 돈을 지급받는 것을 내용으로 하고 있으므로, 그로 인하여 乙노동조합의 자주성을 침해할 현저한 위험성이 없다고 보기 어려워 노동조합법 제81조 제4호 본문에서 정한 부당노동행위에 해당한다고 할 것인바, 따라서 이와 달리 이 사건 사무보조비 조항이 2010.8.19. 단체협약 체결 당시 乙노동조합이 그 지급을 요구하여 합의된 규정으로 현재까지 시행해 오고 있다는 사정 등을 내세워 부당노동행위에 해당하지 아니하므로, 그에 대한 시정명령이 위법하다는 乙노동조합의 주장을 받아들이기 어렵다고 할 것이다.

## 주요 판례 ⑨

### [부당노동행위 9] 조합활동의 편의를 위한 자동차 무상제공행위
(대판 2016.1.28. 2013다72046)

**사실관계**

乙노동조합 丙지부는 甲자동차 주식회사와 조합활동의 편의를 위해 자동차를 무상으로 제공받기로 하는 내용이 포함된 단체협약을 체결하였다. 이와 같은 단체협약 규정은 丙지부의 적극적인 요구 내지 투쟁으로 얻어진 결과물이었다. 甲회사는 단체협약에 근거하여 丙지부에 자동차를 무상으로 제공하였다. 그러나 2010.7.1. 개정 노동조합 및 노동관계조정법(이하 '노동조합법'이라 함) 제81조 제4호가 개정됨에 따라 甲회사는 무상으로 제공하였던 자동차의 반환을 청구하였다.

**판시사항**

[1] 조합활동의 편의를 위해 자동차를 무상으로 제공하는 행위는 노동조합 운영비 원조차원에서 이루어진 것으로 부당노동행위에 해당 여부(적극)
[2] 자동차 반환의무가 인정되는지 여부(적극)

## Ⅰ 조합활동의 편의를 위해 자동차를 무상으로 제공하는 행위가 부당노동행위에 해당하는지에 대한 판단

부당노동행위를 할 수 없도록 정한 노동조합 및 노동관계조정법(이하 '노동조합법'이라 한다) 제81조는 제4호 본문에서 '근로자가 노동조합을 조직 또는 운영하는 것을 지배하거나 이에 개입하는 행위와 노동조합의 전임자에게 급여를 지원하거나 노동조합의 운영비를 원조하는 행위'를 금지하되, 그 단서에서 '근로자가 근로시간 중에 제24조 제4항에 따른 활동을 하는 것을 사용자가 허용하는 행위, 근로자의 후생자금 또는 경제상의 불행 기타 재액의 방지와 구제 등을 위한 기금의 기부와 최소한의 규모의 노동조합사무소의 제공'은 예외적으로 허용하고 있다.

위 규정이 사용자의 노동조합 운영비에 대한 원조 행위(이하 '운영비 원조 행위'라 함)를 금지하는 입법목적은 노동조합이 사용자에게 경제적으로 의존하거나 어용화되는 것을 막고 노동조합의 자주성을 확보하는 데에 있다고 할 것이다.

그런데 노동조합법 제2조 제4호가 노동조합은 '근로자가 주체가 되어 자주적으로 단결하여 근로조건의 유지·개선 기타 근로자의 경제적·사회적 지위의 향상을 도모함을 목적으로 조직하는 단체 또는 그 연합단체를 말한다'고 하면서, 그 (나)목에서 '경비의 주된 부분을 사용자로부터 원조 받은 경우'에는 노동조합으로 보지 않고 있으므로, 이에 비추어 보면, 노동조합이 사용자로부터 경비를 원조 받는 행위는 노동조합의 자주성을 해칠 우려가 큰 것이라고 할 수 있다.

그리고 노동조합법 제81조 제4호 본문은 종전에 운영비 원조 행위의 하나로서 해석되던 "노동조합의 전임자(이하 '노조전임자'라 함)에게 급여를 지원하는 행위(이하 '노조전임자 급여 지원 행위'라 함)"
를 운영비 원조 행위와 병렬적으로 규정하고 이를 금지하고 있다. 한편 노조전임자라 하더라도
노동조합법 제24조 제4항에 따라 근로시간 면제 한도를 초과하지 아니하는 범위에서 임금의 손
실 없이 사용자와의 협의·교섭 등의 업무를 할 수 있지만, 그 외에는 노동조합법 제24조 제2항
에 따라 전임기간 동안 사용자로부터 일체의 급여를 지급받는 것이 금지되며; 노동조합법 제81
조 제4호 본문과 단서는 이를 반영하여 규정하고 있으므로, 노조전임자 급여 지원 행위는 별도
로 노동조합의 자주성을 저해할 위험성이 있는지 가릴 필요 없이 그 자체로 부당노동행위를 구
성한다고 해석된다. 따라서 노조전임자 급여 지원 행위와 대등하게 규정되어 있는 운영비 원조
행위의 경우에도 이와 준하여 해석할 수 있을 것이다.

또한 노동조합법 제81조 제4호 단서에서는 '근로자의 후생 및 재액의 방지와 구제 등 목적의 기
금에 대한 기부와 최소한 규모의 노동조합사무소 제공'을 예외적으로 허용하고 있을 뿐이므로,
그 예외를 둔 노동조합법의 입법목적 등에 비추어 사회통념상 통상적으로 위 단서에서 정한 경
우에 포함되는 행위나 그와 동일시할 수 있는 성질의 것이라고 평가될 수 있는 행위는 허용될
수 있지만, 이를 벗어나는 운영비 원조 행위는 노동조합법 제81조 제4호 본문에 의하여 금지된
다고 할 것이다.

노동조합법 제81조 제4호 단서에서 정한 행위(근로자의 후생 및 재액의 방지와 구제 등 목적의 기금에
대한 기부와 최소한 규모의 노동조합사무소 제공)를 벗어나서 주기적이나 고정적으로 이루어지는 운
영비 원조 행위는 노조전임자 급여지원 행위와 마찬가지로 노동조합의 자주성을 잃게 할 위험성
을 지닌 것으로서 노동조합법 제81조 제4호 본문에서 금지하는 부당노동행위라고 해석되고, 비
록 그 운영비 원조가 노동조합의 적극적인 요구 내지 투쟁으로 얻어진 결과라 하더라도 이러한
사정만을 가지고 달리 볼 것은 아니다.

## Ⅱ Ⅰ에 대한 사안의 적용

위 제반사정 등에 비추어볼 때, 甲회사가 乙노동조합 丙지부에게 조합활동의 편의를 위해 자동
차를 무상으로 제공하는 행위는 甲회사가 乙노동조합 丙지부의 운영비를 원조하는 차원에서 이
루어진 것이고, 이러한 행위는 노동조합법 제81조 제4호 본문에서 금지하는 부당노동행위에 해
당한다고 할 것이다.

## Ⅲ 자동차 반환의무가 인정되는지에 대한 판단

노동조합법 제81조의 부당노동행위 금지규정은 헌법이 규정하는 근로3권을 구체적으로 확보하
기 위한 것으로 이에 위반하는 행위에 대하여 노동조합법 제90조에서 '2년 이하의 징역 또는
2,000만원 이하의 벌금'에 처하도록 되어 있고, 부당노동행위에 대하여 신속한 권리구제를 받을
수 있도록 노동조합법 제84조, 동법 제85조에서 행정상의 구제절차까지 규정하고 있는 점에 비
추어 강행규정이라고 보아야 하고, 이에 위반된 법률행위는 무효라 할 것이다.

## Ⅳ Ⅲ에 대한 사안의 적용

위 제반사정 등에 비추어볼 때, 甲회사가 乙노동조합 丙지부에게 자동차를 무상으로 제공한 행위는 부당노동행위에 해당하여 그것이 단체협약에 의한 것이든 민법상 사용대차에 의한 것이든 무효라 할 것이므로, 乙노동조합 丙지부는 甲회사에게 자동차를 반환할 의무가 있다고 할 것이다.

memo

제
03
편

## 주요 판례 10

### [부당노동행위 10] 개별교섭에서의 중립의무와 지배·개입의 부당노동행위
#### (대판 2019.4.25. 2017두33510)

---

**사실관계**  **대신증권 주식회사 사건**

가. 원고 회사는 상시 근로자 약 1,700명을 고용하여 금융투자업을 주요 사업으로 하는 법인이다.

　참가인 노동조합은 금융직 및 사무직 종사 근로자를 조직대상으로 하여 설립된 산업별 노동조합으로, 원고 회사의 근로자 51명은 2014.1.25. 참가인 노동조합에 가입하였고, 참가인 노동조합은 같은 달 27. 원고 회사에게 참가인 노동조합의 지부 설립을 통보하며 단체교섭을 요청하였다. 한편 원고 회사의 다른 근로자 46명은 2014.1.29. 기업별 노동조합인 대신증권 노동조합을 설립하고 같은 해 2.2. 원고 회사에게 단체교섭을 요구하였다.

나. 참가인 노동조합과 대신증권 노동조합은 2014.2.11.부터 교섭창구 단일화를 위한 합의를 하였으나 합의에 이르지 못하였고, 대신증권 노동조합은 2014.2.21. 원고 회사에게 개별 교섭을 요구하였다. 이에 원고 회사는 2014.2.23. 대신증권 노동조합의 개별교섭 요구를 받아들여 참가인 노동조합과 대신증권 노동조합에게 개별교섭을 진행할 것을 각각 통보하였다.

다. 원고 회사가 참가인 노동조합 및 대신증권 노동조합과의 개별 교섭 과정에서 대신증권 노동조합의 조합원들에게만 '무쟁의 타결 격려금'을 지급하기로 하였다.

라. 원고 회사는 2015.12.3. 대신증권 노동조합과 단체협약을 잠정적으로 합의하면서 '무쟁의 타결 격려금' 150만원 및 '경영목표 달성 및 성과향상을 위한 격려금' 150만원을 단체협약 체결일 현재 조합원에 한하여 지급한다고 명시하고 단체협약을 같은 달 17일 체결하기로 하여 14일의 기간 동안 대신증권 노동조합은 잠정합의 내용을 조합원 가입 유치의 수단으로 적극 활용하였다.

마. 참가인 노동조합의 조합원 8명은 원고 회사와 대신증권 노동조합이 단체협약을 체결하기 전날 및 당일에 참가인 노동조합을 탈퇴하였다. 원고 회사는 대신증권 노동조합으로부터 받은 조합원 명단과 확약서를 기준으로 대신증권 노동조합의 조합원을 242명으로 확정하여 2014.12.말경 약 7억원의 격려금을 지급하였다.

---

**판시사항**

사용자의 부당노동행위의 한 유형으로 정한 노동조합 및 노동관계조정법 제81조 제4호의 규정 취지 / 같은 법 제29조의2 제1항 단서에 따라 개별 교섭 절차가 진행되던 중에 사용자가 특정 노동조합과 체결한 단체협약 내용에 따라 해당 노동조합 조합원에게만 금품을 지급한 경우, 다른 노동조합의 조직이나 운영을 지배하거나 이에 개입하는 의사에 따른 사용자의 위 금품 지급 행위가 부당노동행위에 해당하는지 여부(적극) 및 이 경우 사용자의 행위가 부당노동행위에 해당하는지 판단하는 방법 / 이때 지배·개입으로서의 부당노동행위 성립에 반드시 근로자의 단결권 침해라는 결과 발생까지 요하는지 여부(소극)

Ⅰ 사용자의 부당노동행위의 한 유형으로 정한 「노동조합 및 노동관계조정법」 제81조 제4호 규정의 취지

사용자는 「노동조합 및 노동관계조정법」(이하 '노동조합법'이라 함) 제29조의2 제1항이 정하는 바에 따라 교섭창구를 단일화하지 않고 복수의 노동조합과 개별적으로 교섭을 진행하여 체결 시기와 내용 등을 달리하는 복수의 단체협약을 체결할 수 있다.

한편 노동조합법 제81조 제4호는 근로자가 노동조합을 조직 또는 운영하는 것을 지배하거나 이에 개입하는 행위 등을 사용자의 부당노동행위의 한 유형으로 규정하고 있다. 이는 단결권을 침해하는 행위를 배제·시정함으로써 정상적인 노사관계를 회복하려는 데에 그 취지가 있다(대판 2013.2.15. 2010도11281 등 참조).

Ⅱ 노동조합법 제29조의2 제1항 단서에 따라 개별 교섭 절차가 진행되던 중에 사용자가 특정 노동조합과 체결한 단체협약 내용에 따라 해당 노동조합 조합원에게만 금품을 지급한 경우, 다른 노동조합의 조직이나 운영을 지배하거나 이에 개입하는 의사에 따른 사용자의 위 금품지급 행위가 부당노동행위에 해당하는지 여부 및 이 경우 사용자의 행위가 부당노동행위에 해당하는지 판단하는 방법과 이때 지배·개입으로서의 부당노동행위 성립에 반드시 근로자의 단결권 침해라는 결과 발생까지 요하는지 여부

이러한 부당노동행위 금지 규정과 취지를 고려하면, 노동조합법 제29조의2 제1항 단서에 따라 개별 교섭 절차가 진행되던 중에 사용자가 특정 노동조합과 체결한 단체협약의 내용에 따라 해당 노동조합의 조합원에게만 금품을 지급한 경우, 사용자의 이러한 금품 지급 행위가 다른 노동조합의 조직이나 운영을 지배하거나 이에 개입하는 의사에 따른 것이라면 부당노동행위에 해당할 수 있다. 이 경우 사용자의 행위가 부당노동행위에 해당하는지 여부는, 금품을 지급하게 된 배경과 명목, 금품 지급에 부가된 조건, 지급된 금품의 액수, 금품 지급의 시기나 방법, 다른 노동조합과의 교섭 경위와 내용, 다른 노동조합의 조직이나 운영에 미치거나 미칠 수 있는 영향 등을 종합적으로 고려하여 판단하여야 한다. 다만, 그 지배·개입으로서의 부당노동행위의 성립에 반드시 근로자의 단결권의 침해라는 결과의 발생까지 요하는 것은 아니다(대판 2006.9.8. 2006도388 등 참조).

## Ⅲ 사안의 적용

위 내용 및 사실관계 등을 종합적으로 고려할 때, 원고 회사가 참가인 노동조합 및 대신증권 노동조합과의 개별 교섭 과정에서 대신증권 노동조합의 조합원들에게만 '무쟁의 타결 격려금'을 지급하기로 한 행위는 여전히 개별 교섭 중인 참가인 노동조합의 자유로운 의사에 기초한 쟁의행위 여부 결정 등에 간접적으로 영향을 미쳐 그 의사결정을 원고 회사가 의도한 대로 변경시키려한 행위로 볼 여지가 크다고 할 것이다.

원고 회사는 2015.12.3. 대신증권 노동조합과 단체협약을 잠정적으로 합의하면서 '무쟁의 타결 격려금' 150만원 및 '경영목표 달성 및 성과향상을 위한 격려금' 150만원을 단체협약 체결일 현재 조합원에 한하여 지급한다고 명시하고 단체협약을 같은 달 17일 체결하기로 하여 14일의 기간 동안 대신증권 노동조합이 격려금 지급을 조합원 가입 유치의 수단으로 이용할 가능성 및 그로 인하여 원고 회사가 지급해야 할 격려금이 증가될 가능성을 열어두었고, 실제로 대신증권 노동조합은 잠정합의 내용을 조합원 가입 유치의 수단으로 적극 활용하였다. 이러한 사정에 비추어 보면, 원고 회사는 대신증권 노동조합으로부터 복리후생에 대한 사항을 양보 받는 것에 대한 대가로 격려금을 지급하는 것을 넘어 대신증권 노동조합이 격려금 지급 사실을 조합원 가입 유치 수단으로 홍보하게 함으로써 개별 교섭 중인 참가인 노동조합의 단체교섭에 간접적으로나마 영향을 미칠 의도가 있었다고 할 것이다.

## Ⅳ 결론

따라서 원고 회사가 대신증권 노동조합의 조합원들에게만 격려금을 지급한 행위는 피고보조참가인(참가인 노동조합)의 단체교섭을 방해하기 위한 의도로 행하여진 것으로 노동조합법 제81조 제4호에서 정한 지배·개입의 부당노동행위에 해당한다고 판단된다.

## Ⅴ 대상판결의 의의[85]

대상판결은 사용자가 교섭창구 단일화를 통해 교섭대표노동조합으로 선정된 다수노조와의 교섭을 통해 소수노조에게 불리한 조건의 단체협약을 체결한 것에 대하여 개별교섭 하에서의 '전제조건에서의 차별'이라는 개념을 적용함으로써 이 사건 단체협약은 사용자의 중립의무 위반으로서 부당노동행위에 해당한다고 하였다.

그러나 이와 같은 판단은 우리 단체교섭 제도의 성격, 개정 노조법의 체계 및 규정 등에 비추어 타당하지 않고, 교섭대표노동조합 및 사용자의 공정대표의무 위반의 문제로 다루어야 하며, 부당노동행위 해당 여부 또한 별도로 판단하는 것이 타당하다.

---

85) 박지순 고려대학교 법학전문대학원 교수, 노동법률

## 주요 판례 11

# [부당노동행위 11] 부당노동행위 구제신청권 인정 여부
### (대판 2008.9.11. 2007두19249)

### 사실관계

가. 원고 재단 소속 근로자 중 소외인 등 230명은 2003.2.14. 피고 보조참가인(이하 '참가인 조합'이라 함)의 조합원으로 가입하기로 하여 참가인 조합 집행부가 이를 받아들였고, 참가인 조합 위원장은 2003.2.28. 원고 재단에 참가인 조합 서울지부 경기북부지회 성람분회(이하 '성람분회'라 함)의 설치를 통보하였다.

나. 성람분회는 2003.3.6.경부터 같은 해 11.6.경까지 원고 재단과 수차례에 걸쳐 단체교섭을 실시하였으나 합의에 이르지 못하고 결렬되자, 2004.3.1.경부터 같은 해 9.14.경까지 파업을 단행하였고, 위 소외인을 비롯한 원고 재단의 은혜장애인요양원 등에서 근무하는 참가인 조합원들도 파업에 참여하였다가 2004.11.1. 업무에 복귀하였다.

다. 한편 2004.10.28. 12차 정기대의원대회에서 개정되기 전 참가인 조합의 규약(이하 '개정 전 규약'이라 함) 제2조는 조합원의 자격을 금속산업과 금속관련 산업 노동자 등으로 한정하고 있었으나, 2004.10.28. 개정된 참가인 조합의 규약(이하 '개정 규약'이라 함) 제2조 제5호는 금속산업과 금속관련 산업 노동자가 아니라고 하더라도 지부운영위원회의 심의를 거치고 중앙위원회의 승인을 받는 경우 참가인 조합의 조합원으로 가입할 수 있도록 함으로써 조합원의 범위를 확대하였으며, 위 소외인 등 230명의 원고 재단 소속 근로자들은 참가인 조합 서울지부의 가입 재확인을 거쳐 2005.3.2.경 참가인 조합 중앙위원회로부터 조합원 가입의 승인을 받았다.

### 판시사항

[1] 노동조합이 사용자의 부당노동행위에 대한 구제신청권을 가지는 경우

[2] 조합원의 지위를 취득하지 못한 상태에서 노동조합에 가입하려고 한 근로자들에 대하여 사용자가 부당노동행위를 하였다면, 노동조합도 자신의 권리를 침해받은 것으로 볼 수 있어 독자적으로 부당노동행위에 대한 구제신청권을 가진다고 한 사례

## Ⅰ 노동조합이 사용자의 부당노동행위에 대한 구제신청권을 가지는 경우

노동조합 및 노동관계조정법(이하 '법'이라 함) 제82조 제1항에 의하면, 노동조합은 사용자의 부당
노동행위에 대하여 근로자 개인의 구제신청권과는 별개의 독자적인 구제신청권을 가진다고 할
것인바(대판 1979.2.13. 78다2275), 노동조합에게 이와 같은 구제신청권을 인정한 이유가 노동조
합의 단결권 또는 그 지위 및 기능의 보호·유지에 있고, 법 제5조가 근로자의 노동조합 결성
및 가입의 자유를 보장하고 있으며, 법 제81조 제1호에서 사용자가 노동조합에 가입한 근로자에
게 불이익을 주는 행위뿐만 아니라 노동조합에 가입하려고 한 근로자에게 불이익을 주는 행위에
대하여도 부당노동행위로 규정하여 이를 금지하고 있는 점에 비추어 보면, 노동조합으로서는 자
신에 대한 사용자의 부당노동행위가 있는 경우뿐만 아니라, 그 소속 조합원으로 가입한 근로자
또는 그 소속 조합원으로 가입하려고 하는 근로자에 대하여 사용자의 부당노동행위가 있는 경우
에도 노동조합의 권리가 침해당할 수 있으므로, 그 경우에도 노동조합은 자신의 명의로 그 부당
노동행위에 대한 구제신청을 할 수 있는 권리를 가진다고 할 것이다.

## Ⅱ 사안의 적용

위 내용 및 사실관계 등을 종합적으로 고려할 때, 금속관련 산업과는 무관한 원고 재단 소속 근
로자들이 개정 전 규약 아래에서 그 규약이 정한 조합원 자격을 갖추지 못하여 참가인 조합에
가입하는 것이 불가능하였다고 하더라도, 개정 규약이 시행된 이후에는 개정 규약이 정한 절차
를 거쳐 참가인 조합의 조합원으로 가입할 수 있게 되었다고 할 것이므로, 참가인 조합이 원고
재단의 부당노동행위가 있었다고 주장하는 시기인 2004.11.경 위 소외인 등 230명이 참가인 조
합 중앙위원회의 조합원 가입에 대한 승인을 받지 못하여 참가인 조합의 조합원 지위를 취득하
지는 못하였다고 하더라도, 적어도 참가인 조합에 가입하려고 하였음은 인정된다고 할 것이다.
따라서 원고 재단이 개정 규약의 시행 후인 2004.11.경 참가인 조합의 주장과 같이 참가인 조합
에 가입하려고 한 원고 재단 소속 근로자에 대하여 다른 근로자들과 비교하여 차별대우를 하는
등 부당노동행위를 하였다면, 이로 인하여 참가인 조합이 권리를 침해받았다고 볼 여지도 충분
하다고 할 것이다.
그럼에도 원심은, 참가인 조합의 주장과 같은 부당노동행위가 행하여 질 당시인 2004.11.경 소
외인 등 230명의 원고 재단 소속 근로자들이 참가인 조합의 조합원 지위를 취득하지 못하였다는
이유만으로 원고 재단의 부당노동행위로 인하여 권리를 침해당한 바 없다고 단정하여 참가인 조
합이 독자적으로 그와 같은 부당노동행위에 대한 구제신청권을 가진다고 볼 수 없다고 판단하고
말았으니, 원심의 이와 같은 사실인정과 판단에는 채증법칙을 위반하여 사실을 오인하거나, 노
동조합의 구제신청적격에 관한 법리를 오해하여 판결 결과에 영향을 미친 위법이 있다고 할 것
이다.

**주요 판례 12**

## [부당노동행위 12] 「노동조합 및 노동관계조정법」 제81조 제4호 위헌제청
### (헌재 2018.5.31. 2012헌바90)

**사실관계**

가. 전국금속노동조합은 2010.6.18.부터 2010.6.30.까지 사이에 7개 회사와 단체협약을 체결하였는데, 여기에는 '회사는 조합사무실과 집기, 비품을 제공하며 조합사무실 관리유지비(전기료, 수도료, 냉난방비 등) 기타 일체를 부담한다.', '회사는 노동조합에 차량을 제공한다(주유비, 각종 세금 및 수리비용을 지급한다).'는 등의 노동조합에 시설·편의를 제공하는 조항이 포함되어 있었다.

나. 관할 행정청은 위 시설·편의제공 조항이 「노동조합 및 노동관계조정법」(이하 '노동조합법'이라 함) 제81조 제4호를 위반하였다는 등의 이유로 2010.11.11. 노동조합법 제31조 제3항에 따라 시정명령을 내렸다.

다. 전국금속노동조합은 관할 행정청을 상대로 시정명령의 취소를 구하는 소를 제기하고, 그 소송 계속 중 노동조합법 제24조 제2항, 제4항, 제5항, 제31조 제3항, 제81조 제4호, 제92조 제1호에 대한 위헌법률심판 제청신청을 하였다.

**판시사항**

사용자가 노동조합의 운영비를 원조하는 행위를 부당노동행위로 금지하는 '노동조합법'(2010.1.1. 법률 제9930호로 개정된 것) 제81조 제4호 중 '노동조합의 운영비를 원조하는 행위'에 관한 부분(이하 '운영비원조금지조항'이라 함)이 노동조합의 단체교섭권을 침해하는지 여부(적극).

Ⅰ **사용자가 노동조합의 운영비를 원조하는 행위를 부당노동행위로 금지하는 '노동조합법'** (2010.1.1. 법률 제9930호로 개정된 것) **제81조 제4호 중 '운영비원조금지조항'이 노동조합의 단체교섭권을 침해하는지 여부**

운영비원조금지조항은 사용자로부터 노동조합의 자주성을 확보하여 궁극적으로 근로3권의 실질적인 행사를 보장하기 위한 것으로서 그 입법목적이 정당하다. 운영비 원조 행위가 노동조합의 자주성을 저해할 위험이 없는 경우에는 이를 금지하더라도 위와 같은 입법목적의 달성에 아무런 도움이 되지 않는다. 그런데 운영비원조금지조항은 단서에서 정한 두 가지 예외를 제외한 일체의 운영비 원조 행위를 금지함으로써 노동조합의 자주성을 저해할 위험이 없는 경우까지 금지하고 있으므로, 입법목적 달성을 위한 적합한 수단이라고 볼 수 없다.

사용자의 노동조합에 대한 운영비 원조에 관한 사항은 대등한 지위에 있는 노사가 자율적으로 협의하여 정하는 것이 근로3권을 보장하는 취지에 가장 부합한다. 따라서 운영비 원조 행위에 대한 제한은 실질적으로 노동조합의 자주성이 저해되었거나 저해될 위험이 현저한 경우에 한하여 이루어져야 한다. 그럼에도 불구하고 운영비원조금지조항은 단서에서 정한 두 가지 예외를 제외한 일체의 운영비 원조 행위를 금지하고 있으므로, 그 입법목적 달성을 위해서 필요한 범위를 넘어서 노동조합의 단체교섭권을 과도하게 제한한다. 운영비원조금지조항으로 인하여 오히려 노동조합의 활동이 위축되거나 노동조합과 사용자가 우호적이고 협력적인 관계를 맺기 위해서 대등한 지위에서 운영비 원조를 협의할 수 없게 되는데, 이는 실질적 노사자치를 구현하고자 하는 근로3권의 취지에도 반한다.

노동조합법은 복수 노동조합이 존재하는 경우 공정대표의무를 부과하면서 그 위반에 대하여 부당노동행위 구제절차를 준용하고 있고, 사용자가 선호하는 특정 노동조합에만 운영비를 원조하는 행위는 '근로자가 노동조합을 조직 또는 운영하는 것을 지배하거나 이에 개입하는 행위'로서 부당노동행위에 해당하므로, 복수 노동조합을 고려하더라도 운영비 원조 행위를 일률적으로 금지할 필요성을 인정할 수 없다. 헌법재판소는 2014.5.29. 2010헌마606 결정에서 전임자 급여 지급 금지 등에 관한 노동조합법 제24조 제2항, 제4항, 제5항이 단체교섭권 등을 침해하지 않는다고 판단하였다. 전임자급여 지원 행위와는 달리 운영비 원조 행위에 대해서는 노동조합법 제81조 제4호에서 사용자의 부당노동행위로서 금지하고 있을 뿐, 노동조합이 운영비 원조를 받는 것 자체를 금지하거나 제한하는 별도의 규정이 없고, 금지의 취지와 규정의 내용, 예외의 인정 범위 등이 다르므로, 노동조합의 단체교섭권을 침해하는지 여부를 판단하면서 운영비 원조 행위를 전임자급여 지원 행위와 동일하게 볼 수 없다.

이상의 내용을 종합하여 보면, 운영비원조금지조항이 단서에서 정한 두 가지 예외를 제외한 운영비 원조 행위를 일률적으로 부당노동행위로 간주하여 금지하는 것은 침해의 최소성에 반한다. 노동조합의 자주성을 저해하거나 저해할 위험이 현저하지 않은 운영비 원조 행위를 부당노동행위로 규제하는 것은 입법목적 달성에 기여하는 바가 전혀 없는 반면, 운영비원조금지조항으로 인하여 청구인은 사용자로부터 운영비를 원조 받을 수 없을 뿐만 아니라 궁극적으로 노사자치의 원칙을 실현할 수 없게 되므로, 운영비원조금지조항은 법익의 균형성에도 반한다. 따라서 운영비원조금지조항은 과잉금지원칙을 위반하여 청구인의 단체교섭권을 침해하므로 헌법에 위반된다.

## Ⅱ 결론

운영비원조금지조항은 헌법에 합치되지 아니하나, 2019.12.31.을 시한으로 입법자의 개선입법이 이루어질 때까지 잠정적으로 적용하기로 하고, 나머지 심판청구는 모두 부적법하므로 이를 각하하기로 하여 주문과 같이 결정한다. 이 결정은 아래 7.과 같은 재판관 김창종, 재판관 조용호의 반대의견이 있는 외에는 나머지 재판관들의 일치된 의견에 의한 것이다.

## 주요 판례 13

### [부당노동행위 13] 「노동조합 및 노동관계조정법」 제94조 위헌제청
(헌재 2020.4.23. 2019헌가25)

### 사실관계

가. 제청신청인은 여객자동차 운송업을 영위하는 법인으로서 2015.10.6. 춘천지방법원 2015회합509호로 회생절차가 개시되었다. 김○○은 위 법인의 대표이사 겸 관리인이고, 이○○은 노무계장으로서 종업원이다.

나. 제청신청인은, 김○○과 이○○이 각 제청신청인의 업무에 관하여 '노동조합 및 노동관계조정법' 제81조를 위반하여 부당노동행위를 하였다는 이유로 기소되어 벌금 300만원의 약식명령을 발령받고, 이에 불복하여 정식재판을 청구하였다.

다. 제청신청인은 위 형사재판 계속 중 2019.7.10. 「노동조합 및 노동관계조정법」(이하 '노동조합법'이라 함) 제94조에 대하여 위헌법률심판제청을 신청하였고, 제청법원은 2019.9.4. 위 신청을 노동조합법 제94조 중 '법인의 대표자, 법인의 대리인·사용인 기타의 종업원이 그 법인의 업무에 관하여 제90조의 위반행위를 한 때에는 그 법인에 대하여도 해당 조의 벌금형을 과한다.' 부분 가운데 제81조 제1호, 제2호 단서 후단, 제5호에 관한 부분에 대하여 한 것으로 보고 이를 받아들여 이 사건 위헌법률심판제청을 하였다.

### 판시사항

가. 법인의 대리인·사용인 기타의 종업원이 그 법인의 업무에 관하여 '노동조합법' 제81조 제1호, 제2호 단서 후단, 제5호를 위반하여 부당노동행위를 한 때에는 그 법인에 대하여도 벌금형을 과하도록 한 '노동조합법'(1997.3.13. 법률 제5310호로 제정된 것) 제94조 중 법인의 대리인·사용인 기타의 종업원(이하 '종업원 등'이라 함)이 그 법인의 업무에 관하여 제90조 가운데 '제81조 제1호, 제2호 단서 후단, 제5호를 위반한 경우'에 관한 부분(이하 '심판대상조항 중 법인의 종업원 관련 부분'이라 함)이 책임주의원칙에 위배되는지 여부(적극)

나. 법인의 대표자가 그 법인의 업무에 관하여 '노동조합법' 제81조 제1호를 위반하여 부당노동행위를 한 때에는 그 법인에 대하여도 벌금형을 과하도록 한 '노동조합법'(1997.3.13. 법률 제5310호로 제정된 것) 제94조 중 법인의 대표자가 그 법인의 업무에 관하여 제90조 가운데 '제81조 제1호를 위반한 경우'에 관한 부분(이하 '심판대상조항 중 법인의 대표자 관련 부분'이라 함)이 책임주의원칙에 위배되는지 여부(소극)

I 법인의 대리인·사용인 기타의 종업원이 그 법인의 업무에 관하여 '노동조합법' 제81조 제1호, 제2호 단서 후단, 제5호를 위반하여 부당노동행위를 한 때에는 그 법인에 대하여 도 벌금형을 과하도록 한 '노동조합법'(1997.3.13. 법률 제5310호로 제정된 것) 제94조 중 법인 의 대리인·사용인 기타의 종업원(이하 '종업원 등'이라 함)이 그 법인의 업무에 관하여 제90 조 가운데 '제81조 제1호, 제2호 단서 후단, 제5호를 위반한 경우'에 관한 부분(이하 '심판대 상조항 중 법인의 종업원 관련 부분'이라 함)이 책임주의원칙에 위배되는지 여부(※ 즉, 법인의 종업 원 관련 부분이 책임주의 원칙에 위배되는지 여부)

심판대상조항[노동조합법 제94조(양벌규정)] 중 법인의 종업원 관련 부분은 법인의 대리인·사용인 기타의 종업원(이하 '종업원 등'이라 함)이 법인의 업무에 관하여 '노동조합법' 제81조 제1호, 제2호 단서 후단, 제5호가 정한 부당노동행위를 한 사실이 인정되면 곧바로 법인에게도 '노동조합법' 제90조가 정한 벌금형을 과하도록 규정하고 있다. 즉, 종업원 등의 범죄행위에 대한 법인의 가 담 여부나 이를 감독할 주의의무 위반 여부를 법인에 대한 처벌요건으로 규정하지 아니하고, 달 리 법인이 면책될 가능성에 대해서도 정하지 아니한 채, 곧바로 법인을 종업원 등과 같이 처벌하 는 것이다. 그 결과, 법인은 선임·감독상의 주의의무를 다하여 아무런 잘못이 없는 경우에도 이 부분 심판대상조항에 따라 종업원 등의 범죄행위에 대한 형벌을 부과 받게 된다.
이 부분 심판대상조항은 종업원 등의 범죄행위에 관하여 비난할 근거가 되는 법인의 의사결정 및 행위구조, 즉 종업원 등이 저지른 행위의 결과에 대한 법인의 독자적인 책임에 관하여 전혀 규정하지 않은 채, 단순히 법인이 고용한 종업원 등이 업무에 관하여 범죄행위를 하였다는 이유 만으로 법인에 대하여 형벌을 부과하도록 정하고 있는바, 이는 다른 사람의 범죄에 대하여 그 책임 유무를 묻지 않고 형사처벌하는 것이므로 헌법상 법치국가원리로부터 도출되는 책임주의 원칙에 위배된다.

Ⅱ 법인의 대표자가 그 법인의 업무에 관하여 '노동조합법' 제81조 제1호를 위반하여 부당노동행위를 한 때에는 그 법인에 대하여도 벌금형을 과하도록 한 「노동조합법」(1997.3.13. 법률 제5310호로 제정된 것) 제94조 중 법인의 대표자가 그 법인의 업무에 관하여 제90조 가운데 '제81조 제1호를 위반한 경우'에 관한 부분(이하 '심판대상조항 중 법인의 대표자 관련 부분'이라 함)이 책임주의원칙에 위배되는지 여부(※ 즉, 법인의 대표자 관련 부분이 책임주의 원칙에 위배되는지 여부)

심판대상조항[노동조합법 제94조(양벌규정)] 중 법인의 대표자 관련 부분도 종업원 관련 부분과 마찬가지로, 법인의 대표자가 일정한 부당노동행위를 한 사실이 인정되면 곧바로 법인에게도 대표자에 대한 처벌조항에 규정된 벌금형을 과하도록 규정하고 있으나, 법인 대표자의 행위는 종업원 등의 행위와 달리 보아야 한다. 법인의 행위는 법인을 대표하는 자연인인 대표기관의 의사결정에 따른 행위에 의하여 실현되므로, 자연인인 대표기관의 의사결정 및 행위에 따라 법인의 책임 유무를 판단할 수 있다. 즉, 법인은 기관을 통해 행위하므로 법인이 대표자를 선임한 이상 그의 행위로 인한 법률효과는 법인에게 귀속되어야 하고, 법인 대표자의 범죄행위에 대하여는 법인 자신이 자신의 행위에 대한 책임을 부담하는 것이다.
결국 법인 대표자의 법규위반행위에 대한 법인의 책임은 법인 자신의 법규위반행위로 평가될 수 있는 행위에 대한 법인의 직접책임이므로, 대표자의 고의에 의한 위반행위에 대하여는 법인이 고의 책임을, 대표자의 과실에 의한 위반행위에 대하여는 법인이 과실 책임을 부담한다. 따라서 심판대상조항 중 법인의 대표자 관련 부분은 법인의 직접책임을 근거로 하여 법인을 처벌하므로 책임주의원칙에 위배되지 않는다.

memo

공인노무사 2차
# 노동법 주요판례정리 150선

# 부록
# 노동관계법

# 제1장 근로기준법

◈ 근로기준법 ◈

[시행 2025.10.23.] [법률 제20520호, 2024.10.22, 일부개정]

## 제1장 총칙

### 제1조(목적)

이 법은 헌법에 따라 근로조건의 기준을 정함으로써 근로자의 기본적 생활을 보장, 향상시키며 균형 있는 국민경제의 발전을 꾀하는 것을 목적으로 한다.

### 제2조(정의)

① 이 법에서 사용하는 용어의 뜻은 다음과 같다. 〈개정 2018.3.20, 2019.1.15, 2020.5.26.〉

1. "근로자"란 직업의 종류와 관계없이 임금을 목적으로 사업이나 사업장에 근로를 제공하는 사람을 말한다.

2. "사용자"란 사업주 또는 사업 경영 담당자, 그 밖에 근로자에 관한 사항에 대하여 사업주를 위하여 행위하는 자를 말한다.

3. "근로"란 정신노동과 육체노동을 말한다.

4. "근로계약"이란 근로자가 사용자에게 근로를 제공하고 사용자는 이에 대하여 임금을 지급하는 것을 목적으로 체결된 계약을 말한다.

5. "임금"이란 사용자가 근로의 대가로 근로자에게 임금, 봉급, 그 밖에 어떠한 명칭으로든지 지급하는 모든 금품을 말한다.

6. "평균임금"이란 이를 산정하여야 할 사유가 발생한 날 이전 3개월 동안에 그 근로자에게 지급된 임금의 총액을 그 기간의 총일수로 나눈 금액을 말한다. 근로자가 취업한 후 3개월 미만인 경우도 이에 준한다.

7. "1주"란 휴일을 포함한 7일을 말한다.

8. "소정(所定)근로시간"이란 제50조, 제69조 본문 또는 「산업안전보건법」 제139조 제1항에 따른 근로시간의 범위에서 근로자와 사용자 사이에 정한 근로시간을 말한다.

9. "단시간근로자"란 1주 동안의 소정근로시간이 그 사업장에서 같은 종류의 업무에 종사하는 통상 근로자의 1주 동안의 소정근로시간에 비하여 짧은 근로자를 말한다.

② 제1항 제6호에 따라 산출된 금액이 그 근로자의 통상임금보다 적으면 그 통상임금액을 평균임금으로 한다.

**제3조(근로조건의 기준)**

이 법에서 정하는 근로조건은 최저기준이므로 근로관계 당사자는 이 기준을 이유로 근로조건을 낮출 수 없다.

**제4조(근로조건의 결정)**

근로조건은 근로자와 사용자가 동등한 지위에서 자유의사에 따라 결정하여야 한다.

**제5조(근로조건의 준수)**

근로자와 사용자는 각자가 단체협약, 취업규칙과 근로계약을 지키고 성실하게 이행할 의무가 있다.

**제6조(균등한 처우)**

사용자는 근로자에 대하여 남녀의 성(性)을 이유로 차별적 대우를 하지 못하고, 국적·신앙 또는 사회적 신분을 이유로 근로조건에 대한 차별적 처우를 하지 못한다.

**제7조(강제 근로의 금지)**

사용자는 폭행, 협박, 감금, 그 밖에 정신상 또는 신체상의 자유를 부당하게 구속하는 수단으로써 근로자의 자유의사에 어긋나는 근로를 강요하지 못한다.

**제8조(폭행의 금지)**

사용자는 사고의 발생이나 그 밖의 어떠한 이유로도 근로자에게 폭행을 하지 못한다.

**제9조(중간착취의 배제)**

누구든지 법률에 따르지 아니하고는 영리로 다른 사람의 취업에 개입하거나 중간인으로서 이익을 취득하지 못한다.

**제10조(공민권 행사의 보장)**

사용자는 근로자가 근로시간 중에 선거권, 그 밖의 공민권(公民權) 행사 또는 공(公)의 직무를 집행하기 위하여 필요한 시간을 청구하면 거부하지 못한다. 다만, 그 권리 행사나 공(公)의 직무를 수행하는 데에 지장이 없으면 청구한 시간을 변경할 수 있다.

**제11조(적용 범위)**

① 이 법은 상시 5명 이상의 근로자를 사용하는 모든 사업 또는 사업장에 적용한다. 다만, 동거하는 친족만을 사용하는 사업 또는 사업장과 가사(家事) 사용인에 대하여는 적용하지 아니한다.

② 상시 4명 이하의 근로자를 사용하는 사업 또는 사업장에 대하여는 대통령령으로 정하는 바에 따라 이 법의 일부 규정을 적용할 수 있다.

③ 이 법을 적용하는 경우에 상시 사용하는 근로자 수를 산정하는 방법은 대통령령으로 정한다. 〈신설 2008.3.21.〉

**제12조(적용 범위)**

이 법과 이 법에 따른 대통령령은 국가, 특별시·광역시·도, 시·군·구, 읍·면·동, 그 밖에 이에 준하는 것에 대하여도 적용된다.

### 제13조(보고, 출석의 의무)

사용자 또는 근로자는 이 법의 시행에 관하여 고용노동부장관·「노동위원회법」에 따른 노동위원회 (이하 "노동위원회"라 한다) 또는 근로감독관의 요구가 있으면 지체 없이 필요한 사항에 대하여 보고하거나 출석하여야 한다. 〈개정 2010.6.4.〉

### 제14조(법령 주요 내용 등의 게시)

① 사용자는 이 법과 이 법에 따른 대통령령의 주요 내용과 취업규칙을 근로자가 자유롭게 열람할 수 있는 장소에 항상 게시하거나 갖추어 두어 근로자에게 널리 알려야 한다. 〈개정 2021.1.5.〉
② 사용자는 제1항에 따른 대통령령 중 기숙사에 관한 규정과 제99조 제1항에 따른 기숙사규칙을 기숙사에 게시하거나 갖추어 두어 기숙(寄宿)하는 근로자에게 널리 알려야 한다.
[제목개정 2021.1.5.]

# 제2장 근로계약

### 제15조(이 법을 위반한 근로계약)

① 이 법에서 정하는 기준에 미치지 못하는 근로조건을 정한 근로계약은 그 부분에 한정하여 무효로 한다. 〈개정 2020.5.26.〉
② 제1항에 따라 무효로 된 부분은 이 법에서 정한 기준에 따른다.

### 제16조(계약기간)

근로계약은 기간을 정하지 아니한 것과 일정한 사업의 완료에 필요한 기간을 정한 것 외에는 그 기간은 1년을 초과하지 못한다.

> [법률 제8372호(2007.4.11.) 제16조의 개정규정은 같은 법 부칙 제3조의 규정에 의하여 2007년 6월 30일까지 유효함]

### 제17조(근로조건의 명시)

① 사용자는 근로계약을 체결할 때에 근로자에게 다음 각 호의 사항을 명시하여야 한다. 근로계약 체결 후 다음 각 호의 사항을 변경하는 경우에도 또한 같다. 〈개정 2010.5.25.〉
　1. 임금
　2. 소정근로시간
　3. 제55조에 따른 휴일
　4. 제60조에 따른 연차 유급휴가
　5. 그 밖에 대통령령으로 정하는 근로조건
② 사용자는 제1항 제1호와 관련한 임금의 구성항목·계산방법·지급방법 및 제2호부터 제4호까지의 사항이 명시된 서면(「전자문서 및 전자거래 기본법」 제2조 제1호에 따른 전자문서를 포함한다)을 근로자에게 교부하여야 한다. 다만, 본문에 따른 사항이 단체협약 또는 취업규칙의 변경 등 대통령령

으로 정하는 사유로 인하여 변경되는 경우에는 근로자의 요구가 있으면 그 근로자에게 교부하여야 한다. 〈신설 2010.5.25, 2021.1.5.〉

## 제18조(단시간근로자의 근로조건)

① 단시간근로자의 근로조건은 그 사업장의 같은 종류의 업무에 종사하는 통상 근로자의 근로시간을 기준으로 산정한 비율에 따라 결정되어야 한다.

② 제1항에 따라 근로조건을 결정할 때에 기준이 되는 사항이나 그 밖에 필요한 사항은 대통령령으로 정한다.

③ 4주 동안(4주 미만으로 근로하는 경우에는 그 기간)을 평균하여 1주 동안의 소정근로시간이 15시간 미만인 근로자에 대하여는 제55조와 제60조를 적용하지 아니한다. 〈개정 2008.3.21.〉

## 제19조(근로조건의 위반)

① 제17조에 따라 명시된 근로조건이 사실과 다를 경우에 근로자는 근로조건 위반을 이유로 손해의 배상을 청구할 수 있으며 즉시 근로계약을 해제할 수 있다.

② 제1항에 따라 근로자가 손해배상을 청구할 경우에는 노동위원회에 신청할 수 있으며, 근로계약이 해제되었을 경우에는 사용자는 취업을 목적으로 거주를 변경하는 근로자에게 귀향 여비를 지급하여야 한다.

## 제20조(위약 예정의 금지)

사용자는 근로계약 불이행에 대한 위약금 또는 손해배상액을 예정하는 계약을 체결하지 못한다.

## 제21조(전차금 상계의 금지)

사용자는 전차금(前借金)이나 그 밖에 근로할 것을 조건으로 하는 전대(前貸)채권과 임금을 상계하지 못한다.

## 제22조(강제 저금의 금지)

① 사용자는 근로계약에 덧붙여 강제 저축 또는 저축금의 관리를 규정하는 계약을 체결하지 못한다.

② 사용자가 근로자의 위탁으로 저축을 관리하는 경우에는 다음 각 호의 사항을 지켜야 한다.

  1. 저축의 종류·기간 및 금융기관을 근로자가 결정하고, 근로자 본인의 이름으로 저축할 것
  2. 근로자가 저축증서 등 관련 자료의 열람 또는 반환을 요구할 때에는 즉시 이에 따를 것

## 제23조(해고 등의 제한)

① 사용자는 근로자에게 정당한 이유 없이 해고, 휴직, 정직, 전직, 감봉, 그 밖의 징벌(懲罰)(이하 "부당해고등"이라 한다)을 하지 못한다.

② 사용자는 근로자가 업무상 부상 또는 질병의 요양을 위하여 휴업한 기간과 그 후 30일 동안 또는 산전(産前)·산후(産後)의 여성이 이 법에 따라 휴업한 기간과 그 후 30일 동안은 해고하지 못한다. 다만, 사용자가 제84조에 따라 일시보상을 하였을 경우 또는 사업을 계속할 수 없게 된 경우에는 그러하지 아니하다.

## 제24조(경영상 이유에 의한 해고의 제한)

① 사용자가 경영상 이유에 의하여 근로자를 해고하려면 긴박한 경영상의 필요가 있어야 한다. 이 경우 경영 악화를 방지하기 위한 사업의 양도·인수·합병은 긴박한 경영상의 필요가 있는 것으로 본다.

② 제1항의 경우에 사용자는 해고를 피하기 위한 노력을 다하여야 하며, 합리적이고 공정한 해고의 기준을 정하고 이에 따라 그 대상자를 선정하여야 한다. 이 경우 남녀의 성을 이유로 차별하여서는 아니 된다.

③ 사용자는 제2항에 따른 해고를 피하기 위한 방법과 해고의 기준 등에 관하여 그 사업 또는 사업장에 근로자의 과반수로 조직된 노동조합이 있는 경우에는 그 노동조합(근로자의 과반수로 조직된 노동조합이 없는 경우에는 근로자의 과반수를 대표하는 자를 말한다. 이하 "근로자대표"라 한다)에 해고를 하려는 날의 50일 전까지 통보하고 성실하게 협의하여야 한다.

④ 사용자는 제1항에 따라 대통령령으로 정하는 일정한 규모 이상의 인원을 해고하려면 대통령령으로 정하는 바에 따라 고용노동부장관에게 신고하여야 한다. 〈개정 2010.6.4.〉

⑤ 사용자가 제1항부터 제3항까지의 규정에 따른 요건을 갖추어 근로자를 해고한 경우에는 제23조 제1항에 따른 정당한 이유가 있는 해고를 한 것으로 본다.

## 제25조(우선 재고용 등)

① 제24조에 따라 근로자를 해고한 사용자는 근로자를 해고한 날부터 3년 이내에 해고된 근로자가 해고 당시 담당하였던 업무와 같은 업무를 할 근로자를 채용하려고 할 경우 제24조에 따라 해고된 근로자가 원하면 그 근로자를 우선적으로 고용하여야 한다.

② 정부는 제24조에 따라 해고된 근로자에 대하여 생계안정, 재취업, 직업훈련 등 필요한 조치를 우선적으로 취하여야 한다.

## 제26조(해고의 예고)

사용자는 근로자를 해고(경영상 이유에 의한 해고를 포함한다)하려면 적어도 30일 전에 예고를 하여야 하고, 30일 전에 예고를 하지 아니하였을 때에는 30일분 이상의 통상임금을 지급하여야 한다. 다만, 다음 각 호의 어느 하나에 해당하는 경우에는 그러하지 아니하다. 〈개정 2010.6.4, 2019.1.15.〉

1. 근로자가 계속 근로한 기간이 3개월 미만인 경우
2. 천재·사변, 그 밖의 부득이한 사유로 사업을 계속하는 것이 불가능한 경우
3. 근로자가 고의로 사업에 막대한 지장을 초래하거나 재산상 손해를 끼친 경우로서 고용노동부령으로 정하는 사유에 해당하는 경우

## 제27조(해고사유 등의 서면통지)

① 사용자는 근로자를 해고하려면 해고사유와 해고시기를 서면으로 통지하여야 한다.
② 근로자에 대한 해고는 제1항에 따라 서면으로 통지하여야 효력이 있다.
③ 사용자가 제26조에 따른 해고의 예고를 해고사유와 해고시기를 명시하여 서면으로 한 경우에는 제1항에 따른 통지를 한 것으로 본다. 〈신설 2014.3.24.〉

## 제28조(부당해고등의 구제신청)

① 사용자가 근로자에게 부당해고등을 하면 근로자는 노동위원회에 구제를 신청할 수 있다.

② 제1항에 따른 구제신청은 부당해고등이 있었던 날부터 3개월 이내에 하여야 한다.

## 제29조(조사 등)

① 노동위원회는 제28조에 따른 구제신청을 받으면 지체 없이 필요한 조사를 하여야 하며 관계 당사자를 심문하여야 한다.

② 노동위원회는 제1항에 따라 심문을 할 때에는 관계 당사자의 신청이나 직권으로 증인을 출석하게 하여 필요한 사항을 질문할 수 있다.

③ 노동위원회는 제1항에 따라 심문을 할 때에는 관계 당사자에게 증거 제출과 증인에 대한 반대심문을 할 수 있는 충분한 기회를 주어야 한다.

④ 제1항에 따른 노동위원회의 조사와 심문에 관한 세부절차는 「노동위원회법」에 따른 중앙노동위원회(이하 "중앙노동위원회"라 한다)가 정하는 바에 따른다.

## 제30조(구제명령 등)

① 노동위원회는 제29조에 따른 심문을 끝내고 부당해고등이 성립한다고 판정하면 사용자에게 구제명령을 하여야 하며, 부당해고등이 성립하지 아니한다고 판정하면 구제신청을 기각하는 결정을 하여야 한다.

② 제1항에 따른 판정, 구제명령 및 기각결정은 사용자와 근로자에게 각각 서면으로 통지하여야 한다.

③ 노동위원회는 제1항에 따른 구제명령(해고에 대한 구제명령만을 말한다)을 할 때에 근로자가 원직복직(原職復職)을 원하지 아니하면 원직복직을 명하는 대신 근로자가 해고기간 동안 근로를 제공하였더라면 받을 수 있었던 임금 상당액 이상의 금품을 근로자에게 지급하도록 명할 수 있다.

④ 노동위원회는 근로계약기간의 만료, 정년의 도래 등으로 근로자가 원직복직(해고 이외의 경우는 원상회복을 말한다)이 불가능한 경우에도 제1항에 따른 구제명령이나 기각결정을 하여야 한다. 이 경우 노동위원회는 부당해고등이 성립한다고 판정하면 근로자가 해고기간 동안 근로를 제공하였더라면 받을 수 있었던 임금 상당액에 해당하는 금품(해고 이외의 경우에는 원상회복에 준하는 금품을 말한다)을 사업주가 근로자에게 지급하도록 명할 수 있다. 〈신설 2021.5.18.〉

## 제31조(구제명령 등의 확정)

① 「노동위원회법」에 따른 지방노동위원회의 구제명령이나 기각결정에 불복하는 사용자나 근로자는 구제명령서나 기각결정서를 통지받은 날부터 10일 이내에 중앙노동위원회에 재심을 신청할 수 있다.

② 제1항에 따른 중앙노동위원회의 재심판정에 대하여 사용자나 근로자는 재심판정서를 송달받은 날부터 15일 이내에 「행정소송법」의 규정에 따라 소(訴)를 제기할 수 있다.

③ 제1항과 제2항에 따른 기간 이내에 재심을 신청하지 아니하거나 행정소송을 제기하지 아니하면 그 구제명령, 기각결정 또는 재심판정은 확정된다.

### 제32조(구제명령 등의 효력)

노동위원회의 구제명령, 기각결정 또는 재심판정은 제31조에 따른 중앙노동위원회에 대한 재심 신청이나 행정소송 제기에 의하여 그 효력이 정지되지 아니한다.

### 제33조(이행강제금)

① 노동위원회는 구제명령(구제명령을 내용으로 하는 재심판정을 포함한다. 이하 이 조에서 같다)을 받은 후 이행기한까지 구제명령을 이행하지 아니한 사용자에게 3천만원 이하의 이행강제금을 부과한다. 〈개정 2021.5.18.〉

② 노동위원회는 제1항에 따른 이행강제금을 부과하기 30일 전까지 이행강제금을 부과·징수한다는 뜻을 사용자에게 미리 문서로써 알려 주어야 한다.

③ 제1항에 따른 이행강제금을 부과할 때에는 이행강제금의 액수, 부과 사유, 납부기한, 수납기관, 이의제기방법 및 이의제기기관 등을 명시한 문서로써 하여야 한다.

④ 제1항에 따라 이행강제금을 부과하는 위반행위의 종류와 위반 정도에 따른 금액, 부과·징수된 이행강제금의 반환절차, 그 밖에 필요한 사항은 대통령령으로 정한다.

⑤ 노동위원회는 최초의 구제명령을 한 날을 기준으로 매년 2회의 범위에서 구제명령이 이행될 때까지 반복하여 제1항에 따른 이행강제금을 부과·징수할 수 있다. 이 경우 이행강제금은 2년을 초과하여 부과·징수하지 못한다.

⑥ 노동위원회는 구제명령을 받은 자가 구제명령을 이행하면 새로운 이행강제금을 부과하지 아니하되, 구제명령을 이행하기 전에 이미 부과된 이행강제금은 징수하여야 한다.

⑦ 노동위원회는 이행강제금 납부의무자가 납부기한까지 이행강제금을 내지 아니하면 기간을 정하여 독촉을 하고 지정된 기간에 제1항에 따른 이행강제금을 내지 아니하면 국세 체납처분의 예에 따라 징수할 수 있다.

⑧ 근로자는 구제명령을 받은 사용자가 이행기한까지 구제명령을 이행하지 아니하면 이행기한이 지난 때부터 15일 이내에 그 사실을 노동위원회에 알려줄 수 있다.

### 제34조(퇴직급여 제도)

사용자가 퇴직하는 근로자에게 지급하는 퇴직급여 제도에 관하여는 「근로자퇴직급여 보장법」이 정하는 대로 따른다.

### 제35조 삭제 〈2019.1.15.〉

[2019.1.15. 법률 제16270호에 의하여 2015.12.23. 헌법재판소에서 위헌 결정된 이 조를 삭제함.]

### 제36조(금품 청산)

사용자는 근로자가 사망 또는 퇴직한 경우에는 그 지급 사유가 발생한 때부터 14일 이내에 임금, 보상금, 그 밖의 모든 금품을 지급하여야 한다. 다만, 특별한 사정이 있을 경우에는 당사자 사이의 합의에 의하여 기일을 연장할 수 있다. 〈개정 2020.5.26.〉

### 제37조(미지급 임금에 대한 지연이자)

① 사용자는 다음 각 호의 어느 하나에 해당하는 임금의 전부 또는 일부를 각 호에 따른 날까지 지급하지 아니한 경우 그 다음 날부터 지급하는 날까지의 지연 일수에 대하여 연 100분의 40 이내의 범위에서 「은행법」에 따른 은행이 적용하는 연체금리 등 경제 여건을 고려하여 대통령령으로 정하는 이율에 따른 지연이자를 지급하여야 한다. 〈개정 2010.5.17, 2024.10.22.〉

   1. 제36조에 따라 지급하여야 하는 임금 및 「근로자퇴직급여 보장법」 제2조 제5호에 따른 급여(일시금만 해당된다) : 지급 사유가 발생한 날부터 14일이 되는 날

   2. 제43조에 따라 지급하여야 하는 임금 : 제43조 제2항에 따라 정하는 날

② 사용자가 제1항 제2호에 따른 임금을 지급하지 아니하여 지연이자를 지급할 의무가 발생한 이후 근로자가 사망 또는 퇴직한 경우 해당 임금에 대한 지연이자는 제1항 제2호에 따른 날을 기준으로 산정한다. 〈신설 2024.10.22.〉

③ 제1항은 사용자가 천재·사변, 그 밖에 대통령령으로 정하는 사유에 따라 임금 지급을 지연하는 경우 그 사유가 존속하는 기간에 대하여는 적용하지 아니한다. 〈개정 2024.10.22.〉

### 제38조(임금채권의 우선변제)

① 임금, 재해보상금, 그 밖에 근로관계로 인한 채권은 사용자의 총재산에 대하여 질권(質權)·저당권 또는 「동산·채권 등의 담보에 관한 법률」에 따른 담보권에 따라 담보된 채권 외에는 조세·공과금 및 다른 채권에 우선하여 변제되어야 한다. 다만, 질권·저당권 또는 「동산·채권 등의 담보에 관한 법률」에 따른 담보권에 우선하는 조세·공과금에 대하여는 그러하지 아니하다. 〈개정 2010.6.10.〉

② 제1항에도 불구하고 다음 각 호의 어느 하나에 해당하는 채권은 사용자의 총재산에 대하여 질권·저당권 또는 「동산·채권 등의 담보에 관한 법률」에 따른 담보권에 따라 담보된 채권, 조세·공과금 및 다른 채권에 우선하여 변제되어야 한다. 〈개정 2010.6.10.〉

   1. 최종 3개월분의 임금

   2. 재해보상금

### 제39조(사용증명서)

① 사용자는 근로자가 퇴직한 후라도 사용 기간, 업무 종류, 지위와 임금, 그 밖에 필요한 사항에 관한 증명서를 청구하면 사실대로 적은 증명서를 즉시 내주어야 한다.

② 제1항의 증명서에는 근로자가 요구한 사항만을 적어야 한다.

### 제40조(취업 방해의 금지)

누구든지 근로자의 취업을 방해할 목적으로 비밀 기호 또는 명부를 작성·사용하거나 통신을 하여서는 아니 된다.

### 제41조(근로자의 명부)

① 사용자는 각 사업장별로 근로자 명부를 작성하고 근로자의 성명, 생년월일, 이력, 그 밖에 대통령

부
록

령으로 정하는 사항을 적어야 한다. 다만, 대통령령으로 정하는 일용근로자에 대해서는 근로자 명부를 작성하지 아니할 수 있다. 〈개정 2021.1.5.〉

② 제1항에 따라 근로자 명부에 적을 사항이 변경된 경우에는 지체 없이 정정하여야 한다.

### 제42조(계약 서류의 보존)

사용자는 근로자 명부와 대통령령으로 정하는 근로계약에 관한 중요한 서류를 3년간 보존하여야 한다.

# 제3장 임금

### 제43조(임금 지급)

① 임금은 통화(通貨)로 직접 근로자에게 그 전액을 지급하여야 한다. 다만, 법령 또는 단체협약에 특별한 규정이 있는 경우에는 임금의 일부를 공제하거나 통화 이외의 것으로 지급할 수 있다.

② 임금은 매월 1회 이상 일정한 날짜를 정하여 지급하여야 한다. 다만, 임시로 지급하는 임금, 수당, 그 밖에 이에 준하는 것 또는 대통령령으로 정하는 임금에 대하여는 그러하지 아니하다.

### 제43조의2(체불사업주 명단 공개)

① 고용노동부장관은 제36조, 제43조, 제51조의3, 제52조 제2항 제2호, 제56조에 따른 임금, 보상금, 수당, 「근로자퇴직급여 보장법」 제12조 제1항에 따른 퇴직급여등, 그 밖의 모든 금품(이하 "임금등"이라 한다)을 지급하지 아니한 사업주(법인인 경우에는 그 대표자를 포함한다. 이하 "체불사업주"라 한다)가 명단 공개 기준일 이전 3년 이내 임금등을 체불하여 2회 이상 유죄가 확정된 자로서 명단 공개 기준일 이전 1년 이내 임금등의 체불총액이 3천만원 이상인 경우에는 그 인적사항 등을 공개할 수 있다. 다만, 체불사업주의 사망·폐업으로 명단 공개의 실효성이 없는 경우 등 대통령령으로 정하는 사유가 있는 경우에는 그러하지 아니하다. 〈개정 2020.5.26, 2021.1.5, 2024.10.22.〉

② 고용노동부장관은 제1항에 따라 명단 공개를 할 경우에 체불사업주에게 3개월 이상의 기간을 정하여 소명 기회를 주어야 한다.

③ 제1항에 따른 체불사업주의 인적사항 등에 대한 공개 여부 및 제43조의4에 따른 상습체불사업주에 관한 사항을 심의하기 위하여 고용노동부에 임금체불정보심의위원회(이하 이 조 및 제43조의4에서 "위원회"라 한다)를 둔다. 이 경우 위원회의 구성·운영 등 필요한 사항은 고용노동부령으로 정한다. 〈개정 2024.10.22.〉

④ 위원회 위원 중 공무원이 아닌 사람은 「형법」 제127조 및 제129조부터 제132조까지를 적용할 때에는 공무원으로 본다. 〈신설 2024.10.22.〉

⑤ 제1항에 따른 명단 공개의 구체적인 내용, 기간 및 방법 등 명단 공개에 필요한 사항은 대통령령으로 정한다. 〈개정 2024.10.22.〉

[본조신설 2012.2.1]

### 제43조의3(임금등 체불자료의 제공)

① 고용노동부장관은 「신용정보의 이용 및 보호에 관한 법률」 제25조 제2항 제1호에 따른 종합신용정

보집중기관이 다음 각 호의 어느 하나에 해당하는 체불사업주의 인적사항과 체불액 등에 관한 자료(이하 "임금등 체불자료"라 한다)를 요구할 때에는 임금등의 체불을 예방하기 위하여 필요하다고 인정하는 경우에 그 자료를 제공할 수 있다. 다만, 체불사업주의 사망·폐업으로 임금등 체불자료 제공의 실효성이 없는 경우 등 대통령령으로 정하는 사유가 있는 경우에는 그러하지 아니하다. 〈개정 2024.10.22.〉

1. 임금등 체불자료 제공일 이전 3년 이내 임금등을 체불하여 2회 이상 유죄가 확정된 자로서 임금등 체불자료 제공일 이전 1년 이내 임금등의 체불총액이 2천만원 이상인 체불사업주

2. 제43조의4에 따른 상습체불사업주

② 제1항에 따라 임금등 체불자료를 받은 자는 이를 체불사업주의 신용도·신용거래능력 판단과 관련한 업무 외의 목적으로 이용하거나 누설하여서는 아니 된다.

③ 제1항에 따른 임금등 체불자료의 제공 절차 및 방법 등 임금등 체불자료의 제공에 필요한 사항은 대통령령으로 정한다.

[본조신설 2012.2.1.]

## 제43조의4(상습체불사업주에 대한 보조·지원 제한 등)

① 고용노동부장관은 위원회의 심의를 거쳐 다음 각 호의 어느 하나에 해당하는 자(법인인 경우에는 그 대표자를 포함한다)를 상습체불사업주(이하 "상습체불사업주"라 한다)로 정할 수 있다.

1. 임금등 체불자료 제공일이 속하는 연도의 직전 연도 1년간 근로자에게 임금등(「근로자 퇴직급여 보장법」제12조 제1항에 따른 퇴직급여등은 제외한다)을 3개월분 임금 이상 체불한 사업주

2. 임금등 체불자료 제공일이 속하는 연도의 직전 연도 1년간 근로자에게 5회 이상 임금 등을 체불하고, 체불총액이 3천만원 이상인 사업주

② 고용노동부장관은 제1항에 따라 상습체불사업주로 정할 경우에 해당 사업주에게 3개월 이상의 기간을 정하여 소명 기회를 주어야 한다.

③ 고용노동부장관은 중앙행정기관의 장, 지방자치단체의 장 또는 대통령령으로 정하는 공공기관의 장(이하 "중앙행정기관장등"이라 한다)에게 상습체불사업주에 대하여 다음 각 호의 조치를 하도록 요청하고 임금등 체불자료를 제공할 수 있으며, 중앙행정기관장등이 다음 각 호의 조치를 목적으로 상습체불사업주의 임금등 체불자료를 요청하는 경우 해당 자료를 제공할 수 있다.

1. 「보조금 관리에 관한 법률」,「지방자치단체 보조금 관리에 관한 법률」 또는 개별 법률에 따른 각종 보조·지원사업의 참여 배제나 수급 제한

2. 「국가를 당사자로 하는 계약에 관한 법률」 또는 「지방자치단체를 당사자로 하는 계약에 관한 법률」에 따른 입찰참가자격 사전심사나 낙찰자 심사·결정 시 감점 등 불이익 조치

④ 제3항에 따라 상습체불사업주의 임금등 체불자료를 제공받은 자는 제공받은 자료를 제3항 각 호에서 정한 목적 외의 목적으로 이용하거나 누설하여서는 아니 된다.

⑤ 제3항에 따른 임금등 체불자료의 제공 절차 및 방법은 제43조의3 제1항 단서 및 같은 조 제3항을 준용한다.

⑥ 그 밖에 제1항 제1호에 따른 3개월분 임금의 산정, 같은 항 제2호에 따른 임금등의 체불횟수 산

정, 제2항에 따른 소명 기회 제공 및 제3항에 따라 제공되는 임금등 체불자료의 제공기간 등에 필요한 사항은 대통령령으로 정한다.

[본조신설 2024.10.22.]

### 제43조의5(업무위탁 등)

① 고용노동부장관은 제43조의2부터 제43조의4까지에 관한 업무를 효율적으로 하기 위하여 대통령령으로 정하는 바에 따라 업무 중 일부를 「산업재해보상보험법」 제10조에 따른 근로복지공단(이하 "근로복지공단"이라 한다)이나 전문성을 갖춘 연구기관·법인·단체에 위탁할 수 있다.

② 제1항에 따라 위탁받은 기관의 임직원은 「형법」 제129조부터 제132조까지를 적용할 때에는 공무원으로 본다.

[본조신설 2024.10.22.]

### 제43조의6(체불사업주 명단공개 등을 위한 자료제공 등의 요청)

① 고용노동부장관은 제43조의2에 따른 체불사업주 명단 공개, 제43조의3에 따른 임금등 체불자료의 제공, 제43조의4에 따른 상습체불사업주에 대한 중앙행정기관장등의 보조 및 지원 제한 등에 관한 업무를 수행하기 위하여 다음 각 호의 어느 하나에 해당하는 자료의 제공 또는 관계 전산망의 이용(이하 "자료제공등"이라 한다)을 해당 각 호의 자에게 각각 요청할 수 있다.

1. 법원행정처장에게 체불사업주의 법인등기사항증명서

2. 국세청장에게 체불사업주의 「소득세법」 제4조 제1항 제1호에 따른 종합소득에 관한 자료, 「법인세법」 제4조 제1항 제1호에 따른 소득에 관한 자료, 「부가가치세법」 제8조, 「법인세법」 제111조 및 「소득세법」 제168조에 따른 사업자등록에 관한 자료

3. 국세청장에게 임금등이 체불된 근로자의 「소득세법」 제4조 제1항 제1호에 따른 종합소득에 관한 자료

4. 근로복지공단에 임금등이 체불된 근로자의 「고용보험 및 산업재해보상보험의 보험료 징수 등에 관한 법률」 제16조의3에 따른 월평균보수에 관한 자료, 「고용보험법」 제13조 및 제15조에 따른 피보험자격 취득에 관한 자료 및 체불사업주의 「임금채권보장법」 제7조, 제7조의2 및 제8조에 따른 대지급금에 관한 자료

② 고용노동부장관은 제1항 제4호에 따른 월평균보수 및 피보험자격 취득에 관한 자료를 제공받기 위하여 해당 근로자의 임금, 근로제공기간 등 대통령령으로 정하는 정보를 근로복지공단에 제공할 수 있다.

③ 제1항에 따라 자료제공등을 요청받은 자는 정당한 사유가 없으면 그 요청에 따라야 한다.

[본조신설 2024.10.22.]

### 제43조의7(출국금지)

① 고용노동부장관은 제43조의2에 따라 명단이 공개된 체불사업주에 대하여 법무부장관에게 「출입국관리법」 제4조 제3항에 따라 출국금지를 요청할 수 있다.

② 법무부장관은 제1항의 요청에 따라 출국금지를 한 경우 고용노동부장관에게 그 결과를 정보통신망 등을 통하여 통보하여야 한다.

③ 고용노동부장관은 체불임금의 지급 등으로 출국금지 사유가 없어진 경우 즉시 법무부장관에게 출국금지의 해제를 요청하여야 한다.

④ 제1항부터 제3항까지에서 규정한 사항 외에 출국금지 및 그 해제의 요청 등의 절차에 필요한 사항은 대통령령으로 정한다.

[본조신설 2024.10.22.]

### 제43조의8(체불 임금등에 대한 손해배상청구)

① 근로자는 사업주가 다음 각 호의 어느 하나에 해당하는 경우 법원에 사업주가 지급하여야 하는 임금등의 3배 이내의 금액을 지급할 것을 청구할 수 있다.

1. 명백한 고의로 임금등(「근로자퇴직급여 보장법」 제2조 제5호의 급여는 제외한다. 이하 이 조에서 같다)의 전부 또는 일부를 지급하지 아니한 경우

2. 1년 동안 임금등의 전부 또는 일부를 지급하지 아니한 개월 수가 총 3개월 이상인 경우

3. 지급하지 아니한 임금등의 총액이 3개월 이상의 통상임금에 해당하는 경우

② 법원은 제1항에 따른 금액을 결정할 때에 다음 각 호의 사항을 고려하여야 한다.

1. 임금등의 체불 기간·경위·횟수 및 체불된 임금등의 규모

2. 사업주가 임금등을 지급하기 위하여 노력한 정도

3. 제37조에 따른 지연이자 지급액

4. 사업주의 재산상태

[본조신설 2024.10.22.]

### 제44조(도급 사업에 대한 임금 지급)

① 사업이 한 차례 이상의 도급에 따라 행하여지는 경우에 하수급인(下受給人)(도급이 한 차례에 걸쳐 행하여진 경우에는 수급인을 말한다)이 직상(直上) 수급인(도급이 한 차례에 걸쳐 행하여진 경우에는 도급인을 말한다)의 귀책사유로 근로자에게 임금을 지급하지 못한 경우에는 그 직상 수급인은 그 하수급인과 연대하여 책임을 진다. 다만, 직상 수급인의 귀책사유가 그 상위 수급인의 귀책사유에 의하여 발생한 경우에는 그 상위 수급인도 연대하여 책임을 진다. 〈개정 2012.2.1, 2020.3.31.〉

② 제1항의 귀책사유 범위는 대통령령으로 정한다. 〈개정 2012.2.1.〉

### 제44조의2(건설업에서의 임금 지급 연대책임)

① 건설업에서 사업이 2차례 이상 「건설산업기본법」 제2조 제11호에 따른 도급(이하 "공사도급"이라 한다)이 이루어진 경우에 같은 법 제2조 제7호에 따른 건설사업자가 아닌 하수급인이 그가 사용한 근로자에게 임금(해당 건설공사에서 발생한 임금으로 한정한다)을 지급하지 못한 경우에는 그 직상 수급인은 하수급인과 연대하여 하수급인이 사용한 근로자의 임금을 지급할 책임을 진다. 〈개정 2011.5.24, 2019.4.30.〉

② 제1항의 직상 수급인이 「건설산업기본법」 제2조 제7호에 따른 건설사업자가 아닌 때에는 그 상위 수급인 중에서 최하위의 같은 호에 따른 건설사업자를 직상 수급인으로 본다. 〈개정 2011.5.24, 2019.4.30.〉

[본조신설 2007.7.27.]

**제44조의3(건설업의 공사도급에 있어서의 임금에 관한 특례)**

① 공사도급이 이루어진 경우로서 다음 각 호의 어느 하나에 해당하는 때에는 직상 수급인은 하수급인에게 지급하여야 하는 하도급 대금 채무의 부담 범위에서 그 하수급인이 사용한 근로자가 청구하면 하수급인이 지급하여야 하는 임금(해당 건설공사에서 발생한 임금으로 한정한다)에 해당하는 금액을 근로자에게 직접 지급하여야 한다.

1. 직상 수급인이 하수급인을 대신하여 하수급인이 사용한 근로자에게 지급하여야 하는 임금을 직접 지급할 수 있다는 뜻과 그 지급방법 및 절차에 관하여 직상 수급인과 하수급인이 합의한 경우

2. 「민사집행법」 제56조 제3호에 따른 확정된 지급명령, 하수급인의 근로자에게 하수급인에 대하여 임금채권이 있음을 증명하는 같은 법 제56조 제4호에 따른 집행증서, 「소액사건심판법」 제5조의7에 따라 확정된 이행권고결정, 그 밖에 이에 준하는 집행권원이 있는 경우

3. 하수급인이 그가 사용한 근로자에 대하여 지급하여야 할 임금채무가 있음을 직상 수급인에게 알려주고, 직상 수급인이 파산 등의 사유로 하수급인이 임금을 지급할 수 없는 명백한 사유가 있다고 인정하는 경우

② 「건설산업기본법」 제2조 제10호에 따른 발주자의 수급인(이하 "원수급인"이라 한다)으로부터 공사도급이 2차례 이상 이루어진 경우로서 하수급인(도급받은 하수급인으로부터 재하도급 받은 하수급인을 포함한다. 이하 이 항에서 같다)이 사용한 근로자에게 그 하수급인에 대한 제1항 제2호에 따른 집행권원이 있는 경우에는 근로자는 하수급인이 지급하여야 하는 임금(해당 건설공사에서 발생한 임금으로 한정한다)에 해당하는 금액을 원수급인에게 직접 지급할 것을 요구할 수 있다. 원수급인은 근로자가 자신에 대하여 「민법」 제404조에 따른 채권자대위권을 행사할 수 있는 금액의 범위에서 이에 따라야 한다. 〈개정 2011.5.24.〉

③ 직상 수급인 또는 원수급인이 제1항 및 제2항에 따라 하수급인이 사용한 근로자에게 임금에 해당하는 금액을 지급한 경우에는 하수급인에 대한 하도급 대금 채무는 그 범위에서 소멸한 것으로 본다.

[본조신설 2007.7.27.]

**제45조(비상시 지급)**

사용자는 근로자가 출산, 질병, 재해, 그 밖에 대통령령으로 정하는 비상(非常)한 경우의 비용에 충당하기 위하여 임금 지급을 청구하면 지급기일 전이라도 이미 제공한 근로에 대한 임금을 지급하여야 한다.

**제46조(휴업수당)**

① 사용자의 귀책사유로 휴업하는 경우에 사용자는 휴업기간 동안 그 근로자에게 평균임금의 100분의 70 이상의 수당을 지급하여야 한다. 다만, 평균임금의 100분의 70에 해당하는 금액이 통상임금을 초과하는 경우에는 통상임금을 휴업수당으로 지급할 수 있다.

② 제1항에도 불구하고 부득이한 사유로 사업을 계속하는 것이 불가능하여 노동위원회의 승인을 받은 경우에는 제1항의 기준에 못 미치는 휴업수당을 지급할 수 있다.

### 제47조(도급 근로자)

사용자는 도급이나 그 밖에 이에 준하는 제도로 사용하는 근로자에게 근로시간에 따라 일정액의 임금을 보장하여야 한다.

### 제48조(임금대장 및 임금명세서)

① 사용자는 각 사업장별로 임금대장을 작성하고 임금과 가족수당 계산의 기초가 되는 사항, 임금액, 그 밖에 대통령령으로 정하는 사항을 임금을 지급할 때마다 적어야 한다. 〈개정 2021.5.18.〉

② 사용자는 임금을 지급하는 때에는 근로자에게 임금의 구성항목·계산방법, 제43조 제1항 단서에 따라 임금의 일부를 공제한 경우의 내역 등 대통령령으로 정하는 사항을 적은 임금명세서를 서면(「전자문서 및 전자거래 기본법」 제2조 제1호에 따른 전자문서를 포함한다)으로 교부하여야 한다. 〈신설 2021.5.18.〉

[제목개정 2021.5.18.]

### 제49조(임금의 시효)

이 법에 따른 임금채권은 3년간 행사하지 아니하면 시효로 소멸한다.

# 제4장 근로시간과 휴식

### 제50조(근로시간)

① 1주 간의 근로시간은 휴게시간을 제외하고 40시간을 초과할 수 없다.

② 1일의 근로시간은 휴게시간을 제외하고 8시간을 초과할 수 없다.

③ 제1항 및 제2항에 따라 근로시간을 산정하는 경우 작업을 위하여 근로자가 사용자의 지휘·감독 아래에 있는 대기시간 등은 근로시간으로 본다. 〈신설 2012.2.1., 2020.5.26.〉

### 제51조(3개월 이내의 탄력적 근로시간제)

① 사용자는 취업규칙(취업규칙에 준하는 것을 포함한다)에서 정하는 바에 따라 2주 이내의 일정한 단위기간을 평균하여 1주 간의 근로시간이 제50조 제1항의 근로시간을 초과하지 아니하는 범위에서 특정한 주에 제50조 제1항의 근로시간을, 특정한 날에 제50조 제2항의 근로시간을 초과하여 근로하게 할 수 있다. 다만, 특정한 주의 근로시간은 48시간을 초과할 수 없다.

② 사용자는 근로자대표와의 서면 합의에 따라 다음 각 호의 사항을 정하면 3개월 이내의 단위기간을 평균하여 1주 간의 근로시간이 제50조 제1항의 근로시간을 초과하지 아니하는 범위에서 특정한 주에 제50조 제1항의 근로시간을, 특정한 날에 제50조 제2항의 근로시간을 초과하여 근로하게 할 수 있다. 다만, 특정한 주의 근로시간은 52시간을, 특정한 날의 근로시간은 12시간을 초과할 수 없다.

1. 대상 근로자의 범위

2. 단위기간(3개월 이내의 일정한 기간으로 정하여야 한다)

3. 단위기간의 근로일과 그 근로일별 근로시간

4. 그 밖에 대통령령으로 정하는 사항

③ 제1항과 제2항은 15세 이상 18세 미만의 근로자와 임신 중인 여성 근로자에 대하여는 적용하지 아니한다.

④ 사용자는 제1항 및 제2항에 따라 근로자를 근로시킬 경우에는 기존의 임금 수준이 낮아지지 아니하도록 임금보전방안(賃金補塡方案)을 강구하여야 한다.

[제목개정 2021.1.5.]

### 제51조의2(3개월을 초과하는 탄력적 근로시간제)

① 사용자는 근로자대표와의 서면 합의에 따라 다음 각 호의 사항을 정하면 3개월을 초과하고 6개월 이내의 단위기간을 평균하여 1주간의 근로시간이 제50조 제1항의 근로시간을 초과하지 아니하는 범위에서 특정한 주에 제50조 제1항의 근로시간을, 특정한 날에 제50조 제2항의 근로시간을 초과하여 근로하게 할 수 있다. 다만, 특정한 주의 근로시간은 52시간을, 특정한 날의 근로시간은 12시간을 초과할 수 없다.

1. 대상 근로자의 범위

2. 단위기간(3개월을 초과하고 6개월 이내의 일정한 기간으로 정하여야 한다)

3. 단위기간의 주별 근로시간

4. 그 밖에 대통령령으로 정하는 사항

② 사용자는 제1항에 따라 근로자를 근로시킬 경우에는 근로일 종료 후 다음 근로일 개시 전까지 근로자에게 연속하여 11시간 이상의 휴식 시간을 주어야 한다. 다만, 천재지변 등 대통령령으로 정하는 불가피한 경우에는 근로자대표와의 서면 합의가 있으면 이에 따른다.

③ 사용자는 제1항 제3호에 따른 각 주의 근로일이 시작되기 2주 전까지 근로자에게 해당 주의 근로일별 근로시간을 통보하여야 한다.

④ 사용자는 제1항에 따른 근로자대표와의 서면 합의 당시에는 예측하지 못한 천재지변, 기계 고장, 업무량 급증 등 불가피한 사유가 발생한 때에는 제1항 제2호에 따른 단위기간 내에서 평균하여 1주간의 근로시간이 유지되는 범위에서 근로자대표와의 협의를 거쳐 제1항 제3호의 사항을 변경할 수 있다. 이 경우 해당 근로자에게 변경된 근로일이 개시되기 전에 변경된 근로일별 근로시간을 통보하여야 한다.

⑤ 사용자는 제1항에 따라 근로자를 근로시킬 경우에는 기존의 임금 수준이 낮아지지 아니하도록 임금항목을 조정 또는 신설하거나 가산임금 지급 등의 임금보전방안(賃金補塡方案)을 마련하여 고용노동부장관에게 신고하여야 한다. 다만, 근로자대표와의 서면합의로 임금보전방안을 마련한 경우에는 그러하지 아니하다.

⑥ 제1항부터 제5항까지의 규정은 15세 이상 18세 미만의 근로자와 임신 중인 여성 근로자에 대해서는 적용하지 아니한다.

[본조신설 2021.1.5.]

## 제51조의3(근로한 기간이 단위기간보다 짧은 경우의 임금 정산)

사용자는 제51조 및 제51조의2에 따른 단위기간 중 근로자가 근로한 기간이 그 단위기간보다 짧은 경우에는 그 단위기간 중 해당 근로자가 근로한 기간을 평균하여 1주간에 40시간을 초과하여 근로한 시간 전부에 대하여 제56조 제1항에 따른 가산임금을 지급하여야 한다.

[본조신설 2021.1.5.]

## 제52조(선택적 근로시간제)

① 사용자는 취업규칙(취업규칙에 준하는 것을 포함한다)에 따라 업무의 시작 및 종료 시각을 근로자의 결정에 맡기기로 한 근로자에 대하여 근로자대표와의 서면 합의에 따라 다음 각 호의 사항을 정하면 1개월(신상품 또는 신기술의 연구개발 업무의 경우에는 3개월로 한다) 이내의 정산기간을 평균하여 1주간의 근로시간이 제50조 제1항의 근로시간을 초과하지 아니하는 범위에서 1주 간에 제50조 제1항의 근로시간을, 1일에 제50조 제2항의 근로시간을 초과하여 근로하게 할 수 있다. 〈개정 2021.1.5.〉

1. 대상 근로자의 범위(15세 이상 18세 미만의 근로자는 제외한다)
2. 정산기간
3. 정산기간의 총 근로시간
4. 반드시 근로하여야 할 시간대를 정하는 경우에는 그 시작 및 종료 시각
5. 근로자가 그의 결정에 따라 근로할 수 있는 시간대를 정하는 경우에는 그 시작 및 종료 시각
6. 그 밖에 대통령령으로 정하는 사항

② 사용자는 제1항에 따라 1개월을 초과하는 정산기간을 정하는 경우에는 다음 각 호의 조치를 하여야 한다. 〈신설 2021.1.5.〉

1. 근로일 종료 후 다음 근로일 시작 전까지 근로자에게 연속하여 11시간 이상의 휴식 시간을 줄 것. 다만, 천재지변 등 대통령령으로 정하는 불가피한 경우에는 근로자대표와의 서면 합의가 있으면 이에 따른다.
2. 매 1개월마다 평균하여 1주간의 근로시간이 제50조 제1항의 근로시간을 초과한 시간에 대해서는 통상임금의 100분의 50 이상을 가산하여 근로자에게 지급할 것. 이 경우 제56조 제1항은 적용하지 아니한다.

## 제53조(연장 근로의 제한)

① 당사자 간에 합의하면 1주 간에 12시간을 한도로 제50조의 근로시간을 연장할 수 있다.
② 당사자 간에 합의하면 1주 간에 12시간을 한도로 제51조 및 제51조의2의 근로시간을 연장할 수 있고, 제52조 제1항 제2호의 정산기간을 평균하여 1주 간에 12시간을 초과하지 아니하는 범위에서 제52조 제1항의 근로시간을 연장할 수 있다. 〈개정 2021.1.5.〉
③ 상시 30명 미만의 근로자를 사용하는 사용자는 다음 각 호에 대하여 근로자대표와 서면으로 합의한 경우 제1항 또는 제2항에 따라 연장된 근로시간에 더하여 1주 간에 8시간을 초과하지 아니하는 범위에서 근로시간을 연장할 수 있다. 〈신설 2018.3.20.〉

1. 제1항 또는 제2항에 따라 연장된 근로시간을 초과할 필요가 있는 사유 및 그 기간

2. 대상 근로자의 범위

④ 사용자는 특별한 사정이 있으면 고용노동부장관의 인가와 근로자의 동의를 받아 제1항과 제2항의 근로시간을 연장할 수 있다. 다만, 사태가 급박하여 고용노동부장관의 인가를 받을 시간이 없는 경우에는 사후에 지체 없이 승인을 받아야 한다. 〈개정 2010.6.4, 2018.3.20.〉

⑤ 고용노동부장관은 제4항에 따른 근로시간의 연장이 부적당하다고 인정하면 그 후 연장시간에 상당하는 휴게시간이나 휴일을 줄 것을 명할 수 있다. 〈개정 2010.6.4, 2018.3.20.〉

⑥ 제3항은 15세 이상 18세 미만의 근로자에 대하여는 적용하지 아니한다. 〈신설 2018.3.20.〉

⑦ 사용자는 제4항에 따라 연장 근로를 하는 근로자의 건강 보호를 위하여 건강검진 실시 또는 휴식 시간 부여 등 고용노동부장관이 정하는 바에 따라 적절한 조치를 하여야 한다. 〈신설 2021.1.5.〉

> [법률 제15513호(2018.3.20.) 부칙 제2조의 규정에 의하여 이 조 제3항 및 제6항은 2022년 12월 31일까지 유효함]

### 제54조(휴게)

① 사용자는 근로시간이 4시간인 경우에는 30분 이상, 8시간인 경우에는 1시간 이상의 휴게시간을 근로시간 도중에 주어야 한다.

② 휴게시간은 근로자가 자유롭게 이용할 수 있다.

### 제55조(휴일)

① 사용자는 근로자에게 1주에 평균 1회 이상의 유급휴일을 보장하여야 한다. 〈개정 2018.3.20.〉

② 사용자는 근로자에게 대통령령으로 정하는 휴일을 유급으로 보장하여야 한다. 다만, 근로자대표와 서면으로 합의한 경우 특정한 근로일로 대체할 수 있다. 〈신설 2018.3.20.〉

> [시행일] 제55조 제2항의 개정규정은 다음 각 호의 구분에 따른 날부터 시행한다.
> 1. 상시 300명 이상의 근로자를 사용하는 사업 또는 사업장, 「공공기관의 운영에 관한 법률」 제4조에 따른 공공기관, 「지방공기업법」 제49조 및 같은 법 제76조에 따른 지방공사 및 지방공단, 국가·지방자치단체 또는 정부투자기관이 자본금의 2분의 1 이상을 출자하거나 기본재산의 2분의 1 이상을 출연한 기관·단체와 그 기관·단체가 자본금의 2분의 1 이상을 출자하거나 기본재산의 2분의 1 이상을 출연한 기관·단체, 국가 및 지방자치단체의 기관 : 2020년 1월 1일
> 2. 상시 30명 이상 300명 미만의 근로자를 사용하는 사업 또는 사업장 : 2021년 1월 1일
> 3. 상시 5인 이상 30명 미만의 근로자를 사용하는 사업 또는 사업장 : 2022년 1월 1일

### 제56조(연장·야간 및 휴일 근로)

① 사용자는 연장근로(제53조·제59조 및 제69조 단서에 따라 연장된 시간의 근로를 말한다)에 대하여는 통상임금의 100분의 50 이상을 가산하여 근로자에게 지급하여야 한다. 〈개정 2018.3.20.〉

② 제1항에도 불구하고 사용자는 휴일근로에 대하여는 다음 각 호의 기준에 따른 금액 이상을 가산하여 근로자에게 지급하여야 한다. 〈신설 2018.3.20.〉

1. 8시간 이내의 휴일근로 : 통상임금의 100분의 50

2. 8시간을 초과한 휴일근로 : 통상임금의 100분의 100

③ 사용자는 야간근로(오후 10시부터 다음 날 오전 6시 사이의 근로를 말한다)에 대하여는 통상임금의 100분의 50 이상을 가산하여 근로자에게 지급하여야 한다. 〈신설 2018.3.20.〉

## 제57조(보상 휴가제)

사용자는 근로자대표와의 서면 합의에 따라 제51조의3, 제52조 제2항 제2호 및 제56조에 따른 연장근로·야간근로 및 휴일근로 등에 대하여 임금을 지급하는 것을 갈음하여 휴가를 줄 수 있다. 〈개정 2021.1.5.〉

## 제58조(근로시간 계산의 특례)

① 근로자가 출장이나 그 밖의 사유로 근로시간의 전부 또는 일부를 사업장 밖에서 근로하여 근로시간을 산정하기 어려운 경우에는 소정근로시간을 근로한 것으로 본다. 다만, 그 업무를 수행하기 위하여 통상적으로 소정근로시간을 초과하여 근로할 필요가 있는 경우에는 그 업무의 수행에 통상 필요한 시간을 근로한 것으로 본다.

② 제1항 단서에도 불구하고 그 업무에 관하여 근로자대표와의 서면 합의를 한 경우에는 그 합의에서 정하는 시간을 그 업무의 수행에 통상 필요한 시간으로 본다.

③ 업무의 성질에 비추어 업무 수행 방법을 근로자의 재량에 위임할 필요가 있는 업무로서 대통령령으로 정하는 업무는 사용자가 근로자대표와 서면 합의로 정한 시간을 근로한 것으로 본다. 이 경우 그 서면 합의에는 다음 각 호의 사항을 명시하여야 한다.

1. 대상 업무

2. 사용자가 업무의 수행 수단 및 시간 배분 등에 관하여 근로자에게 구체적인 지시를 하지 아니한다는 내용

3. 근로시간의 산정은 그 서면 합의로 정하는 바에 따른다는 내용

④ 제1항과 제3항의 시행에 필요한 사항은 대통령령으로 정한다.

## 제59조(근로시간 및 휴게시간의 특례)

① 「통계법」 제22조 제1항에 따라 통계청장이 고시하는 산업에 관한 표준의 중분류 또는 소분류 중 다음 각 호의 어느 하나에 해당하는 사업에 대하여 사용자가 근로자대표와 서면으로 합의한 경우에는 제53조 제1항에 따른 주(週) 12시간을 초과하여 연장근로를 하게 하거나 제54조에 따른 휴게시간을 변경할 수 있다.

1. 육상운송 및 파이프라인 운송업. 다만, 「여객자동차 운수사업법」 제3조 제1항 제1호에 따른 노선(路線) 여객자동차운송사업은 제외한다.

2. 수상운송업

3. 항공운송업

4. 기타 운송관련 서비스업

5. 보건업

② 제1항의 경우 사용자는 근로일 종료 후 다음 근로일 개시 전까지 근로자에게 연속하여 11시간 이상의 휴식 시간을 주어야 한다.

[전문개정 2018.3.20.]

## 제60조(연차 유급휴가)

① 사용자는 1년간 80퍼센트 이상 출근한 근로자에게 15일의 유급휴가를 주어야 한다. 〈개정 2012.2.1.〉

② 사용자는 계속하여 근로한 기간이 1년 미만인 근로자 또는 1년간 80퍼센트 미만 출근한 근로자에게 1개월 개근 시 1일의 유급휴가를 주어야 한다. 〈개정 2012.2.1.〉

③ 삭제 〈2017.11.28.〉

④ 사용자는 3년 이상 계속하여 근로한 근로자에게는 제1항에 따른 휴가에 최초 1년을 초과하는 계속 근로 연수 매 2년에 대하여 1일을 가산한 유급휴가를 주어야 한다. 이 경우 가산휴가를 포함한 총 휴가 일수는 25일을 한도로 한다.

⑤ 사용자는 제1항부터 제4항까지의 규정에 따른 휴가를 근로자가 청구한 시기에 주어야 하고, 그 기간에 대하여는 취업규칙 등에서 정하는 통상임금 또는 평균임금을 지급하여야 한다. 다만, 근로자가 청구한 시기에 휴가를 주는 것이 사업 운영에 막대한 지장이 있는 경우에는 그 시기를 변경할 수 있다.

⑥ 제1항 및 제2항을 적용하는 경우 다음 각 호의 어느 하나에 해당하는 기간은 출근한 것으로 본다. 〈개정 2012.2.1., 2017.11.28., 2024.10.22.〉

1. 근로자가 업무상의 부상 또는 질병으로 휴업한 기간

2. 임신 중의 여성이 제74조 제1항부터 제3항까지의 규정에 따른 휴가로 휴업한 기간

3. 「남녀고용평등과 일·가정 양립 지원에 관한 법률」 제19조 제1항에 따른 육아휴직으로 휴업한 기간

4. 「남녀고용평등과 일·가정 양립 지원에 관한 법률」 제19조의2 제1항에 따른 육아기 근로시간 단축을 사용하여 단축된 근로시간

5. 제74조 제7항에 따른 임신기 근로시간 단축을 사용하여 단축된 근로시간

⑦ 제1항·제2항 및 제4항에 따른 휴가는 1년간(계속하여 근로한 기간이 1년 미만인 근로자의 제2항에 따른 유급휴가는 최초 1년의 근로가 끝날 때까지의 기간을 말한다) 행사하지 아니하면 소멸된다. 다만, 사용자의 귀책사유로 사용하지 못한 경우에는 그러하지 아니하다. 〈개정 2020.3.31.〉

## 제61조(연차 유급휴가의 사용 촉진)

① 사용자가 제60조 제1항·제2항 및 제4항에 따른 유급휴가(계속하여 근로한 기간이 1년 미만인 근로자의 제60조 제2항에 따른 유급휴가는 제외한다)의 사용을 촉진하기 위하여 다음 각 호의 조치를 하였음에도 불구하고 근로자가 휴가를 사용하지 아니하여 제60조 제7항 본문에 따라 소멸된 경우에는 사용자는 그 사용하지 아니한 휴가에 대하여 보상할 의무가 없고, 제60조 제7항 단서에 따른 사용자의 귀책사유에 해당하지 아니하는 것으로 본다. 〈개정 2012.2.1., 2017.11.28., 2020.3.31.〉

1. 제60조 제7항 본문에 따른 기간이 끝나기 6개월 전을 기준으로 10일 이내에 사용자가 근로자

별로 사용하지 아니한 휴가 일수를 알려주고, 근로자가 그 사용 시기를 정하여 사용자에게 통보하도록 서면으로 촉구할 것

2. 제1호에 따른 촉구에도 불구하고 근로자가 촉구를 받은 때부터 10일 이내에 사용하지 아니한 휴가의 전부 또는 일부의 사용 시기를 정하여 사용자에게 통보하지 아니하면 제60조 제7항 본문에 따른 기간이 끝나기 2개월 전까지 사용자가 사용하지 아니한 휴가의 사용 시기를 정하여 근로자에게 서면으로 통보할 것

② 사용자가 계속하여 근로한 기간이 1년 미만인 근로자의 제60조 제2항에 따른 유급휴가의 사용을 촉진하기 위하여 다음 각 호의 조치를 하였음에도 불구하고 근로자가 휴가를 사용하지 아니하여 제60조 제7항 본문에 따라 소멸된 경우에는 사용자는 그 사용하지 아니한 휴가에 대하여 보상할 의무가 없고, 같은 항 단서에 따른 사용자의 귀책사유에 해당하지 아니하는 것으로 본다. 〈신설 2020.3.31.〉

1. 최초 1년의 근로기간이 끝나기 3개월 전을 기준으로 10일 이내에 사용자가 근로자별로 사용하지 아니한 휴가 일수를 알려주고, 근로자가 그 사용 시기를 정하여 사용자에게 통보하도록 서면으로 촉구할 것. 다만, 사용자가 서면 촉구한 후 발생한 휴가에 대해서는 최초 1년의 근로기간이 끝나기 1개월 전을 기준으로 5일 이내에 촉구하여야 한다.

2. 제1호에 따른 촉구에도 불구하고 근로자가 촉구를 받은 때부터 10일 이내에 사용하지 아니한 휴가의 전부 또는 일부의 사용 시기를 정하여 사용자에게 통보하지 아니하면 최초 1년의 근로기간이 끝나기 1개월 전까지 사용자가 사용하지 아니한 휴가의 사용 시기를 정하여 근로자에게 서면으로 통보할 것. 다만, 제1호 단서에 따라 촉구한 휴가에 대해서는 최초 1년의 근로기간이 끝나기 10일 전까지 서면으로 통보하여야 한다.

## 제62조(유급휴가의 대체)

사용자는 근로자대표와의 서면 합의에 따라 제60조에 따른 연차 유급휴가일을 갈음하여 특정한 근로일에 근로자를 휴무시킬 수 있다.

## 제63조(적용의 제외)

이 장과 제5장에서 정한 근로시간, 휴게와 휴일에 관한 규정은 다음 각 호의 어느 하나에 해당하는 근로자에 대하여는 적용하지 아니한다. 〈개정 2010.6.4, 2020.5.26, 2021.1.5.〉

1. 토지의 경작·개간, 식물의 식재(植栽)·재배·채취 사업, 그 밖의 농림 사업
2. 동물의 사육, 수산 동식물의 채취·포획·양식 사업, 그 밖의 축산, 양잠, 수산 사업
3. 감시(監視) 또는 단속적(斷續的)으로 근로에 종사하는 사람으로서 사용자가 고용노동부장관의 승인을 받은 사람
4. 대통령령으로 정하는 업무에 종사하는 근로자

# 제5장 여성과 소년

### 제64조(최저 연령과 취직인허증)

① 15세 미만인 사람(「초·중등교육법」에 따른 중학교에 재학 중인 18세 미만인 사람을 포함한다)은 근로자로 사용하지 못한다. 다만, 대통령령으로 정하는 기준에 따라 고용노동부장관이 발급한 취직인허증(就職認許證)을 지닌 사람은 근로자로 사용할 수 있다. 〈개정 2010.6.4, 2020.5.26.〉

② 제1항의 취직인허증은 본인의 신청에 따라 의무교육에 지장이 없는 경우에는 직종(職種)을 지정하여서만 발행할 수 있다.

③ 고용노동부장관은 거짓이나 그 밖의 부정한 방법으로 제1항 단서의 취직인허증을 발급받은 사람에게는 그 인허를 취소하여야 한다. 〈개정 2010.6.4, 2020.5.26.〉

### 제65조(사용 금지)

① 사용자는 임신 중이거나 산후 1년이 지나지 아니한 여성(이하 "임산부"라 한다)과 18세 미만자를 도덕상 또는 보건상 유해·위험한 사업에 사용하지 못한다.

② 사용자는 임산부가 아닌 18세 이상의 여성을 제1항에 따른 보건상 유해·위험한 사업 중 임신 또는 출산에 관한 기능에 유해·위험한 사업에 사용하지 못한다.

③ 제1항 및 제2항에 따른 금지 직종은 대통령령으로 정한다.

### 제66조(연소자 증명서)

사용자는 18세 미만인 사람에 대하여는 그 연령을 증명하는 가족관계기록사항에 관한 증명서와 친권자 또는 후견인의 동의서를 사업장에 갖추어 두어야 한다. 〈개정 2007.5.17, 2020.5.26.〉

### 제67조(근로계약)

① 친권자나 후견인은 미성년자의 근로계약을 대리할 수 없다.

② 친권자, 후견인 또는 고용노동부장관은 근로계약이 미성년자에게 불리하다고 인정하는 경우에는 이를 해지할 수 있다. 〈개정 2010.6.4.〉

③ 사용자는 18세 미만인 사람과 근로계약을 체결하는 경우에는 제17조에 따른 근로조건을 서면(「전자문서 및 전자거래 기본법」 제2조 제1호에 따른 전자문서를 포함한다)으로 명시하여 교부하여야 한다. 〈신설 2007.7.27, 2020.5.26, 2021.1.5.〉

### 제68조(임금의 청구)

미성년자는 독자적으로 임금을 청구할 수 있다.

### 제69조(근로시간)

15세 이상 18세 미만인 사람의 근로시간은 1일에 7시간, 1주에 35시간을 초과하지 못한다. 다만, 당사자 사이의 합의에 따라 1일에 1시간, 1주에 5시간을 한도로 연장할 수 있다. 〈개정 2018.3.20, 2020.5.26.〉

### 제70조(야간근로와 휴일근로의 제한)

① 사용자는 18세 이상의 여성을 오후 10시부터 오전 6시까지의 시간 및 휴일에 근로시키려면 그 근로자의 동의를 받아야 한다.

② 사용자는 임산부와 18세 미만자를 오후 10시부터 오전 6시까지의 시간 및 휴일에 근로시키지 못한다. 다만, 다음 각 호의 어느 하나에 해당하는 경우로서 고용노동부장관의 인가를 받으면 그러하지 아니하다. 〈개정 2010.6.4.〉

1. 18세 미만자의 동의가 있는 경우

2. 산후 1년이 지나지 아니한 여성의 동의가 있는 경우

3. 임신 중의 여성이 명시적으로 청구하는 경우

③ 사용자는 제2항의 경우 고용노동부장관의 인가를 받기 전에 근로자의 건강 및 모성 보호를 위하여 그 시행 여부와 방법 등에 관하여 그 사업 또는 사업장의 근로자대표와 성실하게 협의하여야 한다. 〈개정 2010.6.4.〉

## 제71조(시간외근로)

사용자는 산후 1년이 지나지 아니한 여성에 대하여는 단체협약이 있는 경우라도 1일에 2시간, 1주에 6시간, 1년에 150시간을 초과하는 시간외근로를 시키지 못한다. 〈개정 2018.3.20.〉

## 제72조(갱내근로의 금지)

사용자는 여성과 18세 미만인 사람을 갱내(坑內)에서 근로시키지 못한다. 다만, 보건·의료, 보도·취재 등 대통령령으로 정하는 업무를 수행하기 위하여 일시적으로 필요한 경우에는 그러하지 아니하다. 〈개정 2020.5.26.〉

## 제73조(생리휴가)

사용자는 여성 근로자가 청구하면 월 1일의 생리휴가를 주어야 한다.

## 제74조(임산부의 보호)

① 사용자는 임신 중의 여성에게 출산 전과 출산 후를 통하여 90일(미숙아를 출산한 경우에는 100일, 한 번에 둘 이상 자녀를 임신한 경우에는 120일)의 출산전후휴가를 주어야 한다. 이 경우 휴가 기간의 배정은 출산 후에 45일(한 번에 둘 이상 자녀를 임신한 경우에는 60일) 이상이 되어야 하고, 미숙아의 범위, 휴가 부여 절차 등에 필요한 사항은 고용노동부령으로 정한다. 〈개정 2012.2.1., 2014.1.21., 2024.10.22.〉

② 사용자는 임신 중인 여성 근로자가 유산의 경험 등 대통령령으로 정하는 사유로 제1항의 휴가를 청구하는 경우 출산 전 어느 때 라도 휴가를 나누어 사용할 수 있도록 하여야 한다. 이 경우 출산 후의 휴가 기간은 연속하여 45일(한 번에 둘 이상 자녀를 임신한 경우에는 60일) 이상이 되어야 한다. 〈신설 2012.2.1., 2014.1.21.〉

③ 사용자는 임신 중인 여성이 유산 또는 사산한 경우로서 그 근로자가 청구하면 대통령령으로 정하는 바에 따라 유산·사산 휴가를 주어야 한다. 다만, 인공 임신중절 수술(「모자보건법」 제14조 제1항에 따른 경우는 제외한다)에 따른 유산의 경우는 그러하지 아니하다. 〈개정 2012.2.1.〉

④ 제1항부터 제3항까지의 규정에 따른 휴가 중 최초 60일(한 번에 둘 이상 자녀를 임신한 경우에는 75일)은 유급으로 한다. 다만, 「남녀고용평등과 일·가정 양립 지원에 관한 법률」 제18조에 따라 출산

전후휴가급여 등이 지급된 경우에는 그 금액의 한도에서 지급의 책임을 면한다. 〈개정 2007.12.21, 2012.2.1, 2014.1.21.〉

⑤ 사용자는 임신 중의 여성 근로자에게 시간외근로를 하게 하여서는 아니 되며, 그 근로자의 요구가 있는 경우에는 쉬운 종류의 근로로 전환하여야 한다. 〈개정 2012.2.1.〉

⑥ 사업주는 제1항에 따른 출산전후휴가 종료 후에는 휴가 전과 동일한 업무 또는 동등한 수준의 임금을 지급하는 직무에 복귀시켜야 한다. 〈신설 2008.3.28, 2012.2.1.〉

⑦ 사용자는 임신 후 12주 이내 또는 32주 이후에 있는 여성 근로자(고용노동부령으로 정하는 유산, 조산 등 위험이 있는 여성 근로자의 경우 임신 전 기간)가 1일 2시간의 근로시간 단축을 신청하는 경우 이를 허용하여야 한다. 다만, 1일 근로시간이 8시간 미만인 근로자에 대하여는 1일 근로시간이 6시간이 되도록 근로시간 단축을 허용할 수 있다. 〈신설 2014.3.24, 2024.10.22.〉

⑧ 사용자는 제7항에 따른 근로시간 단축을 이유로 해당 근로자의 임금을 삭감하여서는 아니 된다. 〈신설 2014.3.24.〉

⑨ 사용자는 임신 중인 여성 근로자가 1일 소정근로시간을 유지하면서 업무의 시작 및 종료 시각의 변경을 신청하는 경우 이를 허용하여야 한다. 다만, 정상적인 사업 운영에 중대한 지장을 초래하는 경우 등 대통령령으로 정하는 경우에는 그러하지 아니하다. 〈신설 2021.5.18.〉

⑩ 제7항에 따른 근로시간 단축의 신청방법 및 절차, 제9항에 따른 업무의 시작 및 종료 시각 변경의 신청방법 및 절차 등에 관하여 필요한 사항은 대통령령으로 정한다. 〈신설 2014.3.24, 2021.5.18.〉

### 제74조의2(태아검진 시간의 허용 등)

① 사용자는 임신한 여성근로자가 「모자보건법」 제10조에 따른 임산부 정기건강진단을 받는데 필요한 시간을 청구하는 경우 이를 허용하여 주어야 한다.

② 사용자는 제1항에 따른 건강진단 시간을 이유로 그 근로자의 임금을 삭감하여서는 아니 된다.

[본조신설 2008.3.21.]

### 제75조(육아 시간)

생후 1년 미만의 유아(乳兒)를 가진 여성 근로자가 청구하면 1일 2회 각각 30분 이상의 유급 수유 시간을 주어야 한다.

# 제6장 안전과 보건

### 제76조(안전과 보건)

근로자의 안전과 보건에 관하여는 「산업안전보건법」에서 정하는 바에 따른다.

# 제6장의2 직장 내 괴롭힘의 금지 〈신설 2019.1.15.〉

### 제76조의2(직장 내 괴롭힘의 금지)

사용자 또는 근로자는 직장에서의 지위 또는 관계 등의 우위를 이용하여 업무상 적정범위를 넘어 다른 근로자에게 신체적·정신적 고통을 주거나 근무환경을 악화시키는 행위(이하 "직장 내 괴롭힘"이라 한다)를 하여서는 아니 된다.

[본조신설 2019.1.15.]

### 제76조의3(직장 내 괴롭힘 발생 시 조치)

① 누구든지 직장 내 괴롭힘 발생 사실을 알게 된 경우 그 사실을 사용자에게 신고할 수 있다.

② 사용자는 제1항에 따른 신고를 접수하거나 직장 내 괴롭힘 발생 사실을 인지한 경우에는 지체 없이 당사자 등을 대상으로 그 사실 확인을 위하여 객관적으로 조사를 실시하여야 한다. 〈개정 2021.4.13.〉

③ 사용자는 제2항에 따른 조사 기간 동안 직장 내 괴롭힘과 관련하여 피해를 입은 근로자 또는 피해를 입었다고 주장하는 근로자(이하 "피해근로자등"이라 한다)를 보호하기 위하여 필요한 경우 해당 피해근로자등에 대하여 근무장소의 변경, 유급휴가 명령 등 적절한 조치를 하여야 한다. 이 경우 사용자는 피해근로자등의 의사에 반하는 조치를 하여서는 아니 된다.

④ 사용자는 제2항에 따른 조사 결과 직장 내 괴롭힘 발생 사실이 확인된 때에는 피해근로자가 요청하면 근무장소의 변경, 배치전환, 유급휴가 명령 등 적절한 조치를 하여야 한다.

⑤ 사용자는 제2항에 따른 조사 결과 직장 내 괴롭힘 발생 사실이 확인된 때에는 지체 없이 행위자에 대하여 징계, 근무장소의 변경 등 필요한 조치를 하여야 한다. 이 경우 사용자는 징계 등의 조치를 하기 전에 그 조치에 대하여 피해근로자의 의견을 들어야 한다.

⑥ 사용자는 직장 내 괴롭힘 발생 사실을 신고한 근로자 및 피해근로자등에게 해고나 그 밖의 불리한 처우를 하여서는 아니 된다.

⑦ 제2항에 따라 직장 내 괴롭힘 발생 사실을 조사한 사람, 조사 내용을 보고받은 사람 및 그 밖에 조사 과정에 참여한 사람은 해당 조사 과정에서 알게 된 비밀을 피해근로자등의 의사에 반하여 다른 사람에게 누설하여서는 아니 된다. 다만, 조사와 관련된 내용을 사용자에게 보고하거나 관계 기관의 요청에 따라 필요한 정보를 제공하는 경우는 제외한다. 〈신설 2021.4.13.〉

[본조신설 2019.1.15.]

# 제7장 기능 습득

### 제77조(기능 습득자의 보호)

사용자는 양성공, 수습, 그 밖의 명칭을 불문하고 기능의 습득을 목적으로 하는 근로자를 혹사하거나 가사, 그 밖의 기능 습득과 관계없는 업무에 종사시키지 못한다. 〈개정 2020.5.26.〉

# 제8장 재해보상

### 제78조(요양보상)

① 근로자가 업무상 부상 또는 질병에 걸리면 사용자는 그 비용으로 필요한 요양을 행하거나 필요한 요양비를 부담하여야 한다.

② 제1항에 따른 업무상 질병과 요양의 범위 및 요양보상의 시기는 대통령령으로 정한다. 〈개정 2008.3.21.〉

### 제79조(휴업보상)

① 사용자는 제78조에 따라 요양 중에 있는 근로자에게 그 근로자의 요양 중 평균임금의 100분의 60의 휴업보상을 하여야 한다. 〈개정 2008.3.21.〉

② 제1항에 따른 휴업보상을 받을 기간에 그 보상을 받을 사람이 임금의 일부를 지급받은 경우에는 사용자는 평균임금에서 그 지급받은 금액을 뺀 금액의 100분의 60의 휴업보상을 하여야 한다. 〈신설 2008.3.21., 2020.5.26.〉

③ 휴업보상의 시기는 대통령령으로 정한다. 〈신설 2008.3.21.〉

### 제80조(장해보상)

① 근로자가 업무상 부상 또는 질병에 걸리고, 완치된 후 신체에 장해가 있으면 사용자는 그 장해 정도에 따라 평균임금에 별표에서 정한 일수를 곱한 금액의 장해보상을 하여야 한다. 〈개정 2008.3.21.〉

② 이미 신체에 장해가 있는 사람이 부상 또는 질병으로 인하여 같은 부위에 장해가 더 심해진 경우에 그 장해에 대한 장해보상 금액은 장해 정도가 더 심해진 장해등급에 해당하는 장해보상의 일수에서 기존의 장해등급에 해당하는 장해보상의 일수를 뺀 일수에 보상청구사유 발생 당시의 평균임금을 곱하여 산정한 금액으로 한다. 〈신설 2008.3.21., 2020.5.6.〉

③ 장해보상을 하여야 하는 신체장해 등급의 결정 기준과 장해보상의 시기는 대통령령으로 정한다. 〈신설 2008.3.21.〉

### 제81조(휴업보상과 장해보상의 예외)

근로자가 중대한 과실로 업무상 부상 또는 질병에 걸리고 또한 사용자가 그 과실에 대하여 노동위원회의 인정을 받으면 휴업보상이나 장해보상을 하지 아니하여도 된다.

### 제82조(유족보상)

① 근로자가 업무상 사망한 경우에는 사용자는 근로자가 사망한 후 지체 없이 그 유족에게 평균임금 1,000일분의 유족보상을 하여야 한다. 〈개정 2008.3.21.〉

② 제1항에서의 유족의 범위, 유족보상의 순위 및 보상을 받기로 확정된 사람이 사망한 경우의 유족보상의 순위는 대통령령으로 정한다. 〈신설 2008.3.21., 2020.5.26.〉

### 제83조(장례비)

근로자가 업무상 사망한 경우에는 사용자는 근로자가 사망한 후 지체 없이 평균임금 90일분의 장례비를 지급하여야 한다. 〈개정 2008.3.21., 2021.1.5.〉

[제목개정 2021.1.5.]

### 제84조(일시보상)

제78조에 따라 보상을 받는 근로자가 요양을 시작한 지 2년이 지나도 부상 또는 질병이 완치되지 아니하는 경우에는 사용자는 그 근로자에게 평균임금 1,340일분의 일시보상을 하여 그 후의 이 법에

따른 모든 보상책임을 면할 수 있다.

### 제85조(분할보상)

사용자는 지급 능력이 있는 것을 증명하고 보상을 받는 사람의 동의를 받으면 제80조, 제82조 또는 제84조에 따른 보상금을 1년에 걸쳐 분할보상을 할 수 있다. 〈개정 2020.5.26.〉

### 제86조(보상 청구권)

보상을 받을 권리는 퇴직으로 인하여 변경되지 아니하고, 양도나 압류하지 못한다.

### 제87조(다른 손해배상과의 관계)

보상을 받게 될 사람이 동일한 사유에 대하여 「민법」이나 그 밖의 법령에 따라 이 법의 재해보상에 상당한 금품을 받으면 그 가액(價額)의 한도에서 사용자는 보상의 책임을 면한다. 〈개정 2020.5.26.〉

### 제88조(고용노동부장관의 심사와 중재)

① 업무상의 부상, 질병 또는 사망의 인정, 요양의 방법, 보상금액의 결정, 그 밖에 보상의 실시에 관하여 이의가 있는 자는 고용노동부장관에게 심사나 사건의 중재를 청구할 수 있다. 〈개정 2010.6.4.〉
② 제1항의 청구가 있으면 고용노동부장관은 1개월 이내에 심사나 중재를 하여야 한다. 〈개정 2010.6.4.〉
③ 고용노동부장관은 필요에 따라 직권으로 심사나 사건의 중재를 할 수 있다. 〈개정 2010.6.4.〉
④ 고용노동부장관은 심사나 중재를 위하여 필요하다고 인정하면 의사에게 진단이나 검안을 시킬 수 있다. 〈개정 2010.6.4.〉
⑤ 제1항에 따른 심사나 중재의 청구와 제2항에 따른 심사나 중재의 시작은 시효의 중단에 관하여는 재판상의 청구로 본다.

[제목개정 2010.6.4.]

### 제89조(노동위원회의 심사와 중재)

① 고용노동부장관이 제88조 제2항의 기간에 심사 또는 중재를 하지 아니하거나 심사와 중재의 결과에 불복하는 자는 노동위원회에 심사나 중재를 청구할 수 있다. 〈개정 2010.6.4.〉
② 제1항의 청구가 있으면 노동위원회는 1개월 이내에 심사나 중재를 하여야 한다.

### 제90조(도급 사업에 대한 예외)

① 사업이 여러 차례의 도급에 따라 행하여지는 경우의 재해보상에 대하여는 원수급인(元受給人)을 사용자로 본다.
② 제1항의 경우에 원수급인이 서면상 계약으로 하수급인에게 보상을 담당하게 하는 경우에는 그 수급인도 사용자로 본다. 다만, 2명 이상의 하수급인에게 똑같은 사업에 대하여 중복하여 보상을 담당하게 하지 못한다.
③ 제2항의 경우에 원수급인이 보상의 청구를 받으면 보상을 담당한 하수급인에게 우선 최고(催告)할 것을 청구할 수 있다. 다만, 그 하수급인이 파산의 선고를 받거나 행방이 알려지지 아니하는 경우에는 그러하지 아니하다.

부록

### 제91조(서류의 보존)

사용자는 재해보상에 관한 중요한 서류를 재해보상이 끝나지 아니하거나 제92조에 따라 재해보상 청구권이 시효로 소멸되기 전에 폐기하여서는 아니 된다. 〈개정 2008.3.21.〉

### 제92조(시효)

이 법의 규정에 따른 재해보상 청구권은 3년간 행사하지 아니하면 시효로 소멸한다.

# 제9장 취업규칙

### 제93조(취업규칙의 작성·신고)

상시 10명 이상의 근로자를 사용하는 사용자는 다음 각 호의 사항에 관한 취업규칙을 작성하여 고용노동부장관에게 신고하여야 한다. 이를 변경하는 경우에도 또한 같다. 〈개정 2008.3.28, 2010.6.4, 2012.2.1, 2019.1.15.〉

1. 업무의 시작과 종료 시각, 휴게시간, 휴일, 휴가 및 교대 근로에 관한 사항
2. 임금의 결정·계산·지급 방법, 임금의 산정기간·지급시기 및 승급(昇給)에 관한 사항
3. 가족수당의 계산·지급 방법에 관한 사항
4. 퇴직에 관한 사항
5. 「근로자퇴직급여 보장법」 제4조에 따라 설정된 퇴직급여, 상여 및 최저임금에 관한 사항
6. 근로자의 식비, 작업 용품 등의 부담에 관한 사항
7. 근로자를 위한 교육시설에 관한 사항
8. 출산전후휴가·육아휴직 등 근로자의 모성 보호 및 일·가정 양립 지원에 관한 사항
9. 안전과 보건에 관한 사항
9의2. 근로자의 성별·연령 또는 신체적 조건 등의 특성에 따른 사업장 환경의 개선에 관한 사항
10. 업무상과 업무 외의 재해부조(災害扶助)에 관한 사항
11. 직장 내 괴롭힘의 예방 및 발생 시 조치 등에 관한 사항
12. 표창과 제재에 관한 사항
13. 그 밖에 해당 사업 또는 사업장의 근로자 전체에 적용될 사항

### 제94조(규칙의 작성, 변경 절차)

① 사용자는 취업규칙의 작성 또는 변경에 관하여 해당 사업 또는 사업장에 근로자의 과반수로 조직된 노동조합이 있는 경우에는 그 노동조합, 근로자의 과반수로 조직된 노동조합이 없는 경우에는 근로자의 과반수의 의견을 들어야 한다. 다만, 취업규칙을 근로자에게 불리하게 변경하는 경우에는 그 동의를 받아야 한다.
② 사용자는 제93조에 따라 취업규칙을 신고할 때에는 제1항의 의견을 적은 서면을 첨부하여야 한다.

### 제95조(제재 규정의 제한)

취업규칙에서 근로자에 대하여 감급(減給)의 제재를 정할 경우에 그 감액은 1회의 금액이 평균임금의 1일분의 2분의 1을, 총액이 1임금지급기의 임금 총액의 10분의 1을 초과하지 못한다.

### 제96조(단체협약의 준수)

① 취업규칙은 법령이나 해당 사업 또는 사업장에 대하여 적용되는 단체협약과 어긋나서는 아니 된다.

② 고용노동부장관은 법령이나 단체협약에 어긋나는 취업규칙의 변경을 명할 수 있다. 〈개정 2010.6.4.〉

### 제97조(위반의 효력)

취업규칙에서 정한 기준에 미달하는 근로조건을 정한 근로계약은 그 부분에 관하여는 무효로 한다. 이 경우 무효로 된 부분은 취업규칙에 정한 기준에 따른다.

# 제10장 기숙사

### 제98조(기숙사 생활의 보장)

① 사용자는 사업 또는 사업장의 부속 기숙사에 기숙하는 근로자의 사생활의 자유를 침해하지 못한다.

② 사용자는 기숙사 생활의 자치에 필요한 임원 선거에 간섭하지 못한다.

### 제99조(규칙의 작성과 변경)

① 부속 기숙사에 근로자를 기숙시키는 사용자는 다음 각 호의 사항에 관하여 기숙사규칙을 작성하여야 한다.

1. 기상(起床), 취침, 외출과 외박에 관한 사항
2. 행사에 관한 사항
3. 식사에 관한 사항
4. 안전과 보건에 관한 사항
5. 건설물과 설비의 관리에 관한 사항
6. 그 밖에 기숙사에 기숙하는 근로자 전체에 적용될 사항

② 사용자는 제1항에 따른 규칙의 작성 또는 변경에 관하여 기숙사에 기숙하는 근로자의 과반수를 대표하는 자의 동의를 받아야 한다.

③ 사용자와 기숙사에 기숙하는 근로자는 기숙사규칙을 지켜야 한다.

### 제100조(부속 기숙사의 설치·운영 기준)

사용자는 부속 기숙사를 설치·운영할 때 다음 각 호의 사항에 관하여 대통령령으로 정하는 기준을 충족하도록 하여야 한다.

1. 기숙사의 구조와 설비
2. 기숙사의 설치 장소
3. 기숙사의 주거 환경 조성
4. 기숙사의 면적
5. 그 밖에 근로자의 안전하고 쾌적한 주거를 위하여 필요한 사항

[전문개정 2019.1.15.]

### 제100조의2(부속 기숙사의 유지관리 의무)

사용자는 제100조에 따라 설치한 부속 기숙사에 대하여 근로자의 건강 유지, 사생활 보호 등을 위한 조치를 하여야 한다.

[본조신설 2019.1.15.]

# 제11장 근로감독관 등

### 제101조(감독 기관)

① 근로조건의 기준을 확보하기 위하여 고용노동부와 그 소속 기관에 근로감독관을 둔다. 〈개정 2010.6.4.〉

② 근로감독관의 자격, 임면(任免), 직무 배치에 관한 사항은 대통령령으로 정한다.

### 제102조(근로감독관의 권한)

① 근로감독관은 사업장, 기숙사, 그 밖의 부속 건물을 현장조사하고 장부와 서류의 제출을 요구할 수 있으며 사용자와 근로자에 대하여 심문(尋問)할 수 있다. 〈개정 2017.11.28.〉

② 의사인 근로감독관이나 근로감독관의 위촉을 받은 의사는 취업을 금지하여야 할 질병에 걸릴 의심이 있는 근로자에 대하여 검진할 수 있다.

③ 제1항 및 제2항의 경우에 근로감독관이나 그 위촉을 받은 의사는 그 신분증명서와 고용노동부장관의 현장조사 또는 검진지령서(檢診指令書)를 제시하여야 한다. 〈개정 2010.6.4, 2017.11.28.〉

④ 제3항의 현장조사 또는 검진지령서에는 그 일시, 장소 및 범위를 분명하게 적어야 한다. 〈개정 2017.11.28.〉

⑤ 근로감독관은 이 법이나 그 밖의 노동 관계 법령 위반의 죄에 관하여 「사법경찰관리의 직무를 행할 자와 그 직무범위에 관한 법률」에서 정하는 바에 따라 사법경찰관의 직무를 수행한다.

### 제102조의2(자료 제공의 요청)

① 고용노동부장관은 이 법에서 정하는 근로조건 보호를 위하여 중앙행정기관의 장과 지방자치단체의 장 또는 근로복지공단 등 관련 기관·단체의 장에게 다음 각 호의 정보 또는 자료의 제공 및 관계 전산망의 이용을 요청할 수 있다.

1. 「소득세법」 제4조 제1항 제1호에 따른 종합소득에 관한 자료
2. 「고용보험법」 제13조 및 제15조에 따른 피보험자격에 관한 신고자료
3. 그 밖에 근로자의 근로조건 보호를 위하여 필요한 정보 또는 자료로서 대통령령으로 정하는 정보 또는 자료

② 제1항에 따라 자료의 제공을 요청받은 자는 정당한 사유가 없으면 그 요청에 따라야 한다.

③ 제1항에 따라 제공되는 자료에 대하여는 수수료나 사용료 등을 면제한다.

[본조신설 2024.10.22.]

### 제103조(근로감독관의 의무)

근로감독관은 직무상 알게 된 비밀을 엄수하여야 한다. 근로감독관을 그만 둔 경우에도 또한 같다.

### 제104조(감독 기관에 대한 신고)

① 사업 또는 사업장에서 이 법 또는 이 법에 따른 대통령령을 위반한 사실이 있으면 근로자는 그 사실을 고용노동부장관이나 근로감독관에게 통보할 수 있다. 〈개정 2010.6.4.〉

② 사용자는 제1항의 통보를 이유로 근로자에게 해고나 그 밖에 불리한 처우를 하지 못한다.

### 제105조(사법경찰권 행사자의 제한)

이 법이나 그 밖의 노동 관계 법령에 따른 현장조사, 서류의 제출, 심문 등의 수사는 검사와 근로감독관이 전담하여 수행한다. 다만, 근로감독관의 직무에 관한 범죄의 수사는 그러하지 아니하다. 〈개정 2017.11.28.〉

### 제106조(권한의 위임)

이 법에 따른 고용노동부장관의 권한은 대통령령으로 정하는 바에 따라 그 일부를 지방고용노동관서의 장에게 위임할 수 있다. 〈개정 2010.6.4.〉

# 제12장 벌칙

### 제107조(벌칙)

제7조, 제8조, 제9조, 제23조 제2항 또는 제40조를 위반한 자는 5년 이하의 징역 또는 5천만원 이하의 벌금에 처한다. 〈개정 2017.11.28.〉

### 제108조(벌칙)

근로감독관이 이 법을 위반한 사실을 고의로 묵과하면 3년 이하의 징역 또는 5년 이하의 자격정지에 처한다.

### 제109조(벌칙)

① 제36조, 제43조, 제44조, 제44조의2, 제46조, 제51조의3, 제52조 제2항 제2호, 제56조, 제65조, 제72조 또는 제76조의3 제6항을 위반한 자는 3년 이하의 징역 또는 3천만원 이하의 벌금에 처한다. 〈개정 2007.7.27, 2017.11.28, 2019.1.15, 2021.1.5.〉

② 제36조, 제43조, 제44조, 제44조의2, 제46조, 제51조의3, 제52조 제2항 제2호 또는 제56조를 위반한 자에 대하여는 피해자의 명시적인 의사와 다르게 공소를 제기할 수 없다. 다만, 제43조의2에 따라 명단 공개된 체불사업주가 명단 공개 기간 중에 제36조, 제43조, 제44조, 제44조의2, 제46조, 제51조의3, 제52조 제2항 제2호 또는 제56조를 위반한 경우에는 그러하지 아니하다. 〈개정 2007.7.27, 2021.1.5, 2024.10.22.〉

### 제110조(벌칙)

다음 각 호의 어느 하나에 해당하는 자는 2년 이하의 징역 또는 2천만원 이하의 벌금에 처한다. 〈개정 2009.5.21, 2012.2.1, 2017.11.28, 2018.3.20, 2021.1.5.〉

1. 제10조, 제22조 제1항, 제26조, 제50조, 제51조의2 제2항, 제52조 제2항 제1호, 제53조 제1항·제2항, 같은 조 제4항 본문·제7항, 제54조, 제55조, 제59조 제2항, 제59조 제2항, 제60조 제1항·제2항·제4항 및 제5항, 제64조 제1항, 제69조, 제70조 제1항·제2항, 제71조, 제74조 제1항부터

제5항까지, 제75조, 제78조부터 제80조까지, 제82조, 제83조 및 제104조 제2항을 위반한 자
2. 제53조 제5항에 따른 명령을 위반한 자

## 제111조(벌칙)

제31조 제3항에 따라 확정되거나 행정소송을 제기하여 확정된 구제명령 또는 구제명령을 내용으로 하는 재심판정을 이행하지 아니한 자는 1년 이하의 징역 또는 1천만원 이하의 벌금에 처한다.

## 제112조(고발)

① 제111조의 죄는 노동위원회의 고발이 있어야 공소를 제기할 수 있다.
② 검사는 제1항에 따른 죄에 해당하는 위반행위가 있음을 노동위원회에 통보하여 고발을 요청할 수 있다.

## 제113조(벌칙)

제45조를 위반한 자는 1천만원 이하의 벌금에 처한다.

## 제114조(벌칙)

다음 각 호의 어느 하나에 해당하는 자는 500만원 이하의 벌금에 처한다. 〈개정 2007.7.27, 2008.3.28, 2009.5.21, 2012.2.1, 2018.3.20.〉
1. 제6조, 제16조, 제17조, 제20조, 제21조, 제22조 제2항, 제47조, 제53조 제4항 단서, 제67조 제1항·제3항, 제70조 제3항, 제73조, 제74조 제6항, 제77조, 제94조, 제95조, 제100조 및 제103조를 위반한 자
2. 제96조 제2항에 따른 명령을 위반한 자

## 제115조(양벌규정)

사업주의 대리인, 사용인, 그 밖의 종업원이 해당 사업의 근로자에 관한 사항에 대하여 제107조, 제109조부터 제111조까지, 제113조 또는 제114조의 위반행위를 하면 그 행위자를 벌하는 외에 그 사업주에게도 해당 조문의 벌금형을 과(科)한다. 다만, 사업주가 그 위반행위를 방지하기 위하여 해당 업무에 관하여 상당한 주의와 감독을 게을리하지 아니한 경우에는 그러하지 아니하다.
[전문개정 2009.5.21.]

## 제116조(과태료)

① 사용자(사용자의 「민법」 제767조에 따른 친족 중 대통령령으로 정하는 사람이 해당 사업 또는 사업장의 근로자인 경우를 포함한다)가 제76조의2를 위반하여 직장 내 괴롭힘을 한 경우에는 1천만원 이하의 과태료를 부과한다. 〈신설 2021.4.13.〉
② 다음 각 호의 어느 하나에 해당하는 자에게는 500만원 이하의 과태료를 부과한다. 〈개정 2009.5.21, 2010.6.4, 2014.3.24, 2017.11.28, 2021.1.5, 2021.4.13, 2021.5.18.〉
1. 제13조에 따른 고용노동부장관, 노동위원회 또는 근로감독관의 요구가 있는 경우에 보고 또는 출석을 하지 아니하거나 거짓된 보고를 한 자
2. 제14조, 제39조, 제41조, 제42조, 제48조, 제66조, 제74조 제7항·제9항, 제76조의3 제2항·제4항·제5항·제7항, 제91조, 제93조, 제98조 제2항 및 제99조를 위반한 자
3. 제51조의2 제5항에 따른 임금보전방안을 신고하지 아니한 자

4. 제102조에 따른 근로감독관 또는 그 위촉을 받은 의사의 현장조사나 검진을 거절, 방해 또는 기피하고 그 심문에 대하여 진술을 하지 아니하거나 거짓된 진술을 하며 장부·서류를 제출하지 아니하거나 거짓 장부·서류를 제출한 자

③ 제1항 및 제2항에 따른 과태료는 대통령령으로 정하는 바에 따라 고용노동부장관이 부과·징수한다. 〈개정 2010.6.4. 2021.4.13.〉

④ 삭제 〈2009.5.21.〉

⑤ 삭제 〈2009.5.21.〉


## 부칙 〈법률 제20520호, 2024.10.22.〉

### 제1조(시행일)

이 법은 공포 후 1년이 경과한 날부터 시행한다. 다만, 다음 각 호의 사항은 그 구분에 따른 날부터 시행한다.

1. 제60조 제6항의 개정규정: 공포한 날
2. 제74조 제1항 및 제7항의 개정규정 : 공포 후 4개월이 경과한 날

### 제2조(재직 중인 근로자에 대한 미지급 임금의 지연이자에 관한 적용례)

제37조의 개정규정은 이 법 시행 이후 제37조 제1항 제2호의 개정규정에 따른 지연이자 지급사유가 발생하는 경우부터 적용한다.

### 제3조(상습체불사업주의 체불횟수 및 체불액 산정에 관한 적용례)

제43조의4의 개정규정에 따라 고용노동부장관이 상습체불사업주를 정하는 경우 임금등 체불자료 제공일이 속하는 연도의 직전 연도 1년간 체불횟수와 체불액은 이 법 시행 이후 고용노동부장관이 임금등의 체불을 확인한 경우부터 산정한다.

### 제4조(출국금지 요청에 관한 적용례)

제43조의7의 개정규정은 이 법 시행 이후 제43조의2에 따라 명단 공개가 결정된 체불사업주부터 적용한다.

### 제5조(체불 임금등에 대한 손해배상청구에 관한 적용례)

제43조의8의 개정규정은 이 법 시행 이후 사업주가 같은 개정규정 각 호의 어느 하나에 해당하는 경우부터 적용한다.

### 제6조(연차 유급휴가에 관한 적용례)

제60조 제6항 제4호 및 제5호의 개정규정은 부칙 제1조 제1호에 따른 시행일 이후 육아기 근로시간 단축 또는 임신기 근로시간 단축을 시작하는 경우부터 적용한다.

### 제7조(출산전후휴가에 관한 적용례)

제74조 제1항의 개정규정은 부칙 제1조제2호에 따른 시행일 이후 출산하는 근로자부터 적용한다.

### 제8조(벌칙에 관한 적용례)

제109조 제2항의 개정규정은 이 법 시행 이후 발생한 위반행위부터 적용한다.

부록

# 제2장  노동조합 및 노동관계조정법

노동조합 및 노동관계조정법(약칭 : 노동조합법)

[시행 2021.7.6.] [법률 제17864호, 2021.1.5, 일부개정]

# 제1장 총칙

### 제1조(목적)

이 법은 헌법에 의한 근로자의 단결권·단체교섭권 및 단체행동권을 보장하여 근로조건의 유지·개선과 근로자의 경제적·사회적 지위의 향상을 도모하고, 노동관계를 공정하게 조정하여 노동쟁의를 예방·해결함으로써 산업평화의 유지와 국민경제의 발전에 이바지함을 목적으로 한다.

### 제2조(정의)

이 법에서 사용하는 용어의 정의는 다음과 같다. 〈개정 2021.1.5.〉

1. "근로자"라 함은 직업의 종류를 불문하고 임금·급료 기타 이에 준하는 수입에 의하여 생활하는 자를 말한다.

2. "사용자"라 함은 사업주, 사업의 경영담당자 또는 그 사업의 근로자에 관한 사항에 대하여 사업주를 위하여 행동하는 자를 말한다.

3. "사용자단체"라 함은 노동관계에 관하여 그 구성원인 사용자에 대하여 조정 또는 규제할 수 있는 권한을 가진 사용자의 단체를 말한다.

4. "노동조합"이라 함은 근로자가 주체가 되어 자주적으로 단결하여 근로조건의 유지·개선 기타 근로자의 경제적·사회적 지위의 향상을 도모함을 목적으로 조직하는 단체 또는 그 연합단체를 말한다. 다만, 다음 각 목의 1에 해당하는 경우에는 노동조합으로 보지 아니한다.

　　가. 사용자 또는 항상 그의 이익을 대표하여 행동하는 자의 참가를 허용하는 경우

　　나. 경비의 주된 부분을 사용자로부터 원조받는 경우

　　다. 공제·수양 기타 복리사업만을 목적으로 하는 경우

　　라. 근로자가 아닌 자의 가입을 허용하는 경우

　　마. 주로 정치운동을 목적으로 하는 경우

5. "노동쟁의"라 함은 노동조합과 사용자 또는 사용자단체(이하 "勞動關係 當事者"라 한다) 간에 임금·근로시간·복지·해고 기타 대우등 근로조건의 결정에 관한 주장의 불일치로 인하여 발생한 분쟁상태를 말한다. 이 경우 주장의 불일치라 함은 당사자간에 합의를 위한 노력을 계속하여도 더 이상 자주적 교섭에 의한 합의의 여지가 없는 경우를 말한다.

6. "쟁의행위"라 함은 파업·태업·직장폐쇄 기타 노동관계 당사자가 그 주장을 관철할 목적으로 행하는 행위와 이에 대항하는 행위로서 업무의 정상적인 운영을 저해하는 행위를 말한다.

### 제3조(손해배상 청구의 제한)

사용자는 이 법에 의한 단체교섭 또는 쟁의행위로 인하여 손해를 입은 경우에 노동조합 또는 근로자에 대하여 그 배상을 청구할 수 없다.

### 제4조(정당행위)

형법 제20조의 규정은 노동조합이 단체교섭·쟁의행위 기타의 행위로서 제1조의 목적을 달성하기 위하여 한 정당한 행위에 대하여 적용된다. 다만, 어떠한 경우에도 폭력이나 파괴행위는 정당한 행위로 해석되어서는 아니 된다.

# 제2장 노동조합

## 제1절 통칙

### 제5조(노동조합의 조직·가입·활동)

① 근로자는 자유로이 노동조합을 조직하거나 이에 가입할 수 있다. 다만, 공무원과 교원에 대하여는 따로 법률로 정한다. 〈개정 2021.1.5.〉
② 사업 또는 사업장에 종사하는 근로자(이하 "종사근로자"라 한다)가 아닌 노동조합의 조합원은 사용자의 효율적인 사업 운영에 지장을 주지 아니하는 범위에서 사업 또는 사업장 내에서 노동조합 활동을 할 수 있다. 〈신설 2021.1.5.〉
③ 종사근로자인 조합원이 해고되어 노동위원회에 부당노동행위의 구제신청을 한 경우에는 중앙노동위원회의 재심판정이 있을 때까지는 종사근로자로 본다. 〈신설 2021.1.5.〉
[제목개정 2021.1.5.]

### 제6조(법인격의 취득)

① 노동조합은 그 규약이 정하는 바에 의하여 법인으로 할 수 있다.
② 노동조합은 당해 노동조합을 법인으로 하고자 할 경우에는 대통령령이 정하는 바에 의하여 등기를 하여야 한다.
③ 법인인 노동조합에 대하여는 이 법에 규정된 것을 제외하고는 민법 중 사단법인에 관한 규정을 적용한다.

### 제7조(노동조합의 보호요건)

① 이 법에 의하여 설립된 노동조합이 아니면 노동위원회에 노동쟁의의 조정 및 부당노동행위의 구제를 신청할 수 없다.
② 제1항의 규정은 제81조 제1항 제1호·제2호 및 제5호의 규정에 의한 근로자의 보호를 부인하는 취지로 해석되어서는 아니 된다. 〈개정 2021.1.5.〉
③ 이 법에 의하여 설립된 노동조합이 아니면 노동조합이라는 명칭을 사용할 수 없다.

### 제8조(조세의 면제)

노동조합에 대하여는 그 사업체를 제외하고는 세법이 정하는 바에 따라 조세를 부과하지 아니한다.

## 제9조(차별대우의 금지)

노동조합의 조합원은 어떠한 경우에도 인종, 종교, 성별, 연령, 신체적 조건, 고용형태, 정당 또는 신분에 의하여 차별대우를 받지 아니한다. 〈개정 2008.3.28.〉

[제목개정 2008.3.28.]

### 제2절 노동조합의 설립

## 제10조(설립의 신고)

① 노동조합을 설립하고자 하는 자는 다음 각 호의 사항을 기재한 신고서에 제11조의 규정에 의한 규약을 첨부하여 연합단체인 노동조합과 2 이상의 특별시·광역시·특별자치시·도·특별자치도에 걸치는 단위노동조합은 고용노동부장관에게, 2 이상의 시·군·구(자치구를 말한다)에 걸치는 단위노동조합은 특별시장·광역시장·도지사에게, 그 외의 노동조합은 특별자치시장·특별자치도지사·시장·군수·구청장(자치구의 구청장을 말한다. 이하 제12조 제1항에서 같다)에게 제출하여야 한다. 〈개정 1998.2.20, 2006.12.30, 2010.6.4, 2014.5.20.〉
   1. 명칭
   2. 주된 사무소의 소재지
   3. 조합원수
   4. 임원의 성명과 주소
   5. 소속된 연합단체가 있는 경우에는 그 명칭
   6. 연합단체인 노동조합에 있어서는 그 구성노동단체의 명칭, 조합원수, 주된 사무소의 소재지 및 임원의 성명·주소
② 제1항의 규정에 의한 연합단체인 노동조합은 동종산업의 단위노동조합을 구성원으로 하는 산업별 연합단체와 산업별 연합단체 또는 전국규모의 산업별 단위노동조합을 구성원으로 하는 총연합단체를 말한다.

## 제11조(규약)

노동조합은 그 조직의 자주적·민주적 운영을 보장하기 위하여 당해 노동조합의 규약에 다음 각 호의 사항을 기재하여야 한다. 〈개정 2006.12.30.〉
1. 명칭
2. 목적과 사업
3. 주된 사무소의 소재지
4. 조합원에 관한 사항(연합단체인 노동조합에 있어서는 그 구성단체에 관한 사항)
5. 소속된 연합단체가 있는 경우에는 그 명칭
6. 대의원회를 두는 경우에는 대의원회에 관한 사항
7. 회의에 관한 사항
8. 대표자와 임원에 관한 사항
9. 조합비 기타 회계에 관한 사항

10. 규약변경에 관한 사항

11. 해산에 관한 사항

12. 쟁의행위와 관련된 찬반투표 결과의 공개, 투표자 명부 및 투표용지 등의 보존·열람에 관한 사항

13. 대표자와 임원의 규약위반에 대한 탄핵에 관한 사항

14. 임원 및 대의원의 선거절차에 관한 사항

15. 규율과 통제에 관한 사항

## 제12조(신고증의 교부)

① 고용노동부장관, 특별시장·광역시장·특별자치시장·도지사·특별자치도지사 또는 시장·군수·구청장(이하 "행정관청"이라 한다)은 제10조 제1항의 규정에 의한 설립신고서를 접수한 때에는 제2항 전단 및 제3항의 경우를 제외하고는 3일 이내에 신고증을 교부하여야 한다. 〈개정 1998.2.20, 2006.12.30, 2010.6.4, 2014.5.20.〉

② 행정관청은 설립신고서 또는 규약이 기재사항의 누락등으로 보완이 필요한 경우에는 대통령령이 정하는 바에 따라 20일 이내의 기간을 정하여 보완을 요구하여야 한다. 이 경우 보완된 설립신고서 또는 규약을 접수한 때에는 3일 이내에 신고증을 교부하여야 한다. 〈개정 1998.2.20.〉

③ 행정관청은 설립하고자 하는 노동조합이 다음 각 호의 1에 해당하는 경우에는 설립신고서를 반려하여야 한다. 〈개정 1998.2.20.〉

1. 제2조 제4호 각 목의 1에 해당하는 경우

2. 제2항의 규정에 의하여 보완을 요구하였음에도 불구하고 그 기간 내에 보완을 하지 아니하는 경우

④ 노동조합이 신고증을 교부받은 경우에는 설립신고서가 접수된 때에 설립된 것으로 본다.

## 제13조(변경사항의 신고등)

① 노동조합은 제10조 제1항의 규정에 의하여 설립신고된 사항 중 다음 각 호의 1에 해당하는 사항에 변경이 있는 때에는 그 날부터 30일 이내에 행정관청에게 변경신고를 하여야 한다. 〈개정 1998.2.20, 2001.3.28.〉

1. 명칭

2. 주된 사무소의 소재지

3. 대표자의 성명

4. 소속된 연합단체의 명칭

② 노동조합은 매년 1월 31일까지 다음 각 호의 사항을 행정관청에게 통보하여야 한다. 다만, 제1항의 규정에 의하여 전년도에 변경신고된 사항은 그러하지 아니하다. 〈개정 1998.2.20, 2001.3.28.〉

1. 전년도에 규약의 변경이 있는 경우에는 변경된 규약내용

2. 전년도에 임원의 변경이 있는 경우에는 변경된 임원의 성명

3. 전년도 12월 31일 현재의 조합원수(聯合團體인 勞動組合에 있어서는 構成團體別 組合員數)

## 제3절 노동조합의 관리

### 제14조(서류비치등)
① 노동조합은 조합설립일부터 30일 이내에 다음 각 호의 서류를 작성하여 그 주된 사무소에 비치하여야 한다.
  1. 조합원 명부(연합단체인 노동조합에 있어서는 그 구성단체의 명칭)
  2. 규약
  3. 임원의 성명·주소록
  4. 회의록
  5. 재정에 관한 장부와 서류
② 제1항 제4호 및 제5호의 서류는 3연간 보존하여야 한다.

### 제15조(총회의 개최)
① 노동조합은 매년 1회 이상 총회를 개최하여야 한다.
② 노동조합의 대표자는 총회의 의장이 된다.

### 제16조(총회의 의결사항)
① 다음 각 호의 사항은 총회의 의결을 거쳐야 한다.
  1. 규약의 제정과 변경에 관한 사항
  2. 임원의 선거와 해임에 관한 사항
  3. 단체협약에 관한 사항
  4. 예산·결산에 관한 사항
  5. 기금의 설치·관리 또는 처분에 관한 사항
  6. 연합단체의 설립·가입 또는 탈퇴에 관한 사항
  7. 합병·분할 또는 해산에 관한 사항
  8. 조직형태의 변경에 관한 사항
  9. 기타 중요한 사항
② 총회는 재적조합원 과반수의 출석과 출석조합원 과반수의 찬성으로 의결한다. 다만, 규약의 제정·변경, 임원의 해임, 합병·분할·해산 및 조직형태의 변경에 관한 사항은 재적조합원 과반수의 출석과 출석조합원 3분의 2 이상의 찬성이 있어야 한다.
③ 임원의 선거에 있어서 출석조합원 과반수의 찬성을 얻은 자가 없는 경우에는 제2항 본문의 규정에 불구하고 규약이 정하는 바에 따라 결선투표를 실시하여 다수의 찬성을 얻은 자를 임원으로 선출할 수 있다.
④ 규약의 제정·변경과 임원의 선거·해임에 관한 사항은 조합원의 직접·비밀·무기명투표에 의하여야 한다.

### 제17조(대의원회)

① 노동조합은 규약으로 총회에 갈음할 대의원회를 둘 수 있다.

② 대의원은 조합원의 직접·비밀·무기명투표에 의하여 선출되어야 한다.

③ 하나의 사업 또는 사업장을 대상으로 조직된 노동조합의 대의원은 그 사업 또는 사업장에 종사하는 조합원 중에서 선출하여야 한다. 〈신설 2021.1.5.〉

④ 대의원의 임기는 규약으로 정하되 3년을 초과할 수 없다. 〈개정 2021.1.5.〉

⑤ 대의원회를 둔 때에는 총회에 관한 규정은 대의원회에 이를 준용한다. 〈개정 2021.1.5.〉

### 제18조(임시총회등의 소집)

① 노동조합의 대표자는 필요하다고 인정할 때에는 임시총회 또는 임시대의원회를 소집할 수 있다.

② 노동조합의 대표자는 조합원 또는 대의원의 3분의 1 이상(연합단체인 노동조합에 있어서는 그 구성단체의 3分의 1 이상)이 회의에 부의할 사항을 제시하고 회의의 소집을 요구한 때에는 지체 없이 임시총회 또는 임시대의원회를 소집하여야 한다.

③ 행정관청은 노동조합의 대표자가 제2항의 규정에 의한 회의의 소집을 고의로 기피하거나 이를 해태하여 조합원 또는 대의원의 3분의 1 이상이 소집권자의 지명을 요구한 때에는 15일 이내에 노동위원회의 의결을 요청하고 노동위원회의 의결이 있는 때에는 지체 없이 회의의 소집권자를 지명하여야 한다. 〈개정 1998.2.20.〉

④ 행정관청은 노동조합에 총회 또는 대의원회의 소집권자가 없는 경우에 조합원 또는 대의원의 3분의 1 이상이 회의에 부의할 사항을 제시하고 소집권자의 지명을 요구한 때에는 15일 이내에 회의의 소집권자를 지명하여야 한다. 〈개정 1998.2.20.〉

### 제19조(소집의 절차)

총회 또는 대의원회는 회의개최일 7일전까지 그 회의에 부의할 사항을 공고하고 규약에 정한 방법에 의하여 소집하여야 한다. 다만, 노동조합이 동일한 사업장 내의 근로자로 구성된 경우에는 그 규약으로 공고기간을 단축할 수 있다.

### 제20조(표결권의 특례)

노동조합이 특정 조합원에 관한 사항을 의결할 경우에는 그 조합원은 표결권이 없다.

### 제21조(규약 및 결의처분의 시정)

① 행정관청은 노동조합의 규약이 노동관계법령에 위반한 경우에는 노동위원회의 의결을 얻어 그 시정을 명할 수 있다. 〈개정 1998.2.20.〉

② 행정관청은 노동조합의 결의 또는 처분이 노동관계법령 또는 규약에 위반된다고 인정할 경우에는 노동위원회의 의결을 얻어 그 시정을 명할 수 있다. 다만, 규약위반 시의 시정명령은 이해관계인의 신청이 있는 경우에 한한다. 〈개정 1998.2.20.〉

③ 제1항 또는 제2항의 규정에 의하여 시정명령을 받은 노동조합은 30일 이내에 이를 이행하여야 한다. 다만, 정당한 사유가 있는 경우에는 그 기간을 연장할 수 있다.

## 제22조(조합원의 권리와 의무)

노동조합의 조합원은 균등하게 그 노동조합의 모든 문제에 참여할 권리와 의무를 가진다. 다만, 노동조합은 그 규약으로 조합비를 납부하지 아니하는 조합원의 권리를 제한할 수 있다.

## 제23조(임원의 자격 등)

① 노동조합의 임원 자격은 규약으로 정한다. 이 경우 하나의 사업 또는 사업장을 대상으로 조직된 노동조합의 임원은 그 사업 또는 사업장에 종사하는 조합원 중에서 선출하도록 정한다. 〈개정 2021.1.5.〉

② 임원의 임기는 규약으로 정하되 3년을 초과할 수 없다.

[제목개정 2021.1.5.]

## 제24조(근로시간 면제 등)

① 근로자는 단체협약으로 정하거나 사용자의 동의가 있는 경우에는 사용자 또는 노동조합으로부터 급여를 지급받으면서 근로계약 소정의 근로를 제공하지 아니하고 노동조합의 업무에 종사할 수 있다. 〈개정 2021.1.5.〉

② 제1항에 따라 사용자로부터 급여를 지급받는 근로자(이하 "근로시간면제자"라 한다)는 사업 또는 사업장별로 종사근로자인 조합원 수 등을 고려하여 제24조의2에 따라 결정된 근로시간 면제 한도(이하 "근로시간 면제 한도"라 한다)를 초과하지 아니하는 범위에서 임금의 손실 없이 사용자와의 협의·교섭, 고충처리, 산업안전 활동 등 이 법 또는 다른 법률에서 정하는 업무와 건전한 노사관계 발전을 위한 노동조합의 유지·관리업무를 할 수 있다. 〈개정 2021.1.5.〉

③ 사용자는 제1항에 따라 노동조합의 업무에 종사하는 근로자의 정당한 노동조합 활동을 제한해서는 아니 된다. 〈신설 2010.1.1, 2021.1.5.〉

④ 제2항을 위반하여 근로시간 면제 한도를 초과하는 내용을 정한 단체협약 또는 사용자의 동의는 그 부분에 한정하여 무효로 한다. 〈개정 2021.1.5.〉

⑤ 삭제 〈2021.1.5.〉

[제목개정 2021.1.5.]

## 제24조의2(근로시간면제심의위원회)

① 근로시간면제자에 대한 근로시간 면제 한도를 정하기 위하여 근로시간면제심의위원회(이하 이 조에서 "위원회"라 한다)를 「경제사회노동위원회법」에 따른 경제사회노동위원회(이하 "경제사회노동위원회"라 한다)에 둔다. 〈개정 2010.6.4, 2021.1.5.〉

② 위원회는 근로시간 면제 한도를 심의·의결하고, 3년마다 그 적정성 여부를 재심의하여 의결할 수 있다. 〈개정 2010.6.4, 2021.1.5.〉

③ 경제사회노동위원회 위원장은 제2항에 따라 위원회가 의결한 사항을 고용노동부장관에게 즉시 통보하여야 한다. 〈개정 2021.1.5.〉

④ 고용노동부장관은 제3항에 따라 경제사회노동위원회 위원장이 통보한 근로시간 면제 한도를 고시하여야 한다. 〈신설 2021.1.5.〉

⑤ 위원회는 다음 각 호의 구분에 따라 근로자를 대표하는 위원과 사용자를 대표하는 위원 및 공익을 대표하는 위원 각 5명씩 성별을 고려하여 구성한다. 〈신설 2021.1.5.〉

1. 근로자를 대표하는 위원 : 전국적 규모의 노동단체가 추천하는 사람

2. 사용자를 대표하는 위원 : 전국적 규모의 경영자단체가 추천하는 사람

3. 공익을 대표하는 위원 : 경제사회노동위원회 위원장이 추천한 15명 중에서 제1호에 따른 노동단체와 제2호에 따른 경영자단체가 순차적으로 배제하고 남은 사람

⑥ 위원회의 위원장은 제5항 제3호에 따른 위원 중에서 위원회가 선출한다. 〈개정 2021.1.5.〉

⑦ 위원회는 재적위원 과반수의 출석과 출석위원 과반수의 찬성으로 의결한다. 〈개정 2021.1.5.〉

⑧ 위원의 자격, 위촉과 위원회의 운영 등에 필요한 사항은 대통령령으로 정한다. 〈개정 2021.1.5.〉

[본조신설 2010.1.1.]

## 제25조(회계감사)

① 노동조합의 대표자는 그 회계감사원으로 하여금 6월에 1회 이상 당해 노동조합의 모든 재원 및 용도, 주요한 기부자의 성명, 현재의 경리 상황등에 대한 회계감사를 실시하게 하고 그 내용과 감사결과를 전체 조합원에게 공개하여야 한다.

② 노동조합의 회계감사원은 필요하다고 인정할 경우에는 당해 노동조합의 회계감사를 실시하고 그 결과를 공개할 수 있다.

## 제26조(운영상황의 공개)

노동조합의 대표자는 회계연도마다 결산결과와 운영상황을 공표하여야 하며 조합원의 요구가 있을 때에는 이를 열람하게 하여야 한다.

## 제27조(자료의 제출)

노동조합은 행정관청이 요구하는 경우에는 결산결과와 운영상황을 보고하여야 한다. 〈개정 1998.2.20.〉

### 제4절 노동조합의 해산

## 제28조(해산사유)

① 노동조합은 다음 각 호의 1에 해당하는 경우에는 해산한다. 〈개정 1998.2.20.〉

1. 규약에서 정한 해산사유가 발생한 경우

2. 합병 또는 분할로 소멸한 경우

3. 총회 또는 대의원회의 해산결의가 있는 경우

4. 노동조합의 임원이 없고 노동조합으로서의 활동을 1년 이상 하지 아니한 것으로 인정되는 경우로서 행정관청이 노동위원회의 의결을 얻은 경우

② 제1항 제1호 내지 제3호의 사유로 노동조합이 해산한 때에는 그 대표자는 해산한 날부터 15일 이내에 행정관청에게 이를 신고하여야 한다. 〈개정 1998.2.20.〉

# 제3장 단체교섭 및 단체협약

## 제29조(교섭 및 체결권한)

① 노동조합의 대표자는 그 노동조합 또는 조합원을 위하여 사용자나 사용자단체와 교섭하고 단체협약을 체결할 권한을 가진다.

② 제29조의2에 따라 결정된 교섭대표노동조합(이하 "교섭대표노동조합"이라 한다)의 대표자는 교섭을 요구한 모든 노동조합 또는 조합원을 위하여 사용자와 교섭하고 단체협약을 체결할 권한을 가진다. 〈신설 2010.1.1.〉

③ 노동조합과 사용자 또는 사용자단체로부터 교섭 또는 단체협약의 체결에 관한 권한을 위임받은 자는 그 노동조합과 사용자 또는 사용자단체를 위하여 위임받은 범위 안에서 그 권한을 행사할 수 있다. 〈개정 2010.1.1.〉

④ 노동조합과 사용자 또는 사용자단체는 제3항에 따라 교섭 또는 단체협약의 체결에 관한 권한을 위임한 때에는 그 사실을 상대방에게 통보하여야 한다. 〈개정 2010.1.1.〉

## 제29조의2(교섭창구 단일화 절차)

① 하나의 사업 또는 사업장에서 조직형태에 관계없이 근로자가 설립하거나 가입한 노동조합이 2개 이상인 경우 노동조합은 교섭대표노동조합(2개 이상의 노동조합 조합원을 구성원으로 하는 교섭대표기구를 포함한다. 이하 같다)을 정하여 교섭을 요구하여야 한다. 다만, 제3항에 따라 교섭대표노동조합을 자율적으로 결정하는 기한 내에 사용자가 이 조에서 정하는 교섭창구 단일화 절차를 거치지 아니하기로 동의한 경우에는 그러하지 아니하다. 〈개정 2021.1.5.〉

② 제1항 단서에 해당하는 경우 사용자는 교섭을 요구한 모든 노동조합과 성실히 교섭하여야 하고, 차별적으로 대우해서는 아니 된다. 〈신설 2021.1.5.〉

③ 교섭대표노동조합 결정 절차(이하 "교섭창구 단일화 절차"라 한다)에 참여한 모든 노동조합은 대통령령으로 정하는 기한 내에 자율적으로 교섭대표노동조합을 정한다. 〈개정 2021.1.5.〉

④ 제3항에 따른 기한까지 교섭대표노동조합을 정하지 못하고 제1항 단서에 따른 사용자의 동의를 얻지 못한 경우에는 교섭창구 단일화 절차에 참여한 노동조합의 전체 조합원 과반수로 조직된 노동조합(2개 이상의 노동조합이 위임 또는 연합 등의 방법으로 교섭창구 단일화 절차에 참여한 노동조합 전체 조합원의 과반수가 되는 경우를 포함한다)이 교섭대표노동조합이 된다. 〈개정 2021.1.5.〉

⑤ 제3항 및 제4항에 따라 교섭대표노동조합을 결정하지 못한 경우에는 교섭창구 단일화 절차에 참여한 모든 노동조합은 공동으로 교섭대표단(이하 이 조에서 "공동교섭대표단"이라 한다)을 구성하여 사용자와 교섭하여야 한다. 이 때 공동교섭대표단에 참여할 수 있는 노동조합은 그 조합원 수가 교섭창구 단일화 절차에 참여한 노동조합의 전체 조합원 100분의 10 이상인 노동조합으로 한다. 〈개정 2021.1.5.〉

⑥ 제5항에 따른 공동교섭대표단의 구성에 합의하지 못할 경우에 노동위원회는 해당 노동조합의 신청에 따라 조합원 비율을 고려하여 이를 결정할 수 있다. 〈개정 2021.1.5.〉

⑦ 제1항 및 제3항부터 제5항까지에 따른 교섭대표노동조합을 결정함에 있어 교섭요구 사실, 조합원 수 등에 대한 이의가 있는 때에는 노동위원회는 대통령령으로 정하는 바에 따라 노동조

합의 신청을 받아 그 이의에 대한 결정을 할 수 있다. 〈개정 2021.1.5.〉

⑧ 제6항 및 제7항에 따른 노동위원회의 결정에 대한 불복절차 및 효력은 제69조와 제70조 제2항을 준용한다. 〈개정 2021.1.5.〉

⑨ 노동조합의 교섭요구·참여 방법, 교섭대표노동조합 결정을 위한 조합원 수 산정 기준 등 교섭창구 단일화 절차와 교섭비용 증가 방지 등에 관하여 필요한 사항은 대통령령으로 정한다. 〈개정 2021.1.5.〉

⑩ 제4항부터 제7항까지 및 제9항의 조합원 수 산정은 종사근로자인 조합원을 기준으로 한다. 〈신설 2021.1.5.〉

[본조신설 2010.1.1.]

## 제29조의3(교섭단위 결정)

① 제29조의2에 따라 교섭대표노동조합을 결정하여야 하는 단위(이하 "교섭단위"라 한다)는 하나의 사업 또는 사업장으로 한다.

② 제1항에도 불구하고 하나의 사업 또는 사업장에서 현격한 근로조건의 차이, 고용형태, 교섭관행 등을 고려하여 교섭단위를 분리하거나 분리된 교섭단위를 통합할 필요가 있다고 인정되는 경우에 노동위원회는 노동관계 당사자의 양쪽 또는 어느 한쪽의 신청을 받아 교섭단위를 분리하거나 분리된 교섭단위를 통합하는 결정을 할 수 있다. 〈개정 2021.1.5.〉

③ 제2항에 따른 노동위원회의 결정에 대한 불복절차 및 효력은 제69조와 제70조 제2항을 준용한다.

④ 교섭단위를 분리하거나 분리된 교섭단위를 통합하기 위한 신청 및 노동위원회의 결정 기준·절차 등에 관하여 필요한 사항은 대통령령으로 정한다. 〈개정 2021.1.5.〉

[본조신설 2010.1.1.]

## 제29조의4(공정대표의무 등)

① 교섭대표노동조합과 사용자는 교섭창구 단일화 절차에 참여한 노동조합 또는 그 조합원 간에 합리적 이유 없이 차별을 하여서는 아니 된다.

② 노동조합은 교섭대표노동조합과 사용자가 제1항을 위반하여 차별한 경우에는 그 행위가 있은 날(단체협약의 내용의 일부 또는 전부가 제1항에 위반되는 경우에는 단체협약 체결일을 말한다)부터 3개월 이내에 대통령령으로 정하는 방법과 절차에 따라 노동위원회에 그 시정을 요청할 수 있다.

③ 노동위원회는 제2항에 따른 신청에 대하여 합리적 이유 없이 차별하였다고 인정한 때에는 그 시정에 필요한 명령을 하여야 한다.

④ 제3항에 따른 노동위원회의 명령 또는 결정에 대한 불복절차 등에 관하여는 제85조 및 제86조를 준용한다.

[본조신설 2010.1.1.]

## 제29조의5(그 밖의 교섭창구 단일화 관련 사항)

교섭대표노동조합이 있는 경우에 제2조 제5호, 제29조 제3항·제4항, 제30조, 제37조 제2항·제3항, 제38조 제3항, 제42조의6 제1항, 제44조 제2항, 제46조 제1항, 제55조 제3항, 제72조 제3항 및

제81조 제1항 제3호 중 "노동조합"은 "교섭대표노동조합"으로 본다. 〈개정 2021.1.5.〉
[본조신설 2010.1.1.]

## 제30조(교섭등의 원칙)

① 노동조합과 사용자 또는 사용자단체는 신의에 따라 성실히 교섭하고 단체협약을 체결하여야 하며 그 권한을 남용하여서는 아니 된다.

② 노동조합과 사용자 또는 사용자단체는 정당한 이유없이 교섭 또는 단체협약의 체결을 거부하거나 해태하여서는 아니 된다.

③ 국가 및 지방자치단체는 기업·산업·지역별 교섭 등 다양한 교섭방식을 노동관계 당사자가 자율적으로 선택할 수 있도록 지원하고 이에 따른 단체교섭이 활성화될 수 있도록 노력하여야 한다. 〈신설 2021.1.5.〉

## 제31조(단체협약의 작성)

① 단체협약은 서면으로 작성하여 당사자 쌍방이 서명 또는 날인하여야 한다. 〈개정 2006.12.30.〉

② 단체협약의 당사자는 단체협약의 체결일부터 15일 이내에 이를 행정관청에게 신고하여야 한다. 〈개정 1998.2.20.〉

③ 행정관청은 단체협약 중 위법한 내용이 있는 경우에는 노동위원회의 의결을 얻어 그 시정을 명할 수 있다. 〈개정 1998.2.20.〉

## 제32조(단체협약 유효기간의 상한)

① 단체협약의 유효기간은 3년을 초과하지 않는 범위에서 노사가 합의하여 정할 수 있다. 〈개정 2021.1.5.〉

② 단체협약에 그 유효기간을 정하지 아니한 경우 또는 제1항의 기간을 초과하는 유효기간을 정한 경우에 그 유효기간은 3년으로 한다. 〈개정 2021.1.5.〉

③ 단체협약의 유효기간이 만료되는 때를 전후하여 당사자 쌍방이 새로운 단체협약을 체결하고자 단체교섭을 계속하였음에도 불구하고 새로운 단체협약이 체결되지 아니한 경우에는 별도의 약정이 있는 경우를 제외하고는 종전의 단체협약은 그 효력만료일부터 3월까지 계속 효력을 갖는다. 다만, 단체협약에 그 유효기간이 경과한 후에도 새로운 단체협약이 체결되지 아니한 때에는 새로운 단체협약이 체결될 때까지 종전 단체협약의 효력을 존속시킨다는 취지의 별도의 약정이 있는 경우에는 그에 따르되, 당사자 일방은 해지하고자 하는 날의 6월전까지 상대방에게 통고함으로써 종전의 단체협약을 해지할 수 있다. 〈개정 1998.2.20.〉
[제목개정 2021.1.5.]

## 제33조(기준의 효력)

① 단체협약에 정한 근로조건 기타 근로자의 대우에 관한 기준에 위반하는 취업규칙 또는 근로계약의 부분은 무효로 한다.

② 근로계약에 규정되지 아니한 사항 또는 제1항의 규정에 의하여 무효로 된 부분은 단체협약에 정한 기준에 의한다.

### 제34조(단체협약의 해석)

① 단체협약의 해석 또는 이행방법에 관하여 관계 당사자간에 의견의 불일치가 있는 때에는 당사자 쌍방 또는 단체협약에 정하는 바에 의하여 어느 일방이 노동위원회에 그 해석 또는 이행방법에 관한 견해의 제시를 요청할 수 있다.

② 노동위원회는 제1항의 규정에 의한 요청을 받은 때에는 그 날부터 30일 이내에 명확한 견해를 제시하여야 한다.

③ 제2항의 규정에 의하여 노동위원회가 제시한 해석 또는 이행방법에 관한 견해는 중재재정과 동일한 효력을 가진다.

### 제35조(일반적 구속력)

하나의 사업 또는 사업장에 상시 사용되는 동종의 근로자 반수 이상이 하나의 단체협약의 적용을 받게 된 때에는 당해 사업 또는 사업장에 사용되는 다른 동종의 근로자에 대하여도 당해 단체협약이 적용된다.

### 제36조(지역적 구속력)

① 하나의 지역에 있어서 종업하는 동종의 근로자 3분의 2 이상이 하나의 단체협약의 적용을 받게 된 때에는 행정관청은 당해 단체협약의 당사자의 쌍방 또는 일방의 신청에 의하거나 그 직권으로 노동위원회의 의결을 얻어 당해 지역에서 종업하는 다른 동종의 근로자와 그 사용자에 대하여도 당해 단체협약을 적용한다는 결정을 할 수 있다. 〈개정 1998.2.20.〉

② 행정관청이 제1항의 규정에 의한 결정을 한 때에는 지체 없이 이를 공고하여야 한다. 〈개정 1998.2.20.〉

# 제4장 쟁의행위

### 제37조(쟁의행위의 기본원칙)

① 쟁의행위는 그 목적·방법 및 절차에 있어서 법령 기타 사회질서에 위반되어서는 아니 된다.

② 조합원은 노동조합에 의하여 주도되지 아니한 쟁의행위를 하여서는 아니 된다.

③ 노동조합은 사용자의 점유를 배제하여 조업을 방해하는 형태로 쟁의행위를 해서는 아니 된다. 〈신설 2021.1.5.〉

### 제38조(노동조합의 지도와 책임)

① 쟁의행위는 그 쟁의행위와 관계없는 자 또는 근로를 제공하고자 하는 자의 출입·조업 기타 정상적인 업무를 방해하는 방법으로 행하여져서는 아니 되며 쟁의행위의 참가를 호소하거나 설득하는 행위로서 폭행·협박을 사용하여서는 아니 된다.

② 작업시설의 손상이나 원료·제품의 변질 또는 부패를 방지하기 위한 작업은 쟁의행위 기간 중에도 정상적으로 수행되어야 한다.

③ 노동조합은 쟁의행위가 적법하게 수행될 수 있도록 지도·관리·통제할 책임이 있다.

### 제39조(근로자의 구속제한)

근로자는 쟁의행위 기간 중에는 현행범 외에는 이 법 위반을 이유로 구속되지 아니한다.

### 제40조 삭제 〈2006.12.30.〉

### 제41조(쟁의행위의 제한과 금지)

① 노동조합의 쟁의행위는 그 조합원(제29조의2에 따라 교섭대표노동조합이 결정된 경우에는 그 절차에 참여한 노동조합의 전체 조합원)의 직접·비밀·무기명투표에 의한 조합원 과반수의 찬성으로 결정하지 아니하면 이를 행할 수 없다. 이 경우 조합원 수 산정은 종사근로자인 조합원을 기준으로 한다. 〈개정 2021.1.5.〉

② 「방위사업법」에 의하여 지정된 주요방위산업체에 종사하는 근로자 중 전력, 용수 및 주로 방산물자를 생산하는 업무에 종사하는 자는 쟁의행위를 할 수 없으며 주로 방산물자를 생산하는 업무에 종사하는 자의 범위는 대통령령으로 정한다. 〈개정 2006.1.2.〉

### 제42조(폭력행위등의 금지)

① 쟁의행위는 폭력이나 파괴행위 또는 생산 기타 주요업무에 관련되는 시설과 이에 준하는 시설로서 대통령령이 정하는 시설을 점거하는 형태로 이를 행할 수 없다.

② 사업장의 안전보호시설에 대하여 정상적인 유지·운영을 정지·폐지 또는 방해하는 행위는 쟁의행위로서 이를 행할 수 없다.

③ 행정관청은 쟁의행위가 제2항의 행위에 해당한다고 인정하는 경우에는 노동위원회의 의결을 얻어 그 행위를 중지할 것을 통보하여야 한다. 다만, 사태가 급박하여 노동위원회의 의결을 얻을 시간적 여유가 없을 때에는 그 의결을 얻지 아니하고 즉시 그 행위를 중지할 것을 통보할 수 있다. 〈개정 1998.2.20, 2006.12.30.〉

④ 제3항 단서의 경우에 행정관청은 지체 없이 노동위원회의 사후승인을 얻어야 하며 그 승인을 얻지 못한 때에는 그 통보는 그때부터 효력을 상실한다. 〈개정 1998.2.20, 2006.12.30.〉

### 제42조의2(필수유지업무에 대한 쟁의행위의 제한)

① 이 법에서 "필수유지업무"라 함은 제71조 제2항의 규정에 따른 필수공익사업의 업무 중 그 업무가 정지되거나 폐지되는 경우 공중의 생명·건강 또는 신체의 안전이나 공중의 일상생활을 현저히 위태롭게 하는 업무로서 대통령령이 정하는 업무를 말한다.

② 필수유지업무의 정당한 유지·운영을 정지·폐지 또는 방해하는 행위는 쟁의행위로서 이를 행할 수 없다.

[본조신설 2006.12.30.]

### 제42조의3(필수유지업무협정)

노동관계 당사자는 쟁의행위기간 동안 필수유지업무의 정당한 유지·운영을 위하여 필수유지업무의 필요 최소한의 유지·운영 수준, 대상직무 및 필요인원 등을 정한 협정(이하"필수유지업무협정"이라 한다)을 서면으로 체결하여야 한다. 이 경우 필수유지업무협정에는 노동관계 당사자 쌍방이 서명 또는 날인하여야 한다.

[본조신설 2006.12.30.]

### 제42조의4(필수유지업무 유지·운영 수준 등의 결정)

① 노동관계 당사자 쌍방 또는 일방은 필수유지업무협정이 체결되지 아니하는 때에는 노동위원회에 필수유지업무의 필요 최소한의 유지·운영 수준, 대상직무 및 필요인원 등의 결정을 신청하여야 한다.

② 제1항의 규정에 따른 신청을 받은 노동위원회는 사업 또는 사업장별 필수유지업무의 특성 및 내용 등을 고려하여 필수유지업무의 필요 최소한의 유지·운영 수준, 대상직무 및 필요인원 등을 결정할 수 있다.

③ 제2항의 규정에 따른 노동위원회의 결정은 제72조의 규정에 따른 특별조정위원회가 담당한다.

④ 제2항의 규정에 따른 노동위원회의 결정에 대한 해석 또는 이행방법에 관하여 관계당사자 간에 의견이 일치하지 아니하는 경우에는 특별조정위원회의 해석에 따른다. 이 경우 특별조정위원회의 해석은 제2항의 규정에 따른 노동위원회의 결정과 동일한 효력이 있다.

⑤ 제2항의 규정에 따른 노동위원회의 결정에 대한 불복절차 및 효력에 관하여는 제69조와 제70조 제2항의 규정을 준용한다.

[본조신설 2006.12.30.]

### 제42조의5(노동위원회의 결정에 따른 쟁의행위)

제42조의4 제2항의 규정에 따라 노동위원회의 결정이 있는 경우 그 결정에 따라 쟁의행위를 한 때에는 필수유지업무를 정당하게 유지·운영하면서 쟁의행위를 한 것으로 본다.

[본조신설 2006.12.30.]

### 제42조의6(필수유지업무 근무 근로자의 지명)

① 노동조합은 필수유지업무협정이 체결되거나 제42조의4 제2항의 규정에 따른 노동위원회의 결정이 있는 경우 사용자에게 필수유지업무에 근무하는 조합원 중 쟁의행위기간 동안 근무하여야 할 조합원을 통보하여야 하며, 사용자는 이에 따라 근로자를 지명하고 이를 노동조합과 그 근로자에게 통보하여야 한다. 다만, 노동조합이 쟁의행위 개시 전까지 이를 통보하지 아니한 경우에는 사용자가 필수유지업무에 근무하여야 할 근로자를 지명하고 이를 노동조합과 그 근로자에게 통보하여야 한다. 〈개정 2010.1.1.〉

② 제1항에 따른 통보·지명 시 노동조합과 사용자는 필수유지업무에 종사하는 근로자가 소속된 노동조합이 2개 이상인 경우에는 각 노동조합의 해당 필수유지업무에 종사하는 조합원 비율을 고려하여야 한다. 〈신설 2010.1.1.〉

[본조신설 2006.12.30.]

### 제43조(사용자의 채용제한)

① 사용자는 쟁의행위 기간 중 그 쟁의행위로 중단된 업무의 수행을 위하여 당해 사업과 관계없는 자를 채용 또는 대체할 수 없다.

② 사용자는 쟁의행위기간중 그 쟁의행위로 중단된 업무를 도급 또는 하도급 줄 수 없다.

③ 제1항 및 제2항의 규정은 필수공익사업의 사용자가 쟁의행위 기간 중에 한하여 당해 사업과 관계 없는 자를 채용 또는 대체하거나 그 업무를 도급 또는 하도급 주는 경우에는 적용하지 아니한다. 〈신설 2006.12.30.〉

④ 제3항의 경우 사용자는 당해 사업 또는 사업장 파업참가자의 100분의 50을 초과하지 않는 범위 안에서 채용 또는 대체하거나 도급 또는 하도급 줄 수 있다. 이 경우 파업참가자 수의 산정 방법 등은 대통령령으로 정한다. 〈신설 2006.12.30.〉

### 제44조(쟁의행위 기간중의 임금지급 요구의 금지)

① 사용자는 쟁의행위에 참가하여 근로를 제공하지 아니한 근로자에 대하여는 그 기간 중의 임금을 지급할 의무가 없다.

② 노동조합은 쟁의행위 기간에 대한 임금의 지급을 요구하여 이를 관철할 목적으로 쟁의행위를 하여서는 아니 된다.

### 제45조(조정의 전치)

① 노동관계 당사자는 노동쟁의가 발생한 때에는 어느 일방이 이를 상대방에게 서면으로 통보하여야 한다.

② 쟁의행위는 제5장 제2절 내지 제4절의 규정에 의한 조정절차(제61조의2의 규정에 따른 조정종료 결정 후의 조정절차를 제외한다)를 거치지 아니하면 이를 행할 수 없다. 다만, 제54조의 규정에 의한 기간 내에 조정이 종료되지 아니하거나 제63조의 규정에 의한 기간 내에 중재재정이 이루어지지 아니한 경우에는 그러하지 아니하다. 〈개정 2006.12.30.〉

### 제46조(직장폐쇄의 요건)

① 사용자는 노동조합이 쟁의행위를 개시한 이후에만 직장폐쇄를 할 수 있다.

② 사용자는 제1항의 규정에 의한 직장폐쇄를 할 경우에는 미리 행정관청 및 노동위원회에 각각 신고하여야 한다. 〈개정 1998.2.20.〉

# 제5장 노동쟁의의 조정

## 제1절 통칙

### 제47조(자주적 조정의 노력)

이 장의 규정은 노동관계 당사자가 직접 노사협의 또는 단체교섭에 의하여 근로조건 기타 노동관계에 관한 사항을 정하거나 노동관계에 관한 주장의 불일치를 조정하고 이에 필요한 노력을 하는 것을 방해하지 아니한다.

### 제48조(당사자의 책무)

노동관계 당사자는 단체협약에 노동관계의 적정화를 위한 노사협의 기타 단체교섭의 절차와 방식을 규정하고 노동쟁의가 발생한 때에는 이를 자주적으로 해결하도록 노력하여야 한다.

## 제49조(국가등의 책무)

국가 및 지방자치단체는 노동관계 당사자간에 노동관계에 관한 주장이 일치하지 아니할 경우에 노동관계 당사자가 이를 자주적으로 조정할 수 있도록 조력함으로써 쟁의행위를 가능한 한 예방하고 노동쟁의의 신속·공정한 해결에 노력하여야 한다.

## 제50조(신속한 처리)

이 법에 의하여 노동관계의 조정을 할 경우에는 노동관계 당사자와 노동위원회 기타 관계기관은 사건을 신속히 처리하도록 노력하여야 한다.

## 제51조(공익사업등의 우선적 취급)

국가·지방자치단체·국공영기업체·방위산업체 및 공익사업에 있어서의 노동쟁의의 조정은 우선적으로 취급하고 신속히 처리하여야 한다.

## 제52조(사적 조정·중재)

① 제2절 및 제3절의 규정은 노동관계 당사자가 쌍방의 합의 또는 단체협약이 정하는 바에 따라 각각 다른 조정 또는 중재방법(이하 이 조에서 "사적조정등"이라 한다)에 의하여 노동쟁의를 해결하는 것을 방해하지 아니한다. 〈개정 2006.12.30.〉

② 노동관계 당사자는 제1항의 규정에 의하여 노동쟁의를 해결하기로 한 때에는 이를 노동위원회에 신고하여야 한다.

③ 제1항의 규정에 의하여 노동쟁의를 해결하기로 한 때에는 다음 각 호의 규정이 적용된다.

   1. 조정에 의하여 해결하기로 한 때에는 제45조 제2항 및 제54조의 규정. 이 경우 조정기간은 조정을 개시한 날부터 기산한다.

   2. 중재에 의하여 해결하기로 한 때에는 제63조의 규정. 이 경우 쟁의행위의 금지기간은 중재를 개시한 날부터 기산한다.

④ 제1항의 규정에 의하여 조정 또는 중재가 이루어진 경우에 그 내용은 단체협약과 동일한 효력을 가진다.

⑤ 사적조정등을 수행하는 자는 「노동위원회법」 제8조 제2항 제2호 각 목의 자격을 가진 자로 한다. 이 경우 사적조정 등을 수행하는 자는 노동관계 당사자로부터 수수료, 수당 및 여비 등을 받을 수 있다. 〈신설 2006.12.30.〉

## 제2절 조정

## 제53조(조정의 개시)

① 노동위원회는 관계 당사자의 일방이 노동쟁의의 조정을 신청한 때에는 지체 없이 조정을 개시하여야 하며 관계 당사자 쌍방은 이에 성실히 임하여야 한다.

② 노동위원회는 제1항의 규정에 따른 조정신청 전이라도 원활한 조정을 위하여 교섭을 주선하는 등 관계 당사자의 자주적인 분쟁 해결을 지원할 수 있다. 〈신설 2006.12.30.〉

### 제54조(조정기간)

① 조정은 제53조의 규정에 의한 조정의 신청이 있은 날부터 일반사업에 있어서는 10일, 공익사업에 있어서는 15일 이내에 종료하여야 한다.

② 제1항의 규정에 의한 조정기간은 관계 당사자 간의 합의로 일반사업에 있어서는 10일, 공익사업에 있어서는 15일 이내에서 연장할 수 있다.

### 제55조(조정위원회의 구성)

① 노동쟁의의 조정을 위하여 노동위원회에 조정위원회를 둔다.

② 제1항의 규정에 의한 조정위원회는 조정위원 3인으로 구성한다.

③ 제2항의 규정에 의한 조정위원은 당해 노동위원회의 위원 중에서 사용자를 대표하는 자, 근로자를 대표하는 자 및 공익을 대표하는 자 각 1인을 그 노동위원회의 위원장이 지명하되, 근로자를 대표하는 조정위원은 사용자가, 사용자를 대표하는 조정위원은 노동조합이 각각 추천하는 노동위원회의 위원중에서 지명하여야 한다. 다만, 조정위원회의 회의 3일전까지 관계 당사자가 추천하는 위원의 명단제출이 없을 때에는 당해 위원을 위원장이 따로 지명할 수 있다.

④ 노동위원회의 위원장은 근로자를 대표하는 위원 또는 사용자를 대표하는 위원의 불참 등으로 인하여 제3항의 규정에 따른 조정위원회의 구성이 어려운 경우 노동위원회의 공익을 대표하는 위원 중에서 3인을 조정위원으로 지명할 수 있다. 다만, 관계 당사자 쌍방의 합의로 선정한 노동위원회의 위원이 있는 경우에는 그 위원을 조정위원으로 지명한다. 〈신설 2006.12.30.〉

### 제56조(조정위원회의 위원장)

① 조정위원회에 위원장을 둔다.

② 위원장은 공익을 대표하는 조정위원이 된다. 다만, 제55조 제4항의 규정에 따른 조정위원회의 위원장은 조정위원 중에서 호선한다. 〈개정 2006.12.30.〉

### 제57조(단독조정)

① 노동위원회는 관계 당사자 쌍방의 신청이 있거나 관계 당사자 쌍방의 동의를 얻은 경우에는 조정위원회에 갈음하여 단독조정인에게 조정을 행하게 할 수 있다.

② 제1항의 규정에 의한 단독조정인은 당해 노동위원회의 위원 중에서 관계 당사자의 쌍방의 합의로 선정된 자를 그 노동위원회의 위원장이 지명한다.

### 제58조(주장의 확인등)

조정위원회 또는 단독조정인은 기일을 정하여 관계 당사자 쌍방을 출석하게 하여 주장의 요점을 확인하여야 한다.

### 제59조(출석금지)

조정위원회의 위원장 또는 단독조정인은 관계 당사자와 참고인 외의 자의 출석을 금할 수 있다.

### 제60조(조정안의 작성)

① 조정위원회 또는 단독조정인은 조정안을 작성하여 이를 관계 당사자에게 제시하고 그 수락을 권

고하는 동시에 그 조정안에 이유를 붙여 공표할 수 있으며, 필요한 때에는 신문 또는 방송에 보도 등 협조를 요청할 수 있다.

② 조정위원회 또는 단독조정인은 관계 당사자가 수락을 거부하여 더 이상 조정이 이루어질 여지가 없다고 판단되는 경우에는 조정의 종료를 결정하고 이를 관계 당사자 쌍방에 통보하여야 한다.

③ 제1항의 규정에 의한 조정안이 관계 당사자의 쌍방에 의하여 수락된 후 그 해석 또는 이행방법에 관하여 관계 당사자간에 의견의 불일치가 있는 때에는 관계 당사자는 당해 조정위원회 또는 단독 조정인에게 그 해석 또는 이행방법에 관한 명확한 견해의 제시를 요청하여야 한다.

④ 조정위원회 또는 단독조정인은 제3항의 규정에 의한 요청을 받은 때에는 그 요청을 받은 날부터 7일 이내에 명확한 견해를 제시하여야 한다.

⑤ 제3항 및 제4항의 해석 또는 이행방법에 관한 견해가 제시될 때까지는 관계 당사자는 당해 조정 안의 해석 또는 이행에 관하여 쟁의행위를 할 수 없다.

### 제61조(조정의 효력)

① 제60조 제1항의 규정에 의한 조정안이 관계 당사자에 의하여 수락된 때에는 조정위원 전원 또는 단독조정인은 조정서를 작성하고 관계 당사자와 함께 서명 또는 날인하여야 한다. 〈개정 2006.12.30.〉

② 조정서의 내용은 단체협약과 동일한 효력을 가진다.

③ 제60조 제4항의 규정에 의하여 조정위원회 또는 단독조정인이 제시한 해석 또는 이행방법에 관한 견해는 중재재정과 동일한 효력을 가진다.

### 제61조의2(조정종료 결정 후의 조정)

① 노동위원회는 제60조 제2항의 규정에 따른 조정의 종료가 결정된 후에도 노동쟁의의 해결을 위하여 조정을 할 수 있다.

② 제1항의 규정에 따른 조정에 관하여는 제55조 내지 제61조의 규정을 준용한다.

[본조신설 2006.12.30.]

## 제3절 중재

### 제62조(중재의 개시)

노동위원회는 다음 각 호의 어느 하나에 해당하는 때에는 중재를 행한다. 〈개정 2006.12.30.〉

1. 관계 당사자의 쌍방이 함께 중재를 신청한 때
2. 관계 당사자의 일방이 단체협약에 의하여 중재를 신청한 때
3. 삭제 〈2006.12.30.〉

### 제63조(중재 시의 쟁의행위의 금지)

노동쟁의가 중재에 회부된 때에는 그날부터 15일간은 쟁의행위를 할 수 없다.

### 제64조(중재위원회의 구성)

① 노동쟁의의 중재 또는 재심을 위하여 노동위원회에 중재위원회를 둔다.

② 제1항의 규정에 의한 중재위원회는 중재위원 3인으로 구성한다.

③ 제2항의 중재위원은 당해 노동위원회의 공익을 대표하는 위원 중에서 관계 당사자의 합의로 선정한 자에 대하여 그 노동위원회의 위원장이 지명한다. 다만, 관계 당사자 간에 합의가 성립되지 아니한 경우에는 노동위원회의 공익을 대표하는 위원 중에서 지명한다.

## 제65조(중재위원회의 위원장)
① 중재위원회에 위원장을 둔다.
② 위원장은 중재위원 중에서 호선한다.

## 제66조(주장의 확인등)
① 중재위원회는 기일을 정하여 관계 당사자 쌍방 또는 일방을 중재위원회에 출석하게 하여 주장의 요점을 확인하여야 한다.
② 관계 당사자가 지명한 노동위원회의 사용자를 대표하는 위원 또는 근로자를 대표하는 위원은 중재위원회의 동의를 얻어 그 회의에 출석하여 의견을 진술할 수 있다.

## 제67조(출석금지)
중재위원회의 위원장은 관계 당사자와 참고인 외의 자의 회의출석을 금할 수 있다.

## 제68조(중재재정)
① 중재재정은 서면으로 작성하여 이를 행하며 그 서면에는 효력발생 기일을 명시하여야 한다.
② 제1항의 규정에 의한 중재재정의 해석 또는 이행방법에 관하여 관계 당사자간에 의견의 불일치가 있는 때에는 당해 중재위원회의 해석에 따르며 그 해석은 중재재정과 동일한 효력을 가진다.

## 제69조(중재재정등의 확정)
① 관계 당사자는 지방노동위원회 또는 특별노동위원회의 중재재정이 위법이거나 월권에 의한 것이라고 인정하는 경우에는 그 중재재정서의 송달을 받은 날부터 10일 이내에 중앙노동위원회에 그 재심을 신청할 수 있다.
② 관계 당사자는 중앙노동위원회의 중재재정이나 제1항의 규정에 의한 재심결정이 위법이거나 월권에 의한 것이라고 인정하는 경우에는 행정소송법 제20조의 규정에 불구하고 그 중재재정서 또는 재심결정서의 송달을 받은 날부터 15일 이내에 행정소송을 제기할 수 있다.
③ 제1항 및 제2항에 규정된 기간내에 재심을 신청하지 아니하거나 행정소송을 제기하지 아니한 때에는 그 중재재정 또는 재심결정은 확정된다.
④ 제3항의 규정에 의하여 중재재정이나 재심결정이 확정된 때에는 관계 당사자는 이에 따라야 한다.

## 제70조(중재재정 등의 효력)
① 제68조 제1항의 규정에 따른 중재재정의 내용은 단체협약과 동일한 효력을 가진다.
② 노동위원회의 중재재정 또는 재심결정은 제69조 제1항 및 제2항의 규정에 따른 중앙노동위원회에의 재심신청 또는 행정소송의 제기에 의하여 그 효력이 정지되지 아니한다.

[전문개정 2006.12.30.]

## 제4절 공익사업등의 조정에 관한 특칙

### 제71조(공익사업의 범위등)

① 이 법에서 "공익사업"이라 함은 공중의 일상생활과 밀접한 관련이 있거나 국민경제에 미치는 영향이 큰 사업으로서 다음 각 호의 사업을 말한다. 〈개정 2006.12.30.〉

  1. 정기노선 여객운수사업 및 항공운수사업

  2. 수도사업, 전기사업, 가스사업, 석유정제사업 및 석유공급사업

  3. 공중위생사업, 의료사업 및 혈액공급사업

  4. 은행 및 조폐사업

  5. 방송 및 통신사업

② 이 법에서 "필수공익사업"이라 함은 제1항의 공익사업으로서 그 업무의 정지 또는 폐지가 공중의 일상생활을 현저히 위태롭게 하거나 국민경제를 현저히 저해하고 그 업무의 대체가 용이하지 아니한 다음 각 호의 사업을 말한다. 〈개정 2006.12.30.〉

  1. 철도사업, 도시철도사업 및 항공운수사업

  2. 수도사업, 전기사업, 가스사업, 석유정제사업 및 석유공급사업

  3. 병원사업 및 혈액공급사업

  4. 한국은행사업

  5. 통신사업

### 제72조(특별조정위원회의 구성)

① 공익사업의 노동쟁의의 조정을 위하여 노동위원회에 특별조정위원회를 둔다.

② 제1항의 규정에 의한 특별조정위원회는 특별조정위원 3인으로 구성한다.

③ 제2항의 규정에 의한 특별조정위원은 그 노동위원회의 공익을 대표하는 위원 중에서 노동조합과 사용자가 순차적으로 배제하고 남은 4인 내지 6인중에서 노동위원회의 위원장이 지명한다. 다만, 관계 당사자가 합의로 당해 노동위원회의 위원이 아닌 자를 추천하는 경우에는 그 추천된 자를 지명한다. 〈개정 2006.12.30.〉

### 제73조(특별조정위원회의 위원장)

① 특별조정위원회에 위원장을 둔다.

② 위원장은 공익을 대표하는 노동위원회의 위원인 특별조정위원 중에서 호선하고, 당해 노동위원회의 위원이 아닌 자만으로 구성된 경우에는 그중에서 호선한다. 다만, 공익을 대표하는 위원인 특별조정위원이 1인인 경우에는 당해 위원이 위원장이 된다.

**제74조** 삭제 〈2006.12.30.〉

**제75조** 삭제 〈2006.12.30.〉

## 제5절 긴급조정

### 제76조(긴급조정의 결정)

① 고용노동부장관은 쟁의행위가 공익사업에 관한 것이거나 그 규모가 크거나 그 성질이 특별한 것으로서 현저히 국민경제를 해하거나 국민의 일상생활을 위태롭게 할 위험이 현존하는 때에는 긴급조정의 결정을 할 수 있다. 〈개정 2010.6.4.〉

② 고용노동부장관은 긴급조정의 결정을 하고자 할 때에는 미리 중앙노동위원회 위원장의 의견을 들어야 한다. 〈개정 2010.6.4.〉

③ 고용노동부장관은 제1항 및 제2항의 규정에 의하여 긴급조정을 결정한 때에는 지체 없이 그 이유를 붙여 이를 공표함과 동시에 중앙노동위원회와 관계 당사자에게 각각 통고하여야 한다. 〈개정 2010.6.4.〉

### 제77조(긴급조정 시의 쟁의행위 중지)

관계 당사자는 제76조 제3항의 규정에 의한 긴급조정의 결정이 공표된 때에는 즉시 쟁의행위를 중지하여야 하며, 공표일부터 30일이 경과하지 아니하면 쟁의행위를 재개할 수 없다.

### 제78조(중앙노동위원회의 조정)

중앙노동위원회는 제76조 제3항의 규정에 의한 통고를 받은 때에는 지체 없이 조정을 개시하여야 한다.

### 제79조(중앙노동위원회의 중재회부 결정권)

① 중앙노동위원회의 위원장은 제78조의 규정에 의한 조정이 성립될 가망이 없다고 인정한 경우에는 공익위원의 의견을 들어 그 사건을 중재에 회부할 것인가의 여부를 결정하여야 한다.

② 제1항의 규정에 의한 결정은 제76조 제3항의 규정에 의한 통고를 받은 날부터 15일 이내에 하여야 한다.

### 제80조(중앙노동위원회의 중재)

중앙노동위원회는 당해 관계 당사자의 일방 또는 쌍방으로부터 중재신청이 있거나 제79조의 규정에 의한 중재회부의 결정을 한 때에는 지체 없이 중재를 행하여야 한다.

# 제6장 부당노동행위

### 제81조(부당노동행위)

① 사용자는 다음 각 호의 어느 하나에 해당하는 행위(이하 "부당노동행위"라 한다)를 할 수 없다. 〈개정 2006.12.30, 2010.1.1, 2020.6.9, 2021.1.5.〉

1. 근로자가 노동조합에 가입 또는 가입하려고 하였거나 노동조합을 조직하려고 하였거나 기타 노동조합의 업무를 위한 정당한 행위를 한 것을 이유로 그 근로자를 해고하거나 그 근로자에게 불이익을 주는 행위

2. 근로자가 어느 노동조합에 가입하지 아니할 것 또는 탈퇴할 것을 고용조건으로 하거나 특정한

노동조합의 조합원이 될 것을 고용조건으로 하는 행위. 다만, 노동조합이 당해 사업장에 종사하는 근로자의 3분의 2 이상을 대표하고 있을 때에는 근로자가 그 노동조합의 조합원이 될 것을 고용조건으로 하는 단체협약의 체결은 예외로 하며, 이 경우 사용자는 근로자가 그 노동조합에서 제명된 것 또는 그 노동조합을 탈퇴하여 새로 노동조합을 조직하거나 다른 노동조합에 가입한 것을 이유로 근로자에게 신분상 불이익한 행위를 할 수 없다.

3. 노동조합의 대표자 또는 노동조합으로부터 위임을 받은 자와의 단체협약체결 기타의 단체교섭을 정당한 이유없이 거부하거나 해태하는 행위

4. 근로자가 노동조합을 조직 또는 운영하는 것을 지배하거나 이에 개입하는 행위와 근로시간 면제한도를 초과하여 급여를 지급하거나 노동조합의 운영비를 원조하는 행위. 다만, 근로자가 근로시간 중에 제24조 제2항에 따른 활동을 하는 것을 사용자가 허용함은 무방하며, 또한 근로자의 후생자금 또는 경제상의 불행 그 밖에 재해의 방지와 구제 등을 위한 기금의 기부와 최소한의 규모의 노동조합사무소의 제공 및 그 밖에 이에 준하여 노동조합의 자주적인 운영 또는 활동을 침해할 위험이 없는 범위에서의 운영비 원조행위는 예외로 한다.

5. 근로자가 정당한 단체행위에 참가한 것을 이유로 하거나 또는 노동위원회에 대하여 사용자가 이 조의 규정에 위반한 것을 신고하거나 그에 관한 증언을 하거나 기타 행정관청에 증거를 제출한 것을 이유로 그 근로자를 해고하거나 그 근로자에게 불이익을 주는 행위

② 제1항 제4호 단서에 따른 "노동조합의 자주적 운영 또는 활동을 침해할 위험" 여부를 판단할 때에는 다음 각 호의 사항을 고려하여야 한다. 〈신설 2020.6.9.〉

1. 운영비 원조의 목적과 경위
2. 원조된 운영비 횟수와 기간
3. 원조된 운영비 금액과 원조방법
4. 원조된 운영비가 노동조합의 총수입에서 차지하는 비율
5. 원조된 운영비의 관리방법 및 사용처 등

[2020.6.9. 법률 제17432호에 의하여 2018.5.31. 헌법재판소에서 헌법불합치 결정된 이 조를 개정함.]

## 제82조(구제신청)

① 사용자의 부당노동행위로 인하여 그 권리를 침해당한 근로자 또는 노동조합은 노동위원회에 그 구제를 신청할 수 있다.

② 제1항의 규정에 의한 구제의 신청은 부당노동행위가 있은 날(계속하는 행위는 그 終了日)부터 3월 이내에 이를 행하여야 한다.

## 제83조(조사등)

① 노동위원회는 제82조의 규정에 의한 구제신청을 받은 때에는 지체 없이 필요한 조사와 관계 당사자의 심문을 하여야 한다.

② 노동위원회는 제1항의 규정에 의한 심문을 할 때에는 관계 당사자의 신청에 의하거나 그 직권으

부록

로 증인을 출석하게 하여 필요한 사항을 질문할 수 있다.

③ 노동위원회는 제1항의 규정에 의한 심문을 함에 있어서는 관계 당사자에 대하여 증거의 제출과 증인에 대한 반대심문을 할 수 있는 충분한 기회를 주어야 한다.

④ 제1항의 규정에 의한 노동위원회의 조사와 심문에 관한 절차는 중앙노동위원회가 따로 정하는 바에 의한다.

### 제84조(구제명령)

① 노동위원회는 제83조의 규정에 의한 심문을 종료하고 부당노동행위가 성립한다고 판정한 때에는 사용자에게 구제명령을 발하여야 하며, 부당노동행위가 성립되지 아니한다고 판정한 때에는 그 구제신청을 기각하는 결정을 하여야 한다.

② 제1항의 규정에 의한 판정·명령 및 결정은 서면으로 하되, 이를 당해 사용자와 신청인에게 각각 교부하여야 한다.

③ 관계 당사자는 제1항의 규정에 의한 명령이 있을 때에는 이에 따라야 한다.

### 제85조(구제명령의 확정)

① 지방노동위원회 또는 특별노동위원회의 구제명령 또는 기각결정에 불복이 있는 관계 당사자는 그 명령서 또는 결정서의 송달을 받은 날부터 10일 이내에 중앙노동위원회에 그 재심을 신청할 수 있다.

② 제1항의 규정에 의한 중앙노동위원회의 재심판정에 대하여 관계 당사자는 그 재심판정서의 송달을 받은 날부터 15일 이내에 행정소송법이 정하는 바에 의하여 소를 제기할 수 있다.

③ 제1항 및 제2항에 규정된 기간내에 재심을 신청하지 아니하거나 행정소송을 제기하지 아니한 때에는 그 구제명령·기각결정 또는 재심판정은 확정된다.

④ 제3항의 규정에 의하여 기각결정 또는 재심판정이 확정된 때에는 관계 당사자는 이에 따라야 한다.

⑤ 사용자가 제2항의 규정에 의하여 행정소송을 제기한 경우에 관할법원은 중앙노동위원회의 신청에 의하여 결정으로써, 판결이 확정될 때까지 중앙노동위원회의 구제명령의 전부 또는 일부를 이행하도록 명할 수 있으며, 당사자의 신청에 의하여 또는 직권으로 그 결정을 취소할 수 있다.

### 제86조(구제명령등의 효력)

노동위원회의 구제명령·기각결정 또는 재심판정은 제85조의 규정에 의한 중앙노동위원회에의 재심신청이나 행정소송의 제기에 의하여 그 효력이 정지되지 아니한다.

# 제7장 보칙

### 제87조(권한의 위임)

이 법에 의한 고용노동부장관의 권한은 대통령령이 정하는 바에 따라 그 일부를 지방고용노동관서의 장에게 위임할 수 있다. 〈개정 2010.6.4.〉

# 제8장 벌칙

## 제88조(벌칙)

제41조 제2항의 규정에 위반한 자는 5년 이하의 징역 또는 5천만원 이하의 벌금에 처한다.

## 제89조(벌칙)

다음 각 호의 어느 하나에 해당하는 자는 3년 이하의 징역 또는 3천만원 이하의 벌금에 처한다. 〈개정 2006.12.30, 2010.1.1.〉

1. 제37조 제2항, 제38조 제1항, 제42조 제1항 또는 제42조의2 제2항의 규정에 위반한 자
2. 제85조 제3항(제29조의4 제4항에서 준용하는 경우를 포함한다)에 따라 확정되거나 행정소송을 제기하여 확정된 구제명령에 위반한 자

## 제90조(벌칙)

제44조 제2항, 제69조 제4항, 제77조 또는 제81조 제1항의 규정에 위반한 자는 2년 이하의 징역 또는 2천만원 이하의 벌금에 처한다. 〈개정 2021.1.5.〉

## 제91조(벌칙)

제38조 제2항, 제41조 제1항, 제42조 제2항, 제43조 제1항·제2항·제4항, 제45조 제2항 본문, 제46조 제1항 또는 제63조의 규정을 위반한 자는 1년 이하의 징역 또는 1천만원 이하의 벌금에 처한다.

[전문개정 2006.12.30.]

## 제92조(벌칙)

다음 각 호의 1에 해당하는 자는 1천만원 이하의 벌금에 처한다. 〈개정 2001.3.28, 2010.1.1.〉

1. 삭제 〈2021.1.5.〉
2. 제31조 제1항의 규정에 의하여 체결된 단체협약의 내용 중 다음 각목의 1에 해당하는 사항을 위반한 자
   가. 임금·복리후생비, 퇴직금에 관한 사항
   나. 근로 및 휴게시간, 휴일, 휴가에 관한 사항
   다. 징계 및 해고의 사유와 중요한 절차에 관한 사항
   라. 안전보건 및 재해부조에 관한 사항
   마. 시설·편의제공 및 근무시간 중 회의참석에 관한 사항
   바. 쟁의행위에 관한 사항
3. 제61조 제1항의 규정에 의한 조정서의 내용 또는 제68조 제1항의 규정에 의한 중재재정서의 내용을 준수하지 아니한 자

## 제93조(벌칙)

다음 각 호의 1에 해당하는 자는 500만원 이하의 벌금에 처한다.

1. 제7조 제3항의 규정에 위반한 자

2. 제21조 제1항·제2항 또는 제31조 제3항의 규정에 의한 명령에 위반한 자

### 제94조(양벌규정)

법인 또는 단체의 대표자, 법인·단체 또는 개인의 대리인·사용인 기타의 종업원이 그 법인·단체 또는 개인의 업무에 관하여 제88조 내지 제93조의 위반행위를 한 때에는 행위자를 벌하는 외에 그 법인·단체 또는 개인에 대하여도 각 해당 조의 벌금형을 과한다. 다만, 법인·단체 또는 개인이 그 위반행위를 방지하기 위하여 해당 업무에 관하여 상당한 주의와 감독을 게을리하지 아니한 경우에는 그러하지 아니하다. 〈개정 2020.6.9.〉

> [단순위헌, 2019헌가25, 2020.4.23. 노동조합 및 노동관계조정법(1997.3.13. 법률 제5310호로 제정된 것) 제94조 중 법인의 대리인·사용인 기타의 종업원이 그 법인의 업무에 관하여 제90조 가운데 '제81조 제1호, 제2호 단서 후단, 제5호를 위반한 경우'에 관한 부분은 헌법에 위반된다.]
> [2020.6.9. 법률 제17432호에 의하여 2019.4.11. 헌법재판소에서 단순위헌 결정된 이 조를 개정함.]

### 제95조(과태료)

제85조 제5항의 규정에 의한 법원의 명령에 위반한 자는 500만원 이하의 금액(당해 命令이 作爲를 명하는 것일 때에는 그 命令의 불이행 日數 1日에 50萬원 이하의 比率로 算定한 금액)의 과태료에 처한다.

### 제96조(과태료)

① 다음 각 호의 1에 해당하는 자는 500만원 이하의 과태료에 처한다.

    1. 제14조의 규정에 의한 서류를 비치 또는 보존하지 아니한 자

    2. 제27조의 규정에 의한 보고를 하지 아니하거나 허위의 보고를 한 자

    3. 제46조 제2항의 규정에 의한 신고를 하지 아니한 자

② 제13조, 제28조 제2항 또는 제31조 제2항의 규정에 의한 신고 또는 통보를 하지 아니한 자는 300만원 이하의 과태료에 처한다.

③ 제1항 및 제2항의 규정에 의한 과태료는 대통령령이 정하는 바에 의하여 행정관청이 부과·징수한다. 〈개정 1998.2.20.〉

④ 삭제 〈2018.10.16.〉

⑤ 삭제 〈2018.10.16.〉

⑥ 삭제 〈2018.10.16.〉


## 부칙 〈제17864호, 2021.1.5.〉

### 제1조(시행일)

이 법은 공포 후 6개월이 경과한 날부터 시행한다.

### 제2조(단체협약의 유효기간에 관한 경과조치)

이 법 시행 전에 체결한 단체협약의 유효기간에 대해서는 제32조 제1항 및 제2항의 개정규정에도

불구하고 종전의 규정에 따른다.

## 제3조(근로시간면제심의위원회 이관에 관한 준비행위)

① 경제사회노동위원회는 제24조의2에 따른 근로시간면제심의위원회 구성을 위한 위원 위촉 등 필요한 절차를 이 법 시행 전에 진행할 수 있다.

② 경제사회노동위원회는 이 법 시행 즉시 근로시간면제심의위원회가 조합원 수, 조합원의 지역별 분포, 건전한 노사관계 발전을 위한 연합단체에서의 활동 등 운영실태를 고려하여 근로시간면제한도 심의에 착수한다.

## 제4조(다른 법률의 개정) 생략

# 판례 색인[선고일자별 대법원 판결·결정 색인]

## 2010년대

부록

부록

# 박문각
# 공인노무사

## 유정수
## 노동법

**2차 | 주요판례정리 150선**

**제5판 인쇄** 2025. 1. 15. | **제5판 발행** 2025. 1. 20. | **편저자** 유정수

**발행인** 박 용 | **발행처** (주)박문각출판 | **등록** 2015년 4월 29일 제2019-000137호

**주소** 06654 서울시 서초구 효령로 283 서경 B/D 4층 | **팩스** (02)584-2927

**전화** 교재 문의 (02)6466-7202

저자와의
협의하에
인지생략

정가 40,000원
ISBN 979-11-7262-445-3